Inge und Reiner Wild (Hrsg.)
Mörike-Handbuch

Inge und Reiner Wild (Hrsg.)
Mitarbeit: Ulrich Kittstein

Mörike-Handbuch

Leben – Werk – Wirkung

Verlag J. B. Metzler
Stuttgart · Weimar

Mit Unterstützung der
Stiftung
Landesbank Baden-Württemberg

LB≡BW

Abbildung auf der Umschlagvorderseite: Eduard Mörike (1864).
Fotografie von Friedrich Brandseph
Abdruck der Illustrationen und des Umschlagporträts mit freundlicher Genehmigung
des Schiller-Nationalmuseums und Deutschen Literaturarchivs Marbach

Bibliografische Information Der Deutschen Bibliothek
Die Deutsche Bibliothek verzeichnet diese Publikation in der Deutschen
Nationalbibliografie; detaillierte bibliografische Daten sind im Internet
über <http://dnb.ddb.de> abrufbar.

Gedruckt auf chlorfrei gebleichtem, säurefreiem und alterungsbeständigem Papier

ISBN 978-3-476-01812-0

Dieses Werk einschließlich aller seiner Teile ist urheberrechtlich geschützt. Jede Verwertung außerhalb der
engen Grenzen des Urheberrechtsgesetzes ist ohne Zustimmung des Verlages unzulässig und strafbar. Das
gilt insbesondere für Vervielfältigungen, Übersetzungen, Mikroverfilmungen und die Einspeicherung
und Verarbeitung in elektronischen Systemen.

© 2004 J.B. Metzlersche Verlagsbuchhandlung und Carl Ernst Poeschel Verlag GmbH in Stuttgart
www.metzlerverlag.de
info@metzlerverlag.de
Einbandgestaltung: Willy Löffelhardt
Satz: Typomedia GmbH, Ostfildern
Druck und Bindung: Ebner & Spiegel GmbH, Ulm
Printed in Germany
April / 2004

Verlag J.B. Metzler Stuttgart · Weimar

Inhaltsverzeichnis

Vorwort   VII
Hinweise zur Benutzung   IX
Siglenliste, Abkürzungen   X

Biographische Grundlagen

Eduard Mörike. Sein Leben und seine Zeit   1

Beziehungen   11

Briefwerk   19

Literatur- und kulturhistorisches Umfeld

Antike   27

18. Jahrhundert, Klassik, Romantik   33

Zeitgenössische Literatur   43

Musik   51

Bildende Kunst   55

Werk

Mörike als Lyriker   59

Die Überlieferung der Gedichte   68

Naturlyrik   74

Liebeslyrik   77

Balladen   81

Antikisierende Gedichte   86

Gelegenheitsgedichte   90

Humoristische Gedichte   95

Gedichte in Einzeldarstellungen   99
   Erinnerung. An C. N.   99
   Nächtliche Fahrt   100

Der junge Dichter   101
Der Feuerreiter   102
Peregrina I-V   103
Gesang zu zweien in der Nacht   107
An einem Wintermorgen, vor Sonnenaufgang   108
Besuch in Urach   110
Um Mitternacht   111
Septembermorgen   112
Begegnung / Erstes Liebeslied eines Mädchens / Der Gärtner   113
Im Frühling   115
Josephine   116
Entschuldigung. An Gustav Schwab   117
Mein Fluß   118
Er ist's   120
Das verlassene Mägdlein   121
Wald-Idylle. An J. M.   122
Sonette. An L.   123
Gesang Weyla's   125
Verborgenheit   126
Gebet   127
Märchen vom sichern Mann   128
An eine Äolsharfe   129
Die Schwestern   131
An meinen Arzt, Herrn Dr. Elsäßer   132
Ein artig Lob   133
Waldplage   133
An Longus   134
Auf eine Christblume   135
An Wilhelm Hartlaub / Ländliche Kurzweil. An Constanze Hartlaub   137
Die schöne Buche   138
Auf ein Ei geschrieben   140
Der Petrefaktensammler. An zwei Freundinnen   141
Götterwink   142
Ach nur einmal noch im Leben!   143
Göttliche Reminiscenz   144
Auf einer Wanderung   145
An den Vater meines Pathchens   146
Erbauliche Betrachtung   147
Auf eine Lampe   148
Denk' es, o Seele!   149
Der alte Thurmhahn. Idylle   150
Erinna an Sappho   152
Bilder aus Bebenhausen   154
»Lang, lang ist's her«.   156

Maler Nolten 157

Prosa-Erzählungen 178
    Fragment eines religiösen Romans 178
    Lucie Gelmeroth 179
    Der Schatz 181
    Der Bauer und sein Sohn 183
    Die Hand der Jezerte 184
    Das Stuttgarter Hutzelmännlein 185
    Mozart auf der Reise nach Prag 192

Idylle vom Bodensee 203

Dramatische Werke 206

Orplid-Werk 211

Wispeliaden 213

Vermischte Schriften 214

Übersetzungen 219

Bearbeitungen 222

Mörike als Zeichner 226

Wirkung und Rezeption

Die Zeitgenossen 237

Vertonungen 244

Illustrationen 248

Zur Forschungsgeschichte 251

Anhang

Zeittafel 257

Bibliographie 260

Nachweis der Illustrationen 265

Verzeichnis der Beiträgerinnen und Beiträger 266

Register 267
    Werkregister 267
    Personenregister 272

Vorwort

Eduard Mörike ist einer der bedeutendsten deutschsprachigen Lyriker des 19. Jahrhunderts. Er gehört zudem zu der Gruppe von Autoren, Dichtern und Philosophen aus dem deutschen Südwesten, insbesondere aus Württemberg, die seit dem Ausgang des 18. Jahrhunderts die geistige und kulturelle Entwicklung in Deutschland nachhaltig beeinflusst haben. Anders jedoch als etwa Schiller, Hegel oder Hölderlin blieb Mörike zeitlebens der angestammten Region verhaftet. Das gilt partiell auch für sein Werk; Gedichte wie *Der alte Thurmhahn*, das Versepos *Idylle vom Bodensee* sowie die Märchenerzählung *Das Stuttgarter Hutzelmännlein* prägen die kulturelle Identität seiner Herkunftsregion bis heute. Im größten Teil seines Werks greift Mörike jedoch räumlich, historisch und kulturhistorisch weiter aus. Zugleich reagiert er sensibel auf die Zeitumstände und ist ein aufmerksamer Beobachter der ästhetischen, philosophischen, religionsphilosophischen, wissenschaftlichen und auch politischen Diskussionen seiner Zeit. Dies gilt für das Frühwerk, aber auch für das spätere Werk, das in der Forschung bisher eher unterschätzt wurde.

Die literaturwissenschaftliche Beschäftigung mit Mörike hat in den letzten zwanzig Jahren deutlich zugenommen. Große Aufmerksamkeit gilt nach wie vor den Gedichten; dabei zeigt eine Reihe von kleineren Beiträgen in weiter gestreuten Publikationen, dass Mörikes Lyrik auch außerhalb der Fachwissenschaft großes Interesse findet. Dem trägt das Handbuch mit Überblicksartikeln zu lyrischen Gattungen und etwa 50 Einzelanalysen von Gedichten Rechnung; der Kanon des Bekannten und Vielzitierten wird damit entscheidend ausgeweitet. Starke Beachtung hat zunehmend auch Mörikes Roman *Maler Nolten* gefunden; in den letzten Jahren sind dazu mehr Monographien, vor allem Dissertationen, erschienen als in den Jahrzehnten davor. Ziel des Handbuchs ist die Repräsentation des gesammelten literaturwissenschaftlichen Wissens, die umfassende Darstellung des Werks, auch weniger bekannter und entlegener Texte und Fragmente, sowie die Abbildung von Mörikes vielfältiger Kreativität, neben der poetischen auch der zeichnerischen, kunsthandwerklichen, naturwissenschaftlichen, der Affinität zur Musik und der Herausgeber- und Übersetzertätigkeit. Dabei wird in Korrektur des traditionellen Mörike-Bildes, das wesentlich auf die ersten Jahrzehnte seines Lebens konzentriert ist, auch die spätere Biographie in ihrer nicht zu unterschätzenden Bedeutung berücksichtigt, etwa die Gesamtheit von Mörikes Tätigkeiten nach seinem Ausscheiden aus dem Pfarramt.

Mörikes produktivste Zeit fällt in die Epoche des Biedermeier. Mit seinem Naivitätsprogramm, seinem »Kult der Einzeldinge« (Friedrich Sengle) und dem Rückzug in eine ästhetische Gegenwelt der ironisch oder elegisch gebrochenen Idylle ist er zutiefst von der Signatur dieser Epoche geprägt. Enge des Lebensraums und Weite des kultur- und literarhistorischen Blicks sind die beiden Pole dieses Lebens, aus deren Antagonismus oder Vermittlung Mörikes Produktivität resultiert. Sein Werk ist ein Indikator für kulturelle und ästhetische Umbruchprozesse wie für Wandlungen des Identitätskonzepts im Zuge von Modernisierungsprozessen beim Übergang zur arbeitsteiligen Industriegesellschaft; es besitzt trotz politischer und gesellschaftlicher Abstinenz an der Oberfläche der Texte eine sozialpsychologische Tiefendimension, die es vielfach noch zu erschließen gilt. Ein wesentlicher Aspekt der Darstellung im Handbuch ist daher die Verflochtenheit des Werks in das kulturelle und literarische Umfeld der Epoche des Biedermeier in regionaler und überregionaler Perspektive. Mörike nimmt sowohl Themen und Formelemente der deutschen Klassik als auch der Romantik auf. In der Tradition der Klassik bietet ihm die Antike wichtige ästhetische Ordnungsmuster; seine Dichtung ist seit den vierziger Jahren vor allem durch die kleinen Formen der antiken Literatur geprägt. Der antikisierende Ton der Lyrik bekommt durch die romantisch vermittelte Vermischung mit dem Bildbereich und dem Stil der Volksliedtradition eine bemerkenswerte kulturelle Tiefendimension. Auch Mörikes realistisch-novellistisches Schreiben ist häufig durchsetzt mit Elementen der Volksüberlieferung. Sein Werk verweist jedoch zugleich durch neue Themen und Ausdrucksformen auf spezifisch moderne Bewusstseinslagen und Erfahrungsmodi gerade des Künstlers. Mehrfach sind in der Forschung Berührungspunkte mit dem zeitgenössischen *l'art pour l'art* gesehen worden, doch ist Mörike keiner vom bürgerlichen Leben abgegrenzten Kunstreligion verpflichtet. Vielmehr setzt er der sich verfestigenden ›Prosa der Welt‹ und der modernen Erfahrung von ›Zerrissenheit‹ nochmals ein literarisches Programm der ästhetischen Versöhnung entgegen. Versöhnung bietet auch die Musik, insbesondere die Mozarts, die thematisch und als sprachliche Musikalität ins Werk eingeht. Literarhistorisch kommt Mörikes Dichtung so eine Zwischenstellung zu; Mörikes Eigenständigkeit, seine Unverwechselbarkeit gründet gerade darin, dass er angesichts fortgeschrittener Modernisierungsprozesse noch einmal die Ansprüche ›klassischer‹ Ästhetik mit den Erfahrungen der Moderne zu vermitteln unternimmt.

Ausgleich der Gegensätze ist auch kennzeichnend für den Menschen Mörike; der Blick auf sein Leben erweist ihn als Melancholiker mit hochsensibler Kreativität, begabt jedoch auch mit einem ausgeprägten Sinn für Humor und Komik. Sein Werk zeigt eine zunehmende Poetisierung, Ästhetisierung und damit Nobilitierung des Alltags; alltägliches Leben erhält durch die Verwendung traditionsreicher, insbesondere antiker oder antikisierender Formen die Qualität humaner Grunderfahrungen. Poetisches, geformtes Sprechen ist für Mörike Medium der Alltagskommunikation, er ist ›Dichter‹ auch im alltäglichen Umgang mit Familie und Freunden. Der selbstironische Vers »Als Dichtel hab ich ausgestritten« aus dem vierzeiligen »StegreifVerslein«, das Mörike am 16. März 1849 an den Freund Hartlaub schickte (HKA 15, S. 304), hat sich nicht bewahrheitet; im Jahre 2004, im Jahr seines 200. Geburtstags, gehört Mörike zum selbstverständlichen Kanon der deutschen Literatur.

Es bleibt zu danken: der Stiftung Landesbank Baden-Württemberg, die durch ihre großzügige Spende die Arbeit am Handbuch unterstützt hat, Regina Cerfontaine, Hans-Ulrich Simon und vor allem Albrecht Bergold von der Arbeitsstelle der Historisch-kritischen Mörike-Ausgabe (Mörike-Archiv) am Deutschen Literaturarchiv Marbach für hilfreiche Auskünfte und den jederzeit bereitwillig gegebenen Rat, Uwe Schweikert vom Metzler-Verlag für die engagierte Begleitung des Projekts und Oliver Schütze für die Betreuung in der Endphase; wir danken weiter Jürgen Landwehr für Rat und Hilfe, Silke Arnold-de Simine und Alexander Reck für die Unterstützung bei der Auswahl der Illustrationen, Kai Berkes, Andreas Gürtler sowie insbesondere Susanne Kaulich-Koch und Markus Müller für die sorgfältige Korrektur und den studentischen Hilfskräften Anja Hoffmann, Simone Weckler und Regine Zeller für ihre intensive und gründliche Mitarbeit.

Die Herausgeber

Hinweise zur Benutzung

Der Name »Mörike« wird mit »M.« (im Genitiv »M.s«) abgekürzt; ein Verzeichnis aller Siglen und Abkürzungen ist auf S. X–XII zu finden. Titel von Primär- und Sekundärliteratur erscheinen im laufenden Text kursiv. Titel von Mörikes Werken können in Kurzform genannt sein.

Mörikes Werke werden nach HKA zitiert oder, soweit beim Abschluss des Handbuchs dort noch nicht erschienen, nach SW; es werden jeweils Band- und Seitenzahl angegeben. Bei bisher nicht publizierten Werken Mörikes, die erstmals in HKA erscheinen werden, wird auf den entsprechenden Band verwiesen (dies betrifft vornehmlich HKA 7). Zitate im laufenden Text sind in doppelte Anführungszeichen, Zitate innerhalb von Zitaten in einfache Anführungszeichen gesetzt. Auslassungen in Zitaten werden durch eckige Klammern und drei Punkte gekennzeichnet; Einfügungen der Verfasser in Zitaten stehen ebenfalls in eckigen Klammern. Die Zitate sind im laufenden Text, mit Angaben in runden Klammern, nachgewiesen. Hervorhebungen in Zitaten erscheinen durchweg kursiv, auf die Wiedergabe bloßer Schreibgewohnheiten Mörikes (z.B. der Verwendung lateinischer Schrift für fremdsprachliche Wendungen) wurde verzichtet. Hervorhebungen der Verfasser erscheinen kursiv, zur besonderen Kennzeichnung einzelner Wörter (etwa als Jargon) werden einfache Anführungszeichen verwendet.

Jedem Artikel ist ein alphabetisch geordnetes Literaturverzeichnis angeschlossen, das neben der im Artikel zitierten Literatur eine Auswahl der einschlägigen Forschungsliteratur enthält. Am Ende des Handbuchs findet sich eine Bibliographie zu Mörike.

Die Anordnung der Artikel im Abschnitt »Werk« ist an den Gattungen orientiert; die Artikel zu den einzelnen Gedichten sind chronologisch nach den Entstehungsdaten der Gedichte geordnet (bei Unklarheiten etwa innerhalb eines Jahres wurde die alphabetische Abfolge nach Titel oder Anfang des Gedichts gewählt). Auf Verweise zwischen den Artikeln wurde verzichtet; es sei stattdessen auf die Möglichkeit der Erschließung des Handbuchs durch das Inhaltsverzeichnis und die Register hingewiesen.

Siglenliste, Abkürzungen

Mörikes Werke

HKA	Mörike, Eduard: Werke und Briefe. Historisch-kritische Gesamtausgabe. Im Auftrag des Ministeriums für Wissenschaft und Kunst Baden-Württemberg und in Zusammenarbeit mit dem Schiller-Nationalmuseum Marbach a.N. hg. v. Hubert Arbogast, Hans-Henrik Krummacher, Herbert Meyer u. Bernhard Zeller. Stuttgart 1967ff.
M	Mörikes Werke. Kritisch durchgesehene und erläuterte Ausgabe. 3 Bde. Hg. von Harry Maync. 2. Aufl. Leipzig 1914.
SW	Eduard Mörike: Sämtliche Werke in zwei Bänden. Nach den Originaldrucken zu Lebzeiten Mörikes und nach den Handschriften. Textredaktion: Jost Perfahl. München 1967, 1970. Bd. 1: 6. Auflage Düsseldorf, Zürich 1997, mit Nachwort, Anmerkungen, Bibliographie und Zeittafel von Helmut Koopmann; Bd. 2: 3. Auflage Düsseldorf, Zürich 1996, mit Anmerkungen von Helmut Koopmann.
A^1	Mörike, Eduard: Gedichte. Stuttgart, Tübingen 1838.
A^2	Mörike, Eduard: Gedichte. 2. verm. Aufl. Stuttgart, Tübingen 1848.
A^3	Mörike, Eduard: Gedichte. 3. verm. Aufl. Stuttgart, Tübingen 1856.
A^4	Mörike, Eduard: Gedichte. 4. verm. Aufl. Stuttgart 1867.
Iris	Mörike, Eduard: Iris. Stuttgart 1839.
Vier Erzählungen	Mörike, Eduard: Vier Erzählungen. Stuttgart 1856.

Briefausgaben

BAUER: BRIEFE – Bauer, Ludwig Amandus: Briefe an Eduard Mörike. Hg. v. Bernhard Zeller u. Hans-Ulrich Simon. Marbach a.N. 1976.

BRIEFWECHSEL HEYSE – Ein Gefühl der Verwandtschaft: Paul Heyses Briefwechsel mit Eduard Mörike. Hg. v. Rainer Hillenbrand. Frankfurt a.M. u.a. 1997.

BRIEFWECHSEL KURZ – Briefwechsel zwischen Hermann Kurz und Eduard Mörike. Hg. v. Jakob Baechtold. Stuttgart 1885.

BRIEFWECHSEL SCHWIND – Briefwechsel zwischen Eduard Mörike und Moriz v. Schwind. Hg. v. Hanns Wolfgang Rath. 2., um vier Briefe vermehrte Aufl. Stuttgart o.J. [1920].

BRIEFWECHSEL STORM – Theodor Storm – Eduard Mörike. Theodor Storm – Margarethe Mörike. Briefwechsel. Hg. v. Hildburg und Werner Kohlschmidt. Berlin 1978.

BRIEFWECHSEL STRAUSS-VISCHER – Briefwechsel zwischen David Friedrich Strauß und Friedrich Theodor Vischer. 2 Bde. Hg. v. Adolf Rapp. Stuttgart 1952.

BRIEFWECHSEL VISCHER – Briefwechsel zwischen Eduard Mörike und Friedrich Theodor Vischer. Hg. v. Robert Vischer. München 1926.

SEEBASS 1939 – Mörike, Eduard: Briefe. Hg. v. Friedrich Seebaß. Tübingen 1939.

SEEBASS 1941 – Mörike, Eduard: Unveröffentlichte Briefe. Hg. v. Friedrich Seebaß. Stuttgart 1941.

SEEBASS 1945 – Mörike, Eduard: Unveröffentlichte Briefe. Hg. v. Friedrich Seebaß. 2., umgearb. Aufl. Stuttgart 1945.

STRAUSS: BRIEFE – Strauß, David Friedrich: Ausgewählte Briefe. Hg. u. erläutert v. Eduard Zeller. Bonn 1895.

Forschungsliteratur

B. Mayer – Mayer, Birgit: Eduard Mörike. Stuttgart 1987.
Barnouw – Barnouw, Dagmar: Entzückte Anschauung. Sprache und Realität in der Lyrik Eduard Mörikes. München 1971.
Braungart / Simon – Braungart, Wolfgang; Simon, Ralf (Hg.): Eduard Mörike. Ästhetik und Geselligkeit. Tübingen 2004.
Bruch – Bruch, Herbert: Faszination und Abwehr. Historisch-psychologische Studien zu Eduard Mörikes Roman *Maler Nolten*. Stuttgart 1992.
Doerksen – Doerksen, Victor G. (Hg.): Eduard Mörike. Darmstadt 1975.
Fliegner – Fliegner, Susanne: Der Dichter und die Dilettanten. Eduard Mörike und die bürgerliche Geselligkeitskultur des 19. Jahrhunderts. Stuttgart 1991.
Gedenkausstellung – Eduard Mörike: 1804–1875–1975. Gedenkausstellung zum 100. Todestag im Schiller-Nationalmuseum Marbach a. N. vom 21. März – 10. November 1975. Texte und Dokumente. Hg. v. Bernhard Zeller. 2. durchges. Aufl. Stuttgart 1990.
Hart Nibbrig – Hart Nibbrig, Christaan L.: Verlorene Unmittelbarkeit. Zeiterfahrung und Zeitgestaltung bei Eduard Mörike. Bonn 1973.
Heydebrand – Heydebrand, Renate von: Eduard Mörikes Gedichtwerk. Beschreibung und Deutung der Formenvielfalt und ihrer Entwicklung. Stuttgart 1972.
Hötzer – Hötzer, Ulrich: Mörikes heimliche Modernität. Hg. v. Eva Bannmüller. Tübingen 1998.
M. Mayer – Mayer, Mathias: Eduard Mörike. Stuttgart 1998.
Mayer: Interpretationen – Mayer, Mathias (Hg.): Gedichte von Eduard Mörike. Stuttgart 1999.
Maync – Maync, Harry: Eduard Mörike. Sein Leben und Dichten. 5. Aufl. Stuttgart 1944.
Rückert – Rückert, Gerhard: Mörike und Horaz. Nürnberg 1970.
Sengle – Sengle, Friedrich: Biedermeierzeit. Deutsche Literatur im Spannungsfeld von Restauration und Revolution 1815–1848. 3 Bde. Stuttgart 1971–1980.
Simon – Simon, Hans-Ulrich: Mörike-Chronik. Stuttgart 1981.
Steinmetz – Steinmetz, Horst: Eduard Mörikes Erzählungen. Stuttgart 1969.
Storz – Storz, Gerhard: Eduard Mörike. Stuttgart 1967.
Unger – Unger, Helga: Mörike-Kommentar zu sämtlichen Werken. Mit einer Einführung von Benno von Wiese. München 1970.
Wiese – Wiese, Benno von: Eduard Mörike. Tübingen u. a. 1950.
Wild – Wild, Reiner (Hg.): »Der Sonnenblume gleich steht mein Gemüthe offen«. Neue Studien zum Werk Eduard Mörikes. Mit einer Bibliographie der Forschungsliteratur 1985–1995. St. Ingbert 1997.

Zeitschriften

DVjs.	Deutsche Vierteljahrsschrift für Literaturwissenschaft und Geistesgeschichte
GQu.	The German Quarterly
GRM.	Germanisch-romanische Monatsschrift
JbFDtHochst.	Jahrbuch des Freien Deutschen Hochstifts
SchillerJb.	Jahrbuch der deutschen Schiller-Gesellschaft
WirkWort.	Wirkendes Wort
ZfdPh.	Zeitschrift für deutsche Philologie

Abkürzungen

Aufl.	Auflage
Bd.	Band
Bde.	Bände
Diss.	Dissertation
durchges.	durchgesehen
ebd.	ebenda
eingel.	eingeleitet
Fs.	Festschrift
Hg./hg.	Herausgeber(in)/herausgegeben

Hs./hs.	Handschrift/handschriftlich	Sp.	Spalte
Hervorh.	Hervorhebung	Str.	Strophe
Jb.	Jahrbuch	Tsd.	Tausend
Jh./Jh.s	Jahrhundert/Jahrhunderts	u. a.	unter anderem, unter anderen
Kap.	Kapitel	u. ö.	und öfter
Komm.	Kommentar	v.	vom, von
M., M.s	Mörike, Mörikes	V.	Vers
Ms.	Manuskript	Vf.	Verfasser
N. F.	Neue Folge	Vol./vol.	Volumen/volume
o. J.	ohne Jahr	vollst.	vollständig
o. O.	ohne Ort	zit.	zitiert
SNM	Schiller-Nationalmuseum Marbach		

Biographische Grundlagen

Eduard Mörike. Sein Leben und seine Zeit

Als M. am 8. September 1804 in Ludwigsburg geboren wurde, bestand noch das Heilige Römische Reich Deutscher Nation; es wurde zwei Jahre später aufgelöst. Das Herzogtum Württemberg war 1803, ein Jahr vor M.s Geburt, durch den Reichsdeputationshauptschluss mit beträchtlichem Gebietsgewinn zum Kurfürstentum geworden, Ende 1805 wurde es Königreich und konnte bis 1815 sein Gebiet nochmals deutlich vergrößern. Als M. am 4. Juli 1875 in Stuttgart starb, lag die Gründung des Deutschen Reiches bereits viereinhalb Jahre zurück; Württemberg war einer der Bundesstaaten. Die siebzig Jahre der Lebenszeit M.s umgreifen eine Phase grundlegender und nachhaltig wirksamer Veränderungen. M. war Zeitgenosse eines umfassenden, alle gesellschaftlichen Bereiche betreffenden Vorgangs der Modernisierung, der allgemein als Transformationsprozess von der feudal-ständischen zur bürgerlich-kapitalistischen Gesellschaft bezeichnet werden kann. Dazu gehören, um jedenfalls einige Stichworte aufzurufen, die Durchsetzung bürgerlicher Teilhabe an der politischen Macht, nicht zuletzt auch mit revolutionären Mitteln, ebenso wie die allmählich einsetzende und sich zunehmend beschleunigende Industrialisierung mit ihren sozialen Konsequenzen etwa des Pauperismus und der Ausbildung des Proletariats; dazu gehören weiter die Zunahme der Bevölkerung, die Beschleunigung der Verkehrsmittel und die Etablierung der modernen Naturwissenschaften und deren Umsetzung in der Technik. Und dazu gehört auch ein erheblicher kultureller Wandel; wenige literaturhistorische Hinweise mögen zur Illustration genügen: In M.s Geburtsjahr erschienen Goethes *Natürliche Tochter* und Schillers *Wilhelm Tell*, ein Jahr später veröffentlichten Achim von Arnim und Clemens Brentano den ersten Band von *Des Knaben Wunderhorn*; in M.s Todesjahr publizierte Gottfried Keller den zweiten Teil seiner *Seldwyler Geschichten*, in Frankreich waren bereits die ersten Gedichte von Stéphane Mallarmé, ebenso die ersten Bände von Emile Zolas *Les Rougon-Macquart* erschienen. Von dieser gesellschaftlichen Dynamik des Jahrhunderts erscheint M.s Lebensweg kaum berührt; die äußeren Daten dieses Lebens sind wenig spektakulär. Autobiographisch hat sich M. kaum geäußert; neben wenigen kleineren Hinweisen ist die wichtigste Schrift der Lebenslauf *Zu meiner Investitur als Pfarrer in Cleversulzbach, im Juli 1834 geschrieben*. So sind seine Briefe die bedeutendsten und aussagekräftigsten biographischen Dokumente; voran gilt dies für den lebenslangen Briefwechsel mit Wilhelm Hartlaub und dessen Familie.

Die Familie M. gehörte zu den württembergischen Honoratioren; der Vater Karl Friedrich M. hatte zunächst Theologie studiert, war auch kurze Zeit als Vikar tätig, begann dann Medizin zu studieren, ließ sich als Arzt in Ludwigsburg nieder und wurde dort Oberamtsarzt; die Mutter Charlotte Dorothea Beyer war die Tochter eines Pfarrers. Eduard M. war das siebte Kind dieser Ehe; bei seiner Geburt lebten freilich nur noch zwei der älteren Geschwister, und auch von den nachfolgenden starben zwei bei der Geburt. Schon früh war für Eduard M. die Pfarrerlaufbahn vorgesehen; ab Ostern 1811 besuchte er die Lateinschule in Ludwigsburg. Eine einschneidende Erfahrung war der Schlaganfall des Vaters im Sommer 1815; im *Investiturlebenslauf* schreibt M. lapidar: »Mit diesem Tage begann des Glück unseres Hauses in mehr als *einem* Betracht zu sinken« (HKA 7; SW 2, S. 542). Nach dem Tod des Vaters im September 1817 kam M. nach Stuttgart zu seinem Onkel Eberhard Friedrich von Georgii, einem bedeutenden Juristen und württembergischen Beamten, dessen Haus ein gesellschaftliches Zentrum der Stadt war. M. besuchte das Gymnasium illustre; das Landexamen, die Aufnahmeprüfung für die niederen theologischen Seminarien Württembergs, bestand er allerdings nicht; dennoch wurde er, wohl durch die Fürsprache des Onkels, im Herbst 1818 in das Seminar in Urach aufgenommen. Die dortige Ausbildung galt vorrangig den alten Sprachen; es gab auch Unterricht in der deutschen Literatur, deren Kenntnis M. durch beträchtliche selbständige Lektüre erweiterte. In Urach schloss M. eine Reihe von Freundschaften, von denen einige lebenslang hielten. Zu nennen sind hier vor allem Wilhelm Hartlaub, der ›Urfreund‹, und Johannes Mährlen; bedeutsam war zudem die Bekanntschaft mit Wilhelm Waiblinger. Im Herbst 1822 bezog M. das Tübinger Stift; es begann die akademische Ausbildung für den Pfarrerberuf. M. war ein mittelmäßiger Student; die theologische Ausbildung in Tübingen war zu dieser Zeit kaum eine intellektuelle Herausforderung. Vom burschenschaftlichen Treiben der Zeit hielt M. sich weitgehend fern. Bedeutsam waren hingegen auch in der Studienzeit die Freundschaften; zu den bisherigen, in Tübingen fortgesetzten kamen neue, so die mit Rudolf Lohbauer und vor allem die mit Ludwig Bauer, mit dem zusammen M. die phantastische Insel Orplid erfand. In die Studienzeit fällt vor allem auch die Begegnung mit Maria Meyer. Im Frühjahr 1823 lernt M. sie kennen, verliebt sich leidenschaftlich in sie, bezwingt jedoch, wesentlich unter dem Druck der Familie, diese Leidenschaft. Maria Meyers Versuch, ihn im Sommer 1824 wieder zu sehen, verweigert er sich und schreibt in dieser Situation der Verweigerung das erste der *Peregrina*-Gedichte. Die für M. traumatische Liebeserfahrung war zugleich die Initiation zum Dichter.

Im Herbst 1826 beschloss M. sein Studium, im Dezember trat er in Oberboihingen sein erstes Vikariat an. Es folgt die Zeit als Vikar und Pfarramtsverweser, die M. an eine Reihe von Orten führte und bei ihm von vergleichsweise langer, jedoch keineswegs ungewöhnlicher Dauer war. Im Dezember 1827 ließ er sich beurlauben und versuchte, sich als freier Schriftsteller zu etablieren, allerdings ohne Erfolg; im Frühjahr 1829 kehrte er in den Pfarrdienst zurück. Immerhin waren 1827 und 1828 überaus produktive Jahre. 1828 erschienen erstmals Gedichte M.s in Cottas *Morgenblatt für gebildete Stände*; 1832 wird *Maler Nolten* veröffentlicht. Während des Vikariats in Plattenhardt lernte M. Luise Rau kennen, mit der er sich 1829 verlobte; 1833 wird die Verlobung jedoch wieder gelöst. Im Juli 1834 tritt M. eine Pfarrstelle in Cleversulzbach im württembergischen Unterland nahe Heilbronn und Weinsberg an; den Haushalt führen ihm seine Mutter, die allerdings 1841 stirbt, und seine jüngere Schwester Klara. Die ersten Jahre in Cleversulzbach sind erneut eine sehr produktive Zeit; M. wandte sich der antiken Lyrik zu, 1838 erschien die erste Auflage der *Gedichte*, ein Jahr später der Sammelband *Iris*. Freilich ist M. durch Krankheiten mehrfach beeinträchtigt, die ihn auch immer wieder in der Ausübung seiner Aufgaben als Pfarrer behindern; es gibt deutliche Hinweise, dass er an Multipler Sklerose gelitten haben könnte (vgl. HKA 12, S. 300–302), was seine zweifellos vorhandene Neigung zur Hypochondrie sicherlich verstärkt hat. 1843, nach nur neun Jahren im Pfarramt, wurde M. aus gesundheitlichen Gründen pensioniert; nach einigen Zwischenstationen zog er mit der Schwester Klara 1844 nach Bad Mergentheim, wo er bis 1851 wohnte. Die Befreiung vom Pfarramt führte zunächst zu einer höheren Produktivität; neben einer Reihe bedeutender Gedichte entsteht die *Idylle vom Bodensee*. Für die Lebensumstände ist das in Bad Mergentheim geführte, bereits etwas früher begonnene *Haushaltungsbuch* eine aufschlussreiche Quelle; es zeigt, dass die Geschwister M. sich zwar durchaus einschränken mussten und kaum größere finanzielle Spielräume hatten, gleichwohl aber innerhalb der üblichen bürgerlichen Verhältnisse einer württembergischen Provinzstadt dieser Zeit lebten. In Bad Mergentheim lernt M. 1845 die Katholikin Margarethe Speeth kennen, die er, trotz des konfessionellen Unterschieds, 1851 heiratet. Mit der Heirat ist der Umzug nach Stuttgart verbunden; M. wird, vorrangig wegen der nötigen Aufbesserung der Einkünfte, Literaturlehrer am Katharinenstift. Klara gehörte mit zum Haushalt von Eduard und Margarethe M. Die erste Zeit in Stuttgart, etwa bis zur Mitte der sechziger Jahre, war – so lässt sich mit einigem Recht behaupten – die glücklichste in M.s Leben. 1855 und 1857 werden die Töchter Fanny und Marie geboren. Die Ehe ist glücklich; das Zusammenleben mit der Schwester, die ménage à trois führt noch nicht, wie in späteren Jahren, zu schwereren Belastungen. Zur privaten Zufriedenheit kommt die verstärkte öffentliche Würdigung M.s hinzu. Seit den vierziger Jahren ist er als Autor etabliert und anerkannt; er veröffentlicht in bekannten Zeitschriften, 1852 erscheinen *Die Hand der Jezerte* und *Das Stuttgarter Hutzelmännlein*, 1855 *Mozart auf der Reise nach Prag*. 1852 verleiht ihm die Universität Tübingen die Ehrendoktorwürde, 1856 erhält er den Professorentitel. 1862 gewährt ihm die Deutsche Schiller-Stiftung eine Ehrengabe, ab dem folgenden Jahr eine jährliche Pension. M. schließt einige neue Freundschaften, und er kann eine Reihe auswärtiger Besucher empfangen, die ihn eigens aufsuchen. Dazu gehören beispielsweise Theodor Storm, Paul Heyse, Emanuel Geibel, Friedrich Hebbel und Ludwig Richter, ebenso Ivan Turgenev; mit einigen von ihnen bleibt M. in brieflichem Kontakt. In den sechziger Jahren häufen sich allerdings allmählich die skeptischen Selbstaussagen M.s; die familiären Probleme nehmen zu. 1866 beendet M. seine Lehrtätigkeit am Katharinenstift; die folgenden Jahre sind von Rückzug, zunehmender Resignation, auch Verkümmerung bestimmt. 1873 trennen sich M. und seine Frau; er verlässt mit der Tochter Marie und der Schwester Klara die gemeinsame Wohnung, die Tochter Fanny bleibt bei der Mutter. Im Mai 1875, wenige Wochen vor M.s Tod, kommt es noch zu Wiederbegegnung und Versöhnung der Ehegatten.

Zeitlebens war die Familie ein zentraler Bezugsort M.s; die lebenslang enge und offenbar nahezu ungetrübte Beziehung zur Mutter, die in ihrer Qualität zwar unterschiedlichen, dennoch aber durchweg engen Beziehungen zu den Geschwistern waren für ihn wesentliche Faktoren psychischer Stabilisierung. Das gilt in M.s Schul- und Studienzeit vor allem für die Beziehung zu der älteren, bereits 1827 gestorbenen Schwester Luise, die aus einer tief religiösen, mitunter auch moralisch verengten Haltung heraus starken Einfluss auf ihn ausübte; im *Investiturlebenslauf* schreibt M. über Luise, »daß sie mir in vorzüglichem Sinn angehörte; von wie mancher Thorheit, mancher Übereilung hielt sie mich zurück!« (HKA 7; SW 2, S. 546) Von zentraler Bedeutung für die spätere Zeit ist die Beziehung zur Schwester Klara, der jüngsten im Geschwisterkreis, die ihm seit 1834, zunächst zusammen mit der Mutter, den Haushalt führte, auch während M.s Ehe im Haushalt wohnte und nach der Trennung von der Ehefrau bei ihm blieb. Von den vier Brüdern waren vor allem der ältere Bruder Karl und der drei Jahre jüngere August, der bereits 1824 starb, von starker emotionaler und auch intellektueller Bedeutung für M.; die Beziehungen zu den jüngeren Brüdern Ludwig und Adolph waren zwar gleichfalls eng und vertraut, aber deutlich lockerer. Familiäre Bindung hieß im Übrigen auch finanzielle Unterstützung; M. musste mehrfach Bürgschaften für seine Brüder leisten und dafür Darlehen aufnehmen, was seinen ohnehin knappen finanziellen Spielraum über Jahre hinweg zusätzlich einengte. Erweitert und ergänzt wurden diese geschwisterlichen Beziehungen durch die verwandtschaftlichen der väterlichen wie der mütterlichen Herkunftsfamilie. Auch die Freundschaften M.s bilden, wenngleich mit unterschiedlicher Intensität, gleichsam eine Erweiterung der familiären Beziehungen; zum engen Umkreis solcher familiärer Zusammengehörigkeit zählen insbesondere Wilhelm und Konstanze Hartlaub, die mit ihren Kindern für Eduard und Klara M. fast zu ihrer zweiten Familie werden. Am 26. Juni 1840 schreibt M. an Hartlaub: »Wie freu ich mich auch auf die Kinder! Als wenn sie meine wären« (HKA 13, S. 102). Die familiären, verwandtschaftlichen und freundschaftlichen Beziehungen bilden ein Geflecht breit gefächerter Kommunikation, liebevoller Anteilnahme, wechselseitiger Unterstützung und starker Emotionalität. Auffällig ist die hohe Bedeutung des Briefes für Austausch und Pflege der Beziehungen. In einem frühen Brief an Waiblinger berichtet M. von seinen Schwierigkeiten im unmittelbaren Umgang mit Menschen: »Das ist ein wunderlicher, aber schon tausendmal v. mir verfluchter Zug, *daß ich,* aus einer *dunkeln* Besorgniß, ich möchte dem Freund oder Bekannten, den ich zum erstenmal oder auch nach langer Zeit wieder sehe, (der aber im ersten Fall schon v. mir gehört haben muß) in einem ungünstigen Licht erscheinen, *blizschnell aus meinem eigentlichen Wesen heraustrete. Das ist schon so eingewurzelt bey mir, daß ich diese Maske fast bewußtlos annehme u. so den Freund abhalte, mir frey, mit warmen Zutrauen entgegenzukommen, mithin keinem v. beyden, am wenigsten mir selbst damit diene. Dabey ist mir aber nicht wohl zu Muthe, es drückt mich immer, es ist als wär ich in einen neblichten Duft halb eingeschleyert, als stünde der Freund klar u. wahrhaft mir vor Augen, wo ich mich ihm dann so gerne ganz offen u. unbefangen zeigen möchte, je mehr ich ihn liebgewinne u. bemerke, daß er so mich nicht lieben kann, da möcht ich ihm gerne mit Thränen mein Inneres aufschließen, das von Wunden blutet – aber ich kann nicht mehr aus dem Schleyer herausspringen ich scheue mich vor ihm u. zürne wüthend über mich selber«* (HKA 10, S. 28 f.). Das Medium des Briefes gab M. offenbar die Möglichkeit, in der Distanz vom Adressaten die emotionale Beteiligung auszudrücken, die er im direkten Kontakt, in mündlicher Kommunikation nicht aussprechen konnte. Auch deshalb sind M.s Briefe ein zentraler Bestandteil seines Werks, wobei freilich zu beachten ist, dass er gerade dort, wo er emotional im höchsten Maße beteiligt ist, auch in seinen Briefen oftmals schweigt.

M.s emotionale Bindung an die Familie, insbesondere die Beziehungen zur Mutter und zu den Schwestern haben wohl wesentlich dazu beigetragen, dass seine Liebesbeziehungen zu Frauen durchweg unglücklich verliefen; andererseits haben die Trennungserfahrungen die familiären Bindungen wiederum verstärkt. Auch manche seiner männlichen Freundschaften mögen durch diese Erfahrungen, gleichsam kompensatorisch, intensiviert worden sein. Bei den Beziehungen zu Frauen kommt ein gleichfalls zeittypisches Moment hinzu, auf das Sengle aufmerksam macht: »*Das Erschrecken vor dem Geschlecht und vor der Unsicherheit der eigenen Liebesneigung kann als typisch biedermeierlich angesehen werden*« (Sengle, Bd. 3, S. 696). M.s erste Liebe war Klara (›Klärchen‹) Neuffer, seine gleichaltrige Cousine. Näheres ist nicht bekannt; immerhin trägt das Gedicht *Erinnerung* ihre Initialen als Widmung. Unbekannt ist vor allem, warum die Beziehung zu Ende ging. Vermutlich hat sich Klara Neuffer schon während M.s früher Uracher Zeit von ihm abgewandt, wohl wegen der beginnenden Beziehung zu ihrem späteren Ehemann. M. hat diese Trennung offenbar als Treubruch erfahren; in einem Brief an Waiblinger schreibt er: »*Ich nannte einst ein Wesen mein, wie Du eines Dein nanntest – Dir wards genommen aber Du hasts noch. ich habs auch verloren aber trauriger, – denn zu einem andern ists übergegangen*« (HKA 10, S. 26). Treubruch und Betrug, verbunden mit Leidenschaft und Schuld, sind auch die wesentlichen Motive, die M.s Liebeserfahrung mit Maria Meyer prägen. Er hat sich in die geheimnisvolle und schöne, aus der Fremde auftauchende junge Frau leidenschaftlich verliebt, und sie erwiderte offenbar diese Liebe. Ihre fragwürdige Herkunft, ihre abenteuerliche Vergangenheit und ihr plötzliches erneutes Verschwinden stürzten ihn in einen tiefen Konflikt; die Familie, voran die Schwester Luise, unternahm alles, ihn aus dieser Beziehung zu lösen. Er beugt sich diesem Einfluss; als Maria Meyer zurückkommt, verweigert er das Gespräch. Zurück blieb eine traumatische, ihn lebenslang bedrängende Erfahrung; davon zeugt der Peregrina-Komplex in seinem Werk, im *Peregrina*-Zyklus selbst, in *Maler Nolten* und, wenngleich versteckter, noch in weiteren Dichtungen. Ansonsten schweigt M. über diese Erfahrung; in einem späteren Brief an Hartlaub spricht er von seiner »Nolimetangere-Vergangenheit« (HKA 14, S. 96). Möglicherweise vorhandene Zeugnisse der Beziehung hat M. wohl vernichtet; die Briefe an und von Maria Meyer, die er seiner Schwester Luise übergeben hatte, sind nicht erhalten. So ist die Frage nach der Bedeutung dieser Erfahrung auf das Werk verwiesen; deutlich ist immerhin, dass M.s Existenz als Dichter zutiefst davon geprägt ist. Maria Meyer selbst ist schließlich an ihren Geburtsort Schaffhausen zurückgekehrt und heiratete dort einen Handwerksmeister; sie starb 1865.

Im Mai 1829 lernte M. in Plattenhardt Luise Rau kennen; die beiden verliebten sich, im August fand die Verlobung statt. An eine Heirat war wegen der noch ungesicherten beruflichen Stellung M.s vorerst nicht zu denken; es begann eine vier Jahre dauernde Beziehung, die vor allem durch die mehrfachen und längeren räumlichen Trennungen belastet wurde. Im November 1833 wurde die Verlobung gelöst. Vermutlich hat die Familie von Luise Rau auf die Beendigung der Beziehung gedrängt; wer das Verlöbnis letztlich gelöst hat, ist allerdings nicht auszumachen, da die Zeugnisse aus dieser Phase vernichtet wurden. M. jedenfalls nannte die Trennung in einem Brief an Friedrich Theodor Vischer Ende 1833 »eine für mein ganzes Leben wichtige Katastrophe« (HKA 12, S. 51), und vier Jahre später schrieb er an Hartlaub, dem er seine Briefe an Luise Rau aus der Verlobungszeit übersandte: »Nur wirst Du daraus ersehen, daß ich das Mädchen unsäglich liebte. Es ist dießfalls auch nicht Ein falscher Hauch darin; sonst wären sie lange ins Feuer geworfen. Es schwindelt mir, wenn ich hineinblicke und denke, wir sind auseinander!« (HKA 12, S. 152) Die erhaltenen Briefe M.s an Luise Rau gehören in ihrer Mischung von familiärer Alltagskommunikation, emphatischem Ausdruck der Liebe und dichterischen Werkstattberichten zu den schönsten deutschen Liebesbriefen. Luise Rau hat 1845, bereits neununddreißig Jahre alt, geheiratet; sie starb 1901.

Es scheint so, als habe sich M. nach diesem erneuten Scheitern einer Liebesbeziehung auf eine Junggesellenexistenz eingerichtet, wie er sie dann auch in dem von Mutter und Schwester geführten Pfarrhaushalt in Cleversulzbach lebte. Nach der Pensionierung lernte er dann Margarethe Speeth kennen, die er 1851 heiratete. Die Heirat mit einer Katholikin war zweifelsohne eine der »mutigsten Entscheidungen« in M.s Leben (SENGLE, Bd. 3, S. 731 f.); schon dieser Umstand lässt auf eine tiefe Bindung schließen. Und gewiss gab es für das Paar Phasen des Glücks; eine Erinnerung der Ehefrau aus der Zeit in Lorch mag dafür einstehen: »Es war wohl eine der schönsten Zeiten meines Lebens! Wie Kinder waren wir vergnügt – und als gehöre uns das ganze herrliche Revier dort, ging ich mit Eduard Hand in Hand und Arm um Arm durch die Fluren und Wälder« (GEDENKAUSSTELLUNG, S. 466). Von vornherein jedoch war in diese Beziehung die Schwester Klara einbezogen, mehr noch: die Freundschaft der beiden Frauen ging der zwischen Eduard und Margarethe voraus. Auf Dauer war dieses Dreierverhältnis nicht durchzuhalten; so endete auch diese zeitweise immerhin erfüllte Liebe M.s mit der Trennung. Als Liebender ist M. so immer wieder, letztlich auch in seiner Ehe gescheitert; bemerkenswert ist freilich der Umstand, dass gerade er eine überaus vieltönige und facettenreiche Liebeslyrik hinterlassen hat, in der höchste Leidenschaft genauso ihren Ausdruck findet wie sanfte Zärtlichkeit, tiefe Liebesschuld ebenso wie heiteres erotisches Spiel.

M. hat in den Stationen seines Lebensgangs das Königreich Württemberg nicht verlassen; lediglich auf einigen wenigen Reisen hat er dessen Grenzen für kurze Zeit überschritten. Die regionale Einbindung ist so ein wesentliches Moment seines Lebens. Sie hat auch die Rezeption nachhaltig bestimmt; schon zeitgenössisch wurde M. vornehmlich als schwäbischer Autor gesehen, die Zuordnung zur ›schwäbischen Schule‹ durch Heinrich Heine ist dafür ein prominentes und zugleich wirkungsmächtiges Zeugnis. Auffällig ist allerdings, dass in M.s Werk der Region keineswegs die zentrale Rolle zukommt, die solcher Einschätzung entspräche. Zwar hat M. mit dem *Stuttgarter Hutzelmännlein* ein württembergisch geprägtes Märchen vorgelegt, und die *Idylle vom Bodensee* ist in einem spezifischen, im Übrigen epochentypischen Sinne Regionalliteratur, seine weitere erzählende Dichtung jedoch, von *Maler Nolten* bis zu *Mozart auf der Reise nach Prag*, ist frei von regionaler Bindung. In seiner Lyrik spielt die Region außer in *Der alte Thurmhahn* und in den Gelegenheits- und Alltagsgedichten gleichfalls keine Rolle. In biographischer Hinsicht ist freilich die Einbettung in württembergische Gegebenheiten von prägender Bedeutung. M. hat den sozialen Ort der württembergischen ›Ehrbarkeit‹, der er nach seiner familiären Herkunft zugehörte, nie verlassen; gerade in seiner wohl geselligsten Zeit, in den Stuttgarter Jahren nach 1851, bildete diese Honoratiorenschicht das soziale Umfeld, in dem er sich bewegte (FLIEGNER).

Ein bestimmendes Moment seiner regionalen Prägung ist zudem fraglos seine berufliche Tätigkeit. Mit der für Württemberg spezifischen Ausbildung des geistlichen Nachwuchses durch die theologischen Seminare und das Tübinger Stift wurde gleichermaßen eine gediegene Bildung wie eine charakteristische mentale Ausrichtung erreicht, der sich M. nicht entziehen konnte. Gleiches gilt für die Arbeit als Vikar und für das Pfarramt, wobei außerdem zu bedenken ist, dass ein Pfarrer, in enger Verknüpfung mit seinem geistlichen Amt, in seiner Gemeinde auch der örtliche Vertreter und Repräsentant der staatlichen Obrigkeit war. Freilich bewahrte M. ein distanziertes Verhältnis zum Pfarrerberuf, zu dem, wie es im *Investiturlebenslauf* zurückhaltend heißt, »man«, die Familie also, ihn früh bestimmt hatte (HKA 7; SW 2, S. 542). Die Äußerungen aus der Zeit, als M. versucht, dem Vikariat zu entkommen und sich als freier Schriftsteller zu etablieren, sind deutlich, wobei zudem auffällt, dass sie in ihrer Diktion an die Sprache des Sturm und Drang erinnern: »*Alles, nur kein Geistlicher!*« (HKA 10, S. 199); »Ich fühle ein ununterdrückbares Bedürfniß mich für jezt von der geistlichen Laufbahn zu entfernen« (HKA 10, S. 203); »Schaffe nur einen Ausweg vor dem Consistorium und seiner Stickluft, so will ich mich regen und umthun, und Dinte aus alle Poren sprützen!« (HKA 10, S. 208) Auch nach dem Wiedereintritt ins Vikariat findet M. deutliche Worte. So teilt er Johannes Mährlen im März 1829 mit, dass er »wieder das Joch schleppe«, und fährt fort: »Du hast keinen Begriff von meinem Zustand. Mit Knirschen und Weinen kau ich an der alten Speise, die mich aufreiben muß« (HKA 11, S. 21). Andere Briefe aus dieser Zeit, in denen sich M. positiv zum Vikariat äußert, müssen wohl eher als Selbstbeschwichtigungen gelesen werden.

Die Äußerungen M.s lassen erkennen, dass er das Vikariat vor allem als Einschränkung der Lebensmöglichkeiten, insbesondere als erhebliche Behinderung seiner künstlerischen Ambitionen erfahren hat; bezeichnenderweise waren die Monate der Beurlaubung eine sehr produktive Zeit. Allerdings dürfen auch theologische Gründe vermutet werden. Im bereits zitierten Brief an Mährlen vom März 1829 schreibt M. weiter: »Ich sage Dir, der allein begeht die Sünde wider den heiligen Geist, der mit einem Herzen wie ich der Kirche dient« (HKA 11, S. 21). Freilich versteckt sich M. auch hier wie bei anderen Sachverhalten, die ihn tief berühren und bedrängen, oft hinter Schweigen; die nachfragende Analyse ist auf wenige, zudem verstreute Äußerungen angewiesen, die gleichsam für einen Moment einen Blick hinter den Schleier des Schweigens gestatten. So berichtet M. etwa in einem Brief vom April 1827 von seinen letzten Gesprächen mit der todkranken Schwester Luise: »Einmal fragte sie mich: Hast Du auch einen Glauben an den Heiland E.? worauf ich leider nicht frischweg antworten konnte« (HKA 10, S. 147). Aufschlussreich ist vor allem eine längere Passage in einem Brief an Friedrich Theodor Vischer vom 13. Dezember 1837, in der M. über das 1835 erschienene, gerade auch die württembergische evangelische Kirche zutiefst aufwühlende *Leben Jesu* von David Friedrich Strauß spricht: »Du schreibst auch von den Straußischen Bewegungen. Ich sehe ihnen mit dem größten Antheil zu. Dasjenige, was er gemeiner Christenheit durch die Kritik der Evangelien nimmt, war freilich ihm und Dir und mir u. Tausenden auf einem andern primitivern Weg im Voraus weggenommen und es könnte sich nur fragen, wie denn bei einem so landkundig werdenden theol. Bankerot zulezt der unvernünftige Haufe sich befinden u. beruhigen werde?« Gleichermaßen aufschlussreich wie diese Feststellung, dass Strauß nur ausspreche, was der theologisch Gebildete ohnehin wisse, ist die anschließende Aussage, dass Predigt und Verkündigung sich an der »Unmündigkeit des Volks« und an »gewohnten Vorstellungen« orientiere: »In meiner öffentl. Stellung als Geistlicher habe ich jederzeit geglaubt, gewisse Dinge hergebrachter Maßen als ausgemacht & faktisch voraussetzen zu dürfen, ja zu müssen, und zwar theils nach dem Grundsatz von der Unmündigkeit des Volks, theils weil doch selbst auch der Gebildete u. Wissende gern seine Andacht an die von Kindheit auf gewohnten Vorstellungen u. Formen knüpfen mag«. Immerhin gesteht M. ein, dass es ihm »bei dieser Auskunft niemals ganz wohl & frei zu Muthe war«, und er schließt die Passage mit der Feststellung: »Inzwischen ist Straußens Maxime daß alle Forschung völlig unbekümmert um die Folgen ihre gerade Bahn fortschreiten müsse, auf keine Weise anzufechten. Er ist ein tapferer und feiner Geist & es ist eine Freude, ihn in den Streitschriften zu hören« (HKA 12, S. 146 f.). Zweifellos hat M. zeitlebens an christlichen Grundüberzeugungen festgehalten und gewissenhaft am Leben der Gemeinde teilgenommen. In einem Brief an Hartlaub, sechs Jahre nach dem soeben zitierten, berichtet er von einem Gespräch mit Strauß, in dem er von seiner »fortdauernden Neigung zum Christenthum« gesprochen habe, »die in den 3 lezten Jahren sich eher gestärkt u. näher bestimmt, als vermindert habe«, wobei er allerdings sogleich auch den »großen Unterschied« betont »zwischen dem Gebrauch, den ich davon für meine Person machen könne, und zwischen meiner Aufgabe als Prediger« (HKA 14, S. 91). M.s Versuche, dem Vikariat zu entfliehen, und seine wiederkehrende Kränklichkeit während des Pfarramts, die ihn immer wieder an der Ausübung seiner geistlichen Pflichten hindert (nicht zuletzt am Predigen!), lassen sich so auch als ein Ausdruck elementarer und tief sitzender Zweifel verstehen. M. war ein »Geistlicher wider Willen« (MAYNC, S. 260); dafür sprechen auch die nicht wenigen satirischen Gedichte gegen Amtsbrüder und religiöse Eiferer (von denen M. übrigens einige, die er in A[1] aufgenommen hatte, für die späteren Auflagen wieder tilgte). In solcher biographischen Perspektive erscheint die nachträgliche Idyllisierung der Cleversulzbacher Zeit in *Der alte Thurmhahn* oder in *Ach nur einmal noch im Leben!* als spielerisch-ironische Präsentation eines nie gewesenen Zustandes, als Formung eines auch von theologischer Gefährdung freien Wunschbildes.

Indessen haben gerade solche Texte das öffentliche Bild M.s nachhaltig und bis in die Gegenwart hinein bestimmt. Zu diesem Bild gehört auch die Vorstellung vom weltabgewandten Dichter. Daran ist sicher so viel richtig, dass M. keine explizit politische Dichtung geschrieben hat, insbesondere keine politische, auf aktuelle Ereignisse bezogene Lyrik wie Heine oder wie die Autoren des Vormärz, etwa Georg Herwegh (der wie M. ein theologisches Seminar und das Tübinger Stift besuchte, jedoch relegiert wurde). Allerdings gibt es in *Maler Nolten*, wenngleich eher peripher, deutliche Kritik am staatlichen Vorgehen gegen die ›Demagogen‹, das *Stuttgarter Hutzelmännlein* ist ein sehr bewusst gestalteter Beitrag zur politischen Identitätsstiftung des Königreichs Württemberg, und selbst in *Mozart auf der Reise nach Prag* sind Anspielungen auf die Revolution von 1848 zu finden. Freilich ist auch festzuhalten, dass M.s Sensibilität für die Zeitumstände weniger sozial oder politisch als vielmehr psychologisch ausgerichtet war. So stehen die Figuren seiner Erzählprosa, voran die des *Maler Nolten*, unter der steten Bedrohung des möglichen Hereinbrechens einer Katastrophe; darin gestaltet M. ein wesentliches Moment der Signatur seiner Zeit, das dem scheinbaren Rückzug ins Privat-Idyllische komplementär ist und gerade bei M. dieses Private stets unterminiert: »In die dumpfe Stube, in der die Familie traulich beisammen sitzt, kann jederzeit der Blitz einschlagen« (SENGLE, Bd. 1, S. 128). Gleichwohl war M., der politischen Zurückhaltung im Werk zum Trotz, ein aufmerksamer und durchaus engagierter Beobachter der politischen Ereignisse. Seine Äußerungen zur Revolution von 1848 zeigen dies deutlich. Schon zur Julirevolution 1830 hatte er an Mährlen geschrieben: »die Begebenheiten in Frankreich haben mir mehr als Einmal den freudigen Schauder den Rücken hinaufgejagt« (HKA 11, S. 151). 1848 schreibt er bereits am 1. März an die Familie Hartlaub: »Die Nachrichten aus Frankreich aber verschlingen billig jedes andre Interesse und lassen einen selbst die Sorge um den eignen kranken Leib vergessen. Das geht doch Schlag auf Schlag wie man noch nichts erlebte« (HKA 15, S. 231 f.). Auch M.s politische Position wird in diesen Äußerungen deutlich; wiederum an Hartlaub schreibt er Ende März 1848: »Bedenkt man das Benehmen der Fürsten bis auf die lezte Zeit – (die ohnmächtige Wuth des Sachsen mit seinem Nein Nein Nein bei jener Deputation – den dummen Hochmuth des preuss. Königs, der ganz cavalièrement, nur im Conversationston' mit einer Abordnung sprechen zu können versicherte u.s.w.) so muß man sich freuen daß ihnen nicht einmal der Schein einiger Sympathie für das siegreiche Volk u.

seinen Willen übrig blieb« (HKA 15, S. 234). Deutlich genug ist auch das Fazit, das M. nach dem Scheitern der Revolution in einem Brief an Karl Mayer Ende Juni 1849 formuliert: »Mag immerhin die Poesie u. ihre Literatur noch eine Zeitlang ruhn, wenn es nur um die Interessen hinter welchen sie billig zurücksteht, jezt nicht so traurig stünde! Ich möchte wissen ob Sie für die deutsche Sache noch irgend eine andere Hoffnung sehn als die auf einer neuen Revolution beruht? Kaum!« (HKA 15, S. 310f.) Hier spricht ein enttäuschter Anhänger der Revolution, der sich im Übrigen auch im Wahlkampf in Bad Mergentheim ausdrücklich für den radikaleren der beiden Kandidaten, den badischen Liberalen Friedrich Bassermann, ausgesprochen hat. M. hat auch die weiteren politischen Vorgänge aufmerksam verfolgt, insbesondere den Prozess der deutschen Einigung, den er mit verhaltener Sympathie begleitete. Seine Zurückhaltung, wohl auch seine württembergische Verwurzelung haben ihn vor nationalem Überschwang, dem auch manche 48er erlagen, bewahrt; so kann er 1871 den Vierzeiler *In Gedanken an unsere deutschen Krieger* schreiben: »Bei euren Taten, euren Siegen / Wortlos, beschämt hat mein Gesang geschwiegen, / Und manche, die mich darum schalten, / Hätten auch besser den Mund gehalten.«

Auch andere Veränderungsprozesse als die politischen hat M. mit Interesse beobachtet, so in seiner Stuttgarter Zeit den tief greifenden Wandel der württembergischen Hauptstadt zur modernen Großstadt nach der Jahrhundertmitte mit dem Umbau des Schlossplatzes, dem Bau des Bahnhofs, der Einrichtung der Straßenbeleuchtung; davon wird in seinen Briefen immer wieder berichtet (vgl. GEDENKAUSSTELLUNG, S. 412ff.). M. nützte gerne das moderne Verkehrsmittel der Eisenbahn; 1853 schreibt er anlässlich einer geplanten Fahrt nach München, wo er sich »trotz aller Pinakotheken« nicht lange aufhalten will: »*die Eisenbahnrutsch selbst*, ist mir, wenigstens bis jezt, bei weitem *mehr* werth als alles Kunstwesen« (HKA 16, S. 157). Freilich bleiben M.s Erfahrungen solcher Modernisierungsprozesse eingeschränkt; er erfährt sie in seiner regionalen Gebundenheit gleichsam von ihren Rändern her und nicht in ihren Zentren. Bezeichnenderweise gibt es bei M. keine Reflexe auf Massenphänomene, sei es auf die Ausbildung des Proletariats, sei es auf die Verdichtung der Bevölkerung in der Großstadt; auch ist die für die moderne Großstadterfahrung kennzeichnende Veränderung der Wahrnehmungsstrukturen bei ihm kaum zu beobachten. Immerhin hat sich M. sehr früh für die Photographie interessiert; im Dezember 1839 berichtet er in einem Brief an Familie Hartlaub, dass ihm auf sein »dringendes Verlangen eine Probe der Daguerreschen Lichtbilder« verschafft worden sei, und er bemerkt zu dieser höchst aktuellen, erst im Jahr zuvor gemachten Erfindung: »Aber ich sage Dir man kann nichts Zierlichers u. Wunderbarers sehen. Man preißt sich glücklich, so eine Erfindung in seiner Zeit zu erleben« (HKA 13, S. 76). M.s Teilhabe an den tief greifenden Veränderungsprozessen des 19. Jh.s zeigt sich auch in seinem Interesse an Versteinerungen. Das Sammeln von ›Petrefakten‹ vor allem in der Mergentheimer Zeit ist mehr als bloße Pensionärsliebhaberei; vielmehr bewegt sich M. mit diesem Sammeln, dem genauen Abzeichnen der Funde und dem Klassifizieren auf dem aktuellen Stand der sich ausbildenden Wissenschaft der Paläontologie, auf dem es, wie M. selbst 1845 in einem Brief sehr genau beschrieben hat, vorrangig darum ging, »immer aufs Neue zu completiren, systematisch zu ordnen zu vergleichen, bezeichnen, catalogiren u. dgl.« (HKA 14, S. 237). Nicht zuletzt hat M., wie das Gedicht *Göttliche Reminiscenz* zeigt, die eminente Herausforderung erkannt, die in der Aufdeckung bisher unerkannter Zeitentiefen durch Paläontologie und Geologie für die herkömmliche, gerade auch christliche Weltdeutung lag.

Der Blick auf M.s Leben vermittelt das Bild einer hochsensiblen, mit vielfältiger Kreativität begabten, jedoch nicht durchweg gefestigten Persönlichkeit, die ihre Balance zwischen verschiedenen Fremd- und Selbstansprüchen immer wieder mühsam herzustellen versucht. Dies mag sich persönlich aus dem frühen Verlust des Vaters, aus einer überpersönlichen, sozialhistorischen Perspektive aus einer generellen Schwächung väterlicher Autorität nach 1800 erklären. Dem korrespondiert die Stärkung weiblicher Erziehungsautorität, die sich auch in der Sozialisation M.s abbildet. Weiblicher Einfluss spielte eine große Rolle und war in seinem Falle von besonders prägender Kraft. In Krisensituationen der Ausbildung, der adoleszenten Persönlichkeitsentwicklung, verstörender Liebeserfahrungen, gesundheitlicher und beruflicher Misshelligkeiten sowie religiöser Anfechtungen bietet weibliche Hilfe ein bleibendes Trostpotential. Das gilt für die praktische wie für die emotionale Bewältigung dieses Lebens. Das Doppelbild von Mutter und Schwester, das vor allem für die Cleversulzbacher Zeit bestimmend war – »Geliebteste! Mutter und Schwester!« lautet M.s Anrede in einem Brief vom 8. November 1838 (HKA 12, S. 218) –, erlebt eine variierende Wiederholung im Doppelbild von Geliebter/Ehefrau und Schwester während des Zusammenlebens in Bad Mergentheim und Stuttgart, das auch lyrisch mehrmals gestaltet wird. Die Zuwendung und Umsorgung durch zwei Frauen ist so in ihrer unterschiedlichen Akzentuierung über viele Jahre hin ein psychisch und physisch stabilisierender Faktor für den kränklichen Dichter. Die eigentliche Lebenspartnerin M.s ist jedoch die Schwester Klara. Im Dezember 1838 berichtet er in einem Brief aus Stuttgart von einem ihn verstörenden Traum, der zugleich wichtige Elemente seiner Lebensproblematik beleuchtet, so die Sorge um seine Gesundheit: »Mein Herz schwoll blutend über. Da fiel mir ein, an Clärchen zu schreiben, gleich jezt! ein unbeschreiblicher Trost!« (HKA 12, S. 239) Die schwesterliche, daher als weniger fordernd und bedrängend erfahrene weibliche Zuwendung war der hypochondrisch-melancholischen Grundgestimmtheit M.s offenbar am adäquatesten. Zugleich reproduziert sich darin die für die Biedermeierzeit typische familiäre Gebundenheit von Emotionen.

Weiblichkeit, wie sie in der zeitgenössischen Geschlechtertypologie definiert wird, ist jedoch auch ein Aspekt von M.s Persönlichkeit und ihrer fragilen psychischen Struktur. Trotz der Kultivierung männlicher Freundschaften fällt auf, dass er männliche Ansprüche häufig abwehrt; das gilt sowohl für die Ausübung seines Pfarrerberufes als auch für die schöpferische Tätigkeit. Leistungs- und erfolgsorientiertes Arbeiten lehnt er hier wie dort ab; so verweigert er sich beispielsweise der Gestaltung gesellschaftlich relevanter ›männlicher‹ Themen, wie sie die Freunde, etwa Vischer oder Strauß, ihm immer wieder vorschlagen. Im Lauf der Jahre verstärken sich die Tendenzen zum Rückzug auf das eigene Ich, das jedoch den ihm gemäßen Lebensraum nur schwer finden kann; dies zeigen die zahlreichen Orts- und Wohnungswechsel, die M. in hypochondrischer Empfindlichkeit zumeist mit der Suche nach einem gesundheitlich zuträglichen Klima begründet. Der zeittypische Weltschmerz mit seinen neurasthenischen Erscheinungsformen, der sich im Laufe des 19. Jh.s aus einer Grunderfahrung der Desintegration bei Künstlern und Intellektuellen entfaltet, verbindet sich in M.s Biographie mit manifesten Krankheitssymptomen, die ehrgeiziges Ausgreifen erschweren und letztlich unmöglich machen. M. überschreitet den geographischen und sozialen Raum der eigenen Herkunft allein in der Kunst; so entsteht eine Diskrepanz zwischen der Organisation eines biedermeierlich-kleinräumigen Alltags auf bescheidenem materiellem Niveau und dem literarisch weiten Raum seiner poetischen Produktion. Sengle hat darauf aufmerksam gemacht, dass die kräftezehrende Hingabe an die Kunst, die in der ›Geniephase‹ der zwanziger Jahre M.s sensiblen physisch-psychischen Haushalt zu destabilisieren droht, in den dreißiger Jahren im Sinne von »Ökonomie« und »Diät« reguliert wird (Sengle, Bd. 3, S. 703). Momente der Objektivierung sind auch die noch stärkere Hinwendung zur literarischen Tradition, insbesondere zur Antike, sowie die geduldige und penible Formarbeit am eigenen Œuvre, die sich nicht zuletzt in der Komposition der Gedichtsammlungen und im mehrmaligen Überarbeiten von Teilen des Werkes zeigt. So werden die langjährigen Bemühungen um die Überarbeitung des *Maler Nolten* zu einer nicht ganz bewältigten Lebensaufgabe und zeigen zugleich in ihrer Tendenz zur Verschleierung früher verstörender Erfahrungen die Unabgeschlossenheit dieses psychischen Komplexes (Kittstein, S. 310). Der regressive Zug in dieser Wiederaufnahme und Neuformung von bereits Gestaltetem ist so nicht zu übersehen, doch ist solche ›Erinnerungsarbeit‹ zugleich einer der zentralen Impulse von M.s Kreativität.

Mit den Bedürfnissen seiner hochsensiblen Kreativität entspricht M. dem Typus des dichterischen Tagträumers, wie ihn Sigmund Freud mehrfach beschrieben hat. So kann die erste Verszeile von *Besuch in Urach* »Nur fast so wie im Traum ist mir's geschehen« als ein Leitmotiv von M.s Leben und Schreiben gelten. Die Neigung zum Tagtraum ist eine seiner tiefsten psychischen Dispositionen; Tagträume lösen häufig den kreativen Prozess aus. Im Brief vom 8. April 1832 an Luise Rau spricht M. von der »dunkelseligen Selbstvergessenheit, wo die äußern Sinne sich zu schließen scheinen« (HKA 11, S. 272). Eine typische Vergegenwärtigung der tagträumerischen Phantasietätigkeit, des Bewusstseinsstroms, der – wie viele Passagen der Korrespondenz belegen – ›Rohmaterial‹ für die Dichtung bereitstellt, findet sich im Brief vom 4. Mai 1830 an die Braut, in dem M. die Entstehung vermutlich des Sonetts *An die Geliebte* schildert: »Ein kleiner, von Bäumen und Buschwerk besetzter, abhängiger WiesenWinkel an der lebhaften Lauter, in die sich eine andre Quelle vom Berg her gießt. Dort saß ich nieder, las, dachte und fieng mit Bleistift an zu schreiben, was Du hier als poëtische Beilage erhälst. Dann stieg ich vollends den Wald hinan und spann die Verse so fort. Sie kamen recht aus meinem Innersten. Seitdem ist dieser Spaziergang mein Lieblingsweg« (HKA 11, S. 108). Hier sind wesentliche Elemente einer kreativen Ursituation M.s versammelt: die Erfahrung von Einsamkeit und Muße an einem idyllischen Naturort, die Lesetätigkeit, die durch freies Assoziieren und eigene sprachliche Formung abgelöst wird. Natur ist für M. ein Ort sinnenhafter und angesichts seiner Kränklichkeit mitunter erstaunlich robuster Körpererfahrung und -erprobung auf einsamen Spaziergängen und geselligen Wanderungen wie auch – literarisch vermittelt – ein idyllischer, elegischer oder märchenhafter Flucht- und Projektionsraum. Bei ihrer poetischen Gestaltung kann M. auf ein umfassendes Bildarsenal zurückgreifen, dessen kommunikative Potenz in seiner Lyrik im Unterschied zu den hermetischen Verschlüsselungen des beginnenden l'art pour l'art nach wie vor wirksam ist.

Häufig wird Natur mit bürgerlich geformter Zivilisation kontrastiert und in ihrem utopischen Charakter als unentfremdeter Raum des Dichters beschworen. Bedingung für das eigene Schreiben ist der Rückzug in ein geschütztes und äußere Ansprüche abwehrendes privates Refugium; gerade auch deshalb hat sich M. den Anforderungen, die der sich ausbildende literarische Markt an einen freien Schriftsteller stellte, weitgehend zu entziehen versucht. In einem Brief an Ludwig Bauer vom 9. Dezember 1828 beschreibt er die Aporien seines künstlerischen Selbstverständnisses: »Noch Eins, damit Du mich doch einigermaßen begreifst, was meine Aversion vor der Zeitungsschreiberei betrifft: Das was ungefehr von Poësie in mir steckt, kann ich nicht so tagelöhnermäßig zu Kauf bringen. Ich bin, wenn ich mich zu so einer Arbeit hinsetze, auch schlechterdings nicht im Stande, tief aus der Seele einen Anlauf zu nehmen, einen freyen, unbefangenen Zug der Begeisterung zu bekommen, wie es doch sonst bei mir ist, oder war, wenn ich *für mich* oder gleichsam für gar Niemand etwas unternahm« (HKA 10, S. 255).

Ein Gegenpol zur kränklichen, im Alter mitunter auch grämlichen Hypochondrie war M.s Begabung für Humor und Komik; das Spektrum reicht von feiner Ironie, die auch das eigene poetische Tun nicht verschont, über skurrile Phantasmen bis zu derb-volkstümlichen Ausdrucksformen, die sowohl im Kontakt mit Familie und Freunden als auch in literarischer Gestaltung realisiert wurden. Die Neigung zur Verschmitztheit, zum Rollenspiel sowie zur anekdotischen Wiedergabe von Alltagswirklichkeit ist in den zahlreichen ›Musterkärtchen‹ und Hausversen dokumentiert. Die Poetisierung von Alltagsdingen und familiär-freundschaftlichen Beziehungsformen prägt zunehmend M.s Leben; hinzu tritt eine Reihe kreativer, aber auch wissenschaftlicher Tätigkeiten. Das umfangreiche Briefwerk spiegelt das Bild einer Persönlichkeit, die vor allem in privaten Kontexten vielfach eine integrative Kraft entfaltete und deren Besonderheit früh wahrgenommen wurde. M. war immer wieder das emotionale Zentrum seines kleinen Kreises, der Studienfreunde in Tübingen, der Mutter und der Schwester Klara, der Familie

Hartlaub, später der eigenen Familie. Dort erfuhr er Verehrung, gerade auch als Dichter, wobei er freilich im Dreieck von Schwester Klara, Familie Hartlaub und Ehefrau Margarethe zunehmend der umsorgte und umkämpfte Mittelpunkt einer schmerzlichen und für seine Ehe schließlich destruktiven Rivalität wurde.

In einer möglichen Bilanz von M.s Leben sind ohne Zweifel Resignation und auch bürgerliches Misslingen zu registrieren; das gilt insbesondere für die späteren Jahre. In einem sehr weit reichenden und umfassenden Sinne ist sein Werk dem Verzicht abgewonnen. Umso bemerkenswerter sind deshalb dessen Vieltönigkeit, vor allem in der Lyrik, und dessen Facettenreichtum. Bei aller Bescheidenheit, die wesentlich zu M.s Charakter gehörte, und seiner Rückzugs- und Abwehrbereitschaft gegenüber gesellschaftlichen Ansprüchen besaß er ein beachtliches dichterisches Selbstbewusstsein, das sich allerdings nur selten unmittelbar äußerte, sich vielmehr meist hinter Selbstironie und mildem Spott versteckte. So in einem Gedicht, das M. in späteren Jahren häufig als Stammbucheintrag verwendete und in dem er im selbstironischen Topos der Bescheidenheit seine Integrität gerade auch als bürgerlicher Autor bewahrt:

Mein Wappen ist nicht adelig,
Mein Leben nicht untadelig –
Und was da wert sei mein Gedicht,
Fürwahr, das weiß ich selber nicht.

Literatur

B. Mayer. – Fliegner. – Holthusen, Hans Egon: Eduard Mörike in Selbstzeugnissen und Bilddokumenten. Die Zeugnisse und die Bibliographie besorgte Walter Scheffler. Reinbek bei Hamburg 1971 u. ö. – Kittstein, Ulrich: Zivilisation und Kunst. Eine Untersuchung zu Eduard Mörikes *Maler Nolten*. St. Ingbert 2001. – Kluckert, Ehrenfried: Eduard Mörike. Köln 2004. – Lahnstein, Peter: Eduard Mörike. Leben und Milieu eines Dichters. München 1986. – Maync. – Meyer, Herbert: Eduard Mörike. Stuttgart 1950. – Meyer, Fredy: Eduard Mörike als politischer Dichter. In: DVjs. 75 (2001), S. 387–421. – M. Mayer. – Mörike, Eduard: Haushaltungs-Buch. Wermutshausen – Hall – Mergentheim, 16. Okt 1843–27. April 1847. Faksimile der Handschrift. Erläutert und eingeführt von Hans-Ulrich Simon. Vorwort von Hermann Bausinger. Stuttgart 1994. – Rheinwald. – Sengle, bes. Bd. 3, S. 691–751. – Wolf, Thomas: Brüder, Geister und Fossilien. Eduard Mörikes Erfahrungen der Umwelt. Tübingen 2001.

Inge Wild/Reiner Wild

Beziehungen

Enge familiäre Bindungen, persönliche Freundschaften und distanziertere, hauptsächlich auf den schriftlichen Austausch beschränkte Bekanntschaften gehörten zu den stabilisierenden Faktoren von M.s Leben. Während viele seiner Freunde weite Reisen unternahmen, hielt sich M. kränkelnd oder in Krankheiten flüchtend in einem bekannten, vertrauten sozialen und geographischen Umfeld auf, im Umkreis von Stuttgart und Ludwigsburg, Urach und der Schwäbischen Alb, im Neckarland um Tübingen, im fränkischen Unterland mit Cleversulzbach und Schwäbisch Hall, in Hohenlohe und Mergentheim; seine wenigen Reisen nach Heidelberg, Regensburg und an den Bodensee erweiterten diesen Raum nur unbeträchtlich. In einem Brief an Wilhelm Waiblinger skizziert M. schon früh seine psychische Verfassung: »Es ist überhaupt in meinem wirklichen Zustand ein besonderer peinlicher Zug, daß Alles auch das Kleinste, Unbedeudenste was v. außen Neues an mich kommt – irgend eine mir nur einigermaßen fremde Person, wenn sie sich mir auch nur flüchtig nähert, mich in das entsezlichste bangste Unbehagen versezt u. ängstigt, weßwegen ich entweder allein oder unter den Meinigen bleibe, wo mich nichts verlezt, mich nichts aus dem unglaublich verzärtelten Gang meines innern Wesens heraus stört u. zwingt« (HKA 10, S. 58 f.). Das sichere Refugium der Familie, die M. schon früh die Sonderrolle des empfindlichen Poeten zuspricht, wird im Uracher Seminar und im Tübinger Stift durch Freundschaften ergänzt. Sein soziales Umfeld fasste M., der sich mit seiner Kränklichkeit mitunter in ein »frühkindliches Stadium« (Fliegner, S. 11) zurückfallen ließ, mit Samthandschuhen an. In ihrem Tagebuch notiert M.s Schwester Luise im August 1824: »Ich muß dem Kranken nun schon einmal seinen

Willen thun, wie man einem leidenden Kinde nachzugeben pflegt [...]. – Dazu ist E. das seh ich wohl, ein recht verwöhntes Kind. Seine Freunde behandeln ihn mit einer Schonung einer Zärtlichkeit und Nachsicht, schon in den gesunden Tagen, die sich kaum von unsrem Geschlechte erwarten ließen« (GEDENKAUSSTELLUNG, S. 118).

Die schwäbisch-theologische Sozialisation in den weltabgewandten evangelischen Seminaren und im Tübinger Stift mit ihren Begrenzungen und Einschränkungen »prägte den Charakter der württembergischen Intelligenz, die in dieser Institution aufgewachsen war, so daß das Gefühl einer inneren Zusammengehörigkeit und einer äußeren Andersartigkeit für sie lebenslang bestimmend blieb« (Schlaffer, S. 91). Die schwärmerischen Freundschaftsbündnisse, ja Freundschaftskulte unter Jugendlichen und jungen Männern, die in den Jahren der Abgeschiedenheit der Internate geknüpft wurden, hielten manchmal ein Leben lang, waren aber auch »von ständigen Krisen und einem baldigen Ende bedroht« (ebd., S. 94). Im Theologischen Seminar in Urach, in das M. im Jahre 1818 aufgenommen wurde, ging er die ersten wichtigen Freundschaften ein, die später in Tübingen weiter vertieft wurden.

Jugendfreundschaften – Urach und Tübingen

Von großem Einfluss auf M.s Leben waren die in Urach geschlossenen Freundschaften mit Wilhelm Hartlaub und Johannes Mährlen. Hartlaub wurde für M. bis zum Lebensende zu seinem engsten und treuesten Freund, zum »Urfreund«. Wenn auch die Freundschaft manche Krise zu überstehen hatte – die schwerste wurde ausgelöst durch M.s Heirat mit der Katholikin Margarethe Speeth im Jahre 1851 –, so war M. doch jederzeit ein gern gesehener Gast im Haus des Pfarrers Hartlaub und seiner Familie – ob für Tage, Wochen oder Monate. Noch in einem der letzten ihrer vielen hundert Briefe zitiert M. den alten Cicero: »Non amicitiarum esse debent sicut aliarum rerum satietates« (Renz, S. 425; Der Freundschaft muss man nicht wie anderer Dinge überdrüssig werden). Hartlaub war für M. sowohl der Vertraute und Berater in praktischen Angelegenheiten des Alltags, von denen M. nichts verstand oder verstehen wollte, als auch der wichtigste Kritiker seiner Lyrik. M. gab viel auf Hartlaubs Urteil, der jedes Gedicht lange vor der Drucklegung kannte – ihm widmete er auch 1838 die Erstausgabe seiner *Gedichte* »zum Zeichen unveränderlicher Liebe«. Der »Liebste«, »Teuerste« oder »Geliebteste«, wie Hartlaub von M. in den Briefen angeredet wurde, musste dem Freund nicht nur immer wieder größere Geldbeträge leihen, sondern sollte ihm auch mitunter Predigten borgen: »Ich habe inzwischen auch wieder gepredigt und dabei die Überlegung aufs Neue gemacht, daß ich künftig wohl das eine oder andremal durch Unwohlseyn oder sonstige Hindernisse mit meinen Vorbereitungen in Noth kommen könne. Sey daher doch so gut und schicke mir, seiner Zeit, auf einen solchen Fall – vorausgesetzt dass Du es gerne thust – für die Sonntage von *Ostern* an ein Duzend *Deiner* Predigten« (HKA 14, S. 100).

Die freundschaftliche Beziehung M.s zu Johannes Mährlen entwickelte sich ebenfalls schon im Uracher Seminar, wurde aber erst in Tübingen intensiver und hielt, wie die Freundschaft mit Hartlaub, bis ins hohe Alter. Der vielseitige und umtriebige Mährlen entkam schon nach kurzer Zeit der ›Vikariatsknechtschaft‹, wurde 1827 Korrektor bei Cottas Verlagsunternehmen in Augsburg und wenige Jahre später Literaturkritiker beim demokratischen *Hochwächter* in Stuttgart. M. schmiedete um diese Zeit mit Mährlen Pläne, sich ebenfalls vom Kirchendienst zu befreien und eine Anstellung bei einem Verlag zu finden. Den Versuch, im Verlag der Brüder Franckh in Stuttgart Fuß zu fassen, gab er jedoch schon nach wenigen Monaten wieder auf, weil er – wie er Mährlen im Dezember 1828 schreibt – »fast krepirt [wäre] vor Ekel an der Sache und vor Zorn über die Blindheit worin ich mich bereden konnte, daß ich mir jemals, auch nur ein VierteJahr bei *diesem* Geschäft gefallen könnte, ohne daß meine Poësie sich die Schwindsucht dabei hole« (HKA 10, S. 260). Während M. sein Vikariat antrat, blieb Mährlen, der M. ein Leben lang mit Ratschlägen und praktischer Hilfe unterstützte, dem Kirchendienst fern und wurde später Professor für Nationalökonomie und Gewerbestatistik am Stuttgarter Polytechnikum.

Noch in die Uracher Zeit fallen die ersten Kontakte zwischen M. und Wilhelm Waiblinger, die sich jedoch erst im Tübinger Stift zu einer kurzen, aber für M. umso prägenderen Freundschaft entwickelten. Waiblinger nahm nur kurze Zeit am Unterricht in Urach teil und besuchte dann das Stuttgarter Gymnasium; in der Residenzstadt veröffentlichte er als Siebzehnjähriger bereits seinen ersten Roman, verkehrte mit Künstlern und Gelehrten und hatte – so hieß es zumindest – Affären mit Frauen. »Dies verlieh ihm in den Augen der gleichaltrigen Klosterschüler den Schein weltmännischer Erfahrung und abenteuerlicher Freiheit. In ihm sahen sie die Poesie, die sie nur als eine durch Bücher erregte Sehnsucht kannten, verkörpert und gelebt« (Schlaffer, S. 92). Waiblinger, der Poesie »in den handfesten Formen von Liebesnächten und Besäufnissen« lebte (ebd., S. 93), nahm innerhalb der Freundschaftsgruppe, zu der sich Ludwig Amandus Bauer gesellte, die Führungsrolle ein und wurde für M. zum Initiator in literarischer Hinsicht und vielleicht auch auf sexuellem Gebiet (M. MAYER, S. 14). Zu mitternächtlicher Stunde wurde der Freundschaftsbund beschworen und in gemeinsamer Begeisterung wurden Homer, Shakespeare, Ossian und Waiblingers eigene Dichtungen, seine Griechenlieder, sein *Phaëton* und sein *Feodor* gelesen und bewundert. Die Freunde unternahmen nächtliche Ausflüge und pilgerten gemeinsam zum Österberg, »wo im sogenannten chinesischen Gartenhaus des Archidiakonus Pressel diskutiert, geschwärmt und gelärmt wurde« (BAUER: BRIEFE, S. 8). Zu diesen Treffen im Presselschen Gartenhaus wurde auch der geistig umnachtete Friedrich Hölderlin mitgenommen, dem Waiblinger persönlich und literarisch sehr nahe stand: »Waiblingers Beziehung zu Hölderlin macht das Geheimnis der Waiblinger'schen Führungsrolle aus: er war der Prophet des verstummten Gottes« (Graevenitz, S. 97). Hölderlin nahm die Rolle der Leitfigur der Gruppe ein, die den Göttinger Hainbund und dessen Klopstockverehrung zum Vorbild hatte (Graevenitz, S. 98; FLIEGNER, S. 13). Ende 1824, Anfang 1825 kam es zur Krise und zum Bruch der Freundschaft zwischen M. und Waiblinger genauso wie zwischen Bauer und Waiblinger. Während M. »in seinem Schneckenhause sich reinlich, aber weichlich gegen die Wirklichkeit verbauend« in Tübingen blieb, zog es Waiblinger 1826 nach Italien; dort warf er sich »in den Strudel des Lebens [...] ohne weder den Kampf noch den Schmutz desselben zu scheuen« (Strauß, S. 202). Den im April 1825 verfassten Abschiedsbrief hat M. wohl nie abgeschickt (HKA 10, S. 90–92) und auf Waiblingers langen Brief vom Januar 1827 nicht mehr geantwortet (Schlaffer, S. 74–80). Einige Jahre nach Waiblingers frühem Tod in Rom 1830 nahm sich M. seiner Gedichte an, bearbeitete sie und gab sie heraus. Nach Waiblingers Abschied wurde die Rolle des Dichterführers in der Gruppe auf M. übertragen; auf einem wahrscheinlich im Sommer 1826 entstandenen Bild von Rudolf Lohbauer sieht man die Freunde im Gartenhaus auf dem Österberg zusammensitzen: »Lohbauers Zeichnung verrät Sinn für die Gruppenstruktur: er selbst liegt, den ganzen Vordergrund beherrschend und als einziger das Glas hebend. Mörike ist der ›Versteckteste‹, aber es genügt, daß sein Hut mit dem Lorbeerkranz des Dichters ausgestattet ist, um ihn vor den vier anderen, ›Leibhaftigeren‹ auszuzeichnen: Mörike hat schon ganz die Züge der Symbolfigur ›Des Dichters‹ angenommen, die früher auf Hölderlin, Waiblinger und Mörike vereinigt waren« (Graevenitz, S. 271, Anm. 80).

Lohbauer war M. ebenso wie Hermann Hardegg, der später als Hofarzt in Stuttgart von sich reden machte, und Ernst Friedrich Kauffmann aus der gemeinsamen Schulzeit in Ludwigsburg bekannt. Kauffmann wurde Lehrer für Mathematik in Heilbronn und am Gymnasium in Stuttgart und vertonte mehrere Gedichte M.s; ihm und Louis Hetsch – der Komponist war mit M. seit der Tübinger Zeit befreundet – widmete M. *Mozart auf der Reise nach Prag*. In Tübingen vertiefte sich die Freundschaft zwischen M. und Lohbauer, von dessen exzentrischem Charakter sich M. genauso wie von Waiblinger »immer wieder geradezu magnetisch angezogen [fühlte], obwohl die Schwester Luise nicht müde wurde, vor ihm als einem ›bösen Genius‹ zu warnen«

(GEDENKAUSSTELLUNG, S. 102). Lohbauer musste 1827 aus politischen Gründen die Universität verlassen, 1830 wurde er für kurze Zeit Redakteur beim *Hochwächter* in Stuttgart, emigrierte aber bereits 1832 in die Schweiz, wo er es im Laufe der Jahre zu einer Professur für Militärwissenschaften brachte. Als einer der ersten hat Lohbauer die Bedeutung von M.s Lyrik erkannt; in einem Brief an seine Braut schreibt er im April 1840: »Mörike, dieser phantastische Tübinger Freund von mir, nimmt einen hohen Rang in der deutschen Lyrik ein, ob er gleich von den wenigsten Gemütern verstanden wird. [...] Mörike ist, als wäre er ein Sohn Goethes, geistig, aus geheimnisvoller wilder Ehe« (Lang, S. 157).

Ludwig Amandus Bauer war – wie David Friedrich Strauß später schrieb – »mit Waiblinger in Rom und Griechenland zu Hause« und mit M. »in Orplid« (Strauß, S. 202). Die Abwendung von Waiblinger führte Bauer und M. enger zusammen. Gemeinsam erträumten und erfanden sie die mythische Insel Orplid, erdichteten ihr eine Gründungssage, eine Götterlehre und mythische Gestalten. Aus dem Privatmythos entstanden unter anderem Bauers Orplid-Schauspiele *Der heimliche Maluff* und *Orplids letzte Tage* sowie M.s Schattenspiel *Der lezte König von Orplid*. In den Briefen der beiden, vor allem in denen Bauers, wird an den Orplid-Erinnerungen festgehalten; Bauer lud M. immer wieder zu sich in sein Pfarrhaus nach Ernsbach ein und hoffte, dass der gemeinsame Mythos wiederaufleben könne: »Wie viele Plätze habe ich mir schon ausersehen, wo wir hingehen, plaudern, spielen wollen. Ich kann's mir kaum denken, wie es seyn wird, wenn wir einmal wieder den rostigen Schlüssel zu unsrer Feenburg probiren, und die ungelenken Angeln ihrer Thore knarren hören, und durch ihre bestaubten Schneckengänge hinstreifen« (BAUER: BRIEFE, S. 69f.). M. hingegen wich aus, schwieg, beklagte seine Trägheit und kam nie nach Ernsbach. Die Distanz wurde mit den Jahren immer größer, die Freundschaft lebte fast ausschließlich noch aus der Erinnerung an gemeinsam Erlebtes und bekam, wie es einmal in einem Brief heißt, »haushälterischen Charakter« (ebd., S. 11).

Die Freundschaft M.s zu Friedrich Theodor Vischer und David Friedrich Strauß – beide wenige Jahre jünger als M. und ebenfalls in Ludwigsburg geboren – entwickelte sich erst nach dem Ende des Studiums in Tübingen; beide kamen 1825 aus dem Seminar in Blaubeuren ans Tübinger Stift. Der briefliche Kontakt mit Strauß begann wohl erst 1827, worauf eine über zehnjährige Pause folgte, in denen sie nur über Freunde voneinander hörten, und er reichte, ohne allerdings regelmäßig zu sein, bis ins hohe Alter, wobei es immer Strauß war, der Briefe schrieb; dem Freund Ernst Rapp teilt Strauß im November 1871 mit: »Seine Mucken hat er [M.] auch. Ich habe ihm seiner Zeit meinen Voltaire mit einem herzlichen Schreiben geschickt und dafür hat er mir bis heute nicht gedankt. [...] Ich weiß wohl, Mörike hat mir nie getraut, mich immer für einen kalten Verstandsmenschen angesehen, dem der rechte Sinn für seine Poësie fehle; ich habe allerdings nicht Alles gutgeheißen, was er gemacht hat, im Ganzen aber hat er keinen treueren Anhänger und Verbreiter seiner Poësie als mich« (STRAUSS: BRIEFE, S. 532). Der Autor des aufsehenerregenden *Leben Jesu* begleitete M.s Werk kritisch und trieb ihn gemeinsam mit Vischer und anderen an, sich größerer, historischer Stoffe oder Memoiren anzunehmen »und so in kürzerer Zeit und mit geringem Kraftaufwand Erzählungen [zu] schaffen, die in unserer Litteratur doch Goldkörner sein würden« (Maync, S. 103).

Die Freundschaft zwischen Friedrich Theodor Vischer und M. entwickelte sich seit 1830: »erst seit wir ausstudiert hatten, traten wir uns näher und wurden aus den zwei Landsleuten Freunde. Er las mir eines Tages einen großen Teil aus dem Manuskripte seines ›Maler Nolten‹ vor; es ist mir eine unvergeßliche Stunde« (Vischer, S. 469). Vischer leistete viel für die Verbreitung von M.s Dichtung, unter anderem durch seine Rezensionen des *Maler Nolten* und der *Gedichte* von 1839. Für den Philosophen, Ästhetiker und Dichter Vischer war M. eine wichtige Autorität auf dem Gebiet der Poesie: »Ich bin mit Dir allein, ich bin, wenn ich bei Dir bin, mit Dir gegen alle meine anderen Freunde verschworen, denn sie sind Philosophen und alles, aber keine Poeten« (BRIEFWECHSEL VISCHER, S. 162). Aus dem Interesse an den literarischen Tätigkeiten des anderen entwickelte sich im Laufe der Jahre eine intime Freundschaft, so dass Vischer, bevor er 1839 seine große Reise nach Italien und Griechenland antrat, M. darum bat, »im Fall mich ein Haifisch frühstücken oder ein Bandit zum Salat anmachen sollte«, seine privaten Hinterlassenschaften zu ordnen (BRIEFWECHSEL VISCHER, S. 173). Für mehrere Jahre verloren sich M. und Vischer aus den Augen, was wohl hauptsächlich mit Vischers Vorrede zu seinen 1844 erschienenen *Kritischen Gängen* zu tun hatte, in der er M. heftig angriff und ihn aus seiner scheinbaren Lethargie aufzurütteln und zu weiteren Werken anzutreiben versuchte; obwohl sich M. durch Ausdruck und Ton befremdet fühlte, überwanden beide die Krise, und Vischer blieb für M. in den letzten Jahrzehnten seines Lebens ein enger und unersetzlicher Freund.

Wer – wie etwa Maync – davon spricht, dass es sich bei den Freundschaften, die in der klösterlichen Abgeschiedenheit der theologischen Seminare und im begrenzten und reglementierten Alltag des Tübingers Stifts geschlossen wurden, um »Männerfreundschaften« handelte, »wie sie so zart und rein sich unter anderen Verhältnissen kaum entwickeln« (MAYNC, S. 41), übersieht zum einen, dass M. erst vierzehn Jahre alt war, als er ins Uracher Seminar kam. Zum anderen lassen das tägliche Zusammenleben der männlichen Jugendlichen in engen Zimmern und Schlafgemächern sowie ihre emotionalen Briefe und Aufzeichnungen Raum für Spekulationen, dass sich die Liebe unter Männern nicht in geistiger Leidenschaft und literarischer Schwärmerei erschöpfte, sondern dass auch das gleichgeschlechtliche Begehren eine Rolle spielte.

Mörike und die Frauen – Klara Neuffer, Maria Meyer, Luise Rau, Margarethe Speeth

Die Freundschaft mit seiner Cousine Klara Neuffer war sicher nicht nur eine »rechte harmlose Vettern- und Erstlingsneigung« (MAYNC, S. 26), sondern M.s erste erotische Erfahrung. Als M. nach Urach ging, stand er mit Klara zwar weiterhin brieflich in Kontakt, doch die Verbindung scheint sich mehr und mehr gelockert zu haben, bis es zur Trennung kam, über die sich nur Vermutungen anstellen lassen. »Mit der Enttäuschung, die ihm seine geliebte Kusine [...] bereitete, beginnt für Mörike eine Serie von schmerzhaften Begegnungen und Abschieden, die seine innere Entwicklung prägt – scheiternde Liebschaften, zerbrechende Freundschaften und der Verlust zweier geliebter Geschwister« (M. MAYER, S. 14).

Im Frühjahr 1823 trat die schöne, geheimnisvolle Maria Meyer in M.s Leben. In der Schweiz als uneheliches Kind einer Prostituierten geboren, zog sie einige Zeit mit der pietistisch-religiösen Wanderpredigerin Juliane von Krüdener umher, lebte im Arbeitshaus, arbeitete als Magd und tauchte dann in Ludwigsburg als Kellnerin auf. M. und Lohbauer, bei dessen Mutter Maria bald wohnte, waren fasziniert von der fremden Landstreicherin. Für M. wurde sie zur großen, leidenschaftlichen, aufwühlenden Liebe. Während des Sommersemesters in Tübingen wechselte er Briefe mit ihr. Ende 1823 verschwand sie aus Ludwigsburg, tauchte in Heidelberg auf und erschien im Sommer 1824 überraschend in Tübingen, um M. zu treffen. Möglicherweise kam es im Juli, im Beisein Rudolf Flads, zu einem Wiedersehen zwischen M. und Maria Meyer (Mayer, S. 83 f.). Bauer und Mährlen brachten den verstörten M. wenig später zu Mutter und Schwester nach Stuttgart. Im April 1826 kam Maria Meyer noch einmal nach Tübingen; aber M. weigerte sich, sie wiederzusehen. Er hat später alle Lebensspuren von ihr gelöscht, Briefe und Souvenirs vernichtet und kam nur noch ein einziges Mal in einem Brief an Wilhelm Hartlaub vom März 1843 auf seine »*nolimetangere*-Vergangenheit« (HKA 14, S. 96) zu sprechen. Die poetische Bearbeitung dieser Erfahrung freilich gehört zum Kernbereich von M.s Werk.

Nach den unglücklichen Beziehungen zu Klara Neuffer und Maria Meyer lernte M. im Mai 1829 als Vikar in Plattenhardt auf den Fildern die Pfarrerstochter Luise Rau kennen. Bereits ein Vierteljahr nach seiner Ankunft in Plattenhardt verlobte sich M. mit ihr. Gegenüber Hartlaub schwärmte M. verklärt über Luises »einfaches heiligunschuldiges Wesen« (HKA 11, S. 132). Friedrich Theodor Vischer erinnerte sich Jahrzehnte später jedoch nüchterner an die »weiche Taube; im weißen Kleidchen mit den blonden Locken sehr hübsch für uns jungen Leute. Leider war sie aber gar zu einfältig« (Frapan, S. 131). In zahlreichen Briefen lässt M. sein »Liebstes, teuerstes Herz«, seine »einzige Luise« intensiv an seinem Leben, seinen literarischen Interessen und Werken teilhaben – *Maler Nolten* und ein wichtiger Teil seiner frühen Lyrik entstanden in dieser Zeit. Möglicherweise hat M. Luise Rau überfordert, möglicherweise hat sie »die Beziehung zu Mörike unter dem Gesichtspunkt einer gemeinsamen Zukunft in einem Pfarrhaus gesehen« (B. Mayer, S. 17) und wollte ihn – wie Vischer meinte – »fromm machen« (Frapan, S. 131); das lange Warten auf eine feste Stelle und unterschiedliche Lebensplanungen führten jedenfalls dazu, dass Krisen, Missverständnisse und Verdächtigungen zunahmen. Im Herbst 1833 kam es zur Auflösung der Verlobung und zur Trennung. An Vischer, der die »beyden Naturen [...] von jeher für unvereinbar hielt« (HKA 12, S. 356), schreibt M. im Dezember: »Es hat sich aber inzwischen eine für mein ganzes Leben wichtige Katastrophe eingeleitet, deren schmerzhafte Entwicklung alles Übrige bei mir verschlang« (HKA 12, S. 51). Die teils lockeren, teils engeren Bekanntschaften und Beziehungen der folgenden Jahre, über die wenig bekannt ist, lösten sich alle, ob zu Emilie Sigel, der ehemaligen Freundin von Strauß wie von Hardegg, ob zu Auguste Karoline Binder, die sich sehr um M. bemühte, oder zu Friederike Faber, mit der sich M. eine engere Verbindung vorstellen konnte.

Im Herbst 1844 siedelte M. mit seiner Schwester Klara nach Mergentheim über. Klara M. schloss bald Freundschaft mit Margarethe Speeth, der 27jährigen Tochter des Hauses, in dem beide wohnten, und M. wurde immer enger in diese Freundschaft einbezogen. Auch als sich das Verhältnis zwischen M. und Margarethe Speeth intensivierte, lebten sie weiterhin ihre Freundschaft zu dritt. Sechseinhalb Jahre dauerte dieser Zustand, der in Mergentheim immer weniger toleriert wurde. M. und Margarethe Speeth heirateten im Herbst 1851, kurz nachdem M. am Stuttgarter Katharinenstift eine Stellung als Literaturlehrer gefunden hatte. Die Wohnungen in Stuttgart nahmen sie wiederum gemeinsam mit Klara. Außer von Hartlaub wurde die Ehefrau von M.s Freunden herzlich aufgenommen; Kauffmann charakterisierte sie als »ein einfaches, flinkes Wesen, ganz Hingebung für ihn; sie gefällt mir immer besser, je öfter ich sie sehe und spreche« (Gedenkausstellung, S. 339). Nach der Geburt der Töchter Fanny 1855 und Marie 1857 steigerten sich jedoch die schon länger bestehenden Spannungen in der »auf Dauer nicht tragfähigen Ménage-à-trois« (M. Mayer, S. 19). Im Herbst 1873 kam es zur Trennung: M. verließ mit der Schwester und der jüngeren Tochter Marie die Wohnung, Fanny blieb bei der Mutter. Erst wenige Tage vor M.s Tod kam es zu Wiedersehen und Versöhnung.

Freundschaften – von Cleversulzbach bis Stuttgart

In Cleversulzbach schrieb M. am Libretto zu seiner Oper *Die Regenbrüder*, verschob jedoch bald die Weiterarbeit, obwohl das Libretto vom Stuttgarter Hoftheater bereits vor der Fertigstellung angekauft worden war. M. versuchte Ludwig Bauer für den Abschluss des Werkes zu gewinnen, der ihn an den neun Jahre jüngeren Schriftsteller und Übersetzer Hermann Kurz verwies. Der von M.s Veröffentlichungen begeisterte Kurz kümmerte sich von 1837 an um die Vollendung der Oper und übernahm auch die Verhandlungen mit dem Komponisten Ignaz Lachner. Der freundschaftliche Kontakt mit M. wurde enger, jeder nahm beratend, verbessernd, aufmunternd am Werk des anderen teil. Kurz beriet wenig später M. auch bei der Vorbereitung der Erstausgabe der *Gedichte*. Der mehrtägige Besuch von Kurz in Cleversulzbach im Mai 1838 war ein Höhepunkt, aber auch ein Wendepunkt der Freundschaft. Fortan wurden M.s Briefe sachlicher und kühler, das Verhältnis trübte sich mehr und mehr, beide gingen vom brüderlichen »Du« wieder zum »Sie« über; schließlich kam es zum Bruch, der möglicherweise in politischen Meinungsunterschieden über die Revolution von 1848 motiviert war, für die sich Kurz sehr engagierte. Jahrzehntelang gab es keinen Kontakt mehr; erst als Kurz zusammen mit Paul Heyse

M.s *Mozart auf der Reise nach Prag* in den *Deutschen Novellenschatz* aufnahm, kam es noch einmal zu einer Annäherung.

Nicht weit von Cleversulzbach entfernt lag das weit über Württemberg hinaus berühmte Haus Justinus Kerners in Weinsberg. Bereits in den Tübinger Jahren hatte M. den bekannten Arzt und Schriftsteller wegen eines Augenleidens um Rat gefragt und auf ein persönliches Kennenlernen gehofft, zu dem es aber erst 1835 bei einem Krankenbesuch Kerners bei M. kam. Die Beziehungen zwischen der Familie Kerner und dem Cleversulzbacher Pfarrhaus waren rege und herzlich. Einen Besuch in Weinsberg schob der kränkliche M. freilich Jahr für Jahr hinaus: »Ich wäre längst nach Weinsberg gekommen: allein ein Weg von ein paar Stunden, der Eintritt in einen ungewohnten, obgleich herzlichen Kreis von Personen, dieß Alles zusammengenommen wirkt auf mich, so reizbar wie ich immer noch bin, viel beunruhigender als man denken sollte« (HKA 12, S. 109). Stattdessen besucht der beinahe zwanzig Jahre ältere Kerner M. mehrfach in Cleversulzbach. M. teilte mit ihm das Interesse am Geheimnisvollen, Parapsychologischen, Okkulten und schrieb für Kerners Zeitschrift *Magikon* mehrere Beiträge über Geister und spukende Amtsvorgänger im Cleversulzbacher Pfarrhaus. Obwohl M. den großen Herrenrunden im Kernerhaus fern blieb, traf er doch außerhalb der Gesellschaften manchen bekannten Gast, so Alexander Graf von Württemberg, die Reiseschriftstellerin Emma von Suckow oder Ludwig Uhland, der wie Gustav Schwab zu einer hochgeachteten älteren Generation württembergischer Dichter gehörte. Seit Ende der zwanziger Jahre hatte Schwab den damals noch unbekannten M. gefördert, manche seiner Gedichte in das *Morgenblatt für gebildete Stände* aufgenommen, *Maler Nolten* wohlwollend rezensiert und sich freundschaftlich für den jungen Dichter und Pfarrer eingesetzt. Durch Justinus Kerner lernten sich auch M. und der Waiblinger Oberamtsrichter und Lyriker Karl Mayer 1840 persönlich kennen. M. schätzte Mayer, der aus einer weitverschwägerten Familie der altwürttembergischen Ehrbarkeit stammte, als Menschen, Freund und Künstler sehr und stand ihm über zwanzig Jahre lang als unermüdlicher Berater bei seinen lyrischen Bemühungen zur Seite.

In M.s Stuttgarter Zeit fällt sowohl die engere Verbindung mit Karl Wolff, den M. schon aus dem Tübinger Stift kannte und der bis 1869 Rektor des Katharinenstifts war, als auch die mit Friedrich Notter, der dafür sorgte, dass M. in der Residenzstadt schnell Anschluss fand. Obwohl ein loser Kontakt schon früher bestanden hatte, entwickelte sich erst in den fünfziger Jahren eine enge Freundschaft zwischen dem Journalisten, Übersetzer und Politiker Notter und M. Gern und viel verkehrte M. in Notters Haus, wo sie manches Projekt planten, wie die »Mitteilungen über Literatur, Kunst und Musik etc., Zeitschrift für die geistigen Interessen der Frauenwelt«, oder an Übersetzungen antiker Klassiker arbeiteten, so an ihrem Gemeinschaftswerk *Theokritos, Bion und Moschos*. Mit Julius Klaiber, seinem Nachfolger als Literaturlehrer am Katharinenstift, hat M. bei seiner 1864 erschienen Übersetzung *Anakreon und die sogenannten Anakreontischen Lieder* eng zusammengearbeitet und in den folgenden Jahren freundschaftlichen Umgang gepflegt. Klaiber hat zudem M.s zweite Fassung des *Maler Nolten* fertig gestellt.

Altersbeziehungen

Seit den fünfziger Jahren wurde M. über Württemberg hinaus bekannt, seine Werke verkauften sich besser und er wurde mehrfach geehrt und mit Preisen ausgezeichnet. Nun entwickelten sich neue literarische Kontakte und Arbeitsbeziehungen innerhalb und vor allem außerhalb Stuttgarts, etwa mit Luise Walther, Theodor Storm, Paul Heyse, Emanuel Geibel, Friedrich Hebbel oder Moritz von Schwind. Hebbel besuchte M. 1857 und 1862 in Stuttgart und berichtete seiner Frau später von dem scheußlichen Gesöff, das ihm serviert wurde: »für die Tasse Kaffé, die ich bei ihm trank, wurde er mir aber, ohne es zu wissen, wirklich Dank schuldig, denn sie war dünn zum Erbrechen, ich hätte sie aber nicht um die Welt stehen lassen mögen, sondern schlürfte sie bis zum letzten Tropfen hinein« (Hebbel, S. 355 f.). 1865 kam Ivan Turgenjev zu Besuch, der – so wird berichtet – »den ganzen ›Turmhahn‹ auswendig wußte« (MAYNC, S. 469). Relativ eng war der Kontakt zu Emanuel Geibel, dem Haupt des Münchner Dichterkreises, der M. erstmals 1855 besuchte, ihn für einen Umzug nach München gewinnen wollte und die Verleihung des Maximilians-Ordens an M. durchsetzte. Über den Münchner ›Dichterfürsten‹ Paul Heyse, mit dem M. seit 1854 in brieflichem Kontakt stand, übermittelten sie sich ebenfalls Grüße. Zu beiden fühlte M. sich »hingezogen und wünschte sich nur Jugend und Gesundheit, um ihnen recht feurig entgegenkommen zu können« (BRIEFWECHSEL STORM, S. 150). Heyse hatte einen großen Artikel über M. im *Literaturblatt zum Deutschen Kunstblatt* geschrieben, in dem er zwar manches, insbesondere an *Maler Nolten*, kritisierte, zugleich jedoch M. sehr lobte und – wie Theodor Storm befand – einen »förmlichen Mörike-Kultus« betrieb (BRIEFWECHSEL HEYSE, S. 15). Für den jungen Dichter Heyse war M. ein künstlerisches Vorbild: »Ich danke Ihnen mehr als irgend wem der Lebenden oder der Todten. Denn Sie haben mich zur Freiheit erzogen, und mir gegeben was eigen an mir ist« (ebd., S. 23). M. beriet Heyse eine Zeitlang bei manchen Werken und verfasste kleine Werbetexte für den Cotta-Verlag. Seit Heyses Besuch in Stuttgart im Herbst 1857 kam es zu mehreren herzlichen persönlichen Begegnungen und zum freundschaftlichen »Du«.

Von einer Altersfreundschaft zwischen M. und Theodor Storm kann kaum gesprochen werden, dazu waren das Verhältnis und der 1850 einsetzende Briefwechsel – jedenfalls von Seiten M.s – zu formell und distanziert. M. hat sich mit den Antworten auf Storms lange Briefe Zeit gelassen, obwohl er in dessen Dichtungen »einen sinn- und seelenverwandten Freund erkannte« (HKA 16, S. 141). Im August 1855 kam es in Stuttgart zu einer persönlichen Begegnung. Der Besuch war jedoch für das weitere Verhältnis entscheidend, denn M. – offensichtlich ernüchtert und leicht enttäuscht – distanzierte sich von Storm und wollte den Kontakt einschlafen lassen. Möglicherweise kam er mit dem redseligen, mitteilsamen und wenig auf Distanz bedachten Storm nicht zurecht. Außer einem Widmungsexemplar von *Mozart auf der Reise nach Prag* und dem Kondolenzschreiben zum Tod von Konstanze Storm schickte M. nichts mehr an ihn; Storm, der sich in Norddeutschland sehr für die Verbreitung von M.s Werken einsetzte und dafür manch verständnisloses Kopfschütteln erntete, bemühte sich jedoch weiter um den Kontakt, schrieb Jahre nach dem Besuch die *Erinnerungen an Eduard Mörike* und korrespondierte nach M.s Tod weiter mit Margarethe M. Die letzte wichtige Freundschaft M.s war die mit dem in München lebenden Wiener Maler Moriz von Schwind. Ungewöhnlich ist, dass die Kontaktaufnahme im November 1863 von M. ausging. Er bemühte sich sehr um diese späte Freundschaft, was sich allein schon in dem umfangreichen Briefwechsel niederschlägt. Die »malerischen Momente« (BRIEFWECHSEL SCHWIND, S. 136), die Schwind in M.s Prosa erkannte, inspirierten ihn zu vielen Illustrationen, von denen die zur *Historie von der schönen Lau* zu den bekanntesten zählen. Der freundschaftliche Umgang war so herzlich, dass Schwind M. insgesamt fünfmal in Stuttgart, Lorch und Nürtingen besuchte. Während der Lorcher Zeit schrieb M. an Schwind sogar ebenso viele Briefe wie an seinen »Urfreund« Wilhelm Hartlaub.

Literatur

BAUER: BRIEFE. – BRIEFWECHSEL HEYSE. – BRIEFWECHSEL STORM. – BRIEFWECHSEL SCHWIND. – BRIEFWECHSEL STRAUSS-VISCHER. – BRIEFWECHSEL VISCHER. – FLIEGNER. – MAYNC. – Eduard Mörike und seine Freunde. Eine Ausstellung aus der Mörike-Sammlung Dr. Fritz Kauffmann. In Verbindung mit dem Schiller-Nationalmuseum Marbach a. N. hg. v. Stadtarchiv Stuttgart. Ausstellung und Katalog: Fritz Kauffmann. Stuttgart 1965. – Frapan, Ilse: Vischer-Erinnerungen. Äußerungen und Worte. Ein Beitrag zur Biographie Fr. Th. Vischers. Stuttgart 1889. – Graevenitz, Gerhart von: Eduard Mörike. Die Kunst der Sünde. Zur Geschichte des literarischen Individuums. Tübingen 1978. – Hebbel, Friedrich: Sämtliche Briefe. Historisch-kritische Ausgabe von R. M. Werner. Bd. 6. Berlin-Steglitz o. J. – Lang, W.: Rudolf Lohbauer. In: Württembergische Vierteljahrshefte für Landesgeschichte N.F. 5 (1896), S. 149–188. – Mayer, Mathias: Mörike und Peregrina. Geheimnis einer Liebe. München 2004. – Maync, Harry: David Friedrich Strauß und Eduard Mörike (Mit zwölf ungedruckten Briefen). In: Deutsche Rundschau Bd. 115, Jg. 29, H. 7 (April

1903), S. 94–117. – Miyashita, Kenzô: Mörikes Verhältnis zu seinen Zeitgenossen. Bern u. a. 1971. – Renz, Gotthilf (Hg.): Freundeslieb' und Treu'. 250 Briefe Eduard Mörikes an Wilhelm Hartlaub. Leipzig 1938. – Schlaffer, Heinz (Hg.): Eduard Mörike und Wilhelm Waiblinger. Eine poetische Jugend in Briefen, Tagebüchern und Gedichten. Stuttgart 1994. – STRAUSS: BRIEFE. – Strauß, David Friedrich: Ludwig Bauer. In: ders.: Gesammelte Schriften. Eingeleitet und mit erklärenden Nachweisungen versehen von Eduard Zeller. Bd. 2. Bonn 1876, S. 199–218. – Vischer, Friedrich Theodor: Mein Lebensgang. In: ders.: Kritische Gänge. 2., vermehrte Aufl. Hg. v. Robert Vischer. Bd. 6. München 1922. S. 439–505.

Alexander Reck

Briefwerk

»Meine alte Saumseligkeit im Briefschreiben ist an der unbilligen Verspätung dieser Antwort Schuld, oder vielmehr der verdammte Sparren, daß ich für einen Brief den ich nicht in der ersten Wärme nach dem Empfang erwiedere, nachher eine ganze Zeitlang so zu sagen entmannt bin« (HKA 11, S. 154). Trotz des so häufig geäußerten Bedauerns über sein »non scripsisse«, das M. in vielen Variationen halb kokettierend halb leidend als Entschuldigung seinen Briefen voranstellt, sind bisher etwa 2190 Briefe von ihm überliefert, rund 380 erschlossen und laufend werden weitere entdeckt.

Schon zu M.s Lebzeiten wurden einzelne seiner Briefe in Zeitschriften und Zeitungen publiziert. Später entstanden Editionen seiner Korrespondenzen mit berühmten Briefpartnern wie Theodor Storm oder Moriz von Schwind, die zum Teil unvollständig und zensiert waren. Das gilt auch für die von Karl Fischer und Rudolf Krauß herausgegebene, 400 Briefe umfassende Ausgabe *Eduard Mörikes Briefe*. Eine weit umfassendere und vollständigere Auswahl traf Friedrich Seebaß für die von ihm editierte Ausgabe, die er um zahlreiche bis dato unveröffentlichte Altersbriefe sowie Briefe M.s an den »schwäbischen Dichterkreis« und an Verleger erweiterte.

Seit 1982 erscheinen die zehn Briefbände innerhalb der HKA. Diese Edition veröffentlicht vollständig alle bisher ermittelten Briefe M.s nach den Originalhandschriften mit Regesten der verlorenen, doch erschlossenen Briefe und ohne Gegenbriefe. Im kritischen Apparat werden Kommentare zu Datierung, Überlieferung und Lesarten sowie ausführliche Erläuterungen gegeben.

Im Folgenden werden einige der wichtigsten Briefwechsel nach Adressaten(gruppen) beschrieben.

Familie

M.s erster überlieferter Brief stammt von 1811 und ist an seinen älteren Bruder Karl gerichtet. M.s Mutter Charlotte und die jüngere Schwester Klara sind die wichtigsten Briefpartnerinnen aus seiner Herkunftsfamilie, während er die innigsten Briefe an seine früh verstorbenen Lieblingsgeschwister August und Luise richtet. Die Briefe an M.s Mutter handeln von seinem Gesundheitszustand, von besonderen Erlebnissen und Kontakten zur weiteren Verwandtschaft und in der Studien- und Vikariatszeit von seinen neuen Lebensumständen, Bekanntschaften und alltäglichen Bedürfnissen nach Wäsche, Geld etc. Schon früh äußern sich sein schonendes Mitgefühl und ein höflicher, liebevoller Ton im brieflichen Umgang. Ein weiteres Charakteristikum seiner Briefe an die Familie wie auch an vertraute Freunde ist der Redefluss, in dem gemeinsame künstlerisch-intellektuelle Interessen, Alltäglich-Organisatorisches, Schilderungen von Erlebnissen und adressatenbezogene Gefühlsäußerungen ohne Bruch ineinander übergehen. Seiner Schwester Luise vertraut M. seine Gefühle in einer symbiotischen Grundstimmung an und übernimmt andererseits eine pädagogische Rolle, wenn er ihr z. B. Leseanweisungen für Jean Pauls *Titan* gibt. Während ihrer Tuberkuloseerkrankung versucht er, sie mit Anekdoten aufzuheitern. Seit M., seine Mutter und seine Schwester Klara in Cleversulzbach zusammenleben (ab 1834), wird für die Dauer von Reisen der gemeinsame Alltag in Briefen fortgesetzt.

Im familiären wie im freundschaftlichen Briefwechsel gestaltet M. häufig private Ereignisse und Alltagsszenen in so genannten ›Musterkärtchen‹ als pointierte Anekdoten, die als Postskriptum oder an anderen Stellen der Briefe integriert und bisweilen mit scherzhaften Zeichnungen illustriert sind. Angelehnt an die ursprüngliche Bedeutung des kaufmännischen Terminus ›Musterkarte‹ gibt M. darin Proben des Spektrums seiner künstlerischen und handwerklichen Fähigkeiten anhand adressatenbezogener Stoffe. Als stilistisches Experimentierfeld geben sie der kreativen Aneignung zunächst unspektakulär scheinender Realität breiten Raum. Unter anderem thematisiert M. in zahlreichen Musterkärtchen Kleinkindalter und Spracherwerb der Töchter Hartlaubs und später seiner eigenen Töchter.

Die Tendenz zum Privaten bleibt auch in späteren Jahren charakteristisch, obwohl sich der Adressatenkreis mit M.s wachsender Bekanntheit um literarische Bekanntschaften und Bewunderer, Arbeitspartner wie Verleger, Komponisten, Schriftsteller sowie Freunde aus dem gehobenen Stuttgarter Bildungsbürgertum erweitert.

Jugend- und Studienfreunde

In Wilhelm Waiblinger, seinem Studienfreund aus dem Uracher Seminar und dem Tübinger Stift, hat M. einen ersten dichterisch begabten und begeisterten Briefpartner. Er schwärmt mit ihm in einer Atmosphäre des Freundschaftskults und des kongenialen, wesensverwandten Lebensgefühls über eigene literarische Projekte und Leseerlebnisse und gibt dabei interessante Einblicke in seinen frühen Lektürekanon, der u. a. Hölty, Goethes *Dichtung und Wahrheit*, Goldsmiths *Vicar of Wakefield*, Hölderlin, Klopstock, Jean Paul und Uhland umfasst. Im Austausch mit Waiblinger thematisiert M. zum ersten Mal seine Berufung als Dichter und damit verbunden sein Ungenügen an der Pfarrerlaufbahn. M. regt einen Austausch der Tagebücher an, teilt seine Träume mit und offenbart sich in pietistisch gefärbten Selbstanalysen: »Das ist ein wunderlicher, aber schon tausenmal v. mir verfluchter Zug, *daß ich*, aus einer *dunkeln* Besorgniß, ich möchte dem Freund oder Bekannten […] in einem ungünstigen Licht erscheinen, *blizschnell aus meinem eigentlichen Wesen heraustrete*« (HKA 10, S. 28). Auf Dauer fühlt M. sich jedoch durch Waiblingers Exaltiertheit bedrängt. In seinem nie abgeschickten Abschiedsbrief an den Freund formuliert er seine an psychischer und physischer Ökonomie orientierte, realistische Auffassung von Dichtung und den tiefen Unterschied ihrer Persönlichkeitsstrukturen, die schließlich zum Abbruch der Beziehung führen.

Mit seinem seelenverwandten »Musen atque BusenFreund« (HKA 10, S. 161) Johannes Mährlen teilt M. die Studienjahre, gemeinsame Lektüreerlebnisse (z. B. Hölderlins *Hyperion*), das Ungenügen am Pfarrberuf, die geistige Unrast und gemeinsame literarische Projekte. Er nennt ihn mit den vertraulichsten Anreden »Lieb alt Luder« oder »Alter« und lässt übermütigem Humor und überschwänglichen Liebesbezeugungen freien Lauf. Der Höhepunkt des Briefwechsels besteht in der Suche nach gemeinsamen Wegen aus dem Vikariat in Verlagsstellen oder journalistische Tätigkeiten. Beide verfolgen diese Projekte mit großer Energie. Als Mährlen auf eine Hofmeister-Stelle hofft, schreibt M. in einem burschikosen Ton, den er sich nur ihm gegenüber herausnehmen kann: »Daß Du, Canaille, nun geborgen bist, kann ich aber doch nicht recht leiden; weil ichs nicht auch bin; weil ich wie ein miserabler Hund hinter Deiner Carrière brillante herwinsle« (HKA 10, S. 187). Er macht weiterhin gemeinsame Pläne mit Mährlen. Aber nach einer kurzen Anstellung als Feuilleton-Redakteur der neu gegründeten *Damenzeitung* beim Gebr. Franckh-Verlag Stuttgart schreibt M. nicht ohne Ironie: »Ich bin die lezten Wochen her fast krepirt vor Ekel an der Sache und vor Zorn über die Blindheit worin ich mich bereden konnte, daß ich mir jemals, auch nur ein ViertelJahr bei *diesem* Geschäft gefallen könnte, ohne daß meine Poësie sich die Schwindsucht dabei hole. […] Ich gehe mit zehnmal mehr Lust und Willen aufs Vicariat, als ich es verließ. […] Vi Vi Vicariat – Vivat Vicariat!« (HKA 10, S. 260 f.). Wiederholt thematisiert M. seine Vorliebe für persönlichen vor schriftlichem Austausch: »O Herzenskerl! wann seh ich Dich? Wie unendlich viel hätte ich Dir zu sagen!« (HKA 11, S. 31). Nach M.s Verlobung mit Luise Rau lässt der Briefwechsel mit Mährlen – wie auch mit anderen Freunden – deutlich nach und wird auch später nicht mehr in der alten Form aufgenommen, da sie nach den

Jahren der räumlichen Trennung ihre enge Freundschaft in fast täglichen persönlichen Begegnungen in Stuttgart fortführen. Einen Kontrast zur realistischen Offenheit und sprachlichen wie gedanklichen Freiheit im Briefwechsel mit Mährlen bilden in M.s Jugend die bekenntnishaften und ernsten Briefe an den strenggläubigen Pietisten und Studienfreund Johann Christoph Blumhardt.

M.s Briefwechsel mit seinem lebenslangen engen Freund Wilhelm Hartlaub beginnt in Urach und Tübingen, dehnt sich in den vierziger Jahren auf die nächsten Familienangehörigen aus und ist bei weitem der umfangreichste innerhalb von M.s Briefwerk. Als ein Grund für ihre Vertrautheit zeigt sich das leitmotivische Bedürfnis M.s nach Autonomie innerhalb der Freundschaft: »Ich grüße Dich in Deiner Einsamkeit, Geliebtester, und wünsche nichts so sehr, als daß ich sie auf ein paar Tage mit Dir theilen könnte! [...] ich weiß neben Bruder und Schwester kein andres Menschenkind, [...] bei dem ich mich so wie bei Dir daheim befände, d. h. so innig in mir selber bleiben könnte« (HKA 13, S. 111). In einem ans Mündliche angenäherten Unterhaltungsstil beschreiben beide ihr Leben zwischen den zahlreichen gegenseitigen Besuchen und teilen so ihren Alltag. Themen sind gemeinsame Interessen wie Musik, Literatur, Theologie, ›Lesefrüchte‹, M.s Werke, Erlebnis- und Reiseberichte, häusliche Begebenheiten und praktische Mitteilungen bis hin zur finanziellen Unterstützung M.s durch Hartlaub. In zahlreichen Musterkärtchen, karikaturistischen Zeichnungen, scherzhaften Dialektbriefen an Hartlaubs Tochter Agnes im Stil der *Wispeliaden* u. a. stilisiert M., immer wieder ironisch gebrochen, sein Leben als biedermeierliche Idylle. Zwischendurch stagniert die Korrespondenz aufgrund von Differenzen oder Eifersucht; die Freundschaft erweist sich jedoch trotz der unterschiedlichen Persönlichkeiten als so tragfähig, dass der Briefwechsel immer wieder aufgenommen wird. Zu M.s letzten Briefen überhaupt zählen die an Familie Hartlaub.

Die Studienfreunde Ludwig Amandus Bauer und M. beschwören nostalgisch ihr studentisches Zusammenleben. Die gemeinsam geschaffene Phantasie- und Kunstwelt Orplid und ihre karikaturhaften Gestalten wie Wispel und Uchrucker gewinnen in ihren Briefen ein Eigenleben und tauchen auch in anderen Briefen M.s auf, als existierten sie in Wirklichkeit. Ähnlich intensive Jugendfreundschaften wie die mit Bauer und Mährlen erlebte M. mit dem vielseitig talentierten Rudolf Lohbauer, mit Ferdinand Jung und Ernst Friedrich Kauffmann; da sie einander häufiger persönlich sahen, liegen jedoch weit weniger Briefe vor als an Mährlen oder Hartlaub. Diese Briefe an Jugendfreunde, wie z. B. auch die an David Friedrich Strauß, sind geprägt von einem herzlich-direkten, humorvollen Ton, oft in neologisch-idiosynkratischer Privatsprache oder im Studentenjargon.

Liebesbriefe

Der Briefwechsel mit Luise Rau beginnt mit dem 2. September 1829, kurz nach der Verlobung. Nach einem engen persönlichen Kontakt in den ersten beiden Jahren werden – aufgrund der Ausdehnung von M.s Vikariatszeit und der damit verbundenen Umzüge – zunehmend Briefe zum Medium, wenn nicht gar zum Ersatz ihrer Liebe. M.s Brautbriefe an die gebildete Pfarrerstochter zeichnen sich durch hohe sprachliche Stilisierung aus. Immer wieder bezieht M. scheinbar unvermittelt Alltagsschilderungen auf einen gemeinsamen Bildungshintergrund. So liest sich sein Brief vom 18. Februar 1830 wie aus Versatzstücken der Literatur der Empfindsamkeit komponiert. Die folgenden Passagen klingen wie Paraphrasen der Ode *Frühlingsfeyer* von Klopstock: »Ich bewundere mit Thränen die Liebe des Höchsten [...], ich der Einzelne – [...]. Es fluthet eine Welt voll Seeligkeit in mir auf und nieder – sie ist ein Tropfen, der im All verschwindet« (HKA 11, S. 85); und die vorangehenden Variationen über Luises »Wie lieb ich Dich« (HKA 11, S. 84) erinnern an Goethes *Maifest*. Auch aus der Handschrift wird das Gestaltete der Briefe erkennbar, sie wurden offensichtlich in Reinschrift verschickt. Anreden sind häufig Stereotype aus der empfindsamen Brieftradition (»meine Theuerste«, »Liebstes, bestes Herz«, »meine Geliebte«, »mein Kind«, »Seele!«); Vergleiche wie Liebe als

»köstlicher Wein« (HKA 11, S. 85) oder Imaginationen von Luise als weiblicher Idealfigur nehmen spielerisch Inhalte, Bildvorrat und Sprache der Literatur des 18. und 19. Jh.s auf. Sehr direkt und lebendig hingegen wird die Sehnsucht nach persönlichen Begegnungen ausgedrückt. Einen Höhepunkt der Innigkeit und Unmittelbarkeit erreichen M.s Briefe im Frühjahr 1830. In dieser Zeit legt er einige neue Gedichte für Luise bei und phantasiert über die Zukunft in einem gemeinsamen Haushalt. 1831 beginnt eine Distanzierung der Liebenden, begründet in der Dauer der Entfernung sowie in M.s familiären Schwierigkeiten. Ein unruhiger, flehentlicher Ton, Angst vor Verlust ihrer Liebe, Leiden unter dem Getrenntsein bestimmen jetzt die Atmosphäre der Briefe. In den Jahren 1832/33 nimmt die Frequenz der Briefe ab; sie handeln zunehmend von M.s Versuchen, eine feste Pfarrstelle zu finden. Im Herbst 1833 wird die Verlobung vermutlich aus den genannten Gründen in einem verschollenen Brief aufgelöst. M. und Luise Rau geben einander ihre Briefe zurück, die Luise Raus sind verloren, die M.s wahrscheinlich nur zu zwei Dritteln überliefert.

M.s Korrespondenz mit Margarethe Speeth spiegelt schon früh die konflikträchtige Dreieckskonstellation zwischen Klara, Eduard und Margarethe wider: Er richtet die meisten Briefe an beide; das Geschwisterpaar schreibt gemeinsam an Margarethe. M. nennt Margarethe gemeinsam mit Klara »Geliebte Schwestern Beide!« (HKA 15, S. 240) – die Intimität scheint der Legitimation durch geschwisterliche Nähe zu bedürfen, so auch das »Du«: »Eh ich begann sagte ich ihr [Klara], ich könne nicht mehr *Sie*, ich müsse *Du* an Gretchen schreiben, wenn meine Worte nicht ganz herzlos lauten sollten. Sie schien es stillschweigend zu billigen« (HKA 15, S. 272). Schilderungen des Alltags im Haus und der nächsten Umgebung, sozusagen in Blickweite, bewahren die häusliche Intimität während der Abwesenheit jeweils einer Partnerin. Im vertrauten familiären Umgang entwickelt M. einen Humor, der Andeutungen enthält oder Spiele aufgreift, die nur für Eingeweihte verständlich sind. Es gibt weder vor noch nach dem Brief an die Mutter Josephine Speeth (HKA 16, S. 65 f.), in dem er ihr für die Einwilligung in die Heirat dankt, wirklich intime Liebesbriefe, die über Alltägliches hinausgehen. Die späteren Briefe an Margarethe enthalten Musterkärtchen über die Kinder, Berichte über Besuche oder detaillierte Reiseberichte, in denen sich M. als lebendiger Erzähler zeigt, der in wenigen Strichen ein Bild, eine Atmosphäre entstehen lässt, und zunehmend auch Versuche, die wachsenden Unstimmigkeiten zu klären.

Literarische Briefwechsel

M. nimmt in frühen Verehrerbriefen Kontakt zu von ihm bewunderten älteren Dichtern auf und versucht, sie als Mentoren zu gewinnen, deren Beziehungen ihm helfen konnten, sich auf dem literarischen (Arbeits-)Markt zu situieren. Gustav Schwab vermittelt als literarischer Berater beim Cotta-Verlag M.s erste Publikationen ans *Morgenblatt*; M. bittet ihn in seiner »Abneigung gegen den geistlichen Stand«, ihm bei Cotta eine seiner »ästhetischen Tendenz entsprechende Thätigkeit« zu verschaffen. Schwab rät ihm wie Uhland ab, sich auf das »Correctur-wesen einzulassen« (HKA 10, S. 226). M. dankt Schwab für seine Rezension des *Maler Nolten* in den *Blättern für literarische Unterhaltung* sowie für die Vermittlung eines Beitrags an Heinrich Brockhaus' Taschenbuch *Urania* und bittet später selbst Schwab um einen Beitrag für das *Jahrbuch schwäbischer Dichter und Novellisten*. Bei Justinus Kerner sucht er zunächst den Rat des Arztes; erst in den Cleversulzbacher Jahren behandelt ihr reger Briefwechsel M.s literarische Arbeiten. M. berichtet für Kerners *Magikon* über Geistererscheinungen in seinem Umkreis. Er bittet ihn um Vermittlung für eine Bibliothekarsstelle an der Königlichen Privatbibliothek. Nach 1843 wird der Briefwechsel trotz Fortdauer der persönlichen Beziehung spärlicher. An Ludwig Uhland sendet M. die *Idylle vom Bodensee* und bedankt sich für die Anerkennung und Ermunterung zum Schreiben, wobei er zugleich Uhlands Dramen »Mit der größten Verehrung und Liebe« bewundert (HKA 15, S. 101).

Einer der freundschaftlichsten literarischen Briefwechsel ist der mit M.s Studienfreund

Friedrich Theodor Vischer. Zu einem großen Teil ist er den konkreten literarischen Projekten beider Partner gewidmet. Sie schicken einander ihre Beiträge für einen Musenalmanach, rezensieren ihre Werke gegenseitig in ihren Briefen recht detailliert, gleichzeitig schonungsvoll und ermutigend. Beispielsweise äußert Vischer gleich zu Beginn des Briefwechsels seine Kritik am *Maler Nolten*, die M. dann Punkt für Punkt widerlegt. M. lehnt Vischers Erzählung *Der Traum* für seinen Almanach ab, da die Geschichte eines religiösen Zweiflers und Selbstmörders seiner »geistigen Diät u. Ökonomie entgegen ist« (HKA 11, S. 169) und er als Herausgeber um seine Chancen auf eine feste Pfarrstelle fürchtet. In den vierziger Jahren treten große Lücken im Briefwechsel ein. M. zweifelt an der Freundschaft Vischers, da dieser, seinerseits verärgert über M.s jahrelanges Schweigen, im Vorwort zu seinen *Kritischen Gängen* öffentlich von M.s »Stillstand« spricht. M. drückt gegenüber Vischer seine Verletztheit, sein Verzagen an seinen Lebensumständen ungewöhnlich ausführlich und in entwaffnender Offenheit aus. Im späten Briefwechsel stehen wieder ihre Werke im Vordergrund. Aus M.s letzten Lebensjahren sind sehr wenige Briefe an Vischer überliefert, denn sie standen in regelmäßigem persönlichem Kontakt.

Der Briefwechsel mit dem älteren Freund Karl Mayer, dem M. im Kreis um Kerner näher kam, basiert auf einer herzlichen Freundschaft und einer länger als zwanzig Jahre dauernden Arbeitsbeziehung seit 1840, in der M. als Mayers literarischer Berater dessen Gedichte auswählt, redigiert, kommentiert, bearbeitet und schließlich die Gedichtsammlung für den Druck einrichtet. Obwohl ihm diese Arbeit bisweilen zur Last fällt und er einmal versucht, sie an den Schriftsteller Johann Georg Fischer abzutreten, überwiegen die Freundschaft zu Mayer, die Rührung über dessen naiv-zärtliches Verhältnis zur Natur und durchaus auch die Wertschätzung für einige seiner Gedichte. In den Jahren nachlassender eigener Produktivität gewinnt der Briefwechsel mit Mayer für M. eine wachsende Bedeutung. In Beilagen zu seinen Briefen sendet er Mayer seine Änderungsvorschläge, eine wichtige Quelle für M.s poetologische Ansichten, über die er sich theoretisch kaum äußert. In diesen Werkstattbriefen, wie es sie in geringerem Umfang auch z. B. an Paul Heyse und verschiedene Verleger gibt, wird seine sehr konkret vom Sprachmaterial ausgehende feilende Arbeitsweise deutlich. Diese Arbeit an Wörtern und Versen demonstrieren unzählige Bemerkungen zu Mayers Gedichten. Nach dem Sommer 1867 ist in M.s Korrespondenz von Mayer nicht mehr die Rede. Erst nach dessen Tod 1870 äußert er der Schwester Klara gegenüber, wie nahe er ihm gegangen sei.

Der Schriftsteller Hermann Kurz beginnt den Briefwechsel mit M. mit einer Eloge auf dessen *Maler Nolten*. Er stellt sich als begeisterter Bewunderer M.s in dessen Dienst; so bietet er ihm eigene Ergänzungstexte zum Libretto der Oper *Die Regenbrüder* an, da M. selbst den Operntext wegen Krankheit nicht zu Ende bringen konnte, oder er erklärt sich bereit, M.s Gedichte für die erste Ausgabe zu ordnen. M. dankt ihm u. a. mit dem Gedicht *An H. Kurtz*. Der sehr herzliche, bald in der Anrede »Du« geführte Briefwechsel kühlt allerdings seit 1838 aufgrund persönlicher Differenzen, die nur andeutungsweise aus den Briefen hervorgehen, deutlich ab und endet 1841. Erst ein heute verschollener Brief von 1871, in dem Kurz M. um die Novelle *Mozart auf der Reise nach Prag* für den gemeinsam mit Heyse geplanten *Deutschen Novellenschatz* bittet, eröffnet die Möglichkeit einer erneuten Annäherung. M. gibt Kurz in seinem letzten Brief vor dessen Tod »den wärmsten Händedruck für Deinen lieben Brief […] und für die stille Absolution, welche ich mir daraus entnehmen durfte« (BRIEFWECHSEL KURZ, S. 123).

Paul Heyse beginnt die von gegenseitiger Schätzung und einem »Gefühl der Verwandtschaft« (HKA 16, S. 230) geprägte Korrespondenz mit einer Bitte an den »hochverehrte[n] Meister«, seine Novellen und die Tragödie *Meleager* kritisch zu würdigen. M. lobt den strengen Geist »der Alten u. [die] Form, Sie so musterhaft handhaben«, kritisiert aber auch vorsichtig einen »Schein des Selbstgefälligen« (HKA 16, S. 231). Über sein eigenes Werk äußert sich M. in diesen späten Jahren eher abwertend und beklagt: »Gemacht, geschrieben ist die ganze Zeit nichts worden« (HKA 17, S. 78). Er dankt Heyse für die Widmung in der *Braut von Cypern*: »Wenn ich so Etwas je verdiene, so ist es ganz gewiß darum, weil ich mit reiner Freude zusehen kann, wie Andre, Jüngere, mit vollen Segeln fahren und das erwünschte Ziel erreichen, während ich, früh auf den Sand gelegt, dahinten bleiben muß« (HKA 16, S. 284). 1860 beraten M. und Heyse über Möglichkeiten, Hermann Kurz finanziell zu unterstützen. In seinem letzten Brief erlaubt M. den Abdruck seiner *Mozart*-Novelle im *Deutschen Novellenschatz*.

Der kurze Briefwechsel mit Theodor Storm ist charakteristisch für ihre literarische, persönlich von M.s Seite sehr distanzierte Altersbekanntschaft. Auf Storms ersten bewundernden Brief antwortet M. erst zweieinhalb Jahre später. Insgesamt stehen 16 Briefen von Storm vier Briefe M.s gegenüber. M. würdigt Storms *Sommergeschichten* auf eine Weise, die auch als verhüllte Kritik an deren Idyllik verstanden werden kann: »Ihre Neigung zum Stillleben, thut gegenüber dem verwürzten Wesen der Modeliteratur außerordentlich wohl. [...] Nur hie u. da [...] mag man vielleicht etwas mehr individuelle Bestimmtheit wünschen« (HKA 16, S. 142).

Der Briefwechsel mit Moriz von Schwind wird von M. mit der Bitte um eine Illustration zu seinem Gedicht *Erinna an Sappho* eröffnet. Schwind lehnt ab, da er, »was in Ihrem Gedichte geschrieben steht«, für nicht darstellbar hält: »Haben Sie denn gar nichts, wo irgend etwas vor sich geht?« (BRIEFWECHSEL SCHWIND, S. 18) Aus der Anfrage entwickelt sich eine Altersfreundschaft bis zu Schwinds Tod 1871, getragen von M.s Bewunderung für Schwinds Werk. Der Ton bleibt jedoch weit distanzierter als in den Briefen an Jugendfreunde und M. konzentriert sich auf Projekte zur Illustration seiner Werke, wobei nach seinem Kunstverständnis die Dichtung Vorrang vor der bildenden Kunst hat. Schwind schickt M. jedoch lediglich Illustrationen zur *Schönen Lau* und einige Einzelblätter zu Erzählungen, während er auf M.s langgehegten Wunsch, seine *Probe aus dem König Rother* oder Gedichte zu illustrieren, wegen Zeitmangels oder zu geringen Honorars nicht eingeht.

Um Vertonungen seiner Gedichte geht es in M.s Briefwechseln mit Komponisten wie mit Emilie Zumsteeg, Musiklehrerin am Katharinenstift, Emil Kauffmann, Violinist an der Stuttgarter Hofkapelle, Immanuel Faißt, Gesangslehrer am Katharinenstift, Chorleiter und Organist, mit dem Jugendfreund Ernst Friedrich Kauffmann, dem Komponisten Ignaz Lachner und mit seinem Bruder Karl. Mit dem Studienfreund Ludwig Hetsch, der seit 1846 Musik- und Chordirektor am Hoftheater Mannheim war, korrespondiert er außerdem über eine geplante Musikbeilage zur *Mozart*-Novelle.

Neben den persönlichen Briefwechseln pflegt M. den brieflichen Kontakt zu Verlagen, zu Königshäusern (v. a. durch die Zusendung seiner Werke) und zum Stuttgarter Konsistorium, also zu Partnern, von denen sein Lebensunterhalt abhängt oder die seinen literarischen und finanziellen Handlungsspielraum erweitern können. M. hält diese funktionalen Schreiben mit Entschuldigungen wegen Krankheit, Bitten um einen Vikar, um Darlehen, Vorschüsse, Sonderurlaube, Zuschüsse zu Kuren, Orden, Sonderrenten etc. in sehr formellem, geschäftlichem Ton und Curialstil. Im Schriftverkehr mit Verlegern wie Georg Cotta von Cottendorf, Friedrich Krais, Friedrich Schweizerbart oder Ferdinand Weibert (mit dem ihn ein fast freundschaftliches Verhältnis verbindet) schlägt M. nach anfänglicher Scheu vor Verhandlungen und zahlreichen Zugeständnissen aus akutem Geldbedarf später einen selbstbewussteren Ton an, stellt Forderungen und argumentiert insgesamt marktorientierter. Als bekannter Autor erteilt er sogar Gefälligkeiten, verfasst Verlagsanzeigen und Lektoratsgutachten oder vermittelt Bilder und Texte anderer Autoren.

Mit wachsender Bekanntheit erhält M. immer wieder Manuskripte anderer Verfasser zur Beurteilung. Er widmet sich dieser Aufgabe sehr gewissenhaft, macht Verbesserungsvorschläge, konstatiert jedoch auch ehrlich Mangel an Talent. Er legt den Briefen Papiere bei, auf denen er in detaillierten Kommentaren Kritik an einzelnen Worten und Stellen übt und Ratschläge gibt.

In seiner Stuttgarter Zeit erweitert sich M.s Korrespondentenkreis beträchtlich. Bemerkenswert sind seine Briefe an den Studienfreund Karl Wolff, der ihm als Rektor des Katharinenstifts die Stelle als Lehrer vermittelt hatte. Neben Absprachen über Unterrichts- und Prüfungsthemen steht eine lange Reihe von Briefen, mit denen er sein Fortbleiben wegen Krankheit entschuldigt. Nach seiner Pensionierung schildert M. Wolff in ausführlichen Briefen sein Leben in Lorch. Mit der Künstlerin Luise Walther, die Scherenschnitte zum *Hutzelmännlein* angefertigt hatte, verbindet M. und seine Familie eine herzliche Freundschaft, die sich in den vertrauten Briefen persönlichen Inhalts widerspiegelt. Mit Friedrich Notter korrespondiert M. z. B. über ihre Übersetzungen für die gemeinsam veranstaltete Theokrit-Ausgabe. In zahlreichen weiteren Briefwechseln unterhält M. weitläufige Kontakte zu regionalen und überregionalen Dichter-, Musiker- und Künstlerkreisen.

Rezeption

Die Herausgeber der meisten Briefausgaben sind sich über den Werkcharakter der Briefe M.s einig. »Wie nahe der Briefschreiber M. dem Dichter steht, wurde oft betont, und zurecht hat man darauf hingewiesen, daß seine Briefe nicht nur gewichtige biographische Zeugnisse darstellen oder seine künstlerische Entwicklung dokumentieren, sondern eigenständigen ästhetischen Rang besitzen, ja zu einem nicht geringen Teil dem literarischen Werk zuzurechnen sind« (HKA 10, S. 319).

Die Forschungsliteratur hingegen zieht M.s Briefe in der Regel nur als biographische oder entstehungsgeschichtliche Quelle für sein rein literarisches Werk heran. Erst Kristin Rheinwalds Arbeit beschäftigt sich mit M.s Briefen als eigener Textsorte und beschreibt sie als »Experimentierfeld, auf dem das formale ›Handwerkszeug‹ des Poeten erprobt wird« (Rheinwald, S. 231). Ihre Analyse zeigt an den Briefen im Vergleich zum *Maler Nolten* »zahlreiche Merkmale eines in sich geschlossenen Kunstwerks« (ebd., S. 13), z. B. in Zeitstruktur, formaler und thematischer Gliederung. Damit geht sie auf dem Hintergrund gattungspoetischer und -theoretischer Forschungen auf die Frage nach »Literarizität, Authentizität und Fiktionalität des Briefs« (ebd., S. 11) ein.

Eine grundsätzliche Würdigung der Briefe als selbständiger Bestandteil von M.s Werk steht noch aus.

Deutungsaspekte

In M.s Briefen finden sich kaum poetologische Reflexionen, vielmehr beschreibt er entweder die krankheitsbedingt oft mühsamen Umstände seines Schreibens oder er verschleiert in scherzhaft-ironischen Vexierspielen seine Autorschaft bzw. den Entstehungsprozess seiner Texte. Die Briefe selbst und darin besonders die Musterkärtchen führen jedoch vor, wie sich eine kunstvoll gestaltete Form hinter der scheinbar unmittelbaren Abbildung ihrer Gegenstände verbergen kann.

Als Beziehung konstituierendes Medium sind Briefe für M. oft das einzige Mittel, über räumliche Distanzen, lange Zeiten der Krankheit und finanzielle Engpässe hinweg die so dringend benötigten und ersehnten Beziehungen und Freundschaften aufrecht zu erhalten. Auf der anderen Seite äußert sich in M.s Briefen eine Ambivalenz von Nähe und Distanz, die ihre Entsprechung in der gattungsimmanenten Gleichzeitigkeit von intensivem Kontakt zu einem Gegenüber und Alleinsein im Schreibakt findet. So fingiert und imaginiert M. in vielen seiner Briefe eine eindringliche Atmosphäre physischer Nähe und gemeinsamen Erlebens, während er auf der anderen Seite Distanz schafft durch Briefpausen oder zahlreiche Entschuldigungs- und Entlastungsschreiben an Freunde wie an dienstliche Stellen. Briefe ermöglichen es M. also nicht zuletzt, regenerative und kreative Freiräume für sich zu schaffen und dabei sein freundschaftliches und gesellschaftliches Netzwerk zu erhalten.

Literatur

Baasner, Rainer: Briefkultur im 19. Jahrhundert. Kommunikation, Konvention, Postpraxis. In: ders. (Hg.): Briefkultur im 19. Jahrhundert. Tübingen 1999, S. 1– 36. – Bohrer, Karl Heinz: Der romantische Brief. Die Entstehung ästhetischer Subjektivität. München u.a. 1987. – HÖTZER. – Jacobs, Stephanie: Auf der Suche nach einer neuen Kunst. Konzepte der Moderne im 19. Jahrhundert. Weimar 2000. – Rheinwald, Kristin: Eduard Mörikes Briefe. Werkstatt der Poesie. Stuttgart u. a. 1994. – Wild, Inge: »Philister kommen angezogen«. Der Künstler-Bürger-Antagonismus in Gedichten Eduard Mörikes (mit einem Blick auf Heinrich Heine). In: WILD, S. 149–176.

Briefausgaben

BAUER: BRIEFE. – BRIEFWECHSEL HEYSE. – BRIEFWECHSEL STORM. – BRIEFWECHSEL SCHWIND. – BRIEFWECHSEL KURZ. – BRIEFWECHSEL VISCHER. – Eduard Mörikes Briefe. Ausgewählt und hg. v. Karl Fischer und Rudolf Krauß. Berlin 1903–1904. – Eines Dichters Liebe. Eduard Mörikes Brautbriefe (Briefe an Luise Rau und Margarethe Speeth). Hg. v. Walther Eggert Windegg. München 1908. – ,Freundeslieb' und Treu'. 250 Briefe Eduard Mörikes an Wilhelm Hartlaub. Hg. v. Gotthilf Renz. Leipzig 1938. – Maync, Harry (Hg.): David Friedrich Strauß und Eduard Mörike. (Mit zwölf ungedruckten Briefen). In: Deutsche Rundschau Bd. 115, Jg. 29, H. 7 (April 1903), S. 94–117. – Mörike, Eduard: Luise. Briefe der Liebe, an seine Braut Luise Rau. Hg. v. Hanns Wolfgang Rath. Ludwigsburg 1921. – Simon, Hans-Ulrich: »Ihr Interesse und das unsrige ...«. Mörike im Spiegel seiner Briefe von Verlegern, Herausgebern und Redakteuren. Stuttgart 1997. – Mörike, Eduard: Sämtliche Werke. Briefe. Ausgabe in drei Bänden. Hg. v. Gerhart Baumann in Verbindung mit Siegfried Grosse. Stuttgart 1959.

Jutta Reusch

Literatur- und kulturhistorisches Umfeld

Antike

Die antike Literatur und ihre Rezeption spielen in M.s Werk eine prägende Rolle. Dabei lässt sich zwischen einer allgemein-gesellschaftlichen und einer privaten Dimension unterscheiden. Zunächst soll die Bedeutung des Konzepts Antike für die bürgerliche Gesellschaft im späten 18. und am Beginn des 19. Jh.s – und damit auch für die Literatur der Zeit – skizziert werden.

Spätestens seit der Französischen Revolution wurden in Europa erste Phänomene eines einsetzenden Modernisierungsprozesses manifest: Skepsis gegenüber der absolutistischen Gesellschaftsordnung war aufgekommen und erforderte einen durchgreifenden gesellschaftlichen Wandel. Die zunehmende Säkularisierung der Weltdeutung durch naturwissenschaftliche Konzepte stellte die religiösen in Frage. Der fundamentale Umbruch der Französischen Revolution wurde daher als signifikante Zäsur empfunden, die auch das Verhältnis zur Zeit entscheidend veränderte. Denn sie markierte eine unüberwindbare Kluft zwischen Vergangenheit und Gegenwart und erschütterte das Vertrauen in die Zukunft. Die Gegenwart wurde als krisenhaft und bedrohlich erfahren. Symptomatisch hierfür ist die allgemeine Historisierung, die die bisher postulierte Teleologie und Absolutheit der Weltgeschichte relativierte. Es galt nun nicht mehr als verbürgt, dass die Geschichte der Welt einem höheren Ziel zustrebe. Aus der neuen Sicht der Wirklichkeit, in der nun der Eindruck der Zufälligkeit, Heterogenität, Diskontinuität und fortschreitenden Disparatheit allen Geschehens vorherrschte, resultierte die Notwendigkeit einer neuen metaphysischen Sinnstiftung.

Diese gesamtgesellschaftliche Identitäts- und Sinnkrise zwang vor allem das sich im Laufe des 18. Jh.s neu etablierende Bürgertum, das entstandene Vakuum durch etwas Neues und vollkommen Eigenes zu füllen. Es musste durch eine historisch begründete Identitätsstiftung Vergangenheit und Zukunft zugleich entwerfen. Für das Bürgertum lag es dabei nahe, sich genau damit zu legitimieren und zu definieren, worin es sich vom Adel unterschied: durch Negierung der Determiniertheit menschlicher Existenz und des gesellschaftlichen Status von Geburts wegen und durch Betonung der Selbstbestimmung, also der Mündigkeit im kantschen Sinne. Demnach war die gesellschaftliche Position, die man erreichte, allein abhängig von der Leistung des Individuums. Das Bürgertum war unter diesem Aspekt als gesellschaftliche Klasse sozial durchlässig; Bürgerlichkeit ist als Habitus zu sehen, der sich vor allem aus einem gemeinsamen Werte- und Normenkodex konstituierte. Erziehung und fundierte Ausbildung der Nachkommen gewannen daher zentrale Bedeutung und avancierten auf diese Weise zum Politikum. Bildung konnte nach bürgerlichem Verständnis nur klassische Bildung meinen, da die Antike – vor allem die griechische – als Archetyp einer republikanischen Gesellschaftsform mit spezifisch bürgerlichem Wertesystem gesehen wurde. Dies führte dazu, dass den alten Sprachen und mit ihnen der antiken Kultur der Primat in der Schulbildung eingeräumt wurde.

Damit wurde ein roter Faden der deutschen und europäischen Geistesgeschichte aufgenommen: Nach der Auflösung des Römischen Reiches im 5. Jh. n. Chr. waren viele antike Texte als heidnische Zeugnisse zerstört worden oder gerieten in Vergessenheit. Gleichwohl verdanken wir die Tradierung der antiken Texte über lange Jahrhunderte hinweg den Klöstern und deren Schulen: In den Klosterbibliotheken wurden die antiken Texte bewahrt und kopiert, dort hatte man sich ihrer Rekonstruktion und Übersetzung angenommen. Nur hier beherrschte man noch die alten Sprachen und konnte sie vermitteln. In den mittelalterlichen Gelehrtenschulen stand das Lateinische im Vordergrund, der Weg zur Bildung führte in jeder Schule nur über die Aneignung der lateinischen Sprache und deren Literatur: Wie schon in der Antike wurden dort an den überlieferten Texten Grammatik, Rhetorik und Dialektik geübt. Ciceros Schriften stellten den Inbegriff des klassischen lateinischen Stils dar, dessen aktive Beherrschung das Ziel des Lateinunterrichts war – nicht zuletzt deshalb, weil das Lateinische die Sprache der Kirche, Diplomatie, Wissenschaft und Rechtsprechung war.

Die Wende vom Mittelalter zur Neuzeit, die heute so genannte Renaissance, trägt als Epochenbezeichnung schon im Namen, wem sie verpflichtet war: der Wiederbelebung der antiken – besonders der römisch-lateinischen – Kultur als bewusster Erneuerung des geistigen und politischen Lebens und Überwindung des ›dunklen‹ Mittelalters. Ziel war die Wiedergeburt aus dem Geist der Antike unter Rückgriff auf die großen antiken Autoren, insbesondere auf Cicero, aber auch auf Vergil, Horaz und Ovid. Diese galten nicht nur als stilistische Vorbilder, sondern vor allem auch als Vertreter echter *humanitas*. Der Bildung wurde aus diesem Grund ein hoher Stellenwert zugemessen; die Antike stellte damit die für die Moderne normativen ästhetischen und moralischen Paradigmata. Die Absolutsetzung der Antike führte auch zu einer Revision des Selbstverständnisses der Altertumswissenschaftler und zu einer Reform der akademischen Disziplin. Bis dahin war das Studium der alten Sprachen weniger Selbstzweck, sondern als Propädeutikum Voraussetzung und Grundlage für andere akademische Fächer, allen voran die Theologie, gewesen. Nun aber betonte man den Eigenwert des Studiums der antiken Sprachen. Das Interesse an der kulturellen Überlieferung, die durch die Lektüre, Deutung und Kommentierung der antiken Originaltexte vermittelt werden sollte, rückte in den Mittelpunkt.

Im 18. Jh. verlor die bis dahin dominierende Rezeption der römisch-lateinischen Kultur mit dem Aufkommen des Neohellenismus ihre Vorrangstellung. Ausschlaggebend für diesen fundamentalen Paradigmenwandel war das Werk Johann Joachim Winckelmanns, der im Griechentum, nicht im Römertum die Ideale der Schönheit und Sittlichkeit und deren Zusammentreffen (die Kalokagathie, d. i. die schon antike Identifizierung ästhetischer mit moralischer Qualität) am besten zum Ausdruck gebracht sah. Das in idealisierendem Rückgriff auf die griechische Antike formulierte harmonische Menschenbild Winckelmanns korrespondierte mit einer Bildungszuversicht, wie sie beispielsweise von Gotthold Ephraim Lessing in seiner religiös-theoretischen Schrift über *Die Erziehung des Menschengeschlechts* (1780) formuliert wurde. An Winckelmanns Idealvorstellung der griechischen Antike knüpfte auch der Altphilologe Friedrich August Wolf an; er entwarf in seiner *Darstellung der Altertumswissenschaft* (1807) das Konzept einer umfassenden Erforschung des Altertums, deren Ziel die Erkenntnis des antiken Menschen und der idealen Schönheit sein sollte. Einen weiteren Meilenstein in der deutschen Antikerezeption markiert die Homer-Übersetzung von Johann Heinrich Voß. Er veröffentlichte 1781 die *Odyssee* und 1793 die *Ilias* in deutschen Hexametern. Mit dieser Übersetzung wurde in Deutschland eine Flut von Homer-Übersetzungen und -Bearbeitungen ausgelöst. Dadurch und auch durch theoretische Arbeiten zur deutschen Prosodie von Voß, Karl Philipp Moritz u. a. angeregt, bemühten sich die deutschen Dichter verstärkt um die Aufnahme bzw. Umsetzung der klassisch-antiken Metren in der deutschen (Nach-)Dichtung. Umstritten blieb allerdings, wie strikt man sich an die Vorgaben der antiken Metrik halten müsse, da diese im Gegensatz zum akzentuierenden Metrum der deutschen Sprache quantifizierend war.

Mit der deutschen Klassik erreichte die produktive Aneignung der Antike in formal-ästhetischer und idealler Hinsicht schließlich ihren Höhepunkt: Für Goethes und Schillers ›klassische‹ Hauptwerke gilt als gemeinsames poetologisches und zugleich weltanschauliches Merkmal ein auf eine allgemeine Norm des Wahren, Guten und Schönen bezogener künstlerischer Stilwille. Das Konzept der ästhetischen Autonomie, ein idealistisches Kulturprogramm zur Bildung ›wahrer Humanität‹ durch die ästhetische Erziehung des Menschen (Schiller) sowie die Verknüpfung des Kunstbegriffs mit einer organologischen Naturauffassung zählen zu den überhistorische Geltung beanspruchenden Grundpositionen der Weimarer Klassik. Mit ihrem an der Antike ausgerichteten poetologischen Programm griffen Goethe und Schiller auf die allgemeine Konjunktur der antiken Klassik zurück, die mit Winckelmann ihren Anfang genommen hatte.

Nicht zufällig wurde also in der Zeit nach der Französischen Revolution gerade die Antike zum Ideal: Sie wurde als Gegenbild zur als krisenhaft erfahrenen Moderne empfunden; das Weimarer »Projekt Klassik« ist als Reaktion auf diese Modernisierungsprozesse zu sehen (Wild, R., S. IX). Indem die Weimarer Klassik auf die Antike rekurrierte, ging sie weit hinter die eigenen Erfahrungen der Zerrissenheit und Entfremdung zurück in eine quasi paradiesische Urzeit, in der eine ideale Einheit noch gewahrt wurde. Antike Metren, Gattungsformen und Stoffe wurden dabei der eigenen Dichtung anverwandelt, ihre Aussage auf diese Weise potenziert. Diese antikisierende Dichtung zeichnet sich durch komplexe Intertextualität aus, durch die nicht nur auf antike Traditionen, sondern auch auf moderne literarische Bezüge verwiesen wird. So fungiert beispielsweise die Aufnahme strenger antiker Versmaße in der Lyrik gleichsam als formales Korsett, schafft Distanz zur Gegenwart und versinnbildlicht zugleich die empfundenen Spannungen. Goethes klassische Lyrik, an der sich M. nachweislich orientierte (vgl. HÖTZER), zeichnet sich daher durch besondere Artifizialität und einen hohen Bewusstheitsgrad des dichtenden Subjekts aus; in ihr wird zudem ein breites Spektrum poetischer Möglichkeiten reflektiert. Auf diese Weise gelingt am Ende des 18. Jh.s ästhetisch die Überbrückung der Kluft zwischen Antike und Moderne und damit die – ästhetische – Versöhnung der Moderne mit sich selbst. Der Rückgriff auf die Antike als Repertoire von Gestaltungs-, Denk- und Verhaltensmodellen hat sich gerade in den Epochen, in denen in Europa um ein neues, modernes Selbstverständnis gerungen wurde, als äußerst produktiv erwiesen.

Die deutsche Literatur in der ersten Hälfte des 19. Jh.s – und damit auch M.s Werk – ist ohne die Leistung der klassischen Epoche nicht vorstellbar. In Weimar war das Prädikat ›Klassik‹ durch die produktive Auseinandersetzung mit der Antike neu definiert worden; hinter dieses Ideal konnte nicht zurückgegangen werden. Für das Bildungsbürgertum des 19. Jh.s, in dem M. aufwuchs, wurde die Weimarer Klassik zum identitätsstiftenden Höhepunkt der deutschen Geschichte, das Studium ihrer Dichter zum nationalpädagogischen Programm. Die Rezeption dieser Literatur bedeutete zugleich die in der Lektüre der deutschen Klassiker sowohl gespiegelte als auch gebrochene Aufnahme der antiken Literatur. Damit setzte das Bürgertum fort, was die Weimarer Klassik begonnen hatte: die Fundierung der eigenen Identität durch die Antike, wobei jetzt in erster Linie die griechische Antike gemeint ist. Neue Argumente für den Vorrang des Griechischen vor dem Römischen fand man einerseits in der griechischen Sprache selbst, die man als der deutschen Sprache eng verwandt empfand, andererseits aber auch in der aktuellen politischen Entwicklung Griechenlands: An dem Kampf um die griechische Unabhängigkeit (1821–1829) nahm man im deutschen Bürgertum regen Anteil, bis hin zu einer aktiven Teilnahme.

Die im Wolf'schen Sinne umfassende Kenntnis des Altertums wurde daher zur Verstehensvoraussetzung der bürgerlichen Identität. Dem Konzept eines humanistischen Gymnasiums, das 1816 von Johann Wilhelm Süvern für Preußen verbindlich gemacht und im Laufe des 19. Jh.s in ganz Deutschland Modell der höheren Schulausbildung wurde, kam in diesem Kontext eine Schlüsselfunktion zu: Es institutionalisierte die klassisch-antike Bildung als Nationalbildung. Im Gymnasium wurden die Heranwachsenden durch Vermittlung der anerkannten klassischen Bildungswerte zu Bürgern erzogen. Die alten Sprachen nahmen dabei den größten Stundenanteil ein und wurden bis zum Abitur, das sich fast ausschließlich auf sie bezog, strenger, aber auch höher bewertet. Denn den klassischen Sprachen wurde ein formaler Bildungswert zugesprochen, der auf eine prinzipielle Schärfung des Verstandes und auf die Vermittlung von Inhalten sowie von bürgerlichen Tugenden wie Genauigkeit, Zuverlässigkeit, Leistungsbezogenheit, Sachlichkeit, Affektkontrolle etc. zielte. Grundlegend hierfür ist Wilhelm von Humboldts Theorie einer allgemeinen Menschenbildung, die dem Heranwachsenden weniger eine fachspezifische Ausbildung vermitteln wollte als vielmehr eine bestimmte Denk- und Arbeitshaltung, mit der sich der Schüler dann im Verlauf eines fachwissenschaftlichen Studiums spezifische Kenntnisse aneignen könne. Obwohl die Neuhumanisten den Schwerpunkt auf das Griechische legten, griff man in der gymnasialen Unterrichtspraxis auf die Tradition der lateinischen Gelehrtenschulen zurück, so dass der Stundenanteil des Lateinischen deutlich höher war als der des Griechischen.

Ein Junge aus dem Bürgertum erhielt daher von Beginn seiner Schullaufbahn an Unterricht in den alten Sprachen, zunächst mit dem Schwerpunkt auf Grammatik und Rhetorik. Ziel des Sprachunterrichts war die aktive Beherrschung vor allem des Lateinischen, die in Übersetzungen vom Griechischen ins Lateinische sowie in lateinischen Abituraufsätzen und Dichtungen dokumentiert werden musste. Auf dem Gymnasium ging es mit fortschreitender Sprachkompetenz weniger um den Erwerb und die Übung der Sprache als um die Lektüre der antiken Autoren im Original, durch die die Jugendlichen ästhetisch und moralisch gebildet werden sollten. Dabei war das Curriculum an der kognitiven Entwicklung der Schüler ausgerichtet: So las man zu Beginn der Gymnasialzeit oft Mythen, die als allegorische Weltentstehungserklärungen aus der ›Kindheit der Menschen‹ galten, und steigerte sich in der Prima zu philosophischen und staatstheoretischen Schriften. Obwohl auch Dichtung gebührend berücksichtigt wurde, lag der Schwerpunkt auf der Prosa. Exemplarisch sei ein Musterlehrplan angeführt, der 1848 als Anhaltspunkt für sächsische Gymnasiallehrer entworfen wurde: Außer Chrestomathien, also Auswahlsammlungen, sollten in Quarta und Untertertia Caesar (*De bello Gallico*), in der Obertertia Ciceros Reden gelesen werden, im Griechischen in der Tertia Homers *Odyssee* sowie Xenophons *Anabasis*. In den oberen Klassen sollten in Latein als Prosaautoren Livius, Sallust und Tacitus als Historiker, Ciceros Staatsreden, seine Briefe und philosophischen Schriften in Auszügen, außerdem Ciceros *Brutus* und Quintilians zehntes Buch der *Institutiones Oratoriae* als rhetorische Schriften gelesen werden. Aus dem Bereich der Lyrik gab der Lehrplan Vergil, Catull, Tibull, Properz, ausgewählte Satiren und Episteln des Horaz sowie Plautus oder Terenz vor. Griechische Pflichtlektüre aus dem Bereich der Prosa sollten Herodot, Xenophon, Reden des Lysias, Aischines und Demosthenes, an philosophischen Texten Platons *Apologie des Sokrates, Kriton* und ausschnittsweise *Phaidon*, aus dem Bereich der Dichtung Homers *Ilias*, Bruchstücke der Lyriker sowie Aischylos, Sophokles und Euripides als Dramatiker sein.

Großen Raum nahm außerdem die Vermittlung der so genannten Realien ein, also des für das Verständnis der alten Texte grundlegenden Sachwissens, das alte Geschichte, Philosophie, Religionskunde, Archäologie etc. umfasste. Die Antike erhielt auf diese Weise durch das humanistische Gymnasium eine bildungsbürgerliche Normativität, die als Gegenwelt zu den fragmentarisierenden Tendenzen der gesellschaftlichen Modernisierung weit über das 19. Jh. hinaus ihre Geltung behalten sollte. Doch blieb die Rezeption der Antike im 19. Jh. keineswegs auf die schulische und universitäre Ausbildung beschränkt, sondern erstreckte sich selbstverständlich auch auf die private Lektüre. Bezeichnend hierfür ist die große Anzahl von populären Klassiker-Übersetzungen, wie sie auch M. vorlegte, und Bearbeitungen antiker Sagen. Diese waren in durchaus erschwinglichen Ausgaben an Jugendliche und auch an Frauen adressiert, denen die lateinische und griechische Sprachkompetenz (noch) fehlte. Antik zu sein war modern.

M.s Bildungsgang entsprach weitgehend dem hier allgemein skizzierten Verlauf humanistischer Schulbildung in der ersten Hälfte des 19. Jh.s. Allerdings war das Königreich Württemberg in der Bildungspolitik konservativer als Preußen: Die rationale preußische Schulorganisation setzte sich hier erst nach der Reichsgründung vollkommen durch, die Verdrängung der alten Sprachen zugunsten des Deutschunterrichts und der Naturwissenschaften erfolgte somit später als im protestantischen Norden; und auch danach bildete der Lateinunterricht noch den Mittelpunkt des Gymnasialunterrichts. Beharrlich hielt man im Südwesten an den Lateinschulen fest, die noch dem grammatisch-rhetorischen Schulhumanismus des 16. Jh.s verpflichtet waren. Deren Abschluss, das so genannte Landexamen, wirkte sich vereinheitlichend und konservierend auf den Lehrplan aus und war Aufnahmebedingung für die Klosterschulen als einer Art Obergymnasien – eine Tradition, die auf die große Kirchenordnung von 1559 zurückging. Nach der Schulreform zu Beginn des 19. Jh.s blieb die große Anzahl der Lateinschulen bestehen, aus den Klosterschulen wurden vier Seminare. Dieses Schulsystem bildete die breiten Schichten des Bürgertums aus und war Basis für das Studium, vor allem das der Theologen und Juristen als den künftigen Landesbeamten.

Mit sechs Jahren nahm M. den Schulbesuch an der Lateinschule in Ludwigsburg auf, wo er außer in den alten Sprachen und Religion Unterricht in Französisch, Geschichte und Geographie erhielt. Nach dem Tode seines Vaters 1817 wurde es dem jungen M. durch den Onkel ermöglicht, das letzte Jahr seiner Schulausbildung in Stuttgart zu absolvieren. Die Entscheidung, den Jungen Pfarrer werden zu lassen, lag nahe, da diese Ausbildung für den Halbwaisen im Wesentlichen durch öffentliche Mittel finanziert werden konnte. Damit schlug M. einen äußerst traditionsgebundenen Bildungsweg ein: Nach dem Landexamen mit 14 Jahren sollten vier Jahre niederes theologisches Seminar folgen. Da M. das Landexamen nicht bestand, war es nur der Fürsprache seines einflussreichen Onkels zu verdanken, dass er ins Uracher Seminar aufgenommen wurde. Über die Gründe für M.s Versagen kann nur spekuliert werden. Vermutlich lag es nicht an mangelnder Fertigkeit in den alten Sprachen, eher sind grundsätzliche Anpassungsprobleme an Systemzwänge und Verweigerungshaltungen die Ursache, wie sie auch M.s Erwerbsleben kennzeichneten. Die Ausbildung zum Pfarrer wurde durch vier Jahre theologisches Studium am Tübinger Stift vollendet, dessen Zulassungsvoraussetzung als Vorläufer eines allgemeinen Abiturs eine Prüfung mit Schwerpunkten in Klassischer Philologie und Deutsch war.

Über die klassisch-antiken Autoren, die M. während seiner Schul- und Studienzeit im Unterricht oder privat gelesen hat, wissen wir wenig Konkretes. Es ist aber davon auszugehen, dass sich sein Bildungsprogramm weitgehend mit dem oben skizzierten Lehrplan, der den Charakter eines literarischen Kanons hat, deckte. Homer jedenfalls besaß M. wie jeder Bildungsbürger seiner Zeit in der Ausgabe von Voß (vgl. u.a. HKA 12, S. 118), Horaz war ihm so vertraut, dass ihm Zitate des lateinischen Dichters in seinen Briefen leicht von der Hand gingen (HKA 10, S. 184).

Die Motivation M.s, sich in produktiver und reproduktiver Weise mit antiker klassischer Literatur auseinander zu setzen, dürfte deshalb zum einen in der geschilderten zeitgenössischen Antikenrenaissance und -begeisterung, ja der Allgegenwart der Antike in der bildungsbürgerlichen Welt des 19. Jh.s begründet sein. Darüber hinaus war sicher die intensive Rezeption der Weimarer Klassik ein weiterer Grund für das Studium der antiken Originalliteratur. Obwohl die Schriften Goethes und Schillers noch nicht zur Schullektüre avanciert waren, wurden sie in M.s Freundeskreis gelesen und diskutiert. Wir wissen aus M.s Briefwechsel, dass der junge M. von der Korrespondenz zwischen Goethe und Schiller sehr beeindruckt war, sie 1829 mehrfach studierte und sogar seiner damaligen Verlobten Luise Rau als Lektüre ans Herz legte (HKA 11, S. 30 f.). Dagegen war es für M. allein schon aus finanziellen Gründen schwierig, die Literatur der Frühromantik zu rezipieren. Die Universitätsjahre müssen in diesem Zusammenhang als die fruchtbarsten Jahre gelten, da es in einem literarisch interessierten Kreis von Kommilitonen die günstigsten Voraussetzungen für den Austausch aktueller Literatur gab (HKA 10, S. 25 ff.). Wilhelm Waiblinger, M.s Vertrauter im Tübinger Stift, war begeisterter Hölderlinleser; durch ihn wurde M. zur Hölderlinlektüre angeregt (HKA 10, S. 154): So wurde M. auch durch Hölderlin, den ehemaligen Studenten des Tübinger Stifts, mit der produktiven Rezeption der klassischen Antike, in diesem Fall mit deren politisch-utopistischen Implikationen, vertraut.

Darüber hinaus geht aus Briefen aus der Zeit,

als M. seine Übersetzungen vorbereitete, hervor, dass er eine besondere Vorliebe für Catull und Tibull, aber auch für Horaz, im Griechischen für Theokrit besaß (HKA 10, S. 212; HKA 12, S. 184). Dabei handelt es sich um Autoren, die M. teilweise schon in seiner Schulzeit gelesen hatte. Im Falle des griechischen Autors war M.s Neigung für dessen Stil und Sujet ausschlaggebend (HKA 12, S. 188). Wir wissen, dass M. im Elternhaus Theokrit kennen und schätzen lernte durch eine Ausgabe, die noch sein Vater gekauft hatte (HKA 10, S. 212; HKA 12, S. 186). Die Übersetzungen fertigte M. zunächst aus sehr pragmatischen Gründen an: Er brauchte dringend Geld, und da er sich zeitweilig nicht in der Lage sah, Eigenes zu schaffen, verlegte er sich auf die Herausgabe von Übertragungen antiker Lyrik, deren Popularität ihm einen zuverlässigen Verdienst sicherte.

Das alles erklärt zwar M.s Rezeption der antiken Literatur, würde aber, für sich allein genommen, lediglich epigonales Dichtertum ergeben, wenn M. in den Gattungsformen und Metren der antiken Lyrik nicht eine Sprechweise gefunden hätte, die ihm besondere Ausdrucksmöglichkeiten bereitstellte. Aus M.s lyrischem Werk hat Heydebrand ästhetische Kriterien für seine Dichtung zusammengetragen, die der Schriftsteller in dieser Form nirgends stringent formuliert hat; eine Poetologie ist überhaupt nur aus seinen poetischen Werken und aus seinen Briefen zu rekonstruieren. Heydebrand betont neben anderen Konstituenten vor allem Maß, Stimmigkeit von Form und Inhalt und Angemessenheit (HEYDEBRAND, S. 297). Dies aber sind Merkmale, die der klassischen antiken Lyrik in spezifischer Weise eigen sind. M.s persönliches Bedürfnis nach dem rechten Maß und klar strukturierten Verhältnissen kommt in der virtuosen Umsetzung oder Modifikation antiker Metren und Gattungen zum Ausdruck. Die Herausgabe und produktive Rezeption der antiken Dichtung hatte für M. eine therapeutische Funktion, die seine innere Zerrissenheit und Verunsicherung als Künstler und Mensch in einer sich radikal verändernden gesellschaftlichen Umwelt erträglich machte.

In der germanistischen Forschung sah man lange Zeit zwei prinzipiell entgegengesetzte Grundhaltungen der Künstler des 19. Jh.s gegenüber den krisenhaften Erfahrungen der Neuzeit, der Identitätsproblematik des Menschen im Allgemeinen und des Künstlers im Besonderen: Die Ausblendung der empfundenen Zerrissenheit im Kunstwerk, das sich bewusst von der Realität absetzt und eine Utopie erschafft, oder die kritische Auseinandersetzung mit diesen Entwicklungen in der Kunst. Dabei wurden M. und Heinrich Heine exemplarisch als Vertreter dieser beiden Positionen verstanden: Während Heine in seiner Dichtung explizit zu gesellschaftspolitischen Entwicklungen in Deutschland Stellung nahm, wurde M. als unpolitischer Provinzdichter verstanden, in dessen Werk sich kein Reflex auf zeitgenössische Probleme und politische Ereignisse finde. Stattdessen wurde M. ein biedermeierlicher Rückzug in die Innerlichkeit, in den Schutz neurotischer Krankheit vorgeworfen. Dagegen muss mit der neueren Forschung betont werden, dass sich in M.s Werk durchaus die Problematik der Selbstentfremdung als Reaktion auf die gesellschaftlichen Modernisierungsprozesse feststellen lässt: Die produktive Antikerezeption M.s unter dem Vorzeichen der Weimarer Klassik kann als Beleg hierfür gewertet werden.

Literatur

Apel, Hans Jürgen: Altsprachlicher Unterricht. Deutschland. In: Cancik, Hubert u. a. (Hg.): Der Neue Pauly. Enzyklopädie der Antike. Bd. 13: Rezeptions- und Wissenschaftsgeschichte. A-Fo. Stuttgart u. a. 1999, S. 114–120. – Jeismann, Karl-Ernst; Lundgreen, Peter (Hg.): Handbuch der deutschen Bildungsgeschichte. Bd. 3. 1800–1870. Von der Neuordnung Deutschlands bis zur Gründung des Deutschen Reiches. München 1987. – Herrmann, Ulrich: Aufklärung und Erziehung. Studien zur Funktion der Erziehung im Konstitutionsprozeß der bürgerlichen Gesellschaft im 18. und frühen 19. Jahrhundert in Deutschland. Weinheim 1993. – HEYDEBRAND, bes. S. 282 ff. – HÖTZER. – Landfester, Manfred: Humanismus und Gesellschaft im 19. Jahrhundert. Darmstadt 1988. – Wild, Inge: »Philister kommen angezogen«. Der Künstler-Bürger-Antagonismus in Gedichten Eduard Mörikes (mit einem Blick auf Heinrich Heine). In: WILD, S. 149–176. – Wild, Reiner: Goethes klassische Lyrik. Stuttgart 1999.

Daniela Evers

18. Jahrhundert, Klassik, Romantik

Um M.s Verhältnis zur Literatur des 18. Jh.s, zur Klassik und zur Romantik darzustellen, wird hier danach gefragt, welche Werke und Autoren dieses Zeitraums er kannte. Es wird der Versuch unternommen, eine *Lektüre-Biographie* zu rekonstruieren, die als Grundlage für die Entschlüsselung intertextueller Verweise dienen kann und zugleich die für M. typische enge Verzahnung von literarischen und biographischen Interessen reflektiert. Eine solche Rekonstruktion kann aber immer nur annäherungsweise versucht werden. Der Artikel notiert lediglich, was als Gegenstand der Lektüre im (gedruckten) Briefwechsel M.s nachzuweisen ist, und das ist sicherlich weit weniger, als M. tatsächlich gelesen hat. Der Briefwechsel wird also im Folgenden, im Einklang mit neueren Tendenzen der M.-Forschung, auch als M.s ›Werkstatt der Poesie‹ (RHEINWALD) beschrieben, indem der Artikel – auf einer ganz ›materiellen‹ Ebene – M. in einen literarhistorischen Strang einordnet. Die Briefe lassen sich in dieser Lesart auch als Teil einer Poetologie verstehen, die M. im Unterschied zu Goethe und vielen romantischen Autoren nie explizit formuliert hat. M.s Briefwechsel lässt nicht nur erkennen, dass er die literarische Produktion seiner Zeit verfolgt hat, hier finden sich ebenso zahlreiche Hinweise auf seine Lektüre von Autoren des 18. und frühen 19. Jh.s. Dabei zeigt sich, dass M. zwar viel gelesen hat, die Bandbreite der von ihm wahrgenommenen Autoren allerdings – anders als bei vielen Zeitgenossen – nicht sonderlich groß war. M. hat verhältnismäßig wenige Schriftsteller immer und immer wieder gelesen (vor allem Goethe), andere wiederum nur kursorisch wahrgenommen. Das hängt zu einem großen Teil mit seiner prekären wirtschaftlichen Lage zusammen, die ihn dazu zwang, sich bis weit in die Stuttgarter Zeit die meisten Bücher leihweise zu beschaffen, etwa über die Freunde Johannes Mährlen und Wilhelm Hartlaub, sowie Exzerpte herzustellen (STORZ, S. 14 f.). Das schloss, wie Hötzer am Beispiel von M.s Übersetzungen gezeigt hat, extensive Lektüre keineswegs aus, führte aber notwendig zu einer gewissen Konzentration. M.s Bibliothek hatte nur eine mäßige Größe, wie das von Rennert erstellte, allerdings nicht vollständige Verzeichnis von 55 Titeln zeigt. Darin finden sich zahlreiche Geschenke von Zeitgenossen, einige Titel, die sich M. von seinem Verleger Johann Friedrich Cotta erbeten hatte (so Goethes *Sämmtliche Werke* in 40 Bänden, vgl. HKA 15, S. 187), sowie verschiedene Werke, die er seit seinen Studienjahren besaß (u. a. die Werke Shakespeares in der Übersetzung von August Wilhelm Schlegel und Ludwig Tieck, vgl. HKA 17, S. 399).

Goethe

Obwohl M. die Bibliothek seines Onkels Eberhard Friedrich Georgii benutzen durfte, der den Schüler 1817 nach dem Tod des Vaters in seinem Haus in Stuttgart aufnahm, war das zentrale Initiationserlebnis für M.s Lektüre sicherlich seine Bekanntschaft mit dem genialischen und äußerst belesenen Wilhelm Waiblinger in Urach und während der gemeinsamen Studienzeit in Tübingen. Waiblinger »rüttelte auf, zwang zur Stellungnahme und brachte Bücher, wie sie Mörike weder in der Aufklärungsbibliothek des Oheims Georgii noch in der Seminarbücherei gefunden hatte« (Meyer 1969, S. 12). Durch Waiblingers Vermittlung lernte M. Calderón und Shakespeare, Jean Paul und Novalis kennen, vor allem aber Goethe; er wird die lebenslange Konstante in seiner Lektüre bleiben, was M. »von anderen Dichtern der Spätromantik und vom Jungen Deutschland« nachhaltig unterscheidet (Miyashita, S. 47; vgl. Scheffler, S. 60 f.). Auch für Waiblinger zählt Goethe neben Platon, Leibniz und Shakespeare zu den literarischen ›Genies‹. Am 27. Oktober 1821 schreibt M. an den neuen Freund nach Stuttgart: »Sie rekommandieren uns [M. und Wilhelm Hartlaub] den Jean Paul – leider hatt ich noch nicht viel Gelegenheit, diesen originellen Schriftsteller *näher* kennen zu lernen, außer aus Sentenzensammlungen [...] – Almanachen u. dergl. – ferner empfehlen Sie uns die Wanderjahre, auch sie hab ich troz meines Bemühen's noch nicht bekommen« (HKA 10, S. 21; vgl. HKA 11, S. 97 f.). Wenig später heißt es: »Dass Du Göthen als unsern Größ'sten anerkannt, weiß ich; daß ich manches von ihm gelesen, vermuthest Du villeicht; in dem Fall aber, hoff ich zweyfeltest Du nicht daran, daß ich Deinem Urtheil wahrhaft beytreten werde« (HKA 10, S. 23). Zwei Tage später umreißt Waiblinger in einem längeren Brief einen Lektüre-Kanon, der für M. bis weit in die dreißiger Jahre Bestand haben sollte. Lediglich Waiblingers harsch-abwertendes Urteil über Uhland wollte M. nicht teilen: »Du willst etwas von Uhland wissen? Stell Dir einen recht verlumpten Substitut vor, dann hast Du das lebhafteste Konterfei seines Äußern« (Waiblinger: Werke und Briefe, Bd. 5.1, S. 92). Waiblinger breitet vor M. ein literarhistorisches Panorama von Einflüssen auf sein eigenes Schreiben aus: Jean Paul, Tiecks *Prinz Zerbino* und den *Gestiefelten Kater*, Goethe, das »unbegreiflichste Muster« (ebd., S. 91), Novalis, schließlich Hölty (»er ist mir der liebste unter allen ältern Lyrikern«, ebd., S. 92). Als Demonstration der eigenen Belesenheit lässt sich der Autorenkatalog am Schluss des Briefes deuten; er sollte den jungen M. wohl beeindrucken, zeigt aber zugleich, welche Autoren dem Siebzehnjährigen wenigstens dem Namen nach bekannt waren: »Meine jetzigen Studien sind außer den miserablen Kollegien: Thukydides vorzüglich und Ciceros Reden, Livius, Swift, Shakespeare und Thomson, ›Vicar of Wakefield‹ (Goldsmith), Italienische Grammatik – Herder, Cervantes de Saavedra, Calderón de la Barca, Lessing, Bouterweck, Jean Paul, Johannis Evangelium etc. Ich treibe Dir alles zusammen« (ebd., S. 92). M. ist sichtlich bemüht, die eigenen Lektüre-Defizite abzuarbeiten. Einen Monat später rapportiert er Waiblinger, geht dabei bezeichnenderweise aber nur auf Goethe ein; er scheint sich auf *Dichtung und Wahrheit* konzentriert zu haben: »Die beyden ersten Baende v. Dichtung und Wahrheit hab ich nunmehr gelesen. Sie hatten eine wunderbar anmuthige Wirkung für mich; Es thut einem wohl, den Grossen, so menschlich zu sehn, man meynt keine Ursache zur Schüchternheit vor ihm zu haben, fühlt sich ihm naeher gebracht, wenn man hier liest, wie er so umgänglich und menschlich war« (HKA 10, S. 25). Bereits diese frühe Briefstelle ist charakteristisch für M.s ›persönliche‹ Beziehung zu Goethe; er ist der in seinem Briefwechsel am häufigsten genannte Autor (gefolgt von Schiller, Ludwig Uhland und Justinus Kerner), er ist Bildungshintergrund, gemeinsamer ›Code‹ der Briefkommunikation (so verwendet M. gerne Goethe-Zitate als Schlussformel von Briefen) und Gegenstand ›geselliger‹ Lektüre (etwa mit Luise Rau, HKA 11, S. 146, 212). In diesem Sinne schreibt M. 1838 an Wilhelm Hartlaub: »Göthe ist mir immer auf den Fersen. Die schönsten Stellen aus seinen herrlichen Briefen summen mir immer in den Ohren« (HKA 13, S. 69). M.s Lektüre der Werke des späten Goethe folgt seit seiner Vikariatszeit der Reihenfolge ihrer Erstpublikation. 1828 liest er den Helena-Akt aus *Faust II* (HKA 10, S. 202), der im Briefwechsel eine untergeordnete Rolle spielt; möglicherweise wurde M. von Friedrich Theodor Vischers Verdikt über Goethes Alterswerk beeinflusst. Im darauf folgenden Jahr arbeitet er den – von den Romantikern und Vormärz-Autoren wenig geliebten – *Goethe-Schiller-Briefwechsel* durch, den er bis an sein Lebensende in regelmäßigen Abständen liest (u.a. 1831, HKA 11, S. 223; 1835, HKA 12, S. 74; 1845, HKA 14, S. 286). Schon im April 1829 hatte er an Johannes Mährlen geschrieben: »Schicke *oder besser bring* mir *mit Nächstem* das heißt *sogleich* den Briefwechsel *Goethes* u. Schillers – ich dürste schon monatlang darnach« (HKA 11, S. 25; zur Erstlektüre vgl. HKA 11, S. 30). Noch im September 1856 schreibt er an Hartlaub: »Meine Lektüre ist gegenwärtig einmal wieder der *Schiller*-Göthesche Briefwechsel, in der neuen vollständigen Ausgabe [...] und wiederhole Dir, Freund, es ist in seiner Art ein Buch aller Bücher. Du mußt es nothwendig auch wieder lesen« (HKA 16, S. 276; M. liest hier die zweibändige Ausgabe Stuttgart, Augsburg 1856, die sich in seinem Nachlass mit Annotationen erhalten hat). Um 1830 plant M. eine Auswahledition der Lyrik Goethes (HKA 11, S. 95). Zur gleichen Zeit liest er *Tasso* und *Iphigenie*. 1833 interessiert er sich für Vischers geplante Tübinger *Faust*-Vorlesung: »Ich wäre höchst begierig auf den Plan und hoffe jedenfalls von der Ausführung seiner Zeit was zu Gesicht zu kriegen« (HKA 12, S. 45).

Im Juni 1830 schickt Johannes Mährlen – zu

dieser Zeit Korrektor im Augsburger Verlag von Cotta und deshalb wichtiger Lektüre-Vermittler – an M. die Bände 31 und 32 der Oktav-Ausgabe von Goethes Werken letzter Hand, welche die *Tag- und Jahreshefte* enthalten (HKA 11, S. 131; M. hat diese Ausgabe annotiert). Schon im März hatte der Freund ihm die Druckbogen der Bände 18 bis 23 dieser Ausgabe geschickt; sie enthalten Goethes Roman *Wilhelm Meisters Lehrjahre*, der auch im Briefwechsel mit Vischer über *Maler Nolten* ein wiederkehrender Referenztext ist. Im Dezember 1831 schreibt M. an seine Verlobte Luise Rau: »Vor Einschlafen les ich gegenwärtig Wilhelm Meister wieder. Das Buch ist in der That unerschöpflich und was künstliche Composition betrifft unendlich lehrreich. So oft ich eben eine Seite lese wird es heller Sonnenschein vor meinem Geist und ich fühle mich zu Allem Schönen aufgelegt. Es sezt mich wunderbar in Harmonie mit der Welt, mit mir selbst, mit Allem. Das, dünkt mich, ist das wahrste Kriterium eines Kunstwerks überhaupt. Das thut Homer auch und jede Antike Statue« (HKA 11, S. 239). Eine weitere Quelle für Goethe-Texte sind Musenalmanache und andere periodische Publikationen. In einem Brief an Vischer vom April 1831 bezieht sich M. auf den eben in Leipzig erschienenen *Musenalmanach für das Jahr 1831*, der einige Gedichte Goethes und Texte von Justinus Kerner und Friedrich Rückert enthielt (HKA 11, S. 193).

Seit den dreißiger Jahren zeigt M. immer wieder Interesse an der nach dem Tode Goethes neu entstehenden ›Sekundärliteratur‹ und an neu erscheinenden Briefausgaben (HKA 14, S. 335; HKA 17, S. 229, 234; Scheffler, S. 70 f.). 1832 bittet er Mährlen, ihm Johann Daniel Falks *Goethe aus nähern persönlichen Umgange dargestellt* zu besorgen (HKA 11, S. 287), 1841 Hartlaub, ihm Friedrich Wilhelm Riemers *Mittheilungen über Goethe* mitzubringen (HKA 13, S. 204); Hartlaub aber besitzt das Buch nicht und rät M., es in einer Stuttgarter Leihbibliothek zu bestellen. Erst 1848 liest M. dieses Werk schließlich (HKA 15, S. 273) – ein Zeugnis für seine Schwierigkeiten, an Bücher zu kommen. Das setzt sich auch während seiner Lehrtätigkeit am Stuttgarter Katharinenstift fort, die sich im Übrigen ganz auf Goethe konzentriert: »Göthe bleibt das Meiste, bes. wird der Faust vielfach (ohne mein Fragen) verlangt«, schreibt er Ende 1852 an Wilhelm Hartlaub und Klara M. (HKA 16, S. 129). Im selben Jahr hält er auch eine Vorlesung über *Werther* (HKA 16, S. 121); auf weitere Lektionen wurde wohl wegen Bedenken der Tante einer Schülerin verzichtet (HKA 16, S. 516). 1856 stellt M. als Aufsatzthema für das Jahresexamen zwei Aufgaben zu Goethe: die Bedeutung der Italienreise für Goethe und ein Thema zu *Iphigenie* (HKA 16, S. 279); im Jahr darauf offeriert er dem Rektor Karl Wolff Schillers *Wallenstein*, Goethes *Wilhelm Meister* und ein Shakespeare-Thema (HKA 17, S. 26). M.s Goethe-Verehrung bleibt zeitlebens konstant; insbesondere die heftige Kritik an Goethe im Kontext der 48er-Revolution ist an ihm vorübergegangen, ohne tiefere Spuren zu hinterlassen. Eher dürfte ihm Georg Gottfried Gervinus' These von Goethes Werken als der »letzten Blütezeit unserer Dichtkunst« (Gervinus, Bd. 1, S. 15) gefallen haben. Gervinus' Literaturgeschichte jedenfalls hat er seit 1852 für seine Stuttgarter Lehrtätigkeit regelmäßig benutzt (HKA 16, S. 103).

Schiller

Neben Goethe ist Friedrich Schiller, allein schon aus Gründen der heimatlichen Umwelt, wichtigster Autor für M.; Schillers Werke gehörten zu seiner bevorzugten Lektüre, wobei *Wallenstein* wohl M.s Lieblingswerk war (HKA 10, S. 35). Lektürespuren allerdings finden sich im Briefwechsel nur vereinzelt und sind oft als verstecktes Zitat in die Brieftexte eingebaut, z. T. auch in parodistischer Absicht (z. B. HKA 13, S. 74, 90, 168). Viele Briefstellen haben den *Goethe-Schiller-Briefwechsel* zum Thema. 1839 trägt M. durch Edition einiger Familienbriefe zur Schiller-Edition von Eduard Boas bei, zwanzig Jahre später ist er Mitglied des *Comités zur Feier des 100jährigen Geburtstags Friedrich Schillers* (HKA 17, S. 83–85). Das Fest fand in Marbach vom 9. bis 11. November 1859 statt, zum Abschluss spielte das Stuttgarter Hoftheater *Wallenstein*. Über die Feier im Katharinenstift berichtet die *Schwäbische Kronik* am 12. November: »Prof. Mörike las in ergreifender Weise die für die Jugend besonders passende Scene aus Tell, in welcher Geßler vom Tell fordert, den Apfel vom Kopf des Knaben zu schießen« (HKA 17, S. 533). Einen öffentlichen Aufruf *Schiller-Denkmal für Marbach am Neckar* hat M. 1858 unterzeichnet. Für M.s persönliche Klassiker-Verehrung ist bezeichnend, dass er sich auch um das Grab von Schillers Mutter Elisabeth Dorothea Schiller kümmerte, die in Cleversulzbach gestorben war. 1841 ließ M. seine eigene Mutter neben Schillers Mutter beerdigen. Die Briefe aus dem Jahre 1859 beschäftigen sich u.a. mit dem Ankauf des Grabes von Schillers Mutter durch das Comité (vgl. etwa HKA 17, S. 89). Bereits 1835 hat M. das Gelegenheitsgedicht *Auf das Grab von Schillers Mutter* verfasst; eine *Cantate bei Enthüllung der Statue Schillers* entstand 1838.

Aufklärung, Empfindsamkeit, Sturm und Drang

Deutlich selektiver ist M.s Lektüre von Autoren der Aufklärung. Es fällt auf, dass etwa Gotthold Ephraim Lessing in M.s Briefwechsel nur eine marginale Rolle spielt, was vor dem Hintergrund der ablehnenden Haltung vieler Zeitgenossen dem Dichter Lessing gegenüber aber durchaus erklärlich ist. In seiner Stuttgarter Unterrichtstätigkeit am Katharinenstift widmet M. Lessings *Emilia Galotti* zwei Unterrichtsstunden und geht auch auf *Nathan* ein (HKA 16, S. 51, 93; HKA 17, S. 305, 310). Zentral sind dagegen zwei Autoren aus dem Umfeld der Göttinger Reformuniversität: Ludwig Heinrich Christoph Hölty und Georg Christoph Lichtenberg. Wie aus dem Briefwechsel mit Waiblinger aus der Uracher Zeit hervorgeht, kannte M. Höltys Gedichte schon 1821, und er teilte Waiblingers Hochschätzung des Dichters: »Das sind gewiß seelige Augenblicke, wenn ich draußen an einem Lieblingsplaze den Hölty auf dem Schooß habe, seinem ächten, frommen Liede zuhöre, mit ihm weinen muß, u. bey dem Gedanke an Jenseits mir vorstelle, daß ich einmal mich dort, dem lieben, blassen Getrösteten zutraulich nahen darf u. ihm dankend ins freundliche Auge blicken« (HKA 10, S. 23). Die *Gedichte* Höltys, die Friedrich Leopold Graf zu Stolberg und Johann Heinrich Voß herausgegeben hatten (zuerst Hamburg 1783, in M.s Besitz befand sich die Ausgabe Frankfurt, Leipzig 1792), wurden durch Voß' *Leben Höltys* eingeleitet. M. kannte diese Biographie (HKA 10, S. 23) und er mag sich mit dem Melancholiker Hölty, der ebenfalls mit dem Beruf des Theologen haderte, identifiziert haben. Dass M. daneben aber auch explizit an literarhistorische Strömungen des 18. Jh.s, genauer an die Tradition des Rokoko, anknüpfte, ist der Forschung bekannt (vgl. SENGLE, Bd. 3, S. 724; Wild, I. u. R). In diesen Kontext gehört auch M.s (späteres) Interesse für die Antike, was sich etwa in der Lektüre der Werke von Johann Heinrich Voß zeigt, der für M. in erster Linie als Vermittler und Übersetzer der antiken Literatur wichtig ist (vgl. HKA 14, S. 282, zu Voß' *Theokritos, Bion und Moschos*; HKA 10, S. 113f., zu Voß' Homer-Übersetzung), weniger als Idyllendichter, obwohl M. im März 1842 auch seine Idylle *Luise* gelesen hat (HKA 14, S. 34). M. hat Hölty das Gedicht *An eine Lieblingsbuche meines Gartens, in deren Stamm ich Hölty's Namen schnitt* gewidmet, das offenbar auf eine tatsächliche Begebenheit zurückgeht. Nach 1840 taucht Hölty im Briefwechsel allerdings nicht mehr auf. Höltys Vorbild Friedrich Gottlieb Klopstock dagegen hat im Briefwechsel vergleichsweise wenig Spuren hinterlassen. M. hatte Klopstocks *Oden* schon früh gelesen (HKA 10, S. 31) und kannte daraus dessen berühmte *Frühlingsfeyer* (HKA 11, S. 85). Auf Bitten Ferdinand Weiberts stellte er 1873 eine Auswahl von Oden für eine Klopstock-Ausgabe zusammen. Dass M. gerade Formen einer emphatisch-überhöhenden Klopstock-Rezeption (wie sie etwa die empfindsamen Autoren des ›Göttinger Hain‹, aber auch noch die Tübinger ›Stiftler‹ pflegten) kritisch betrachtete, zeigt der ironische Kommentar am Schluss des Gedichts *Waldplage*.

Lichtenberg kennt M. ebenfalls spätestens seit der Uracher Zeit. In einem Brief an Mährlen vom März 1825 wird er erstmals genannt, wobei M. Lichtenberg nach einer 1817 in Wien erschienenen Ausgabe zitiert, die in seinem Besitz war (HKA 10, S. 85; Rennert: Eduard Mörike's Reading, S. 35ff.); eventuell hat ihn auch hier Waiblinger angeregt. In zahlreichen Briefen hat M.

immer wieder seine Vorliebe für Lichtenberg bezeugt (z. B. 1823: HKA 10, S. 269; 1827: HKA 10, S. 164; 1829: HKA 11, S. 63 f.; 1830: HKA 11, S. 72; 1863: HKA 17, S. 276); einmal wird er sogar als »Meister« tituliert (HKA 16, S. 214). Lichtenbergs kurze Erzählung *Dass du auf dem Blocksberge wärst. Ein Traum wie viele Träume* von 1799 spielt eine Rolle im Briefwechsel mit Vischer über *Maler Nolten* (HKA 11, S. 282; Briefwechsel Vischer, S. 70 f.; M. Mayer, S. 96); im zweiten Teil des *Maler Nolten* wird Lichtenberg selbst genannt (HKA 3, S. 281). In der Forschung hat man einen Einfluss der Person Lichtenbergs auf die Figurengestaltung in M.s Fragment eines religiösen Romans sehen wollen (Rennert: Eduard Mörike's Reading, S. 38; Achenbach). Die Lichtenberg-Handschrift, die ihm der Göttinger Wilhelm Hemsen 1855 verschaffte, verehrte M. wie ein »Heiligthum« (HKA 16, S. 214); Hemsen besorgte ihm 1870 auch noch ein Porzellan-Medaillon mit einer Darstellung Lichtenbergs (Achenbach, S. 183).

Andere Schriftsteller der Aufklärung, der Empfindsamkeit und des Sturm und Drang hat M. nur kursorisch und vor allem in seiner Studien- und Vikariatszeit gelesen; seit der Cleversulzbacher Zeit schiebt sich das Interesse an Dichtern der Gegenwart immer stärker in den Vordergrund. Aus dem 18. Jh. sind zunächst Autoren aus dem engeren regionalen, d. h. württembergischen Umfeld zu nennen, die heute weitgehend vergessen sind. Das betrifft etwa Karl Philipp Conz, der während M.s Studienzeit Professor für klassische Philologie und Rhetorik war. Er ist nur als Tübinger Lehrer, nicht wegen seines literarischen Einflusses bedeutend, doch hat M. seine Übersetzungen griechischer Dramen wenigstens zum Teil gekannt, ebenso seine Prosaaufsätze (HKA 13, S. 78). Ähnliches gilt für den Stuttgarter Epigrammatiker Johann Christoph Friedrich Haug, den M. schon im Hause seines Onkels Georgii kennen lernte. Auch in den Tagebüchern Waiblingers fällt dessen Name häufig. Nicht aus Schwaben, sondern aus der Magdeburger Gegend stammt Friedrich von Matthison, der nach 1810 zu den wichtigsten klassizistischen Schriftstellern in Stuttgart gehörte. Waiblinger hatte ihn 1821 auf Vermittlung von Sulpiz Boisserée kennen gelernt; die beiden standen in regem brieflichen und persönlichen Kontakt, und durch den Freund mag auch M. mit Matthisons Werk bekannt geworden sein; im Briefwechsel taucht er gelegentlich auf, wobei M. ihn vorsichtig geschätzt, aber nicht wie Waiblinger verehrt zu haben scheint (HKA 10, S. 24; HKA 14, S. 75; HKA 17, S. 131).

Neben diesen Autoren von eher regionaler Bedeutung hat M. aber auch zentrale Werke der Literatur des 18. Jh.s gelesen, meist ebenfalls in den zwanziger und dreißiger Jahren, etwa 1822 in einer deutschen Übersetzung Oliver Goldsmiths Roman *The Vicar of Wakefield* (HKA 10, S. 30–32). Kursorisch genannt werden im Briefwechsel auch Theodor Gottlieb von Hippel, dessen Roman *Lebensläufe nach Aufsteigender Linie nebst Beylagen A, B, C* von M. wohl fragmentarisch in Form einer Sentenzensammlung rezipiert wurde (HKA 10, S. 21), Anna Louisa Karsch (HKA 16, S. 111) und Johann Martin Miller, der Verfasser des im 18. Jh. äußerst erfolgreichen *Siegwart. Eine Klostergeschichte*. Von Miller liest M. nicht nur den *Siegwart* (HKA 10, S. 32), sondern auch seine Gedichte (HKA 12, S. 106) und *Etwas von Höltys Charakter*, die 1776 in der *Teutschen Chronik* publizierte Hölty-Biographie (HKA 13, S. 31). Auch Christian Friedrich Daniel Schubart wird in M.s späten Briefen genannt (1856: HKA 16, S. 267; 1861: HKA 17, S. 142). In den Zusammenhang seiner Vorliebe für Biographien und Autobiographien ist wohl die Lektüre von Johann Heinrich Jung-Stillings autobiographischen Schriften einzuordnen, die M. um 1834 erstmals gelesen hat (HKA 12, S. 56); das Interesse an Jung-Stillings 1808 erschienener *Theorie der Geisterkunde*, die sich M. 1859 aus einer Stuttgarter Leihbibliothek besorgte (HKA 17, S. 65), steht im Kontext seiner Beschäftigung mit Phänomenen des Übernatürlichen (vgl. Wolf, S. 60 ff.). Hinweise, M. habe in den zwanziger Jahren auch Byron und die ›Ossian‹-Fälschungen von James Macpherson gelesen (Rennert: Eduard Mörike's Reading, S. 26), können anhand des Briefwechsels nicht verifiziert werden. Gleiches gilt für M.s Kant-Lektüre, die in der Forschung gelegentlich Gegenstand von Spekulationen war; auf sie gibt es im Briefwechsel keine Hinweise.

Friedrich Wilhelm Joseph von Schellings Werke hat er vermutlich erst 1832 zusammen mit Mährlen intensiver gelesen, ebenso Spinoza (HKA 10, S. 285; MAYNC, S. 174; STORZ, S. 493), doch kannte M. die Philosophie Schellings, der der Lieblingsphilosoph seines Vaters war. Das umfangreiche Werk Johann Gottfried Herders schließlich nahm M. nur bruchstückhaft zur Kenntnis. In einem Brief an Heinrich Wilhelm Brutzer lässt sich ein Zitat aus Herders *Ideen zur Philosophie der Geschichte der Menschheit* nachweisen (HKA 10, S. 133), doch scheint damit M.s Kenntnis der theoretischen Schriften Herders schon erschöpft; insbesondere die für den Sturm und Drang zentralen Theorieschriften der siebziger Jahre kannte er wohl nicht. Wichtiger waren für M. offensichtlich die *Volkslieder*-Sammlung Herders und vor allem seine Übersetzung des *Cid*, deren Lektüre in den Briefen mehrfach belegt ist (z.B. schon HKA 10, S. 164, 290, 470).

Romantik

Im Zentrum von M.s Lektüre romantischer Dichtung steht zunächst das Volkslied, dann das Märchen; die *Kinder- und Hausmärchen* der Brüder Grimm zählte er zu seinen »Lieblingsspeisen« (HKA 14, S. 34). Eine breite Kenntnis romantischer Literatur eignet er sich erst am Ende der dreißiger und im Laufe der vierziger Jahre an. Das zeitgenössische Interesse für mittelalterliche Stoffe und Sagen und das ›Volksbuch‹ (Prosaroman) hat M. (im Gegensatz etwa zu Uhland) offensichtlich weniger geteilt, obwohl er sich vermutlich schon in seiner Cleversulzbacher Zeit mit dem *Nibelungenlied* beschäftigt hat. Erst im Zusammenhang mit seinem literaturgeschichtlichen Unterricht am Stuttgarter Katharinenstift erweckt die mittelalterliche Literatur seine Aufmerksamkeit. M. liest in den fünfziger Jahren die weitverbreiteten *Altdeutschen Lesebücher* von Karl Simrock (HKA 17, S. 91, 550) und Wilhelm Wackernagel (HKA 17, S. 255, 258), die er seinem Unterricht zugrunde legte.

Clemens Brentano und Achim von Arnim nimmt M. zunächst vor allem als Herausgeber der Volkslieder-Sammlung *Des Knaben Wunderhorn* wahr, aus der er in seinen Briefen mehrfach zitiert (vgl. etwa HKA 11, S. 212). Erst in den vierziger Jahren dürfte er die Werke Brentanos kennen gelernt haben; 1841 erwähnt er in einem Brief an Hartlaub das 1838 publizierte Märchen *Gockel, Hinkel, Gackeleia* (HKA 13, S. 204). Die 1846/47 von Guido Görres herausgegebenen *Märchen des Clemens Brentano* kannte M. offensichtlich durch Vermittlung Hartlaubs (HKA 13, S. 143); Ende 1846 war bereits das *Märchen vom Kommanditchen* im *Morgenblatt für gebildete Leser* erschienen. Von Achim von Arnim hat M. 1842 den ersten Teil des Romans *Die Kronenwächter* gelesen; 1846 liest er von dessen Frau Bettine von Arnim *Goethe's Briefwechsel mit einem Kinde*, den er sich aus einer Würzburger Leihbibliothek besorgen musste. Von E.T.A. Hoffmann hat er bereits 1825 *Die Serapions-Brüder* gelesen, doch verliert sich sein Interesse an diesem Autor offensichtlich spätestens seit den vierziger Jahren. Hoffmanns Erzählungen haben vielleicht *Maler Nolten* (M. MAYER, S. 98) oder die Erzählung *Der Schatz* (Meyer 1969, S. 31) beeinflusst. Einen ähnlichen Einfluss hat die Forschung mit Blick auf Novalis konstatiert, dessen Werke M. in seiner Uracher Zeit durch Vermittlung Waiblingers kennen lernte (HKA 10, S. 29). Als einigermaßen gesichert kann die Lektüre der *Geistlichen Lieder* gelten (HKA 11, S. 82); M. könnte sie von ihrer Erstpublikation im *Musenalmanach auf das Jahr 1802* oder, wahrscheinlicher, aus den *Schriften* von 1802 gekannt haben. In M.s *Maler Nolten* taucht der Name Novalis im zweiten Teil auf (HKA 3, S. 282). Nach 1837 ist Novalis im Briefwechsel nicht mehr belegt. Friedrich Schlegel kannte M. offensichtlich nur als Novalis-Herausgeber, sein älterer Bruder August Wilhelm war ihm in erster Linie als Übersetzer der Dramen Shakespeares vertraut. M. besaß seit seiner Studien- und Vikariatszeit die von Schlegel zusammen mit Ludwig Tieck angefertigte Shakespeare-Übersetzung, später kaufte er sich – nachdem ihm u.a. der Band mit *The Merchant of Venice* verlorengegangen war (HKA 17, S. 101) – die 1843–1846 in Stuttgart erschienene Übersetzung von Adelbert Keller und Moriz Rapp (ebd., S. 399); auch die Prosa-Übersetzung von Johann Joachim Eschenburg, die zwischen 1772 und 1785 erschienene erste deutsche Gesamtübersetzung, kannte er (HKA 17, S. 180). Anhand des Briefwechsels ließe sich M.s Shakespeare-Lektüre seit der Uracher Zeit – hier ist Waiblinger wiederum der große Anreger (HKA 10, S. 31) – in Ansätzen rekonstruieren. Darin werden u. a. 1822 *Hamlet*, *Macbeth* und *King Lear*, 1827 *A Midsummer Night's Dream* und *Venus and Adonis*, 1830 *Julius Caesar* und 1835 *Troilus and Cressida* genannt. Auch in M.s Stuttgarter ›Damenvorlesungen‹ werden Dramen Shakespeares behandelt, u.a. *Hamlet*, *As You Like It*, *Macbeth*, *Romeo and Juliet*, *Julius Caesar*, *Henry IV.*, *The Taming of the Shrew* (HKA 16, S. 108).

Zentraler romantischer Autor außerhalb Schwabens ist für M. Ludwig Tieck. 1826 liest er die im gleichen Jahr erschienene Erzählung *Ein Dichterleben* (HKA 10, S. 117), später tauchen gelegentlich Zitate aus Gedichten Tiecks im Briefwechsel auf (z. B. HKA 10, S. 125 f.), die auf eine gute Kenntnis der Tieck'schen Lyrik schließen lassen (M. Mayer, S. 37). Wichtiger allerdings ist für M. – ähnlich wie in seinem Verhältnis zu Goethe – Tiecks Persönlichkeit. Das setzt sich auch im Freundeskreis fort, etwa bei seinem Studienfreund Wilhelm Nast, der 1827 unerlaubt das Tübinger Stift verlassen hatte, um sich zu Tieck nach Dresden zu begeben (HKA 10, S. 308); 1830 sollte Tieck – neben Kerner, Uhland und Schwab – an dem geplanten (schließlich aber gescheiterten) *Almanach* mitwirken (HKA 11, S. 142, 147, 149). In *Maler Nolten* wird Tieck zweimal genannt (HKA 3, S. 338, 341), sein Lustspiel *Die verkehrte Welt* wird darin aufgeführt. M. schickte ein Exemplar des *Maler Nolten* an Tieck, der eine Rezension in Aussicht gestellt hatte, die aber nicht zustande kam. Nähe und gleichzeitige Distanz charakterisieren das Verhältnis zu Tieck; bezeichnend hierfür ist, dass M., als Tieck Ende Mai 1841 bei Kerner im benachbarten Weinsberg Station machte, ein von Kerner vorgeschlagenes Treffen unter einem Vorwand absagte (HKA 13, S. 181). Zu einer persönlichen Begegnung ist es dann auch nicht mehr gekommen. Als M. schließlich 1844 eine Prachthandschrift mit ausgewählten Gedichten an den preußischen König Friedrich Wilhelm IV. mit der Bitte um finanzielle Unterstützung sandte, setzte sich Tieck zusammen mit Alexander von Humboldt für ihn ein (HKA 15, S. 76), freilich vergeblich. Joseph von Eichendorff, den vielleicht bekanntesten romantischen Lyriker, hat M. erst durch die Publikation der *Gedichte* 1837 kennen gelernt, die Eichendorff an Hartlaub geschickt hatte (HKA 12, S. 137). M. hat von Eichendorff wohl nichts außer der Gedichtsammlung gelesen; weitere Werke werden in den wenigen Belegen im Briefwechsel nicht genannt, und M. war seinen Texten gegenüber auch durchaus kritisch eingestellt, wie aus dem Brief an Georg Heubel vom März 1842 hervorgeht: »Von Eichendorf [sic] kenn ich nur die Gedichte. So weit in ihnen phantastische Elemente enthalten sind und sofern ein Schluß hieraus auf s. etwaigen Arbeiten im Fach des Märchens gemacht werden darf, möchte man bezweifeln, ob diß sein Feld seyn kann, da er wenig Objektives u. Plastisches hat« (HKA 14, S. 27).

Jean Paul kennt M. durch Vermittlung von Waiblinger seit der Uracher Seminarzeit (HKA 10, S. 21) und er hat ihn sein ganzes Leben lang gerne gelesen: so 1824 den *Titan* (HKA 10, S. 51, 54), 1826 das *Leben des vergnügten Schulmeisterleins Maria Wuz in Auenthal* (HKA 10, S. 137), 1847 den *Siebenkäs* (HKA 15, S. 198). Zahlreiche weitere Nennungen im Briefwechsel lassen auf eine gute Kenntnis der Werke Jean Pauls schließen, doch ist sein Einfluss auf M. in der Forschung bislang noch nicht diskutiert worden. Von Adelbert von Chamisso kannte M. einige Gedichte, die 1833 im *Musenalmanach auf das Jahr 1834* erschienen waren (HKA 12, S. 50), die Erzählung *Peter Schlemihls wundersame Geschichte* scheint er erst 1840 gelesen zu haben (HKA 13, S. 444). Friedrich Rückerts Werke hat M. gelesen, aber wohl nur zum Teil geschätzt. Zu den 49 *Neuen Liedern* und dem Gedicht, die im *Musenalmanach auf das Jahr 1834* veröffentlicht wurden, schreibt M. an Vischer: »Bei Rückert spielt ein spizfündiger Wiz unendlich widerwärtig mit der Poesie, die ihm eigen ist« (HKA 12, S. 50). Dennoch schickt M. 1838 seine *Gedichte* auch an Rückert (HKA 12, S. 289) und spielt in dem Gedicht *Apostrophe* auf dessen Kunstfertigkeit an. Über Rückerts *Leben Jesu. Evangelien-Harmonie in gebundner Rede* von

1839 heißt es in einem Brief an Hartlaub: »Für die Proben aus den gereimten Evangel. bin ich Dir sehr verbunden. Ich hatte den Verfasser, nachdem ich ihn früher so gut wie gar nicht gekannt, erst neuerdings schätzen gelernt und kann ihm Vieles hingehn lassen, aber das heißt doch die Leute ein bißchen stark über die Ohren hauen!« (HKA 13, S. 40). Mit Wilhelm Hauff schließlich könnte M. von Urach aus Bekanntschaft gemacht haben; 1822 bis 1824 besuchten sie beide das Tübinger Stift. Später wurde M. von Freunden empfohlen, sich um Hauffs Stelle bei der Redaktion des *Morgenblattes* zu bewerben. In einem Brief an Luise Rau vom 12. März 1830 zeigt sich ein deutlich distanziertes Verhältnis zu Hauff, dem M. letztlich poetische Ideenlosigkeit vorhält (HKA 11, S. 96).

Von den ›schwäbischen‹ Autoren aus dem Umfeld der Romantik ist zuerst Friedrich Hölderlin zu nennen, der seit 1806 in Tübingen lebte (Miyashita, S. 23–30); auch hier scheinen die Lektüre-Impulse von Wilhelm Waiblinger ausgegangen zu sein, der ein glühender Verehrer Hölderlins war und M. auch persönlich mit ihm bekannt machte, was M. in *Erinnerung an Erlebtes* festgehalten hat. Gelesen hat M. Hölderlin allerdings erst während der Tübinger Studienzeit, die gemeinsame Lektüre des *Hyperion* mit Johannes Mährlen 1825 scheint dafür um so prägender gewesen zu sein. Am 11. Mai 1827 schreibt M. an den Freund: »Weißt noch, wie wir vor 2 Jahren um diese Jahrszeit in der Nähe der Allee mit dem *Hyperion* lagen?« (HKA 10, S. 154 vgl. S. 273). Knapp fünf Jahre später erinnert er sich in einem Brief an Mährlen nochmals an die Tübinger Lektüre; aber diesmal ist M. dem *Hyperion* gegenüber durchaus kritisch eingestellt: »Als ich ihn wieder vornahm, ward ich bei all seiner Herrlichkeit, nur um so mehr betrübt durch das unausweichliche Gefühl von Schiefheit im ganzen Sujet, in der Anlage, ja zum Theil in der Darstellung des Hauptcharakters, dem, an sich rein elegisch (wie Hölderlin ihn selbst prädicirt) ganz heterogene Bestrebungen von Größe aufgebürdet werden. Am Ende sieht das Ganze doch nur wie ein rührendes Zerrbild aus, lauter einzelne unvergleichlich wahre u. schöne Lyrika, ängstlich auf eine Handlung übertragen« (HKA 11, S. 286). An Hölderlins lyrischem Werk scheint M. nicht sonderlich interessiert gewesen zu sein, jedenfalls fehlen im Briefwechsel Hinweise, die einen Einfluss Hölderlins auf M.s Schreiben belegen könnten: »Der Abstand von Hölderlin [...] ist trotz der beide verbindenden Antikeverehrung gewaltig« (Sengle, Bd. 3, S. 725). Zwischen 1826 und Hölderlins Tod 1843 scheint es keine persönliche Begegnung mehr gegeben zu haben (Hötzer, S. 83f.). Mehr als vom Werk war M. auch hier von der Persönlichkeit des Dichters beeindruckt; Hötzer hat dafür die Formel von *Verehrung und Verweigerung* gebraucht, die M.s ambivalentes Verhältnis zu Hölderlin treffend charakterisiert. Anziehend jedenfalls war für M., dass seine Familie in Nürtingen im selben Haus wie Hölderlins Mutter wohnte; er erhielt deshalb 1843 auch Gelegenheit, den dort lagernden Nachlass einzusehen. Das Manuskript der von M. geliebten Ode *Heidelberg* etwa hatte er – neben anderen Handschriften – von Hölderlins Schwester Heinrike Breunlin während eines Besuches in Nürtingen erhalten (HKA 14, S. 84f.; HKA 15, S. 143); er sandte eine Abschrift an Christian Schad, den Herausgeber des *Deutschen Musenalmanachs*, in dessen sechstem Band Hölderlins Text 1856 schließlich erschien. 1859 publizierte M. im *Düsseldorfer Künstleralbum* Hölderlins Ode *Wenn aus dem Himmel* (Hötzer, S. 96f.) auf der Basis der bis heute einzigen Handschrift dieses Textes. Seit dem Ende der dreißiger Jahre hat M. Herausgebern von Hölderlin-Ausgaben durch seine Kontakte immer wieder Autographen vermittelt (HKA 12, S. 202: »Ich habe dieser Tage einen Rummel Hölderlin'scher Papiere erhalten, meist unlesbares, äußerst mattes Zeug«), so etwa Christoph Theodor Schwab (dem Sohn Gustav Schwabs), der 1846 eine zweibändige Hölderlin-Ausgabe herausbrachte (HKA 15, S. 156; HKA 17, S. 20 u.ö.). Daneben hat M. auch für den Sammler Karl Künzel Hölderlin-Handschriften erworben und 1863 in *Freya. Illustrierte Familienblätter* eine knappe *Erinnerung an Friedrich Hölderlin* erscheinen lassen. Distanzschaffend wirkte zumindest zu Beginn der dreißiger Jahre, dass die Person Hölderlins für M. offenbar untrennbar mit derjenigen Waiblingers verbunden war. Dessen 1831 postum erschienene Hölderlin-Biographie erwähnt M. gelegentlich (vgl. etwa HKA 14, S. 26).

Zu den von Heine in *Die romantische Schule* und im *Schwabenspiegel* wegen ihrer fehlenden Originalität nachhaltig diskreditierten Dichtern der ›Schwäbischen Romantik‹ – unter ihnen Justinus Kerner, Ludwig Uhland, Gustav Schwab und einige weitere Freunde und Zeitgenossen – hatte M. zumeist enge Beziehungen. Mit dem fast zwanzig Jahre älteren Kerner, der wie M. aus Ludwigsburg stammte, war M. vor allem seit der Cleversulzbacher Zeit befreundet (Miyashita, S. 65). Lektürespuren finden sich zuerst 1824 in einem Brief an Hartlaub, in dem M. berichtet, dass er seiner Schwester aus Werken Kerners vorlese (HKA 10, S. 65). Das könnte sich auf die 1811 erstmals erschienene Prosa-Collage *Reiseschatten. Von dem Schauspieler Luchs* beziehen (HKA 11, S. 49) oder auf den *Deutschen Dichterwald*, den von Kerner, Uhland, Friedrich de la Motte Fouqué u.a. 1813 herausgegebenen zentralen Almanach der Tübinger Romantiker, über dessen Lektüre M. Mährlen im Juli 1827 berichtet (HKA 10, S. 163). Erste Briefkontakte datieren vom Mai 1825, als M. bei Kerner wegen eines Augenproblems nachfragte (HKA 10, S. 94–98); ein Jahr später, im Oktober 1826, berichtet M. über die Lektüre von Kerners gerade erschienenen *Gedichten* (HKA 10, S. 136 f.). 1827 suchte er dann wiederum ärztlichen Rat; diesmal sorgte er sich um den schlechten Gesundheitszustand seines Freundes Mährlen (HKA 10, S. 170 f., 177, 185). In der Cleversulzbacher Zeit kam es zu einem engen familiären Austausch, da Kerner seit 1819 im benachbarten Weinsberg als Oberamtsarzt tätig war: »Wenn Gesundheit und Stimmung es ihm erlaubten, fuhr Mörike gern zu Kerner nach Weinsberg hinüber. Hier kam er mit Uhland zusammen, lernte Lenaus Freund, den Grafen Alexander von Württemberg, die Schriftstellerin Emma Niendorf (Frau von Suckow) und den Oberjustizrat und Naturdichter Karl Mayer kennen« (Miyashita, S. 67). M. hat Kerners literarische Produktion aufmerksam verfolgt. Zwar ist dessen Mitarbeit an dem von M. seit 1830 geplanten *Almanach* nicht zustande gekommen, doch hat M. seinerseits Beiträge zu Kerners Zeit-schrift *Magikon. Archiv für Beobachtungen aus dem Gebiet der Geisterkunde und des magnetischen und magischen Lebens* (1840–1850) geliefert, u.a. 1848 den Aufsatz *Der Spuk im Pfarrhause zu Cleversulzbach*.

M. hat sich seit seiner Studienzeit mit Geistererscheinungen befasst und solche seit 1834 im Pfarrhaus von Cleversulzbach angeblich auch beobachtet, Kerner wiederum war durch das 1829 erschienene Buch *Die Seherin von Prevorst* eine Kapazität für paranormale Erscheinungen geworden. M. hat ihn auch in den folgenden Jahren um Rat gefragt (HKA 14, S. 15). Die Freunde diskutierten außerdem über literarische Dinge und teilten sich gegenseitig ihre Lektüreeindrücke mit. 1832 erhielt Kerner ein Exemplar des *Maler Nolten* (HKA 11, S. 304); fünf Jahre später entstand das ihm gewidmete Gedicht *Die Anti-Sympathetiker*. Auch in seiner Stuttgarter Zeit hat M. Kerner häufiger getroffen, so etwa im Sommer 1856, als Emanuel Geibel in Stuttgart war (HKA 17, S. 19).

Zu Ludwig Uhland hielt M. immer einen »gewissen Abstand« (Miyashita, S. 70), und beide Autoren lernten sich vielleicht erst im Juni 1843 in Weinsberg auf Vermittlung Kerners auch persönlich kennen (HKA 14, S. 114). Dennoch war Uhland zweifellos eines von M. prägenden Dichter-Vorbildern. Bereits in der Uracher Seminarzeit hat er ihn, wie aus einem Brief an Waiblinger hervorgeht (HKA 10, S. 24), gelesen, doch die beiden Freunde konnten sich über die Beurteilung des Tübinger Dichters offensichtlich nicht einig werden. Uhland und Schwab haben M. 1827/28 bei seinen Plänen, Schriftsteller oder Redakteur in einem Verlag zu werden, beraten (HKA 10, S. 220, 226). Uhland sollte dann 1830 – neben Kerner und Tieck – zu dem gescheiterten *Almanach*-Projekt beitragen (HKA 11, S. 142, 147, 149, 232 u.ö.). M. erwog, ihm *Maler Nolten* zu dedizieren, wozu es letztlich aber nicht kam; Uhland erhielt nur ein Freiexemplar (HKA 11, S. 304). In den Briefen der dreißiger und vierziger Jahre ist Uhland überall präsent, und er war weiterhin ein wichtiger Förderer M.s. Nachdem ihm dieser ein Exemplar der *Idylle vom Bodensee* zugesandt hatte, setzte sich Uhland bei Jacob Grimm dafür ein, dass M. den Tiedge-Preis erhalten sollte. 1863 besuchte M. Uhlands Witwe in Tübingen; sie schenkte ihm eine Handschrift Uhlands, die sich auf die Quelle der *Historie von der schönen Lau* bezog (HKA 17, S. 296 f.).

Gustav Schwab ist weniger durch seinen literarischen Einfluss denn als persönlicher Förderer, Ratgeber und Freund für M. wichtig gewesen. In einem Brief vom 22. März 1828 wandte sich M. mit der Bitte, ihm eine Stelle als Redakteur bei Cotta zu verschaffen, an Schwab, der damals in Stuttgart Professor für Latein an einem Obergymnasium und Redakteur der Literaturbeilage des *Morgenblattes für gebildete Stände* war. Der Versuch scheiterte an Cotta; Uhland und Schwab rieten M. von einer solchen Stelle generell ab, doch kündigte M. Schwab an, einige seiner Gedichte an das *Morgenblatt* zu senden, wo dann 1828 dreizehn, 1829 weitere sechs Gedichte erschienen: »Während Schwabs Redaktionstätigkeit von 1828 bis 1838 gehörte Mörike zu den Dichtern, deren Gedichte am häufigsten im *Morgenblatt* erschienen. Schwab hat Mörike dazu verholfen, den ersten Schritt in die Öffentlichkeit zu tun« (Miyashita, S. 62). M. schickte ein Exemplar des *Maler Nolten* an Schwab (HKA 11, S. 319), der den Roman 1833 in den *Blättern für literarische Unterhaltung* wohlwollend, doch zugleich mit sanfter Kritik besprach. Schwab vermittelte die Publikation der Erzählung *Miß Jenny Harrower* in *Urania. Taschenbuch für das Jahr 1834*; M.s Versuch, Schwab für die Mitarbeit an dem zusammen mit Wilhelm Zimmermann herausgegebenen *Jahrbuch schwäbischer Dichter und Novellisten* zu gewinnen, scheiterte dagegen ebenso wie die Mitwirkung Uhlands an der Haltung des (Haupt-)Herausgebers Zimmermann.

Gustav Pfizer lernte M. vermutlich durch Vermittlung Waiblingers noch während seiner Studienzeit kennen, doch hat diese Bekanntschaft keine tieferen Spuren hinterlassen. Pfizer leitete seit 1836 die *Blätter zur Kunde der Literatur des Auslandes* und war 1838–1845 als Nachfolger Schwabs Berater des *Morgenblatt*-Herausgebers Hermann Hauff. Obwohl er in dieser Funktion einen gewissen Einfluss hatte, wahrte M. eine deutliche Distanz zu ihm; in einem Brief an Hartlaub fällt etwa der Hinweis, Pfizer sei »unserem Kreise fremd« (HKA 15, S. 59). Auch als Lyriker hat M. Pfizer nicht übermäßig geschätzt; anlässlich der Lektüre des *Musenalmanachs für das Jahr 1834*, der vier Gedichte Pfizers enthielt, schreibt er Vischer: »Pfizer ist, wie überall so auch hier bedeutend. Aber seine Schönheit hat für mich immer viel von dem Frostigen eines Pfauen, wenn er sein prachtvolles Rad ausbreitet. Daß ich ihn einigermaßen aus dem Leben kenne mag wohl auch dazu beitragen« (HKA 12, S. 50).

Karl Mayer hatte während seines Jura-Studiums in Tübingen Bekanntschaft mit Uhland und Kerner gemacht und danach verschiedene Posten im württembergischen Justizwesen bekleidet, doch schon während seiner Studienzeit auch zu dichten begonnen; 1833 erschien seine Gedichtsammlung in erster Auflage. Wann sich Mayer und M. persönlich kennen gelernt haben, ist nicht genau zu rekonstruieren; es könnte 1834 im Kontext des *Jahrbuchs schwäbischer Dichter und Novellisten* gewesen sein, denn dort erschienen von Mayer zwölf Texte, oder aber, nachdem Mayer im Dezember 1839 ein Exemplar der zweiten Auflage seiner *Gedichte* an M. gesandt hatte (HKA 13, S. 84, 401). Auf alle Fälle wird Mayers Name bereits Ende 1833 in einem Brief M.s an Vischer (HKA 12, S. 51) im Kontext des *Musenalmanachs*, in dem elf Lieder Mayers erschienen waren, genannt. M. hat Mayer als Freund und als Dichter geschätzt und 1841 ein Gedicht *An Karl Mayer* verfasst. Überdies hatte er ihm schon 1840 zugesagt, seine Gedichte kritisch zu sichten (vgl. M.s Bearbeitungen in HKA 9.2). Daraus entstand ein intensiver literarischer Briefwechsel, der sich bis in die sechziger Jahre hinzog. Die Ausgabe erschien schließlich 1864 in Stuttgart bei Cotta.

M.s Lektüre ist stets eingebunden in eine lebensweltliche Praxis, in den Kontext der für die Biedermeierzeit typischen ›Geselligkeit‹. Zentral sind deshalb – neben Goethe und dem Außenseiter Lichtenberg – zunächst die M. persönlich bekannten Autoren aus dem schwäbischen Umfeld, die allerdings keine geschlossene ›Schule‹ bilden. Erst der späte M. knüpft Kontakte zu anderen zeitgenössischen deutschen Schriftstellern wie Heyse, Geibel oder Storm, wobei er aber nur selten die treibende Kraft ist. Den literarischen Markt hat M. nie systematisch verfolgt, dazu fehlten ihm die Mittel; wichtiger sind Hinweise von Freunden oder Bekannten, wie sie sich im ausgedehnten Briefwechsel finden. Typisch ist M.s ›persönliche‹ Klassiker-Verehrung, bei der das literarische Werk vielfach hinter das Interesse an der Biographie des Autors zurücktritt; ein Bewusstsein der eigenen Epigonalität, wie es für die Literaturgeschichte nach Goethe prägend ist, lässt sich bei dem bescheidenen M. nicht feststellen. Mit den ›Klassikern‹ hat er sich nicht in einen Wettstreit begeben, doch sollte daraus weder der Vorwurf der Provinzialität abgeleitet noch M. fehlendes Problembewusstsein vorgehalten werden.

Literatur

Achenbach, Bernd: Lichtenberg-Leser Eduard Mörike. In: Lichtenberg-Jb. 1988, S. 172–190. – Gervinus, Georg Gottfried: Geschichte der deutschen Dichtung. 5 Bde. Leipzig ²1853. – Höllerer, Walter: Zwischen Klassik und Moderne. Lachen und Weinen in der Dichtung einer Übergangszeit. Stuttgart 1958. – Hötzer, S. 80–105. – Kerner, Theobald (Hg.): Justinus Kerners Briefwechsel mit seinen Freunden. Stuttgart u. a. 1897. – Meyer, Herbert: Eduard Mörike. In: Miller, Max; Uhland, Robert (Hg.): Schwäbische Lebensbilder. Bd. 5. Stuttgart 1957, S. 230–265. – Meyer, Herbert: Eduard Mörike. Stuttgart ³1969. – Miyashita, Kenzō: Mörikes Verhältnis zu seinen Zeitgenossen. Bern u. a. 1971. – Prawer, Siegbert S.: Mörike und seine Leser. Versuch einer Wirkungsgeschichte. Stuttgart 1960. – Rennert, Hal H.: Eduard Mörike's Reading and the Reconstruction of his Extant Library. New York u. a. 1985. – Rennert, Hal H.: Mörike's Lichtenberg Reception and the *Bruchstücke eines Romans*. In: Adams, Jeffrey Todd (Hg.): Mörike's Muses. Critical Essays on Eduard Mörike. Columbia 1990, S. 112–125. – Rheinwald. Scheffler, Walter: Schwäbische Romantiker im Banne Goethes. In: Germanica Wratislaviensia 95 (1992), S. 59–74. – Waiblinger, Wilhelm: Tagebücher 1821–1826. 2 Bde. Hg. v. Hans Königer. Stuttgart 1993. – Waiblinger, Wilhelm: Werke und Briefe. 5 Bde. Hg. v. Hans Königer. Stuttgart 1980–1988. – Wild, Inge; Wild, Reiner: *Ein köstliches Liedchen*. Rokoko-Elemente in der Lyrik Eduard Mörikes. In: Luserke, Matthias; Marx, Reiner; Wild, Reiner (Hg.): Literatur und Kultur des Rokoko. Göttingen 2001, S. 289–307. – Wolf, Thomas: Brüder, Geister und Fossilien. Eduard Mörikes Erfahrungen der Umwelt. Tübingen 2001.

Dietmar Till

Zeitgenössische Literatur

Als Friedrich Sengle 1980 in seinem Überblick über die Dichter der Biedermeierzeit M. als Autor jener Epoche einführte, konnte er mit gutem Recht feststellen, dass im Unterschied zu vielen anderen seiner Zeit der Rang seines literarischen Werkes zu keinem Zeitpunkt strittig und es auch nicht nötig war, seine Gedichte wieder aus der Vergessenheit in Erinnerung zu rufen. »Fast niemand bestreitet«, so stellt Sengle fest, »daß er ein Dichter ist, ein wahrer Poet« (Sengle, Bd. 3, S. 691). Diese Hochschätzung wurde ihm schon von seinen Zeitgenossen zuteil, wobei sie allerdings sehr unterschiedlich motiviert war und teilweise Distanzierungen und Wiederannäherungen einschloss, die ihren Reflex in den bis heute anhaltenden Schwierigkeiten finden, M. literarhistorisch einzuordnen. Diese Schwierigkeiten haben natürlich etwas mit der Beschreibung, Abgrenzung und Bewertung der Ära nach dem deutschen Idealismus überhaupt zu tun, die man lange ausschließlich pejorativ als eine Zeit des Epigonalen hat sehen wollen. Der Versuch, M.s literarhistorische Position zu bestimmen, muss sich diesem Problem stellen und gleichzeitig vermeiden, für M. nun doch eine Schublade oder ein Schlagwort zu finden, wie es Harry Maync mit dem ›Haupterben Goethes‹ getan hat (Maync, S. 5). Die Widersprüchlichkeit eines Dichters, der einerseits den Zwängen und Konventionen seiner Zeit ausgesetzt und für die kulturellen Anregungen offen war, sich andererseits aber keiner ästhetischen oder philosophischen Schule, geschweige denn einer politischen Richtung zuordnen ließ, sollte im Folgenden immer im Bewusstsein bleiben. Seit den siebziger Jahren des 20. Jh.s hat die Literaturgeschichtsschreibung auf diese Sonderstellung Rücksicht genommen und auf die Einordnung M.s in die tradierten Epochenraster weitgehend verzichtet (von Wiese, Holthusen, Sengle). Freilich erübrigt sich dadurch nicht die Frage, in welchem Verhältnis M. zur Literatur seiner Zeit stand. Zunächst sind Klassik und Romantik als unmittelbar erlebte Gegenwart für den jungen M. zu kennzeichnen, nicht zuletzt auch deshalb, weil sich dabei die Frage nach M.s Epigonalität einerseits, nach seinem Verhältnis zur ›Schwäbischen Romantik‹ andererseits erörtern lässt. In einem weiteren Schritt ist die Zuordnung M.s zum literarischen Biedermeier darzulegen und gleichzeitig seine Stellung zum Jungen Deutschland und zum literarischen Vormärz zu erhellen. Die Zeit nach 1848 ist im Wesentlichen von der zunehmenden Anerkennung für das bekannter werdende Werk M.s bestimmt. Hier interessieren insbesondere die Aufmerksamkeit, die M. bei den Realisten der deutschen Literatur findet, und sein Echo in einer zweiten Generation der Epigonen.

Das Problem der Epigonalität

Die Unerreichbarkeit der ästhetischen Leistungen Goethes und Schillers als Problem der nachgeborenen Schriftstellergeneration hat zeitgenössisch Karl Leberecht Immermann in seinem Roman *Die Epigonen* thematisiert. Von M. selbst, dem Immermann als Schriftsteller wohl bekannt war, dessen eben erschienenen Roman *Münchhausen* er aber 1838 ungelesen an Hermann Kurz zurückgab (HKA 12, S. 250), gibt es zu diesem Problemkreis keine Äußerung. Vielmehr kann man in allen Goethe betreffenden Briefpassagen ein vor allem an der Person orientiertes Interesse finden. *Dichtung und Wahrheit* hat M. wohl tatsächlich als Autobiographie gelesen, die ihm den Menschen Goethe näher gebracht habe, wie er im Brief vom 20. Dezember 1821 an Wilhelm Waiblinger betont (HKA 10, S. 25). Lediglich den Briefwechsel zwischen Goethe und Schiller hat er auch unter Gesichtspunkten der Ästhetik der Klassik rezipiert – er war 1829 erschienen und damit zu einem Zeitpunkt, da sich der 26-jährige Dichter seiner eigenen Mittel und Möglichkeiten in einem solchen Ausmaß bewusst war, dass er über den Lektüreeindruck an Johannes Mährlen selbstbewusst schreiben konnte: »Statt mich niederzuschlagen hatte der Geist dieser beiden Männer eher die andere Wirkung auf mich. Gar manche Idee – das darf ich Dir wohl gestehen – erkannte ich als mein selbst erworbenes Eigenthum wieder, und ich schauderte oft vor Freuden über seiner Begrüßung« (HKA 11, S. 30). Dass solche Worte nicht Ausdruck einer epigonalen Selbstüberschätzung waren, sondern dass schon die Zeitgenossen M.s Sensorium für die Schönheit der Sprache früh hervorhoben, belegen einige erhaltene Äußerungen. David Friedrich Strauß erinnerte sich an erste Begegnungen mit ihm noch in Tübingen: »Man wußte nicht wie Einem geschah; an die Geniefrage dachte man garnicht, sowenig als Mörike selbst daran dachte; das aber wußte man, fast noch ohne seine Gedichte zu kennen, daß hier ein Dichter sei. Ja, Mörike ist für uns alle, die sein Wesen mittelbar oder unmittelbar berührt hat, das Modell dessen geworden, was wir uns unter einem Dichter denken« (Prawer, S. 18). Und Wilhelm Hartlaub berief sich auf Ludwig Bauer, der schon den Uracher Seminaristen M. als »die verkörperte Poesie« ansah, wobei »unter Poesie alles verstanden« wurde, »was gut, schön, lieb und liebenswert« ist (Prawer, S. 17). Es ist also nur konsequent, wenn M. keine klassizistische Ästhetik in der Nachfolge der Weimaraner verfocht, sondern lediglich deren Beitrag zur Etablierung eines Kunstschönen erkannte, für das er selbst immer eintrat und für das er auch aus anderen Epochen Muster gekannt und seinen Zeitgenossen empfohlen hat. Folgt man den Hinweisen Burkhard Meyer-Sickendieks zu einer »Ästhetik der Epigonalität«, dann hat man es bei M. also am ehesten mit einer »erinnernden Wiederholung« zu tun, der »die aus der Erfahrung des Epigonentums resultierende Problembewusstheit« letztlich fehlt (Meyer-Sickendiek, S. 24). Eleonore Frey, die sich am Beispiel des Gedichtes *Göttliche Reminiscenz* mit der Frage der Epigonalität bei M. beschäftigt hat, kommt zu dem Schluss, dass sich das Verhältnis des Autors zum Überlieferten und zur Vergangenheit nie vom Biographischen lösen lasse. Mit einem etwas problematischen Begriff von Epigonalität operierend kommt sie zu der These: »Er kann sich selber nur in einer Spiegelung der verlorenen Eigentlichkeit erfahren, so wie er als Dichter das Verlorene in einem neuen Anfang auch immer nur als ein Verlorenes zu zeigen vermag. Wenn Mörike als Epigone der Goethezeit bezeichnet werden kann, ist er auch Epigone seiner selbst« (Frey, S. 2f.). M.s wiederholte Lektüre von Goethes *Dichtung und Wahrheit* steht nicht zuletzt unter diesem Vorzeichen einer vorbildlichen Eigentlichkeit, die er in Goethe verwirklicht sieht. Für die Literaturwissenschaft, der die Stilisierungen und Fiktionen in *Dichtung und Wahrheit* nicht entgangen sind, wäre M.s identifizierende Lektüre als spezifisches Rezeptionsphänomen einer eingehenderen Analyse wert.

Romantik und ›Schwäbische Dichterschule‹

M. durchlief den gleichen Bildungsweg eines schwäbischen Theologen wie eine Generation vor ihm Friedrich Hölderlin und Georg Wilhelm Friedrich Hegel oder wenig nach ihm David Friedrich Strauß und Friedrich Theodor Vischer. Die Zeit in den Seminarschulen und das prägende Leben im Tübinger Stift, ja noch die gemeinsamen Erfahrungen des problematischen Übergangs von der Ausbildung in den Beruf mit den damit verbundenen Sorgen ließen auch ohne ein gemeinsames philosophisches oder ästhetisches Programm ein Gefühl der Zusammengehörigkeit entstehen. Auch für M. bewährten sich im Stift geschlossene Freundschaften bis ins Alter, ohne dass sich daraus ein gemeinsam verfolgtes Kunstprinzip ergeben hätte. Hans Egon Holthusen hat die Ausgangssituation so beschrieben: »Das Klima war von gegensätzlichen Stimmungen beherrscht, die aber auch wieder austauschbar waren und aufeinander abfärben konnten. Einerseits dachte man (spät-)romantisch, andererseits patriotisch und liberal; einerseits konnte man noch Klopstockisch-hainbündisch schwärmen für Freundschaft, Tugend und Poesie, andererseits drängte man zum politischen Engagement; einerseits begeisterte man sich mit Byron, Waiblinger und Wilhelm Müller, dem ›Griechen-Müller‹, für den Freiheitskampf der Hellenen gegen die türkische Unterdrückung, andererseits suchte man das biedermeierliche Glück im Winkel« (Holthusen, S. 27 f.). In dieses Netz aus Kontakten war M. eingebunden; es diente ihm nicht zuletzt dazu, Bücher besorgen zu lassen, sie auszutauschen oder zu leihen, sich überhaupt Informationen über den Literaturbetrieb zu beschaffen und Kontakte zu Verlegern herzustellen. Der literaturwissenschaftliche Befund darf aber nicht den Blick darauf verstellen, dass die Freunde auch in finanziellen, gesundheitlichen oder familiären Belangen Ansprechpartner waren. Bei den mehrfach projektierten und teilweise auch erprobten Versuchen, sich aus der als immer bedrückender empfundenen Vikarsexistenz zu befreien, haben die Freundes- und Bekanntenkreise eine Rolle gespielt, ohne dass M. hier selbst die Zugehörigkeit zu einer Gruppe betont hätte. Die haben andere hervorgehoben, so dass man von Norddeutschland aus auch M. der ›Schwäbischen Dichterschule‹ zugerechnet hat. Im Hinblick auf M. hat das Strauß in einem Brief an Vischer vom 23. Mai 1837 als Problem aufgezeigt, in dem er von der Notwendigkeit schrieb, die bisher veröffentlichten ›Mörikiana‹ bekannter zu machen, dazu aber in jedem Fall ausschließlich Schwaben heranzuziehen, »damit's nur keinem Norddeutschen in die Hände fällt« (BRIEFWECHSEL STRAUSS-VISCHER, Bd. 1, S. 34).

Die vor allem von außen unternommenen Versuche, eine ›Schwäbische Dichterschule‹ zu beschreiben, waren durchweg mit polemischer Absicht verbunden. Als Karl Ferdinand Gutzkow 1835 in einem im *Literaturblatt* veröffentlichten Aufsatz *Göthe, Uhland und Prometheus* das abschätzige Urteil des alten Goethe über die Dichter im Umkreis Uhlands, aus dem »wohl nichts Aufregendes, Tüchtiges, das Menschengeschick Bezwingendes hervorgehen« könne, publik machte, bezeichnete er dies als Schlag für den schwäbischen »Götheklasmus« und als ungerecht den Leistungen Uhlands gegenüber. Das Urteil über die schwäbische Lyrik als »beschränkt auf ihre Täler, so einheimisch, ruhig und glückselig« (Gutzkow: Göthe, Uhland und Prometheus, S. 58 f.), schloss M. noch nicht namentlich ein, bestimmte von da an allerdings das Bild von der ›Schwäbischen Schule‹. Erst 1878 bezog Gutzkow das Verdikt Goethes auch auf M. Er sei zwar ein »lieber und achtbarer Kopf und ein Meister in der Kunst poetischer Sprachbehandlung«, aber letztlich doch ein Gelegenheitsdichter: »da treibt nichts, da gärt nichts, da will sich nichts gestalten! Der ganze Mensch bleibt im Schlafrock und in Pantoffeln« (Gutzkow: Dionysius Longinus, S. 1368). Aber mit der Vorstellung, man habe es hier mit einer literarischen

Schule zu tun, begann die auch politisch motivierte Polemik gegen die regional verwurzelte, ihre Herkunft aus der Romantik und ihre Neigung zum Realismus nicht verleugnende Dichtung in Südwestdeutschland. Heinrich Heine rechnete M., der seines Wissens »nicht nur Maikäfer, sondern sogar Lerchen und Wachteln« besinge, im *Schwabenspiegel* (1839) zur literarischen Provinz (Heine, S. 270). Die Angriffe wandten sich letztlich gegen das mangelnde politische Engagement der Gescholtenen; das Festhalten an ästhetischen Idealen der Vergangenheit ließ sie unzeitgemäß erscheinen. Die Reaktion war durchaus differenziert. Während Friedrich Notter 1842 in seinem viel beachteten und diskutierten Aufsatz *Die schwäbische Dichterschule* die vorhandenen Gemeinsamkeiten in kritischer Absicht betonte, hoben andere hervor, dass von den unterstellten Gemeinsamkeiten nicht die Rede sein könne. Johannes Scherr beantwortete die von ihm aufgeworfene Frage, ob es eine schwäbische Dichterschule gebe oder gegeben habe, so: »Ich verneine und nenne es geradezu abgeschmackt, wenn man Uhland, Schwab, Kerner, Mörike, Pfizer, Vischer und andere schwäbische Dichter unter der Collectivbezeichnung ›schwäbische Schulen‹ zusammenthut«, weil man »einen gemeinschaftlichen Mittelpunkt ihrer Weltanschauung« nicht angeben könne (Scherr, S. 72 f.). C. Reinhold (d. i. Reinhold Köstlin) bezeichnet in *Die schwäbische Dichterschule und Eduard Mörike* als Gemeinsamkeit das ›Naive‹ im Sinne der Schiller'schen Unterscheidung zwischen ›naiv‹ und ›sentimentalisch‹ (Reinhold, Sp. 55).

Im Verhältnis zwischen Vischer, Strauß und M. wird die fehlende Bereitschaft des letzteren, sich Tendenzen der Zeit anzuschließen, besonders deutlich erkennbar. Vischer und Strauß haben M. als Romantiker verstanden und damit mit Sicherheit Teile seines Werkes richtig eingeordnet. Freilich waren ihnen M.s Interesse für Sagenstoffe und sein Hang zum Märchenhaften suspekt. So schrieb Strauß am 28. Februar 1838 an Vischer: »Die Erscheinung eines neuen Gedichts vom sicheren Mann wirkt auf mich wie ein Gespenst. So artig manches an der Poesie, so originell das Ding ursprünglich in der Erfindung war, so muß man sich doch für den Mann schämen, der nach fünfzehn Jahren noch an diesen Kinderschlotzern nagt« (BRIEFWECHSEL STRAUSS-VISCHER, S. 49). Vischer hat in seinem Antwortbrief die Gründe dafür in der familiären Situation gesucht, die M. die unmittelbare Erfahrung vorenthalten habe, die Voraussetzung für eine nach dem reinen Ideal strebende Dichtung sei. Als Lösung schlagen die Freunde M. die Hinwendung zum Drama und die Beschäftigung mit einem historischen Stoff vor (HKA 12, S. 164; BRIEFWECHSEL STRAUSS-VISCHER, S. 148), eine Anregung, die freilich auf wenig fruchtbaren Boden fiel. M. beharrte darauf: »Was ich nicht aus mir selbst & etwa aus dem Leben nehmen kann, hat keinen Reiz für mich u. ich kann gar nichts damit anfangen« (HKA 12, S. 164). Die Aufforderung, mit Dichtung auf das Tagesgeschehen zu reagieren, wie sie die Jungdeutschen mehrfach an die Nachfahren der Romantik richteten, konnte M. deshalb nur zurückweisen. Schon anlässlich der Juli-Revolution 1830 bemerkt er gegenüber Johannes Mährlen, dass sich die Poesie »ihre erste göttliche Bestimmung *zum Vergnügen* niemals rauben lassen« werde (HKA 11, S. 150). Und im Rückblick auf die Publizistik des Vormärz notiert er noch 1871, dabei auch seine eigene Distanz reflektierend, *In Gedanken an unsere deutschen Krieger*:

Bei euren Taten, euren Siegen
Wortlos, beschämt hat mein Gesang geschwiegen,
Und manche, die mich darum schalten,
Hätten auch besser den Mund gehalten.

Biedermeier

Die geselligen Kreise des Bürgertums hatten ihre Wurzeln in den Salons und Gesellschaften der Romantik und in den fortdauernden Jugendfreundschaften in der Tradition des Hainbundes. Auch bei M. kann man feststellen, dass sich trotz aller Distanzierung vom Dilettantismus bürgerlicher Kunstübung biedermeierliche Züge literarischer Geselligkeit bei ihm zeigen, und zwar sowohl als Teilnehmer am literarischen Leben als auch als mitwirkendem Gestalter (FLIEGNER).

Aufgrund seiner bedrängten finanziellen Situation musste M. literarische Neuerscheinungen zu einem guten Teil auf dem Weg des Tausches oder des Entleihens von Freunden zur Kenntnis nehmen; hinzu kamen natürlich auch die Leseempfehlungen vertrauter Freunde, sämtlich Vorgänge, die im Briefwechsel reich dokumentiert sind. So weist Waiblinger den Mitschüler auf Jean Paul und Goethes *Wanderjahre* hin; mit Bauer liest M. in den Schulferien Calderón, Shakespeare und Herders *Cid*-Übertragung. Für die Geschwister plant er Puppentheateraufführungen von Stücken Ludwig Tiecks, der Schwester Luise liest er unter anderem Tiecks *Dichterleben* vor.

In Cleversulzbach wendet er sich der zeitgenössischen englischen Literatur zu und liest in rascher Folge Romane von Walter Scott; auch die Übersetzungen Edward George Bulwers aus der Feder von Friedrich Notter und Gustav Pfizer interessieren ihn. Immer wieder greift er aber auf Werke Goethes zurück oder liest, was sich nach dessen Tod zur Information über dessen Biographie anbietet, etwa Eckermanns *Gespräche mit Goethe*. Vor allem aber nimmt er regen Anteil an der zeitgenössischen Lyrik, so etwa an der von Freiligrath, Uhland, Kerner. Schließlich bestellt er nach Cleversulzbach Ausgaben und Übersetzungen antiker Autoren, um eine Anthologie vorzubereiten, die die Texte in neuen Übersetzungen bieten soll. Der Brief, in dem M. und sein in die Vorarbeiten einbezogener Vikar Friedrich Schlaich den Plan dem Metzler-Verlag vorstellen, verrät einiges über die Intention: Gedacht ist an Anmerkungen, so dass »der Text für jeden nicht ganz Ungebildeten lesbar und leicht verständlich wird, wozu noch die ebenfalls kurzen, aber doch das Wichtigste über die Person jedes einzelnen Dichters und den Charakter seiner Dichtungen enthaltenden Einleitungen kommen« (HKA 12, S. 160).

Das Ergebnis, die *Classische Blumenlese* (1840), aber auch die immer wieder auflebenden Versuche, als Alternative zum Pfarrerberuf eine Tätigkeit im Verlagswesen, bevorzugt bei der Herausgabe einer literarischen Zeitschrift oder eines Taschenbuchs zu finden, fügen sich bei allem Bemühen M.s um eine höhere Qualität doch in zeittypische Entwicklungen ein: Aus den profilierten Almanachen der Aufklärung und des Idealismus war ein Massenprodukt geworden, das vor allem durch die Aufmachung Käufer zu gewinnen versuchte, notwendig aber auch zu Kompromissen hinsichtlich des ästhetischen Anspruchs zwang (GEDENKAUSSTELLUNG, S. 390 ff.; Klussmann, S. 98 f.). Damit konnte M. sich nicht abfinden; so bekam er schon nach wenigen Wochen von der Produktion von Erzählungen für die von Franckh verlegte *Damen-Zeitung* einen Widerwillen »ärger als je von Predigtmachen«, wie er im Dezember 1828 an Ludwig Bauer schrieb (HKA 10, S. 253).

Nähe und Distanz des ›späten‹ Mörike zur literarischen Öffentlichkeit

Die Visite

Philister kommen angezogen:
Man sucht im Garten mich und Haus;
Doch war der Vogel ausgeflogen,
Zu dem geliebten Wald hinaus.
Sie kommen, mich auch da zu stören:
Es ruft, und ruft im Widerhall –
Gleich laß ich mich als Kukuk hören,
Bin nirgends und bin überall.
[…]

In seinen späten Lebensjahren – ab etwa 1848 – setzte sich M. auf vielfältige, oftmals ambivalente Weise mit der zeitgenössischen Literatur auseinander und wurde zugleich als literarische Person und *homme de lettres* wahrgenommen und verehrt. Dieses ambivalente Verhältnis zur zeitgenössischen Literatur und zu seiner eigenen Rolle darin manifestiert sich sowohl in seiner Lehrtätigkeit in den 1850er Jahren am Stuttgarter Katharinenstift und in seinen Damenvorlesungen am Oberen Museum in Stuttgart als auch in seiner Eigenschaft als Zeitschriftenbeiträger und Herausgeber sowie in den sich nun häufenden öffentlichen Ehrungen, Titeln und Zuweisungen und nicht zuletzt auch in M.s Haltung zu seinen – oft mit ihm in reger Korrespondenz stehenden – Dichterkollegen.

Im Oktober 1851 nahm M. – zunächst provisorisch – eine Stellung als Lehrer für deutsche Literatur am Katharinenstift in Stuttgart an. Er unterrichtete dort ›deutsche Sprache‹, ›Aufsatz‹ und ›deutsche Literatur‹, immerhin bis ins Jahr

1866. Seine anfänglichen Bedenken gegenüber dieser Lehrtätigkeit teilte er dem Direktor des Instituts, Karl Wolff, in einem Brief vom 19. Juli 1851 mit – in dieser Form vielleicht auch ein versteckter Seitenhieb auf jegliche ›à-la-mode-Literatur‹ oder gar auf die politisch engagierte Literatur um 1848:

»Mein eigner Plan ist nemlich mehr ästhetisch als historisch und geht vorzüglich dahin, an Beispielen aus unsern Schriftstellern das Urtheil über das was schön und nicht schön ist zu bilden u. zu schärfen, gewiße unächte Erscheinungen der neuern Zeit, welche das große Publikum begünstigt, zu bekämpfen pp. Dabei soll allerdings zugleich durch Biographisches, durch Charakteristik der einzelnen Verfasser, so wie durch allgemeine Überblicke ein Bild von der Entwicklung unsrer Literatur entstehn, doch vor der Hand nur von Lessing oder Klopstock an: während nach Grüneisens Absicht an Ihrem Institut auf die frühsten Perioden zurückzugehen wäre, mit denen ich, das Lied der Nibelungen ausgenommen, bis jezt nur wenig bekannt bin« (HKA 16, S. 51). Das tatsächliche Lehrgeschäft jedoch konfrontierte M. mit überfüllten Klassen (HKA 16, S. 76) und ›banalem‹ Aufsatz- und Sprachunterricht (HKA 16, S. 395; GEDENKAUSSTELLUNG, S. 346ff.; SIMON, Sp. 200ff.).

Mit programmatischem Elan hatte M. im Oktober 1851 seine »Privatlektionen« zur Literatur angekündigt: »Vorlesungen aus der *antiken* Poesie und der *modernen deutschen*, – in Zusammenstellung einzelner bedeutender Erscheinungen von beiden Seiten, sofern die einen auf die andern nach Geist u Form, mehr oder weniger zurückweisen, oder sonst interessante Vergleichspunkte darbieten. [...] ist es bei gegenwärtigem Vorhaben wesentl. zugleich um den unmittelbaren Genuß des Schönen überhaupt zu thun« (HKA 16, S. 81f.). De facto rezitierte M. dann aber vornehmlich aus Werken Shakespeares (HKA 16, S. 100ff.). M. selbst sah sein Engagement als Lehrer und Rezitator ganz realistisch als willkommenen Nebenerwerb: »Ich helfe als Lehrer am Katharinenstift aus und lese den hiesigen Damen während der Wintermonate Shakspear vor« (HKA 16, S. 99). Dennoch plante er seine Lehrveranstaltungen am Katharinenstift und seine Damen-Vorlesungen sehr sorgfältig (HKA 16, S. 99f.), wobei er insbesondere auf die literaturhistorischen Arbeiten von Georg Gottfried Gervinus zurückgriff (HKA 16, S. 475, 477, 526). Ob er tatsächlich vorhatte, über Goethe und Schiller und einige wenige neuere Autoren (so z. B. Karl Mayer und Ludwig Uhland; HKA 17, S. 117) hinaus aktuelle zeitgenössische Literatur auf seinen Lehr- und Vorlesungsplan zu setzen, kann man nur vermuten. Neben diesen als zweites Standbein für den Familienhaushalt gedachten Veranstaltungen war M. willkommener und steter Gast in den Redaktionen diverser Literaturzeitschriften, etwa beim *Deutschen Musenalmanach*, beim *Morgenblatt für gebildete Leser* oder bei der *Freya*, den *Illustrierten Blättern für die gebildete Welt*. Hier publizierte er neben Eigenem auch ab und an die Werke zeitgenössischer Dichter. So war 1863 im dritten Jahrgang der *Freya* M.s *Erinnerung an Friedrich Hölderlin* zu lesen, worin er auch mehrere Gedichte Hölderlins veröffentlichte (Miyashita, S. 28).

In den zeitgenössischen Literaturdiskurs involviert wurde M. auch durch sein mittlerweile erheblich vermehrtes Renommee, für das die vielen Ehrbekundungen und Titel sozusagen amtlicher Ausdruck sind. Am 31. Juli 1852 schlug Friedrich Theodor Vischer M. beim Dekan der Philosophischen Fakultät der Universität Tübingen als Ehrendoktor vor. Interessant ist dabei der Passus, mit dem Vischer die Erteilung des Doktorgrades ehrenhalber an M. begründet: »Mörike hat sich seinen Namen in unserer poetischen Literatur gesichert; ich darf wohl die Einstimmung der verehrl. Mitglieder voraussetzen mit dem Urteile der Kritik, daß viele seiner lyrischen Erzeugnisse im Mittelpunkte des Schönen stehen, u. wenn seine Leistungen im Roman und in der Idylle ihr Unvollkommenes haben, so sind sie doch bedeutend genug, um ihm einen ehrenvollen Platz unter den dichterischen Talenten anzuweisen, welche von lyrischer Conzentrierung zu objektiver Entfaltung fortgeschritten sind« (HKA 16, S. 504). Vier Jahre später verlieh ihm König Wilhelm I. von Württemberg für seine Leistungen als Lehrer am Katharinenstift den Titel eines Professors (HKA 16, S. 278).

M., der seit den 1850er Jahren festes Mitglied

im Komitee des Stuttgarter Schiller-Vereins war, hatte maßgeblichen Anteil an den Feierlichkeiten im Jubiläumsjahr des Dichters 1859 – u. a. war er an der Herausgabe des sog. »Schulschillers« beteiligt (*Schiller's Gedichte. Auswahl für die Jugend. Eine Festgabe für Schulen.* 1859; vgl. SIMON, Sp. 255). Wohl auch als Dank für dieses Engagement verlieh ihm der Verwaltungsrat der Deutschen Schillerstiftung eine »Ehrengabe« von 300 Talern, die von 1864 an sogar als jährliche Pension ausbezahlt wurde (HKA 17, S. 307 f.). Auszeichnungen erhielt M. auch von höchster Stelle: Wegen seiner Verdienste als Dichter verlieh ihm der König am 19. Oktober 1864 das Ritterkreuz Erster Klasse des württembergischen Friedrichs-Ordens, vielleicht eine Reaktion auf die zwei Jahre zuvor erfolgte Berufung M.s in das Kollegium des Königlich-bayerischen Maximiliansordens für Kunst und Wissenschaft, die maßgeblich von Emanuel Geibel betrieben und mit der M. Kerners Nachfolger wurde (HKA 17, S. 237, 239 f.). Der Münchner Hof und die dortigen ›Hofdichter‹ des Münchner Dichterkreises und der »Künstlergesellschaft Krokodil« – allen voran Paul Heyse und Emanuel Geibel – hatten sich schon früh und immer wieder um die Gunst des Dichters bemüht; Heyse trieb dabei »einen förmlichen Mörike-Kultus« (so Theodor Storm, vgl. Briefe Bd. 1, S. 226). Bei M. mute »Alles wie eigen und neu an, nirgends verstimmt uns armselige Nachahmerei, und nirgends vermissen wir den mächtigen Hauch der Persönlichkeit, der das Fremdartige in die eigene Substanz aufschmilzt und in erobertem Gebiet sich als Herrscher und Gesetzgeber geberdet« (so Heyse über M.; HKA 16, S. 620 f.). Heyse trat ab 1855 in zunächst brieflichen Kontakt mit M., der sich durch die Verehrung des am Literaturhimmel so rasch aufgestiegenen Sterns Heyse geschmeichelt sah und sich in der Rolle des Mentors sichtlich wohl fühlte, wie sein Dankbrief für die Übersendung der Heyse-Novelle *Die Braut von Cypern* nahelegt: »Herzensdank, besonders für die Widmung. Lieber Heyse! Wenn ich so Etwas je verdiene, so ist es ganz gewiß darum, weil ich mit reiner Freude zusehen kann, wie Andre, Jüngere, mit vollen Segeln fahren und das erwünschte Ziel erreichen, während ich, früh auf den Sand gelegt, dahinten bleiben muß« (HKA 16, S. 284). Mit Geibel teilte M. immerhin die Abneigung gegen die »Lenau'sche Manier« (HKA 16, S. 739); beide, Geibel und Heyse, scheiterten allerdings mit ihren Versuchen, M. in München und im Münchner Dichterkreis aufzunehmen (vgl. u. a. Heyses Brief vom 23. Dezember 1854; BRIEFWECHSEL HEYSE, S. 23).

M. war doch zu sehr seinem ›eigenen‹ Kreis verpflichtet, wozu man neben den alten Freunden wie Wilhelm Hartlaub, David Friedrich Strauß oder Friedrich Theodor Vischer wohl auch Karl Wolff und Karl Mayer rechnen darf. Den regen – wenngleich, wie bei Vischer, oftmals über Jahre hinweg ausgesetzten – Austausch dieser Freunde auch und gerade in literarischen Angelegenheiten bekunden die zahlreichen Briefe; exemplarisch sei hier nur auf den Brief M.s an Karl Mayer vom 29. Juni 1854 verwiesen (HKA 16, S. 183 f.).

Überblickt man die vielen Briefe M.s, so wird klar, dass er in seinen Kontakten zur Literaturszene in Deutschland ein keineswegs einfacher Gesprächspartner gewesen sein muss. Von vornherein unbefangene und überschwänglich freundschaftliche Begegnungen – wie etwa mit Paul Heyse – reihen sich nahtlos an problematische Beziehungen, die M. in der Rolle eines distanzierten Beobachters zeigen. Friedrich Hebbel etwa oder der ausgewiesene M.-Verehrer Ivan Turgenev trafen M. zwar persönlich, doch ein Briefwechsel oder gar ein literarischer Austausch kam mit beiden nicht zu Stande; den zeitweise in Stuttgart lebenden Wilhelm Raabe hat M. nie kennen gelernt. Etwas anders sieht es – zumindest auf den ersten Blick – mit M.s Verhältnis zu Theodor Storm aus (BRIEFWECHSEL STORM; Miyashita, S. 139–157). Nähe und Distanz M.s zu einem Dichterkollegen lassen sich hier wohl am deutlichsten beobachten. Bevor sich M. und Storm am 15. August 1855 in Stuttgart persönlich begegneten, war ihr Briefwechsel, der mit einem Huldigungsschreiben Storms Ende 1850 begonnen hatte, relativ fruchtbar verlaufen durch Mitteilung gegenseitiger Wertschätzungen, Austausch von Widmungsbänden etc. Doch schon im Brief M.s vom April 1854, dem er als Geschenk die Schriften seines verstorbenen

Freundes Ludwig Bauer beifügte, finden sich versteckte Warnsignale: »so könnte es mir schon lieb seyn, daß Ihnen ein Stück Leben von mir u. meinem Kreis damit vorgelegt wird, da ich so schwer dazu komme Ihren liebreichen Wunsch in dieser Hinsicht selber zu befriedigen. Ich glaube, die Versuchung, mehr zu sagen, als wir *Beide* wollen, ist es vornemlich was ich dabei fürchte« (HKA 16, S. 180). Nach dem Besuch Storms in Stuttgart schrieb dieser immerhin noch sieben Briefe, M. hingegen schien – mit Ausnahme des Kondolenzbriefs anlässlich des Todes von Storms Frau Konstanze (BRIEFWECHSEL STORM, S. 73 f.) – regelrecht verstummt zu sein. Storm hat das Schweigen M.s hingenommen; er sprach ihn mit »Lieber schweigsamer Mann« an (BRIEFWECHSEL STORM, S. 71) und ›verarbeitete‹ diese doch recht einseitige Beziehung – ganz in der Weise M.s literarisch-produktiv – in seinen *Erinnerungen an Eduard Mörike* (1877).

Im oben zitierten Gedicht *Die Visite* betrachtet der Dichter M. auf durchaus amüsante Weise sein eigenes Verhältnis zum Publikum bzw. zur literarischen Öffentlichkeit (vgl. Wild). Er sieht seine Rolle als »Sonderling« und »Grobian«, der vor den allzu aufdringlichen »Philistern« in den Wald fliehen muss, mit Ironie und Selbstkritik, doch genau dieser exakte Blick auf die eigenen Schwächen und ihre geniale Literarisierung (vgl. HKA 11, S. 96) sind bezeichnend für M., und zwar nicht nur für die Spätzeit, wie abschließend folgende Stelle aus einem Brief an Wilhelm Waiblinger von 1822 zeigen soll: »Das ist ein wunderlicher, aber schon tausenmal v. mir verfluchter Zug, *daß ich*, aus einer *dunkeln* Besorgniß, ich möchte dem Freund oder Bekannten, den ich zum erstenmal oder auch nach langer Zeit wieder sehe, (der aber im ersten Fall schon v. mir gehört haben muß) in einem ungünstigen Licht erscheinen, *blizschnell aus meinem eigentlichen Wesen heraustrete*. Das ist schon so eingewurzelt bey mir, daß ich diese Maske fast bewußtlos annehme u. so den Freund abhalte, mir frey, mit warmen Zutrauen entgegenzukommen, mithin keinem v. beyden, am wenigsten mir selbst damit diene« (HKA 10, S. 28).

Literatur

BRIEFWECHSEL HEYSE. – BRIEFWECHSEL STORM. – BRIEFWECHSEL STRAUSS-VISCHER. – Briefwechsel zwischen Eduard Mörike und Friedrich Theodor Vischer. Hg. v. Robert Vischer. München 1926. – FLIEGNER. – Frey, Eleonore: Poetik des Übergangs. Zu Mörikes Gedicht *Göttliche Reminiscenz*. Tübingen 1977. – GEDENKAUSSTELLUNG. – Gutzkow, Karl Ferdinand: Dionysius Longinus. Oder: Über den ästhetischen Schwulst in der neuern deutschen Literatur. In: ders.: Schriften. Bd. 2: Literaturkritisch-Publizistisches. Autobiographisch-Itinerarisches. Hg. v. Adrian Hummel. Frankfurt a. M. 1998, S. 1345–1440. – Gutzkow, Karl Ferdinand: Göthe, Uhland und Prometheus. In: ders.: Beiträge zur Geschichte der neuesten Literatur. Bd. 1. Stuttgart 1836, S. 57–66. – Heine, Heinrich: Der Schwabenspiegel. In: ders.: Historisch-kritische Gesamtausgabe der Werke. Bd. 10. Hamburg 1993, S. 266–278. – Holthusen, Hans Egon; Klussmann, Paul Gerhard: Das literarische Taschenbuch der Biedermeierzeit als Vorschule der Literatur und der bürgerlichen Allgemeinbildung. In: Mix, York-Gothart (Hg.): Almanach- und Taschenbuchkultur des 18. und 19. Jahrhunderts. Wiesbaden 1996, S. 89–112. – Mayer, Mathias: Person und Phantom. Eduard Mörike und Theodor Storm. Stuttgart, 15. August 1855. In: Braungart, Georg; Neureuter, Hans Peter; Rösch, Gertrud Maria (Hg.): Begegnungen. Historische Miniaturen zur deutschen Literaturgeschichte. 2004. – MAYNC. – Meyer-Sickendiek, Burkhard: Die Ästhetik der Epigonalität. Theorie und Praxis wiederholenden Schreibens im 19. Jahrhundert: Immermann – Keller – Stifter – Nietzsche. Tübingen u. a. 2001. – Miyashita, Kenzō: Mörikes Verhältnis zu seinen Zeitgenossen. Bern 1971. – Prawer, Siegbert S.: Mörike und seine Leser. Versuch einer Wirkungsgeschichte. Mit einer Mörikebibliographie und einem Verzeichnis der wichtigsten Vertonungen. Stuttgart 1960. – Reinhold, C. (d. i. Köstlin, Reinhold): Die schwäbische Dichterschule und Eduard Mörike. In: Hallische Jahrbücher für deutsche Wissenschaft und Kunst 2 (1839), Nr. 18–19. – Scherr, Johannes: Schwäbische Dichter. In: ders. (Hg.): Poeten der Jetztzeit in Briefen an eine Frau. Stuttgart 1844, S. 66–100. – SIMON. – Storm, Theodor: Briefe. Hg. v. Peter Goldammer. Bd. 1. Berlin u. a. 1972. – Wiese, Benno von: Einführung. In: UNGER, S. 5–28. – Wild, Inge: »Philister kommen angezogen«. Der Künstler-Bürger-Antagonismus in Gedichten Eduard Mörikes (mit einem Blick auf Heinrich Heine). In: WILD, S. 149–176.

Ernst Rohmer/Stephan Hager

Musik

M.s Leben erstreckt sich von der Zeitgenossenschaft des späten Beethoven und Schuberts bis hin zu den Höhepunkten der spätromantischen Symphonik, den Erfolgen Wagners und der Durchsetzung unterschiedlicher nationaler Traditionen. Zwar hat M. von den damit einhergehenden Veränderungen im musikalischen Bereich nur Ausschnitte wahrgenommen, doch kann andererseits an der grundlegenden Bedeutung der Musik für sein Schaffen kein Zweifel bestehen. Vermutlich noch mehr als die Literatur hat das lebendige Verhältnis zur Musik seine eigene Produktion begleitet und geprägt; musikalische Elemente besetzen Kernbereiche seines lyrischen und erzählerischen Werkes. Was die Wahrnehmung der zeitgenössischen Musik betrifft, so registrierte M. mit wachem und kritischem Sinn, der freilich auch von individuellen Bedingungen geprägt war, wesentliche Aspekte ihrer Entwicklung. So fielen M.s lyrische Anfänge in eine Zeit, da öffentliche Konzerte mit Liedern noch die Ausnahme darstellten, während er selbst vielfach die Möglichkeiten – meist im privaten Kreis – aufsuchte und nutzte, Lieddarbietungen zu hören, und auch bei der Verbreitung seiner eigenen Texte durch Vertonungen war er stets interessiert und streng im Urteil. Die Epoche der Biedermeierzeit zwischen 1815 und der Revolution von 1848 zeigte auf musikalischem Gebiet vor allem die zunehmende Bedeutung des bürgerlichen Musiklebens, sei es in den Gesangvereinen oder im privaten Bereich der Kammer- und Hausmusik, andererseits die Tendenz zum internationalen Virtuosentum. Angesichts der Lebensumstände M.s ist es verständlich, dass er mehr an der Entwicklung der privaten bürgerlichen Musikkultur Anteil genommen hat. So wird etwa in *Mozart auf der Reise nach Prag* die Bedeutung der Hausmusik positiv gewürdigt, was als Anzeichen der Wertschätzung auch durch den Autor gelesen werden kann: »Die Wirkung eines solchen Vortrags in einem kleinen Kreise wie der gegenwärtige unterscheidet sich natürlicherweise von jedem ähnlichen an einem öffentlichen Orte durch die unendliche Befriedigung, die in der unmittelbaren Berührung mit der Person des Künstlers und seinem Genius innerhalb der häuslichen bekannten Wände liegt« (SW 1, S. 586). Der Chorbegeisterung stand M. skeptisch gegenüber, 1850 schrieb er an Wilhelm Hartlaub, er könne sich »Gesänge […] wie die Mignons-Lieder […] aus dem einfachen Grund weil sie nur einer einzigen Person, dem zartesten weiblichen Wesen in den Mund gelegt u. völlig individuell empfunden sind, auch nur von Einer Stimme vorgetragen denken« (HKA 15, S. 325 f.).

Das im Lauf des 19. Jh.s in den bürgerlichen Wohnzimmern immer wichtiger werdende Klavier, das noch in der romantischen Lyrik so gut wie keine Rolle spielt, wurde von M. bereits entsprechend wahrgenommen, seine Gedichte *Auf einen Clavierspieler* und *An Wilhelm Hartlaub* demonstrieren eine erstaunliche Sensibilität für dieses musikalische Requisit einer entscheidenden Veränderung. Aber auch die Umbrüche in der internationalen Musikszene sind nicht ohne Spuren an ihm vorübergegangen; so erwähnt er beispielsweise die beiden Virtuosenschwestern Maria und Teresa Milanollo (HKA 15, S. 15).

Bereits im familiären Umkreis erhielt M. vielfältige musikalische Anregungen. So war sein ältester Bruder Karl eine Zeit lang Klavierschüler von Carl Maria von Weber; er wurde später selbst Komponist, der auch Lieder M.s mit als erster vertonte. Der Lieblingsbruder August hatte schon früh eine besondere Affinität zu den Opern Mozarts ausgebildet, und die Schwester Luise wird im zeitgenössischen Porträt von Karl Heinrich Küchelbecker am Klavier dargestellt. Der Bruder Adolph wurde Klavierbauer, und von Klara ist bekannt, dass sie zumindest gesungen hat. M. selbst bedauerte später, kein Instrument zu beherrschen, nur sein Spiel auf der Maultrommel und dann auch auf dem Klavier ist bezeugt, auf dem er immerhin eine Sonate von Johann Ladislaus Dussek spielen konnte (HKA 14, S. 160). Weiterhin loben viele Zeitgenossen den Ton seiner Stimme, die wohl auch für das Lied geeignet war. Neben der Familie war es besonders der Freundeskreis, der in geradezu konzentrischen Kreisen der Musik zugeordnet werden kann, wobei Hermann Hardegg und

Ludwig Bauer – für ihn war Musik »Inbegriff freien Lebens« (Simon, S. 27) – herausragen; Ludwig Bauer teilte mit M. wohl die Vorliebe für Mozart und besonders für *Die Zauberflöte*, er komponierte selbst im Stil Mozarts (vgl. BAUER: BRIEFE, S. 110). Louis Hetsch und Ernst Friedrich Kauffmann haben mit ihren Vertonungen M.s Lyrik umgesetzt und nicht unwesentlich verbreitet. Genialische Naturen wie Rudolf Lohbauer, der sich zeichnerisch mit Mozarts *Don Giovanni* auseinandersetzte, und Wilhelm Waiblinger, der schon lange vor M. Beethoven schätzte, beeinflussten seinen musikalischen Geschmack. Später war es immer wieder Wilhelm Hartlaub, der M. einen direkten Zugang zur einen oder anderen musikalischen Darbietung eröffnete, oftmals indem er selbst Klavier spielte. In den letzten Lebensjahren prägte Moriz von Schwind mit seiner Aversion gegen die so genannte Zukunftsmusik der neudeutschen Schule um Wagner und Liszt M.s Einstellung.

Bei der Frage nach dem musikalischen Hintergrund M.s muss natürlich die Erörterung seiner Kenntnis der Tradition im Mittelpunkt stehen. Dabei ist von vornherein der zerbrechlichen Struktur von M.s Liebe zur Musik Rechnung zu tragen, denn neben dem heilenden und beglückenden Aspekt ihrer Wirkung spielte auch die dämonische Seite der Musik eine wichtige Rolle. Besonders der Brief an Waiblinger vom Februar 1822 gibt darüber Auskunft: »Wirklich thut die Musik eine unbeschreibliche Wirkung auf mich – oft ists wie eine Krankheit, aber nur periodisch. Ich sage Dir, eine bewegliche, nicht gerade traurige Musik – oft eine fröhliche, kann mir manchmal mein Innerstes lößen, da versink ich in die wehmüthigsten Phantasieen, wo ich die ganze Welt küssend voll Liebe umfassen möchte, wo mir das Kleinliche u Schlimme in seiner ganzen Nichtigkeit u. wo mir *Alles* in einem andern verklärten Lichte erscheint« (HKA 10, S. 30).

Von der älteren Musik hat M. zwar Bach geschätzt, doch spielt sein Name keine wichtige Rolle in den überlieferten Urteilen; dies kann nicht überraschen, da erst durch Mendelssohns Wirkung das Werk Bachs wieder ins öffentliche Interesse gehoben wurde. Von Händel hat M. schon in Tübingen den *Messias* gehört und geschätzt, auch las er 1866 eine Biographie über den Komponisten, was auf ein größeres Interesse schließen lässt. Im *Maler Nolten* hört der Maler den *Messias* kurz nach Larkens' Freitod; er findet »in dem frommen Geist eines der herrlichsten Tonstücke den übervollen Widerklang derjenigen Empfindungen«, mit denen er vom Grab des Freundes kommt (HKA 3, S. 358). Joseph Haydn steht in der Bewertung M.s ziemlich weit oben, doch hat er ihn wohl eher als leichtgewichtigen Vertreter der alten ›Zopfzeit‹ verstanden – zumindest sein Distichon *Joseph Haydn* (SW 1, S. 756) spricht für eine Einschätzung, die Haydn allzu harmlos und »altfränkisch« nimmt. Es ist nicht wahrscheinlich, dass M. je eine Oper von Gluck hören konnte, doch war ihm die Ouvertüre zu *Iphigenie* besonders wichtig, die ihm Kauffmann im Tübinger Stift wiederholt auf dem Klavier vorspielen musste (Kunz, S. 84).

Das Zentralgestirn seines musikalischen Horizontes bildete fraglos das Werk Mozarts, von dem M. aber auch nur eine recht begrenzte Kenntnis besitzen konnte, die sich im Wesentlichen auf die Opern und einige – durch Hartlaub vermittelte – Klavierwerke konzentriert haben dürfte. Mit Hartlaub zusammen wollte M. einmal ein Mozart-Porträt kaufen (HKA 13, S. 84, 401); der Freund beriet ihn auch in Fragen der Mozart-Biographik. Die großen Instrumentalwerke, die Kammermusik und auch die Kirchenmusik Mozarts finden in den Lebenszeugnissen nirgendwo Erwähnung, wenngleich Hardegg einmal das *Requiem* in Verbindung mit Mozarts Todestag und der Erinnerung an August M. nannte (Simon, S. 18). M. kannte aus Aufführungen sowohl *Die Entführung aus dem Serail* (erst 1853) wie auch *Titus* und *Così fan tutte*, doch blieb vor allem der nach damaligem Usus als *Don Juan* bezeichnete *Don Giovanni* für ihn stets die »Oper aller Opern« (E.T.A. Hoffmann). Schon August M. hatte sich diesem Werk besonders nahe gefühlt, und die tragischen Umstände seines frühen Todes, der für M. zum lebenslangen Trauma wurde, mussten die Wirkung der Oper bekräftigen. Der gemeinsame Besuch einer Stuttgarter Aufführung am 15. August 1824 und der kurz darauf erfolgte Tod des Bruders blieben für M. eine schicksalhafte Konstellation, die vor allem in der *Mozart*-Novelle ihre Spuren hinterließ. Aber schon Nolten wird von der wahnsinnigen Agnes als »Höllenbrand« (HKA 3, S. 382, 388) angesprochen, also mit einem Wort, das später in der *Mozart*-Novelle direkt auf den Protagonisten der Oper bezogen wird (SW 1, S. 613). Besonders aufschlussreich ist die Mitteilung M.s über die 1843 im Hause von David Friedrich Strauß improvisierte Teilaufführung des *Don Giovanni* und seines zweiten Finales: »Ist gar der Gegenstand von so besonders ergreifender Art, daß man sich vor einer *angekündigten* vollständigen Aufführung fürchtet, wie mirs bei dieser Oper immer geht, weil sie zu viele subjektive Elemente für mich hat und einen Überschwall von altem Dufte, Schmerz u. Schönheit (August – meine Schwester Luise – Rud. Lohbauer &c.) über mich herwälzt, dermaßen, daß ich ohne den Halt an einem sichtbaren gegenwärtigen Freund und Consorten mich nicht damit einlassen mag, so muß man einem solchen Anlaß der uns gelegentl. mitfortreißt u. zu rechter Zeit auch wiederlosläßt, doppelt danken« (HKA 14, S. 96). Im Rahmen der *Mozart*-Novelle nennt M. freilich eine Reihe von weiteren Werken Mozarts und zeitgenössischer Komponisten, doch dürften sie überwiegend aus der biographischen Literatur übernommen sein und kaum auf M.s persönlicher Kenntnis beruhen. Dazu gehören die Haydn gewidmeten Streichquartette von Mozart (SW 1, S. 610 f.) sowie Opern von Vicente Martín y Soler (*Cosa rara*; SW 1, S. 573) und Antonio Salieri (*Tarare*; SW 1, S. 577).

Wie unter seinen Zeitgenossen allenfalls noch Søren Kierkegaard entwickelt M. in seiner Novelle ein Verständnis des *Don Giovanni*, das vor allem auf der Verschränkung der erotischen Energie und der Todesnähe des Protagonisten wie auch des Komponisten beruht. 1850 sah er die Oper noch einmal in Regensburg (HKA 15, S. 349). Das Gedicht *Seltsamer Traum* aus dem Jahr 1828 bekundet die ironisch-scherzhafte Erinnerung an einen Besuch von *Figaros Hochzeit*, und 1845 folgt mit *Ach nur einmal noch im Leben!* ein Gedicht, das auf eine Arie aus *Titus* zurückgreift, einer Oper, die M. ebenfalls gut kannte, wie Briefe belegen (HKA 14, S. 31, 265).

Die Zauberflöte gehörte, auch wenn sie bei M. nur selten eine greifbare Rolle spielt (vgl. HKA 3, S. 340), zum selbstverständlichen Bestand, wie eine Schilderung M.s über eine gesellige Parodie der Oper im Hause von David Friedrich Strauß nahe legt (HKA 14, S. 69). Erhalten haben sich überdies vier eigenhändige Epigramme zur *Zauberflöte* aus Anlass einer Aufführung Ende 1842, deren Autorschaft indes nicht eindeutig ist (Eduard Mörike und seine Freunde, S. 176 f.).

Auch nach seiner Novelle hat sich M. mit Mozart befasst, als er Bernhard Guglers Übersetzung von *Così fan tutte* kommentierte und rezensierte (Simon, S. 132 ff.). Bei dieser Oper sah sich M. im Zwiespalt zwischen der »halb frivole[n] u. halb dumme[n] Fabel« und der Musik mit ihrem »Sinn u. zarter Malerei« (HKA 16, S. 224). 1868 beriet M. Gugler dann bei dessen Übertragung des Libretto zu *Don Giovanni*.

Die für M. lebenslang bestimmende Begegnung mit Mozart hatte Folgen für seine Einschätzung aller anderen Musiker. Für Beethovens Musik konnte M. erst relativ spät einen Sinn entwickeln; hier war es vor allem die 1838 in einem Brief geschilderte Aufführung der 5. Symphonie (die schon E.T.A. Hoffmann als Schlüsselwerk verstanden hatte), von der eine Neueinschätzung ausging: »Ich dachte mir, ganz unwillkührlich, schöpferische Geister-Chöre, welche zusammenkommen, eine Welt zu erschaffen; sie sausen und schweifen, einzeln u. in Massen, oft wider einander in seligem Kampf und gießen Ströme von Licht vor sich her, ganze Meere!« (HKA 12, S. 228) Aus dem Briefwechsel mit Hartlaub geht hervor, dass M. zumindest einige der Klaviersonaten Beethovens gekannt haben muss. 1872 äußerte er sich kritisch gegenüber aller Programm-Musik, zu der er wohl auch die *Pastorale*, die 6. Symphonie, rechnete.

Während Beethoven zumindest als Person stets M.s Interesse erregte, konnte er zu Schubert erstaunlicherweise kein näheres Verhältnis finden; allerdings stützt sich dieser Eindruck auf wenige Zeugnisse, besonders auf M.s Äußerung von 1843 über Schuberts Vertonung von Goethes *Erlkönig*: »bei wahrhaften Schönheiten ein grelles, den Charakter des Gedichts gewisermaßen [!] aufhebendes Prachtirstück« (HKA 14, S. 93;

vgl. auch HKA 16, S. 22). Im Oktober 1851 beklagte sich M. über ein Konzert, das ihm »fast nur Ärger von schrecklich moderner Musik« brachte – es standen auch Schubert und Giacomo Meyerbeer auf dem Programm (HKA 16, S. 72, 425 f.). Auch als ihm Moriz von Schwind 1865 schrieb, er habe begonnen, seinen »trefflichen Freund Schubert am Klavier zu malen« (Briefwechsel Schwind, S. 33), reagierte M. nicht. Von den großen Komponisten seiner eigenen Zeit schätzte M. einzig Felix Mendelssohn-Bartholdy, und selbst in diesem Fall dauerte es bis nach dem Tod des Komponisten, ehe M. ein Werk von ihm konkret würdigte. Schon 1836/37 hatten Emilie Zumsteeg und Hermann Kurz M. auf Mendelssohn als idealen Komponisten für *Die Regenbrüder* hingewiesen, ein Vorschlag, der 1845 von Mährlen wiederholt wurde, ohne dass M. darauf eingehen wollte. Mährlen stand in Verbindung mit Cäcilie Mendelssohn, der Frau des Komponisten, und schlug *Orplid* oder den *Sichern Mann* für die Zusammenarbeit vor (HKA 14, S. 627). In seiner Antwort an Mährlen spricht M. davon, dass ein Librettist den Text dem Komponisten erst als »fertiges Werk« anbieten solle; eine direkte Kooperation schien ihm nicht möglich, so sehr ihm die Aufgabe, eine Oper zu schreiben, »als eine der ersten u. schönsten erschien, die sich die Poesie überhaupt machen kann« (HKA 14, S. 199). Als M. dann aber 1853 in Stuttgart die Schauspielmusik zur *Antigone* hörte, war er tief beeindruckt (HKA 16, S. 136). Von Robert Schumann kannte M. Vertonungen seiner Texte, äußerte sich darüber aber nicht (Simon, S. 118); immerhin erwog der Komponist die *Idylle vom Bodensee* als Opernstoff. Auch über Brahms, ebenfalls ein M.-Komponist, gibt es keine Äußerung, obwohl M. mit Personen aus dem Kreis von Brahms in Verbindung stand. Von Ignaz Lachner, dem Komponisten der *Die Regenbrüder*, wird er sicherlich das eine oder andere gekannt haben. Die Ablehnung Wagners und Liszts ist über Gugler und Schwind vermittelt, der in München seinen Freund Franz Lachner gegen Wagner unterliegen sah. M. spricht zwar von Wagners »unsinnigen Neuerungen im Opernwesen« (Simon, S. 144), doch dürfte dieses Urteil kaum auf eigenen Füßen stehen. Schwind ist durch »die Wagnerischen Eseleien« alles Romantische verleidet (Briefwechsel Schwind, S. 33), er nennt Wagner und Liszt die »Hanswursten« des bayerischen Königs, »die uns Nägel in die Ohren schlagen« (Briefwechsel Schwind, S. 94). Nicht zuletzt M.s Sprachempfinden scheint durch Wagners Stabreime getroffen worden zu sein; im Kommentar zu einem Schreiben, das M. im August 1865 an Hartlaub weiterleitete, heißt es (wobei M. eine zweifelhafte Wagner-Kenntnis beweist, denn Telramund gehört in den *Lohengrin*): »Telramund ist eine Personnage in R. Wagners Oper Tristan. Von den beigefügten poetischen Proben ist No III vorzügl. zu empfehlen. Einige Stellen darin wiederhole ich, unter Louisischem Schauergelächter u. in eigenthümlicher Vortragsweise, so oft, daß Fanny sie auch schon auswendig kann, z. B. An verpichten, lichten, schlichten Fichten dichten Schäfer, / Von den langen Stangen hangen Schlangen, fangen Käfer« (HKA 18).

In Stuttgart hatte M. auch Verbindung zu Emilie Zumsteeg, der Tochter von Johann Rudolf Zumsteeg, die dort als Musiklehrerin und Komponistin tätig war (HKA 15, S. 460). Über die Stuttgarter Musikszene äußerte sich M. allerdings wenig begeistert (HKA 16, S. 48).

Nicht sehr umfangreich, aber in vieler Hinsicht zeittypisch war M.s Kenntnis des Operntheaters. Ob er Salieri (*Azur*), Martín (*Cosa rara*) und Domenico Cimarosa (*Die heimliche Ehe*) gesehen hat oder nur zitiert, ist nicht zu klären. Von einem gewissen Breitenstein kannte M. den *Kapellmeister von Venedig*, von Peter Winter *Das unterbrochene Opferfest* und von Weber den *Freischütz*, von der italienischen Oper Gioacchino Antonio Rossinis *Barbiere di Siviglia* (Kunz, S. 77 ff.); 1850 hörte er in Regensburg Gaetano Donizettis *Regimentstochter*, äußerte sich aber auch negativ über dessen *Lucia di Lammermoor* (HKA 16, S. 163). Von Meyerbeer nahm er den *Nordstern* – oder jedenfalls die Reaktionen darauf – wahr (HKA 16, S. 195), als der Komponist 1854 eine Aufführung in Stuttgart dirigierte. Die symphonische Musik seiner Zeit und die Kammermusik dürften M. weitgehend entgangen sein, die Verbindung von Wort und Ton, in der Oper oder dem Lied, kam seinem Musikverständnis offenbar am nächsten, und auch dabei wird die Verschmelzung der beiden Medien zu einem Wertmaßstab.

Die Ausstrahlung der Musik auf das Werk kann nicht hoch genug geschätzt werden. M.s Lyrik ist zu einem erheblichen Teil als »Gesang« oder »Lied« deklariert, wobei die Findung oder Erfindung von Melodien nicht selten eine Schlüsselrolle bei der poetischen Konzeption spielte. Ferner hat M. Gedichte auf Melodien von Salieri, Daniel François Esprit Auber und Nicolas Étienne Méhul geschrieben, die ihm vermutlich eher aus dem einen oder anderen Konzert als aus einer Opernaufführung bekannt gewesen sein dürften. Aber auch M.s eigene Auseinandersetzung mit der Gattung Libretto darf man nicht unterschätzen; außer den von der Forschung lange vernachlässigten *Regenbrüdern* finden sich 1827 Pläne zu einem für Louis Hetsch bestimmten Singspiel *Das blinde Mädchen* und zu einer *Ahasver*-Oper. In diesen Zusammenhang gehören auch manche von M. selbst wenig geliebte Werke wie die Schiller-Kantate oder das kleine Bühnenwerk *Fest im Gebirge*.

Literatur

Eduard Mörike und seine Freunde. Eine Ausstellung aus der Mörike-Sammlung Dr. Fritz Kauffmann. Stuttgart 1965. – Erwe, Hans-Joachim: Musik nach Eduard Mörike. 2 Bde. Hamburg 1987. – Kunz, Wiltrud: Musik in Eduard Mörikes Leben und Schaffen. Diss. München 1951. – Simon, Hans-Ulrich: »Göttlicher Mörike!« Mörike und die Komponisten. Stuttgart 1988.

Mathias Mayer

Bildende Kunst

M.s Auseinandersetzung mit Malerei, Architektur und Plastik hinterließ Spuren in seinem literarischen Schaffen: Seine Texte zeugen von einer ausgeprägten visuellen Vorstellungskraft und malerischen Auffassung des Gegenstandes. Insbesondere die Gedichte geben einen Eindruck von seinem Gespür für die durch Luft, Beleuchtung und Farbe hervorgerufenen atmosphärischen Effekte. Sie weisen einen Stil auf, den man als ›Pleinairismus‹ bezeichnen könnte. Jedoch hat M. keine kunsttheoretischen Schriften verfasst; seine Kunstauffassung kann daher nur aus literarischen Werken, aus Briefen und anderen Sekundärquellen rekonstruiert werden. Wichtige Aufschlüsse über M.s gattungsübergreifenden Kunstbegriff liefert der mit dem Zeichner und Maler Moriz von Schwind geführte Briefwechsel aus den Jahren 1863 bis 1871. Die Altersfreundschaft zwischen M., dem Dichter, der mit Worten malen, und Schwind, dem Maler und Zeichner, der in seinen Bildern poetische Geschichten erzählen wollte, war für beide zugleich Ergänzung und Bestätigung des künstlerisch Geleisteten. Sie tauschten Werke aus, sahen im anderen das ideale Publikum und führten einen brieflichen Dialog, in dem sie sich über ihre Kunstauffassung, über die Voraussetzungen ihrer Kreativität und über ihr Selbstverständnis als Künstler zu vergewissern suchten. Beide zeigten sich beeinflusst von der Vorstellung eines Literatur, Bildkunst und Musik vereinigenden Gesamtkunstwerks, wobei ihnen die ›poetische‹ Bilderfindung als das zentrale Moment des Schaffensprozesses galt. So nannte Schwind den schöpferisch tätigen Künstler im Gegensatz zum Auftragskünstler einen »Poet[en]« (Schwind, S. 105) und M. bezeichnet Schwinds Zeichnungen, die aus eigenem Antrieb und nicht als Auftragsarbeiten entstanden, als »Lyrik« (HKA 18).

Am 28. Januar 1867 hatte M. drei Sepiazeichnungen von Schwind erhalten: das *Pfarrhaus von Cleversulzbach* und je eine Illustration zu M.s Gedichten *Märchen vom sichern Mann* und *Erzengel Michaels Feder*. M. reagierte auf diese Sendung mit einer ausführlichen Beschreibung der Zeichnungen und ihrer Wirkung auf ihn und seine Familie, und er verfasste Anfang 1868 das Lob- und Dankgedicht *An Moriz von Schwind*, das die Frage nach der Wechselbeziehung zwischen Literatur und Bildender Kunst aufwirft. Abgemildert durch rhetorische Bescheidenheitstopoi verweist M. darin auf die gegenseitige Abhängigkeit von Wort- und Bildkunst; er fasst seine Rezeption der Schwind'schen Illustrationen zum Grimmschen Märchen *Die sieben Raben* in Verse und überträgt sie von der statischen Momentaufnahme ins »Schauspiel« (SW 2, S. 195).

Im »reinen Spiegel« (ebd., S. 196) der Schwind'schen Illustrationen zu seinen Texten sieht M. sein eigenes künstlerisches Schaffen zur vollen Entfaltung gebracht. Die Forschung legt den damit angesprochenen Wettstreit unter den Künsten unterschiedlich aus: Während Heydebrand glaubt, dass M. »die Vollkommenheit seiner Kunst darin [erkennt], daß sie im reinen Bild aufgehen kann« (HEYDEBRAND, S. 185), kommt Jacobs zu einem anderen Schluss: Ihr zufolge sieht M. in Schwind nur die Instanz, die sichtbar macht, was bereits vorhanden war. Die eigentliche kreative Leistung liegt beim Dichter. »Konsequent zuende gedacht, spricht Mörike der bildenden Kunst ihre Autonomie in Hinblick auf die künstlerische Besetzung von Themen ab. Sie existiert nur qua literarischer Phantasie« (Jacobs, S. 111). Dabei sollte jedoch nicht vergessen werden, dass hier ausschließlich von Illustrationen die Rede ist, bei denen der Bezug auf die literarische Vorlage und deren Gegenstand wesentlich ist.

M. konzentrierte sich nicht allein auf zeitgenössische Illustrationen, sondern zeigte sich an der bildenden Kunst der antiken, mittelalterlichen und romantischen Epochen interessiert. Da er sein Leben fast ausschließlich in Württemberg verbrachte und sich auch auf seinen wenigen Reisen kaum die Gelegenheit bot, öffentliche Sammlungen bildender Kunst zu besuchen, beschränkte sich seine Kenntnis wohl zumeist auf kleinformatige Reproduktionen. Am 19. März 1847 gab M. gegenüber elf Dresdner Künstlern, darunter Ludwig Richter, als Grund für seine Unkenntnis ihrer Werke an: »weil ich, seit vielen Jahren, leider, wo nicht von allem, doch von einem vielseitigeren Kunstgenusse abgeschnitten, Journalberichte über die Erscheinungen auf diesen Gebieten nicht mehr fleißig las« (HKA 15, S. 134). Es gibt keinen sicheren Hinweis darauf, dass er die Kunstsammlung der Brüder Sulpiz und Melchior Boisserée gesehen hat, die sich zwischen 1818 und 1827 in Stuttgart befand. Seine Briefe geben aber Aufschluss darüber, dass er die Werke von Künstlern kannte, die in Stuttgart und der näheren Umgebung tätig waren, so etwa die Johann Heinrich von Danneckers und Gottlieb Schicks. Eine Reihe von zeitgenössischen, ortsansässigen Künstler wie Eberhard Wächter, Ludwig Mack und Ferdinand Alexander Bruckmann besuchte er nachweislich in ihren Ateliers. Für den Stuttgarter Landschaftsmaler Ernst Otto Reiniger fand er anerkennende Worte.

Er begeisterte sich für die mittelalterlichen Bauten in Schwäbisch-Hall, Nürtingen und Bebenhausen (vgl. den Gedichtzyklus *Bilder aus Bebenhausen*, 1863) und den gotischen Kreuzgang der Hospitalkirche in Stuttgart. In Owen predigte er in einer Kirche, die auf das Jahr 880 zurückgehen soll und von deren Architektur er schwärmte. Vom Ulmer Münster zeigte er sich überwältigt. Sein besonderes Interesse aber fand ein altdeutsches Gemälde im Münster, das die Kreuzabnahme darstellt (HKA 11, S. 206). Neben seiner eigenen Zeichentätigkeit, sammelte M. die Zeichnungen und Karikaturen des Schweizers Martin Disteli, besaß eine Reihe von gepausten Reproduktionen von Schwinds Illustrationen seiner Werke, zu dem Märchen *Die sieben Raben* und einen Kupferstich Schwinds mit dem Titel *Der Gefangene*. Unter anderem trugen wohl seine beschränkten finanziellen Möglichkeiten dazu bei, dass die Kunstgegenstände, die sich in seinem Besitz befanden und zur Ausstattung eines gutbürgerlichen Haushalts gehörten – Porträts von Verwandten und berühmten Künstlern, Ölbilder mit christlichen Motiven, Stiche und Kleinkunst –, von nur unbedeutender Qualität sein konnten und der Eindruck vorherrscht, dass für M. dabei der abgebildete Gegenstand im Mittelpunkt stand.

M. ästhetisierte Alltagsgegenstände, indem er sie zu Sammelobjekten oder zu zentralen Motiven seiner Texte erhob, wie z. B. den alten Cleversulzbacher Turmhahn oder die Lampe in *Auf eine Lampe*. Auch die Bilder und Zeichnungen, die M. zu ausgiebiger Beschreibung (Ekphrasis) und literarischer Bearbeitung anregten, taten dies weniger aufgrund ihres ästhetischen Werts, sondern infolge der persönlichen Bedeutung, die sie für ihn gewonnen hatten. Die Zeichnungen, Holzschnitte und Kupferstiche, auf die er sich in Gedichten bezog, stammten zum größten Teil von eher unbedeutenden Künstlern, die er von Kalenderblättern her kannte. Es befanden sich aber auch die Werke bekannterer Künstler darunter wie Ludwig Richters *Kindersymphonie* sowie die Stiche nach Gérard Dous *Ménagère hollandoise* und nach Francesco Albanis *Erlöser*. In M.s Künstlerroman *Maler Nolten* sind Bildbeschreibungen fiktiver Gemälde wie etwa des Nymphengemäldes, des *Opfers der Polyxena* und der Porträts der beiden Zigeunerinnen Loskine und Elisabeth zentrale Handlungselemente. Diese Bildbeschreibungen beleuchten vor allem den Rezeptionsprozess und die Wirkung des Geschauten auf den Betrachter, reflektieren aber auch die Entstehungsvoraussetzungen der Gemälde, die Grundlagen von Repräsentation und Mimesis sowie die Grenzen der Kunst. Das zentrale Thema des Nachtstücks vom Gespensterkonzert ist das Undarstellbare schlechthin, die Musik. Die Gemälde verweisen auf die sublimierende Funktion der Kunst. Der Verzicht auf erotische Erfüllung im Leben und die daraus entstehende Sehnsucht sind für den Titelhelden Nolten der Antrieb zum künstlerischen Schaffen, in dem das Verdrängte jedoch wiederkehrt. Psychische Konflikte und die bürgerliche Gesellschaftsordnung bedrohende Erfahrungen werden in den Raum der Kunst verlagert.

Literatur

Heydebrand, Renate von: Eduard Mörikes Gedichte zu Bildern und Zeichnungen. In: Rasch, Wolfdietrich (Hg.): Bildende Kunst und Literatur. Beiträge zum Problem ihrer Wechselbeziehungen im neunzehnten Jahrhundert. Frankfurt a. M. 1970, S. 121–154. – Heydebrand, Renate von: Kunst im Hausgebrauch. Überlegungen zu Mörikes Epistel *An Moriz v. Schwind*. In: SchillerJb. 15 (1971), S. 280–296. – Jacobs, Stephanie: Auf der Suche nach einer neuen Kunst: Konzepte der Moderne im 19. Jahrhundert: Runge/Goethe – Grandville/Delord – Schwind/Mörike – Manet/Mallarmé. Weimar 2000, S. 97–144. – Kittstein, Ulrich: Zivilisation und Kunst. Eine Untersuchung zu Eduard Mörikes *Maler Nolten*. St. Ingbert 2001. – Scholl, Annette: »Kunst! O in deine Arme wie gern entflöh' ich dem Eros!« Kunst und Künstler in Mörikes *Maler Nolten*. In: WILD, S. 71–89. – Schwind, Moritz von: Briefe 1822–1870. Hg. v. Hannelore Gärtner. Leipzig 1986.

Silke Arnold-de Simine

Werk

Mörike als Lyriker

M.s lyrisches Werk ist relativ schmal; es umfasst etwa 700 Gedichte. Davon hat M. insgesamt 242 in die vier Auflagen seiner Gedichtsammlung aufgenommen; in A[1] sind 143 Gedichte versammelt, bis A[4] kamen 99 Gedichte hinzu, während 16 herausgenommen wurden. Von diesen 242 Gedichten wurden knapp 130 auch außerhalb der Sammlung gedruckt (was zugleich bedeutet, dass knapp die Hälfte nur in den *Gedichten* veröffentlicht ist). Hinzu kommen rund fünfzig Gedichte, die zwar veröffentlicht, jedoch nicht in die Sammlung aufgenommen wurden. M. hat also weniger als die Hälfte seiner Gedichte zum Druck gebracht; die anderen wurden einer breiteren Öffentlichkeit erst nach seinem Tod durch die Ausgaben bekannt, bei denen der Nachlass berücksichtigt wurde. Freilich hat M. einen großen Teil dieser nicht veröffentlichten Gedichte, zu denen neben einigen weniger geglückten Texten und manchen privaten Versen vor allem Gelegenheitsgedichte in einem durchaus weiten Sinne dieses Begriffs gehören, in Abschriften an Freunde, Bekannte, Besucher verteilt; eingebettet in Geselligkeit zirkulierten diese Gedichte in einer Art privater Öffentlichkeit, und sie sind, auch wenn sie in den gängigen M.-Ausgaben, dem Vorbild der Edition von Maync folgend, zumeist unter der Überschrift ›Nachlese‹ erscheinen und so von den in der Sammlung veröffentlichten Gedichten deutlich abgesetzt werden, integraler Teil von M.s lyrischem Werk.

M.s Anfänge als Lyriker stehen im Zeichen Goethes und der Romantik; er schließt mit seinen ersten Gedichten an das poetische Konzept der so genannten Erlebnislyrik, an das Konzept der Lyrik als Ausdruck des Subjekts und von Subjektivität an, wie es seit den siebziger Jahren des 18. Jh.s ausgebildet wurde. Als beispielhaft können der *Peregrina*-Zyklus oder die Sonette *An L.* genannt werden. Ebenso wie in diesen Liebesgedichten ist dieser Anschluss auch in M.s Naturlyrik zu sehen, worin Natur als Projektionsraum der Gestimmtheit des Sprechers erscheint (*Im Frühling*) oder aber der Versuch unternommen wird, in der Dichtung Natur zur Sprache zu bringen und so den Widerspruch von Natur und Mensch zu versöhnen, die Entfremdung aufzuheben (*Gesang zu zweien in der Nacht*). M. schließt allerdings noch an andere literarische Traditionen an. So sind, wenngleich eher verhalten, Anklänge an die Lyrik Schillers und Hölderlins zu hören, etwa in *Die Elemente* oder in *Die Herbstfeier*. Weitaus größere Bedeutung haben vorklassische Traditionen; M. greift, dabei einer für die Biedermeierzeit typischen Tendenz folgend, auf die anakreontische Lyrik zurück (*Scherz*) oder auch auf die Lyrik der Empfindsamkeit, insbesondere die des Göttinger Hains; in dem freilich erst 1836 entstandenen Gedicht *An eine Lieblingsbuche meines Gartens* hat er Hölty ein lyrisches Denkmal gesetzt. Dabei verfügt der junge M. in dieser Differenziertheit der Anknüpfung an aktuelle wie an bereits etwas entferntere literarische Tendenzen über eine bemerkenswerte Vielfalt der lyrischen Formen, Genres und Sprechweisen. Volkslied und Ballade, verschiedene Strophenformen des Kunstlieds, freie Formen aus dem Umfeld der ›Erlebnislyrik‹ sind ebenso vertreten wie Hymne oder Sonett, wie Spruchdichtung, Scherzgedichte oder Unsinnspoesie, dazu kommen unterschiedliche Ausprägungen der Gelegenheitsdichtung. In seiner Liebeslyrik gibt es neben den wesentlich biographisch initiierten, zugleich jedoch literarisch vorgeprägten Gedichten wie den Sonetten oder *Peregrina* das literarische Spiel mit den überkommenen Möglichkeiten der Gattung, in Rollengedichten (*Erstes Liebeslied eines Mädchens*), in Liedern im Volkston (*Das verlassene Mägdlein*) oder in scherzhaften Gedichten (*Begegnung*). So ist in M.s früher Lyrik, in der ersten

Phase seines lyrischen Schreibens, die 1822/23 einsetzt und etwa bis 1832 reicht, bereits nahezu die gesamte Bandbreite seiner Produktion vorhanden. Und M. beherrscht von Beginn an die lyrischen Sprechweisen mit großer Meisterschaft und weiß virtuos mit ihnen umzugehen. Dies zeigt sich in der hoch artifiziellen Adaption einfacher Formen wie der des Volkslieds, wofür exemplarisch *Das verlassene Mägdlein* stehen kann, im kunstfertigen Umgang mit der Ballade wie in *Der Feuerreiter*, aber ebenso in der Virtuosität des Gebrauchs strenger Formen wie der Stanze in *Besuch in Urach* oder des Sonetts. Ein Charakteristikum der frühen Lyrik M.s wie seiner Lyrik insgesamt ist deshalb die immer wieder zu beobachtende Spannung zwischen (vermeintlicher) Einfachheit und artistischer Verfügung über die poetischen Mittel. M. ist ein Meister der Einfachheit. Er erreicht auch in komplexen Formen eine unmittelbar einleuchtend erscheinende Selbstverständlichkeit des Sprechens, die jedoch das Produkt künstlerischer Arbeit ist; Gleiches gilt bei der Verwendung einfacher Formen. Zu seiner Lyrik gehört die Suggestion von Authentizität; Voraussetzung dieses Scheins von Unmittelbarkeit ist freilich die Distanzierung vom Erlebten, Erfahrenen, vom Gegenstand, und solche Distanz ist zugleich ein jedem Gedicht inhärentes Moment. Dabei lässt sich in den ersten Jahren von M.s Produktion ein Prozess beobachten, in dem dieses Charakteristikum zunehmend ausgebildet wird; sichtbar wird dieser Prozess auch in den unterschiedlichen Fassungen des frühen und programmatischen Gedichts *Der junge Dichter*. M.s Gedichte sind poetische Inszenierungen und darin Ausdruck hoher poetischer Bewusstheit, und dies gerade dort, wo unbestreitbar persönliche Erfahrungen Grundlage und Ausgangspunkt sind; die *Peregrina*-Gedichte sind in ihrer Literarizität und Durchgeformtheit dafür exemplarisch.

Zur poetischen Bewusstheit des Lyrikers M. gehört die Reflexion auf die eigene literaturhistorische Stellung in den Gedichten selbst. In *An einem Wintermorgen, vor Sonnenaufgang*, das programmatisch am Beginn der Sammlung steht, wird die literarische Konstellation, in der M. schreibt, explizit zum Thema, wie M. überhaupt im Ensemble der ersten vier Gedichte seiner Sammlung ein poetisches Programm entwirft und das eigene Schreiben legitimiert, dabei nicht zuletzt das Problem des Nachgeborenseins reflektierend. Aus der Selbstbestimmung des eigenen literarischen Ortes resultiert das von M. immer wieder gebrauchte Stilmittel des konventionellen Anfangs. Nicht wenige seiner Gedichte beginnen mit dem Zitat einer gängigen, häufig romantisch vorgeprägten lyrischen Wendung, der dann – oftmals nach einem der in M.s Gedichten häufigen Gedankenstriche, oft auch nach einer Aufforderung zur Wahrnehmung – ein neuer sprachlicher Ausdruck entgegengesetzt wird, der eine Veränderung der Wahrnehmung des in Rede stehenden Gegenstandes bedeutet; *Septembermorgen* oder *Er ist's* sind herausragende Beispiele dieses poetischen Vorgehens. Dieses Stilmittel verweist zudem erneut auf das Wechselspiel von Authentizität und Distanzierung; M.s Gedichte machen stets deutlich, dass die gestalteten Erfahrungen, seien sie Gestimmtheiten oder Leidenschaften, Natureindrücke oder persönliche Beziehungen, Erlerntes, Wahrgenommenes oder Erträumtes, sprachlich und literarisch vermittelt sind. Beispielhaft ist dies an seiner Naturlyrik zu sehen, deren Ausbildung in dieser frühen Phase zugleich M.s Absetzung von der Romantik erkennen lässt. Er schließt durchaus an die Romantik an, etwa in der Motivik von Traum und Träumen, in der Tendenz zur Synästhesie, in der Parallelisierung von Gestimmtheiten und Jahreszeiten oder im Spiel mit den Tageszeiten, mit Tag und Nacht, Sonnenaufgang oder Mitternacht, wobei häufig zugleich Schwellensituationen markiert werden; Beispiele sind *Gesang zu zweien in der Nacht*, *Um Mitternacht* oder auch das frühe Gedicht *Tag und Nacht*. Zugleich jedoch wird in der Naturlyrik dieser Phase – *Mein Fluß* und vor allem *Besuch in Urach* stehen dafür – immer wieder die als schmerzlich empfundene Erfahrung durchgespielt, dass das romantische Programm, in der Poesie Natur zur Sprache zu bringen und so die moderne Entfremdung in der Einheit von Mensch und Natur aufzuheben, nicht erfüllt werden kann: »Vergebens! und dein kühles Element / Tropft an mir ab, im Grase zu versinken«, heißt es in *Besuch in*

Urach. Solcher Absetzung vom naturpoetischen Programm der Romantik, ja dessen Destruktion setzt M. die Wendung nach ›außen‹ entgegen, wie sie in *An einem Wintermorgen, vor Sonnenaufgang* programmatisch vorgeführt wird: »Dort, sieh, am Horizont lüpft sich der Vorhang schon! / […] Auf einmal blitzt das Aug', und, wie ein Gott, der Tag / Beginnt im Sprung die königlichen Flüge!« M. entwickelt so, in *Septembermorgen* oder *Er ist's*, auch in *Besuch in Urach*, eine Naturlyrik, in der im Bewusstsein unaufhebbarer Trennung Natur ›angeschaut‹, die Erfahrung von Natur von einem zwar emotional beteiligten, gleichwohl jedoch distanzierten Sprecher zur Sprache gebracht wird. Bemerkenswert ist, dass diese innovative Abwendung von der Romantik, wie sie beispielhaft in *Besuch in Urach* sichtbar wird, mit dem Motiv der Erinnerung und also mit einer Grundfigur von M.s Lyrik überhaupt verbunden ist, die schon früh, etwa im 1822 entstandenen Gedicht *Erinnerung*, vorhanden ist und die nicht zuletzt seine biographisch motivierten, ›erlebnislyrischen‹ Gedichte, voran *Peregrina*, zutiefst prägt. Insofern kann die am Schluss von *Im Frühling* gestellte Frage als eine Leitfrage der frühen Lyrik M.s gelten: »Mein Herz, o sage, / Was webst du für Erinnerung / In golden grüner Zweige Dämmerung?« Die erste Phase seiner lyrischen Produktion lässt sich – die Frageform dieser Verse verweist darauf – unter das Motto Selbstvergewisserung des dichterischen, des poetischen Subjekts stellen; dies kann umso mehr gelten, als die in dieser Zeit zu beobachtenden Veränderungen weniger als chronologisch sukzessive ›Entwicklungen‹ zu verstehen sind, vielmehr eher als parallel laufende Erprobungen der Möglichkeiten lyrischen Sprechens in den zwanziger Jahren des 19. Jh.s. Darin wird zudem ein weiteres Merkmal des Lyrikers M. sichtbar, das gleichfalls von Beginn an vorhanden ist: M. experimentiert, spielt Möglichkeiten durch; auch in diesem Sinne war er ein Artist. Ein wesentliches Moment dieser Selbstvergewisserung ist zudem die bemerkenswert früh erreichte Selbstgewissheit des Poeten M. Das oft fälschlich als Ausdruck biedermeierlicher Genügsamkeit verstandene *Gebet* ist, poetologisch gelesen, mit der Anspielung auf die *aurea mediocritas* des Horaz in den Schlussversen »Doch in der Mitten / Liegt holdes Bescheiden« Ausdruck dieser Selbstgewissheit. Gleiches gilt für *Verborgenheit*, in dem der Sprecher in der Abkehr von der »Welt« höchst selbstbewusst auf der Eigenständigkeit und Besonderheit, ja Einmaligkeit seiner Empfindungen besteht: »Laßt dieß Herz *alleine* haben / *Seine* Wonne, *seine* Pein!« (Hervorh. R. W.)

Anzumerken bleibt, dass die erste Phase der lyrischen Produktion schon zu M.s Lebzeiten, aber lange Zeit auch in der literaturwissenschaftlichen Auseinandersetzung mit dem lyrischen Werk und nachwirkend bis heute, maßgebend das öffentliche Bild des Lyrikers M. geprägt hat; so sind Gedichte dieser Phase in Anthologien zur deutschen Lyrik deutlich stärker vertreten als spätere. Freilich wurde dabei die Spannung zwischen Einfachheit und (vermeintlicher) Unmittelbarkeit einerseits, artifizieller poetischer Inszenierung andererseits kaum gesehen, vielmehr zugunsten des Bildes von M. als einem biedermeierlichen Sänger der Idylle vernachlässigt; erst in neuerer Zeit wurden die hohe Bewusstheit seines Dichtens und damit auch seine Modernität stärker erkannt.

Es hat in der Forschung immer wieder Versuche gegeben, in M.s lyrischer Produktion unterschiedliche Schaffensperioden auszumachen und sie so zu gliedern. Einigkeit besteht in der Festlegung einer ersten Phase, die bis 1832 reicht. Die Zäsur wird wesentlich durch das Erscheinen des *Maler Nolten* in diesem Jahr markiert, den M. dazu nützt, viele seiner bisherigen Gedichte, von denen nur einige bereits publiziert waren, zu veröffentlichen, wobei mit der Integration in den Roman, in dem zudem ein großer Teil der Lyrik der Figur Larkens zugesprochen wird, die Gedichte in einen Kontext gestellt werden und darin eine spezifische, zusätzliche Bedeutung erhalten, die ihnen in der Einzelveröffentlichung oder bei der Publikation im Sammelband der *Gedichte* so nicht zukommt. Die Jahre unmittelbar nach der Publikation des *Maler Nolten* waren eine für die Lyrik wenig produktive Zeit. Ein Neueinsatz ist dann etwa ab 1835 zu erkennen. Zu den Gründen mögen M.s Etablierung als Pfarrer in Cleversulzbach und damit die Stabilisierung der äußeren Lebensumstände gehören. Wichtiger für die Wiedergewinnung der Produktivität war aber sicher die Vorbereitung der ersten Gesamtausgabe der Gedichte (A^1), an der M. seit Frühjahr 1836 arbeitete und die 1838 erschien; 1837 war ein in der Lyrik überaus produktives Jahr. Die Bedeutung der Arbeit an der Sammlung zeigt sich vor allem darin, dass M. an Früheres anschloss und Gedichte als bewusste Ergänzung der Sammlung schrieb, z. B. weitere Gedichte im Volkston (*Jägerlied, Ein Stündlein wohl vor Tag, Die Schwestern*) oder Balladen (*Schön-Rohtraut*). So bietet die Lyrik Mitte der dreißiger Jahre die Fortführung des Früheren, wobei zugleich die Veränderungen, die M. an älteren Gedichten für den Druck in A^1 vornahm, eine Zunahme der Distanzierung und die weitere Zurücknahme vermeintlicher Unmittelbarkeit erkennen lassen. Diese Fortführung ist freilich mit einer wesentlichen Neuerung verbunden. Mit dem 1835 entstandenen Epigramm *Auf das Grab von Schillers Mutter* beginnt eine Phase der Produktion antikisierender Lyrik, die bis in die zweite Hälfte der vierziger Jahre reicht. Bemerkenswert ist auch hier wiederum die Vielfalt, über die M. verfügt. Neben Epigramm und Elegie erscheinen Epistel, Idylle und Ode, wobei M., der literarischen Tradition folgend, Epigramm und Epistel auch für seine Gelegenheitsdichtung nützt; nicht zuletzt schreibt er eine Reihe von Epigrammen auf historische Personen (*Theokrit, Tibullus, Johann Kepler* oder *Joseph Haydn*) oder auf Verwandte (*An meine Mutter*) und Bekannte (*An meinen Arzt, Herrn Dr. Elsäßer*). Er verwendet Hexameter und elegisches Distichon, ebenso Senar oder Odenstrophen wie die alkäische oder die sapphische, wobei er, wie in *An eine Äolsharfe*, die antiken Odenmaße gelegentlich auch nur anspielt und spielerisch verwandelt, ohne dabei allerdings eigene Odenstrophen zu entwickeln. In der Verfügung über die antiken Metren zeigt M. souveräne Meisterschaft. Ihm gelingen Vermittlung und Ausgleich zwischen vorgegebener antiker Metrik und dem Fluss der deutschen Sprache in einer Weise, wie sie in der deutschsprachigen Lyrik nur selten erreicht wird; die Musikalität, die seine Lyrik von Beginn an auszeichnet, gewinnt so in der antikisierenden Lyrik eine spezifische Qualität.

Eine wesentliche Verstärkung erfuhr M.s Produktion antikisierender Gedichte durch seine Übersetzungen antiker Lyrik, wobei auffällt, dass der Beginn seiner intensiven Übersetzungstätigkeit im Frühjahr 1838 zeitlich mit der endgültigen Herstellung der ersten Auflage seiner Gedichtsammlung einhergeht, in die er bereits eine Reihe seiner antikisierenden Gedichte aufnimmt. Auch ist der Übergang zwischen Übersetzung und eigenem Gedicht gelegentlich fließend; so hat M. drei Gedichte mit dem Vermerk ›nach Catull‹ in seine Gedichtsammlung aufgenommen (*Akme und Septimius, Auf den Arrius, Zwiespalt*), die, leicht variiert, auch in der *Classischen Blumenlese* erscheinen. Als Grund für seine Beschäftigung mit antiker Lyrik hat M. mehrfach diätetische Gründe angeführt. Freilich sind seine Aussagen, er übersetze, weil er zu Eigenem »nicht in der Verfassung« sei (HKA 12, S. 206) oder um seine »schreklich müssige Zeit […] einigermaßen nützlich auszufüllen« (HKA 12, S. 184), wohl mit Zurückhaltung aufzunehmen; sie verdecken möglicherweise Wesentliches. In einem Brief an Friedrich Theodor Vischer vom 5. Oktober 1833 äußert sich M. zu einem Roman mit dem Titel *Die Zerrissenen*, den Vischer empfohlen hatte: »Mich schreckte aber der Titel den ich charakteristisch für unser Zeitalter nahm«, und er fährt fort: »Übrigens sage ich bei dieser Gelegenheit, daß ich der Kränklichkeit und Schmerzens-Pralerei unserer jezigen Poësie gegenüber mich (wenn ich je an eine neue Arbeit von mir denke) herzlich nach einem gesunden idealen Stoffe sehne, der sich eine antike Form assimilirte. Nur diß bewahre entschieden vor jenem modernen Unwesen, von dem man doch wider Willen mehr oder weniger auch mit sich schleppt« (HKA 12, S. 46). Diese Aussage lässt sich als programmatisch auch für seine antikisierende Lyrik lesen. Die Wahl der antiken Form ist Ausdruck bewusster Distanznahme und darin Fortführung einer zentralen Tendenz bereits seiner frühen Lyrik, jedoch, wie das Briefzitat deutlich macht, keineswegs als Rückzug, sondern als poetischer Gegenentwurf zu den Entfremdungserfahrungen der Moderne, wie sie zeitgenössisch unter dem Stichwort ›Zerrissenheit‹ reflektiert wurden. Dazu gehört auch, wiederum in Fortführung von Früherem, die hohe literaturhistorische Bewusstheit. Bei seinen Übersetzungen antiker Lyrik hat M. ältere Übersetzungen ins Deutsche genützt und, selbstverständlich orientiert am Original, oftmals einen Mischtext aus den früheren Übertragungen erstellt; seine Übersetzungen reflektieren so auch die Rezeptionsgeschichte antiker Lyrik. Vergleichbares gilt für seine antikisierenden Gedichte. Ihre Auseinandersetzung mit der Antike ist vermittelt durch die Aneignung antiker Lyrik in der deutschen Literatur seit dem 18. Jh., insbesondere durch die Lyrik des klassischen Weimar, voran die Goethes, die ja ihrerseits mit hoher Bewusstheit die moderne Adaption antiker Lyrik unternimmt.

Die prägende Kraft der antiken Form zeigt sich nicht zuletzt darin, dass M. in seiner antikisierenden Lyrik Bisheriges fortführt. So erweitert er das Spektrum seiner Liebeslyrik; die Einkleidung in die antike Form eröffnet einen Freiraum, den M. für eine Reihe erotischer Gedichte nützt (*Leichte Beute, Lose Waare*, später dann etwa *Versuchung, Götterwink* oder *Weihgeschenk*), in denen, kontrapunktisch zum Sünden- und Schuldbewusstsein der *Peregrina*-Gedichte oder der religiösen Erhöhung und Beschwerung in den Sonetten *An L.*, in souveräner Aneignung antiker Muster eine heitere und selbstverständlich-natürliche Sinnlichkeit gestaltet ist. Renate von Heydebrand hat darauf aufmerksam gemacht (Heydebrand, S. 271 f.), dass M. darin die sinnliche Aussprache der Liebesgedichte im Volksliedton fortsetzt, von denen er im Übrigen in dieser Zeit noch einige geschrieben hat (*Der Gärtner, Die Schwestern*). Der Liebeslyrik im Volksliedton und der antikisierenden Liebeslyrik ist die Distanziertheit des Sprechens gemeinsam, zur antikisierenden gehört, vermittelt über die Form, die als solche bereits den Kunstcharakter des Gedichts hervortreten lässt, die »Objektivität der Darstellung« (Heydebrand, S. 270). Das gilt auch für die Naturlyrik in antiker Form. In Gedichten wie *Die schöne Buche, Am Rheinfall* oder *Im Park* werden Naturvorgänge oder Naturdinge von einem Sprecher präsentiert, der zu ihnen die Position des Beobachters einnimmt; darin setzt M. die in der frühen Phase seiner Lyrik vollzogene Abkehr vom romantischen Paradigma fort. Auch dort, wo, wie in *Die schöne Buche*, der Sprecher durchaus von der Naturerfahrung emotional berührt wird und er diese überhöht, bleibt die Distanz von Sprecher und Natur gewahrt. Die Gedichte inszenieren den Blick des Beobachters auf die Natur, seine Wahrnehmung der Naturdinge. In diesem Sinne kann von realistischen Gedichten gesprochen werden; M. vollzieht damit in seiner Lyrik den für die literarische Entwicklung des 19. Jh.s nachhaltig wirksamen Wandlungsprozess hin zum Realismus.

M. nützt diese Möglichkeit lyrischen Sprechens, in der die Natur ihre Bedeutsamkeit in der sprachlichen Gestaltung, als poetische Inszenierung gewinnt, auch in nicht-antikisierenden Formen (*Auf eine Christblume*), und er nützt sie zudem für die lyrische Präsentation von Artefakten. In Gedichten wie *An eine Äolsharfe, Inschrift auf eine Uhr mit den drei Horen* oder *Auf eine Lampe* entwickelt M. so einen Gedichttypus, der später und im Blick auf andere, ihm folgende Lyriker mit dem nicht unproblematischen Begriff des Dinggedichts bezeichnet wurde. Kennzeichnend für diese Gedichte ist freilich nicht allein die distanzierte Sprechweise eines gleichwohl vom Gegenstand berührten Sprechers; weitaus charakteristischer ist vielmehr, dass der in Rede stehende Gegenstand erst in der Hervorbringung im Gedicht, in der poetischen Inszenierung zum Kunstding, zum Kunstwerk wird. Darin kommen die Gedichte über Natur mit denen über Artefakte überein; auch Natur wird, wie in *Die schöne Buche*, im Gedicht zur Kunst. Es fällt auf, dass diese Gedichte zumeist in antiken Versmaßen geschrieben sind oder antike Metren zitieren. So zeigt sich auch darin die Bedeutung der antiken Form für M.s Lyrik der dreißiger und vierziger Jahre. Nicht nur in ihrem quantitativen Vorrang ist die antikisierende Lyrik für diese Phase bestimmend; sie ist zugleich ihr ästhetisch prägendes Zentrum. Gerade deshalb lässt sich auch mit einiger Berechtigung von einer zweiten Schaffensperiode M.s sprechen, die etwa von der Mitte der dreißiger Jahre bis in die zweite Hälfte der vierziger Jahre reicht.

Mitte der vierziger Jahre, in der ersten Mergentheimer Zeit, ist eine deutliche Zunahme der lyrischen Produktion M.s zu beobachten; von den 55 neuen Gedichten in A² sind knapp vierzig in den ersten Jahren in Bad Mergentheim entstanden. Zu den Gründen für die erhöhte Produktivität gehörte gewiss die Befreiungserfahrung nach dem Ausscheiden aus dem Pfarramt; zu vermuten ist auch, dass wie bei A¹ die Vorbereitung von A² eine Rolle gespielt hat. Hinzu kam die in diesen Jahren deutlich zunehmende öffentliche Anerkennung, auch über den regionalen Bereich hinaus. M.s Gedichte wurden in zahlreichen Zeitschriften gedruckt, und es gab in den vierziger Jahren erste Übersetzungen ins Französische und Englische; M. war als anerkannter Autor etabliert. Von Bedeutung war zudem die beginnende Beziehung zu Margarethe Speeth. So erweitert M. mit teilweise sehr persönlichen Gedichten noch einmal das Spektrum seiner Liebeslyrik (*Margareta*, *An Elise*). Ins Umfeld dieser Beziehung gehören auch einige Gelegenheitsgedichte, die M. an Margarethe Speeth richtete, etwa Geburtstagsgedichte wie das 1845 geschriebene *Früh, schon vor der Morgenröte*; er schließt damit an die Gelegenheitslyrik an, die von Beginn an zu seinem Werk gehörte und darin einen nicht geringen Anteil ausmacht. Zugleich jedoch formt M. in diesem Kontext einen Gedichttypus weiter aus, der bereits in der späteren Cleversulzbacher Zeit in ersten Ansätzen vorhanden ist und in der weiteren Lyrik M.s eine wichtige Rolle spielen wird. Während in der gängigen Gelegenheitslyrik ein besonderes, aus dem Alltag herausgehobenes Ereignis gefeiert wird, handelt es sich hier nun um Gedichte, die eine eher alltägliche Begebenheit begleiten und dadurch poetisch auszeichnen, wie – in Gedichten an Margarethe Speeth – die Übermittlung einer Arznei (*Was bringst du geflügelter Bote mit Eilen*) oder die Übergabe eines Blumenstraußes (*Mit Blumen aus dem Klostergarten der Dominikaner*). Solche Poetisierung des Alltags wird zu einem kennzeichnenden, erst in der jüngeren Forschung erkannten Merkmal der späten Lyrik M.s.

Zur gängigen Einschätzung M.s gehört die Feststellung, dass seine Produktivität nach der Mitte des Jahrhunderts stark nachgelassen und er in den zweieinhalb Jahrzehnten bis zu seinem Tod nur noch wenige Gedichte zustande gebracht habe; zumeist wird dann auf *Erinna an Sappho* und den Zyklus *Bilder aus Bebenhausen* verwiesen, die beide 1863 entstanden, wobei die *Bilder aus Bebenhausen* in Distichen, *Erinna an Sappho* in einer verhalten freien, antike Metren anspielenden Form geschrieben sind und so nochmals die hohe Bedeutung der antiken Form in M.s später Lyrik zeigen. Angesichts der von M. in dieser Zeit veröffentlichten Gedichte ist die These vom Versiegen der Produktivität immerhin verständlich. In A³ und A⁴ hat er 44 neue Gedichte aufgenommen, etwa 15 weitere wurden nach 1848 (A²) als Einzeldrucke veröffentlicht. Die meisten dieser Texte sind zudem Gelegenheitsgedichte, vor allem Gedichte an Personen; nach 1863 hat M. nur noch an Personen gerichtete Gedichte geschrieben (HEYDEBRAND, S. 179). Für diese Gelegenheitslyrik hat sich die ältere Forschung nur wenig interessiert, weil sie im Lichte einer mit Genie, Subjekt, Individualität assoziierten Auffassung von Lyrik als mindere Dichtung galt und auch nicht zum Bild des ›Sängers‹ M. passte. Erst in der jüngeren Forschung, zumal bei Heydebrand und an sie anschließend in einigen neueren Arbeiten, wird dieser Teil von M.s lyrischem Werk beachtet und angemessen gewürdigt. Dabei gehört Gelegenheitslyrik von Beginn an zu diesem Werk, und wie in anderen Bereichen ist auch hier die Vielfalt bemerkenswert. M. nützt das Spektrum herkömmlicher Gelegenheitslyrik; den Vorrang haben Gedichte an Personen. Er schließt an Goethe an; zugleich ist die Produktion solcher Lyrik zeittypisch. Sie ist integrativer Teil der bürgerlichen Geselligkeitskultur der Epoche; Friedrich Sengle spricht von »gesellschaftlicher Gebrauchslyrik« (SENGLE, Bd. 2, S. 529; vgl. weiter RHEINWALD, bes. S. 176–207). Und sie zeigt (worauf in jüngster Zeit vor allem Wolfgang Braungart mehrfach aufmerksam gemacht hat), dass für M., komplementär zu den Gedichten, die entschieden dem Postulat ästhetischer Autonomie verpflichtet sind, Lyrik und Lebenspraxis, Dichtung und soziale Wirklichkeit auch zusammengehören; insofern ist Geselligkeit für M. eine »grundlegende ästhetische Kategorie« (Braungart, S. 13). Dies wird auch darin deutlich, dass M. manche der Gedichte mehrfach verwendet hat und sie, gegebenenfalls leicht verändert, verschiedenen Adressaten zukommen ließ. M.s Gelegenheitsdichtung ist poetische Formung des bürgerlichen Alltags. Wie hoch M. diesen Anspruch setzt, wird an der künstlerischen Qualität der meisten seiner Gelegenheitsgedichte deutlich, die in der Regel ebenso durchgeformt sind wie seine andere Lyrik; nicht zuletzt bewährt sich auch hier M.s Meisterschaft vermeintlicher Einfachheit. Zugleich entwickelt M. eine spezifische Form der ›Alltagslyrik‹: Er begleitet Begebenheiten des privaten, familiären Alltags (wobei die engeren Freunde, voran die Familie Hartlaub, in diese Privatheit einbezogen sind) mit scheinbar beiläufigen Gedichten, durch die diesen Begebenheiten eine spezifische Besonderheit zugewiesen wird, sie jedoch nicht etwa aus dem Alltag herausgehoben, vielmehr *in ihm* markiert werden. Gedichte wie *Scherz*, in dem es um das Übernachten in einem nach Zwiebeln duftenden Zimmer geht, *Auf ein Kind*, das auf eine ausgerissene Haarlocke antwortet, *So viel emsige Bienlein*, das einen Topf Honig, und *Auf ein Ei geschrieben*, das ein Ei begleitet, oder die auf einen Blumentopf gravierte Inschrift *Ich bin ein schlecht Gefäß* sind Beispiele für diese Poetisierung des Alltags. Dazu gehören aber auch Gedichte wie *Der Petrefaktensammler* oder *Ach nur einmal noch im Leben!*; in *Häusliche Scene* wird die Poetisierung des Alltags selbst in humoristischer Weise zum Thema. Diese Gedichte sind den ›Musterkärtchen‹ vergleichbar, die M. für den privat-geselligen Austausch erfunden hat; in einem Brief an Vischer hat er sie so charakterisiert: »Zwischen mir und meinen Freunden war und ist zum Theil noch die Einrichtung, daß wir einander ›Musterkärtchen‹ schicken. Dieß sind kleine, selbsterlebte Anekdoten, hauptsächl. charakteristische Züge aus unserer nächsten Umgebung« (HKA 12, S. 147). Als Markierung einer alltäglichen Begebenheit ist diese Poetisierung des Alltags durch Gedicht oder Musterkärtchen der Versuch, den einzelnen Moment im Ablauf der Zeit hervorzuheben, ihn festzuhalten und poetisch ›aufzuheben‹. M. nimmt im Schreiben dieser Gedichte in freilich anderer Gestaltung die Thematik von Zeit und Zeitlichkeit wieder auf, die von früh an zu seiner Lyrik gehörte. Zugleich lassen sich diese Gedichte als Reaktionen auf spezifische Modernisierungserfahrungen begreifen, als Antwort auf Beschleunigungsprozesse, denen die Erfahrung erfüllter Zeit im Bereich des Privaten poetisch entgegengesetzt wird. Insofern ist auch diese Poetisierung des Alltags im Gedicht wie zuvor der Rückgriff auf die antike Form Gegenentwurf zu den Entfremdungserfahrungen der Moderne, wobei freilich mit dem Rückzug in die Privatheit ein Verlust an Welthaltigkeit einhergeht, die den antikisierenden Gedichten, jedenfalls in literarischer Hinsicht, immerhin zukam. M. hat nur einen Teil seiner Gedichte der Poetisierung des Alltags veröffentlicht; die Mehrzahl verblieb im Bereich des Privaten oder des durch Freundschaft und geselligen Verkehr konstituierten Übergangsraums zwischen privater und öffentlicher Sphäre. Auch dies hat zur langen Vernachlässigung dieser Gedichte in der Forschung beigetragen.

Zu den Charakteristika der lyrischen Produktion M.s gehört, dass in der Regel das einzelne Gedicht bereits bei der ersten Niederschrift in einer durchaus ›fertigen‹ Gestalt erscheint, die M. oft genug und allenfalls mit nur geringfügigen Veränderungen auch so veröffentlicht oder, bei den Gelegenheitsgedichten, in den geselligen Verkehr einbringt. Danach freilich, im Kontext einer weiteren Veröffentlichung etwa oder bei der Vorbereitung der Auflagen der Sammlung, setzt bei zahlreichen Gedichten ein Prozess der Überarbeitung ein. So gibt es bei M.s Gedichten auch kaum Entstehungsvarianten, dafür jedoch in nicht geringem Umfang Varianten zwischen verschiedenen Bearbeitungen oder Fassungen des gleichen Textes. M.s Arbeitsweise ist nicht so sehr auf die vom Detail, vom Einfall oder vom einzelnen Wort ausgehende Herstellung des Werks ausgerichtet, vielmehr auf die Bearbeitung, das ›Feilen‹ an einem bereits als Ganzem vorhandenen, in diesem Sinne durchgeformten und vollendeten, ›fertigen‹ Text; M. arbeitet an ›Werkstücken‹. Diesem Prinzip folgt er bei seinen Bearbeitungen (bei denen ohnehin kaum anders verfahren werden kann) und ebenso bei seinen Übersetzungen, bei denen er von bereits vorhandenen Übersetzungen ausgeht und diese, nach Maßgabe der eigenen Auseinandersetzung mit dem Original, bearbeitet. Er folgt diesem Prinzip aber auch bei der Zusammenfügung mehrerer Gedichte zu einem größeren Ganzen. Schon früh lässt sich bei ihm die Tendenz zur Zusammenstellung von Gedichten beobachten. Die als Zyklus ausgewiesenen *Peregrina*-Gedichte sind dafür das bekannteste Beispiel, weitere sind die Sonette *An L.* oder die *Schiffer- und Nixen-Märchen*. Die vier ersten Gedichte der Sammlung bilden ein Ensemble und gewinnen gerade dadurch programmatischen Charakter. Überhaupt lässt die Sammlung, über die Gruppierung ähnlicher Gedichte wie etwa der Epigramme oder der Gedichte an Personen hinaus, die Bildung von Ensembles erkennen; tendenziell gilt dies bereits für die frühen Sammelhandschriften. Auch daran hat M. immer wieder gearbeitet; so hat er die Abfolge der Gedichte in den Auflagen der Sammlung immer wieder geändert und neue Zusammenfügungen erstellt, wobei er zumeist auch bei den einzelnen Texten Änderungen vornahm. In diesem Sinne sind die vier Auflagen der *Gedichte* eigenständige Kunstwerke. Freilich ist die Ensemble-Bildung in der Sammlung bisher nicht zureichend untersucht; hier darf vor allem von den Lyrik-Bänden der HKA weiterer Aufschluss erwartet werden. M. hat bei der Zusammenstellung der ersten Auflage seiner Gedichte die gängige, zumeist durch Überschriften markierte Gliederung nach thematischen und formalen Gesichtspunkten, etwa nach Gedichtformen, ausdrücklich verworfen: »Was die Anordnung der Stücke mit Zwischentiteln betrifft so bin ich nicht der Meinung. Fürs Erste kann man nicht consequent dabei seyn; dann sind auch einige Rubriken zu dünne gesäet; besonders aber ist es ungezwungener u. *der Mannigfaltigkeit wegen sogar angenehmer* wenn Alles durcheinander steht: mit Ausnahme der Epigramme u. des eigentl. Lustigen« (HKA 12, S. 93). Er beruft sich also auf das rhetorische Prinzip der Mannigfaltigkeit, das er auch sonst, etwa im Kontext des *Maler Nolten*, zur Legitimierung seines Schreibens heranzieht und das, worauf Sengle mehrfach aufmerksam gemacht hat, in der Biedermeierzeit eine zentrale ästhetische Kategorie war. Im Leitbegriff der Mannigfaltigkeit ist auch die Verfügung über die vorhandenen literarischen Mittel gerechtfertigt; er ist damit komplementär zur Vieltönigkeit der Gedichte M.s. Zudem legitimiert der Begriff der Mannigfaltigkeit den Experimentcharakter seiner Lyrik, dessen Ergebnis eben die Vielfalt ist: M. spielt die überkommenen Möglichkeiten lyrischen Sprechens durch, wobei er sich nicht selten mit dem einmaligen Erproben einer solchen Möglichkeit begnügt, die danach keine Herausforderung mehr für ihn darstellt; die Sonette oder seine Balladen, in Grenzen auch die Lieder im Volkston sind dafür Beispiele.

Theodor W. Adorno rühmt in seiner *Rede über Lyrik und Gesellschaft* M.s »geschichtsphilosophische[n] Takt«, der es ihm möglich machte, präzise zum Ausdruck zu bringen, »was zu seinem Augenblick wahrhaft sich füllen ließ« (Adorno, S. 63). Voraussetzungen dafür sind M.s hohe Beherrschung der Form und sein Formbewusstsein, das ihn, orientiert an der Klassik, herausführte aus der (romantischen) Versuchung zur Naivität. Im Ensemble der ersten vier Gedichte der Sammlung ist dies reflektiert, und schon Friedrich Theodor Vischer hat darauf in seiner Rezension der *Gedichte* aufmerksam gemacht, wenn er von dem »Uebergange« schreibt, »den Mörike's Muse aus der Dämmerung volksthümlicher Naivetät in das […] Reich des bewußten Geistes, in das helle Licht der Besonnenheit und der künstlerischen Weisheit genommen hat« (GEDENKAUSSTELLUNG, S. 276). M.s lyrische Formkunst zeigt sich in seiner Beherrschung der Gedichtformen, im sicheren Umgang mit Metrum und Rhythmus, der sich mit einer bemerkenswerten Musikalität der Sprache verbindet. Zugleich bietet die Sicherheit, mit der er über die vorhandenen Möglichkeiten lyrischen Sprechens verfügt, die Voraussetzung für die gleichfalls bemerkenswerten innovativen Leistungen des Lyrikers M. Dazu gehört die nicht geringe Zahl von Neologismen, die er geprägt hat, vor allem als Komposita: »Sternenlüfteschwall«, »Liebesschauerlust« und »Felsentrümmersaat«, »Spätherbst-Blumen-Einsamkeit«, »herbstkräftig«, »sonnetrunken«, »nachtschaurig« und »geisterschwül«, »friedenselig«,

»zauberbang« oder »gottbeherzt« sind dafür Beispiele, die auch die morphologische wie semantische Bandbreite seiner Neuschöpfungen zeigen; nicht zuletzt gehören dazu auch humoristische oder satirische Effekte wie etwa bei »weihrauchblumiger Vierunddreißiger« oder »Schnurrbartsbewußtsein«. Innovativ aber ist insbesondere auch M.s Metaphorik. Beachtenswert ist vor allem die präzise lyrische Benennung von ›Zwischentönen‹, von ›verschwimmenden‹ Naturvorgängen in seinen Naturbildern (»Wie ein Gewebe zuckt die Luft manchmal, / Durchsichtiger und heller aufzuwehen«; »die gedämpfte Welt / In warmem Golde fließen«, »Es graut vom Morgenreif / In Dämmerung das Feld«), von ›gemischten‹ Empfindungen und Gefühlslagen etwa in seiner Liebeslyrik (»Und nun fliegt mit uns, ihr Pferde, / In die graue Welt hinein«; »reichst lächelnd mir den Tod im Kelch der Sünden«; »Ich sah [...] / Der Unschuld Blick von raschem Feuer glühen«; »Dein blaues Auge steht / Ein dunkler See vor mir, / [...] Und Purpurschwärze webt / Mir vor dem Auge dicht«) oder auch in seinen religiös getönten Gedichten (»Durch die Schwere, so mich drücket / Wonniglich in meiner Brust«). Dabei greift M. auch zu kühner Metaphorik, nicht selten verbunden mit grammatischen, auch syntaktischen Ungewöhnlichkeiten (»Der Himmel wogt in purpurnem Gewühle«; »Die starre Welt zerfließt in Liebessegen / Und schmiegt sich rund zum zärtlichsten Gedichte«; »Vom Meere dampfet dein besonnter Strand / Den Nebel«). Hier weist M.s Lyrik voraus auf Entwicklungen der Moderne. So lässt sich in manchen seiner Verse ein deutlicher Vorrang der sprachlichen Bewegung vor der Aussage beobachten (»Primel und Stern und Syringe, von einsamer Kerze beleuchtet«). Auch die häufige Verwendung von – scheinbaren! – Füllwörtern, von Abtönungspartikeln kann in diesem Kontext gesehen werden (»Indeß sie sich nur erst geschwinde / Den Schlummer aus den Augen streut!«; »Nur fast so wie im Traum«; »Ein Wohlgeruch, der sich nur kaum verkündet«); sie dienen freilich auch der lyrisch präzisen Aussage von ›Zwischentönen‹. Die Verbindung von an Goethe geschulter lyrischer Anschauung, romantischer Entgrenzung in der Metaphorik und moderner Ermächtigung der Sprache macht die Besonderheit der Lyrik M.s aus; darin nimmt er durchaus eine Zwischenstellung ein, die freilich in keiner Weise als epigonal zu bestimmen ist, vielmehr gerade seine literarische und literarhistorische Eigenständigkeit begründet. M. hat dies in seinen Gedichten reflektiert. Zu seinem Formbewusstsein gehört die Reflexion auf den Stand des literarischen Materials und damit auf die eigene literarhistorische Stellung (*An einem Wintermorgen, vor Sonnenaufgang*). Auch darin zeigt sich der von Adorno gerühmte geschichtsphilosophische Takt. Denn diese Selbstbestimmung des eigenen literarischen Ortes ist zutiefst mit einem Grundmotiv der Lyrik M.s verbunden: dem der Erinnerung, das sehr früh in seiner Lyrik erscheint, so bereits im 1822 entstandenen Gedicht mit dem Titel *Erinnerung* oder in dem noch etwas früheren Gedicht *In der Hütte am Berg*. Viele seiner Gedichte, zumal seiner Liebesgedichte, sind in der Situation des Erinnerns gesprochen, oder es wird, häufig markiert durch einen Tempuswechsel, diese Situation in ihnen hergestellt. Erinnert wird ein Zustand des Ungetrenntseins, den es für den Sprecher des Gedichts einstmals gegeben hat oder den er als vordem gegeben imaginiert. Erinnerung antwortet also auf die Erfahrung von Trennung und Verlust; das Erinnern geschieht in einer als traumatisch erfahrenen Situation der Trennung (*Peregrina, Agnes, Das verlassene Mägdlein*), der die Imagination des vorangegangenen Status der Ungetrenntheit entgegengesetzt wird: Die Trennung wird phantasmatisch aufgehoben; das Getrennte erscheint, in der Situation des Gedichts, wieder vereint und versöhnt. Was in den frühen Gedichten vorrangig als psychologisches Phänomen gestaltet ist (und auch biographisch begründet sein mag), wird indessen zu einer Grundfigur der Lyrik M.s, die gleichermaßen den Komplex der Geselligkeit (*Lang, lang ist's her*) und damit M.s Gelegenheitslyrik (*Ach nur einmal noch im Leben!*) prägt wie seine lyrische Reflexion auf Kunst (*Auf eine Lampe*) oder auf die Beziehung von Kunst und Natur (*Bilder aus Bebenhausen*), wie das Totengedenken (*An eine Äolsharfe*) oder die Thematik von Zeit und Zeitlichkeit (*Um Mitternacht, Göttliche Reminiscenz*). Vor allem aber eignet der Figur der Erinnerung eine poetologische Dimension. »Erinn'rung reicht mit Lächeln die verbittert / Bis zur Betäubung süßen Zauberschalen; / So trink ich gierig die entzückten Qualen«, heißt es in *Besuch in Urach*. In der Personifikation von Erinnerung wird Mnemosyne aufgerufen, die Mutter der Musen; sie reicht dem Sprecher den Trank, und sie wird ihn, den Dichter, am Ende des Gedichts als »Engel« fortan geleiten, wenn er das Tal, den Ort des nicht wieder erreichbaren Einklangs mit sich selbst und der Natur, endgültig verlässt. Erinnerung als Eingedenken entschwundener Ungeschiedenheit erscheint mithin als Bedingung poetischer Produktion schlechthin; zugleich stiftet die Reflexionsfigur der Erinnerung, insofern die frühe Erfahrung poetisch gestaltet wird, die Möglichkeit der Aufhebung von Trennung und also der Versöhnung des Entzweiten, freilich allein im Gedicht. In *Göttliche Reminiscenz* ist der Moment gestaltet, da der Jesusknabe im Anschauen einer Versteinerung – »Durchdringend ew'ge Zeitenferne« – sich seiner selbst als Schöpfer der Welt erinnert und in dem mithin eine geradezu unvordenkliche Tiefendimension der Zeit aufscheint; wiedergegeben aber ist damit ein »wundersames Bild«, das der Sprecher »vorlängst« sah und dessen er sich erinnert: Das Gedicht ist Niederschrift dieser Erinnerung; das »Wort von Anfang«, durch das, wie es im Motto des Gedichts heißt, alle Dinge gemacht sind (»Πάντα δι' αὐτοῦ ἐγένετο. Ev. Joh. 1,3«), ist somit auch das poetische Wort. Auffällig ist allerdings, dass in M.s Lyrik die Aufhebung von Trennung in der Erinnerung, die Versöhnung also des Geschiedenen, immer wieder als Epiphanie, als jäh aufblitzende, damit aber auch wieder entschwindende Einsicht erscheint, die mithin allein im Moment des Gedichts festgehalten ist (»Plötzlich da kommt es mir«, »Als wittre durch die überwölkte Stirn ein Blitz / Der Gottheit, ein Erinnern«, »plötzlich, wie es schien / Erweckt aus einer lieblichen Erinnerung«). M. hält am Erbe der klassischen Ästhetik fest und ist darin der Tradition verbunden, dass er der Dichtung, der Kunst die Herstellung von Versöhnung zumutet, die freilich, wenn sie gelingt, der Erfahrung von Trennung und ›Zerrissenheit‹ abgezwungen ist;

dafür steht die hoch bewusste Anstrengung der Form. M. ist aber zugleich darin modern, dass solche Versöhnung allein noch momenthaft, im Augenblick des Sprechens (»Auf einmal blitzt das Aug'«) im Gedicht erscheint, Trennung und Verlust mithin gegenwärtig bleiben und das Schöne nur als schon Entschwindendes festgehalten werden kann (»Rückwärts die Stadt in goldnem Rauch«). Diese Doppelheit, die ihn in literaturhistorischer Perspektive in eine Zwischenstellung rückt, markiert indessen gerade die Eigenständigkeit des Lyrikers M.; nicht zuletzt in ihr ist seine Unverwechselbarkeit begründet und sie legitimiert auch M.s eigenes Selbstbewusstsein als Dichter: »O Muse, du hast mein Herz berührt / Mit einem Liebeshauch!«

Literatur

Adorno, Theodor W.: Rede über Lyrik und Gesellschaft. In: ders.: Gesammelte Schriften. Bd. 11: Noten zur Literatur. Hg. v. Rolf Tiedemann. Frankfurt a. M. 1974 u. ö., S. 48–68, bes. S. 60–64 (zuerst 1957). – BARNOUW. – Braungart, Wolfgang: Prolegomena zu einer Ästhetik der Geselligkeit (Lessing, Mörike). In: Euphorion 97/2 (2003), S. 1–18. – FLIEGNER. – HEYDEBRAND. – Höllerer, Walter: Zwischen Klassik und Moderne. Stuttgart 1958. – HÖTZER. – B. MAYER, S. 33–39, 55–71. – M. MAYER, S. 22–80. – RHEINWALD. – Schlaffer, Heinz: Lyrik im Realismus. Studien über Raum und Zeit in den Gedichten Mörikes, der Droste und Liliencrons. Bonn ³1984 (zuerst 1966). – SENGLE, Bd. 3, S. 691–751. – STORZ, S. 41–134, 269–357. – Wild, Reiner: »Am Horizont lüpft sich der Vorhang schon!« Die Eingangsgedichte von Eduard Mörikes Gedichtsammlung als poetisches Programm. In: WILD, S. 9–44.

Reiner Wild

Die Überlieferung der Gedichte

Am 16. August 1836 schreibt der knapp zweiunddreißigjährige Pfarrer von Cleversulzbach, von langer Krankheit nur langsam genesend, an Justinus Kerner im nahen Weinsberg: »[...] daß ich kürzlich, um nur einmal wieder eine Art von Thätigkeit zu haben, anfing, meine besseren Gedichte zu sammeln und zu revidiren. Ich finde jedoch bei diesem Geschäfte, daß mir mehrere derselben abgehn, von denen ich weder Koncept noch Abschrift behielt. Einige stehn im Morgen-Blatt und dieß führt mich zu einer Bitte. Soviel ich weiß sind Sie ein regelmäßiger Leser dieses Blatts und besitzen vielleicht auch die frühern Jahrgänge, in welchem Fall ich Sie um die beiden Jahrgänge 1828 und 29, nur auf ganz kurze Zeit, freundlich ersuchen möchte« (HKA 12, S. 85). Von dem Plan einer Sammlung seiner Gedichte und von ähnlichen Hemmnissen hatte M. auch schon fünf Jahre zuvor in einem Brief vom 10./11. Dezember 1831 an Luise Rau gesprochen: »Mit meinen Gedichten […] will ich diesen Winter eine Revision vornehmen. Ich habe bei meinen Papieren nicht überall bemerkt, welche schon im Morgenblatt oder der Damenzeitung abgedruckt sind. Einen Theil, aber nur den kleinsten, hab ich auch ganz verloren. Mit der Zeit will ich eine ganze Sammlung davon herausgeben« (HKA 11, S. 238). Die Sammlung erschien, mit Unterstützung mehrerer Freunde und nach Verhandlungen mit verschiedenen Verlagen, schließlich 1838 (A^1) bei Cotta und erlebte dort bis 1867 (A^4) drei weitere, jeweils vermehrte Auflagen. Doch bis es zu der ersten gedruckten Sammlung kam, scheint der Autor, der noch als Lateinschüler in Ludwigsburg und als Seminarist in Urach unter der Anleitung seiner Lehrer mit Gelegenheitsgedichten in alter humanistischer Tradition begonnen, über diese hinaus aber überraschend schnell zu einem ganz eigenen Ton gefunden hatte und frühe Gedichte vor allem im angesehenen Cotta'schen *Morgenblatt für gebildete Stände* (1828/29) und in seinem Roman *Maler Nolten* (1832) gedruckt sehen konnte, in jenen frühen Jahren noch sehr unbekümmert mit seinen Texten umgegangen zu sein. Nicht zuletzt deshalb ist deren handschriftliche Überlieferung, wenn auch keineswegs dürftig, doch lückenhaft und ungleichmäßig. Sie spiegelt auf ihre Weise Eigenart und Entwicklungsgang des Lyrikers, zeigt aber auch in bestimmten Teilen wie in der Abfolge der Drucke und der sie vorbereitenden Materialien die vermehrte Sorge des selbstbewusster gewordenen Autors um seine Texte und die anhaltende Sorgfalt im Umgang mit ihnen seit der ersten Ausgabe von 1838.

Handschriften

Handschriften von Gedichten M.s sind teils in den Beständen seines Nachlasses (im Goethe- und Schiller-Archiv in Weimar – GSA – und im Schiller-Nationalmuseum in Marbach – SNM), in den übrigen, vielfach noch auf Freunde M.s oder deren Erben zurückgehenden M.-Beständen in Marbach, in umfangreichen Briefbeständen an anderem Ort wie beispielsweise den Briefen an Luise Rau oder denen an Wilhelm Hartlaub mit besonders zahlreichen Gedichten in früher Niederschrift (beide Bestände in der Landesbibliothek in Stuttgart – LBS) und in weiteren Sammlungen (so im Stadtarchiv in Stuttgart und im Deutschordensmuseum in Mergentheim) erhalten, teils in weit verstreutem sonstigen öffentlichen und in privatem Besitz. Neben annähernd neunhundert Einzelhandschriften, die nur ein Gedicht oder einige wenige enthalten, gehört zur handschriftlichen Überlieferung von M.s Lyrik eine Reihe von Sammelhandschriften (vgl. Krummacher: Zu Mörikes Gedichten, S. 309–332) unterschiedlicher Entstehungszeit und unterschiedlichen Charakters:

– SNM 27487 (*Neue weltliche Lieder*): geschrieben für Adelheid M., Frau von M.s Vetter Heinrich M. in Buchau, datiert 19. 6. 1828, sieben in Buchau im Frühjahr 1828 entstandene Gedichte enthaltend (Faks. hg. v. Hans-Henrik Krummacher, Marbach a. N. 1975).

– LBS poet. et philol. Q 144 (*Gedichte von Ed. Mörike*): geschrieben für Dorchen M., Frau von M.s Bruder Karl, im Frühjahr 1828, zwanzig frühe Gedichte enthaltend (Faks. Stuttgart 1954).

– Staatsbibliothek zu Berlin, Ms.Germ.quart. 2125; ehem. Schloss-Bibliothek Berlin, B 8062 (*Gedichte von Eduard Mörike. Revidirte und mit Neuem vermehrte Sammlung. Manuscript des Verfassers. 1844*): Friedrich Wilhelm IV. von Preußen gewidmet und am 19. April 1844 zugesandt; Auswahl von gut zwei Dritteln des Bestandes von A^1, vielfach in bearbeiteter Fassung, vermehrt um einundzwanzig Gedichte, die dann zumeist in A^2 aufgenommen wurden (Faks. hg. v. Fritz Behrend, Leipzig 1925).

- GSA I,1 (*Neuere und revidirte ältere Gedichte welche, mit einiger Auswahl, für eine 2te Auflage meiner gedruckten Sammlung zu benützen sind*): in den Jahren 1844 bis 1847 entstandene Arbeitshandschrift, die über die Auswahl für Friedrich Wilhelm IV. hinaus durch Sammlung und Überarbeitung von gut achtzig älteren und jüngeren Gedichten, die fast alle in A^1 noch fehlen, der Vorbereitung von A^2 diente.
- SNM 2678 (*Entrochiten oder gelegentliche Scherz und andre Reime von Eduard gesammelt für Clara Mörike von seinem Freund W. H. Wermutshausen 1844*): zum größeren Teil von Wilhelm Hartlaub geschrieben zu Klara M.s Geburtstag am 10. 12. 1844 und später fortgeführt, ferner zwei eigenhändige Gedichte enthaltend; für einige Gelegenheitsgedichte und abweichende Fassungen anderer Gedichte die einzige Quelle.
- SNM 2679 (*Entrochiten [...] Zweite Sammlung. Neuenstadt a. L. 1884*): späteres Seitenstück zur vorigen Handschrift, in einigen Fällen ebenfalls auf nicht mehr vorhandenen Originalen beruhend.
- SNM 2571 (sog. *Mergentheimer Hausbuch*), SNM 53.336 (sog. *Lorcher Hausbuch*): Schreibbücher, worin neben Aufzeichnungen und Zeichnungen, zumeist von M.s Hand, sowie Erinnerungsstücken eine größere Zahl von Gedichten, vor allem aus späterer Zeit, eingeschrieben oder eingeklebt, vielfach in ursprünglichster Form und mit Daten versehen.

Die Gesamtheit der erhaltenen Handschriften, ergänzt um manche Abschriften von verlorenen Originalen und um oft aufschlussreiche Erwähnungen von inzwischen verschollenen Handschriften in Auktionskatalogen, stellt einen bedeutenden, aber in den bisherigen Ausgaben keineswegs ausgeschöpften Teil der Überlieferung von M.s Gedichten dar. Sehr begrenzt ist dabei allerdings der Anteil früher Handschriften. Die »Convolute« und »alten Hefte«, die M. vor allem bei der Vorbereitung der Ausgabe von 1838 mehrfach erwähnt (u. a. HKA 12, S. 93, 100; vgl. auch HKA 10, S. 227) und offenkundig zum Teil als Druckvorlage verwendet hat, sind so wenig erhalten wie andere Teile dieser Druckvorlage.

Und neben den zwei wichtigen Sammelhandschriften, die M. 1828 seiner Schwägerin und der Frau eines Vetters widmete, gibt es frühe Einzelhandschriften nur in nicht allzu großer Zahl. So ist von den annähernd einhundertfünfzig Gedichten, die die Ausgabe A^1 enthält, gut ein Drittel überhaupt in keiner Einzelhandschrift – von textgeschichtlich bedeutungslosen Abschriften abgesehen – überliefert und späterhin, außer in den Ausgaben A^2-A^4, auch nur in der handschriftlichen Auswahlsammlung für Friedrich Wilhelm IV. von Preußen oder in redigierten Handexemplaren und Korrekturabzügen der anderen Gedichtausgaben enthalten.

Nicht allein der anfänglichen Sorglosigkeit des jungen Dichters, sondern auch der Eigenart von M.s Produktionsweise, zu der nicht selten das schon zur Endgestalt führende Dichten im Kopf, später aber wohl auch wiederholte die leicht veränderbare Niederschrift auf der Schiefertafel gehörte, ist es zuzuschreiben, dass es zudem aus früher wie späterer Zeit kaum Handschriften gibt, welche je für sich die noch unentfaltete Konzeption eines Gedichts oder eine tiefgreifende Umarbeitung dokumentierten. Die reiche Textgeschichte vieler Gedichte, die von sorgfältig abwägendem, zuweilen auch Alternativen erprobendem und wieder verwerfendem Bemühen um den treffenden, den ästhetisch vollkommenen Ausdruck bestimmt und dabei vielfach auf die Variation einzelner Wörter gerichtet ist, schlägt sich bei M. in zahlreichen Einzelvarianten, bisweilen auch in unterschiedlich umfangreichen Fassungen von Handschrift zu Handschrift, von Handschrift zu Druck und von Druck zu Druck nieder. Für diesen Prozess der immer erneuten Prüfung vor allem der in die verschiedenen Auflagen der Sammlung aufgenommenen, der nur einzeln gedruckten oder auch der nur zeitweilig für einen Druck erwogenen Gedichte stellen viele der Einzelhandschriften und Niederschriften in Sammelhandschriften M.s einen ergiebigen Bestand an Textzeugen dar, auch wenn das Überlieferte – und dies nicht nur für die frühen Jahre – keineswegs als lückenlos gelten kann.

Auch ein anderes Charakteristikum von M.s lyrischer Produktion spiegelt sich in deren Überlieferung, im Umfang handschriftlicher Überlieferung und ihrem Verhältnis zur gedruckten. Von den etwas mehr als siebenhundert Gedichten, die M. geschrieben hat, sind zu seinen Lebzeiten nur rund dreihundert in den verschiedenen Auflagen seiner Gedichtsammlung oder einzeln an anderem Ort gedruckt worden. Alle übrigen Gedichte sind von M. selbst nicht publiziert worden, sie sind – bis auf einzelne, die bloß in späteren Drucken noch greifbar sind – allein handschriftlich überliefert und bis heute zwar zum größten Teil in den Werkausgaben gedruckt, doch vielfach nur in unzureichender Gestalt. Es ist vor allem der schon früh vorhandene und später noch wachsende Anteil der Gelegenheitsdichtung, der verständlich macht, dass in M.s lyrischem Werk die Zahl der vom Autor nicht publizierten Gedichte die Zahl derjenigen, die er selbst zum Druck gegeben hat, weit übertrifft. Zwar ist Gelegenheitsdichtung unterschiedlichster Art für M. eine ganz unverächtliche Erscheinungsform von Dichtung, sie nimmt bereits in A^1 einen beträchtlichen Raum ein und erweist sich auch späterhin als ein Reservoir, aus welchem der Autor immer wieder Publikationswürdiges gewinnt. Doch halten dabei skrupulöse Selbstkritik und wacher Kunstverstand der Neigung und Fähigkeit zur Versifizierung unterschiedlichster, auch sehr alltäglicher Anlässe die Waage.

Im Einzelnen ist der Bestand des nur handschriftlich Hinterlassenen sehr vielgestaltig. Neben ganz an den Augenblick gebundenen und darum oft auch nur in einer einzigen Niederschrift vorhandenen Improvisationen stehen Gedichte, die in zahlreichen Handschriften überliefert sind, weil sie bei vielerlei Gelegenheiten als poetische Zuwendung dienen konnten. Unter den Albumblättern für Schülerinnen des Katharinenstifts gibt es Verse, die nur einer einzigen Empfängerin gelten, und andere, die M. immer wieder für solche Eintragungen verwendet hat. Manche Handschriften von Gelegenheitsgedichten unterschiedlichster Art sind Abschriften des Autors, die nur zur Mitteilung an Freunde und Bekannte angefertigt und dafür vielfach mit erläuternden Untertiteln oder Fußnoten versehen worden sind. Gelegentlich hat M. zum Zwecke solcher Mitteilung sogar eine kleine Auswahlsammlung von zum Teil schon Jahrzehnte zuvor entstandenen Gelegenheitsgedichten in Abschrift zusammengestellt – so 1867 für Theodor Friedrich Köstlin (Privatbesitz) oder 1872 für Wilhelm Hemsen (Original verschollen; dokumentiert durch die Beschreibung in einem Auktionskatalog von 1912 und Abschriften von Jakob Baechtold, GSA) –, für die er offenkundig auf einen sorgfältig gehüteten Fundus zurückgreifen konnte. In anderen Handschriften erprobt M. – etwa durch eine das Persönliche eines Anlasses verdeckende allgemeinere Überschrift – die Möglichkeit der Publikation eines zunächst ganz gelegenheitsgebundenen Textes. In der Vielfalt solcher Erscheinungen erweist sich die handschriftliche Überlieferung von M.s Gedichten nicht nur als Dokumentation einer Textgeschichte, sondern auch als Niederschlag einer Verwendungsgeschichte, erweisen sich viele einzelne Handschriften – unabhängig von der Entscheidung über einen möglichen Druck – als Medium geselligen Austausches und freundschaftlicher Zuwendung. Das aber gilt auch für viele Handschriften von Gedichten, bei denen die Aufnahme in die Gedichtsammlung für den Autor ganz fraglos war. So hat M. etwa in den Jahren 1860 bis 1863 die damals entstandenen Gedichte *Hermippus, Besuch in der Carthause, L. Richters Kinder-Symphonie, Erinna an Sappho* und *Bilder aus Bebenhausen*, die dann 1867 in A^4 aufgenommen wurden, in den ersten Wochen und Monaten nach der Entstehung jeweils einer wechselnden Zahl von Freunden und Bekannten mitgeteilt, unter ihnen Hartlaub, Theodor Friedrich Köstlin, die Frau des Komponisten Otto Scherzer, Moriz von Schwind, Friedrich Theodor Vischer und Karl Wolff.

Drucke

Von den annähernd zweihundertfünfzig Gedichten, die M. in die vier Auflagen seiner Sammlung aufgenommen hat, sind knapp einhundertdreißig zuerst in Zeitschriften, Almanachen, Jahrbüchern, sonstigen Sammlungen und auch in eigenen Werken publiziert worden. Rund fünfzig weitere Gedichte hat M. ebenfalls einzeln veröffentlicht, aber – oft nach abwägenden, zuweilen auch schwankenden Überlegungen – in seine Sammlung nicht übernommen. Orte der verstreuten Drucke, von denen die Druckvorlagen sich nur in wenigen Fällen erhalten haben, sind neben dem *Morgenblatt* unter anderem verschiedene Jahrgänge des von Chamisso und Schwab und des von Echtermeyer und Ruge herausgegebenen *Deutschen Musenalmanachs* sowie des späteren von Christian Schad, sind Publikationen zu Gedenktagen oder karitativen Zwecken (*Album deutscher Schriftsteller zur vierten Säcularfeier der Buchdruckerkunst*; *Schiller-Album der Allgemeinen deutschen National-Lotterie zum Besten der Schiller- und Tiedge-Stiftungen*; *Hansa-Album*, erschienen zugunsten der Geschädigten des Hamburger Brandes von 1842; *Weihnachtsbaum für arme Kinder*), in den späteren Jahren in Stuttgart vor allem dort erscheinende unterhaltende und belehrende Zeitschriften, mit deren Verlegern und Redakteuren der Dichter in Kontakt stand (*Frauen-Zeitung*; *Salon. Unterhaltungsblatt zur Frauen-Zeitung*; *Kunst- und Unterhaltungsblatt für Stadt und Land*; *Freya. Illustrirte Familien-Blätter*), oder reich illustrierte Veröffentlichungen wie *Georg Scherer's illustrirtes Deutsches Kinderbuch*, das *Düsseldorfer Künstler-Album* und das ihm folgende *Deutsche Künstler-Album*, dazu eine Vielzahl sonstiger bekannterer oder unbekannterer Organe, in denen oft nur einzelne Gedichte M.s erschienen sind. Die Gesamtheit der verstreuten Drucke – deren Zahl noch etwas größer ist, als es die Gesamtausgaben bisher zeigen, und durch weitere Funde noch Vermehrung erfahren könnte – lässt die bei M. durchaus vorhandene Bereitschaft erkennen, sich am literarischen Leben durch Beiträge zu sehr unterschiedlichen Publikationen – und nicht nur zu solchen, deren Herausgeber ihm persönlich oder literarisch bekannt waren – und für sehr verschiedene Zwecke zu beteiligen. Das Interesse von Verlegern und Redakteuren an Beiträgen M.s, das sich in Briefen an ihn (vgl. Simon) und in Briefen an Freunde, die als Vermittler eingeschaltet wurden (vgl. u. a. Krummacher: Eduard Mörike und Christian Schads *Deutscher Musenalmanach*) bezeugt und mehrfach auch zur Wanderung einzelner Handschriften von Redaktion zu Redaktion geführt hat, hätte dem Dichter, der – wie auch ein Blick in Anthologien der Zeit lehrt – spätestens seit den fünfziger Jahren ein bekannter Autor war, Publikationsgelegenheiten in noch größerem Umfang geboten. Ihrer Nutzung stand der immer erneut kritisch prüfende Umgang mit den eigenen Texten entgegen. M. erwog stets sorgsam, ob ein Gedicht überhaupt zum Druck geeignet schien. Dabei blieben Widersprüche im eigenen Urteil nicht aus, wie im Fall der bis heute in allen Ausgaben als nachgelassener Text stehenden Nachdichtung des Hymnus *Crux fidelis* (vgl. Krummacher: Nachdichtungen), die in der Handschrift GSA I,1 intensiv überarbeitet, dann jedoch vom Druck ausgeschlossen, 1854 aber in der Sammlung *Harfe und Leyer. Jahrbuch lyrischer Originalien* gedruckt und in späteren Jahren sogar für eine eventuelle Erweiterung von A^4 vorgemerkt wurde.

Genau abwägend wie bei der Entscheidung über Einzelpublikationen ist M. auch mit Bestand und Textgestalt seiner Sammlung umgegangen, die als das Herzstück seiner lyrischen Produktion hohen Ansprüchen genügen sollte, wie er sie immer wieder auch in der kritischen Beratung anderer Autoren zur Geltung brachte. Schon bei der Vorbereitung von A^1 kam, wie die Briefe belegen, das Druckmanuskript in der Hand seiner Freunde nicht nur deshalb erst stückweise zusammen, weil sich der Autor manche Texte erst selbst wieder beschaffen musste und zudem bis zuletzt auch immer wieder gerade neu entstandene Gedichte nachreichte, sondern auch deshalb, weil er sich erst nach und nach und teilweise nur nach Überarbeitung entschließen mochte, manche Gedichte noch hinzuzufügen. Doch ging es dabei auch nicht ohne gegenteilige Entscheidungen ab: Ein im Hartlaub-Bestand erhaltener Korrekturbogen für A^1 (LBS Cod. hist.Q 327,1,69–77) enthält noch die Gedichte *Der Schäfer und sein Mädchen* (gedruckt 1854) und *Zwei Kameraden* (später offenkundig nie von M. veröffentlicht), beide gesetzt, dann durchgestrichen und mit der handschriftlichen Anweisung »Bleibt ganz weg!« versehen. Von den endgültig in A^1 aufgenommenen Stücken wiederum wurden bei der Vorbereitung von A^2 elf, bei der Vorbereitung von A^4 drei weitere wieder ausgeschieden, dazu ein erst in A³ eingefügtes, während einzelne schon vor A¹ gedruckte Gedichte gar nicht erst in die Sammlung Eingang fanden. So erging es im Lauf der Jahre auch manchen später entstandenen Gedichten, die M. zwar für einen einzelnen Druck hergab, denen er Einlass in seine Sammlung aber schließlich doch nicht gewähren mochte. Überlegungen über Aufnahme oder Ausschließung von Gedichten durchziehen daher von Auflage zu Auflage M.s Briefe, insbesondere die an Hartlaub, und Briefe von Freunden an den Dichter ebenso wie Erwägungen über Änderungen an den Texten, von denen die dann in nicht geringer Zahl vorgenommenen die Hauptmasse der in Mayncs Ausgabe verzeichneten Lesarten ausmachen; sie sind Zeugnisse einer vielgestaltigen, immer neu aus selbstkritischem Abwägen erwachsenden Textgeschichte, die in besonderem Maße ein Merkmal der Gedichtsammlung M.s ist.

Neben zahlreichen Briefen und den verschiedenen Auflagen der Sammlung selbst dokumentiert all dies auch eine Reihe von Textzeugen, die eng mit der Entstehung der einzelnen Auflagen zusammenhängen. Die umfangreiche Auswahlhandschrift für Friedrich Wilhelm IV., die dem Dichter die erhoffte finanzielle Unterstützung freilich nicht eingebracht hat, war auch das Ergebnis einer seit 1841 betriebenen Sichtung und Überprüfung des Bestandes von A¹ und der danach entstandenen Gedichte im Blick auf die erhoffte nächste Auflage (A², 1848). Ihr diente ebenso die Bearbeitung zahlreicher Gedichte in der Sammelhandschrift GSA I,1 aus den Jahren 1844 bis 1847. Ein unvollständig erhaltenes Exemplar von A² (SNM, Sammlung Kauffmann, Ac 22, 26–28, 59) enthält Änderungen für A³ (1856) und fungierte als Satzvorlage für diese neue Ausgabe. Ein Korrekturabzug zu A³, der zum Weimarer Teilnachlass gehört (GSA I,2), zeigt, wie M. noch während der Drucklegung an einzelnen Textstellen ändert und Gedichte umstellt und wie seine Aufmerksamkeit auch Einzelheiten der Rechtschreibung und der Interpunktion gilt. Zu A⁴, der letzten von M. redigierten und erweiterten Ausgabe (1867), haben sich eine mehrseitige Zusammenstellung von *Verbesserungen in m. Gedichten zur künftigen 4ten vermehrten Auflage* (LBS Cod.hist.Q 327,7,1, Bestand Hartlaub), ein Konvolut mit eigenhändigen Druckvorlagen der neu aufgenommenen Stücke (GSA I,3) sowie eine Liste *Gedichte. Neue Anordnung mit neuen Zuthaten* (SNM Z 6387, Nachlass Julius Klaiber) erhalten, worin M. Entstehungsorte und -jahre – Grundlage zur Angabe der Entstehungsjahre im Inhaltsverzeichnis von A⁴ – sowie einige erwogene, doch wieder aufgegebene Ergänzungen notiert und eine Anordnung nach lyrischen Gattungen versucht hat, die er jedoch wie schon bei der Vorbereitung von A¹ (vgl. HKA 12, S. 93) schließlich nicht verwirklichte.

Die Zahl von vier Auflagen, die M.s Gedichte zu seinen Lebzeiten – nicht ohne gelegentliches Entgegenkommen von Cotta durch vorzeitige Makulierung von Restbeständen – erreicht haben, kann zwar mit der Auflagenhöhe eines Ludwig Uhland oder Emanuel Geibel auch nicht entfernt konkurrieren, steht aber den Auflagen von Lyrikern wie Theodor Storm oder Conrad Ferdinand Meyer nur wenig nach. Gehofft hat M. freilich wohl auf eine weitere Neuauflage mit der Möglichkeit zu Änderungen und Erweiterungen. Dafür sprechen Notizen in einem erst vor einigen Jahren aufgetauchten Handexemplar von A⁴ (SNM 86.1). Erlebt hat er allerdings, nach dem Verkauf seiner Gedichte an Ferdinand Weibert als neuen Inhaber des Verlags Göschen, nur noch die so genannte Fünfte Auflage (1873), die aus der ersten Hälfte des schon 1867 im Vertrag über A⁴ vereinbarten und gedruckten 2. Tausend bestand, während dessen andere Hälfte als 6. Auflage erst 1876 nach M.s Tod erschien (vgl. Simon). Mit der 7. Auflage von 1878 setzte im Rahmen einer vierbändigen Gesamtausgabe eine nach und nach dichter werdende Folge von Neuauflagen – in der 7. und 8. Auflage um je ein Gedicht, seit der 9. Auflage von 1890 um acht weitere, teils anderswo früher gedruckte, teils nachgelassene Gedichte vermehrt – ein, die 1904, im Jahr der hundertsten Wiederkehr von M.s Geburt, die 20. Auflage erreichte. Im Jahr darauf wurden die Verlagsrechte an M.s Werken frei. Damit begann die Reihe der frühen wissenschaftlich ambitionierten M.-Ausgaben von Rudolf Krauß (1905), Karl Fischer (1906–1908) und Harry Maync (1909, ²1914), die sich bei allen

Mängeln und Lücken um M.s Werk verdient gemacht und das Fundament für alle folgenden Ausgaben geschaffen haben, ohne doch die Vielfalt der Überlieferung von M.s Gedichten in ihrem ganzen Umfang sichtbar zu machen und zuverlässig zu erschließen. Dies wird Aufgabe der betreffenden Bände in der historisch-kritischen Ausgabe sein, die in Band 1 die Gedichte der Ausgabe von 1867 und in Band 2 alle verstreut gedruckten und nachgelassenen Gedichte enthalten wird.

Literatur

Heydebrand, Renate von: Zur Anordnung der Gedichtsammlung Mörikes. Welchen Anteil daran hatte Hermann Kurz wirklich? In: SchillerJb. 17 (1973), S. 384–394. – Krauß, Rudolf: Studien zu Eduard Mörikes Gedichten. In: Euphorion 2 (1895), Ergänzungsheft, S. 99–121. – Krummacher, Hans-Henrik: Zu Mörikes Gedichten. Ausgaben und Überlieferung. In: SchillerJb. 5 (1961), S. 267–344. – Krummacher, Hans-Henrik: Mitteilungen zur Chronologie und Textgeschichte von Mörikes Gedichten. In: SchillerJb. 6 (1962), S. 253–310. – Krummacher, Hans-Henrik: Sannazaro und Venantius Fortunatus in Nachdichtungen Mörikes. Materialien und Hinweise. In: Mannheimer Hefte 2 (1978), Freundesgabe für Herbert Meyer, S. 73–83. – Krummacher, Hans-Henrik: Eduard Mörike und Christian Schads *Deutscher Musenalmanach*. Dokumente zur Geschichte seiner Gedichtdrucke, seiner Hölderlin-Beiträge und seines Portraits. In: Müller, Klaus-Detlef; Pasternack, Gerhard; Segebrecht, Wulf; Stockinger, Ludwig (Hg.): Geschichtlichkeit und Aktualität. Studien zur deutschen Literatur seit der Romantik. Fs. für Hans-Joachim Mähl. Tübingen 1988, S. 259–335. – Prawer, Siegbert S.: Mörike's Second Thoughts. In: Modern Philology 57 (1959), S. 24–36. – Simon, Hans-Ulrich (Hg.): »Ihr Interesse und das Unsrige …«. Mörike im Spiegel seiner Briefe von Verlegern, Herausgebern und Redakteuren. Stuttgart 1997. – Zeller, Bernhard: Aus der Arbeit eines Literaturarchivs. Zur Überlieferung Eduard Mörikes. In: Schmierer, Wolfgang; Maurer, Hans-Martin (Hg.): Aus südwestdeutscher Geschichte. Fs. für Hans-Martin Maurer. Stuttgart 1994, S. 673–683.

Hans-Henrik Krummacher

Naturlyrik

Ein literarhistorisch differenzierter Begriff von Naturlyrik muss neben dem bloßen Vorkommen von Naturmotiven in Gedichten einen je genuinen Zusammenhang zwischen Natur und Lyrik herausarbeiten (Häntzschel). Für M.s literaturgeschichtliche Situation sind dabei vor allem folgende Möglichkeiten vorauszusetzen: Auf die ältere Tradition der allegorischen Naturdeutung (›Buch der Natur‹), in der die Naturobjekte als zweite Offenbarung Gottes neben der Bibel entschlüsselt werden, war vor allem in der Romantik erneut zurückgegriffen worden. Daneben ist mit der Gattung des naturkundlichen Lehrgedichts zu rechnen, wie es sich aus der Antike und insbesondere dann aus der Frühaufklärung herschreibt (Brockes, Haller). Auch dort zeigt sich teilweise eine allegorische Naturauffassung, in der Gottes Schöpfung als Beweis seiner Allmacht und Weisheit gelesen wird. Der Göttinger Hain (bes. Hölty) hatte eine Intimisierung des Verhältnisses zwischen lyrischem Ich und dargestellter Natur geleistet, und beim jungen Goethe werden dann die Naturphänomene derart in einen individuellen Erlebniszusammenhang eingebracht, dass fortan in einer Art Dauerallianz die Erlebnislyrik geradezu *als* Naturlyrik in Erscheinung tritt. Seit Herder wird im Zeichen des ›Volkspoesie-Konzepts‹ die Lyrik als besonders nahe am Ursprung der Poesie gesehen, so dass in einfachen Formen die ›Naturpoesie‹ der Völker erscheint, Lyrik also an und für sich schon Natur ist. In der Lyrik des klassischen Goethe wird Natur als Symbol auf einen höheren Sinn hin transparent; und die Romantik (bes. Eichendorff) bildet das Genre der Stimmungslyrik heraus, in der Natur und Landschaft als Projektionsraum für die innere Befindlichkeit des lyrischen Ichs erscheinen.

Naturerfahrung ist bereits für den frühen M. immer schon vermittelt: durch ein Subjekt und oft noch – zeitlich markiert – durch dessen Erinnerung. Das sehr frühe, stark bearbeitete und als poetologisches Programmgedicht in M.s Gedichtausgabe aufgenommene *Der junge Dichter* (Wild, S. 38–41) führt die Natur als bedrängende Inspirationsquelle ein, die poetisch nur schwer zu bändigen ist; der Dichter entkommt ihr durch die Flucht in die Idylle einer Liebesbeziehung, was jedoch das Ende der Poesie bedeutet. Bereits hier wird also die Natur in der

Fülle ihrer Phänomene als Provokation für die künstlerische Leistung des Dichters behandelt, so dass ihre poetische Gestaltung letztlich nur auf der Basis von medialer Distanzierung denkbar ist. Das berühmte *An einem Wintermorgen, vor Sonnenaufgang*, ebenfalls ein poetologisches Programmgedicht (Wild), nimmt Natur nur als Ausgangspunkt eines subjektiven kreativen Prozesses, der gänzlich im Inneren stattfindet. Dies ist das eine Extrem. Auf der anderen Seite gestaltet M. in der frühen Entwicklungsphase unter dem Einfluss der Romantik die Natur gänzlich über die Perspektive subjektiver Wahrnehmung, so dass die Phänomene nicht *zunächst* dargestellt werden und *dann* eine Reaktion hervorrufen, sondern überhaupt nur in der subjektiven Wahrnehmung und gleichursprünglich mit ihr existieren bzw. erscheinen. So hat in der Darstellung das Ich sogar Priorität vor der Welt: »Du schwärmst, es schwärmt der Schöpfung Seele mit!« (*Gesang zu zweien in der Nacht*). Wie kein anderer Lyriker hat M. virtuos das Ineinander von psychischem Geschehen und Naturvorgängen erfasst, so dass simple Allegorisierungen meist vermieden werden – und dies bis in die vierziger Jahre hinein (*Früh im Wagen*).

Erinnerung ist das prominenteste Medium der Darstellung von Natur in M.s Lyrik. Allerdings ist das Verhältnis des Ichs zur Natur immer schon ›sentimentalisch‹ in Schillers Sinne, das heißt, aus der Perspektive einer ›Verlorenen Unmittelbarkeit‹ heraus gesehen (Hart Nibbrig). Andererseits zeigt sich in dieser Phase auch, dass ebenso die Distanzierung misslingt, denn Natur ist durch die individuelle (Lebens- und Leidens-) Geschichte des Ichs derart codiert und mit Bedeutung aufgeladen, dass sie geradezu zum Medium der bedrängenden Geschichte dieses Ichs wird: »Ein jedes spricht mir halbvergessne Dinge« (*Besuch in Urach*). Dadurch bleibt die Möglichkeit einer Flucht in die Natur nach romantischer Manier für das Ich verschlossen; ja die Unmöglichkeit der Rückkehr in die Idylle der Kindheit verbindet sich mit dem prinzipiellen Scheitern der Verschmelzung mit der Natur. Es ist von einer grundsätzlichen Entfremdung auszugehen (M. Mayer, S. 35 f.), anders als es die oft innige Verbindung von Naturphänomenen mit psychischem Geschehen *in der Darstellung* (nicht jedoch in der Sache) erwarten ließe. Hier trifft sich M.s Lyrik – im Zeichen eines ›enttäuschten Pantheismus‹ (Weiss) der nach-idealistischen und nach-goethezeitlichen Epoche – durchaus mit der nihilistischen Naturlyrik Nikolaus Lenaus (etwa in dessen Doppelsonett *Einsamkeit*); allerdings kann man dabei nicht so weit gehen, M. in den Kontext der europäischen Weltschmerz-Bewegung einzuordnen. (Immerhin hat man, mit einer Formel aus *Maler Nolten*, in M.s Lyrik die Manifestation einer ›Heimatlosigkeit des Geistes‹ gesehen (Killy, S. 93; vgl. HKA 3, S. 334). Charakteristisch ist für M. vielmehr: Die semiotische Aufladung der Natur durch individuell-subjektive Geschichte und die Überlagerung mit Subjektivität können derart dominant werden, dass Natur überhaupt nur noch zum ›Vorwand‹ (bereits im Sinne der späteren ›Vorwands-Ästhetik‹ Rilkes) der Bearbeitung subjektiver Katastrophen wird (*An eine Äolsharfe*).

Der Ästhetik-Professor und Freund M.s Friedrich Theodor Vischer entwickelt im Kontext seiner Überlegungen zur Poetik die These, die Lyrik sei »ein punktuelles Zünden der Welt im Subjekte« (vgl. Barnouw, S. 65). Dass diese 1857 formulierte Vorstellung nicht zuletzt auch aus der Anschauung von M.s Lyrik gewonnen sein mag, ist nicht ganz abwegig, denn gerade in der Wahrnehmung der Natur findet sich bei M. immer wieder die Zuspitzung auf einen prägnanten Moment der subjektiven Weltwahrnehmung. Doch ein anderer Gesichtspunkt Vischers ist für die Perspektivierung von M.s Naturlyrik noch wichtiger: In einer späteren Revision seiner (zunächst Hegelschen) Position hat Vischer, gefolgt von seinem Sohn Robert (der hierdurch in der Geschichte der Ästhetik einen wichtigen Platz errungen hat), für die ästhetische Naturaneignung den Begriff ›Einfühlung‹ prominent gemacht, wobei eine – aus pantheistischen Vorstellungen gespeiste – Belebung des Naturobjekts, eine Anthropomorphisierung nicht nur als ästhetische Leistung, sondern als Akt bereits der Natur*wahrnehmung* behauptet wird. Und tatsächlich verwendet der ältere Vischer in seinen Vorträgen über *Das Schöne und die Kunst* aus den sechziger und siebziger Jahren im Abschnitt über die ›Beseelung der ganzen Natur‹ M.s Gedicht *Mein Fluß* zur Illustration und kommentiert es mit den Worten: »Das heißt die Natur beseelen! Das ist Phantasie, – trocken wissenschaftlich gesprochen: Symbolisierung, intim ahnendes Einfühlen« (Vischer, S. 95).

Versucht man sich an einer Phänomenologie der Natur bei M., stößt man zunächst – in der Forschung immer wieder betont – auf die Vorliebe für Übergangs- und Dämmerzustände: der ›Wintermorgen‹, die ›Mitternacht‹ (weitere Beispiele bei Schlaffer, S. 39). Im äußerst charakteristischen *Septembermorgen* führt die poetische Erfassung eines Übergangs geradezu zum völligen Verlust der Präsenz. Natur existiert hier überhaupt nur noch im Übergang von einem »noch« hin zu einem »bald«, im Modus eines (bloßen) Versprechens von Unmittelbarkeit (»unverstellt«). Natur erscheint bei M. auch über Kunst vermittelt (*Auf ein altes Bild*; *Göttliche Reminiscenz*): die künstlerische Darstellung prägt den Modus der (dann ebenfalls nicht mehr unmittelbaren) Naturerfahrung (Killy, S. 73). Nicht zuletzt greift M. auf gängige Vorstellungen von bedeutungstragender Natur im Sinne der überlieferten Signaturenlehre zurück; wie bei Eichendorff finden sich auch bei M. »Quellen« und »Wasser«, die singen (*Um Mitternacht*). Die topischen Naturszenerien, wie sie zur Tradition der Idylle gehören, sind M. wohlvertraut. Aber im bekanntesten Beispiel einer solchen Darstellung (*Die schöne Buche*) wird der nach Geborgenheit aussehende umgrenzte Bereich, der sich an dem ›verborgenen‹ »Plätzchen« mit grünem »Rasen« zeigt, in einen Moment des Stillstandes überführt, und die »hohe Stunde des Mittags« bringt den ›panischen‹ Schrecken »dämonischer Stille«.

In den späteren Phasen von M.s Schaffen, die stark von Gelegenheitslyrik und von der Zuwendung zu Dingen des Alltags gekennzeichnet sind, findet sich mehr und mehr auch eine humoristische Vermittlung der Natur (etwa in *Waldplage*; HEYDEBRAND, S. 226–230; Peucker, S. 54 f.). Die poetisch aufwändige Schilderung etwa einer Schnakenplage bietet ein Beispiel für M.s dann auch aus anderen Wirklichkeitsbereichen schöpfende »Poetisierung des Trivialen« (HEYDEBRAND, S. 229). Die immer stärkere Einbindung der Lyrik M.s in gesellige Zusammenhänge bringt eine Domestizierung der Natur mit sich, die ihrerseits nahtlos an ältere Traditionen der Rokoko-Lyrik und der Anakreontik anknüpft (*Der Petrefaktensammler*; *An Agnes Hartlaub*: »Nächstens wird auf grünen Wiesen / An der Bäche Frühlingslicht / Neu das Pfaffenröhrlein sprießen, / Da man Freundschaftsketten flicht«; vgl. Wild, I. u. R.). Das Gedicht *Der Petrefaktensammler* stellt antithetisch – und vielleicht programmatisch (HEYDEBRAND, S. 158 f.) – die romantisch-ästhetische Naturbetrachtung, die auch die »liebliche Magie« dieser Naturauffassung einbezieht, einer unmittelbar-körperlich bodenständigen Auseinandersetzung mit den Versteinerungen aus der Urzeit der Erde gegenüber. Diese gesellig-therapeutische Naturzuwendung ist eingebettet in eine Rokoko-Situation, erweitert aber auch den zeitlichen Horizont der Naturwahrnehmung ins beinahe Unermessliche; ähnlich *Göttliche Reminiscenz*, wo der ›geologische Blick‹ in »ew'ge Zeitenfernen« gerichtet ist und zugleich die theologische Dimension der Natur als Schöpfung Gottes aufruft. Anakreontische Traditionen schließlich finden sich auch in einer vieldiskutierten Innovation M.s, dem Dinggedicht, das, ausgehend von der Gattungskonvention des antiken Epigramms (als Auf- oder Inschrift), auch vor der ›Verdinglichung‹ (und zugleich Mythologisierung) der Natur nicht haltmacht, exemplarisch durchgeführt in *Weihgeschenk*.

In den späteren Phasen greift M. auch wieder mehr auf die allegorische Funktionalisierung von Naturphänomenen zurück, wobei die äußerste Reduktion auf volksliedhafte Schlichtheit einhergeht mit spiritueller Auflading: »Ein Tännlein grünet wo, / Wer weiß, im Walde, / Ein Rosenstrauch, wer sagt, / In welchem Garten? / Sie sind erlesen schon, / Denk' es, o Seele, / Auf deinem Grab zu wurzeln / Und zu wachsen« (*Denk' es, o Seele!*). Symbolisch-allegorische Mischformen der Natur-Lektüre finden sich in späterer Zeit ebenso; etwa das einzigartige *Auf eine Christblume*: als individuelle Allegorie ausgeführt – oder in der antiken Form des elegischen Distichons: »Ob dem dunkelen Quell, der geheimnisvoll in dem Abgrund / Schauert und rauscht, wie hold lächelt die Rose mich an!« (*Schönes Gemüt*).

Ein frühes philosophisch-allegorisches Lehrgedicht, *Die Elemente* von 1824, das in M.s Schaffen deutlich eine Ausnahme darstellt, weist auf die naturtheologischen Debatten des 19. Jh.s voraus: Es geht um die Vorstellung von der Natur als erlösungsbedürftigem universal-fatalem Zusammenhang von Leid, Schmerz und Tod, nicht mehr von Harmonie und pantheistischem Aufgehoben-Sein; um Vorstellungen, wie sie im Vorfeld des Darwinismus und ausgehend von Röm. 8, 19 (»Denn das ängstliche Harren der Kreatur wartet auf die Offenbarung der Kinder Gottes.«) breit diskutiert und etwa in Annette von Droste-Hülshoffs bedeutendem letzten Gedicht *An einem Tag wo feucht der Wind* mit bohrender Schärfe exponiert werden (Kühlmann). M.s Gedicht stellt sich unter das Paulus-Motto und perspektiviert die Natur (anders als Droste) dann doch auf die universale Erlösung hin.

Naturmotive sind also in M.s Lyrik beinahe allgegenwärtig. Sie sind nicht auf einzelne Genres beschränkt. Durch ihre enge Verflechtung mit der Problematik von Subjektivität und Erinnerung führen sie nicht selten ins Zentrum seiner Poetik. Daneben wird jedoch das ganze Spektrum der Möglichkeiten abgeschritten: von humoristischer Distanzierung über idyllische Beschwörung bis hin zu gnomischer Allegorisierung. Über die Vorstellung einer zeichenhaft (wenn auch primär individuell) codierten Natur weist M.s Naturlyrik durchaus Verbindungen zum Symbolismus der klassischen Moderne auf, wobei jedoch zu deren hermetischen Tendenzen von M. kein direkter Weg führt.

Literatur

BARNOUW. – Häntzschel, Günter: Naturlyrik. In: Fricke, Harald (Hg.): Reallexikon der deutschen Literaturwissenschaft. Neubearbeitung des Reallexikons der deutschen Literaturgeschichte. Bd. 2. Berlin u. a. 2000, S. 691–693. – HART NIBBRIG. – HEYDEBRAND. – Killy, Walther: Wandlungen des lyrischen Bildes. 7. Aufl. Göttingen 1978, S. 73–93. – Kühlmann, Wilhelm: Das Ende der ›Verklärung‹. Bibel-Topik und prädarwinistische Naturreflexion in der Literatur des 19. Jahrhunderts. In: SchillerJb. 30 (1986), S. 417–452. – B. MAYER, S. 33–39, 55–71. – M. MAYER, S. 22–80. – Peucker, Brigitte: Mörike, Nature Poetry, and the Problem of Belatedness. In: Adams, Jeffrey T. (Hg.): Mörike's Muses. Critical Essays on Eduard Mörike. Columbia, SC 1990, S. 47–59. – RHEINWALD. – Schlaffer, Heinz: Lyrik im Realismus. Studien über Raum und Zeit in den Gedichten Mörikes, der Droste und Liliencrons. Bonn ³1984 (zuerst 1966). – STORZ, S. 41–134, 269–357. – Vischer, Friedrich Theodor: Das Schöne und die Kunst. Zur Einführung in die Aesthetik. Stuttgart 1898. – Weiss, Walter: Enttäuschter Pantheismus. Zur Weltgestaltung der Dichtung in der Restaurationszeit. Dornbirn 1962. – Wild, Reiner: »Am Horizont lüpft sich der Vorhang schon!« Die Eingangsgedichte von Eduard Mörikes Gedichtsammlung als poetisches Programm. In: WILD, S. 9–44. – Wild, Inge; Wild, Reiner: *Ein köstliches Liedchen*. Rokoko-Elemente in der Lyrik Eduard Mörikes. In: Luserke, Matthias; Marx, Reiner; Wild, Reiner (Hg.): Literatur und Kultur des Rokoko. Göttingen 2001, S. 289–307.

Georg Braungart

Liebeslyrik

Mehrere wichtige Etappen in M.s Biographie waren mit Liebesbeziehungen von sehr unterschiedlicher Art und Dauer verbunden, die zugleich wohl die einschneidendsten Erfahrungen in seinem ereignisarmen Leben darstellten. Als Jugendlicher verliebte er sich in seine Cousine Klara Neuffer; in die Jahre 1823/24 fiel die den jungen Dichter offenbar tief erschütternde, in ihren Einzelheiten aber nicht mehr zu rekonstruierende Begegnung mit Maria Meyer. 1829 verlobte sich M., nunmehr auf eine konventionelle bürgerliche Ehe zusteuernd, mit der Pfarrerstochter Luise Rau, doch 1833 wurde die Verbindung – aus unbekannten Gründen – wieder gelöst. 1845 lernte M. schließlich Margarethe Speeth kennen, die er 1851 heiratete; in späteren Jahren überschatteten allerdings Auseinandersetzungen und eine wechselseitige Entfremdung das Verhältnis der Eheleute. Alle diese Beziehungen regten M. zu lyrischem Schaffen an. Gleichwohl ist bei einer biographischen Deutung seiner Liebeslyrik Vorsicht geboten, denn abgesehen davon, dass sich durchaus nicht jedes einschlägige Gedicht mit persönlichen Erlebnissen des Verfassers in Verbindung bringen lässt, muss durchweg die Bedeutung der künstlerischen Formung und Stilisierung in Rechnung gestellt und das lyrische Ich als im Text gestaltete Sprechinstanz sorgfältig vom realen Autor unterschieden werden – auch bei solchen Gedichten, die mit poetischen Mitteln den Anschein authentischen Erlebens evozieren. Das gilt um so mehr, als die intensive und sehr bewusste Beschäftigung mit der literarischen Tradition, die M.s Werk insgesamt in hohem Maße prägt, auch in seiner Liebesdichtung zum Tragen kommt. Viele Gedichte beruhen auf einer reflektierten Aufnahme und Abwandlung vorgeprägter Formen, Redeweisen und Motive, die von vornherein eine gewisse Distanz zu den gestalteten Inhalten schaffen. Wesentliche Bezugspunkte bildeten für M. dabei die Poesie des Rokoko und der Anakreontik, die Liebesdichtung Goethes und die Volkslied-Adaptionen der Romantik – besonders die Sammlung *Des Knaben Wunderhorn* –, seit Mitte der dreißiger Jahre dann auch antike Liebeslyriker, deren Werke er z. T. selbst übersetzte.

M.s poetisches Verfahren, sich höchst unterschiedliche überlieferte Muster individuell anzueignen, bietet darüber hinaus zumindest *eine* Erklärung für die verblüffende Vielfalt, die seine Liebeslyrik in jeder Hinsicht auszeichnet. Mit Blick auf ihren Facettenreichtum kann man M.s Liebesdichtung in der deutschen Literatur wohl nur mit derjenigen Goethes vergleichen. Vielfältig ist schon das Spektrum der verwendeten Formen. M. wählt zwar überwiegend entweder verhältnismäßig einfache, liedhafte Reimstrophen oder die antike Form des elegischen Distichons, daneben kommen aber beispielsweise reimlose freie Rhythmen vor (*Peregrina II* und *III*); andererseits hat M. mehrfach die strenge Sonettform verwendet, die seit Petrarca eng mit dem Liebesthema verbunden ist, und einmal findet sich auch eine Stanze (*Peregrina I*). Vielfalt kennzeichnet des Weiteren M.s Handhabung der lyrischen Tonlagen und der Sprechsituationen. Die Tonfärbungen reichen vom ›naiven‹ Volkston über den scherzhaft-ironischen Gestus bis hin zu einer gehobenen Sprache mit erlesener Metaphorik. Die meisten Gedichte bieten eine erzählende Darstellung von Liebeserlebnissen oder die monologische Gefühlsaussprache eines lyrischen Subjekts – auffallend ist hierbei der hohe Anteil der Rollengedichte –, doch gelegentlich gestaltet M. auch die Anrede eines Sprechers an seine Geliebte oder abstrakt-gedankliche Reflexionen über das Wesen der Liebe; nicht zuletzt gibt es mannigfaltige Kombinationen dieser Varianten. Sehr breit ist schließlich auch die Skala der ›Liebeskonzeptionen‹, die in den Gedichten zum Ausdruck kommen: Liebe begegnet in M.s Lyrik als dämonische Gewalt des Eros, als harmonische sinnliche Erfüllung, als religiös überhöhte mystische Erfahrung oder als heiter-souveränes erotisches Spiel. Dagegen erlangt das um 1800 vor allem durch die Dichtung etablierte und überaus wirkungsmächtige ›romantische‹ Konzept, das geistig-körperliche Liebe und Ehe miteinander verknüpft, bei M. bemerkenswerterweise fast gar keine Bedeutung.

In chronologischer Hinsicht weist M.s liebeslyrisches Schaffen drei deutliche Schwerpunkte auf, die in die Jahre 1828–1830, 1837/38 und 1845/46 fallen und sich so mit den quantitativen Schwerpunkten seiner lyrischen Produktivität überhaupt decken. Es ist nicht möglich, die verschiedenen poetischen Liebeskonzeptionen und die bevorzugten Formen jeweils einzelnen dieser Phasen zuzuweisen, denn die Komplexität von M.s Liebesdichtung verweigert sich einem solchen einfachen Schema. Gewisse Beziehungen zwischen formalen Aspekten, inhaltlichen Gesichtspunkten und der Werkchronologie lassen sich aber durchaus feststellen, und auf dieser Basis wird das umfangreiche Textkorpus im folgenden Überblick geordnet. Berücksichtigung finden dabei auch Werke, die man eher als ›erotisch‹ bezeichnen müsste, während Gedichte an Freunde und Verwandte M.s ausgespart bleiben, obwohl sie im Grunde gleichfalls Formen von ›Liebe‹ thematisieren. Ausgeblendet wird ferner das Phänomen einer erotisch getönten Naturerfahrung, das sich vor allem in M.s früher Lyrik findet, etwa in *Gesang zu zweien in der Nacht* (1825) und in *Mein Fluß* (1828).

Die Bemerkung im *Lied vom Winde* (1828), dass Liebe zwar »ewig«, aber »nicht immer beständig« sei, spricht offenbar eine Grunderfahrung M.s aus; jedenfalls verweist sie auf ein zentrales Sujet seiner Liebesgedichte (wie auch mehrerer seiner Prosawerke), nämlich auf den engen Zusammenhang von Liebe, Untreue und Schuld. Die Unmöglichkeit einer vollständigen und dauerhaften liebenden Vereinigung wird in der ersten Strophe von *Neue Liebe* (1846) besonders prägnant formuliert: »Kann auch ein Mensch des andern auf der Erde / Ganz, wie er möchte, sein? / – In langer Nacht bedacht ich mir's, und mußte sagen, nein!« Das Gedicht stellt dieser beängstigenden Einsicht die unwandelbare Liebe Gottes gegenüber. Meist geht es M. aber um die Auseinandersetzung mit den Folgen der Treulosigkeit, mit den Gefühlen der Einsamkeit und der Schuld. Dies gilt bereits für das Gedicht *Nächtliche Fahrt* (1823), das wohl mit dem Ende der Beziehung zu Klara Neuffer in Verbindung zu bringen ist; hier findet sich auch schon die für M. gleichfalls typische Unklarheit der Schuldzuweisung, die sich in der zwielichtigen Traumatmosphäre spiegelt. Im *Peregrina*-Zyklus, dessen erste Fassung (1824–28) aus der Begegnung mit Maria Meyer und der Trennung von ihr hervorging, spielen Fragen von Untreue und Schuld ebenfalls eine bedeutsame Rolle. Die Arbeit an diesen Gedichten, die er über Jahrzehnte hinweg fortsetzte, scheint für M. die Funktion eines Therapeutikums gehabt zu haben: Traumatische Erlebnisse – der Dichter selbst spricht noch 1843 von seiner »Nolimetangere-Vergangenheit« (HKA 14, S. 96) – sollten in der poetischen Bearbeitung ›aufgehoben‹ werden.

Mit besonderer Vorliebe gestaltet M. das Thema der Untreue bzw. der enttäuschten Liebe in Rollengedichten, die Frauenfiguren in den Mund gelegt sind: *Das verlassene Mägdlein* (1829), *Agnes* (1831), *Ein Stündlein wohl vor Tag* (1837), *Suschens Vogel* (1837) und noch das späte Gedicht *Die Tochter der Heide* (1861) gehören hierher. Die meisten dieser Dichtungen zeichnen sich durch eine kunstvoll-›naive‹, leicht archaisierende Sprache aus, die den archetypischen Charakter der Situation und der entsprechenden Empfindungen andeutet und damit das individuelle seelische Erleben auf eine allgemeinere Ebene hebt. Aus der biographischen Perspektive liegt die Vermutung nahe, dass M. auch mit diesen Werken eigene bedrängende Erfahrungen zu bewältigen versuchte, indem er sie gleich in mehrfacher Hinsicht poetisch ›verfremdete‹. Konventioneller wirkt dagegen *Der Schatten* (1855), eine weitere späte, diesmal balladenhafte Variation des Themas: Hier wird auf der Basis patriarchalischer Normen eine Schuldzuweisung von rigoroser Eindeutigkeit vorgenommen.

Die Gedichte, die M. im Frühjahr und Frühsommer 1830 in rascher Folge schrieb und an Luise Rau schickte, bilden unter den Gesichtspunkten von Entstehung, Form, Stil und Thematik eine eigene, verhältnismäßig geschlossene Gruppe innerhalb seiner Liebeslyrik. Es handelt sich um eine Reihe von Sonetten, von denen fünf als Zyklus *An L.* in den *Maler Nolten* eingebettet wurden, wo sie als Gegengewicht zu den *Peregrina*-Gedichten fungieren. Die Sonette nehmen eine sehr weitgehende Stilisierung der Geliebten vor, die als engelsgleiches Ideal kaum individuelle Züge aufweist und, sofern sie überhaupt als Person in Erscheinung tritt, nahezu keine körperliche Präsenz besitzt (besonders in *An die Geliebte*). Der Schwerpunkt der Darstellung liegt daher auf dem lyrischen Ich und seinen Empfindungen, die der Geliebten eigentlich nur als Auslöser bedürfen: Im Grunde werden hier einsame Erfahrungen des Subjekts zur Sprache gebracht. Die Liebesleidenschaft ist in diesen Dichtungen zu einem religiös-mystischen Erlebnis gesteigert und damit aufs Äußerste sublimiert, was sich nicht zuletzt in der von M. sonst kaum verwendeten strengen Sonettform, dem überwiegend stark reflektierenden Grundzug und dem gehobenen, mitunter geradezu pathetischen Stil manifestiert.

Während die Sonette an Luise Rau den Bereich von Sinnlichkeit und Erotik konsequent ausblenden, bilden Sexualität und erotisches Begehren in einem erheblichen Teil von M.s Liebeslyrik einen beherrschenden Themenkomplex. Da erotische Leidenschaft in diesen Gedichten ebenso als erschreckende und bedrohliche wie als beglückende Erfahrung erscheinen kann, ergibt sich ein zwiespältiges Gesamtbild. Generell sind sämtliche einschlägigen Texte vor dem Hintergrund einer Zeit zu sehen, in der die rigorose bürgerliche Moral ein offenes Sprechen über Sexualität und Erotik sehr erschwerte oder gar unmöglich machte. Der gesellschaftliche Zwang zur Zügelung triebhafter Regungen rief oftmals schwerwiegende psychische Konflikte hervor. M. setzte sich vor allem in *Maler Nolten* eingehend mit solchen sozialpsychologischen Phänomenen auseinander, aber auch manche Briefpassagen belegen seine Sensibilität auf diesem Gebiet und dokumentieren seine Suche nach individuellen Möglichkeiten zur Bewältigung seelischer Spannungen. So schreibt er am 22. Januar 1832 an Luise Rau, dass die herrschende Sitte sie nötige, während der Verlobungszeit »in zwei wohlseparirten Stübchen« zu schlafen; er phantasiert aber zugleich mit dem Licht des Mondes und den sehnsüchtigen Träumen vermittelnde Instanzen, die diese erzwungene Trennung überbrücken (HKA 11, S. 244). Seine Fähigkeit, die gebotene Sublimierung des Begehrens in eine Quelle poetischer Produktivität zu verwandeln, deutet sich in derartigen Überlegungen bereits an (vgl. Sautermeister).

Auf der anderen Seite hatte die Tabuisierung des Sexuellen in der zeitgenössischen Gesellschaft eine tief verwurzelte Angst vor den undomestizierten Trieben zur Folge, deren Gewalt die Selbstkontrolle des bürgerlichen Menschen zu sprengen drohte. In diesem Zusammenhang ist die *negative* Spielart der erotischen Verlockung bei M. zu verstehen, die vor allem in Gedichten und Balladen der zwanziger Jahre begegnet. In *Der Feuerreiter* (1824) erscheinen die Triebregungen im Bild der Feuersbrunst als elementare, verschlingende Macht, im *Peregrina*-Zyklus (1824–28) als sündhafte Verführung zum Selbstverlust, in *Die schlimme Greth und der Königssohn* (1828) als magische Kraft, die den Mann überwältigt.

M. war aber eben auch in der Lage, erotisches Erleben (oder die Sehnsucht danach) *positiv* als lustvollen Genuss darzustellen. Die Offenheit, mit der dies etwa in *Nimmersatte Liebe* (1828) geschieht, ist dabei freilich eher die Ausnahme; in der Regel bediente sich der Dichter kunstvoller poetischer Verhüllungen. Damit nahm er zum einen zweifellos Rücksicht auf die Moralvorstellungen des zeitgenössischen Publikums, zum anderen mag eine solche Distanznahme für M. selbst eine unabdingbare Voraussetzung für die Gestaltung angstfreier Sexualität und sinnlichen Begehrens gewesen sein. Die Verhüllung erfolgt in den entsprechenden Gedichten in sehr unterschiedlicher Form. *Schön-Rohtraut* (1838) beispielsweise entrückt das erzählte Geschehen in die zeitliche und räumliche Unbestimmtheit einer archaischen Balladenwelt; *Der Gärtner* (1837) kleidet die gewagten erotischen Wünsche in die Rollenrede eines stark typisierten lyrischen Subjekts und versteckt sie überdies hinter metaphorischen Wendungen – als Gegenstück aus weiblicher Rollenperspektive kann *Erstes Liebeslied eines Mädchens* (1828) angeführt werden; *Scherz* (1829) entfaltet das Thema als ironisches Spiel, das den Leser mit einbezieht und – wie auch mehrere andere Liebesdichtungen M.s – Elemente des Rokoko aufnimmt (vgl. Wild). Eine besonders wichtige Funktion erhält in diesem Kontext aber die antikisierende Formgebung vieler Gedichte.

Die Aneignung antiker Formen, in erster Linie des Distichons, trug erheblich zu dem Kreativitätsschub M.s bei, der 1837 einsetzte und mit einigen Schwankungen ungefähr zehn Jahre lang andauerte. M. übersetzte nicht nur Werke griechischer und römischer Dichter, sondern machte sich manche ihrer Formen und Themen auch für eigene lyrische Schöpfungen zunutze. Neben den unmittelbaren Bezug auf die antike Literatur trat dabei die Vermittlung durch das Rokoko und die Dichtung des klassischen Goethe, die ihrerseits bereits auf die Antike zurückgegriffen hatten. Von solchen Impulsen profitierte hauptsächlich M.s Liebes- bzw. erotische Lyrik, die zunächst 1837/38 und dann, offenbar angeregt durch die Bekanntschaft mit Margarethe Speeth, noch einmal 1845/46 besonders breiten Raum in seiner poetischen Produktion einnahm. Die antikisierende Einkleidung eröffnete schon deshalb größere Freiräume bei der Gestaltung des Erotischen und des sinnlichen Verlangens, weil sie den Kunstcharakter der Gedichte hervorkehrte und so von vornherein der Illusion erlebnishafter Authentizität entgegenwirkte. Außerdem konnte sich der Dichter durch die bildungsbürgerlichen Konventionen, die der griechisch-römischen Kultur einen hohen Stellenwert einräumten, und durch das Vorbild anerkannter antiker Liebeslyriker wie Anakreon, Catull oder Tibull gedeckt fühlen. Die Aufmerksamkeit der Rezipienten richtete sich mithin weniger auf die dargestellten Inhalte als vielmehr auf die kunstreiche Erfüllung eines vorgegebenen strengen Formmusters und den souveränen Umgang mit tradierten Motiven und Stilelementen. Unter diesen Bedingungen entstanden beispielsweise *Versuchung* (1844) und *Götterwink* (1845) sowie die scherzhaft-spielerische Umsetzung einer ausgefallenen erotischen Phantasie in *Weihgeschenk* (1846). Allerdings verwendete M. die antike Form gelegentlich auch zur feierlichen Stilisierung des Liebesthemas in gehobenem Ton, etwa in *Datura suaveolens* (1846).

Die hohe Bewusstheit von M.s literarischem Schaffen manifestiert sich innerhalb seiner antikisierenden Liebeslyrik in einer Reihe von poetologischen Gedichten, die ausdrücklich auf das Verhältnis von Liebe und Dichtung eingehen. Manche von ihnen verweisen direkt auf die Vorbilder aus der Antike, wobei M. die Perspektive variiert: Wenn *Tibullus* (1837) den römischen Elegiker als »liebekrank« schildert, wird Liebe als Quelle der poetischen Inspiration bestimmt; *Mit einem Anakreonskopf und einem Fläschchen Rosenöl* (1845) reflektiert dagegen implizit die Rolle des modernen Autors als die eines ›Epigonen‹ der antiken Lyrik und definiert Liebe als Bedingung angemessener *Rezeption* von Liebesdichtung. In anderen Fällen spricht das lyrische Subjekt selbst in der Rolle des Dichters und inszeniert dabei unmittelbar die Einheit von Poet und Liebendem, die Analogie von künstlerischer Kreativität und erotischem Erleben. Mit dieser Verknüpfung schließt sich M. wiederum einer literarischen Tradition an, die bis zu Catull und Properz zurückreicht und der beispielsweise auch die Anakreontik des 18. Jh.s sowie Goethes *Römische Elegien* verpflichtet sind. *Lose Waare* (1837) lässt Amor als Tintenverkäufer auftreten und setzt auf diese Weise die Idee von der Anregung des Dichters durch die Liebe in eine heitere, rokokohafte Handlung um, und *Keine Rettung* (1838?) – das einzige unter den hier behandelten Gedichten, das M. nicht in seine Sammlung aufgenommen hat – formuliert als Monodistichon in äußerster Konzentration die Einheit von »Kunst« und »Eros«. In *Leichte Beute* (vor 1838) schließlich wird eine Parallele zwischen der gelingenden poetischen Arbeit und dem erfolgreichen Liebeswerben hergestellt. Dass sich die Produktivität des Dichters nicht mit der von der bürgerlichen Gesellschaft geforderten Triebsublimierung, sondern mit einem ungetrübten leidenschaftlichen Genuss verbindet, dürfte freilich ein Wunschbild gewesen sein, das mit M.s Lebensrealität wenig zu tun hatte. Die antikisierende Poesie bot ihm aber die Möglichkeit, zumindest in der künstlerischen Imagination einen solchen Einklang als Ideal zu entwerfen.

Literatur

BRUCH, S. 86–112. – FLIEGNER, S. 50–55. – HEYDEBRAND. – Heydebrand, Renate von: »Unbekanntes Wehe?« Zum Geschlechterverhältnis in Eduard Mörikes Liebeslyrik. In: BRAUNGART / SIMON. – Sautermeister, Gert: Die Geburt des Gedichts aus dem Geiste des Eros. Zur Liebeslyrik Mörikes. In: Müller, Thomas; Pankau, Johannes G.; Ueding, Gert (Hg.): »Nicht allein mit den Worten«. Fs. für Joachim Dyck zum 60. Geburtstag. Stuttgart-Bad Cannstatt 1995, S. 156–166. – Wild, Inge; Wild, Reiner: Ein köstliches Liedchen. Rokoko-Elemente in der Lyrik Eduard Mörikes. In: Luserke, Matthias; Marx, Reiner; Wild, Reiner (Hg.): Literatur und Kultur des Rokoko. Göttingen 2001, S. 289–307.

Ulrich Kittstein

Balladen

Die Kunstballade war noch eine verhältnismäßig junge Gattung, als M. sich ihr 1824 erstmals zuwandte, hatte aber in den vorangegangenen Jahrzehnten bereits eine reiche Entfaltung erlebt. Durch Gottfried August Bürger, dessen *Lenore* der Gattungsentwicklung wichtige Impulse gab, die Schöpfungen Goethes und Schillers aus dem ›Balladenjahr‹ 1797 und die Werke der Romantiker war ihr ein breites Themenspektrum erschlossen worden, das von der Behandlung weltanschaulicher und religiöser Fragen über die (oft verhüllte) Auseinandersetzung mit aktuellen politischen und sozialen Problemen bis hin zur poetologischen Reflexion reichte. Auch im literarischen Schaffen der ›Schwäbischen Schule‹ um Uhland, Kerner und Schwab, mit der M. in Verbindung stand, nahm die Ballade einen zentralen Platz ein. Überdies erfreute sich die Gattung in der Biedermeierzeit großer Beliebtheit bei einem breiteren Lesepublikum.

Für eine Darstellung von M.s Balladenwerk bedarf es zunächst einer präzisen Gattungsbestimmung, die zu entscheiden erlaubt, welche seiner Texte überhaupt als Balladen anzusprechen sind. M. hat zu dieser Frage niemals systematische Überlegungen angestellt, und die Anordnung seiner Gedichtsammlung gibt ebenfalls keinen Aufschluss über seinen Gattungsbegriff; da er die Texte nicht in Rubriken zusammenfasste, findet sich hier, anders als in vielen zeitgenössischen Lyriksammlungen, keine separate Sparte ›Balladen‹. Lediglich das Gedicht *Des Schloßküpers Geister zu Tübingen* führt den Untertitel *Ballade* (mit der Ergänzung *bei'm Weine zu singen*), während im Titel sowohl des *Feuerreiters* als auch der *Schlimmen Greth* ursprünglich die Bezeichnung *Romanze* erschien, die M. in seinen Briefen außerdem für *Die traurige Krönung* (HKA 12, S. 47; HKA 13, S. 13), *Schön-Rohtraut* (HKA 15, S. 72) und *Der Schatten* (HKA 16, S. 249) verwendet. Allerdings gebrauchte der Dichter die beiden Termini offenbar synonym, wie es zu seiner Zeit ohnehin üblich war; so nennt er *Die schlimme Greth* gelegentlich auch eine »Ballade« (HKA 13, S. 228), und dasselbe gilt für *Der Schatten* (HKA 16, S. 258, 266f.).

Im Folgenden soll im Interesse einer klaren Abgrenzung des Textkorpus die von Hartmut Laufhütte erarbeitete wissenschaftliche Bestimmung der Ballade zugrunde gelegt werden. Entgegen der viel zitierten Ansicht Goethes, dass die Ballade als ›Ur-Ei‹ die drei Grundgattungen Epik, Lyrik und Drama in sich vereine, ordnet Laufhütte sie der epischen Gattung zu: Eine Erzählinstanz, die ganz unterschiedlich gestaltet sein kann, vermittelt einen begrenzten und meist einsträngigen Vorgang, dessen Darbietung oft der Veranschaulichung allgemeinerer, über das konkrete Geschehen hinausweisender Aussageabsichten dient, die der Leser zu erschließen hat. Da die Ballade mithin kein lyrisches Ich kennt, das seine Befindlichkeit und seine Stimmung artikuliert, beschränkt sich ihre Verwandtschaft mit dem lyrischen Gedicht auf formale Aspekte wie den verhältnismäßig geringen Umfang und die Verwendung des Verses, meist auch des Reims und der strophischen Gliederung. ›Dramatisch‹ kann eine Ballade nicht im gattungssystematischen, sondern allenfalls im übertragenen Sinne genannt werden. Texte, die zwar erzählende Züge oder Partien aufweisen, sie aber der Artikulation eines lyrischen Ichs unterordnen, gehören nicht der Gattung Ballade an. Im Hinblick auf M. ist die Abgrenzung der Ballade vom Rollengedicht von besonderem Interesse: Das Rollen-Ich ist ein lyrisches Ich, dessen Selbst- und Gefühlsaussprache allenfalls »Vorgangsreminiszenzen« einbezieht (Laufhütte, S. 359); folglich muss das Rollengedicht als lyrisches Werk angesehen und von der Ballade mit ihrer epischen Vorgangsgestaltung unterschieden werden. M. hat eine ganze Reihe von Rollengedichten mit sehr unterschiedlichen Sprecherfiguren geschrieben. Neben bekannten Beispielen wie *Das verlassene Mägdlein*, *Der Gärtner* oder *Gesang Weyla's* sei das späte Gedicht *Die Tochter der Heide* (1861) hervorgehoben, weil es in der Forschung häufig, aber zu Unrecht als Ballade eingestuft wird. Hier finden sich tatsächlich nur »Vorgangsreminiszenzen« – in den Rachephantasien der von ihrem Geliebten verlassenen Sprecherin –, die einzig und allein als Mittel der Selbstaussprache eines lyrischen (Rollen-)Ichs fungieren.

Legt man bei einer Musterung von M.s Versdichtungen die oben skizzierten Maßstäbe an, so erweist sich die Zahl der Balladen als erstaunlich gering: *Der Feuerreiter* (1824), *Des Schloßküpers Geister zu Tübingen* (1827), *Die schlimme Greth und der Königssohn* (1828), *Die traurige Krönung* (1828), *Die Geister am Mummelsee* (1828?), *Schiffer- und Nixen-Märchen* (1828–37), *Schön-Rohtraut* (1838) und *Der Schatten* (1855). Hinzu kommen einige Grenzfälle, die hier nicht berücksichtigt werden können. Der Schwerpunkt von M.s Balladenschaffen liegt also in den Jahren zwischen 1824 und 1828; später hat das Interesse des Dichters an dieser Gattung deutlich abgenommen, vor allem seit um die Mitte der dreißiger Jahre die intensive Beschäftigung mit antikisierenden Formen einsetzte. Dass die Ballade in M.s Werk unterrepräsentiert ist, fiel bereits Hermann Kurz auf, der den Freund bei der Zusammenstellung seiner ersten Gedichtausgabe beriet und ihm am 5. Juli 1837 schrieb: »Wenn die Muse Ihnen noch eine Romanze bescheren wollte […], so wollte ich's gerade diesem etwas schwach bemannten Posten sehr gönnen« (BRIEFWECHSEL KURZ, S. 56). M. räumte ein, dass eine »Zugabe zu den Romanzen« in der Tat wünschenswert sei (HKA 12, S. 119), und konnte immerhin noch die Ballade *Schön-Rohtraut* nachliefern, die im März 1838 geschrieben wurde.

Nach ihrer äußeren Gestalt lassen sich M.s Balladen in zwei Gruppen einteilen, die auf die klassische bzw. die romantische Ausprägung der Gattung verweisen. Wie Goethe und Schiller, die ihre Balladendichtung nicht zuletzt als Übung im künstlerischen ›Handwerk‹ betrachteten und höchst artifizielle Texte mit eigens für sie entworfenen Strophenformen schrieben, hat auch M. die Gattung mehrfach dazu genutzt, seine Virtuosität in der Entwicklung und Handhabung komplizierter Strophenschemata zu erproben. Unter diesem Gesichtspunkt treten *Der Feuerreiter*, *Die traurige Krönung*, *Die Geister am Mummelsee* und *Schön-Rohtraut* zusammen, in denen die differenzierte Binnengliederung der Strophen jeweils kunstvoll mit dem Gehalt der Texte verknüpft ist. Von diesen Balladen können *Des Schloßküpers Geister zu Tübingen*, *Die schlimme Greth und der Königssohn* sowie *Der Schatten* unterschieden werden, die in schlichten vierzeiligen Strophen verfasst sind und das Vorbild der romantischen, an den einfachen Formen von *Des Knaben Wunderhorn* orientierten Balladendichtung spüren lassen.

Schon Friedrich Theodor Vischer konstatierte, dass M. bei der Wahl der Stoffe für seine Balladen ein bestimmtes Gebiet bevorzugte: »Die Phantasie, in der Dämmerung volksthümlichen Bewußtseins schweifend, irrt gerne in das Reich der Wunder, der Phantasmagorie hinüber, und in dieser Art ist denn Alles, was uns der Dichter von *Balladen* und *Romanzen* gibt. Kein historischer Stoff im engeren oder weiteren Sinne, lauter mythische, mährchenhafte« (Vischer, S. 19). Tatsächlich schildert M. fast durchweg phantastische, oft gespenstisch-unheimliche oder zumindest rätselhafte Vorgänge. Eine Ausnahme bildet *Schön-Rohtraut*, wo keine Elemente des Übernatürlichen und Schaurigen begegnen; doch auch hier ist das Geschehen in einer märchenhaft entrückten Welt angesiedelt. Dagegen behandelt der Dichter nirgends ein verbürgtes Ereignis oder eine historische Persönlichkeit; auch *Die traurige Krönung* und *Der Schatten* bieten jeweils nur vage Hinweise auf eine (pseudo-)historische Situierung des Erzählten. Diese auffallende Zurückhaltung, die M. insbesondere von seinem Landsmann Ludwig Uhland unterscheidet, erklärt sich vermutlich aus seiner allgemeinen Abneigung gegen vorgegebene, der Geschichte entnommene Stoffe: Sein auf das dramatische Schaffen gemünztes Bekenntnis, ihm sei »bei der willkührlichen Verarbeitung des Historischen von jeher ein difficiles Gewissen im Wege« gewesen (HKA 11, S. 289), darf wohl auch auf die Balladendichtung bezogen werden. Neben der historischen fehlt bei M. die soziale bzw. sozialkritische Ballade, die im Biedermeier sonst durchaus vorkommt, und schließlich geht seinen Balladen auch jener didaktische Charakter ab, der vielen einschlägigen Werken zeitgenössischer Dichter eigen ist.

Gleich am Anfang von M.s Balladenschaffen steht mit *Der Feuerreiter* sein zweifellos bedeutendster Versuch in dieser Gattung. Vor allem in seiner ursprünglichen, nur vier Strophen umfassenden Form gibt der Text dem Leser manche Rätsel auf, weil er ihm wichtige Informationen über Ablauf und Hintergrund des Geschehens vorenthält. In der älteren Forschung wurde der Protagonist meist als dämonische Personifikation des feurigen Elements aufgefasst; neuere Arbeiten haben demgegenüber die verborgenen Bezüge zur Französischen Revolution aufgedeckt. Vor allem Herbert Bruch gelangt in seiner umfangreichen Analyse zu einer differenzierten Einschätzung, indem er die einzelnen Motive der Ballade sowohl mit der revolutionären Erhebung als auch mit dem Ausbruch sexueller Triebenergien in Verbindung bringt und den Text als »Darstellung einer unkontrollierten und entgrenzenden Affektentladung« interpretiert (BRUCH, S. 86). Die gängige Etikettierung als

›naturmagische Ballade‹ erweist sich damit als oberflächlich und irreführend. Dem *Feuerreiter* lässt sich die Ballade *Die schlimme Greth und der Königssohn* an die Seite stellen. Ihr beträchtlicher Umfang, die schlichte, volksliedmäßige Form und die an ein Märchen erinnernde Figurenkonstellation ›Königssohn – Hexe‹ verleihen ihr zwar in vieler Hinsicht ganz andere Züge, doch in ihrer Thematik sind beide Werke eng miteinander verwandt: Die zentrale Bedeutung der sexuellen Verlockung tritt in *Die schlimme Greth* sogar weitaus deutlicher hervor, und eine frühe Fassung der Ballade verknüpft die Macht der erotischen Leidenschaft auch unmissverständlich mit der Revolution. In Greths Zauberkunst manifestiert sich die bedrohliche Überlegenheit, die die Frau durch ihre sexuelle Anziehungskraft gewinnt und auf die der Mann mit einer Mischung von Faszination und Angst reagiert. Diese Ambivalenz erreicht ihren Höhepunkt in den letzten Strophen: Die Geliebte selbst verlockt den Königssohn dazu, das an früherer Stelle ausgesprochene Verbot (»›Wißt, / Eine Jungfrau muß ich bleiben‹«) zu übertreten – Greths »Gürtel«, ein altes Symbol der Jungfräulichkeit, droht bereits »zu Schaden« zu kommen –, aber er muss dafür mit seinem Leben bezahlen. Freilich stechen beim Vergleich mit dem *Feuerreiter* auch die Mängel dieser Ballade hervor, die unter ihrer allzu großen Länge und »einer gewissen Überfracht von Situationen und Motiven« leidet (STORZ, S. 276).

Die Nähe von erotischer Verlockung und tödlicher Bedrohung spielt auch in den *Schiffer- und Nixen-Märchen*, die seit 1828 über einen längeren Zeitraum hinweg entstanden sind, eine wichtige Rolle, diesmal verbunden mit dem Element des Wassers. Allerdings können aus dieser Gruppe nur die Texte I, III und IV als Balladen gelten, denn das zweite Stück, *Nixe Binsefuß*, ist ein Rollengedicht mit einer kurzen, die Situation umreißenden Einleitung, das sich übrigens aufgrund seiner heiteren Atmosphäre auch inhaltlich nicht ganz in den Rahmen des ansonsten düster-schaurigen Zyklus einfügt. Der erste Text der Reihe, *Vom Sieben-Nixen-Chor*, erzählt in reimlosen vierhebigen Trochäen, die zeitgenössische Autoren gerne für die Gestaltung exotischer Stoffe benutzten, die Geschichte vom Magier Drakone und der Prinzessin Liligi. Die eingefügten »Kindermärchen«, die Drakone vorträgt und die am Ende unversehens mit der fiktiven Realität der Rahmenhandlung zusammenfließen, sind dagegen in vierzeiligen Strophen mit Kreuzreim abgefasst. Sie variieren einmal mehr die bei M. so häufige Konstellation von verführerisch-elementarer Weiblichkeit und hilflos ausgeliefertem männlichem Gegenüber, während der Rahmen eine bemerkenswerte Umkehrung dieses Schemas präsentiert: Hier erscheint ein Mann, der sich für seine Zwecke der Poesie ebenso wie der Erotik bedient, als zauberkundiger Verführer, die edle Frau als sein unschuldiges Opfer. Im dritten Stück des Zyklus fallen die *Zwei Liebchen* dem unberechenbaren Wassergeist Frau Done zum Opfer; *Der Zauberleuchtthurm* schließlich gestaltet in unstrophischen, paargereimten Vierhebern erneut das Thema der tödlich endenden Verführung durch eine dämonische Frau, und zwar in Form einer eigenwilligen Abwandlung des bereits von Brentano und Heine bearbeiteten Lorelei-Motivs.

Während das Gedicht *Des Schloßküpers Geister zu Tübingen* mit der Geschichte der »acht Studiosen«, die als Strafe für ihren verbotenen Bierkonsum in Kegel verwandelt werden, nur als einziger Versuch M.s auf dem Gebiet der komischen Ballade erwähnt werden muss, verdient *Die traurige Krönung* einen detaillierteren Kommentar. Bei flüchtiger Betrachtung scheint es sich um eine typische ›totenmagische‹ Ballade zu handeln, denn der Mörder Milesint stirbt augenscheinlich bei der Konfrontation mit dem Wiedergänger des Opfers seiner Machtgier. Indes gestattet der erzählte Vorgang auch eine ebenso plausible psychologische Deutung, nach der man in der vermeintlichen Spukerscheinung die Manifestation bislang verdrängter Gewissensängste zu sehen hätte, die der König in seiner exaltierten Verfassung (»irr«, »wie trunken«) nicht mehr zu unterdrücken vermag: Ausgelöst durch seinen Wunsch, sich im Anblick der Krone »noch einmal« seines neu erworbenen Ranges zu versichern, spielt sich vor Milesints Augen ein Geschehen ab, das anschaulich darstellt, wie er tatsächlich an diese Krone gekommen ist – der ermordete Neffe bringt ihm buchstäblich das Symbol der Herrschaft. Die zuvor auktoriale Erzählsituation würde demnach am Ende der zweiten Strophe unmerklich in eine personale hinübergleiten, und das »seltsam Totenspiel« wäre lediglich eine aus der subjektiven Perspektive Milesints geschilderte Wahnvorstellung. Da der Leser nicht erfährt, ob Milesints Sohn den Geisterzug ebenfalls wahrnimmt – der dann kein bloßes Produkt der erregten Phantasie und des schlechten Gewissens des Königs sein könnte –, ist eine definitive Entscheidung für eine der beiden Deutungsalternativen unmöglich. Die Komplexität dieses Textes widerlegt das Vorurteil, dass jede totenmagische Ballade eine archaisch-mythische Weltanschauung voraussetze und ausschließlich auf emotionalisierende Wirkungen ziele.

Die Ballade *Die Geister am Mummelsee* findet sich in der Gedichthandschrift für Dorchen M. von 1828, wurde im folgenden Jahr erstmals gedruckt und erschien dann 1832 in *Maler Nolten* als Teil des Schattenspiels *Der lezte König von Orplid* (HKA 3, S. 132 f.). Als Entstehungsdatum wird zumeist 1828 angesetzt, doch könnten die Verse auch bereits in der verlorenen Urfassung des *Orplid*-Spiels von 1825 gestanden haben. Zunächst sei die separat veröffentlichte Version betrachtet, die auch in M.s Gedichtsammlungen aufgenommen wurde. Der Vorgang, ein gespenstisches mitternächtliches Begräbnis, wird hier in einer Form vermittelt, die in M.s Balladen sonst nicht begegnet: Das Geschehen ist dem Leser nur über den szenischen Dialog zweier fiktiver Beobachter zugänglich. Konkrete Angaben über die Hintergründe des sonderbaren Ereignisses sowie über die beteiligten Personen einschließlich der Sprecher selbst sucht man vergebens, denn die eingestreuten Hinweise (»Totengeleit«, »König / Zauberer«, »Geister vom See«, »glänzende Frau«) eröffnen zwar weite Assoziationsspielräume, erlauben aber kein eindeutiges Verständnis. Im Mittelpunkt der Ballade stehen daher weniger Sinn und Bedeutung des Vorgangs, die dem Leser verschlossen bleiben, als vielmehr die durch seinen Anblick erzeugten Stimmungen. Der gespannten Neugier des Beginns (Str. 1) folgen die gebannte Beobachtung des sich bietenden Schauspiels (Str. 2–5) und schließlich panische Angst, als die Betrachter sich in das Geschehen hineingerissen fühlen (Str. 6), wobei freilich ungewiss bleibt, ob sie tatsächlich gefährdet sind oder nicht eher ihrer erhitzten Phantasie zum Opfer fallen. Als Teil des Schattenspiels im *Maler Nolten* stellen die Verse keine *Ballade* mehr dar, sondern ein Gespräch zweier Protagonisten des Dramas, die, der Regieanweisung zufolge, einen zum Mummelsee herabschwebenden »Leichenzug von beweglichen Nebelgestalten« vor sich sehen (HKA 3, S. 132). Die im Wortlaut nur geringfügig veränderten Strophen nehmen aber vor allem deshalb einen ganz anderen Charakter an, weil der Assoziationsspielraum durch den Kontext des Stückes erheblich eingeschränkt wird. Die von zwei Feenkindern beobachtete und kommentierte gespenstische Erscheinung fungiert in diesem Erlösungsdrama als Vorausdeutung auf den ersehnten Tod des tausendjährigen Königs Ulmon, und so lassen sich hier auch die einzelnen Anspielungen im Text konkretisieren: Der »König«, der zu Grabe getragen wird, ist Ulmon, die »glänzende Frau« seine Gattin Almissa.

Die Ballade *Schön-Rohtraut* schildert in äußerst komprimierter Form Vorgeschichte, Gegenwart und Wirkung einer momentanen, intensiven Glückserfahrung. Die ersten beiden Strophen bieten eine Exposition, wobei in die berichtenden Passagen die Gefühlsaussprache des »Knaben« eingeschoben ist und der Refrain »Schweig stille, mein Herze!« die (vermeintliche) Hoffnungslosigkeit der kühnen Wünsche von Rohtrauts Verehrer ausdrückt. In der dritten Strophe, die das Geschehen rasch auf den Höhepunkt des Kusses führt, ändert der Refrain seine Bedeutung: Der Augenblick der Erfüllung bringt die Sehnsucht zum Schweigen. Wenn in der letzten Strophe schließlich die Bedeutung dieses Erlebnisses für die Zukunft reflektiert wird, wandelt sich die Funktion des Refrains erneut: Die Erinnerung an den flüchtigen Moment des Glücks bedeutet fortan die höchste Seligkeit und lässt keine Wünsche mehr offen.

Mit *Der Feuerreiter*, *Die traurige Krönung*, *Die Geister am Mummelsee* und *Schön-Rohtraut* hat M.s schmales Balladenwerk mehrere herausragende Leistungen aufzuweisen. Dass nicht alle Balladen des Dichters einen solchen Rang beanspruchen können, belegt insbesondere *Der Schatten*, mit dem sich M. nach längerer Unterbrechung ein letztes Mal dieser Gattung zuwandte. Er selbst nannte den *Schatten* »nur eine Variante der Irmelsgeschichte« aus der Erzählung *Der Schatz* (HKA 16, S. 249). Die erneute Thematisierung des für sein gesamtes Werk so bedeutsamen Problems von Betrug und Täuschung in der Liebe fällt diesmal ganz konventionell aus, ist doch der aus auktorial-distanzierter Sicht dargebotene Vorgang ebenso klar und durchschaubar wie seine implizite Bewertung und die rein affirmative Moral, die er transportiert. Das erzählte Geschehen erfüllt vornehmlich den Zweck, der patriarchalen Ideologie, das heißt der rücksichtslosen Verfügung des Ehemannes über den Körper wie über die Empfindungen seiner Gattin und der unbedingten Unterordnung der Frau unter den Willen ihres Mannes, die denkbar beste Legitimation zu verschaffen. Handlungstechnisch gesehen ist die *Ermordung* des Grafen im Grunde überflüssig, denn das entscheidende und strafwürdige Vergehen der Frau besteht ohne Zweifel im Ehebruch, nicht im Gattenmord (der mysteriöse Schatten bannt ja ihren Meineid fest), und auch der Lebende könnte seine treulose Gemahlin ertappen und richten. Indem der Graf aber als *Wiedergänger* die Rache an der Frevlerin vollzieht, wird hinter seiner Tat die Hand Gottes sichtbar, dem er sterbend seine Seele befohlen hat; so straft die göttliche Autorität selbst den Verstoß gegen die patriarchale Ordnung.

Literatur

Bruch, S. 5–112 [zu *Der Feuerreiter*]. – Jacob, Kurt: Mörikes Balladen. In: Zeitschrift für Deutschkunde 50 (1936), S. 98–105. – Laufhütte, Hartmut: Die deutsche Kunstballade. Grundlegung einer Gattungsgeschichte. Heidelberg 1979. – Mayer, Mathias: Märchenhaft. Mörikes ›Schiffer- und Nixenmärchen‹. In: Bluhm, Lothar; Hölter, Achim (Hg.): »daß gepfleget werde der feste Buchstab«. Fs. für Heinz Rölleke. Trier 2001, S. 353–363. – M. Mayer, S. 48–52. – Sengle, Bd. 2, S. 586–602. – Storz, S. 269–288. – Vischer, Friedrich Theodor: Gedichte von Eduard Mörike (zuerst 1839). In: Doerksen, S. 3–33.

Ulrich Kittstein

Antikisierende Gedichte

Zu Lebzeiten M.s kam der Antike als Bildungsgut und Identitätskonzept eine kaum zu überschätzende Bedeutung zu; in der Lektüre der Originaltexte sowie in deren Brechung durch die Literatur der Weimarer Klassik war die Antike dem Bildungsbürgertum des 19. Jh.s von der frühesten Schulzeit an gegenwärtig. Dies gilt auch für M., der mit dem Eintritt in die Lateinschule in Ludwigsburg im Alter von sechs Jahren das Studium der alten Sprachen aufnahm und dessen Ausbildung zum Pfarrer die alten Sprachen und deren Literatur als Propädeutikum der Theologie selbstverständlich einschloss.

Seit 1835 beschäftigte M. sich wieder intensiver mit antiker Literatur. Die Gründe hierfür sind sicherlich vielfältig; neben einer besonderen Neigung für einige griechische und römische Lyriker, die sich seit 1840 auch in der nach Art der *Anthologia Graeca* gestalteten *Classischen Blumenlese* und in den späteren von M. herausgegebenen Übersetzungswerken dokumentierte, führte der Dichter selbst seine schlechte körperliche Konstitution an, die ihn zwinge, sich der kräftezehrenden Anstrengung eigenen Dichtens zu enthalten, und ihm lediglich gestatte, Stücke antiker Lyrik in deutscher Sprache herauszugeben. Diese eingehende Rezeption antiker Dichtung wirkte auch auf M.s eigene Lyrik zurück: Das Jahrzehnt von der Mitte der dreißiger bis zur Mitte der vierziger Jahre stand ganz im Zeichen antikisierender Dichtung. Wenn man bedenkt, dass M. nach 1846 fast nur noch Gelegenheitsgedichte geschrieben hat und seine letzten großen Gedichte 1863 *Erinna an Sappho* in freien, antike Metren paraphrasierenden Rhythmen und die *Bilder aus Bebenhausen* in Distichen abgefasst waren, muss die antikisierende Dichtung als einer der Kern- und Höhepunkte von M.s Lyrik gesehen werden.

Rein formal sind mit ›antikisierender Dichtung‹ Gedichte in antiken Gattungsformen und Metren bzw. deren Paraphrasierung gemeint. Hinzu kommen der Einsatz des mythologischen Apparates und ein durch Anlehnung an den Satzbau antiker Gedichte (etwa durch Epitheta, nachgestellte Adjektive etc.), durch Verwendung von Tropen und Topoi geprägter Stil. Außerdem können solche Gedichte als antikisierend gelten, die entweder aufgrund ihres Sujets oder durch das Aufgreifen antiker Gattungsmerkmale Zitate klassisch-antiker Vorbilder bzw. deren Parodie sind. Um ein Gedicht als antikisierend klassifizieren zu können, muss es zwar nicht alle genannten Aspekte in sich vereinen, aber doch durch mehrere von ihnen eine gleichsam antike Atmosphäre evozieren. Deshalb zählt das frühe Gedicht *Die Herbstfeier* (1828) nicht zu den antikisierenden Gedichten, da es lediglich einige Bilder der antiken Mythologie verwendet, die mit christlichen und romantischen Vorstellungen verbunden werden.

Ein Großteil der antikisierenden Gedichte kann auf den ersten Blick den Gattungen des Epigramms und der Elegie zugeordnet werden. Das Epigramm wie auch die Elegie waren in der Antike im so genannten elegischen Distichon geschrieben, also in einem aus Hexameter und Pentameter bestehenden Doppelvers. Das Epigramm zeichnet sich vor allem durch seine Kürze aus, ein einziges Distichon genügt oft schon. Dem Wortsinne nach war das Epigramm in der Antike eine Aufschrift, in der Regel eine Grab- oder Weiheaufschrift. Schon damals wurden auch fiktive Grabepigramme verfasst, die dem Gefühl des allgegenwärtigen Todes Ausdruck geben oder einen Verstorbenen charakterisieren sollten. Persönliche Gefühle wie Trauer oder Liebe wurden hier artikuliert. Den Widmungscharakter behielt das Epigramm auch in literarischen Zusammenhängen als Buchaufschrift, mit der Autorintention oder Adressatenkreis bezeichnet werden konnten. Daneben konnte Epigramm auch einen beim Symposion vorgetragenen Spruch meinen. Aus dieser Form entwickelte sich im Laufe der Zeit ein pointiertes, oft auch spöttisch-satirisches Kurzgedicht, wie wir es von Martial kennen. Dazu kommen Epigramme erotischen Inhalts und Gelegenheitsgedichte.

Die Elegie war in der griechischen Antike ebenfalls eine recht offene Gattung: Sie konnte Klagelied, Liebeslied, Preislied, Weihelied, aber auch politische und moralische Paränese oder Belehrung sein. Erst spät erfolgte eine Einengung des inhaltlichen Spektrums auf eine empfindsam-melancholische (daher ›elegische‹) Thematik; das Distichon als zwingendes Gattungsmerkmal führten die Römer ein.

M. verfügt bei der Verwendung dieser beiden antiken Gattungen über die gesamte Tradition; gerade im Falle der Elegie greift er auch auf deren ursprüngliche thematische Vielfalt zurück.

Wenn auch Epigramm und Elegie bei der Verwendung antiker Gattungen dominieren, so beschränkt sich M.s Repertoire keineswegs darauf: Es finden sich daneben Idyllen, Episteln und Oden. So treten zum elegischen Distichon auch Senar, Hexameter, alkäisches und sapphisches Versmaß als Varianten antiker Metren. Auch die Gelegenheitsgedichte sind oft in reimlosen, stichischen Trochäen gehalten.

M. hat sich nachweislich intensiv mit Dichtungstheorie auseinandergesetzt, was sich beispielsweise in der Überarbeitung vieler Gedichte für A[2] dokumentiert, in der der Einfluss von Johann Heinrich Voß' *Zeitmessung der deutschen Sprache* zum Tragen kommt (vgl. HKA 15, S. 47). Die Formgesetze der antiken Metrik hat M. durchdrungen, wobei er sich immer der Schwierigkeiten und Aporien bewusst war, die die Gleichsetzung der akzentuierenden deutschen mit der quantitierenden antiken Versbehandlung mit sich bringt. Er wandte diese daher nicht dogmatisch an; vielmehr besaß er ein untrügliches Gespür für rhythmische Wirkungen, denen er gegenüber der strengen Einhaltung der Metrik oftmals den Vorzug gab. Dies gilt insbesondere für seine Hexameterdichtungen. In anderen Fällen wird das antike Metrum nur umspielt und zitiert, aber nicht vollkommen durchgeführt. M.s antikisierende Gedichte gewinnen so eine große formale Selbständigkeit und zeugen von hoher Formkunst sowie der bewussten Reflexion poetischer Möglichkeiten.

Heydebrand hat gezeigt, dass es kaum möglich und sinnvoll ist, M.s Gedichte eindeutig bestimmten Gattungsformen zuzuordnen; sie führt daher in Anschluss an Sengle den Terminus »Töne« ein (Heydebrand, S. 236 ff.). Dieser Befund gilt in besonderem Maße für die antikisierenden Gedichte, die zwar in vielfacher Hinsicht antike und spätere Vorbilder zitieren, deren antikischer Ton sich aber nicht allein daraus konstituiert. Den Auftakt der Periode antikisierender Dichtung macht 1835 das Epigramm *Auf das Grab von Schillers Mutter*, das aus sechs Distichen besteht. Im folgenden Jahr verfasst M. die Elegie *An eine Lieblingsbuche meines Gartens*; auch dieses Gedicht umfasst sechs Distichen. Daran wird schon deutlich, dass die Grenzen zwischen Elegie und Epigramm bei M. fließend sind: Das Gedicht *Auf das Grab von Schillers Mutter* lässt sich vor allem inhaltlich als Epigramm bestimmen, da es – allein schon durch den Titel – auf die Funktion des antiken Epigramms als Grabaufschrift bezogen ist, während es formal wohl bereits zu umfangreich wäre. Dagegen kann *An eine Lieblingsbuche meines Gartens* vom Umfang her und mit Blick auf den empfindsamen Inhalt als Elegie aufgefasst werden. Das 1837 entstandene Gedicht *An eine Äolsharfe* markiert den endgültigen Paradigmenwechsel zu antikisierender Lyrik. Bereits der Titel verweist auf antike mythologische Vorstellungen und die vorangestellte dritte Strophe einer Horazode (*Oden* 2, 9, 9–12) bietet sowohl thematisch als auch formal eine Folie für das folgende Gedicht; in alkäisches Versmaß zitierenden Rhythmen handelt es von dem Verlust eines zu früh verstorbenen Freundes. Die Äolsharfe war seit dem 18. Jh. in der Landschaftsarchitektur sehr beliebt, diente aber vor allem auch als literarisches Symbol für die menschliche Seele und – als Steigerung – für den Dichter; M. reflektiert so in diesem Gedicht die Rezeptionsgeschichte eines literarischen Motivs in seinen verschiedenen Dimensionen. Über diesen motivgeschichtlichen Gehalt hinaus zitiert M. sein eigenes Werk, insofern die Äolsharfe auch im *Maler Nolten* (vgl. HKA 3, S. 193) und in den Bruchstücken seines zweiten Romanprojekts eine Rolle spielt (vgl. SW 1, S. 651). Daneben muss die programmatische, poetologische Dimension dieses Gedichtes, das im Bild der Äolsharfe die Inspiration des Dichters und seine lyrische Produktion vorführt, betont werden. Deshalb bildet es relativ am Anfang der Gedichtsammlung mit anderen, nicht antikisierenden Gedichten das Fundament der Lyrik M.s.

Dagegen stehen die meisten anderen antikisierenden Gedichte in der Sammlung nicht isoliert, sondern sind zu größeren Gruppen zusammengestellt. Dennoch fällt es schwer, ein einheitliches und durchgängiges Ordnungsprinzip festzustellen; M. entzieht sich hier dem Bedürfnis des Lesers nach einem vom Autor vorgegebenen deutenden Schema und betont statt dessen die *variatio*. Die Gesichtspunkte, unter denen M. diese Gedichte angeordnet hat, scheinen zum einen formal, dann in grober Linie chronologisch, aber auch thematisch zu sein:

Es gibt Weihegedichte auf Personen, allen voran *Theokrit* (1837), das in Distichen mit Anspielungen auf die theokritischen Gedichte den großen griechischen Lyriker preist. In ähnlicher Weise, wenn auch deutlich knapper, wird in *Tibullus* (1837) der römische Elegiker gerühmt. Catull wird durch produktive Rezeption seiner Gedichte *Akme und Septimius* (1838) und *Zwiespalt* (1840) sowie durch das Spottgedichts *Auf den Arrius. Nach Catull* (1840) gewürdigt. Mit diesen preisenden Gedichten verweist M. auf die antiken Wurzeln seiner eigenen Lyrik.

Einen erkennbaren Einfluss hatte M.s Beschäftigung mit den griechischen und römischen Elegikern nicht nur formal, sondern auch inhaltlich: So sind Gedichte wie *Lose Waare*, (1837), *Leichte Beute* (1838) und *Maschinka* (1838), die anakreontischen Gedichten nachempfunden sind, deutlich erotisch gefärbt. Die produktive Rezeption antiker Dichtung eröffnet hier die Möglichkeit, sonst Unsagbares scherzhaft zu formulieren. Überhaupt zeichnet sich ein großer Teil der antikisierenden Gedichte M.s durch Komik und einen feinen Humor aus.

Ein frühes Beispiel dafür ist *Alles mit Maß* (1836). Hier beklagt sich der Sprecher über die zwar gut gemeinte, aber übermäßige Verköstigung mit gebratenen Schweinsfüßen, seinem Lieblingsgericht. Ab dem dritten Vers endet jede Zeile auf »Schweinsfuß« bzw. »Schweinsfüßen«. Ist der Inhalt des Gedichts allein schon witzig, so erzielt das Gedicht seine komische Wirkung doch vor allem über das ›erhabene‹ Versmaß des Hexameters. In diesem Zusammenhang ist auch das in Hexametern geschriebene komische *Märchen vom sichern Mann* (1837/38) zu nennen, das an den gemeinsam im Freundeskreis des Tübinger Stifts entworfenen Orplid-Mythos anschließt.

Weitere Hexameter-Dichtungen sind die *Idylle vom Bodensee* (1845/46), *Im Weinberg* (1838), *An H. Kurtz* (1837) und *Epistel* (1846). Trotz ihrer Unterschiedlichkeit ist diesen Gedichten – bis auf *Im Weinberg* – der humorvolle Ton gemeinsam. In *Epistel* verspottet M. einen »neuen Poeten«, der sich in griechischer Heroendichtung versucht. Der Erzähler parodiert dabei den Typus des homerischen Gleichnisses, das gewählte Metrum spitzt die satirische Absicht zu.

Hötzer betont in einer vergleichenden Untersuchung von Goethes und M.s Hexameter-Dichtungen die von M. ebenso wie von Goethe fruchtbar gemachten Möglichkeiten des Hexameters, einen komischen Effekt zu erzielen, beispielsweise durch die bewusste Verwendung eines sonst im 5. Versfuß verpönten Spondeus oder aber – in der Nachfolge des Horaz – durch ein Monosyllabon am Hexameterende, das in der klassischen Antike ebenfalls eher vermieden wurde.

Durch detaillierte metrische Vergleichsstudien weist Hötzer Parallelen M.scher Dichtung zu der Goethes nach und zeigt, dass M. ebenso wie Goethe über das Distichon zur Hexameter-Dichtung gelangte. Allerdings verfasste M. nicht viele Hexameter-Gedichte, sondern wandte sich wieder der elegischen Dichtung zu. Insofern orientierte sich M. für seine Dichtung nur bedingt an klassisch-antiken Vorbildern, auch wenn er die Originale genau studiert hat. Für M. gilt genauso wie für seine Zeitgenossen, dass sein Umgang mit der Lyrik der Griechen und Römer wesentlich durch die Rezeption der deutschen Klassik, besonders der Dichtung Goethes geprägt ist. Daher muss man bei der Dichtung M.s von einer mehrdimensionalen Intertextualität sprechen: Es handelt sich teilweise um die Aufnahme der antiken Lyrik, vermittelt durch die klassische Lyrik der Goethezeit, die ihrerseits die Möglichkeiten der antiken Dichtung für sich reflektiert. Teilweise ist die Perspektive aber wohl auch umgekehrt; da wird von den antiken Originalen ausgehend die klassische deutsche Dichtung rezipiert, und das heißt insbesondere die antikisierende Lyrik Goethes. Es ist also eine mehrfach gebrochene Perspektive auf die Antike, wobei die Auseinandersetzung mit antiker Literatur spätestens seit dem Ausgang des 18. Jh.s auch der Selbstvergewisserung und Selbstbestimmung des modernen Menschen und erst recht des Dichters diente. M.s antikisierende Dichtung erhält so ein hochkomplexes Bedeutungsspektrum, das die Reflexion auf erfahrene Modernisierungsprozesse einschließt.

Oft geht M.s Humor in beißende Satire über; so hat er zahlreiche Spottgedichte nach Art Martials verfasst wie *Auf die Prosa eines Beamten* (1838), *Herr Dr. B. und der Dichter* (zwischen 1838 und 1844) oder *Auf einen Redner* (vor 1844). Der Schalk steckt auch in dem Gedicht *Scherz* (1838), in dem der Erzähler einen Albtraum schildert, dessen Protagonist der ungeliebte ehemalige Hebräischlehrer in Gestalt eines hebräischen Schriftzeichens ist.

Ein besonders witziges Beispiel dafür, wie virtuos M. Formkunst und Humor miteinander verbindet, ist *Häusliche Scene* (1852). In diesem Gedicht wird ein abendliches Gespräch zwischen Eheleuten geschildert, die sich über den vergangenen Tag austauschen. Das Besondere an dieser Alltagsszene ist, dass das Gespräch in Distichen gehalten ist:

›Waren es Verse denn nicht, was du gesprochen bisher?‹
Eine Schwäche des Mannes vom Fach, darfst du sie mißbrauchen?
›Unwillkürlich wie du, red ich elegisches Maß.‹
Mühsam übt ich dirs ein, harmlose Gespräche zu würzen.
›Freilich im bittern Ernst nimmt es sich wunderlich aus.‹
Also verbitt' ich es jetzt; sprich, wie dir der Schnabel gewachsen.
›Gut; laß sehen, wie sich Prose mit Distichen mischt.‹

Der Reiz dieses Gedichts liegt nicht allein in der Diskrepanz zwischen dem elegischen Distichon und der Banalität des Inhalts, sondern in der Thematisierung eben dieser Kluft. In ähnlicher Weise spielen viele andere Gedichte mit dem Komik erzeugenden Kontrast von antiker Metrik und modernem Stoff oder ›niederem‹ Sujet.

Auch in anderen Gattungsformen kommt M.s Humor zum Tragen. Ein Beispiel für eine Epistel ist das Gedicht *An Longus* (1841), in dem der Dichter parodierend einen Menschentypus zeichnet, den er »Sehrmann« nennt. M. Mayer hält *An Philomele* (1841) für eines der »gelungensten Zeugnisse« für M.s Humor (M. MAYER, S. 66). Die Ode an die Nachtigall, die in der Antike die Dichtkunst symbolisierte, ist in alkäischem Versmaß verfasst und lebt ebenfalls von der Spannung zwischen dem erhabenen Metrum und dem Abgleiten des Inhalts ins Banale, wenn der Wunsch zu dichten daran scheitert, dass der Durst sich regt und der »Gaumen lechzet« (SW 1, S. 850). Mit Mayer kann man hier von einer Selbstthematisierung des poetischen Verfahrens sprechen (M. MAYER, S. 67). In ähnlicher Weise ist die Diskussion um den Wert und die Legitimation der Gattung Märchen Gegenstand des in Distichen gefassten Gedichts *Wald-Idylle* (1829/37). Hier lässt sich leicht der zeitliche Bezug zu M.s eigener Märchenproduktion herstellen, die der Autor gegen den Vorwurf der Trivialität zu verteidigen hatte.

Dichterische Inspiration ist ein zentrales Thema M.scher Gedichte, so auch in *Die schöne Buche* (1842); im zweiten Teil wird metaphorisch die Inspiration dargestellt, die den Dichter zur Darstellung der poetischen Welt im ersten Teil befähigt. Die Zweiteilung des Gedichts drückt sich auch in der Verwendung des elegischen Distichons aus, das die Distanz zwischen dichterischem Subjekt und Objekt widerspiegelt und zugleich durch Ästhetisierung überwindet. Darin zeigt sich deutlich M.s Anschluss an Goethe.

Ebenfalls um das Verhältnis von Kunst und Natur geht es in dem Altersgedicht *Bilder aus Bebenhausen* (1863), einem Zyklus von elf Epigrammen, in dem der Sprecher zu dem Schluss kommt, dass das Gesehene nicht adäquat in visuellen Bildern – also mithilfe bildender Kunst – festgehalten werden kann. Das Gedicht zeugt von der Lösung des Dilemmas: In beschriebenen Bildern (Idyllen), durch Imagination des Dichters, kann die Stimmung, die das Gesehene hervorrief, festgehalten und immer wieder evoziert werden.

Ein herausragendes Beispiel für Ernsthaftigkeit der antikisierenden Lyrik ist die Elegie *Erinna an Sappho* (1863), die in nachdenklich-melancholischer Stimmung die Vergänglichkeit des Lebens thematisiert. Indem dies in einem Gedicht festgehalten wird, wird zugleich das Fortleben des dichtenden Subjekts in seiner Kunst impliziert.

Auch M.s Gelegenheitsdichtung, die nach 1846 einen Großteil seiner Produktion ausmachte, jedoch von der älteren Forschung vielfach als belanglos abgetan wurde, steht durchaus in antiker Tradition und teilt mit M.s früheren antikisierenden Gedichten den oft humorvollen oder satirischen Ton. Beispiele hierfür sind *An meinen Vetter* (1837), *An Denselben* (1840), *An Karl Mayer* (1840/41), alle drei in ungereimten, stichischen Trochäen, und *An den Vater meines Pathchens* (1845) im Versmaß des Senars.

Literatur

BARNOUW. – Braungart, Georg: *An eine Äolsharfe*. In: MAYER: INTERPRETATIONEN, S. 103–129. – Doerksen, Victor: Mörikes Elegien und Epigramme. Eine Interpretation. Zürich 1964. – FLIEGNER. – HEYDEBRAND, bes. S. 253–274. – HÖTZER, S. 49–79, 219–226. – M. MAYER, S. 52–78. – Müller, Christina: Mörikes Lyrik und die antike Literatur. Am Beispiel der ›Häuslichen Szene‹. In: BRAUNGART / SIMON. – RÜCKERT.

Daniela Evers

Gelegenheitsgedichte

M. hat zeitlebens und mit zunehmender Häufigkeit Gelegenheitsgedichte verfasst; sie protokollieren seinen Alltag im Rahmen eines engen familiären und freundschaftlichen Beziehungsgeflechts, spiegeln seine geistig-literarische Entwicklung und dokumentieren mit ihrem stetig weiter ausgreifenden Adressatenkreis seine wachsende literarische Bekanntheit. Das Selbstbewusstsein und die Selbstverständlichkeit, mit der M. Gedichte zu privaten, teilweise banalen Anlässen und an Personen aus seinem unmittelbaren familiären und freundschaftlichen Umkreis in seine Sammlungen aufnahm und damit poetisch legitimierte, werden abgestützt durch Goethes Aufwertung dieser Dichtungsart. Mit Goethe verbindet M. auch das Changieren der Gelegenheitsdichtung zwischen einer zeitgebunden-privaten und einer literarhistorischen Wirkungsdimension. Ein großer Teil von M.s Gelegenheitsdichtung ist eng mit der vielfach humoristisch getönten Alltagswahrnehmung verbunden. Ebenso wie das dilettantische Zeichnen ist sie Ausdruck einer zutiefst kreativen Persönlichkeit mit einer »ständigen Bereitschaft zum poetischen Sprechen« (Krummacher, S. 339). In ihrer Verflochtenheit in ein Netz privater Beziehungen ebenso wie in eine größere literarische Öffentlichkeit ist sie fest verankert in den Ritualen der bürgerlichen Geselligkeitskultur des 19. Jh.s (Braungart: Zur Ritualität, S. 217). Gedichte haben für M. in hohem Maße kommunikative Funktion; das zeigt die hohe Zahl der Adressaten und Anlässe dieser Poesie, die nur zum Teil publiziert wurde. Verständlicherweise sind Gelegenheitsgedichte bei den verstreut publizierten und nicht in die Sammlungen aufgenommenen sowie den unveröffentlichten Gedichten besonders stark vertreten. In der ›Alltagspraxis‹ dieses Dichtens werden unmittelbare und fiktive Kommunikationssituationen poetisch überformt; Gedichte sind Ersatz für die Teilnahme an Geselligkeit, treten als Geschenke oder Danksagung ein, haben als Sprüche auf Vasen oder Blumentöpfen ornamentalen Charakter. Neben der Überhöhung eines Anlasses wird die Gelegenheitsdichtung bewusst zur Erheiterung und Unterhaltung des familiären oder in Freundschaft verbundenen ›Publikums‹ und der Leser der Briefe, die zeittypisch häufig in einem Kreis von Personen kursierten, eingesetzt. Im privaten Kontext des Briefwerks verbinden sich immer wieder prosaische und poetische Formung eines Ereignisses, eines Eindrucks oder einer Empfindung; die anekdotischen ›Musterkärtchen‹, eine kleine Form, die M. erfand und häufig seinen Briefen beilegte, machen in ihrer prosaischen oder versifizierten Formung sowie auch in der Kombination von beidem die Poetisierung des Alltags augenfällig, welche die Gelegenheitsdichtung leistet (Rheinwald, S. 177f.). Dass die Gelegenheitsdichtung den privaten Kreis und Anwendungsbereich jedoch weit überschreitet, zeigt die Vielfalt der Genres:

– Haus- und Stegreifverse
– Gedichte in Form von ›Musterkärtchen‹, die den Briefen als besondere Formung eines Ereignisses beilagen
– Casualcarmina: Gedichte für Geburtstage oder andere genau bestimmte festliche Anlässe
– Gedichte an Kinder sowie an oder über Tiere
– Begleitgedichte zu Gaben
– ornamentale Verse (vielfach auf selbstgetöpferten Vasen oder Krügen)
– Dank-, Widmungs- oder Huldigungsgedichte
– Entschuldigungsgedichte
– Begleitgedichte zu eigenen Werken
– Album- und Stammbuchverse (v. a. während M.s Lehrtätigkeit am Stuttgarter Katharinenstift)
– versifizierte Lebensweisheit, die über die Gelegenheit hinausweist / Spruchdichtung
– Auftragskunst

Durch die Publikation auch privater Gedichte in den Sammlungen etabliert die Gelegenheitsdichtung einen Kommunikationsraum zwischen Autor und Leser, der einen durchaus intimen Charakter trägt. Die ›Gelegenheit‹ für die Entstehung des Gedichts wird im Untertitel oder als Vorspann häufig mit behaglichem oder feierlich-umständlichem Gestus beschrieben und ist damit wichtiges Element der poetischen Inszenierungen im Rahmen der familiären und freundschaftlichen Geselligkeit. So stellte Hartlaub zum Geburtstag von M.s Schwester Klara am 10. Dezember 1844 eine Sammlung von Gedichten M.s zusammen; M. schrieb dazu das kleine Gedicht *Statt echten Prachtjuwels* und stellte als Widmung einen Prosatext voran: »Zur Widmung verschiedener kleiner Gelegenheitsgedichte von mir, welche ein Freund als Manuskript gesammelt, um sie in einem schönen Bande meiner Schwester zum Geburtstage zu schenken« (SW 2, S. 483). Auch in der literarischen Kommunikation verwendet M. dieses Muster; in dem 1864 entstandenen Gratulationsgedicht *An J. G. Fischer*, das M. in A[4] aufnahm, dient ein Vorspann zur Erklärung des Anlasses, der im Gedicht selbst in streng antikisierender Sprach- und Formgebung verschleiert ist: »Mit Übersendung einer alabasternen Blumenvase, als er zum Ehrenmitglied und Meister des freien deutschen Hochstifts in Frankfurt a. M. ernannt wurde«. In dem Epigramm wird eine »gesellschaftliche Beziehung« festgelegt; es wird gleichermaßen »zum individuellen Gedenkblatt« und in der Veröffentlichung zum »Museumsstück« (FLIEGNER, S. 87). Die Gelegenheitsdichtung ist im privaten und öffentlichen Raum konkrete Gebrauchslyrik, geht zugleich aber darüber hinaus: Das Gedicht wird zum überzeitlich gültigen Geschenk und zum Bild der Erinnerung. M. ist sich des Wertes dieser ›poetischen Gaben‹ wohl bewusst. Er setzt seine besondere Art zu sprechen, einen persönlichen oder jahreszeitlich wichtigen Feiertag poetisch zu überhöhen, immer wieder bereitwillig ein. Klara M. entwirft in einem Brief an Julius Klaiber vom 11. April 1876 ein kleines Psychogramm des Bruders als Tagträumer und schildert, wie er sich oft durch die Bitte um Verfertigung von Gelegenheitsgedichten für den Familien- und Freundeskreis belästigt fühlte, der Bitte dann aber doch nachkam: »Und siehe, das ganze Gedicht war fertig, u. er las es von einem elenden Schnipsel Papier herunter. Diese Gelegenheits Sachen gehören oft zu seinen besten Gedichten« (Krummacher, S. 340). Die Adressaten dieser Poesie sind zahlreich; eine besondere Intensität gewinnen naturgemäß die Gedichte an die wichtigsten Personen aus M.s persönlichem Umfeld, so an das Ehepaar Hartlaub (*An Wilhelm Hartlaub*; *Ländliche Kurzweil. An Constanze Hartlaub*) sowie an die Schwester Klara und M.s Frau Margarethe Speeth. Die Gelegenheitsgedichte fungieren im unmittelbaren kommunikativen Kontext als Argument und Diskussionsbeitrag, sie werden eingesetzt als Liebeserklärung, Überredungsstrategie, Versöhnungsangebot, aber auch als milde Zurechtweisung, wie im Gedicht *An Clara*, in dem wiederum ein Untertitel die ›Gelegenheit‹ benennt: »Cleversulzbach 1837. Als sie ein wenig kurz angebunden gegen mich war«. Das Gedicht besteht aus 30 Versen in knappem, sentenzhaftem Ton, die einen einzigen Satz bilden: »Da dein Bruder / Das Ruder / Des Hauswesens führt, / Und kein Narr ist, / Sondern Pfarr' ist, / Der ganz Sulzbach regiert [...]«. Die Betonung der sozialen Stellung des Bruders, die der Schwester das Auskommen sichert, (»Da er / dir endlich / Unendlich / Viel Gutes erweist«) findet ihren formalen Ausdruck in der Meisterschaft des Reimschemas. Das Gedicht besteht aus vier Versgruppen mit Schweifreim (aabccb). Eine fünfte Versgruppe wird von drei Paarreimen gebildet; im letzten Vers tritt ein gezeichneter Schnörkel als Reimpartner für »Zirkel« im vorletzten Vers ein. Aussage und Formung signalisieren eine Überlegenheit, die zugleich humoristisch abgemildert ist; das Gedicht entlastet so von häuslichem Ärger. Der Belehrung über weibliches Wohlverhalten ist der spätere Publikationsort adäquat; das Gedicht erschien 1858 in *Salon. Unterhaltungsblatt zur Frauen-Zeitung*.

Die Gedichte an Margarethe Speeth zeigen häufig das Doppelbild von M.s Ehefrau und seiner Schwester Klara; eine Reihe von Gedichten ist an beide gerichtet. In *An Gretchen* geht es jedoch um die Freude des Elternpaares über »unsere Mädchen, zur Fastnacht beide verkleidet«; eine ›Momentaufnahme‹ familiären Lebens wird in antikisierendem Ton hinübergespiegelt in eine Reflexion auf das Vergehen von Zeit und die Folge der Generationen. Dass der private Alltag in dieser Weise Exempelcharakter gewinnt und seine Erscheinungsformen als überzeitliche Muster erkannt werden, verdankt sich auch M.s zunehmender Beschäftigung mit der antiken Literatur seit den vierziger Jahren. Antike Strophen und antikisierende Sprachhaltung geben der Formulierung überzeitlicher Lebensweisheit in zahlreichen Gedichten eine stimmige Form. Doch ist das traditionsreiche Genre der Spruchdichtung bei M. weniger vertreten; ein Beispiel ist das Epigramm *Zwiespalt. Nach Catull*: »Hassen und lieben zugleich muß ich. – Wie das? – Wenn ich's wüßte! / Aber ich fühl's, und das Herz möchte zerreißen in mir.«

Danksagungs- und Widmungsgedichte an Ärzte sind eine für den empfindsamen und gesundheitlich labilen M. in besonderer Weise typische Form des Gelegenheitsgedichts. Im Gedicht *An meinen Arzt, Herrn Dr. Elsäßer* dankt M. dem Arzt, der ihn während seiner Cleversulzbacher Zeit betreute. Das Gedicht *Herrn Hofrat Dr. Krauß. Bad Mergentheim, Sommer 1847* soll mit Titel, Ort, Jahreszeit und Jahreszahl »als offizielle Danksagung an den Herrn Hofrat gelesen werden«, der kein Honorar annehmen will (FLIEGNER, S. 84). Das Gedicht in Distichen, das einen Weinpokal begleitete, überhöht in seiner antiken Form sowie auch durch die Publikation in den

Sammlungen den sozialen Anlass: »wie sich im Nachhinein zeigt, hat Mörikes dichterische Gabe dem Hofrat die Unsterblichkeit gesichert« (FLIEGNER, S. 86). Eine solche Überhöhung des Privaten ist typisch für die Biedermeierzeit, sie muss jedoch im Falle des Gedichts an Dr. Krauß gegenüber dem Freund Hartlaub gerechtfertigt werden. Am 10. Oktober 1847 schreibt M. an Hartlaub: »Gewiß hat Dir das Compliment an den *Doktor* misfallen« (HKA 15, S. 209); im Folgenden liefert er eine pragmatische Begründung: »Anstatt dass ich ihm nun für Alles das ein kostbares Geschenk – weil er kein Geld annimmt – zu geben gehabt hätte, war uns der Gedanke willkommen ihm auf eine so leichte Art eine Ehre erweisen zu können« (ebd., S. 210). Diese Gedichte können somit als poetische Honorarabgleichung verstanden werden, wobei M. sich des Wertes für die Adressaten jederzeit sicher ist.

Eine besonders originelle Form der Gelegenheitsdichtung sind die Gedichte an Kinder und Haustiere. Beispiel für zahlreiche Stegreif- und Scherzgedichte im Umfeld dieses Adressaten- und Themenkreises ist eine poetische Belehrung von M.s Töchtern wegen »ihres endlosen Gewäses« auf einem Spaziergang, die er am 7. Juli 1862 Hartlaub mitteilt: »Nur nicht wie die Unken, / Die da wassertrunken / Klagen aus dem Teich! / Sondern wie die Vögel, / Die doch in der Regel / Fröhlich singen von dem Zweig« (HKA 17, S. 200 f.). Diese Schweifreimverse (aabccb) im Stakkato des dreihebigen Trochäus erhalten eine rhythmische Modulation durch die vier Hebungen des letzten Verses. Gerade diese so hervorgehobene Verszeile drückt aber die Lehre für die Kinder aus. In diesem kleinen Detail zeigt sich die Formbewusstheit auch kleiner kontextgebundener und spontan entstandener Gedichte.

Neben den Hausversen für einen familiären oder freundschaftlichen Kreis in oft scherzhaftvertraulichem oder schalkhaftem Ton und der unablässigen Kette der Gratulationsgedichte gibt es Widmungs- oder Huldigungsgedichte an Autoren und Persönlichkeiten der Antike, der Geschichte, der jüngeren Vergangenheit, der Gegenwart, die von allgemeiner Bedeutung oder von besonderer Bedeutung für M. sind, wie z. B. *Auf das Grab von Schillers Mutter* (vgl. FLIEGNER, S. 57–64); *An Moriz von Schwind* (vgl. HEYDEBRAND, S. 183–187); *Hermippus*, mit dem Untertitel »An Karl Wolff, Rektor des Katharinenstifts. Stuttgart 1860«. Stilmittel zur feierlichen Überhöhung des Anlasses oder der Person ist in vielen solcher Gedichte die Verwendung des Epigramms in Anknüpfung an die antike Tradition der Inschrift (*Johann Kepler; An eine Lieblingsbuche meines Gartens in deren Stamm ich Höltys Namen schnitt; Theokrit; Tibullus; An meinen Arzt, Herrn Dr. Elsäßer*). Die antikische Überformung der Gelegenheitsdichtung seit den vierziger Jahren erhöht den Grad an Stilisierung und Distanzierung vom zeitlich Fernen wie auch vom Nahen. Doch werden immer häufiger Effekte auch aus der Parodie antiker Strophenformen gewonnen (*An Philomele*). Die Huldigungsgedichte an historische Personen und Dichter, in denen sich der Bogen von der Antike bis zum 18. Jh. und zur zeitgenössischen literarischen Gegenwart spannt, mag man kaum zu den Gelegenheitsgedichten im engeren Sinne rechnen. Sie werden jedoch in den Gedichtausgaben mehrmals, vermischt mit anderen Genres der Gelegenheitsdichtung, zu kleinen Ensembles versammelt. Dies zeigt sich am deutlichsten in A^4 (vgl. z. B. HKA 1, S. 169–193 die Abfolge von *An meine Mutter* bis *Cantate bei Enthüllung der Statue Schillers*); im Hinblick auf die Anordnungsprinzipien solcher Gruppierungen ist noch weitere Forschungsarbeit zu leisten.

Im Unterschied zur höfischen Gelegenheitsdichtung Goethes gibt es bei M. nur wenig Auftragskunst. M. entzieht sich weitestgehend der »Vereinnahmung durch das schwäbische bildungsbürgerliche Vereinswesen, das Kunst in Dienst nimmt zur Ästhetisierung des bürgerlichen Lebens« (Wild, I., S. 169 f.); die ›bestellte‹ *Cantate bei Enthüllung der Statue Schillers* bereitet ihm denn auch Verdruss. Auch im Gedicht *Aus Anlaß der Einladung zur Einweihung der Stuttgarter Liederhalle* trägt M. eine poetische Entschuldigung vor: »Ach, ich käme ja mit Freuden, / Ja, zu kommen wär mir Pflicht, / Aber solche Sprünge leiden / Meine sanften Drachen nicht!« Jedoch verfasste M. im Kontext seiner Lehrtätigkeit im Königin-Katharina-Stift eine Reihe von Stammbucheintragungen für die

Schülerinnen und Widmungsgedichten für die Lehrer, also Casualcarmina im eigentlichen Sinne, die »für eine bestimmte Person zu einem besonderen Anlaß, der ausdrücklich erwähnt wird, geschrieben« sind (RHEINWALD, S. 201). Diese und andere Stammbucheintragungen sind poetische Erinnerungsstücke; sie erfüllen damit eine der ältesten Funktionen von Lyrik.

Dichten aus einem bestimmten Anlass ist eine Form des intensiven, gesteigerten Dialogs mit realen oder imaginierten Adressaten. Die poetischen Ausdrucksformen der Gelegenheitsdichtung sind ebenso variationsreich wie M.s gesamte lyrische Produktion; sie reichen von der Liedstrophe bis zu antiken Strophenformen. Zahlreiche Gelegenheitsgedichte sind von hohem poetischem Rang (*Entschuldigung. An Gustav Schwab*), andere verschmähen auch nicht die stilistischen und thematischen Muster sowie die einfachen Effekte einer scheinbar dilettantischen Reimpraxis. Die Gelegenheitsdichtung berührt sich so mit den dilettantischen Dichtungsformen eines biedermeierlichen Bildungsbürgertums; besonders in den immer zahlreicher werdenden Haus- und Casualversen der Spätzeit ›zitiert‹ M. erwartungsgemäß »Versatzstücke aus dem Arsenal der zeitgenössischen ›Dichtersprache‹« (HEYDEBRAND, S. 187). Eine gegenläufige literarische Strategie zur Anpassung an das Sprachmilieu und den Vorstellungshorizont der Adressaten ist die Erzeugung einer ästhetischen Spannung zwischen einem alltäglichen Anlass und seiner artifiziellen Gestaltung; die ›Gelegenheit‹ wird in diesen Gedichten entweder nobilitiert oder humoristisch pointiert.

M.s Gelegenheitsdichtung erschien Generationen von Forschern als zweitrangig; noch Storz sieht »das endlose Spiel mit Gelegenheitsverschen und Almanach-Aufmerksamkeiten« als »Behelf« in kreativen Pausen (STORZ, S. 357). Eine entschiedene ästhetische Aufwertung und zugleich umfassendere Wahrnehmung der Genres der Gelegenheitsdichtung nahm Heydebrand vor. Die gesellige und soziale Funktion von Kunst trete im Verlauf von M.s lyrischem Schaffen in den Vordergrund; nicht fehlende Kraft, sondern ein »anderer Gestaltungswille« sei am Werk (HEYDEBRAND, S. 180). Diese Tendenz nimmt in den Sammlungen stetig zu; in A^1 wird »zwischen öffentlichem und privatem Bereich« noch unterschieden, private Bezüge werden weitgehend verschleiert, in A^4 dagegen machen Gedichte über die »private Existenz des Dichters und mehr oder weniger zufällige Anlässe [...] rund ein Viertel aller Gedichte aus« (ebd., S. 151). Heydebrand nimmt verschiedene Klassifizierungen dieser Art von Gedichten vor, wobei es auch Gelegenheitsgedichte gibt, deren Adressaten oder Anlässe nicht als real oder fiktiv zu identifizieren sind (ebd.). Unter den Überschriften »Musterkärtchen und Hausverse« sowie »Brief- und Widmungsgedichte« (RHEINWALD, S. 176–188, 189–207) zeichnet Rheinwald die Entwicklung der Gelegenheitsdichtung im lyrischen Werk M.s nach, wobei sie besonders den engen Konnex von Lebenswirklichkeit und Dichtung betont. Fliegner sieht die Gelegenheitsdichtung als »Verewigung des Alltäglichen« (FLIEGNER, S. 83); sie betont die Einbindung dieser Poesie in die regionale und überregionale bürgerliche Geselligkeitskultur und die Überhöhung des Privaten durch die Publikation in den Sammlungen: »Das urban-antike Gewand, das Mörike mit Vorliebe seiner Gelegenheits- und Gedenkdichtung umlegt, sorgt für den nötigen poetischen Glanz – und Abstand zur Wirklichkeit« (ebd., S. 88). Braungart stellt die Gelegenheitsdichtung in kultur-, mentalitäts- und psychohistorische Zusammenhänge; mit seiner »Geselligkeitslyrik« unternehme M. den Versuch, »sich seiner selbst und seiner Freunde zu vergewissern und eine zutiefst gefährdete Existenz zu bewältigen« (Braungart: Zur Ritualität, S. 224). Diese Gedichte seien zugleich zutiefst privat und kommunizierbar; in ihrer Formung »geben sie auch seinem Leben Form, und sie konstituieren die Ordnung seines Lebens mit« (ebd.). M.s Gelegenheitsdichtung stelle den im Autonomiepostulat getrennten Zusammenhang von »Bürgerlichkeit, Geselligkeit und literarisch-sprachliche[r] Kultur« wieder her (Braungart: Joli gratuliert, S. 229f.). Eindringlich hebt Braungart den kommunikativen Charakter dieser Gedichte hervor: »Mörikes Gelegenheitsliteratur ist Geselligkeitsliteratur. Geselligkeit ist bei ihm eine grundlegende ästhetische Kategorie« (Braungart: Prolegomena, S. 13). Er betont die zunehmende Bedeutung der Gelegenheitsgedichte für M.: »Poesie und soziales Leben gehören für Mörike unauflösbar zusammen; Poesie ist für Mörike in einem Maße Gelegenheitspoesie, wie vielleicht bei keinem Autor des 19. Jahrhunderts sonst« (Braungart: Joli gratuliert, S. 230).

Literatur

Braungart, Wolfgang: Zur Ritualität der ästhetischen Moderne. Eine kleine Polemik und einige Beobachtungen zur Kunst der Mittellage bei Eduard Mörike. In: Schäfer, Alfred; Wimmer, Michael (Hg.): Rituale und Ritualisierungen. Opladen 1998, S. 209–227. – Braungart, Wolfgang: Joli gratuliert. Eduard Mörike und sein Hund. In: Huber, Martin; Lauer, Gerhard (Hg.): Nach der Sozialgeschichte. Konzepte für eine Literaturwissenschaft zwischen Historischer Anthropologie, Kulturgeschichte und Medientheorie. Tübingen 2000, S. 221–232. – Braungart, Wolfgang: Prolegomena zu einer Ästhetik der Geselligkeit (Lessing, Mörike). In: Euphorion 97/2 (2003), S. 1–18. – FLIEGNER, S. 83–88. – HEYDEBRAND, S. 145–190. – Krummacher, Hans-Henrik: Zu Mörikes Gedichten. Ausgaben und Überlieferung. In: SchillerJb. 5 (1961), S. 267–344. – RHEINWALD. – Strauß, Anne Ruth: Mörikes Gelegenheitslyrik. Zum Verhältnis von Kern und Peripherie in seinem dichterischen Werk. Diss. Marburg 1960. – Wild, Inge: »Philister kommen angezogen«. Der Künstler-Bürger-Antagonismus in Gedichten Eduard Mörikes (mit einem Blick auf Heinrich Heine). In: WILD, S. 149–176.

Inge Wild

Humoristische Gedichte

M.s Persönlichkeit ist gekennzeichnet durch einen verschmitzten, jederzeit zu Scherzen, Phantasie- und Sprachspielen aufgelegten Humor, der seine Potenz aus einer tiefen regionalen Geprägtheit und seine Ausdrucksformen auch aus sprachlichen Regionalismen bezieht. Ein Netzwerk von verflochtenen Beziehungen mit breit gefächerter Kommunikation und dauerhafter emotionaler Gebundenheit sichert die durch Familie und Freunde abgestützte Identität. In diesem Kreis zeigte M. bereits in jungen Jahren ein humoristisches Unterhaltungs- und Nachahmungstalent, das sich in allerhand mimischen und rhetorischen Possen entfaltete. In »virtuoser Freude an Maskierung und Verstellung« (M. MAYER, S. 34) bedient sich M. familien- und gruppeninterner Scherze, witziger Idiome und Sprachspiele, die er entweder selbst schafft oder kreativ umgestaltet. Humor wird jedoch auch aus der ironischen Wahrnehmung familiärer Beziehungsformen oder den Gefährdungen freundschaftlicher Eintracht abgeleitet. Zeitlebens hat M. in solchen Kontexten mildernd und ausgleichend, häufig auch als emotionales Zentrum gewirkt. Über den engeren Kreis hinaus ergibt sich sein Humor aus der Distanziertheit des nicht im politischen Machtgefüge oder im Ehrgeiz bürgerlichen Karrieredenkens befangenen Beobachters.

Bereits früh und mit steigender Tendenz entfaltet sich M.s Humor im Medium seiner lyrischen Produktion; viele dieser humoristischen Gedichte bis hin zur Unsinnspoesie sind Gelegenheitsgedichte und entstehen in kommunikativen Kontexten, seit der Studentenzeit gemeinsam mit Freunden, dauerhaft zur Erheiterung des familiären oder befreundeten Umfeldes. Die zahllosen Musterkärtchen, Scherzgedichte, Haus- und Casualverse sind »Ausdruck einer familiär-freundschaftlichen Sphäre« (RHEINWALD, S. 159). Nicht selten handelt es sich dabei um ›Serienproduktion‹, d.h. die Scherze werden sukzessive entfaltet, variiert, ausgeformt. Gegenstand des Spottes sind sowohl Phantasiegeschöpfe (Sehrmann, Wispel) wie auch reale Figuren (z.B. der dilettierende Dichter Friedrich Ostertag). M. beherrscht dabei alle Register: Humor, Witz, derben Spott, Ironie, Parodie, Satire. Die scharfe und konkret eingreifende politische Satire hingegen, wie sie im Vorfeld von 1848 in verschiedenen Genres gedeiht, steht im Widerspruch zu M.s Dichtungsverständnis; dies zeigt sich beispielhaft an seiner kritischen Haltung zu Heinrich Heine. Doch personifiziert er mit den »Sehrmännern«, den »Vettern« und »Sommerwesten« zeitgenössische Alltagspathologien und schließt durch solche Typisierung und bissige Übertreibung bestimmter Formen menschlichen Verhaltens durchaus an die zeitgenössische Satire an, z.B. in der Verssatire *An Longus*.

Besondere Aufmerksamkeit haben stets die

skurrilen Formen von M.s Humors gefunden, seine Neigung zu Sprach- und Namenspielereien, Verkleidungen und Mystifikationen; zu Recht betont Braungart M.s »Neigung zum Eigenartigen und Verkauzten auch der Sprache« (Braungart: Zur Ritualität, S. 223). Dieser eigenwillige Humor findet einen markanten Ausdruck in der Gruppe von Gedichten, die M. 1837 unter dem Titel *Sommersprossen von Liebmund Maria Wispel* für den Studienfreund Ludwig Bauer zusammenstellte. Diese Texte, die ihren Ursprung im Dialog mit Bauer haben, zeigen Relikte einer spätpubertären Lust am Unsinn, an einer freien Komik der Kontextverschiebung und Überschreitung von Normen. Die Komik ergibt sich aus Wispels Vorliebe für gestelzte Ausdrücke, aus dem falschen Gebrauch von Fremdwörtern, Verballhornungen und Neologismen, aus der Diskrepanz zwischen der Nichtigkeit des Inhalts und den geschraubten Ausdrucksformen sowie der inkongruenten Zusammenfügung von Poetischem und Alltäglichem, z. B. in *Serenade*. Wispels fragmentarische Horaz-Übersetzung mit dem Titel *Des V^{tus} Horazius Flakkus aus Wenusia ersten Buches der Oden die Neunte* klingt wie eine vorweggenommene Ironisierung von M.s eigenen Übersetzungen antiker Literatur. In *Sarkasme. An meinen Bruder, den Uchrucker*: »Du mich mit Perlschrift drucken? Nein! / Ich bin die Perle und du bist das Schwein« entfaltet sich die Komik aus dem Kontrast von Edlem und Gewöhnlichem sowie aus dem Spiel mit Bedeutungsvarianten des Wortes ›Perle‹. Die *Wispeliaden* zeigen M.s Tendenz, die Komik in Richtung auf das Skurrile und Groteske, mitunter auch Derb-Volkstümliche zu überschreiten. Im *Märchen vom sichern Mann* wird dieser Aspekt besonders deutlich; klassische Elemente von Komik sind in dieser Verserzählung versammelt, deren Ursprung ebenfalls im studentischen Dialog mit Bauer liegt: die Entgegensetzung von Irdischem und Göttlichem in einer Zusammenfügung verschiedener Mythenkreise und damit disparater kultureller Vorstellungsebenen, der Grobianismus des Riesen Suckelborst und ein derb-zupackender Sprachwitz, der wie bei dem Phantasiegeschöpf Wispel seinen Ursprung in spätpubertärer Lachlust nicht verleugnen kann,

so wenn der »Schweinpelz« Suckelborst »mit bergerschütterndem Lachen« mit dem »Götterjüngling«, dem »Lustigmacher« Lolegrin konfrontiert wird. M.s Humor umfasst so »die ganze Stufenleiter vom Drastischen und Grotesken (wie eben im *Sichern Mann*), ja vom sogenannten höheren Blödsinn (wie in Wispels *Sommersprossen*) bis zur schalkhaften Laune und zierlichen Neckerei seines *Elfenliedes*« (MAYNC, S. 339).

Die ›zierliche Neckerei‹ erprobte M. insbesondere in seinen scherzhaften Gedichten für Kinder; hier zeigt sich seine besondere Affinität zu kindlichem Wesen und spielerischem Umgang mit der Wirklichkeit. Der wesentlich auch poetische Dialog mit Kindern gehört zu M.s familiärem und freundschaftlichem Beziehungsgeflecht; die wichtigsten Adressaten sind die Töchter des Ehepaares Hartlaub und später die eigenen Töchter. Viele Musterkärtchen und Gedichte für Fanny und Marie sind jedoch überformt vom erzieherischen Impetus des Vaters: »Überhaupt enthalten die Verse an die eigenen Töchter eher einen pädagogischen Nebensinn als jene an die Hartlaubschen Kinder, die eine Komplizenschaft zwischen Kind und Poet ausdrücken« (RHEINWALD, S. 181). Dass M. in eine exklusive Kommunikation mit Kindern eintritt, entspricht der kulturellen Ausformung des Kindheitsbildes im 19. Jh. In einer nostalgischen Überhöhung von Kindheit, die sich wesentlich in der Romantik ausprägte, gilt das Kind als Repräsentant eines heilen, vormodernen Weltbildes und wird so für den Melancholiker M. zu einem psychisch entlastenden Dialogpartner. Er kann dabei auf die kreative Potenz von Kindersprache und Kinderreimen zurückgreifen, die im 19. Jh. neu entdeckt wird; ein Beispiel dafür ist das 1832 entstandene *Mausfallen-Sprüchlein*. Generell nutzt M. in verschiedenen Genres die Komik der Volkspoesie, wie sie durch die Rezeption der Grimmschen *Kinder- und Hausmärchen* und die Volksliedsammlung *Des Knaben Wunderhorn* neu belebt worden war. Der Vorstellungshorizont einer derb-komischen Volksüberlieferung wird z. B. im 1837 entstandenen Gedicht *Der Tambour* evoziert, das in seinem Bildrepertoire an manche Gedichte aus Heines *Buch der Lieder* erinnert. M.

beherrscht auch karnevaleske Formen des Humors, die auf derb-sinnlicher Erfahrung des Leiblichen beruhen und die man mit Michail Bachtin als ›Komik des grotesken Leibes‹ bezeichnen könnte. Im Brief vom 26./27. Dezember 1841 an Hartlaub berichtet er von seinem Plan, ein volkstümliches Pendant zur satirischen Epistel *An Longus* zu verfassen: »Zu einer ferneren Epistel von allerlei Nasen, Mäulern u. Augen wird sich die Lust ein andermal schon auch noch finden. Sie wird weit leichter als die erste seyn. Als Anlaß u. Schauplatz denke ich mir etwa ein schwäbisches Volksfest oder dergl. wo viele Menschen durcheinander sind« (HKA 13, S. 242). Diese Passage zeigt die komische Potenz des Autors und Menschen M. ebenso wie ein Brief an Hartlaub, in dem M. von einem lustigen Zusammensein mit Freunden in Cleversulzbach (u. a. Kauffmann und Strauß) am 4. Oktober 1842 berichtet: »Ich las ihnen auch den Sehrmann [*An Longus*] vor und spielte endlich noch Comödie« (HKA 14, S. 68).

Auch die scherzhaften Gedichte an und über Tiere sind vor diesem Hintergrund zu sehen; M. bedient sich darin des Stilmittels freier Komik, eines antihierarchischen Verwandlungsspiels, in dem sich häufig eine »lustige Kumpanei« (Lypp, S. 52) zwischen Kind und Tier ergibt; zu dieser »Kumpanei« kann man in M.s Fall getrost den Dichter gesellen. An Tiere ist eine Reihe von Gelegenheitsgedichten gerichtet, oder Tiere, bevorzugt Haustiere, treten als Ich-Sprecher auf, wie im Geburtstagsgedicht an die Schwester Klara *Joli gratuliert zum 10. Dez. 1840*. Der Witz des Gedichts wird durch die »groteske Übertragung menschlicher Züge auf den Hund« garantiert (Rheinwald, S. 180). Die komischen Aspekte, die aus der Beziehung Mensch-Tier abgeleitet werden, sind vielfältig: »Dem Hund gesteht Mörike dieselben Kauzigkeiten und Merkwürdigkeiten zu wie sich selbst und wie sie zum Menschen überhaupt gehören« (Braungart: Joli gratuliert, S. 223). Tiere gehören somit zum bürgerlichen Gefühlshaushalt und sind zugleich Teil der Alltagspathologie, die in vielen Gedichten humoristisch enttarnt wird. An die politischsatirische Tierdichtung des 19. Jh.s schließt M. dagegen nicht an.

Auch der Gegensatz zwischen Künstler und Bürger, der sich im 19. Jh. in esoterischen oder aggressiven Abgrenzungsbewegungen ausformt, wird bei M. vorwiegend in ironischer oder humorvoller Weise vorgetragen. Dabei entfaltet sich sein Humor auch aus der Ironisierung des eigenen poetischen Tuns. So tritt im Gedicht *Die Visite* der Dichter als Schalk und Narr auf, der die Bürger im niederen Ton der satirischen Spottrede karikiert. Die Ungebundenheit und Ortlosigkeit des Poeten, die sich in diesem Gedicht in verschiedenen Rollen manifestiert, tritt in Opposition zu den Ansprüchen eines bildungsbürgerlichen Publikums an die Kunst. In dieser scherzhaften Rollenlyrik präsentiert sich im Fluchtimpuls des Künstlers zugleich ein Verhaltensmuster, das für M. zeitlebens typisch war (Wild, I., S. 159–162).

M.s Lyrik ist bewusst, mitunter explizit, antipathetisch; sie zeigt eine grundsätzliche Haltung der ironischen Distanz oder der distanzierenden künstlerischen Formung. Nach Heydebrand äußert sich M. »seit 1837 über sich und seine Kunst direkt fast nur noch in Gelegenheitsgedichten und in humoristischer Weise« (Heydebrand, S. 162). Ab den vierziger Jahren werden immer häufiger Effekte aus der Parodie antiker Strophenformen gewonnen, so in der Oden-Parodie *An Philomele* (Wild, I. u. R., S. 297–299). Ein markantes Beispiel einer solchen Formparodie ist auch die Versidylle *Häusliche Scene*; in diesem Gedicht in elegischen Distichen weist M. der männlichen Stimme den gravitätischen Hexameter, der weiblichen den zierlichen Pentameter zu (Braungart: Prolegomena, S. 14). Am Schluss der Idylle wird in subtiler Weise die Form thematisiert; die Frau beansprucht gegenüber ihrem großspurigen Mann, dem Essigproduzenten Ziborius, das Recht auf poetische Gegenrede: »Unwillkürlich, wie du, red' ich elegisches Maß«. Der Streit wird aufgelöst durch das Lachen der Frau und durch eine Verständigung, die »im *poetischen Prinzip* des Distichons selbst schon angelegt ist« (ebd., S. 17). Auch dem älteren lyrischen Ton von Anakreontik und Empfindsamkeit des 18. Jh.s werden in vielen Gedichten scherzhafte Wirkungen abgewonnen, so exemplarisch im Gedicht *Scherz*, das auf den pointiert-geistreichen Witz der Rokoko-Lyrik zurückgreift und ihn biedermeierlich temperiert (Wild, I. u. R., S. 290–295). Ein breites Spielfeld gewinnt M.s Humor in der Gelegenheitsdichtung; häufig verbinden sich dabei »Stilparodie und ganz bewußte Montage mit Elementen des Trivialen« (HEYDEBRAND, S. 183). Die Konventionen lyrischen Sprechens werden im Medium dieses oft alltäglichen Dichtens absichts- und lustvoll überschritten.

Ende der dreißiger Jahre hat M. das Phänomen literarischer Komik auch theoretisch bedacht, indem er sich mit der Tübinger Habilitationsschrift des Freundes Friedrich Theodor Vischer *Über das Erhabene und Komische* befasste. Am 12. Juni 1837 schreibt er an Vischer: »Ist Dir nicht 1 *Exempl*. Deiner Schrift über *Komisches* &c disponibel. Ich wäre höchst begierig sie zu lesen« (HKA 12, S. 98). Vischer schickte am 20. Juni ein Exemplar (ebd., S. 429), wozu sich M. erst im Brief vom 13. Dezember äußerte: »Zuerst von Deiner Schrift. Ich fand mich überall von einer *Aura Divina* der Kunst umgeben« (ebd., S. 145). Im gleichen Brief beschreibt M. das Phänomen der ›Musterkärtchen‹, ein Medium für vielfältigen Alltagshumor: »Zwischen mir und meinen Freunden war und ist zum Theil noch die Einrichtung, daß wir einander ›Musterkärtchen‹ schicken. Dieß sind kleine, selbsterlebte *Anekdoten*, hauptsächl. charakteristische Züge aus unserer nächsten Umgebung, ohne viel Witz, wenn sie nur lustig oder bezeichnend sind« (ebd., S. 147). Die Musterkärtchen stehen als protopoetische Formung des Alltags zwischen dem zwanglosen Bericht im Medium einer elaborierten Briefkultur und der poetischen Gestaltung im Gelegenheitsgedicht; ausdrücklich werden sie im Kontext dieses Briefes als Ausdrucksform von Humor reklamiert. Mit den von Vischer benannten Kategorien geht M. spielerisch um: »In den *Wispeliaden* verbindet er die verschiedenen von Vischer postulierten Humorformen, wenn er absichtlich gegen eine Reihe von Gesetzen der Dichtkunst verstößt« (RHEINWALD, S. 172).

In der Kommunikation mit Vischer zeigt sich auch die für M. typische Verbindung von privatmenschlichem und poetischem Humor. Im Brief vom 1. April 1838 spricht Vischer die eindringliche Ermahnung aus, M. solle sich nicht in einer regressiven »phantastischen Fassung des Ideals« verlieren, sein Talent nicht im »Gebiete der Elfen, der sichern Männer, der Geister, der Salamander« verpuffen lassen, sondern »etwas umfassend Episches, was die Welt hinreißt durch weltbeherrschende Ideen aus der sittlichen Welt«, schaffen (BRIEFWECHSEL VISCHER, S. 148). M. antwortet darauf am 24. August 1838 mit einem Gedicht: »Die Mährchen seyn halt Nürnberger Waar, / Wenn der Mond Nachts in die Boutiquen scheint; / Aber Weihnacht ist nur Einmal im Jahr« (HKA 12, S. 207). Vischer, der in der Korrespondenz immer wieder seine eigene nur unzureichend erfüllte Neigung zur poetischen Produktion hervorhebt, wird so poetisch ›belehrt‹. M. lässt es jedoch nicht bei dieser privaten Replik bewenden, er macht sie auch öffentlich; die Verse werden 1841 unter dem Titel *An Professor Vischer* im *Deutschen Musenalmanach* veröffentlicht und erhalten so »den Stellenwert eines Gegenentwurfs zu Vischers poetischem Programm« (RHEINWALD, S. 198). Unter dem neutralen Titel *An einen kritischen Freund, der unzufrieden war, da der Verfasser neue Märchen schreiben wollte* und erweitert um die Zeile »Drum nicht so strenge, lieber Freund« erscheint das Gedicht ab A² auch in den Sammlungen. Ein zweites Gedicht *An Fried. Vischer, Professor der Ästhetik etc.* mit den ironischen Zeilen: »Also geht, ihr braven Lieder / Daß man euch die Köpfe wascht!« war bereits in A¹ erschienen; die Widmung »Mit meinen Gedichten« behält M. in allen Sammlungen bei. Vischer bedankt sich im Brief vom 9. September 1838: »Da hat mir nun Cotta Deine Gedichte geschickt! Ich habe nur erst geblättert, und gleich unter anderem die herrliche Storchenbotschaft und den Gruß an mich erwischt! Willkommen, ihr Klänge aus dem reinen Reiche der Phantasie! Sie spielen mir wehmütig um die Brust und wollen sagen: so etwas lag auch in Dir, – aber es ist in Prosa vergangen« (BRIEFWECHSEL VISCHER, S. 155). M.s poetische Zurechtweisungen zeugen in ihrem souveränen Humor vom Selbstbewusstsein des Poeten gegenüber einer (programmatischen) literarischen Kritik.

Literatur

Braungart, Wolfgang: Zur Ritualität der ästhetischen Moderne. Eine kleine Polemik und einige Beobachtungen zur Kunst der Mittellage bei Eduard Mörike. In: Schäfer, Alfred; Wimmer, Michael (Hg.): Rituale und Ritualisierungen. Opladen 1998, S. 209–227. – Braungart, Wolfgang: Joli gratuliert. Eduard Mörike und sein Hund. In: Huber, Martin; Lauer, Gerhard (Hg.): Nach der Sozialgeschichte. Konzepte für die Literaturwissenschaft zwischen Historischer Anthropologie, Kulturgeschichte und Medientheorie. Tübingen 2000, S. 221–232. – Braungart, Wolfgang: Prolegomena zu einer Ästhetik der Geselligkeit (Lessing, Mörike). In: Euphorion 97 (2003), H. 2, S. 1–18. – HEYDEBRAND. – Maria Lypp: Tiere und Narren. Komische Masken der Kinderliteratur. In: Ewers, Hans-Heino (Hg.): Komik im Kinderbuch. Erscheinungsformen des Komischen in der Kinder- und Jugendliteratur. Weinheim u. a. 1992, S. 45–57. – MAYNC. – RHEINWALD. – Wild, Inge: »Philister kommen angezogen«. Der Künstler-Bürger-Antagonismus in Gedichten Eduard Mörikes (mit einem Blick auf Heinrich Heine). In: WILD, S. 149–176. – Wild, Inge; Wild, Reiner: *Ein köstliches Liedchen*. Rokoko-Elemente in der Lyrik Eduard Mörikes. In: Luserke, Matthias; Marx, Reiner; Wild, Reiner (Hg.): Literatur und Kultur des Rokoko. Göttingen 2001, S. 289–307.

Inge Wild

Gedichte in Einzeldarstellungen

Erinnerung. An C. N.

Das Gedicht ist 1822, vermutlich im Frühjahr, entstanden. Es gehört damit zu den frühesten lyrischen Texten M.s, und es ist zudem das einzige Gedicht der Uracher Zeit, das M. in seine Sammlung aufgenommen hat; dort steht es in allen Auflagen an zweiter Stelle. Den biographischen Hintergrund bildet die Trübung des Verhältnisses zu Klärchen Neuffer; die Widmung »An C. N.« macht diese biographische Beziehung, wenn auch nur versteckt in den Initialen, zum Merkmal des Textes. Eine frühe Fassung ist in der 1828 für Dorchen M. geschriebenen Sammelhandschrift überliefert; sie unterscheidet sich von den späteren vor allem durch eine für M. ungewöhnliche allegorisierende Passage, die er bereits für A[1] durch die Szene mit dem »Röschen« ersetzte. Für A[4] hat M. das Gedicht nochmals gravierend verändert und dabei insbesondere eine längere Rede des Sprechers über die Regenbogenfarben durch die weit in die Kindheit zurückreichende Erinnerung an die Gemeinsamkeit in den »großen Kufen« in »Nachbar Büttnermeisters Höfchen« ersetzt. M. verstärkt damit das für das Gedicht ohnehin zentrale Moment der Erinnerung. Durch den Titel wird sie als dessen Thema bestimmt, und bereits der erste Vers – »Jenes war zum letzten Male« – macht den Vergangenheitscharakter des präsentierten Geschehens deutlich. Erinnerung prägt zudem die Struktur des Textes. Der Sprecher holt durch seine erinnernde Rede Vergangenes in die Gegenwart zurück. In der letzten Fassung wird diese Struktur noch verstärkt, indem in das erinnerte letzte Beisammensein eine weitere Erinnerung integriert wird. Auch die Wiederholung der ersten Strophe am Schluss betont diese Struktur. So ist in diesem Gedicht Erinnerung selbst Form geworden.

Erinnerung ist ein »erzählendes Gedicht« (HEYDEBRAND, S. 54); in schlichten, reimlosen Versen, in Strophen unterschiedlicher Länge und in einer vertraut alltäglich anmutenden, freilich leicht überhöhten Sprache erzählt es von einer Kindheitsliebe. In anrührender Weise wird das Beisammensein der Liebenden unter einem Regenschirm vorgestellt. Dabei spricht allerdings allein der Liebende; er erinnert sich und äußert seine Empfindungen, und es bleibt offen, ob er, wenn er von der Geliebten spricht oder ›wir‹ sagt, tatsächlich auch ihre Gefühle wiedergibt oder ihr etwas zuspricht. Von ihrer Liebe zueinander können beide freilich nicht sprechen; das »Röschen«, übliches Zeichen der Liebe immerhin, kann sie ihm nur »im Gehen« und »schnelle« geben, und er kann es nur heimlich küssen. Zugleich jedoch erzählt das Gedicht von Abschied und Trennung. In den beiden nahezu identischen Rahmenstrophen wird dies unmissverständlich und nachdrücklich ausgesprochen: »Dieses war zum letzten Male«. Der Gedankenstrich, mit dem die vorletzte Strophe endet, markiert den Moment des Abschieds und der Trennung, der, als er in der Gegenwart des Gedichts erinnert wird, zugleich das Verstummen des Sprechers bewirkt.

Schmerzlich ist diese Trennung vor allem deshalb, weil dieses letzte Mal offensichtlich auch das erste Mal war. Erinnert wird die Situation, in der sich die Liebenden ihrer Liebe bewusst werden, wobei gerade die erwachende sinnliche Erfahrung der Liebe – »Arm in Arme«, »das Herz schlug zu gewaltig, / Beide merkten wir es« – mit dem Verlust dieser Liebe zusammengeht. Die Zeit vor der Trennung, damit aber auch vor der Erfahrung solcher Liebe, wird als Kindheit imaginiert; mit der weiter zurückreichenden Erinnerung an die »ersten Jugendspiele« wird diese Vorstellung noch verstärkt.

Das Gedicht gestaltet also die Erfahrung einer offenbar unausweichlichen Trennung. Die erinnerte Kindheit erscheint als der Ort, an dem diese Trennung noch nicht gegeben war. Trennung und Abschied aber sind mit der Erfahrung von Sinnlichkeit und Körperlichkeit verknüpft; sie folgen auf die Erfahrung sexuellen Begehrens. Auffällig ist der regressive Charakter der in A[4] eingefügten Erinnerung: Imaginiert wird die Einkehr in einen mütterlichen Raum der Geborgenheit, der zugleich häusliche Züge trägt. Kindheit wird hier zur Zeit vor der Erfahrung der Sexualität und damit auch der Getrenntheit der Geschlechter; diese Erfahrung aber heißt Trennung und Abschied von einer als Glück der Ungeschiedenheit und Geborgenheit erfahrenen, von Sexualität freien Kindheit. Das frühe Gedicht *Erinnerung* gestaltet so ein zentrales Thema der Lyrik M.s, das im *Peregrina*-Zyklus seinen Höhepunkt hat. Nicht zuletzt darin ist seine exponierte Stellung in der Gedichtsammlung begründet, durch die es zudem eine poetologische Qualität gewinnt: Die Trennung, die das Gedicht thematisiert, wird zum Movens des Dichtens.

In der Forschung wurde immer wieder auf die biographische Dimension des Gedichts verwiesen. In jüngster Zeit hat Mayer den poetologischen Gehalt nachdrücklich hervorgehoben, und Wild hat gezeigt, dass die ersten vier Gedichte von M.s Sammlung ein Ensemble bilden, in dem M. ein poetisches Programm entwirft und das eigene Schreiben begründet und legitimiert.

Literatur

BRUCH, S. 19–25. – HEYDEBRAND, S. 54–59. – M. MAYER, S. 25 f. – Wild, Reiner: ›Am Horizont lüpft sich der Vorhang schon!‹ Die Eingangsgedichte von Eduard Mörikes Gedichtsammlung als poetisches Programm. In: WILD, S. 9–44.

Reiner Wild

Nächtliche Fahrt

Das Gedicht ist 1823 entstanden. 1828 nahm M. es in die für Dorchen M. geschriebene Sammelhandschrift auf, im gleichen Jahr wurde es im *Morgenblatt für gebildete Stände* erstmals gedruckt; es war damit M.s erste Veröffentlichung im *Morgenblatt*. In beiden Fällen trägt es die Überschrift *Ein Traum*. Unter dem Titel *Nächtliche Fahrt* nahm M. es dann in seine Sammlung auf; dort steht es in allen Auflagen an dritter Stelle. Die Unterschiede zwischen diesen Überlieferungen sind nur geringfügig.

Nächtliche Fahrt ist ein balladeskes Gedicht. M. verwendet die um 1800 in der deutschen Lyrik überaus häufige, von der Romantik gerade auch für erzählende Gedichte oft gewählte Strophenform des vierhebigen trochäischen Vierzeilers mit Kreuzreim und abwechselnd männlichem und weiblichem Versschluss. Der Träumer selbst erzählt seine Traumvision, und das Gedicht bildet Traumhaftes sehr genau nach, so im raschen, scheinbar unmotivierten Wechsel der Stationen der Fahrt und im eigentümlichen Verschwimmen der Traumbilder, die zudem seltsam widersprüchlich erscheinen. Widersprüchlich sind etwa die beiden Frauen, von denen hier geträumt wird, die eine, die im vertrauten Dorf friedlich schläft, dem Sprecher aber nicht die Treue hielt, und die andere, die wie eine »Bettlerin« und doch wie ein »holdes Kind« am Wege steht, zugleich »lächelt« und »weinet« und nun den Mann der Untreue bezichtigt. Es bleibt unsicher, ob der Träumer überhaupt von zwei Frauen träumt oder doch nur von einer einzigen Geliebten, die er aufgespalten hat in die eine, die er seine »Liebe« nennt, vor der er aber flieht, und die andere, die er »Mädchen«, aber auch »Büßerin« nennt, die ihn mit magischen Mitteln bannt und verführt und die er dann mitnimmt auf seiner Flucht. Auch das Wunschbild der letzten Strophe ist zwiespältig; der Aufschwung der Liebenden, ihr Hinwegfliegen über Raum und Zeit führt in die »graue Welt«. Ambivalenz ist so das Kennzeichen dieses Traumgedichts. Ambivalent, unentschieden und unentscheidbar bleibt vor allem das Verhältnis von Liebe und Verführung, Untreue und Schuld, und damit das zentrale Motiv, das die Traumbilder bewegt und das Gedicht bestimmt: Wer war hier untreu, wer hat wen betrogen? Das ungelöste Verhältnis der Schuld bleibt bis ins Schlussbild erhalten.

Die Verbindung von Liebe und Traum, ohnehin ein aus der Romantik vertrautes Motiv, ist auch sonst in M.s früher Lyrik zu finden, etwa in dem Anfang 1822 entstandenen Gedicht *In der Hütte am Berg*. Mit der Verknüpfung von Liebe, Betrug und Schuld weist *Nächtliche Fahrt* jedoch auch voraus auf M.s *Peregrina*-Zyklus; zudem sind der Zyklus und das frühe Gedicht durch wörtliche und motivische Anklänge – das »Heideland«, die »graue Welt«, die Motive der Büßerin und der magischen Macht des Mädchens – miteinander verbunden. *Nächtliche Fahrt* verweist damit auf ein Zentrum der Lyrik M.s. Bemerkenswert ist allerdings seine frühe Entstehung; es wurde vor der ersten Begegnung mit Maria Meyer geschrieben, dem ›Urbild‹ der Peregrina. So zeigt das Gedicht auch, wie sehr die Maria Meyer-Erfahrung für M. literarisch vorgeprägt war. Auf die Nähe von *Nächtliche Fahrt* zu den *Peregrina*-Gedichten wurde in der Forschung mehrfach aufmerksam gemacht; in jüngster Zeit hat Wild zudem gezeigt, dass die ersten vier Gedichte von M.s Sammlung ein Ensemble bilden, in dem M. sein eigenes Schreiben und dessen Beziehung zum Motivkomplex von Liebe und Schuld reflektiert.

Literatur

STORZ, S. 43–53. – Wild, Reiner: ›Am Horizont lüpft sich der Vorhang schon!‹ Die Eingangsgedichte von Eduard Mörikes Gedichtsammlung als poetisches Programm. In: WILD, S. 9–44.

Reiner Wild

Der junge Dichter

Das Gedicht ist 1823 entstanden. M. nahm es in die 1828 für Dorchen M. geschriebene Sammelhandschrift auf; eine weitere Handschrift ist im Nachlass von Luise Rau erhalten. Beide Fassungen unterscheiden sich erheblich, und für A^1 sowie erneut für A^3 hat M. das Gedicht nochmals stark verändert. Insgesamt zeigen die Bearbeitungen die deutliche Tendenz zur Straffung und Konzentration. Das in reimlosen vierhebigen Trochäen und in Strophen unterschiedlicher Länge gehaltene Gedicht ist, wie der Titel bereits signalisiert, ein poetologischer Text und insofern auch ein Dokument der dichterischen Selbstreflexion des jungen M. Dabei folgt es einem unkomplizierten Dreischritt. In der ersten Strophe spricht der Dichter von der Erfahrung der »Schönheit«, die ihn zu eigener Produktivität anregt. In der zweiten Strophe muss er jedoch erfahren, dass es ihm nicht gelingt, das »tief Empfundne« zur Dichtung werden zu lassen; er scheitert an handwerklichem Unvermögen. Die dritte Strophe bringt eine erneute Wende: In der Begegnung mit dem »Liebchen« lösen sich die Probleme; Liebe und Dichtung sind, so scheint es, problemlos vereint, wobei ein biedermeierliches Bild der Liebe im »erwärmten Winterstübchen« vorgestellt wird. Mit dem Preis der Liebe schließt das Gedicht. In der Verbindung von Liebe und Poesie präsentiert *Der junge Dichter* »geläufige Vorstellungen« (HEYDEBRAND, S. 165) und folgt zudem der zeitgenössischen Tendenz zu einer vermeintlichen Naivität des Dichtens, die auch eine Absetzung von der Genieästhetik war (SENGLE, Bd. 3, S. 728 ff.).

In den Sammlungen hat M. das Gedicht stets an die vierte Stelle gesetzt. Es bildet, wie Wild gezeigt hat, mit den drei vorangehenden Gedichten ein Ensemble, in dem M. ein poetisches Programm entwirft und das eigene Schreiben begründet und legitimiert; insbesondere zum Eingangsgedicht *An einem Wintermorgen, vor Sonnenaufgang* gibt es enge Bezüge. Damit gewinnt *Der junge Dichter* eine zusätzliche Dimension, wobei freilich nur Aspekte verstärkt werden, die von Beginn an dem Gedicht zugehören. Denn das Wunschbild der Verbindung von Liebe und Dichtung trügt. Zwar können sich die Liebenden als ein »zart Gedicht« (so in A¹) begreifen, und es wird damit in ihnen das Liebesversprechen der Dichtung gleichsam ›wahr‹. Indem aber so das Glück des Lebens die Dichtung einholt, hört der Liebende zugleich auf, ein Dichter zu sein; der Preis des Glücks ist der Verlust der poetischen Kreativität. *Der junge Dichter* zeigt so im Ensemble der ersten vier Gedichte das Scheitern des ›Naivitätsprogramms‹ (SENGLE). In diesem Scheitern aber wird bestätigt, was in den vorangehenden Gedichten als Bedingung poetischer Kreativität vorgestellt wurde, wozu vor allem gehört, was die Liebeserfahrung in *Erinnerung* und *Nächtliche Fahrt* zentral bestimmt (und in *Der junge Dichter* ausgespart wird): Leidenschaft, Sinnlichkeit, Verführung und die Erfahrung von Trennung und Schuld. So erweist *Der junge Dichter* im Ensemble der vier Eingangsgedichte den biedermeierlichen Wunsch nach der zärtlichen Vereinigung von Liebe und Poesie als Illusion; deshalb, so ist zu vermuten, hat M. dieses nicht durchweg gelungene frühe Gedicht in seine Sammlung aufgenommen und in allen Auflagen beibehalten.

Literatur

HEYDEBRAND, S. 164–166. – Wesle, Carl: Mörikes *Der junge Dichter*. In: Vincent, Ernst; Wesle, Carl (Hg.): Fs. für Albert Leitzmann. Jena 1937, S. 104–124. – Wild, Reiner: ›Am Horizont lüpft sich der Vorhang schon!‹ Die Eingangsgedichte von Eduard Mörikes Gedichtsammlung als poetisches Programm. In: WILD, S. 9–44.

Reiner Wild

Der Feuerreiter

Als eines der wirkungsmächtigsten Gedichte M.s ist *Der Feuerreiter* zugleich eines der kompliziertesten. M. selbst stellte im Brief an Wilhelm Hartlaub vom 3. Dezember 1841 nicht ohne Verwunderung fest, dass dieses Stück sich »bei Freunden u. Bekannten eines gewißen herkömmlichen Ansehens« erfreue, so dass er selbst durch »eine Art von Pietät« gegen dessen »Fehler blind« geblieben sei (HKA 13, S. 227). Zu dieser Zeit unterzog M. das Gedicht durch Einschaltung einer neuen dritten Strophe einer gravierenden Veränderung.

Die ursprüngliche, vierstrophige Fassung entstand im Sommer 1824 in Tübingen, in zeitlicher Nähe zum Peregrina-Erlebnis und zum Tod von August M. Die erste erhaltene Niederschrift liegt in der Gedichthandschrift für Dorchen M. von 1828 vor (Pohl, S. 338 f.), der erste Druck im *Maler Nolten* 1832 (HKA 3, S. 36 f.). Es folgte 1841 die Einfügung der neuen Strophe, wodurch das Gedicht »ohne das Prädikat *wahnsinnig* in der Aufschrift verständlich wird« (HKA 13, S. 228). M. feilte weiter am Text, die Fassung in A² (als *Romanze vom Feuerreiter*) bringt als Schluss: »Seele, du / Bist zur Ruh! / Droben rauscht die Mühle«. Erst in A⁴ kehrte M. wieder zum Schluss aus der *Nolten*-Fassung zurück.

Nicht nur die minuziöse Arbeit an der sprachlichen Gestalt, auch die subtile Spannung von Metrum und Reim erweist das Gedicht als ein Hauptwerk von M.s Lyrik. Jeweils vier Verse einer Strophe sind als vierhebige Trochäen kreuzweise gereimt; ihnen folgt in Vers 5 eine mit Vers 10 (auf »Mühle«) durch Reim hergestellte Spannung, danach in Vers 6/7 ein Paarreim und in Vers 8/9 ein auf zwei Hebungen verkürztes, in sich identisches Verspaar, das nur in der letzten Strophe abgewandelt wird. Durch die Verbindung der Verse 5 und 10 löst sich die akustische Spannung der Strophe jeweils erst mit dem letzten Wort, ein Ausgleich, der allerdings in der vorletzten Strophe verweigert wird, deren Schlussvers nur aus dem Fanalwort »Brennt's!« besteht.

Die Harmonie der Gegensätze antwortet ihrerseits dem Kontrastprogramm der Semantik, vorwiegend der Farben Rot (die Mütze und das Feuer, der »rote Hahn«) und Weiß (der Müller), aber auch von Feuer und Wasser, von Reiter und Müller. Der Feuerreiter, als unheimlicher Einzelgänger nur von seinem Pferd begleitet, findet in dem ihn magisch anziehenden Element den Tod, der durch die eingeschobene Strophe eine christlich-moralische Erklärung erfährt. In seiner visionären Fähigkeit, stets als erster von einer Feuersbrunst zu wissen, unterscheidet er sich vom »Gewühle« der anderen, die allerdings überleben. Die »Schwüle« und das vom Teufel besetzte »Dachgestühle« werden – akustisch durch den Refrain »Mühle« hervorgehoben – dem querfeldein Stürmenden zum Verhängnis. Vor dem Hintergrund dieser Klangsequenz der Verse 5/15/25/35 erscheint V. 45 (»wie so kühle«) fast zynisch, denn nur im Grab findet der hitzige Reiter seine kühle Ruhe. Auf der Elementenebene erlischt das Feuer im kühlen Wasser des Mühlbachs. Aber noch in seinem Tod – die Mütze ist nicht verbrannt – bleibt der Feuerreiter ein ›aufrechter‹ Vertreter seines Prinzips.

Beunruhigend wird die Geschichte überdies durch die unausgeglichene Spannung zwischen Anfang und Ende: Handelt es sich bei dem Auftritt des Feuerreiters um ein wiederholtes oder um ein einmaliges Geschehen? Zwar endet das Gedicht mit seinem Tod, aber einige Indizien sprechen dafür, dass der Feuerreiter ein Wiedergänger ist, der noch im Grab aufrecht sitzt, mit der Mütze auf dem Kopf. Seine »beinern[e] Mähre« war schon zuvor ein »rippendürre[s] Tier«, sein Auftritt am Fenster ist »nicht geheuer«, denn zuerst wird nur die rote Mütze wahrgenommen, die ja auch den Tod des Reiters überlebt. Somit erscheint der Feuerreiter als Phantasma einer elementaren Katastrophe, vom Tod des Feuermelders im Feuer selbst, das sich das fremde Element – der Mühle, des Wassers, des Weißen – anzueignen versucht und darin zugrunde geht. Der Abfall der Asche zeigt die selbstverzehrende Energie des Feuers, der der fromme Wunsch korrespondiert: »Ruhe wohl, Ruhe wohl, / Drunten in der Mühle!« Er klingt wie eine Beschwörung, die ihre eigene Unsicherheit nicht zu übertönen vermag. Gleichzeitig zeichnet M., indem er das Gedicht aus der Perspektive eines Beobachters anlegt, ein hellsichtiges Bild des Massenwahns, der den einzelnen, der Gruppe in seiner visionären Kraft überlegenen Menschen verdächtigt, ihn mit dem Teufel identifiziert und seinen Tod für wünschenswert hält.

Schon von den Zeitgenossen sind unterschiedliche Versuche unternommen worden, die Ballade durch eine biographisch-historische Verankerung zu deuten. So berichtet Rudolf Lohbauer, der Anblick des wahnsinnigen Hölderlin, der mit weißer Mütze in seinem Zimmer hin- und herlief, habe M. inspiriert. Erinnert wurde auch an den Brand des Tübinger Klinikums 1824, sodann an den »Feuerreiter« genannten burschenschaftlichen Freundeskreis um Wilhelm Hauff. Auch Volksglaube und Mythologie (Maync) sowie naturwissenschaftliche und somnambulistische (Mundhenk) Erklärungen wurden herangezogen.

Favorisiert wurden zuletzt zwei Lesarten: Die eine ist politisch orientiert und wurde zuerst von Winfried Freund vorgeschlagen, der die rote Mütze als Anspielung auf die Jakobinermütze und damit als Zeichen radikalen Widerstands gegen die Staatsgewalt liest, dann von Koopmann, der den Feuerreiter als »personifizierte Revolution« versteht und die Ballade mit der eingeschobenen Strophe von 1841 als Verteufelung der Französischen Revolution deutet. Demgegenüber streicht Bruch die Ambivalenz von Unmittelbarkeit und Distanz heraus (BRUCH, S. 32 f.): Die Ballade zeige einen Affektausbruch mit eindeutig sexuellen Zügen; das Feuer selbst und die Bewegung »auf und nieder« gewinnen phallische Qualität (BRUCH, S. 88), die Mühle gilt als erotisch verrufener Ort.

Literatur

BRUCH, S. 5–110. – Freund, Winfried: Die deutsche Ballade. Theorie, Analysen, Didaktik. Paderborn 1978, S. 66–73. – Koopmann, Helmut: Freiheitssonne und Revolutionsgewitter. Reflexe der Französischen Revolution im literarischen Deutschland zwischen 1789 und 1840. Tübingen 1989, S. 123–142. – Mundhenk, Alfred: Der umgesattelte Feuerreiter. In: WirkWort. 5 (1955), S. 143–149. – Pohl, Rainer: Zur Textgeschichte von Mörikes *Feuerreiter*. In: ZfdPh. 85 (1966), S. 223–240; auch in: DOERKSEN, S. 334–356.

Mathias Mayer

Peregrina I–V

Das zeitlich erste Gedicht des *Peregrina*-Zyklus, *Ein Irrsal kam*, schrieb M. am 6. Juni 1824; in einer Abschrift von Wilhelm Hartlaub ist dieses Datum festgehalten. Für die vierte Ausgabe seiner *Gedichte* von 1867 nahm M. letzte, gravierende Änderungen an dem Zyklus vor. In den mehr als vierzig Jahren dazwischen hat er die einzelnen Gedichte immer wieder bearbeitet und ihre Anordnung variiert. Der *Peregrina*-Zyklus ist so ein Werk lebenslanger Beschäftigung. Erste Fassungen der fünf Gedichte, die seit A^1 zum Zyklus gehören, sind zwischen 1824 und 1828 entstanden, *Aufgeschmückt ist der Freudensaal* vermutlich wie *Ein Irrsal kam* im Juni 1824, die drei anderen Gedichte später, möglicherweise erst im Frühjahr 1828. In diesem Jahr setzt die Überlieferung durch Handschriften M.s ein. In der Sammelhandschrift für Dorchen M. vom Mai 1828 hat M. die beiden frühen Gedichte mit *Der Spiegel dieser treuen, braunen Augen* und *Warum, Geliebte, denk ich dein* zum Zyklus zusammengestellt. Das Gedicht *Die Liebe, sagt man* ist unter dem Titel *Verzweifelte Liebe* in der Sammelhandschrift *Neue weltliche Lieder* vom Juni 1828 zu finden; es erschien zudem unter dem Titel *Und wieder* im Februar 1829 im *Morgenblatt für gebildete Stände*. Die anderen Gedichte hat M. nicht als Einzeltexte veröffentlicht. Der Zyklus wurde erstmals 1832 im *Maler Nolten* gedruckt; danach nahm M. ihn in seine Sammlung auf.

Von Beginn der handschriftlichen Überlieferung an ordnet M. die Gedichte zum Zyklus, wobei er freilich sowohl die Zugehörigkeit einzelner Gedichte als auch die Reihenfolge variiert und zudem Änderungen in den einzelnen Gedichten vornimmt. In der Sammelhandschrift für Dorchen M. umfasst der Zyklus vier Gedichte; es folgen aufeinander *Der Spiegel dieser treuen, braunen Augen* (mit, im Unterschied zu allen weiteren Fassungen, zwei Strophen), *Aufgeschmückt ist der Freudensaal*, *Ein Irrsal kam* und *Warum, Geliebte, denk ich dein*. Die Geliebte wird hier Agnes genannt; die Gedichte sind mit Überschriften versehen, in denen dieser Name erscheint. Gleichfalls vier Gedichte enthält der Zyklus im *Maler Nolten*. Er beginnt mit *Aufgeschmückt ist der Freudensaal*, es folgen *Der Spiegel dieser treuen, braunen Augen* und *Ein Irrsal kam*; den Abschluss bildet, anstelle von *Warum, Geliebte, denk ich dein*, das bisher als Einzeltext behandelte und bereits veröffentlichte *Die Liebe, sagt man*. Auch hier tragen die Gedichte Überschriften, andere allerdings als in der vorangehenden Fassung; der Name Agnes ist getilgt. In A^1 umfasst der Zyklus schließlich fünf Gedichte; zugleich ist die Reihenfolge erreicht, die fortan bleiben wird: *Der Spiegel dieser treuen, braunen Augen*; *Aufgeschmückt ist der Freudensaal*; *Ein Irrsal kam*; *Warum, Geliebte, denk ich dein*; *Die Liebe, sagt man*. Auf Überschriften der einzelnen Gedichte hat M. verzichtet. Dafür trägt der Zyklus insgesamt nun die Überschrift *Peregrina*; der Name für die Geliebte erscheint, im abschließenden Sonett, erstmals in der Fassung im *Maler Nolten*. Von den Änderungen, die M. für die weiteren Auflagen seiner Sammlung bei den einzelnen Gedichten vorgenommen hat, sind die für A^2 in *Aufgeschmückt ist der Freudensaal* und die für A^4 in *Ein Irrsal kam* von besonderer Bedeutung.

Die Textgeschichte lässt im Wesentlichen vier Stufen erkennen. Zu unterscheiden sind die Fassung der Sammelhandschrift, die im *Maler Nolten*, die der ersten drei Auflagen der *Gedichte* (mit leichten Varianten zwischen den Auflagen) und die Fassung in A^4; hier hat M. in *Ein Irrsal kam* die bis A^3 vorhandene ausführliche Traumvision von »Heideland«, »Nachtwind«, »Heidesturm« und der Wiederkehr des »Zaubermädchens« gestrichen und durch die drei Verse »Krank seitdem / Wund ist und wehe mein Herz. / Nimmer wird es genesen!« ersetzt. Die verschiedenen Fassungen können einerseits als jeweils eigenständige Texte verstanden werden; dies gilt insbesondere für die Fassung im *Maler Nolten* (worin die Gedichte zudem als Dichtung der Figur Larkens ausgegeben werden). Andererseits kann *Peregrina* in der Vollständigkeit der zugehörigen Texte vom Juni 1824 bis zur Ausgabe von 1867 als ein Gesamttext verstanden werden.

Die fünf zum Zyklus versammelten Gedichte sind formal sehr unterschiedlich. Die beiden frühen Gedichte *Ein Irrsal kam* und *Aufgeschmückt ist der Freudensaal* sind reimlose freie Rhythmen, mit Strophen von unterschiedlicher Verszahl. Die späteren Gedichte zeigen hingegen gebundenere Formen. *Der Spiegel dieser treuen, braunen Augen* ist eine Stanze; *Warum, Geliebte, denk ich dein* ist gereimt, seine zweite Strophe hat ein komplexes Reimschema und nähert sich durch Metrum und Paarreim am Schluss der

Stanzenform; *Die Liebe, sagt man* ist ein Sonett. Die Kontrastierung dieser Formen bildet ein konstitutives Moment der zyklischen Gestaltung der *Peregrina*-Gedichte. Dabei wechseln im *Maler Nolten* freiere und gebundenere Formen miteinander ab, während in der Sammelhandschrift und den Gedichtausgaben die freieren Formen von den gebundeneren umrahmt werden und in den *Gedichten* zudem die strenge Form des Sonetts den Zyklus beschließt. Für die zyklische Gestaltung konstitutiv ist weiter die Reihenfolge der Gedichte. Auch hier unterscheiden sich die Fassungen. Während die *Nolten*-Fassung eine eher assoziativ verbundene Abfolge von Aspekten einer Liebesbeziehung bietet, werden in der Fassung der Sammelhandschrift, mehr noch in den Fassungen der *Gedichte* die in den einzelnen Gedichten gestalteten Aspekte in eine narrative Ordnung gebracht, so dass sie als Stationen einer Liebesgeschichte erscheinen. Im ersten Gedicht sind der Moment der Begegnung der Liebenden und zugleich die ambivalente Verlockung festgehalten, die der Liebende im Blick der Geliebten erfährt. Das zweite Gedicht erzählt, als zeremoniellen Akt und als ebenso leidenschaftliche wie zärtliche Vereinigung der Liebenden, die Hochzeit, freilich in eigentümlichen, wiederum ambivalenten Bildern. Das dritte, gleichfalls erzählende Gedicht bringt gewissermaßen den Gegengesang; es berichtet von Betrug und Verstoßung, zugleich jedoch von Schuld und Schmerz des Liebenden und von der imaginierten, traumhaften Wiederkehr der Geliebten. Eine solche Traumvision erneuerten Beisammenseins bietet auch das vierte Gedicht. Das Abschlussgedicht setzt mit einer allgemeinen, geradezu sentenziösen Aussage ein und zeigt dann Wiederkehr und endgültigen Abschied der Geliebten.

Zum Entstehungszusammenhang der *Peregrina*-Gedichte gehört M.s Begegnung mit Maria Meyer. M. nützt die vorgegebene Möglichkeit, eine bedrängende Liebeserfahrung lyrisch auszusprechen und zu bearbeiten; so entsteht das erste Gedicht *Ein Irrsal kam* in einem Moment krisenhafter Zuspitzung, als Maria Meyer im Juni 1824 nochmals um ein Gespräch mit M. bittet und er sich verweigert. M. folgt dem wirkungsmächtigen Modell der Liebeslyrik Goethes; in diesem Sinn können die *Peregrina*-Gedichte als Erlebnis-Dichtung, als dichterische Bewältigung einer persönlichen Erfahrung, verstanden werden (und sind auch immer wieder so verstanden worden). Nicht zuletzt die lebenslange Arbeit an dem Zyklus verweist darauf, dass die Begegnung mit Maria Meyer für M. eine traumatische Erfahrung war, die immer wieder zur erneuten lyrischen Bearbeitung herausforderte – und dies möglicherweise gerade deshalb, weil er sich zu anderer Aussprache zeitlebens nicht in der Lage sah; zwanzig Jahre nach der Erfahrung spricht er in einem Brief an Wilhelm Hartlaub von seiner »Nolimetangere-Vergangenheit« (HKA 14, S. 96).

Zugleich jedoch übersteigen die *Peregrina*-Gedichte von vornherein solche biographische Situierung. So ist bereits die Begegnung mit Maria Meyer literarisch vorgeprägt. Sie war für M. eine Wirklichkeit gewordene literarische, vor allem romantisch bestimmte Figur. Wie stark diese Vorprägung war, lässt das Gedicht *Nächtliche Fahrt* erkennen: 1823, also vor der Begegnung mit Maria Meyer entstanden, zeigt es deutliche motivische Anklänge an die späteren Gedichte. Dieser Vorprägung entspricht die hohe Literarizität des *Peregrina*-Zyklus, der im *Maler Nolten* als eine ›mythische Komposition‹ bezeichnet wird (HKA 3, S. 361). M. verknüpft Muster romantischer Literatur mit der Tradition der lyrischen Sprache der Sinnlichkeit; die Anklänge an die Lyrik Klopstocks und Goethes sind deutlich zu hören; zu den Vor-Bildern Peregrinas, die ihren Namen nach einer Figur in Justinus Kerners *Reiseschatten* erhält, gehört Mignon. Im Sonett *Die Liebe, sagt man* kombiniert M., wie Gockel gezeigt hat, antike Mythologeme, die insbesondere auf Aphrodite und Venus Libitina verweisen, mit Elementen christlicher Herkunft; zugleich erhält Peregrina die Züge großer Liebender der Weltliteratur wie Maria Magdalena, Ophelia und Gretchen. Komplementär zur hohen Intertextualität der *Peregrina*-Gedichte ist freilich ihre bemerkenswerte sprachliche Innovation, etwa in ihrer auf die Moderne vorausweisenden Bildlichkeit in *Aufgeschmückt ist der Freudensaal* oder in der Darstellung traumhafter Sequenzen in *Ein Irrsal kam* oder *Warum, Geliebte, denk ich dein.*

Das zentrale Thema der *Peregrina*-Gedichte heißt Liebe und Schuld. Dabei ist Liebe ein umfassendes Phänomen. Sie ist höchste Leidenschaft und sexuelles Begehren, was M. vor allem in *Aufgeschmückt ist der Freudensaal* in erstaunliche Naturbilder gefasst hat, ebenso wie sanfteste Zärtlichkeit, wenn sich die Liebenden allein noch mit den »Wimpern« berühren, die »Schmetterlingsgefieder« gleichen; sie ist gesellschaftlicher Sachverhalt mit »Hochzeit« und »Haus« ebenso wie höchst individuelle Erfahrung. Zugleich jedoch ist diese Liebe für den Liebenden und Sprecher der Gedichte ›Sünde‹; bereits in *Der Spiegel dieser treuen, braunen Augen*, dem Eingangsgedicht in allen Fassungen außer der im Maler Nolten, wird in der Entgegensetzung der »treuen, braunen Augen« mit dem »Kelch der Sünden« dieser Zwiespalt ausgesprochen. An dieser Ambivalenz scheitert die Liebe; so ist die Initiation in die Liebe, die der Sprecher erfährt, zugleich eine Initiation in deren Unmöglichkeit. Diese Unmöglichkeit aber hat einen genauen Grund: den »Liebesverrat« (von Matt) – Verrat und Schuld der Geliebten, die sich in ihrem »Betrug« gegen die »Kategorien bürgerlicher Sittlichkeit« vergeht (von Matt, S. 210), weitaus mehr aber Verrat und Schuld des Liebenden, der in der Bewährung seiner Liebe versagt, Peregrina verstößt, sie so in die Fremde und in den Wahnsinn treibt, damit aber die Liebe verliert: »der Mann betrügt in der Frau die Liebe überhaupt« (ebd.). Allerdings zeigen sich in der Zuordnung von Liebe und Schuld, Betrug und Sünde auch Unterschiede in den Fassungen des Zyklus. Im *Maler Nolten* werden die mit Liebe, Schuld und Sünde verknüpften Wunsch- und Angstphantasien gleichsam durchgespielt (wobei sie zudem als Projektionen des ›Autors‹ Larkens erscheinen). In den Fassungen der *Gedichte* geht hingegen von der Verstoßung der Geliebten eine strenge Kausalkette aus; Schuldgefühl und Sehnsucht des Liebenden, der Wahnsinn der verstoßenen Geliebten, der endgültige Abschied und also die unaufhebbare Erfahrung der Unmöglichkeit solcher Liebe folgen mit unerbittlicher Konsequenz. Zugleich lässt sich in den Änderungen, die M. im Laufe seines Lebens an den *Peregrina*-Gedichten vornimmt, eine zunehmende Distanzierung, ein Prozess zunehmender Abstrahierung von der konkreten Bedrängung gerade auch in sexueller Hinsicht erkennen; beispielhaft ist dafür die letzte Änderung in *Ein Irrsal kam*, mit der die Verlockung des »Zaubermädchens« zu »seliger Krankheit« (so in den früheren Fassungen) durch den unspezifischen, freilich fortdauernden und zutiefst bedrängenden Schmerz des wunden und wehen Herzens ersetzt, der Komplex von Sexualität und Sünde also verdrängt wird. Die lebenslange Beschäftigung M.s mit dem Zyklus lässt sich, in biographischer Perspektive, als Wiederholungszwang verstehen, als Ausdruck einer nie bewältigten Traumatisierung. Im Zyklus erscheint diese Wiederkehr des Verdrängten in der auch sonst bei M. häufigen Struktur der Erinnerung: Immer wieder wird in den Gedichten gezeigt, wie der Sprecher in seiner Gegenwart vom Vergangenen, Erinnerten überwältigt wird.

Der Sprecher der *Peregrina*-Gedichte ist ein Mann. Peregrina, die Geliebte, bleibt stumm, ihr Ausdruck sind allein Blick und Gebärde; die Sprache gehört dem Liebenden. So wird der im Zyklus gestaltete »Liebesverrat« auch zum Ausdruck eines männlich codierten Geschlechterverhältnisses, in dem die Frau als Opfer, ihre Opferung freilich zugleich als unaufhebbare, nicht zu bewältigende Schuld des Mannes erscheint. Zudem aber ist der Liebende, als der Sprecher der Gedichte, auch ihr Autor. Seine Initiation in die Liebe ist auch die Initiation zum Dichter, deren Bedingungen indessen das Opfer der Geliebten, damit aber ebenso Verrat und Schuld des Liebenden und Dichters sind. Nicht zuletzt in dieser Erfahrung besteht das im Zyklus gestaltete Trauma, das in biographischer Hinsicht als die Kernerfahrung des Dichters M. verstanden werden kann; in der *Peregrina*-Dichtung findet es seinen Ausdruck im Zwang zur immer wieder vorgenommenen Neuordnung der Erfahrung, in der es der Sprecher unternimmt, sich seiner stets gefährdeten, stets neu zu ›erschreibenden‹ Identität als Dichter zu vergewissern.

In der Forschung standen über lange Zeit hinweg die biographische Dimension der *Peregrina*-Gedichte und ihre zentrale Bedeutung für das lyrische Werk M.s im Zentrum, zudem die

Beziehung der Gedichte zum *Maler Nolten*. In neuerer Zeit gilt hingegen das Interesse zum einen, etwa bei Gockel oder von Graevenitz, der hohen Literarizität des Zyklus, seiner Komposition und poetischen Gestalt, zum anderen, so bei Meyer-Krentler, dann vor allem bei von Matt und jüngst bei Lubkoll, dem in den Gedichten gestalteten Verhältnis von Liebe und Schuld und damit der im Zyklus geleisteten Darstellung und Reflexion der Geschlechterbeziehung.

Seit A^2 hat M. den Zyklus, der in A^1 noch am Schluss der Sammlung steht, in die Mitte seiner *Gedichte* gerückt. Diese Stellung markiert seine Bedeutung. Die *Peregrina*-Gedichte sind, in biographischer wie in poetologischer Hinsicht, Kern und Zentrum seines Werks; in aphoristischer Zuspitzung lässt sich dieses Werk, vor allem M.s Lyrik oder jedenfalls seine Liebeslyrik, als eine große Variation des Zyklus, freilich auch als Rücknahme seiner Radikalität bezeichnen.

Literatur

Gockel, Heinz: Venus-Libitina. Mythologische Anmerkungen zu Mörikes Peregrina-Zyklus. In: WirkWort. 24 (1974), S. 46–56. – Graevenitz, Gerhart von: Eduard Mörike. Die Kunst der Sünde. Zur Geschichte des literarischen Individuums. Tübingen 1978, S. 15–52. – Heydebrand, S. 73–81. – Kittstein, Ulrich: Zivilisation und Kunst. Eine Untersuchung zu Eduard Mörikes *Maler Nolten*. St. Ingbert 2001, S. 201–251. – Lubkoll, Christine: Peregrina I-V. In: Mayer: Interpretationen, S. 57–80. – Mayer, Mathias: Mörike und Peregrina. Geheimnis einer Liebe. München 2004. – M. Mayer, S. 38–42. – Matt, Peter von: Liebesverrat. Die Treulosen in der Literatur. München u. a. 1989 u. ö., S. 162–209. – Meyer-Krentler, Eckhardt: Willkomm und Abschied – Herzschlag und Peitschenhieb. Goethe – Mörike – Heine. München 1978, S. 125–156. – Weimar, Klaus: Sich selbst in sich selbst und in die Welt finden. Bemerkungen zu zwei Gedichten aus Mörikes ›Maler Nolten‹. In: Braungart / Simon. [zu *Aufgeschmückt ist der Freudensaal*].

Reiner Wild

Gesang zu zweien in der Nacht

Das Gedicht entstand 1825. Eine frühe, deutlich kürzere Fassung steht in der Prosakomödie *Spillner*; ihr fehlt die spätere Aufteilung auf zwei Sprecher. Eine gleichfalls fragmentarische Fassung findet sich in einem Brief Ludwig Bauers an Wilhelm Hartlaub von 1829 (Güntter, S. 121). Erstmals gedruckt wurde das Gedicht in der Fassung mit vier Versgruppen 1832 im *Orplid*-Zwischenspiel des *Maler Nolten*. Die Versgruppen sind auf die Fee Thereile und König Ulmon aufgeteilt; in der zweiten Fassung des *Nolten* wird hingegen der ganze Text Thereile zugeschrieben, zudem fehlt die letzte Versgruppe. In A^1 trägt das Gedicht den Titel *Nachts*; wie in der *Spillner*-Fassung fehlt die Sprecher-Untergliederung; weiter fehlen noch die ab A^2 dem männlichen Sprecher zugeschriebenen Verse 7–10 und 18–24.

Der Text gliedert sich in vier Versgruppen mit unterschiedlicher Verszahl; dominierendes Versmaß ist der, freilich locker gestaltete, fünfhebige Jambus. M. verwendet für die erste Versgruppe Schweifreim (aabccb), für die zweite umarmenden Reim (abba); die beiden letzten längeren Versgruppen variieren die Schemata von Schweif- und umarmendem Reim (abbaccb bzw. abbacca). Zahlreiche Assonanzen erzeugen eine differenzierte Klanggestalt, die das Gedicht zudem ständig thematisiert. Die Versgruppen sind auf die einander abwechselnden Sprecher »Sie« und »Er« verteilt, die sich monologisch über die beiden dominierenden Themen Natur und Nacht artikulieren. M. greift damit auf die Gattungsform des Wechselgesangs zurück; »Er« und »Sie« sind also Liebende. Kohärenz wird jedoch nicht durch einen Dialog der Sprecher hergestellt, sondern durch die Kombination semantischer Paradigmen über die Versgruppen hinweg. Synästhetische Koppelungen, Personifikationen von Naturkräften und die durchgängige semantische Aufladung der Natur-Szenerie durch Metaphern aus den Bereichen von Klang und Musik lassen die Natur als belebt erscheinen. In der einleitenden Rede der Sprecherin wird der Übergang von der Nacht zum anbrechenden Tag evoziert. Die zweite Versgruppe (mit männlichem Sprecher) bestätigt die subjektive Empfindung der Sprecherin, stellt damit einen Einklang zwischen den Sprechern her und problematisiert zugleich die nächtliche Wahrnehmung (»mit ungewissem Licht«), allerdings mit positiver Bewertung. In der dritten Versgruppe (mit Sprecherin) werden Visuelles und Akustisches zur Synästhesie zusammengeführt. Die Natur-Bilder werden zugleich fließender, die geschilderte Welt gleitet endgültig in die märchenhafte Orplid-Welt. Die letzten vier, auffällig kurzen und metrisch locker gebauten Verse geben erneut den akustischen Eindruck der Sprecherin wieder, welche die wehenden »Töne« als Gesänge von »Feeen« interpretiert; in »Spindeln« wird der Vergleich mit »Gewebe« vom Beginn der Versgruppe wieder aufgenommen. Die abschließende Versgruppe setzt mit der hymnischen »Du«-Anrede an die Nacht ein und nimmt mit »Tritt« und »Schritt« das Bild des ›Laufens‹ und ›Gehens‹ des personifizierten Nachtwindes auf. Auf der Bild-Ebene wird so die Kohärenz der vier Versgruppen wieder hergestellt, wobei mit der Evokation der tanzenden Nacht die Bildlichkeit deutlich gesteigert wird. Das Gedicht mündet in einen naturmystischen Ausruf, der den Einklang der Nacht mit der beseelten »Schöpfung«, damit zugleich den Einklang von Sprecher und Schöpfung und den der beiden Sprecher geradezu herbei beschwört. Die Schlussverse thematisieren damit einen traumhaften Zustand nächtlicher Enthobenheit von Zeit.

Obwohl *Gesang zu zweien in der Nacht* zu den häufiger interpretierten Gedichten M.s gehört, hat sich die Literaturwissenschaft mit seiner Bildwelt schwer getan (Sautermeister, S. 160 f.). Insgesamt dominieren immanente (Schneider, Grenzmann) und werkkontextuelle Interpretationen (HART NIBBRIG, HEYDEBRAND), in denen die Stellung des Textes in M.s lyrischem Frühwerk, etwa als ›Überbietung‹ romantischer Stimmungslyrik, bestimmt, kaum aber nach möglichen Prätexten und intertextuellen Anspielungen gefragt wird. Die Anleihen etwa bei Tiecks Lyrik, wie sie sich in der Klanglichkeit, der zur Synästhesie neigenden Bildlichkeit und der Thematisierung von Zeitlichkeit zeigen, sind allerdings kaum zu übersehen. Dabei handelt das Gedicht von zwei gegenläufigen Erscheinungen. Dargestellt sind ephemere Phänomene (»Gesang«): der Nachtwind, die flüchtigen Stimmen, der vergängliche »Sphärenklang«; im Gegensatz dazu nützt das Gedicht auf der Darstellungsebene Bilder des Webens, des Textilen und damit

des Textes. Die beschworene Zeitenthobenheit wird also angesichts der Flüchtigkeit der beschriebenen Gefühle fraglich. Das Bild des naturgesetzlichen Wechsels von Nacht und Tag in der ersten Versgruppe zeigt an, dass diese Erfahrung problematisch wird, weil sie vom Lauf der Zeit unterminiert zu werden droht. Die spezifische Leistung des poetischen Textes besteht damit in einer Still-Stellung der Zeit: Nur in diesem Medium lässt sich der flüchtige Zustand festhalten und die nächtliche Augenblicks-Erfahrung auf Dauer stellen.

Literatur

BARNOUW, S. 67–73. – Grenzmann, Wilhelm: Eduard Mörike. *Gesang zu zweien in der Nacht*. In: Hirschenauer, Rupert; Weber, Albert (Hg.): Wege zum Gedicht. München u. a. [7]1968, S. 233–236. – Güntter, Otto (Hg.): Aus Briefen Ludwig Bauers an Wilhelm Hartlaub. In: Schwäbischer Schillerverein, 17. Rechenschaftsbericht. Marbach 1913, S. 113–134. – HART NIBBRIG, S. 24–28. – HEYDEBRAND, S. 24–26. – Sautermeister, Gert: Die Geburt des Gedichts aus dem Geist des Eros. Zur Liebeslyrik Mörikes. In: Müller, Thomas; Pankau, Johannes G.; Ueding, Gert (Hg.): »Nicht allein mit den Worten«. Fs. für Joachim Dyck. Stuttgart-Bad Cannstatt 1995, S. 156–166. – Schneider, Wilhelm: Eduard Mörike: Gesang zu zweien in der Nacht. In: Burger, Heinz Otto (Hg.): Gedicht und Gedanke. Auslegungen deutscher Gedichte. Halle/Saale 1942, S. 244–253. – Schwarz, Peter Paul: Transzendierung der Realität in Mörikes Gedichten ›Gesang zu zweien in der Nacht‹ und ›Auf eine Christblume‹. In: Sprachkunst 5 (1974), S. 196–210. – STORZ, S. 78–81.

Dietmar Till

An einem Wintermorgen, vor Sonnenaufgang

Seit A[1] eröffnet *An einem Wintermorgen, vor Sonnenaufgang* die Ausgaben der *Gedichte* M. s. Die Anregung dazu gab Hermann Kurz; dieser »Einfall«, schreibt ihm M., sei »fürwahr [...] ein ganzes Gedicht« (HKA 12, S. 88). Erstmals gedruckt wurde das 1825 entstandene Gedicht 1834 im *Deutschen Musenalmanach* von Adelbert von Chamisso und Gustav Schwab. Eine handschriftliche Fassung, die wahrscheinlich M.s Brief an Luise Rau vom 4. Januar 1830 beilag

(HKA 11, S. 453), weicht insbesondere in den beiden letzten Strophen deutlich von den späteren Drucken ab; der Erstdruck und die Texte der Gedichtausgaben unterscheiden sich hingegen nur geringfügig.

Das Gedicht vergegenwärtigt die Situation eines morgendlichen Erwachens; der noch im Traum befangene Sprecher wird durch den andrängenden »Schwarm von Bildern und Gedanken« zu Fragen provoziert und zur Gestaltung des Erfahrenen motiviert. Geboten wird ein »Reflexionsprotokoll« (HEYDEBRAND, S. 234); das Gedicht zeigt einen Prozess der Bewusstwerdung, in dem das tagträumende Ich die aus dem Unbewussten auftauchenden Vorstellungen bearbeitet und so aus dem Tagträumer der Dichter, aus dem Tagtraum ein Gedicht wird. Gestaltet ist also der kreative Vorgang, dessen Ergebnis das Gedicht selbst ist. Zugleich markieren die Anspielungen auf die Genieästhetik, die Evokation romantischer Poetik oder die Vermischung antiker und christlicher Mythologeme die literaturhistorische Konstellation, in der das Gedicht gesprochen wird.

Der kreative Prozess erscheint zunächst als eine Bewegung emotionaler Intensivierung, als sich steigernder Enthusiasmus. Dabei stellt der Sprecher nachdrücklich die Subjektivität seiner Erfahrung heraus und versucht zugleich, den von innen kommenden Bildern und Gedanken einen äußeren Ort zuzuweisen und sie so zu objektivieren. Mitten in der fünften Strophe bricht die enthusiastische Aufschwungbewegung freilich ab. Der kreative Augenblick ›verweht‹; der Sprecher ist auf sich selbst zurückgeworfen. Mit der Aufforderung »Dort, sieh« am Anfang der letzten Strophe setzt allerdings wieder eine Gegenbewegung ein. Sie beginnt mit einem radikalen Blickwechsel. Der bisher nach innen gerichtete Blick wird nach außen gewendet; der Selbstbezogenheit des Träumers und der Versenkung in die eigene Innerlichkeit wird der Blick auf die Natur, auf die ›Wirklichkeit‹ entgegengesetzt: Das Gedicht schließt mit einer emphatischen Darstellung des beginnenden Tages. Im Jubelbild des Sonnenaufgangs sind antike Vorstellungen von der rosenfingrigen Eos, die sich am Morgen von ihrem Lager erhebt, und von Helios, der seine Fahrt mit dem Sonnenwagen beginnt, mit den christlichen Bildern des Ostermorgens und der Auferstehung verknüpft; zugleich wird auf die Zentralmetapher der Aufklärung angespielt, und im Wechsel von der Nacht zum beginnenden Tag werden romantische Vorstellungen zurückgewiesen.

Zu den Merkmalen des Gedichts gehört die formale Spannung zwischen relativ strengen Vorgaben und variierter Abweichung, so in der Realisierung der komplexen und kunstvollen Reimstruktur durch unreine Reime, in der nicht immer eindeutigen rhythmischen Füllung der Verse, mit der die durchweg alternierende Metrik mehrfach überspielt wird, oder in der Ausweitung der ansonsten durchgängig fünfhebigen Verse um eine weitere Hebung an markanten Stellen. In dieser Spannung findet der zwischen Traum und Bewusstwerdung changierende Reflexionsprozess seinen adäquaten formalen Ausdruck. Gleiches gilt für die Abfolge der unterschiedlich gebauten Strophen, bei denen M. gängige Strophenformen variiert. Die zunehmende Verszahl der Strophen bildet den voranschreitenden Prozess der Bewusstwerdung ab; die fünfte Strophe bietet in Reimschema, metrischer Erweiterung und rhythmischen Brechungen eine überaus kunstvolle Gestaltung von Höhepunkt und Wendung des inneren Vorgangs.

Die poetologische Dimension des Gedichts ist, nicht zuletzt aufgrund seiner markanten Stellung in den Gedichtausgaben, früh gesehen worden; bereits Maync verweist auf die Analogie zu Goethes *Zueignung* (M 1, S. 411). Mehrfach herausgestellt wurde die Bedeutung des Augenblicks als des kreativen Moments, so etwa von Beck; das hohe Maß an Distanzierung und Ästhetisierung hat Sengle nachdrücklich betont. In jüngster Zeit hat Böschenstein die Prozessualität des kreativen Vorgangs herausgearbeitet, und Wild hat gezeigt, dass *An einem Wintermorgen* zusammen mit den drei in M.s Sammlung folgenden Gedichten *Erinnerung*, *Nächtliche Fahrt* und *Der junge Dichter* ein Ensemble bildet, in dem M. ein poetisches Programm entwirft, das die Darstellung des kreativen Prozesses mit der Reflexion des eigenen literaturhistorischen Ortes verbindet und so das eigene Schreiben begründet und legitimiert.

Literatur

Beck, Adolf: Mörikes Gedicht *An einem Wintermorgen, vor Sonnenaufgang*. In: Euphorion 46 (1952), S. 370–391; auch in: ders.: Forschung und Deutung. Ausgewählte Aufsätze zur Literatur. Frankfurt a.M. u.a. 1966, S. 279–310. – Böschenstein, Bernhard: Inspiration: *An einem Wintermorgen, vor Sonnenaufgang*. In: Mayer: Interpretationen, S. 16–25. – Sengle, Bd. 3, S. 747f. – Wild, Reiner: ›Am Horizont lüpft sich der Vorhang schon!‹ Die Eingangsgedichte von Eduard Mörikes Gedichtsammlung als poetisches Programm. In: Wild, S. 9–44.

Reiner Wild

Besuch in Urach

Eher beiläufig teilt M. dieses Gedicht dem Jugendfreund Wilhelm Hartlaub als Nachtrag zu seinem Brief vom 27. Mai 1827 mit: »Ei! Das Gedicht auf Urach hätt ich fast vergessen« (HKA 10, S. 160). Erstmals veröffentlicht wurde *Besuch in Urach* 1828 im *Morgenblatt*; M. nahm es dann in seine Gedichtsammlung auf. Als Keimzelle des Gedichts erweist sich der Brief an Hartlaub vom 19. September 1822 unmittelbar nach dem Abschied von Urach, in dem das Doppelgängermotiv vorgebildet ist (HKA 10, S. 40). Drei Jahre später berichtete M. seiner Schwester Luise von einem Besuch in Urach (HKA 10, S. 100); dabei verbindet sich das Gefühl des Verlusts mit der Trauer um den Lieblingsbruder August, dem das Gedicht *An eine Äolsharfe* gewidmet ist. Dieser Bezug spiegelt sich in der Abfolge der Gedichte in M.s Sammlung wider, wo *Besuch in Urach* von *Fußreise* und *An eine Äolsharfe* umrahmt wird; während *Fußreise* den alten Adam singen lässt, der nichts von einem Sündenfall weiß, wird die Äolsharfe zum Medium, das den Graben zwischen Diesseits und Jenseits zu überbrücken vermag. Auch weitere Gedichte im Umkreis von *Besuch in Urach* in der Gedichtsammlung zeigen das Motiv vom Paradies, bei dem der drohende oder bereits erfolgte Sündenfall einen Schwellenzustand evoziert.

Das Gedicht umfasst zwölf Stanzen und weist eine klare Gliederung in vier Teile auf. Die ersten drei Strophen stellen mit dem Eintritt des lyrischen Ichs in das Uracher Tal die Erinnerungsszene dar, die die Frage nach dem Zusammenhang von Vergangenheit und Gegenwart aufwirft. In den Strophen 4 bis 6 macht sich der Wanderer, erfüllt von wehmütiger Erinnerung, auf die Suche nach der Ur-Quelle, die sich in einen Wasserfall ergießt. Doch da diese Quelle weder zu reden versteht noch mit dem Menschen eins werden will, wendet er sich ab und sucht in ›kulturellen‹ Überresten wie »Hüttchen« und »Bank« vergeblich nach seinem Ebenbild (Str. 7–9). Erst als er seine Enttäuschung ins Gras schreibt, bringt ein »plötzlich« entstehendes Unwetter die Wendung. Im Schauspiel des Gewitters kommt es zur Verklärung des Ichs und zum abschließenden Segnen des Tals (Str. 10–12).

Während Germann bereits 1966 eine ausführliche, an Biographie und Werk M.s orientierte Interpretation des Gedichts lieferte, ordnet Heydebrand es in den Kontext der Naturgedichte ein und betont die Bedeutung der Kommunikation. Meuthen versteht *Besuch in Urach* als »poetologischen Schlüsseltext der auslaufenden romantischen Epoche« (Meuthen, S. 33), in dem romantische wie klassische Motive aufgenommen und zugleich negiert werden; insbesondere wird in dem Gedicht das Scheitern romantischer Naturpoesie inszeniert. Über biographische und poetologische Aspekte hinaus bildet eine religiöse Lesart eine dritte Deutungsmöglichkeit. »Felsen«, »Quelle« und »Wasserfall«, »Hüttchen« und »Bank« lassen sich biographisch belegen (Gedenkausstellung, S. 51) und zugleich als Ingredienzien eines *locus amoenus* bestimmen. Kernmotiv des Gedichts ist die Erinnerung, die in Verbindung mit den »grünen Spiegeln« erstmals erwähnt wird. Personifiziert tritt sie dann, dem Ich die Zauberschalen reichend, in Vers 54 auf. Damit wird der Mythos von Mnemosyne aufgerufen, der Mutter der Musen, deren Quell sich in einen Wasserfall ergoss und den zum Dichter machte, der von ihm trank. Mit der Erinnerung verbunden ist das Vergessen, das sich ebenfalls im Bild des Wassers verdichtet. Der Fluss Lethe, aus dem die Menschen tranken, um ihre Erinnerung an das Diesseits zu vergessen, stellt ursprünglich weniger den narkotisierenden Trank dar als das Leben selbst, das den Menschen durchfließt (Kerényi). Urach ist für das Ich ein

»Schattengrund« (V. 49), in dem die Erinnerung haust wie die Schatten in der griechischen Unterwelt. Gestalt finden sie durch das Schreiben des Wanderers, das durch den Riss am Himmel gedoppelt wird. So besehen ist *Besuch in Urach* auch ein »Geburts-Gedicht« (M. Mayer, S. 36), das seine eigene Hervorbringung beschreibt. Der geleitende Engel wird hier zur Metapher für die Suche nach dem verlorenen Zustand und kann auf die gesamte Dichtung bezogen werden. Vorbereitet ist der Engel durch die Darstellung des Uracher Tals als Paradies. Der Garten Eden ist durch Wasserreichtum und die Spannung von Kultur und Natur gekennzeichnet. Als Gegenbild zu einer defizitären Welt lässt sich das Paradies als utopische Gegenwelt verstehen, die den Menschen zur Erkenntnis seiner selbst bringen soll (Dohmen). Der Gang durch das Paradies der Jugend endet in der Selbstfindung, die durch Dichtung geschieht. Der Engel wird so zum Bild schützenden Geleits und der Vergewisserung der dichterischen Inspiration. Und der Dichter erscheint als ein Wanderer zwischen den Welten, der vom Verlust des Paradieses weiß und es in seiner Dichtung »bewährt« (V. 92), also bewahrheitet und bewahrt.

Literatur

Germann, Franz: Mörikes *Besuch in Urach*. Eine Interpretation. Bern 1966. – Dohmen, Christoph: Paradies. In: Lexikon für Theologie und Kirche. Bd. 7. Freiburg u. a. ³1998, S. 1360 f. – Heydebrand, S. 31 f. – Kerényi, Karl: Mnemosyne – Lesmosyne. Über die Quellen ›Erinnerung‹ und ›Vergessen‹. In: ders.: Humanistische Seelenforschung. Darmstadt 1966, S. 311–322. – M. Mayer, S. 35 f. – Meuthen, Erich: Im Schattengrund: *Besuch in Urach*. In: Mayer: Interpretationen, S. 26–42.

Walter Putzer

Um Mitternacht

Das Gedicht findet sich erstmals – ohne Überschrift – in einem Brief M.s an seinen Freund Johannes Mährlen vom 3. Oktober 1827, eingeleitet durch die Bemerkung: »Damit diß Blatt nicht leer bleibt sez ich noch 2 (zum Erstaunen getreuübersezte) Verse aus Shakespeares Venus und Adonis« (HKA 10, S. 185). Diese Erläuterung ist bezeichnend für M.s Hang zu scherzhaften Mystifikationen, denn seine Strophen haben mit dem genannten Werk von Shakespeare nicht das Geringste zu tun. Am 17. November desselben Jahres teilt M. das Gedicht, jetzt *Mitternacht* überschrieben, in einem Brief an Ernst Friedrich Kauffmann mit, wobei er nun seine Autorschaft nicht mehr verleugnet und von einem »alte[n] Vers von mir [...], für den ich immer eine besondere Liebe habe«, spricht (HKA 10, S. 190). Freilich dürfte auch hier eine harmlose Irreführung des Briefpartners vorliegen, da es für eine deutlich frühere Entstehung des Werkes sonst keinen Beleg gibt; es ist vermutlich erst kurz vor den beiden Briefen, also etwa im September 1827 verfasst worden.

Das Gedicht wurde am 23. Mai 1828 im *Morgenblatt für gebildete Stände* veröffentlicht und findet sich unter dem Titel *Um Mitternacht* in allen vier Gedichtsammlungen M.s. In A¹ bildet es den Abschluss und formt so mit *An einem Wintermorgen, vor Sonnenaufgang*, das die Gedichtfolge eröffnet, einen Rahmen, der das gesamte lyrische Werk gleichsam unter die Perspektive eines vollständigen Tagesablaufs rückt. In den späteren Sammlungen behielt M. diese Einordnung allerdings nicht mehr bei. Auch der Wortlaut des Textes hat einige kleinere Veränderungen erfahren, bevor er in A³ seine endgültige Gestalt erhielt.

Die schon vom Druckbild angezeigte Zweiteilung der beiden Strophen spiegelt sich auch in der metrischen Struktur. Die ersten vier Verse, zwei Vier- und zwei Fünfheber mit männlichen Paarreimen, weisen jeweils einen ruhigen, gleichmäßigen jambischen Gang auf; die zweite Strophenhälfte erscheint durch eingeschobene Daktylen bewegter, ebenso durch die sehr viel weitergehende Variation der Verslänge: Zwei männlich gereimten Vierhebern folgen ein auf drei Silben mit nur einer Hebung verkürzter Vers und ein Dreiheber, wobei die beiden Letzteren durch den identischen weiblichen Reim »Tage« den Strophen einen markanten, echo-artigen Abschluss verleihen. Der metrischen Zweiteiligkeit entspricht wiederum der Gegensatz zwischen der Nacht und den Quellen, der das Gedicht inhaltlich strukturiert. Die erste Hälfte jeder Strophe ist der personifizierten ruhigen, ›gelassenen‹ Nacht gewidmet, die sich »träumend« der stillen Betrachtung hingibt, die zweite Hälfte gilt den Quellen, deren unruhiges und doch monotones Rauschen in dem rascheren Gang der Verse bzw. in dem identischen Reim der Schlusszeilen seinen Ausdruck findet. Die suggestiven Bilder, aus denen sich diese zentrale Polarität aufbaut, werden mit einem geradezu objektiven Anspruch präsentiert: Es fehlt jede Perspektivierung vom Standpunkt eines hervortretenden lyrischen Ichs aus, so wie auch eine räumlich-gegenständliche Konkretisierung des Dargestellten – im Sinne einer Landschaftsschilderung – fast gänzlich unterbleibt.

Der Text umkreist ein Thema, mit dem sich M. sein Leben lang auseinandergesetzt hat, nämlich das Erlebnis der Zeitlichkeit. Die personifizierte Nacht bemüht sich in ihrer kontemplativen Haltung, das Verstreichen der Zeit zu ignorieren: Sie sieht »die goldne Waage nun / Der Zeit in gleichen Schalen stille ruhn«; der Moment *zwischen* zwei Tagen wird zum zeitlos-ewigen Augenblick, dessen Genuss in der Synästhesie des elften Verses gipfelt: »Ihr klingt des Himmels Bläue süßer noch«. In dem ebenso aufgeregten wie eintönigen Gemurmel der Quellen, die die Konzentration der Nacht auf den erfüllten Augenblick zu stören suchen, scheint sich dagegen ganz buchstäblich das beständige und gleichmäßige Verfließen der Zeit geltend zu machen. Dabei sind die Quellen lediglich akustisch vernehmbar, während der Nacht die visuelle Wahrnehmung zugeordnet ist.

Indes erfasst das Gegensatzpaar ›zeitloser Augenblick‹ versus ›Zeitlichkeit und Vergänglichkeit‹ das Verhältnis zwischen der Nacht und den Quellen nur ungenau. Vor allem darf der Gesang der Quellen nicht mit der Dimension der Zeit schlechthin gleichgesetzt werden, denn er bezieht sich ja ausschließlich auf die Vergangenheit. Das Lied, das ohne Unterlass den »heute gewesenen Tag« beschwört, ist selbst schon Ausdruck eines Bemühens, dem Strom der Zeit etwas entgegenzusetzen: Es weist die Quellen als Träger der *Erinnerung* aus, mithin als Repräsentanten einer tendenziell vergänglichkeits*überwindenden*

Kraft. *Um Mitternacht* thematisiert demnach nicht den Konflikt zwischen dem Erlebnis des ›ewigen Augenblicks‹ und dem unaufhaltsamen Verstreichen der Zeit, sondern zwei unterschiedliche Versuche, die fundamentale Erfahrung der Vergänglichkeit zu bewältigen, nämlich die Versenkung in den gegenwärtigen Moment als einen (scheinbar) zeitenthobenen Ruhepunkt und die Erinnerung, die das Vergangene vergegenwärtigt und in sich aufhebt. Damit gestaltet der Text zwei Haltungen, die in M.s poetischem Werk immer wieder begegnen, wenn es um das Thema ›Zeit und Vergänglichkeit‹ geht. Eine Wertung oder Hierarchisierung dieser beiden Formen des Umgang mit dem Verfließen der Zeit vermeidet *Um Mitternacht*. Zwar mag es auf den ersten Blick so aussehen, als gebühre der Nacht in ihrer ruhigen Würde der Vorrang vor den geschwätzigen Quellen, als deren »Mutter« sie überdies bezeichnet wird; andererseits singen die Quellen in merkwürdiger Verkehrung für die »Mutter« ein »Schlummerlied« und behalten zudem im Text das letzte Wort. So präsentiert sich das Gedicht formal wie inhaltlich als eine kunstvoll ausgewogene Komposition.

Literatur

HEYDEBRAND, S. 26–31. – Heydebrand, Renate von: Gewogene Zeit: *Um Mitternacht*. In: MAYER: INTERPRETATIONEN, S. 43–56. – HÖTZER, S. 195–201.

Ulrich Kittstein

Septembermorgen

Septembermorgen gehört zu den bekanntesten deutschen Herbstgedichten. Es entstand im Oktober 1827; M. übernahm es in die 1828 für Dorchen M. geschriebene Sammelhandschrift, und er zitierte es mehrfach, auch in späteren Jahren, in seinen Briefen oder legte es bei. Erstmals gedruckt wurde es 1828 im *Morgenblatt für gebildete Stände*; danach nahm M. es in seine Sammlung auf. Das Gedicht erscheint auf den ersten Blick sehr einfach; in unmittelbar einleuchtender Weise wird ein Naturvorgang präsentiert. Auch formal erscheint es schlicht. So ist etwa das Metrum durchgängig jambisch alternierend. Zugleich jedoch wird das metrische Schema immer wieder rhythmisch überspielt, so in den schwebenden Betonungen auf der Anrede »Bald siehst du« oder beim beschwerten Auftakt in »Herbstkräftig«. Zur rhythmischen Variation treten der durchgebildete Klangcharakter – mit den Alliterationen »Welt« / »Wald« / »Wiesen«, der Assonanz von »siehst« auf »Wiesen« und »fließen«, dem Spiel mit Vokalqualitäten vor allem in den beiden Schlusszeilen – und die Reimstruktur; das sechszeilige Gedicht hat lediglich zwei Reime, die mit den beiden ersten Zeilen gegeben sind (»Welt« / »Wiesen«), wobei das Reimwort auf »Wiesen« allerdings erst wieder fällt, nachdem in drei Zeilen der erste Reim wiederholt wurde. Nach der dritten Zeile wird so eine Erwartung aufgebaut und gleichsam ›gestaut‹ (vgl. SENGLE, Bd. 3, S. 745), die erst in der Schlusszeile erfüllt wird. Dies gilt umso mehr, als M. in den ersten drei Zeilen in Metrik und Reimschema sowie im Wechsel von vier- und dreihebigen Zeilen eine verbreitete, gerade in der Lyrik um 1800 sehr beliebte Strophenform zitiert, die er dann jedoch in der Fortführung des Gedichts durchbricht.

Dem formalen Zitat entspricht der Beginn des Gedichts. M. zitiert mit der Verbindung von Nebel und Herbst, der Personifizierung von »Welt«, »Wald« und »Wiesen«, mit dem ›Ruhen‹ und ›Träumen‹ der Natur konventionelle, vor allem romantisch geprägte Gestaltungsmöglichkeiten eines Herbstmorgens. In der Darstellung des sich lichtenden Nebels und der sich enthüllenden Sonne, die auf die Aufforderung zu sehen folgt und in der Künftiges (»*Bald* siehst du«) vorweggenommen wird, werden dann eingespielte metaphorische Wendungen, insbesondere aufgeladene Farbbezeichnungen wie das ›romantische‹ Blau ihrer poetischen Qualität entkleidet und als Beschreibungsmöglichkeiten gleichsam zurückgewonnen; Sengle nennt *Septembermorgen* ein »realistisches Gedicht« (SENGLE, Bd. 3, S. 746), und Storz spricht von dessen »Sachlichkeit« (STORZ, S. 96). Damit negiert das Gedicht spezifisch romantische Vorstellungen von Naturpoesie und setzt dagegen den Entwurf einer neuen Möglichkeit, den Naturvorgang des Herbstmorgens wahrzunehmen und sprachlich zu fassen. Sie hat im Neologismus »Herbstkräftig« ihr Zentrum; im Adverb »unverstellt«, mit dem die neue Sicht auf den »blauen Himmel« bestimmt wird, ist die Neuheit der Wahrnehmung explizit benannt. Indem das Gedicht diese Wahrnehmungsveränderung vorführt, gewinnt es zudem eine poetologische Dimension; die Möglichkeit sprachlicher Präsentation von Natur wird selbst zum Thema. In der Metapher des Schleiers, einem Bild für Dichtung seit alters, wird diese Dimension bereits angedeutet. *Septembermorgen* erweist sich so als ein komplexes und in seiner scheinbaren Einfachheit und Durchsichtigkeit zugleich höchst kunstvolles Gebilde.

Literatur

BARNOUW, S. 125–127. – HEYDEBRAND, S. 37 f. – Wild, Reiner: Literatur im Prozeß der Zivilisation. Entwurf einer theoretischen Grundlegung der Literaturwissenschaft. Stuttgart 1982, S. 161–167.

Reiner Wild

Begegnung/Erstes Liebeslied eines Mädchens/Der Gärtner

Das *Erste Liebeslied eines Mädchens* entstand vor dem 19. Juni 1828 und wurde 1836 im *Jahrbuch schwäbischer Dichter und Novellisten* zum ersten Mal gedruckt. Die erste der sechs liedhaften Kreuzreimstrophen besteht aus vier regelmäßigen trochäischen Vierhebern. In der zweiten Strophe, in der eine zweite Stimme den Monolog des Mädchens kurz unterbricht, sind die Verse auf zwei Trochäen verkürzt und verleihen dem Gesagten fast Spruchcharakter. Die übrigen Strophen bestehen ebenfalls aus Zweihebern, meist mit Auftakt und immer mit zwei Mittelsenkungen, wobei M. eine seit dem 18. Jh. für Liebeslieder oft gebrauchte Strophenform aufgreift. Nicht als »langes und breites Hochzeitslied«, sondern als »Liebesliedchen« schickt M. dieses Gedicht am 7. Juli 1828 an den Komponisten Ernst Friedrich Kauffmann mit der Anweisung: »Sez es in Musik, gib Ihr am BrautMorgen einen Kuß und frag Sie, wenn sie's nun absingt, ob das Lied nicht, auf ein Haar, alle die Seeligkeit ausdruckt, die Sie in den ersten Tagen Eurer Liebe empfunden« (HKA 10, S. 223). Die durchgehende Phallus- und Penetrationssymbolik des Aals, die für ein Hochzeitsgedicht nicht unbedingt angemessen ist und jedenfalls die Grenzen biedermeierlicher Dezenz deutlich überschreitet, rückt das Briefzitat in ein ironisches Licht; höchst anspielungsreich ist, bezogen auf die »Seeligkeit« der Hochzeitsnacht, auch die im Gedicht gestaltete »gemischte Gefühlslage« (HEYDEBRAND, S. 94) zwischen »Ach Jammer!« und »o Lust«.

Begegnung entstand bis zum Frühjahr 1828 und wurde am 28. Februar 1829 im *Morgenblatt für gebildete Stände* zum ersten Mal veröffentlicht. In den fünf liedhaften Strophen ist die frühmorgendliche Begegnung zweier »ungewohnte[r] Schelme« gestaltet, deren schüchterner Blickwechsel im Kreuzreim der dritten Strophe nachgeahmt wird. *Begegnung* gehört zu den »rein spielerisch-phantastischen Gebilden«, denen M. »gern den Anschein« geben wollte, »als hätten sie in realen Beobachtungen oder Geschehnissen ihren Anlaß«, und damit »nach Goethes erweitertem Sprachgebrauch« zu den Gelegenheitsgedichten (HEYDEBRAND, S. 145 f.). Der Erzähler als »durchtriebener Schalk« weiß »eine pikante Geschichte anspielungsreich und doch scheinbar naiv zu präsentieren« (HEYDEBRAND, S. 93). Die erste Strophe führt mit dem »Sturm« zugleich die Grundmetapher für das nächtliche Geschehen« ein (HEYDEBRAND, S. 93). Auf die Einführung des Mädchens in der zweiten Strophe folgt in der dritten ein Wechsel der Perspektive; ein »schöner Bursch tritt ihr entgegen«, der bis zum Schluss im Zentrum bleibt. Offenbar hat die sexuelle Begegnung des ›Sturmes‹ die metonymisch für das Mädchen stehenden Zöpfe stärker »in Unordnung gebracht« als ihn. In eindeutig sexueller Metaphorik – »der ungebetne Besen«, der »Kamin und Gassen ausgefegt« hat – werden die mutmaßlichen Ereignisse der vergangenen Liebesnacht benannt. Wie auch später der *Gärtner* kann der Bursche in der *Begegnung*, hingerissen von der Geliebten, sich ihr zumindest in der Gegenwart nicht nähern. Doch gerade diese »gedrängte und gezügelte Liebeskraft«, die ihren Platz nur in der Phantasie hat, ist M.s »ästhetische Produktivkraft« (Sautermeister, S. 156).

Der Gärtner entstand 1837, erschien zum ersten Mal in A[1] und wurde von Kauffmann mehrfach vertont (HKA 14, S. 68, S. 478). Die vier Strophen entsprechen metrisch den letzten vier von *Erstes Liebeslied eines Mädchens*, wobei allerdings nur der zweite und der vierte Vers durch Reim verbunden sind. Das Motiv des Gärtners, das M. »in einem bezaubernd anmutigen Rollengedicht vorstellt«, stammt laut Sengle »aus der Barock- und Rokoko-Oper«, doch M. scheint es »aus Eichendorffs *Taugenichts* zu haben« (SENGLE, Bd. 3, S. 724). Diesem ›alten‹ Motiv verleiht M. »eine unvergleichlich frische Bildhaftigkeit« und erfüllt »das so entstehende Genrebild noch mit dem Geist des idyllischen ›Vollglücks‹« (SENGLE, Bd. 2, S. 773).

Der Gärtner ist als Ich-Sprecher des Gedichts nur durch den Titel identifizierbar. Die Prinzessin, die in der ersten Strophe epiphaniehaft auf »ihrem Leibrößlein« erscheint, wird ab der zweiten metonymisch durch das »Rößlein« und ihr »rosenfarbs Hütlein« vertreten. Der Widerspruch zwischen dem Hingezogensein zur Geliebten und deren Unerreichbarkeit wird in den letzten beiden Strophen durch die angedeutete Hoffnung des Sprechers auf eine künftige Liebesbegegnung gemildert. Das hervorgehobene »Eine« lässt sich sowohl auf »eine Feder« als auch auf »eine Blüthe« beziehen. Die ›eine‹, für die er ihr ›alle‹ bietet, ist also die *eine* Blüte der Unschuld. Die rhythmische Gestalt des Gedichts passt sich der Bewegung des Pferdes an; bei der Vertonung von Kauffmann, die er 1842 hörte, lobte M., die »Begleitung« ahme »einen sanften Galopp höchst angenehm nach« (HKA 14, S. 68). Die sexuellen Konnotationen dieser Bewegung wie ebenso des »Wohl auf und wohl ab« des Hütleins sind kaum zu überhören. *Der Gärtner* gehört wie *Erstes Liebeslied eines Mädchens* und *Begegnung* zu den Gedichten M.s mit relativ unverhüllter sexueller Metaphorik; alle drei gestalten Deflorationsphantasien.

Literatur

HEYDEBRAND, S. 93f., 145–149. – Sautermeister, Gert: Die Geburt des Gedichts aus dem Geiste des Eros. Zur Liebeslyrik Mörikes. In: Müller, Thomas; Pankau, Johannes G.; Ueding, Gert (Hg.): »Nicht allein mit den Worten«. Fs. für Joachim Dyck zum 60. Geburtstag. Stuttgart-Bad Cannstatt 1995, S. 156–166. – Tönz, Leo: Von Eduard Mörikes *Der Gärtner* zu Eichendorffs *Taugenichts*. In: Jb. des Wiener Goethe-Vereins 73 (1969), S. 82–93. – Weber, Werner: Traum der Epigonen. Eichendorff: *Taugenichts*; Mörike: *Gärtner*. In: ders.: Forderungen. Bemerkungen und Aufsätze zur Literatur. Zürich, Stuttgart 1970, S. 124–128.

Simone Weckler

Im Frühling

M. schickte das Gedicht, »erst diesen Morgen ausgeschlupft«, am 13. Mai 1828 an Johannes Mährlen (HKA 10, S. 215f.). Es wurde zuerst im Juli 1828 im *Morgenblatt für gebildete Stände*, sodann in *Maler Nolten* gedruckt. In den *Gedichten* trägt es den Titel *Im Frühling*; hier sind die Strophen 3 und 4 der Brieffassung und der beiden Drucke zu einer einzigen Versgruppe zusammengefasst. Zwischen den Fassungen gibt es in den ersten 18 Versen kleinere Abweichungen; auffallend sind die Varianten in V. 19 und 20: Während in der Brieffassung vom *Träumen* des Herzens die Rede ist und der Erstdruck im *Morgenblatt* das Herz bereits *denken* lässt, spricht die *Nolten*-Fassung in diesen Versen direkt vom *Ich* und auch nicht mehr von Erinnerung, sondern von einer auf Vergangenheit wie Zukunft gleichermaßen gerichteten ambivalenten Sehnsucht: »Ich denke dies und denke das, / Ich sehne mich, und weiß nicht recht, nach was«.

M. hat dem ursprünglich aus vier Versgruppen bestehenden Gedicht später eine zweiteilige Struktur gegeben: Den zwei Sechsergruppen (V. 1–6, 7–12) steht eine zweite Hälfte aus wiederum 12 Versen gegenüber, der freilich noch ein Schlussvers hinzugefügt wird. In der ersten Sechsergruppe folgt einem Paarreim ein umarmender Reim, in der zweiten wird diese Abfolge umgekehrt, und die dritte Versgruppe beginnt erneut mit einem Paarreim, dem dann aber ein Kreuzreim folgt. Diesem Durchspielen verschiedener Kombinationsmöglichkeiten von Zweier- und Vierergruppen fügt die letzte Versgruppe drei Paarreime hinzu, deren zweiter im überzähligen Schlussvers wieder aufgenommen wird. Das variierend-kombinatorische Spiel mit dem Reim wird in der Versbehandlung durch ein Spiel zwischen Ordnung und Unordnung ergänzt: unterschiedliche Verslängen, Wechsel zwischen alternierenden Versen und Versen mit Doppelsenkungen und vor allem ein in den letzten Versen stärker werdender Konflikt zwischen zwanghaft-alternierendem Metrum und deutlich prosaischem Satzduktus. Der prosaische Ton wird jedoch immer wieder durch die Reimbindung aufgefangen, die ihrerseits durch die unterschiedlichen Verslängen gelockert ist. So wird in der Versbehandlung eine Tendenz zu einer strengen Ordnung sichtbar.

Das Ich sucht durch das Gedicht hindurch Orientierung zu gewinnen. In der ersten Versgruppe gilt die Suche zunächst dem »Haus«; die Blickrichtung ist vertikal, das Ich öffnet sich aktiv auf den Raum hin, in dem es die »all-einzige Liebe« sucht. Die zweite Versgruppe nimmt die Bewegung in den Raum zurück und entfaltet das Ich als ein passiv Erwartendes, das nun eine zeitliche Orientierung sucht: »Wann werd' ich gestillt?« Dabei ist ›stillen‹ doppeldeutig; es evoziert neben der Beruhigung auch die Ernährung des Säuglings an der Mutterbrust und verweist damit auf ein passiv-regressives Moment des Ichs. Mit den Versen 13 bis 18 wird eine Verinnerlichung der Wahrnehmung und ein Rückzug des Ichs in sich selbst vollzogen, der die bisher dominante Visualität durch die Dimension des Auditiven ersetzt – aber nur für einen kurzen Moment (V. 18), denn die letzten sieben Verse sind ein Selbstgespräch des Ichs, ein Dialog mit seinem Herzen, das im letzten Vers auf die Desorientierung des Ichs mit einer rätselhaften Wendung antwortet, die eigentlich nur die Verweigerung einer Antwort ist.

Das Gedicht wurde trotz seiner Bekanntheit nicht häufig interpretiert. Umstritten ist, ob es harmonisch endet (WIESE) oder ob die Ordnung durch den Schlussvers nicht doch eher gestört wird (M. MAYER). Adams liest das Gedicht als Diagnose einer kritischen Entfremdung von der

Natur; Heydebrand erkennt es als typisch für die ›monologisch-lyrische Sprechsituation‹ bei M., während Strack die dialogische Struktur betont und zugleich die sprachliche Inszenierung der Orientierungslosigkeit des Ichs herausstellt: »Das Bestimmte dieses Gedichts ist gerade die Unbestimmtheit des Gefühls« (Strack, S. 89). Im Brief an Mährlen wie in *Maler Nolten* steht das Gedicht im motivischen Kontext von Neuorientierung und Orientierungslosigkeit (vgl. Rheinwald); das Gedicht selbst hält jedoch die Orientierungslosigkeit in einem Schwanken zwischen poetischer Ordnung und Unordnung fest und bindet sie an eine im letzten Vers paradoxerweise zwar angesprochene, aber zugleich ›unnennbare‹ Vergangenheit des Ichs zurück. In der Metapher des ›Webens‹ (V. 23) ist eine poetologische Dimension angesprochen (vgl. Strack, S. 89f.); damit kann die schwankend-tastende Verfassung des Ichs als Offenheit für die poetische Inspiration verstanden werden, die jedoch vor einem problematischen Erinnerungskomplex Halt macht: Die ›alten‹ Tage bleiben ›unnennbar‹ und sind dennoch Substrat und Ziel der lyrischen Situation.

Literatur

BARNOUW, S. 129f. – HART NIBBRIG, S. 69–72. – HEYDEBRAND, S. 19–22. – HÖTZER, S. 207–209. – Rheinwald, Kristin: Mörikes Briefe. Werkstatt der Poesie. Stuttgart u. a. 1994, S. 62–64. – M. MAYER, S. 44 f. – Rolleston, James: Biedermeier and the Romantic Poetics of ›Bildung‹. Mörike's *Im Frühling*. In: Adams, Jeffrey T. (Hg.): Mörike's Muses. Critical Essays on Eduard Mörike. Columbia, SC 1990, S. 151–163. – Spinner, Kaspar H.: Zur Struktur des lyrischen Ich. Frankfurt a. M. 1975, S. 95–107. – STORZ, S. 110–115. – Strack, Friedrich: Wehmütige Liebeserwartung in Mörikes früher Lyrik. Eine Analyse des Gedichts *Im Frühling*. In: Häntzschel, Günter (Hg.): Gedichte und Interpretationen. Bd. 4. Vom Biedermeier zum bürgerlichen Realismus. Stuttgart 1983, S. 83–92. – Weimar, Klaus: Sich selbst in sich selbst und in die Welt finden. Bemerkungen zu zwei Gedichten aus Mörikes ›Maler Nolten‹. In: BRAUNGART / SIMON. – WIESE, S. 50f.

Georg Braungart

Josephine

Das Gedicht entstand vor dem 19. Juni 1828; M. nahm es in die Sammelhandschrift *Neue weltliche Lieder* auf, die er unter diesem Datum für Adelheid M. anfertigte. Im Juli des gleichen Jahres wurde der Text im *Morgenblatt für gebildete Stände* erstmals gedruckt und erschien dann in den Sammlungen. Über ein reales Vorbild des im Titel benannten Mädchens ist in der Forschung immer wieder spekuliert worden; häufig wird es umstandslos als Tochter des Schulmeisters im katholischen Scheer an der Donau identifiziert, wo M. sich 1828 von Ende Februar bis Ende Mai als Gast seines Bruders Karl aufhielt, der dort als Amtmann residierte (vgl. die Problematisierung bei STORZ, S. 120 f.).

Das Gedicht besteht aus sieben Strophen mit wechselnder Verszahl und variantenreichem Reimschema mit Kreuzreimen, Paarreimen, umarmenden Reimen sowie Dreierpaarungen in der fünften und siebten Strophe. Die Verse mit Auftakt und regelmäßigem Wechsel von Hebung und Senkung haben überwiegend fünf, mehrmals aber auch nur vier Hebungen, vor allem in der fünften Strophe. Aus dem jambischen Rhythmus resultiert ein getragen-erzählender Ton, der jedoch von starker innerer Dynamik des erlebenden Ichs geprägt ist. In Augenblicken großer emotionaler Intensität wird das erzählende Präteritum vom Präsens abgelöst, so in der dritten Strophe beim spannenden Moment der Annäherung an das Mädchen und in den abschließenden vier Versen.

Bereits der Nominalstil des ersten Verses stimmt auf eine besondere Situation ein. In der Szenerie des festlichen Hochamts, das in kühnem Vergleich mit dem herabstürzenden Adler und dem stürmenden Jehova zusammengefügt wird, bilden sich Intensität des Erlebens und eine starke atmosphärische Dichte ab. Aus der Wahrnehmung von Licht und Musik werden zugleich synästhetische Effekte erzeugt. In diesem Stimmungsbild spiegeln sich die wechselnden Gefühlslagen der Entstehungszeit des Gedichts. 1828 war für M. ein Jahr emotionaler und gesundheitlicher Turbulenzen, aber auch starker lyrischer Produktivität. In einem Brief an Johannes Mährlen von 20. Februar 1828 schreibt er, er habe »zeither eine wahre Sturm u. Drang-Periode durchgemacht, vornehmlich in poëtischer, aber auch in anderer Hinsicht« (HKA 10, S. 198). Die kraftvolle sprachliche Entfaltung in kontrastreichen Bildern erinnert in der Tat an die Geniesprache des jungen Goethe. So symbolisiert der »Aar« den freien Flug der Phantasie in einer Zeit, in der M. vielfältige Versuche unternahm, Alternativen zum Pfarrberuf zu finden. In der zweiten Strophe erfolgt eine Besänftigung, die auf die Begegnung mit dem Mädchen vorbereitet. Die sanfte Tonlage, die Herabstimmung von »heil'gem Überschwang« zu »schlichter Rede«, hält bis zur letzten Strophe an. Eine Bewegung von oben nach unten, von religiös zu profan durchzieht das Gedicht. In der heimlichen Annäherung an das Mädchen (»zages Spiel«, »barg sich«, »ros'ge Scham«) wird das religiöse Jubelpathos gebrochen. In der religiösen Umgebung bekommt das Mädchen jedoch ebenfalls eine besondere Aura; die Heimlichkeit der Berührung – nur des Kleides – in einer Situation, die erotische Annäherung eigentlich verbietet, erhöht den Reiz. Das Gedicht greift damit »das alte, galante Motiv von der Liebesgeschichte, die in der Kirche beginnt«, auf (Storz, S. 105). Deutlich zeigt sich auch M.s Affinität zum katholischen Ritus; *Josephine* präludiert eine Ästhetisierung des religiösen Gefühls, wie er sie später mehrmals gestaltete. So skizzierte er in den fragmentarischen *Erinnerungen an Erlebtes* von 1832 »Kleine kathol. poet. Züge aus dem Scheerer Leben« (SW 2, S. 537). Das Gedicht endet mit Verstörung und einer Verunsicherung der Wahrnehmung. Im ›Aufbrechen‹ der Kirche und im ›Wanken‹ der Kerzen spiegelt sich das Verschwimmen klarer Konturen durch die Schwaden des Weihrauchs. Auch das träumerische Bewusstsein, in das sich das Ich versetzt sieht, kann in der immanenten Logik dieser atmosphärischen Schilderung aus dem betäubenden Duft des Weihrauchs resultieren. Der »Verliebte projiziert sein eigenes Schwindelgefühl auf das, was er sieht, so daß ihm das Flackern der Kerzen zum ›Wanken‹ wird« (Heydebrand, S. 83). Im »tief erkranken« wird die *Peregrina*-Wunde zitiert, die Verstörung des Gefühls jedoch deutlich herabgestimmt. Doch ereignet sich am Ende des Gedichts »ein Weltuntergang im verhaltenen Bild« (Schlaffer, S. 463).

1864 erscheinen in der Zeitschrift *Freya* zwei Distichen, für die M. erneut den Titel *Josephine* wählt; dem Namen scheint damit eine gewisse erotische Signalfunktion zuzukommen: »Dünkt euch die Schöne nicht eben gereift für das erste Verständnis / Zärtlicher Winke? Gewiß, Freunde, doch kommt ihr zu spät. / Diese Stirne, dies Auge, von Unschuld strahlend, umdämmert / Schon des gekosteten Glücks seliger Nebel geheim.« Diese Distichen zitieren wiederum Verszeilen aus dem Gedicht *Götterwink* von 1845. Die wiederholte Aufnahme zeigt die Faszination des Themas der verdeckten Erotik, die im Schutz der antiken Form jedoch unverhüllter ausgesprochen werden kann.

Literatur

Graevenitz, Gerhart von: Eduard Mörike. Die Kunst der Sünde. Zur Geschichte des literarischen Individuums. Tübingen 1978, S. 20–25. – Barnouw, S. 97–100. – Heydebrand, S. 81–83.

Inge Wild

Entschuldigung. An Gustav Schwab

Am 4. August 1828 schickte M. das Gedicht unter der Überschrift *Wie es mir mit Herrn Schwabs Kindern ergangen* als Gedichtbrief an Gustav Schwab (HKA 10, S. 231–233). Für den erst 1852 erfolgenden Druck im *Kunst- und Unterhaltungsblatt für Stadt und Land* hat M. das Gedicht, das er in keine seiner Sammlungen aufnahm, stark verändert; er streicht die zweimalige, leicht variierende Wiederholung der ersten Strophe und verdoppelt dafür die Zahl der Strophen nahezu. In einem Vorspann skizziert er zudem den Anlass des Gedichts: »Er [Gustav Schwab] hatte die Güte, mir die frisch gedruckten Bogen der ersten Ausgabe seiner *Gedichte* (1828) auf einige Stunden mit nach Hause zu geben; die Zurücksendung verzögerte sich bis zum folgenden Morgen.« (SW 2, S. 368) *Entschuldigung* bildet somit ein frühes Beispiel für M.s Gelegenheitsdichtung.

Das Gedicht bietet eine Erklärung, eben eine *Entschuldigung*, für die Verzögerung. M. entwirft eine Szenerie, die seine Beziehung zu den Gedichten, den »Kindern« Schwabs bildlich entfaltet. In einem Zwiegespräch mit den Gedichten Schwabs tritt M. zunächst als Lesender auf, bringt sich dann jedoch auf scheinbar bescheidene Weise als Dichter ins Spiel, indem er neben den »Kindern« Schwabs auch seine eigenen »Kinder« auftreten lässt. Mit der Hinzufügung für den Druck ändert sich die Szenerie (V. 29 ff.): Nicht ohne Selbstironie beschreibt M., wie sich aus biedermeierlicher Behaglichkeit und Ruhe auf dem Sofa ein Phantasieraum öffnet. Die »Kinder« Schwabs beginnen, ein Schauspiel aufzuführen. Es folgt eine szenische Darstellung aus dem Komplex der Schwab'schen Gedichte, insbesondere der »Romanzen, Balladen, Legenden«, wobei M. den Balladenton Schwabs spielerisch nachahmt und zudem Themen und Bilder der Schwab'schen Balladen aufnimmt, so das heroische Personal oder das Auftreten gefährlicher Tiere. Auch formal stellt M. eine Parallelität zu den Balladen Schwabs her; er verwendet die beliebte vierzeilige, kreuzgereimte Strophenform aus jambischen Vierhebern mit männlicher und Dreihebern mit weiblicher Kadenz bei gelegentlich freier Zeilenfüllung. Bei M. erfolgt jedoch eine Verkleinerung der Welt. Aus Helden werden spielende Kinder – »Die Kinder schleppen rings um mich / Ihr Spielzeug all zusammen«; aus Sagen werden »Märchen«. Haben Schwabs Balladen noch den Anspruch auf die poetische Gestaltung von Wahrheit und Lebensweisheit, so erscheint das Schauspiel der ›Kinder‹ Schwabs bei M. nur mehr wie ein Traum: »Und schnaufen aus in guter Ruh, / Und alles ist vergessen.« Während Schwab in seinen Balladen als Historiker auftritt, offenbart sich M. somit in seinem Gedicht als Träumer. Nach dem Traum bleiben indes nur die ›leblosen‹ Blätter: »Doch, Wunder! heut am alten Ort / Fand ich noch – deine Blätter.« Die Belebung findet in der Phantasie des Lesenden statt. *Entschuldigung* ist so zugleich ein Gedicht über den Rezeptionsakt des Lesens wie über den dichterischen Kreativitätsprozess.

M. hat sich mit Schwabs Gedichten immer wieder beschäftigt; so schreibt er beispielsweise am 24. Mai 1846 an Schwab: »Ich habe diese Jahre her an Allem was Ihre Person betraf, wahrhaften Antheil genommen, und überdieß im letzten Winter bei Wiederlesung Ihrer älteren Poesien […] dem Herzen Ihrer Muse mich recht innig nah gefühlt« (HKA 15, S. 25). Auslöser für die Erweiterung und den Druck von *Entschuldigung* mag Schwabs Tod im November 1850 gewesen sein. Dabei zeigen die neuen Strophen das deutlich gewachsene Selbstbewusstsein des 1828 immerhin noch weitgehend unbekannten Dichters M.

Literatur

Schwab, Gustav: Gedichte. Bd. 1. Stuttgart, Tübingen 1828.

Bettina Wild

Mein Fluß

Das Gedicht erschien am 24. September 1828 im *Morgenblatt für gebildete Stände* und ist vermutlich nicht lange vorher entstanden. M. hatte in Gustav Schwab, dem Redakteur des poetischen Teils, einen wichtigen Fürsprecher gefunden, der ihm den Zugang zu diesem bedeutenden Organ ermöglichte – im selben Jahr erschienen dort zwölf weitere, 1829 noch einmal sieben Gedichte von M. Für die biographisch orientierte Forschung lag es nahe, das Gedicht mit M.s Aufenthalt in Scheer an der Donau in Verbindung zu bringen, wo sein Bruder Karl als Amtmann residierte. M. besuchte ihn im ersten Halbjahr 1828; der anschließende Aufenthalt in Buchau und im Juli die Reise nach Bayern sowie die kurze Tätigkeit für die Franckh'sche Buchhandlung zeigen M.s angestrengte Versuche, dem Vikariat zu entkommen. Möglicherweise ist die im Gedicht scheiternde Verbindung mit der Natur zumindest vor diesem Hintergrund zu sehen.

Auffallend ist die siebenzeilige Strophenform. M. verwendet die im 19. Jh. auch als Balladen- und Erzählstrophe beliebte ›Lutherstrophe‹ mit dem Reimschema ababccb, durch das die Strophenmitte besonderes Gewicht erhält. Indem der vierte Vers sowohl den Kreuzreim der Verse 1 bis 4 beendet als auch mit Vers 7 – über den Paarreim in Vers 5 und 6 hinweg – reimt, entsteht in jeder Strophe ein prekäres, bewegliches Gleichgewicht. Die Verse 1, 3, 5 und 6 sind jeweils vierhebige Jamben und stumpf, die Verse 2, 4 und 7 dreihebig und klingend. Dem korrespondiert die virtuose Flüssigkeit der Verse, die besonders durch Wiederholungen, Steigerungen und Binnenreime erzeugt wird. Die Anreden an den Fluss und der mitunter fast kolloquiale Ton (V. 21) verbürgen überdies einen hohen Grad an Lebendigkeit. Zentral ist die Betonung der eigenen, auch sinnlich-erotischen Körperlichkeit, des »sehnsuchtsvollen Leib[es]«, bis hin zu einem Neologismus wie »Liebesschauerlust«. Gerade die zweite Strophe stellt mit »Die hingegebnen Glieder« eine Art liebender Vereinigung mit der Natur dar, doch ist schon die Woge von der Unbeständigkeit eines »aus und ein«, von Fassen und Lassen geprägt. In der dritten Strophe dann zeigt sich die undurchdringliche Fremdheit des possessiv angesprochenen, aber nicht antwortenden Flusses: Sein Murmeln bleibt unverstanden, das »seltsam Märchen« kann er nicht mitteilen, sein Lauf wird als nie zur Ruhe kommendes Fragen formuliert. Noch größer wird das Bewusstsein der Unvereinbarkeit in der vierten Strophe: Die im Fluss gespiegelte Himmelsbläue erscheint zwar als seine Seele, aber das lyrische Ich kann – durchaus in Absetzung von romantischen Positionen synästhetischer Verschmelzung – bei allem Streben mit »Geist und Sinn« diese »vertiefte Bläue« niemals erschwingen. Die Fülle der Ausrufungszeichen – immerhin acht in 42 Versen – richtet sich fast immer auf Formeln der Beschwörung, die aber vergeblich bleibt; so steht das Ende dieser vierten Strophe deutlich im Zeichen eines gescheiterten Bemühens um Nähe, denn Himmel und Erde, Höhe und Tiefe markieren eine unüberbrückbare Kluft.

Auch die Liebe, die als einzige dieser vertieften Bläue verglichen wird, ist nicht zu erschöpfen: »sie wird nicht satt und sättigt nie«, womit noch einmal die Körperhaftigkeit des Textes zum Ausdruck kommt: Offensichtlich ist die unaufhebbare Insuffizienz der Liebe; mit ihrem »Wechselscheine« wird sie der Unzuverlässigkeit und Instabilität überführt. So bleibt nur eine magisch-orgiastische Beschwörung der Liebeskraft des Flusses – »Mit Grausen übergieße mich!« –, doch fühlt sich das lyrische Ich am Ende zurückgewiesen, obwohl es sein Leben einsetzt: Der Fluss bietet keine Möglichkeit zu einer Gemeinsamkeit, sondern will sein Glück alleine tragen. Dabei spielt eine erst für A^4 vorgenommene Korrektur eine Rolle. Der Fluss ist Spiegel von Sonne und Mond; im vorletzten Vers des Gedichtes schloss sich in A^1 bis A^3 die Aufforderung an: »Die lieben Sterne führe du« (M 1, S. 460). Somit war hier die Spiegelung der Sterne als Zeichen einer göttlichen Naturordnung und Familie (»Mutterquelle«) aufgefasst. In A^4 wird der Fluss nicht mehr als Spiegel der Sterne verabschiedet, sondern selbst in seinem irrenden Lauf auf die Quelle zurückverwiesen.

Kennzeichnend für das Gedicht sind nicht zuletzt seine intertextuellen Bezüge, so beispielsweise zu den Verschmelzungsphantasien in Goethes Sturm und Drang-Lyrik, in der die Sturm-Metaphorik eine wichtige Rolle spielt, etwa in *Mahomets Gesang*, worauf M. in Vers 7 anspielt. Schon Maync verweist auf die Nähe zu Goethes Gedicht *Wechsel* mit dem Vers »Auf Kieseln am Bache da lieg' ich wie helle!« (M 1, S. 414); Loeb sieht einen Bezug zu *Gesang der Geister über den Wassern* (Loeb, S. 279 f.). Der von Maync angeregte Vergleich mit Friedrich von Matthisons *Badelied* erbringt allerdings eher Unterschiede; in Matthisons Gedicht wird gerade die Nähe zur Natur bestätigt.

Die große Zahl der Wortwiederholungen, der Oppositionen und Binnenverstrebungen im Semantischen und Akustischen ist eher Zeichen einer Dissoziation von Ich und Natur als Ausdruck einer Verbundenheit. Der Charakter der Evokation bleibt insgesamt unüberhörbar, die Unerreichbarkeit der Natur wird damit nur umso deutlicher. Zugleich zeigt sich die Skepsis gegenüber der fließenden Naturgewalt der Liebe, deren Tiefe ähnlich unerreichbar bleibt wie die Dauer des Flusses: Das Gedicht ist somit Widerruf eines Goethe'schen Vertrauens in die *Dauer im Wechsel* (vgl. das Gedicht von 1803), indem es auf zugleich naive und gebrochene Weise die heraklitische Formel vom *panta rhei* gestaltet.

Literatur

HART NIBBRIG, S. 72–74. – HEYDEBRAND, S. 33–36. – Loeb, Ernst: Mörikes *Mein Fluß*: Eine Interpretation. In: Monatshefte für deutschen Unterricht, deutsche Sprache und Literatur 52 (1960), S. 273–282.

Mathias Mayer

Er ist's

Er ist's, eines der bekanntesten Gedichte M.s, entstand am 9. März 1829 und wurde zuerst ohne Titel in *Maler Nolten* publiziert, wo es als »Liedchen« bezeichnet wird, von dem nur eine Strophe angeführt werde (HKA 3, S. 225). Der Liedcharakter wird hervorgehoben durch die Wiederholung des achten Verses. Während M. das Gedicht in A^1 noch in dieser Fassung aufnahm, verzichtete er in den späteren Sammlungen auf die Verdopplung des Verses; ansonsten blieb das Gedicht unverändert.

In seiner Eingängigkeit und scheinbaren Schlichtheit wurde *Er ist's* zu einem der »überzeugendsten Frühlingsgedichte« (HEYDEBRAND, S. 251) der deutschen Lyrik. Freilich zeigt das Gedicht eine komplexe und kunstvolle Form. Metrisch gliedert es sich in zwei Teile. Die ersten vier Verse, bei denen M. eine gebräuchliche Strophenform verwendet, sind trochäische Vierheber; das weiblich endende Verspaar im Mittelteil wird von einem umarmenden Reim mit männlicher Kadenz umschlossen. Der zweite Teil, bei dem M. auf keine vorgegebene Strophenform zurückgreift, besteht aus fünf trochäischen Versen mit verschränktem Reimschema: In den Kreuzreim der Verse 5, 6, 7, 9 ist mit dem achten Vers eine Waise eingeschoben; sie ist allerdings durch Reim mit dem Titel verbunden, der damit in das Gedicht integriert ist. Die Verse 5, 6, 8, 9 sind dreihebig mit alternierend männlicher und weiblicher Kadenz; der siebte Vers ist mit fünf Hebungen deutlich länger. Die beiden Verse 7 und 8 sind so durch Verslänge bzw. Reim hervorgehoben und werden zugleich durch Einrückung graphisch abgesetzt. Zudem beginnt der siebte Vers mit einem Gedankenstrich, der das appellative »Horch« vorbereitet.

Inhaltlich hat das Gedicht drei Teile. Es beginnt mit einer allegorischen Darstellung des Frühlings als Zephir (V. 1–2). Im Mittelteil (V. 3–6) wird diese Allegorie in eine exemplarische Naturerfahrung überführt, wobei die Attribute des Frühlings (Lüfte, Düfte, Veilchen), die mit expressiven Verben verbunden werden, als Metaphern belebter Natur dienen. Gleichzeitig wird durch die Personifikation dieser Frühlingsattribute die allegorische Darstellung des Frühlings weitergeführt (SENGLE, Bd. 3, S. 746f.). Sie erhalten so ein Eigenleben und werden zum Ausdruck für die Kräfte in der Natur. Auf diese Weise entsteht eine Identität von menschlicher und naturhafter Erneuerung im Frühling. Der Mittelteil ist dabei getragen von Erinnerung, einem in M.s Lyrik zentralen Motiv. Mit dem »Horch« in V. 7, mit dem der Schlussteil beginnt, erhält das Gedicht eine neue Qualität: die Erinnerung an den Frühling als Abstraktum wird überführt in die Ankündigung eines neuen konkreten Frühlings. Doch erst mit V. 8 wird der Traum vom Frühling zur Gewissheit, die im Titel bereits vorweggenommen wurde. Durch den Wechsel vom *er* im Titel zum *du* im Gedicht wird diese Erfahrung verdichtet. Die Verse 7 und 8 bilden so das Zentrum des Gedichts, der Gedankenstrich markiert eine Zäsur. Mit den Ausrufezeichen am Ende jedes Verses werden die letzten drei Verse mit ihrer erneuten Personifikation des Frühlings nochmals akzentuiert. In der dynamischen Bewegung des Gedichts wird die Allegorie des Frühlings zum sinnlichen synästhetischen Erlebnis (Sehen/Riechen/Hören), das im Vernehmen des Harfentons kulminiert. Doch damit ist zugleich der literarische Charakter der Naturwahrnehmung angesprochen; nicht die sinnliche Wahrnehmung der Frühlingsattribute bringt die Gewissheit, sondern die Wahrnehmung eines durch die Kunst erzeugten Tones.

Literatur

HEYDEBRAND, S. 251–253. – M. MAYER, S. 44. – SENGLE, Bd. 3, S. 746f.

Bettina Wild

Das verlassene Mägdlein

Das Gedicht entstand im Mai 1829 und erschien, noch ohne Titel, zum ersten Mal 1832 in *Maler Nolten*. Dort hört Nolten den Gesang des ›verlassenen Mägdleins‹ unter seinem Fenster, während er krank in Gefangenschaft liegt, und es »traf ihn im Innersten der Seele« (HKA 3, S. 182). Später nahm M. das Gedicht in A^1 auf.

Den volksliedhaften Ton mit der naiv wirkenden, »höchst liberale[n] Metrik« erreicht M., indem er »bewußt den Takt verschleiert« (Staiger, S. 206). Doch bereits die ersten beiden Verse, die das Geschehen mit der gleich zweifachen Zeitangabe in eben jenen Moment vor Sonnenaufgang verlegen, den M. auch in *An einem Wintermorgen, vor Sonnenaufgang*, *Früh im Wagen* und *In der Frühe* evoziert, lassen keinen Zweifel an der Durchdachtheit des scheinbar improvisierten Gedichts zu.

Die Schlussverse aller vier Strophen sind metrisch identisch aus zwei klingend endenden Jamben aufgebaut. Der erste und der dritte Vers jeder Kreuzreimstrophe sind – mit Ausnahme des siebten Verses – dreihebig mit einer stumpfen Kadenz und zwei Senkungen im ersten Versfuß. Die Variation findet im jeweils zweiten Vers jeder Strophe statt. Diejenigen von Strophe 3 und 4 sind metrisch identisch, der von Strophe 2 wird im nachfolgenden Vers 7 variiert; einzigartig bleibt die klingende Variante der ersten Strophe mit der Doppelsenkung im zweiten Versfuß – genau im Gegensatz zu der mit dem Diminutiv »Sternlein« suggerierten Naivität. Wie Rückert gezeigt hat, erinnern nicht nur die »Formkunst und feine Strukturierung« an lateinische Einflüsse, auch ist »die ›volksliedhafte‹ Thematik des Gedichts bei Horaz vorgegeben« (RÜCKERT, S. 162f.).

Die Beschreibung des offenbar als Last empfundenen Tagwerks nimmt die erste Hälfte des Gedichts ein. Die in der anaphorischen Wendung »Muß / Muß« in Vers 3/4 sich andeutende Resignation erreicht in den Versen 7/8 ihren Höhepunkt, der zugleich der Wendepunkt des Gedichts ist. Die »plötzlich« hereinbrechende Erinnerung, die das Mädchen, den ›treulosen Knaben‹ direkt ansprechend, ihm vorzuhalten scheint, ist derart schmerzhaft, dass ihre Tränen nicht fließen, sondern ›stürzen‹. In der letzten Strophe wendet sich der Blick wieder auf das Mägdlein als empfindendes und sich gleichzeitig selbst beobachtendes Subjekt und mündet in dem Ausruf »O ging' er wieder!« Wie es für M. typisch ist, wünscht sich die Sprecherin zurück in die Nacht und den Traum, der wohl schöner war als die Realität. Ihr Wunsch – oder besser: ihre Verwünschung – lässt sich aber ebenso gut auf den ›treulosen Knaben‹ beziehen, den sie als Ursache des Leids aus ihrem Leben wünscht.

Walter Naumann stellt das Gedicht in die Tradition des Tagelieds. »Von allen Zusätzen, wie sie die meisten Beispiele des Tagelieds in den bekannten Volksliedsammlungen des neunzehnten Jahrhunderts […] zeigen, befreit […], bewahrt das Gedicht nur das Ursprünglichste, das Lied der verlassenen Frau« (Naumann, S. 56). Er sieht darin »das elementare Erlebnis des erweckten und unbefriedigten Gefühls« des Dichters im Sinnbild der leidenden Frau gestaltet (ebd., S. 60). Emil Staiger verweist auf den biographischen Kontext und sieht in dem Mägdlein die Verlobte Luise Rau, die um den treulosen, weil nur in der Vergangenheit lebenden M. weint, deren Verwünschung aber, auf anderer Ebene freilich, nicht nur den »privatesten Wunsch« M.s, sondern auch das »Bekenntnis einer ganzen Generation« ausdrückt (Staiger, S. 214).

Literatur

Koschlig, Manfred: Der emblematische Quellengrund zu Mörikes Gedichten *Das verlassene Mägdlein* und *Nur zu*. Mit einem Blick auf die Rabenaas-Strophe bei Thomas Mann. In: Gutenberg-Jb. 54 (1979), S. 252–268. – Naumann, Walter: Eduard Mörike, *Das Verlassene Mägdlein*. In: Journal of English and Germanic Philology 61 (1962), S. 616–625. – RÜCKERT, S. 161–165. – Staiger, Emil: Mörike, *Das verlassene Mägdlein*. In: ders.: Die Kunst der Interpretation. Studien zur deutschen Literaturgeschichte. Zürich 1955, S. 205–214.

Simone Weckler

Wald-Idylle. An J. M.

Das vermutlich erste in einem antiken Metrum geschriebene Gedicht M.s entstand bereits 1829, doch wurde es erst 1837 in einem Brief an Johannes Mährlen mitgeteilt und ihm gewidmet (HKA 12, S. 93). Ob die Fassung von 1829 schon der von 1837 entsprach, ist nicht feststellbar. Der erste Druck erfolgte in A^1, bis A^2 trug das Gedicht lediglich den Titel *Idylle*. Die Gruppe der explizit als ›Idylle‹ bezeichneten Texte ist bei M. sehr klein; sie umfasst außerdem nur noch den *Thurmhahn* und die große *Idylle vom Bodensee*. Die *Wald-Idylle* ist der einzige Text, der diese Gattung mit dem elegischen Distichon verknüpft.

Dem lyrischen Ich, das im Wald seiner Lieblingslektüre frönt, den Grimmschen *Kinder- und Hausmärchen*, begegnet das »Nachbarskind aus dem Dorf«, das seinen Vater sucht. Der Märchenleser erzählt dem Kind die Geschichte von Schneewittchen, bis sie beide von der älteren Schwester des Mädchens unterbrochen werden und das lyrische Ich mit einer sehnsüchtigen Reflexion das Gedicht beschließt, einer Identifikation mit dem tätigen Leben des Jägers, des Hirten oder Bauern, mit dem Leben in der Familie, in dem auch die »märchenerfindende« Muse im Winter ihren Platz (wenn auch nur »am Ofen«) hätte. M. lässt sich in dieser Idylle sehr weit auf die Märchen der Brüder Grimm ein, doch nur aus dem bewussten Abstand heraus, dass die Muse dieser Märchen »vor Alters« sang und inzwischen längst schweigt. Damit wird nicht nur der Prozess des Erwachsenwerdens angesprochen, sondern auch ein historischer Abstand markiert, den der Text in der Form der Elegie zum Ausdruck bringt: Die Idylle ist keineswegs eine naive Rückkehr in die kindliche Welt der Märchen, denn das Märchen wird vornehmlich *gelesen* und damit aus der Distanz des Erwachsenen rezipiert, der die Ohren auch nicht vor der Welt der Arbeit verschließen kann (»Schläge der Holzaxt hört' ich von fern«). Ausdrücklich wird festgehalten: »kein Wunder geschieht«, es ist nicht Schneewittchen, sondern das Nachbarskind, das das Laub zum Rauschen gebracht hat. Nicht nur die eigene Lebenszeit, auch die geschichtliche Entwicklung ist über das Märchen der Kinderzeit hinweggegangen. Das »Unmögliche« ist nicht länger zeitgemäß, der »dichtende Volkswitz« ist in seiner Unmittelbarkeit nicht mehr gegeben, das Märchen kann nur noch als elegischer Rückblick oder als Tagtraum imaginiert werden. Und dennoch liegt in dieser Unzeitgemäßheit auch wieder eine Chance: Das von vornherein Unrealistische des Märchens, das keinen Anspruch auf mimetischen Wirklichkeitsbezug erhebt, ist gerade einer sentimentalischen Dichtung adäquat. Der Schluss des Gedichtes findet daher die Wendung ins Ironisch-Humorvolle, wenn zwar nicht hinter, aber doch »am Ofen« die »märchenerfindende« Muse selbst für eine Welt der archaischen Arbeit – als Jäger, Hirte oder Bauer – als unverzichtbar erscheint. Somit ist die *Wald-Idylle* ein Text auf der Grenze, zwischen elegischem Rückblick und ironisch gebrochenem Rückzug ins »Unmögliche«, aber auch zwischen antikischem Distichon und deutscher Lektüre unter einem Eichbaum, zwischen »ambrosische[m] Duft« der Göttinnen und dem Braten aus der deutschen Küche. Das Märchen ist Vergangenheit, das Wunder »geschieht« nicht mehr, aber es wird noch erzählt und erfunden, so dass der Platz der poetischen Erfindung bei allem Rückzug doch auch entschieden verteidigt wird. Entscheidend ist dabei die Gewichtung des Geselligen: Nicht der Rückzug in die einsame Lektüre, sondern die mündliche Vermittlung des Gelesenen in die alltägliche Welt des Nachbarskindes lässt den Waldaufenthalt zur Idylle werden. Somit liegt der Akzent auf der Umgebung, in der das Märchen tradiert wird, auf der Naturszene, zu der auch Buch, Gespräch und Alltagswelt gehören, aber ebenso der Schlag der Nachtigall: Als gleichsam unmittelbare Naturstimme unterbricht sie das gesellige Erzählen, ist aber in der Ambivalenz des freudigen Schauers »lustvoll und beängstigend zugleich« (Meyer-Guyer, S. 62). Das Märchen erweist sich, seiner Überlebtheit zum Trotz, als poetische Energie: Die leichtfertige Verknüpfung des »Entfernteste[n]«, die Berechtigung des »Albernste[n]« und der Erfolg des »Blöden« zeigen die fröhliche Anarchie, den Ausnahmecharakter des Märchens, der es auch in Zeiten seines unaufhebbaren Relevanzverlustes unverzichtbar macht.

Literatur

Dallett, Joseph B.: Transparent Symmetry: The Case of *Wald-Idylle*. In: Adams, Jeffrey T. (Hg.): Mörike's Muses. Columbia 1990, S. 193–215. – Heydebrand, S. 209–213. – M. Mayer, S. 46–48. – Meyer-Guyer, Katharina: Eduard Mörikes Idyllendichtung. Diss. Zürich 1977, S. 57–65. – Rölleke, Heinz: Grimms Märchen in Eduard Mörikes ›Wald-Idylle‹. In: WirkWort. 53 (2003), S. 369–372. – Schneider, Helmut J.: Vom Zünden der Tradition. Märchen, Idylle und lyrisches Subjekt in Mörikes ›Wald-Idylle‹. In: Braungart / Simon. – Storz, S. 305–308.

Mathias Mayer

Sonette. An L.

1830, überwiegend im Mai, entstanden in rascher Folge sieben Sonette, die M. seiner Braut Luise Rau zudachte. Der Kreativitätsschub korrespondierte mit emotionaler Hochgestimmtheit; im »Gedächtnißblättchen von schönen Tagen des Zusammenseyns. 27 u. 28. Ap. 1830« schreibt M. der Braut: »Heiliges Bewußtseyn der Unveränderlichkeit unserer Liebe und ihres höheren Ursprungs« (HKA 11, S. 106). Fünf Sonette nahm M. ohne Überschriften in *Maler Nolten* auf: *Der Himmel glänzt*; *Wahr ist's, mein Kind*; *Wenn ich, von deinem Anschaun*; *Schön prangt im Silbertau*; *Am Waldsaum*; es folgt noch das Gedicht *In der Char-Woche*. Im Roman erscheint Larkens als Autor der mit *An L.* überschriebenen Gedichte; sie gelten seiner »frühen Liebe zu der Tochter eines Geistlichen« (HKA 3, S. 360). Auch in den Gedichtausgaben blieben die Sonette ohne gravierende Änderungen zu einem Ensemble versammelt; allerdings ersetzte M. *Wahr ist's, mein Kind* (das außerhalb des *Nolten* nicht mehr veröffentlicht wurde) durch *Liebesglück*. Jedoch variiert die Reihenfolge: In A¹ und A² gruppiert M. *Am Walde*; *Zuviel*; *Liebesglück*; *An die Geliebte*, *Nur zu!*; in A³ und A⁴ *Am Walde*; *Liebesglück*; *Zu viel*; *Nur zu!*; *An die Geliebte*. Das bis A³ anschließende *Charwoche* wird in A⁴ von den Sonetten getrennt und steht nun vor *Denk' es, o Seele!* und *Peregrina*. Das siebte Sonett *An Luise: Ich sehe Dich* ist in der Fassung von 1830 nur aus dem Nachlass überliefert; 1845 wurde es mit einigen Änderungen an Margarethe Speeth ›umgewidmet‹ und 1852 unter dem Titel *An M.* in der *Frauen-Zeitung für Hauswesen, weibliche Arbeiten und Moden* veröffentlicht.

M. nimmt für die Selbstinszenierung als Liebender eine große poetische Tradition in Anspruch; seit Dante und Petrarca ist das Sonett eine Ausdrucksform sublimierter Liebe. M. beachtete sorgfältig die Vorgaben, die August Wilhelm Schlegel in seiner Berliner Sonettvorlesung von 1802/1803 formuliert hatte. Alle fünf Sonette der Gedichtausgaben haben das Versmaß des fünffüßigen Jambus, das idealtypische Reimschema abba/abba/cde/cde ist durchweg erfüllt; vom geforderten durchgängig weiblichen Versschluss weicht nur *An die Geliebte* ab. Dass M. außer der Sonett-Reihe für Luise Rau und dem *Peregrina*-Sonett kaum in dieser Form dichtete (1828 und 1844/45 entstanden jeweils zwei Sonette; vgl. Heydebrand, S. 197), zeigt ein für ihn typisches lyrisches Experimentierverhalten (Storz, S. 131).

Liebe und schöpferischer Impuls verbinden sich bei M. in der Brautzeit zu einer Bewusstseinslage, die als Erweiterung, aber auch als Gefährdung des Ichs erfahren wird. Bei den Sonetten handelt es sich somit um »Liebesgedichte mit Vorbehalt, weniger Zeugnisse der sicheren Geborgenheit als der ungeschützten Verletzbarkeit« (M. Mayer, S. 54). Liebe wird zum Auslöser tiefer Selbsterfahrungen, die es ermöglichen, »die Grenzen des üblichen Erfahrungsbereichs zu durchbrechen« (Rheinwald, S. 227), doch wird die Gefahr des Gefühlstaumels immer wieder durch den Rückzug ins eigene Ich abgewehrt. In ihrem Wechsel von Verzagtheit und religiös-emphatischer Überhöhung der Gefühle bilden die Sonette die für die Liebeslyrik typische Ambivalenz von Schmerz und Lust ab. Auffällig ist jedoch der monologische, auf das Ich des Sprechers konzentrierte Gestus; dies mag als sinnfälliges Zeichen dafür erscheinen, dass die Sonette in ihrem hohen Pathos und ihrer gedanklichen Dichte an der realen Adressatin wohl vorbei gingen.

Das form- und gattungsreflexive *Am Walde*

leitet jeweils die Folge der Sonette ein und etabliert sie so als Ensemble. Im ›Flechten von Kränzen‹ zeigt sich die formende Kraft und zugleich die Erinnerungsarbeit des Dichters. Nicht die Liebe, sondern der Dichter und das Dichten stehen im Zentrum. Die Selbstgenügsamkeit des Poeten hat einen deutlich antibürgerlichen Affekt; die biedermeierlich geprägte Lebenshaltung der Muße ist zugleich eine der tiefsten psychischen Konditionierungen des Tagträumers M. und Bedingung seiner Produktivität (Wild, S. 155–159). Auch *Liebesglück* thematisiert das Dichten und damit Phantasieren über Liebe, dem das Ich sein Glück, aber auch die Schmerz-Lust der Liebe als authentische Erfahrungen entgegenstellt. Werden im ersten Quartett die »warmen Phantasieen« der Dichter noch als Lüge abgewertet, so vergleicht sich das Ich, indem es die konkrete Erfahrung zum rauschhaften und damit ich-gefährdenden Gefühl übersteigert, im zweiten Terzett nun selbst mit »jenen Erzphantasten«. Mit dem »herben Kelch« wird auf das erste Gedicht des *Peregrina*-Zyklus angespielt: »Reichst lächelnd mir den Tod im Kelch der Sünden!« Der topische Gleichklang von Natur, Frühling, Liebe und Poesie wird in *Zu viel* nochmals hergestellt (»schmiegt sich rund zum zärtlichsten Gedichte«), um dann auseinander zu treten. Liebe und Natur sollen in wechselseitigem Einfluss nun zur Bändigung und Mäßigung der allzu leidenschaftlichen Affekte dienen. Sautermeister liest die Sonette als Ausdruck der im Biedermeier geforderten Triebsublimierung; im Sonett *Zu viel* dagegen regiere die sozialpsychologische Not der Epoche »unsublimiert« (Sautermeister, S. 164). *Nur zu!* ist demgegenüber Ausdruck »einer virtuos gestalteten Selbstermunterung« (M. Mayer, S. 52). In der Metaphorik von »Rose« im ersten und »Adler« im zweiten Quartett spiegelt sich die zeittypische weibliche und männliche Geschlechtertypologie, doch wird in den Terzetten eine Einheit auf höherer Ebene erreicht: Das melancholische Schicksal der Vergänglichkeit ist für beide Geschlechter gleich, kann aber in der Liebe transzendiert werden. Die größte Aufmerksamkeit in der Forschung hat *An die Geliebte* gefunden. Nach der konventionellen Wahrnehmung der Geliebten als Engel bilden die Terzette mit Abschwung und Aufschwung einen extremen Ausschlag der Gefühle ab. Auf die emotionale Turbulenz des Verses »Von Tiefe dann zu Tiefen stürzt mein Sinn« folgt im zweiten Terzett die Gegenbewegung: »Betäubt kehr' ich den Blick nach Oben hin, / Zum Himmel auf – da lächeln alle Sterne; / Ich kniee, ihrem Lichtgesang zu lauschen.« Diese kosmische Entgrenzungsphantasie impliziert auch sprachliche Entgrenzung und stößt in synästhetische Erfahrungsbereiche vor. Heydebrand betont neben der klanglichen Meisterschaft die Eingebundenheit des Sonetts in die lyrische Tradition (Heydebrand, S. 43). Bruch sieht darin »eine narzißtische Spiegelbeziehung zwischen dem eigenen Empfinden und dem All« (Bruch, S. 379). Für Sautermeister ist *An die Geliebte* in der Übersteigerung des privaten Gefühls eines »der eindringlichsten Liebes-Sonette des 19. Jahrhunderts« (Sautermeister, S. 157).

Besondere Beachtung verdient die Zusammenstellung der Sonette mit *Charwoche* in A^1 bis A^3. Die Verbindung von Karfreitag und Liebesbegegnung ist bei Petrarca vorgeformt. Der prototypische Charakter dieser erotischen Initiation zeigt sich in M.s literarischem Umfeld insbesondere in Goethes Sonett *Epoche* im Sonett-Zyklus von 1807/08, das explizit auf Petrarcas Karfreitagsbegegnung mit Laura Bezug nimmt. Dass M. seine Sonett-Reihe mit *Charwoche* zusammenstellt, kann in subtil verschränkter Intertextualität als Anspielung auf Petrarca und in eins damit auf Goethe gelesen werden. Auch in A^4 verbleibt *Charwoche* mit der Zuordnung zu *Peregrina* im Umfeld von Liebeslyrik; den Sonetten folgt hier das 1846 entstandene Gedicht *Neue Liebe*, »der Widerruf irdischen Liebesverständnisses« (M. Mayer, S. 53).

Literatur

Bruch, S. 377–381. – Heydebrand, S. 40–45. – Kemp, Friedhelm: Das europäische Sonett. Bd. 2. Göttingen 2002, S. 108–112. – M. Mayer, S. 52–55. – Rheinwald, S. 217–230. – Sautermeister, Gert: Die Geburt des Gedichts aus dem Geiste des Eros. Zur Liebeslyrik Mörikes. In: »Nicht allein mit den Worten«. In: Müller, Thomas; Pankau, Johannes G.; Ueding, Gert (Hg.). Fs. für Joachim Dyck zum 60. Geburtstag.

Stuttgart-Bad Cannstatt 1995, S. 156–166. – STORZ, S. 123–134. – Wild, Inge: »Philister kommen angezogen«. Der Künstler-Bürger-Antagonismus in Gedichten Eduard Mörikes (mit einem Blick auf Heinrich Heine). In: WILD, S. 149–176.

Inge Wild

Gesang Weyla's

Die Entstehung dieses Gedichtes wird meist auf 1832 datiert oder im Umfeld des *Maler Nolten* angesetzt. Der Erstdruck erfolgte 1838 in A¹; die weiteren Gedichtsammlungen bringen keine Änderungen. Das Gedicht scheint kunstlos und gehört doch zu den Gedichten, die das Bild M.s als Lyriker prägen. Die beiden vierzeiligen Strophen des Gedichts suggerieren Volksliednähe und eine Ungekünsteltheit, die durch die sehr freie Betonungsverteilung und ein kühnes Enjambement (V. 3–4) noch unterstützt wird. Doch sind diese poetischen Freiheiten sehr kunstvoll eingesetzt zur Intensivierung des sprachlichen Gestus und des lyrischen Bildaufbaus, die ihre Vollendung in den Vertonungen finden. Im Unterschied zu den anderen Orplid-Dichtungen figuriert Weyla hier als Mutter, Schöpferin und Göttin der nun personifizierten Insel. In ihrem Preisgesang entsteht diese Insel als lebendiges Bild. Dieses Orplid liegt jenseits von Zeit und Raum, schwebend zwischen den »uralte[n]« Wassern unten und dem Sitz der Götter oben. Die Insel zieht das Vergangene an und verjüngt es; das von oben Einstrahlende (»besonnt«) gibt sie, verwandelt in etwas Belebendes, an den oberen Bereich der »Götter« zurück. Orplid ist nun selbst »Gottheit« und doch zugleich »Kind«, über alles Profane herausgehoben und doch der Wartung bedürftig. Die Könige sind hier nicht als Beherrscher der Insel vorgestellt, sondern ihr Amt und ihre Würde sind ihr ehrfürchtiger Dienst. Der preisenden Göttin ist die Insel zugleich fern und nah: gesehen aus der Distanz, nah aber als ihr Besitz (»mein Land«), als ihre Schöpfung und ihr verjüngtes Ebenbild. Sicht und Einstellung Weylas aber geben auch den Ort des ›impliziten Lesers‹ vor. Auch lesend kann Orplid nur als »fern« erscheinen. Es ist die Epiphanie von etwas, das nicht besessen und beherrscht werden kann, sondern nur im Anschauen ist und doch zugleich alle Bestrebungen auf sich zieht. Das bildhaft nur Angedeutete erscheint tiefgründig und muss gerade deshalb zu eigener Ausgestaltung verlocken. Damit wird das Gedicht offen für sehr weitgehende Aufladungen und emotionale Besetzungen. In der Schwebe zwischen Unten und Oben, zwischen gegenwärtiger Vergangenheit und göttlicher Unverfügbarkeit kann Orplid gesehen werden als eine Gestalt des Schönen, und zwar des Kunstschönen im Sinne der Ästhetik des 19. Jh.s.

Der *Gesang Weyla's* setzt die Mythenspiele und Orplid-Dichtungen aus der Zeit der Studentenfreundschaft M.s mit Ludwig Bauer nicht einfach fort. Dem dort geschichten- und konfliktreich Ausgebreiteten steht hier ein geschlossenes Bild gegenüber, in dem zur Kunstgestalt gesteigert wird, was in der Rückschau den nun »fernen« Orplid-Phantasien ihren Sinn gibt: die Sehnsucht nach der Vereinigung von Unschuld und Vollkommenheit, von Göttlichem und Vergangenem im Ästhetischen. Aus dem Synkretismus der Privatmythologie ist eine mythisch zeitenthobene Verdichtung hervorgegangen, die nicht nur die mythenschaffende Kraft der Poesie selbst inszeniert, sondern vor allem das Bild jenes Orplid schafft, das gerade im nur Angedeuteten zum Sehnsuchtsort und Losungswort werden konnte: Ort imaginärer Gemeinschaft und ästhetischer Topos des Utopischen.

Literatur

Dutt, Carsten: Gottfried Benns *Nur noch flüchtig alles* und Eduard Mörikes *Gesang Weylas*. In: DU 40/3 (1988), S. 83–96. – Gadamer, Hans-Georg: *Gesang Weylas*. Zu Mörikes *Du bist Orplid, mein Land!* In: Maass, Angelika; Heinser, Bernhard (Hg.): Verlust und Ursprung. Zürich 1989, S. 169–173. – Kaiser, Gerhard: O Lied, mein Land. Eduard Mörike: *Gesang Weylas*. In: ders: Augenblicke deutsche Lyrik. Frankfurt a. M. 1987, S. 269–282.

Jürgen Landwehr

Verborgenheit

Das Gedicht entstand 1832; M. nahm es in unterschiedlicher Positionierung in die Sammlungen auf. Metrisch und im Reimschema ist *Verborgenheit* streng gebunden. Die vierzeiligen Strophen aus trochäischen Vierhebern weisen einen umarmenden Reim auf; zwei Verse mit männlicher Kadenz umgeben ein weiblich ausklingendes Reimpaar. Im Rahmen dieser traditionellen Form bringt das Gedicht eine genuin moderne Befindlichkeit zum Ausdruck. Heines härtere Formulierung von der ›Zerrissenheit‹ als moderner Selbst- und Welterfahrung findet in *Verborgenheit* ihr Pendant in einer noch diffusen Ambivalenz – »Was ich traure weiß ich nicht« –, deren Antithetik mit »Wonne« und »Pein« gleichwohl präzise benannt ist. Die gegenseitige Durchdringung dieser Gefühle wird sichtbar in der Opposition von »Freude« und »Schwere«, die durch die Reimwörter »zücket« / »drücket« eng aufeinander bezogen sind. Das »Gemisch von Wehmuth und Zufriedenheit«, das M. im Brief an Luise Rau vom 14./15. Dezember 1829 beschreibt (HKA 11, S. 56), ist eine der Grundtönungen seiner psychischen Verfassung; dieses »eigentümliche Helldunkel« ist zugleich ein generelles Merkmal der Restaurationsepoche (SENGLE, Bd. 1, S. 31).

Das Gedicht steht in der Stil- und Motivtradition der christlichen Weltflucht; ebenso wie *Gebet* wurde es stets als Ausdruck von Frömmigkeit rezipiert. Jedoch findet das Ich in *Verborgenheit* sein Zentrum nicht mehr in religiöser Zuversicht, sondern in sich selbst. Das darin zum Ausdruck kommende Einsamkeitspathos, die Abkehr von der bürgerlichen Welt, ist ein Topos der künstlerischen Avantgarde des 19. Jh.s. Dieser Rückzug des nachromantischen Künstlers ›verbirgt‹ sich in dem noch religiös konnotierten Sprachduktus, der seinen suggestivsten Ton in der verdoppelten Verszeile »Laß, o Welt, o laß mich sein!« annimmt. In seinem appellativen Charakter ist *Verborgenheit* eine der hellsichtigsten Selbstdeutungen des Tagträumers und Dichters M., der sein poetisches Refugium unversehrt von gesellschaftlichen und materiellen Verlockungen erhalten will. Mit »Liebesgaben« wird auf die Tradition christlicher Nächstenliebe angespielt, die als Rat wohlmeinender Freunde aber ebenfalls zurückgewiesen wird. Das Ich des Gedichts, das sich viermal benennt, durch weitere vier Possessivpronomina auf sich verweist und mit »dieß Herz« sein Zentrum bezeichnet, ist nicht nur ein Rollen-Ich; M. bestimmt den ihm eigenen gesellschaftlichen Ort als »Verborgenheit«. Diese Abschließung wird realisiert als Abgeschlossenheit der Form; sie erhält einen überzeugenden lyrischen Ausdruck in der Umschließung der Mittelstrophen durch die identische Eingangs- und Schluss-Strophe, die den Bereich des Dichters auch formal sichtbar abgrenzt. Geschützt, gleichsam verborgen durch diese umschließenden Strophen trägt er seine innersten Gedanken und Empfindungen vor. Dennoch hält das Gedicht für Heydebrand »nur *eine* Stimmung fest« (HEYDEBRAND, S. 294); sie weist darauf hin, dass M. bewusst und vorbewusst durchaus auch im Blick auf ein Publikum schrieb.

Die Ambivalenz der Wirklichkeitswahrnehmung, die sich nicht festlegen will, das Ineinandergleiten verschiedener Wahrnehmungsebenen und die Bereitschaft zum Eintauchen in den Tagtraum sind die wichtigsten Quellen von M.s dichterischer Inspiration; im Brief vom 8. April 1832 an Luise Rau spricht er von der »dunkelseligen Selbstvergessenheit, wo die äußern Sinne sich zu schließen scheinen« (HKA 11, S. 272). Der schöpferische Augenblick wird wie im Gedicht (»die helle Freude zücket«) so auch in den Briefen häufig mit der Metapher einer blitzartigen Einsicht und Anschauung naturhafter und menschlicher Phänomene umschrieben. Am 4./5. Dezember 1829 schreibt M. an Luise Rau: »Ich schauderte einen Augenblick vor der Größe und vor der *Wirklichkeit* meines Glücks; – denn, gibt es nicht solche seltene Momente, wo gleichsam ein rascher Bliz des innersten Bewußtseyns uns das was wir *besitzen* und *sind* in seiner ganzen Gestalt sehn läßt – in der überwältigenden Fülle seiner Wirklichkeit, während es dann scheint, als wäre man bisher nur wie in einem gewöhnlichen Traum befangen gewesen?« (HKA 11, S. 53) In dieser Schilderung privater Glückserfahrung sind zugleich wesentliche Momente von M.s Dichtungstätigkeit benannt. Die Abfolge von traumhafter Wirklichkeitswahrnehmung, blitzartiger, punktueller Erkenntnis als entscheidendem Augenblick der Inspiration und bewusster Formarbeit ist ein Kennzeichen von M.s gesamter lyrischer Produktion.

Literatur

HEYDEBRAND, S. 291–294. – M. MAYER, S. 55. – Wild, Inge: »Philister kommen angezogen«. Der Künstler-Bürger-Antagonismus in Gedichten Eduard Mörikes (mit einem Blick auf Heinrich Heine). In: WILD, S. 149–176.

Inge Wild

Gebet

Die beiden Strophen des Gedichts sind zu verschiedenen Zeiten entstanden, und M. hat sie zunächst auch als zwei getrennte Texte behandelt. Die zweite Strophe entstand vermutlich 1832 und wurde, ohne Titel, im gleichfalls 1832 erschienenen *Maler Nolten* erstmals veröffentlicht; in A[1] hat M. sie allerdings nicht aufgenommen. Die Datierung der ersten Strophe, von der wie von der zweiten mehrere Handschriften überliefert sind, ist unsicher; vermutlich ist sie deutlich später als die zweite entstanden. M. hat sie jedenfalls in die 1846 fertig gestellte Sammelhandschrift zu A[2] aufgenommen. In A[2] und ebenso in A[3] stehen beide Strophen unter der gemeinsamen Überschrift *Gebet*, sind jedoch durch die Nummerierung mit 1 und 2 deutlich als zwei Texte gekennzeichnet. Erst in A[4] sind beide, wiederum unter dem Titel *Gebet*, zu einem Gedicht vereinigt.

Auch inhaltlich sind beide Strophen deutlich verschieden. Während sich das lyrische Ich in der ersten Strophe ganz in die Hand Gottes gibt und alles von ihm anzunehmen bereit ist, kommt es in der zweiten Strophe zunächst zu einer Zurücknahme, die dann in erneutem Vertrauen endet. Unterschiedlich sind die beiden Strophen auch in ihrer formalen Gestalt. Die erste Strophe vermittelt durch die regelmäßigen dreihebigen Jamben und den umarmenden Reim, bei dem zudem die männlichen Kadenzen die weiblichen umfassen, den Eindruck von Geschlossenheit und Ruhe. Von dieser Regelmäßigkeit ausgenommen ist die Anrede »Herr!« in V. 1. Damit wird die Kommunikationssituation des Gebets unterstrichen. Der Betende bleibt passiv, während alle Aktionen von Gott erbeten werden; entsprechend wird »Herr!« durch beschwerten Auftakt und also gegen das Metrum hervorgehoben, während sich das »ich« im dritten Vers dem Metrum und damit dem Willen Gottes beugt. Die zweite Strophe ist hingegen durch das Reimschema aabba mit zudem unreinen Reimen, durch die durchweg weiblichen Kadenzen und durch die drei Enjambements deutlich bewegter. Miteinander verbunden sind beide Strophen durch die gemeinsame Thematik. Dabei kann die zweite Strophe als Echo der ersten verstanden werden; auf »Liebes« oder »Leides« antworten »Freuden« und »Leiden«, »quillt« findet seine Entsprechung in »überschütten« und »vergnügt« in »holdes Bescheiden«. Für beide Strophen kennzeichnend ist, mit »willt«, »wollest« oder »in der Mitten«, die bewusst archaisierende Sprachgebung.

Das ›holde Bescheiden‹ wurde immer wieder als typisch biedermeierlich bezeichnet und als ein Ausdruck der Selbstbescheidung M.s verstanden. Allerdings gibt es in der Forschung überraschenderweise keine ausführliche Auseinandersetzung mit diesem Gedicht. Während Rüttenauer und Rüsch *Gebet* vereinfachend als religiösen Selbstausdruck sehen, beleuchtet Rückert M.s Rückgriff auf die Antike; Ter-Nedden schließlich analysiert die zwischen beiden Strophen bestehende Spannung. In der Festlegung auf die »Mitten« spielt M. auf die antike Vorstellung der *aurea mediocritas* an, wie sie beispielhaft etwa Horaz formuliert hat; die Bitte von *Gebet* richtet sich damit auf eine durchaus antikisch eingefärbte Zufriedenheit des richtigen Maßes. Zugleich meint »Bescheiden« nicht allein ein passives ›Sich-Zufrieden-Geben‹, ihm eignet vielmehr auch eine aktive Bedeutung im Sinne von ›etwas zuweisen‹; der Hingabe an Gottes Willen in der ersten Strophe korrespondiert so in der zweiten das Vertrauen, dass der »Herr« das rechte Maß zuweist.

Literatur

RÜCKERT, S. 188–195. – Rüsch, Ernst Gerhard: Christliche Motive in der Dichtung Eduard Mörikes. In: Theologische Zeitschrift 11 (1955), S. 206–223. – Rüttenauer, Isabella: Vom verborgenen Glauben in Eduard Mörikes Gedichten. Würzburg 1940. – Ter-Nedden, Gisbert: *Gebet*. In: Spektrum 8. Texte für den Deutschunterricht. Lehrerkommentar. Bamberg o. J., S. 49–53.

Walter Putzer

Märchen vom sichern Mann

Das mit 292 Hexametern neben *Der alte Thurmhahn* längste Gedicht aus M.s Gedichtsammlungen ist Bestandteil der von M. und Ludwig Bauer entwickelten Orplid-Mythologie; die Gestalt des »sicheren Mannes« taucht schon im Juli 1824 in einem Brief Bauers an M. auf (BAUER: BRIEFE, S. 22), und im Juli 1825 beschreibt M. gegenüber Kauffmann diejenigen Handlungsmomente, die 1838 dann im vorliegenden Gedicht zu finden sind (HKA 10, S. 102). Auch zeichnerisch hält er die Phantasiegestalt fest (HKA 12, S. 519). In *Maler Nolten* erscheint der sichere Mann im *Orplid*-Zwischenspiel als »ein großer, grausam starker Mann« (HKA 3, S. 117), aber erst Ende 1837 scheint M. das Gedicht als »ein Mährchen in ungereimten Versen« fixiert zu haben (HKA 12, S. 147). Der Text liegt im Februar 1838 vor und wird von M. gegenüber Hartlaub als »ein heroisches Gedicht« (HKA 12, S. 167), gegenüber Kurz als ein »größer Poem von einer seltsamlichen Sorte« (HKA 12, S. 184) und gegenüber dem kritischen Strauß mit Hinweisen auf den »Mythus« und »die mit dem Ganzen etwa zu verbindende Idee« (HKA 12, S. 164 f.) charakterisiert. Strauß äußerte sich über das Gedicht gegenüber M. verbindlich (8. Februar 1838, vgl. Maync, S. 104), gegenüber Vischer (vgl. dessen Gegenbrief an Strauß vom 11. März 1838, Briefwechsel STRAUSS-VISCHER, Bd. 1, S. 52) aber doch scharf ablehnend, während Storm (BRIEFWECHSEL STORM, S. 25), Heyse (HKA 16, S. 620) und vor allem Moriz von Schwind (BRIEFWECHSEL SCHWIND, S. 18, 44, Bild nach S. 56) das *Märchen* besonders schätzten. Schwinds Zeichnung beschrieb und würdigte M. ausführlich in einem Brief vom 5. März 1867 (HKA 18).

Der Erstdruck in A¹ trägt die Widmung »An Louis B[auer]«. Für die späteren Auflagen hat M. viel und liebevoll an dem Text gefeilt (vgl. M 1, S. 462 f.). Immer wieder bezog er sich zumindest im Freundeskreis auf die Phantasiefigur des sicheren Mannes, so noch 1841 und 1843 (HKA 13, S. 170, 205, HKA 14, S. 90), und 1845 schlug Mährlen die Vertonung des Stoffes als Oper durch Mendelssohn-Bartholdy vor (HKA 14, S. 627). In dem Gedicht *Erbauliche Betrachtung* (1846) kommt M. erneut auf den Mythos zurück.

Erzählt wird vom unflätigen Suckelborst, der durch den listigen Göttersohn Lolegrin dazu gebracht wird, ein kolossales Buch zusammenzustehlen und darin die Entstehung der Welt aufzuschreiben, um sie anschließend den Toten in der Unterwelt vorzutragen. In trotzig-komischem Ernst stiehlt er nachts den Bauern die Scheunentore, die er als Schreibmaterial benutzt. Den Schluss bilden die Reise in die Unterwelt und der Vortrag, bei dem auch der Teufel seinen Schwanz im Spiel hat.

Die virtuose Mischung höchst unterschiedlicher literarischer und kultureller Strömungen ist hier nicht Zeichen eines biedermeierlichen Eklektizismus, sondern Ausdruck einer nicht mehr hierarchisierbaren Fülle von Sinnangeboten, die sich letztlich gegenseitig destabilisieren und dadurch humorvolle Gelassenheit als ›geschichtsphilosophisch taktvoll‹ (Adorno) erscheinen lassen. Der sichere Mann erscheint zunächst als Zitat aus dem Archiv der Rübezahlsagen und anderer volksnaher Überlieferungen, wird dann aber über seine Genealogie mit dem biblischen Schöpfungsbericht verknüpft (V. 5); hinzu treten Elemente der antiken Mythologie, wenn Lolegrin als Götterbote in Hermes-Manier den törichten Unhold aufsucht und ihm einen Auftrag erteilt. Die Bemühungen des sicheren Mannes, sein vom Anfang der Welt stammendes Wissen zu sammeln und den Toten in der Unterwelt zu verkünden, verknüpfen bäuerlichen Schabernack (im Diebstahl der Scheunentore) mit hehrster homerischer Tradition. Der grobgliedrige »Schweinpelz« (V. 77), den Lolegrin den Sohn eines Halbgottes nennt (V. 37), ist dem durchtriebenen Spiel allerdings nicht gewachsen. Was ihm »mit trüglichem Ernste« (V. 33) aufgetischt wird, setzt er mit dumpfer Genauigkeit um, indem er »in unnachsagbaren Sprachen« (V. 191) sein Weltepos auf gestohlene Scheunentore meißelt. Im Folgenden überlagern sich in ironischer Vielstimmigkeit Anspielungen auf die Unterweltsfahrten des griechischen Epos (Suckelborst als ein in anderer Weise blinder Seher, der, statt Belehrung zu suchen, solche zweifelhaft vermittelt) mit Spuren der Dante'schen Hölle, vor allem aber mit Dichtersatire – am Eingang der Unterwelt tummeln sich »lausige Dichter« mit anderem Gesindel (V. 210). Suckelborsts Vorlesung vor dem Pöbel, nicht vor dem Adel des Hades, erscheint ebenso als Universitätssatire, was möglicherweise auf einen der Ausgangspunkte der frühen Konzeption verweist, wie als pseudo-eschatologische Botschaft. Denn nicht nur mit dem Anfang der Welt ist seine Mitteilung verknüpft (V. 234 ff.), sondern auf komplexe Weise auch mit deren Ende. Dazu schleust M. den Teufel als Störenfried in die antikische Unterwelt ein, dem der sichere Mann schließlich den Schweif ausreißt, »daß es kracht« (V. 257). Suckelborst deutet dies prophetisch als Anfang vom Ende des Bösen (V. 269 ff.), und seine gar hölderlinische Töne anschlagende Verkündung (V. 277) soll nicht nur die Versöhnung zwischen Göttern und Menschen beschwören, sondern auch seine eigene Anerkennung durch die Himmlischen. Hier eine ernsthafte christliche Erlösungshoffnung zu sehen (Guardini), verbietet sich nicht nur aufgrund der ironischen Schlusswendung, wonach der Götterbote mit der Erzählung dieser Begebenheit zur Erheiterung der Götter beiträgt; es besteht auch der Verdacht, dass Lolegrin als Einsager für die gesamte Weltdarstellung des durch und durch phantasielosen Unholds ironisch verantwortlich zeichnet (Stern). Die in der Forschung diskutierten Entsprechungen zwischen M. und Schelling (vgl. Schellings *Epikurisch Glaubensbekenntnis Heinz Widerporstens*) können nur als ein Element unter vielen gewertet werden; epikureisches Genießen und naturphilosophische Identitätsmuster verbinden diese satirischen Texte miteinander. Seit Sterns luzider Analyse ist deutlich, dass der sichere Mann nicht als erhabener, sondern als »minder gelehriger« (Stern, S. 369) konzipiert ist, der sich vorschnell darauf verlässt, »Götter werden nicht lügen« (V. 107). Schon Ludwig Bauer vermerkt, der sichere Mann sei ein »Hanswurst der Götter« (BAUER: BRIEFE, S. 63). So sind auch die Elemente einer Parodie des schwäbischen Pietismus und Chiliasmus nicht zu übersehen, etwa in Anspielung auf Johann Albrecht Bengel, der das Weltende auf 1836 berechnet hatte (Stern, S. 373); M. integriert sie schließlich über die ironisch-parodistische Handhabung des Hexameters (Hötzer). Die spätzeitliche Position wird von M. gerade durch die Verbindung von Mythos und Humor signalisiert (WIESE, Stern), und diese Verbindung wird gleichzeitig als ironische Reaktion auf Orientierungsverluste im nachhegelianischen Zeitalter sichtbar.

Literatur

Guardini, Romano: Gegenwart und Geheimnis. Eine Auslegung von fünf Gedichten Eduard Mörikes. Würzburg ²1967 (zuerst 1957), S. 65–97. – HÖTZER, S. 49–79, 165–180. – M. MAYER, S. 59 f. – Maync, Harry: David Friedrich Strauß und Eduard Mörike (Mit zwölf ungedruckten Briefen). In: Deutsche Rundschau Bd. 115, Jg. 29, H. 7 (April 1903), S. 94–117. – Stern, Martin: Mörikes *Märchen vom sichern Mann*. In: DOERKSEN, S. 357–379. – STORZ, S. 204–210. – WIESE, S. 137–143.

Mathias Mayer

An eine Äolsharfe

Das Gedicht ist vermutlich in der ersten Hälfte des Jahres 1837 entstanden. Am 14. Juni sandte M. eine handschriftliche Fassung des Textes an einen Verwandten (HKA 12, 273), der Erstdruck erfolgte bald darauf in A¹. Damit gehört *An eine Äolsharfe* in jene Zeit, in der M. sich eingehender mit griechischen und römischen Lyrikern zu befassen begann und für seine eigenen Gedichte zunehmend antikisierende Formen verwendete. Auf diesen Hintergrund verweist auch die dem Gedicht als Motto vorangestellte Horaz-Strophe (*Oden* 2, 9, 9–12), die in der Übersetzung von Johann Heinrich Voß lautet: »Du traurest endlos durch Melodien des Grams / Um Mystes Abschied; weder wenn Hesperus / Aufsteiget, räumt dein Herz die Sehnsucht, / Noch wenn der Sonne Gewalt er fliehet.« Die Ode, der diese Strophe entstammt, *kritisiert* allerdings das übertriebene Beklagen der Toten und führt eine Reihe von Trostgründen an. Nur dank seiner Isolierung von diesem ursprünglichen Kontext kann das Motto seine Funktion erfüllen, neben dem Thema des folgenden Gedichts, der Trauer um einen Frühverstorbenen, auch die dominierende elegische Stimmung vorzugeben. Freilich wirkt das Horaz-Zitat zugleich distanzschaffend: Es zerstört den Schein erlebnishafter Unmittelbarkeit, indem es auf die Literarizität von M.s Text aufmerksam macht und den Blick auf die reflektierte, kunstgerechte und bestimmten Mustern verpflichtete *Formung* der beschworenen Empfindungen lenkt. Schließlich hat das Motto auch eine metrische Bedeutung, denn die reimlosen freien Rhythmen des Gedichts umspielen verschiedene antike Metren, insbesondere das der zitierten Horaz-Ode zugrunde liegende Schema der alkäischen Odenstrophe. So lässt sich *An eine Äolsharfe* »formal als Variation oder metrisch-rhythmische Paraphrase einer horazischen Ode« charakterisieren (RÜCKERT, S. 115).

Im ersten Abschnitt redet das lyrische Ich die Äolsharfe an und fordert sie auf, ihr Spiel aufs Neue zu beginnen, wobei die Bezeichnung »luftgeborne Muse« diese einleitenden Verse in die Nähe des klassischen Musenanrufs rückt. Der zweite Abschnitt behält den Gestus der Anrede, nunmehr in der Wendung des Sprechers an die Winde, die die Saiten der Harfe bewegen, noch bei, doch der dritte geht unvermittelt zur lyrischen Vergegenwärtigung eines erregenden Augenblicks über (»Aber auf einmal«), der durch den plötzlichen Einklang von Windbewegung, Harfenlaut und Empfindung des Ichs gekennzeichnet ist.

Die Äolsharfe stellt seit dem 18. Jh. ein beliebtes Motiv der Dichtung dar (Braungart, S. 113–115). Gelegentlich begegnet dabei auch die Vorstellung, dass sich die Seelen von Verstorbenen über ihre Klänge mitteilen können, an die M.s Gedicht ebenfalls denken lässt. M. selbst war von Kindheit an mit diesem Instrument vertraut; noch Jahrzehnte später erinnerte er sich an die Äolsharfen in der Emichsburg, einer künstlichen Ruine im Schlosspark seiner Heimatstadt Ludwigsburg (HKA 11, 201 und 15, 248). Zum biographischen Hintergrund des Gedichts gehört ferner M.s Gedenken an seinen Lieblingsbruder August, auf den sich die Wendung von dem »Knaben, / Der mir so lieb war« vermutlich bezieht. Augusts früher und unerwarteter Tod im Jahre 1824 hatte bei M. ein Trauma ausgelöst, mit dem sich wohl auch Schuldgefühle verbanden. In diesem Kontext erscheint *An eine Äolsharfe* als Versuch einer nachgeholten »poetische[n] Trauerarbeit« (Braungart, S. 128). Aus dem Gegensatz zwischen der Trauer um den Verstorbenen einerseits, dem Wohlklang der Harfe und den Anzeichen des Frühlings andererseits erwächst eine ›gemischte‹ Empfindung, wie man sie in vielen Gedichten M.s antrifft. Ihre Widersprüchlichkeit bestimmt den Text bis in die Details hinein. So ist das Oxymoron die wichtigste Stilfigur: »melodische Klage«, »süß bedrängt«, »wohllautende Wehmut«, »holder Schrei«, »süße[s] Erschrecken«. Das Bild, mit dem das Gedicht schließt, veranschaulicht noch einmal prägnant diese durchgängige Ambivalenz, da es zwei vollkommen gegensätzliche Deutungen gestattet: Dass die »volle Rose« ihre Blätter dem Sprecher vor die Füße streut, kann als Geschenk und als Zeichen der Erfüllung aufgefasst werden, lässt sich aber ebenso gut als Vorgang der Verausgabung und Zerstörung verstehen.

An eine Äolsharfe erschöpft sich jedoch nicht in der kunstvollen Evokation zwiespältiger Gefühlsregungen, sondern weist darüber hinaus eine poetologische Dimension auf. Die Interpretation kann dabei an den einleitenden ›Musenanruf‹ anknüpfen und sich überdies darauf berufen, dass die Äolsharfe traditionell auch als Sinnbild des Dichters gilt. Das Wehen der Winde, die dem Instrument seine Klänge entlocken, steht in diesem Zusammenhang für den Vorgang der dichterischen Inspiration – ganz im Wortsinne des ›Einhauchens‹. In dem Gedicht öffnet sich aber mit der räumlichen Ferne, aus der die Winde vom Grabhügel des geliebten »Knaben« herüberkommen, um die Saiten der Harfe zu bewegen, zugleich die Tiefe der Vergangenheit, nämlich die Erinnerung an den Toten. Damit reflektiert *An eine Äolsharfe* die für M.s poetisches Schaffen in der Tat grundlegende Bedeutung von Erinnerung und Trauer als Quellen der Inspiration sowie den Charakter des Kunstwerks als einer produktiven Verarbeitung solcher Erfahrungen. Aus diesem Blickwinkel betrachtet, ließe sich die Ambivalenz der herrschenden Stimmung auch auf den Gegensatz zwischen dem wehmütigen Gefühl und seiner gelingenden künstlerischen Gestaltung beziehen.

Literatur

Braungart, Georg: Poetische »Heiligenpflege«: Jenseitskontakt und Trauerarbeit in *An eine Äolsharfe*. In: MAYER: INTERPRETATIONEN, S. 104–129. – HÖTZER, S. 219–226. – Liewerscheidt, Dieter: *An eine Äolsharfe* – Mörikes poetologische Inszenierung. In: WirkWort. 45 (1995), S. 1–8. – RÜCKERT, S. 102–115.

Ulrich Kittstein

Die Schwestern

M. schickte das Gedicht am 7. November 1837 an Wilhelm Hartlaub (HKA 12, S. 138 f.); er schreibt dazu, er habe es bei einem Spaziergang singen hören. Er fragt Hartlaub, was er von dem »Liedchen« halte, teilt ihm aber am Ende des Briefes mit, er habe es in Wirklichkeit selbst gedichtet. Mit einer ähnlichen ›Erzählung‹ schickte M. das Gedicht auch an Friedrich Theodor Vischer (HKA 12, S. 148 f.). Hartlaub wie Vischer behaupten in ihrer Antwort, sie hätten das Spiel durchschaut; während Hartlaub allerdings schreibt, er habe schon nach den ersten Versen die Kunst M.s ›gewittert‹ (vgl. HEYDEBRAND, S. 248), bekennt Vischer, er sei erst beim letzten Vers »stutzig« geworden; dieser gebe dem Gedicht einen »frappierenden Effekt, dem man die Kunstpoesie ansieht« (BRIEFWECHSEL VISCHER, S. 149). Erstmals gedruckt wurde das Gedicht in A[1].

Mit der Bezeichnung »Kunstpoesie« benennt Vischer zutreffend die Artifizialität des Gedichts. M. übernimmt mit dem Vierzeiler aus jambischen Dreihebern mit wechselnd weiblicher und männlicher Kadenz sowie Reimbindung des zweiten und vierten Verses eine der beliebtesten Volksliedstrophen, die vor allem in der Romantik häufig verwendet wurde. Wie Heine, der die Strophe zu einem formalen Höhepunkt führte, geht M. virtuos mit der vorgegebenen Form um. Die Artifizialität des Gedichts zeigt sich im Spiel mit Alliterationen und Anaphern – so wird etwa »wir« zwölfmal wiederholt –, im Spiel mit dem ersten Vers, der in den ersten vier Strophen als Refrain erscheint, in der fünften Strophe allerdings sprachlich wie inhaltlich verfremdet wird. Dieser Verfremdungseffekt entsteht auch durch den Wechsel der Sprechsituation. In den ersten vier Strophen sprechen die beiden Schwestern, in der letzten Strophe kommentiert ein – wahrscheinlich männlicher – Sprecher die Veränderung in der geschwisterlichen Beziehung. So wird aus dem »wir« der ersten vier Strophen zunächst ein »ihr«, dann jedoch das Fragepronomen »wie«, durch das die Beziehung endgültig in Frage gestellt wird. Der Sprecherwechsel und die Auflösung der geschwisterlichen Einheit münden in eine Pointe, die an »Gedichttypen des Rokoko« erinnert (HEYDEBRAND, S. 248). Diese Pointe kündigt sich freilich schon in den vorangehenden Strophen an. Beschwört die erste Strophe noch die vollkommene Einheit der Schwestern, so muss diese in der zweiten durch das Ineinanderflechten der Haare bereits hergestellt werden; in der dritten erscheinen die Schwestern deutlich als zwei getrennte Personen. In der vierten Strophe beginnt bei der gemeinsamen weiblichen Tätigkeit der zunächst noch spielerische Wettstreit. In der fünften Strophe schließlich ist die Zweisamkeit vorbei; damit wird zugleich das eigentliche Thema des Gedichts offensichtlich: Im Zentrum steht das Aufbrechen einer geschwisterlichen Zweierbeziehung durch das Hinzutreten eines Dritten, durch eine Liebesbeziehung. Es geht also im Kern um die Erfahrung von Sexualität und die damit einhergehende Aufhebung geschwisterlicher und somit asexueller Beziehung.

Diese Aufspaltung spiegelt sich sowohl im Reimschema als auch im Versmaß. Das Reimpaar aa steht für die geschwisterliche Einheit, die durch die Waise x, die für das »Liebchen« steht, aufgesprengt wird. Das zunächst jambische

»Gleichmaß« (M. MAYER, S. 56) wird im Verlauf des Gedichts, kulminierend in der fünften Strophe, zunehmend durch die Einfügung von Daktylen aufgebrochen. In der Einheit von Form und Thema erweist sich das Gedicht *Die Schwestern* als ein formvollendetes Kunstwerk, das in eher spielerisch-ironischer Weise ein zentrales Thema der Liebeslyrik M.s gestaltet.

Literatur

HEYDEBRAND, S. 247–249. – M. MAYER, S. 55 f.
Bettina Wild

An meinen Arzt, Herrn Dr. Elsäßer

M.s Epigramm in elegischen Distichen entstand 1838; er veröffentlichte das Gedicht noch im selben Jahre in A[1] und nahm es mit nur geringfügigen Veränderungen in seine weiteren Sammlungen auf. Karl Ludwig Elsäßer, Oberamtsarzt in Neuenstadt und Maulbronn, »war Mörikes Hausarzt und hat ihn mit damals modernsten medizinischen Methoden behandelt« (HKA 12, S. 401), so im Jahre 1835 während einer lebensbedrohlichen Krankheit, an deren Folgeerscheinungen M. noch jahrelang litt. Diese Krankheit und die Errettung vom Tode stehen im Zentrum des Gedichts: »Siehe! da stünd' ich wieder auf meinen Füßen, und blicke / Froh erstaunt in die Welt, die mir im Rücken schon lag!« Aus der Beziehung zwischen Arzt und Patient hatte sich auch ein freundschaftliches Verhältnis zwischen den beiden Männern und ihren Familien entwickelt. Das Widmungsgedicht an Dr. Elsäßer ist also sowohl ein poetisches Dankgeschenk für die medizinische Betreuung als auch ein Ausdruck der Freundschaft.

In der poetischen Abbildung von Alltäglichem und Privatem in antikem Versmaß bietet *An meinen Arzt, Herrn Dr. Elsäßer* ein eindrucksvolles Beispiel für M.s Gelegenheitsdichtung: »Illusion einer sehr privaten, schlichten ›Wirklichkeit‹ und poetisch-rhetorische Stilisierung durchdringen einander […] in diesem Gedicht« (HEYDEBRAND, S. 130). Das Gedicht weist eine dynamische Bewegung vom ›Ich‹ (V. 1–2) über ›Ich und Du‹ (V. 3–5) zum ›Wir‹ (V. 6–7) auf. Dem ›Ich‹ der ersten Verse, womit M. sich selbst meint, wird zugleich am Ende ein ›Er‹ (V. 11–12), womit Dr. Elsäßer gemeint ist, entgegengestellt. Die persönliche Beziehung (Ich/Er) wird somit in einen sozialen Zusammenhang (Ich/Du/Wir), der das Gemeinwohl symbolisiert, überführt. Wie ein Bogen umspannen zudem die Bemerkungen über die persönliche Beziehung zwischen dem Patienten M. und seinem Arzt Dr. Elsäßer allgemeine Aussagen zum Motiv des Arztes als Retter des Lebens: »Den schwindelnden Nachen / Herrlich meisternd fährt ruhig der Schiffer an's Land, / Wirft in den Kahn das Ruder, das, ach! so Viele gerettet«. Mit dem Bild vom Arzt als Herr über Leben und Tod evoziert das Gedicht das antike Bild vom Schiff des Lebens ebenso wie das Bild von der Totenbarke, in der die Menschen über die Unterweltströme ins Reich der Schatten gebracht werden. Trotz der Gefährdung holt der Arzt den Nachen wieder ans Ufer des Lebens zurück; im Beiwort »schwindelnden« kann ›schwinden‹ mitgehört werden, das lautlich anklingt und auch etymologisch verwandt ist. Dr. Elsäßer und mit ihm der Berufsstand des Arztes werden so zu einem Gegenbild Charons, des Unterwelt-Fährmanns. Die antike Überhöhung ist jedoch umrahmt von Elementen der Alltagswirklichkeit. Schon der Versbeginn »Ich glückseliger Thor« dient als Signal, dass die folgende Stilisierung nur in der Phantasie des Poeten stattfindet. Doch mehr noch ist in den Schlussversen – »am Abend sitzt er bei'm Kruge / Wie ein anderer Mann, füllet sein Pfeifchen und ruht« – ein Augenzwinkern des Dichters zu erkennen: Nach der antiken Überhöhung führen diese Verse in die Lebenswirklichkeit eines württembergischen Oberamtsarztes zurück. Diese Herabstimmung spiegelt sich auch im Stil wider: »Wenn aber der Schluß in die Sphäre alltäglicher, friedlicher Bürgerlichkeit mündet, paßt sich dem auch der Sprachgestus an und verliert an Höhe« (HEYDEBRAND, S. 131). Dennoch bleibt die Hochachtung für die besondere Rolle des Arztes, der eben nur »*wie* ein anderer Mann« (Hervorh. B. W.) erscheint, gewahrt.

Literatur

HEYDEBRAND, S. 129–131. – M. MAYER, S. 61.
Bettina Wild

Ein artig Lob

Das Gedicht wurde 1839 als Einzelblatt in der Artistischen Anstalt von Adolf Gnauth und Julius Nisle in Stuttgart gedruckt und von dem Stuttgarter Verleger Christoph Friedrich Etzel in hoher Auflage vertrieben. Der Text steht in der Mitte des Blattes in Goldbuchstaben in spiegelverkehrter Frakturschrift und ist daher nur mit Hilfe eines Spiegels zu lesen, weshalb M. in seinen Briefen meist vom ›Spiegelvers‹ spricht. Das Gedicht ist von Randzeichnungen umgeben, mit Arabesken aus Putti und stilisierten Pflanzen, einem die Augenbinde lüftenden Amor über dem Text, der in einen Spiegel schauenden und das Gedicht lesenden ›Schönen‹ darunter und weiteren kleineren Zeichnungen in den vier Ecken; in einer Variante des Druckes ist eine dieser Zeichnungen anders gestaltet. M. war mit diesen »Randverzierungen« (HKA 13, S. 45), die wie die Schrift von Julius Nisle stammen, nicht ganz zufrieden; er hatte vermutlich selbst eine Zeichnung zur Illustration vorgelegt, die möglicherweise von Ludwig M. stammte, jedoch so wenig berücksichtigt wurde wie ein Entwurf von Ferdinand Fellner (vgl. HKA 13, S. 13 f.). Das Gedicht ist wahrscheinlich schon 1836 entstanden. Jedenfalls gab es verschiedene Bemühungen M.s, es zum Druck zu befördern, an denen Ludwig M. beteiligt war. M. hat das »Albumblatt«, wie er es bisweilen in seinen Briefen nennt, oft als Geschenk verwendet, auch noch in späteren Jahren, und manche Blätter dabei mit Widmungen versehen; einige davon sind erhalten. 1853 wurde das Blatt, nunmehr in korrekter Schrift, im *Kunst- und Unterhaltungsblatt für Stadt und Land* erneut gedruckt.

In seine Sammlung hat M. das Gedicht allerdings nicht aufgenommen. Dies mag an der Gefälligkeit dieser »zierlichen Verse«, wie Friedrich Theodor Vischer sie nannte (BRIEFWECHSEL VISCHER, S. 168), liegen; M. selbst spricht in einem Brief an Vischer vom »Gereimten *Jocum* von 12 Zeilen in Gestalt einer Galanteriewaare« (HKA 13, S. 45). Gleichwohl erweist M. auch hier seine Meisterschaft. Sehr geschickt und in leicht ironischem Ton, mit Anklängen an die erotische Lyrik des Rokoko, spielt er mit dem Topos, dass Schönheit nicht sagbar sei, und ebenso mit dem bildlichen Topos der Schönen vor dem Spiegel; eine der Randzeichnungen spielt demgemäß auch auf den Narziss-Mythos an. Ebenso gekonnt nützt M. die Form, wenn er die jambischen Fünfheber mit Paarreim im neunten und zehnten Vers um jeweils einen Takt erweitert; diese beiden Zeilen bilden das Zentrum des galanten Scherzes, und mit der Erweiterung wird die angesprochene »Schöne« markant hervorgehoben. Und immerhin, in diesem Fall wurde die Meisterschaft belohnt: M. erhielt für das Gedicht »baare dreihundert Gulden Honorar« (HKA 13, S. 13), wovon freilich hundert Gulden an Ludwig M. gingen. M.s Jahresgehalt als Pfarrer betrug in dieser Zeit 600 Gulden; für die *Gedichte* von 1838 erhielt er von Cotta 330 Gulden. So war *Ein artig Lob* zweifellos M.s größter finanzieller Erfolg als Lyriker (und das Honorar zeigt zudem, welch hohe Wertschätzung das Bildungsbürgertum des 19. Jh.s der Lyrik, gerade auch solcher ›Gebrauchspoesie‹, entgegenbrachte).

Literatur

Eduard Mörike: Spiegelvers. Jahresgabe für die Mitglieder der Mörike-Gesellschaft e. V. Hg. v. der Mörike-Gesellschaft. Ludwigsburg 2003.

Reiner Wild

Waldplage

Am 8. September 1841 schreibt M. einen ›Entstehungsbericht‹ an Wilhelm Hartlaub: »Die Klopstockischen Schnacken sind kürzlich auch in einer guten Stunde gemacht worden. Der alte 6füßige Jambe in seiner Ernsthaftigkeit steht ihnen ganz besonders« (HKA 13, S. 205). Das Gedicht erschien zuerst 1842 im *Morgenblatt für gebildete Leser* und ab A³ in den Sammlungen. M. nimmt in *Waldplage* eine poetische Urszene auf, die er bereits 1829 in dem Gedicht mit dem kontrastierenden Titel *Wald-Idylle* und 1838 in *Im Weinberg* gestaltet hatte, das einsam lesende Ich, das gleichermaßen aus der Natur wie aus der Dichtung kreative Impulse empfängt. Im Falle der Wald-Gedichte geschieht dies an einem Ort, der in der deutschen kulturellen Topographie einen besonders hohen Rang einnimmt. *Waldplage* setzt humoristisch mit einer Aufzählung dessen ein, was im Walde ›kreucht und fleucht‹, um dann zu dem »Scheusal« überzugehen, das die Kontemplation stört. Die Störenfriede werden jedoch in komischer Klimax erst in der letzten Verszeile als »Schnaken« benannt. Mit der Poetisierung niederer Tiere greift M. ein seit der Antike in verschiedenen Gattungen vertrautes Motiv auf. Antikisierend sind auch die Sprachhaltung und das Versmaß des sechsfüßigen Senars, der in ironischer Beziehung zu den sechs Beinen der Schnake steht; in diesem Detail realisiert M. eine eigenwillige Formparodie. Für Heydebrand gehört der entwickelte »Stoff-Form-Kontrast zu Mörikes Mitteln der Poetisierung des Trivialen« (HEYDEBRAND, S. 229). Auch im Weiteren wird das Thema Dichtung in ironische Kontexte überführt; aus einer Reihe von Anspielungen geht hervor, dass das einsame Ich Klopstock liest, doch ebenso wie der Name des Insekts wird auch der Name Klopstock erst in der dreizeiligen, vom übrigen Gedicht abgesetzten Conclusio genannt. M. geht mit Klopstock, dessen Werk ihm als tradiertes Bildungsgut bereits früh vertraut war, frei um, er erwähnt mit Fanny und Cidli zwei Frauennamen aus Klopstocks Dichtung und montiert Versatzstücke der Lektüreerinnerung wie Titel berühmter Oden und aus dem Gedächtnis nachlässig zitierte Passagen. Ironisiert wird damit weniger Klopstock selbst als eine emphatische Rezeptionshaltung. Graevenitz sieht das Gedicht im Kontext einer literarischen Selbstbesinnung (Graevenitz S. 214f.). Dichtung wird in einen weiten zeitlichen Horizont gestellt; er umfasst die Vergangenheit, die bereits dem Vergessen anheim gefallen ist (»Den Dichter lesend, den ich Jahre lang vergaß«), die Wiederbelebung im aktuellen Leseakt und den Ausblick auf künftige Leser in ferner Zukunft – »wohl / Einmal«. Der ephemere Charakter des Augenblicks steht im Gegensatz zur Dauerhaftigkeit, aber auch zum Altern des Kunstwerks. Durch die Wahl des antiken Versmaßes weitet M. die Vergangenheitsdimension von Kunst noch aus. Der edle Sprachduktus des Gedichts kontrastiert mit den unedlen Schimpfworten, die jedoch nur in der Vorstellung des Lesers evoziert werden und die das Ich – in der Rede des zum »Zwillings-Nymphen-Paar« mythisierten Fichtenbaums – sich selbst verbietet. Doch entlastet der aggressive Impuls der Jagd auf die kleinen Störenfriede auch vom feierlichen Pathos des Kunstgenusses; anarchische Impulse siegen über die zivilisierte Ruhe der Lesehaltung. Das Gedicht entfaltet so eine Komik, die nach Michail Bachtin dann entsteht, wenn die Bedürfnisse oder Bedrängnisse der Leiblichkeit über den hohen Flug der Gedanken siegen. In Frage steht damit die Opposition Natur, Natürlichkeit versus Kunst. Mit den getöteten Schnaken werden auch die Relikte des Alltäglich-Banalen für die Zukunft aufbewahrt und dienen als Merkzeichen der Erinnerung.

Literatur

Graevenitz, Gerhard von: Eduard Mörike. Die Kunst der Sünde. Zur Geschichte des literarischen Individuums. Tübingen 1978, S. 213–215. – HEYDEBRAND, S. 226–230.

Inge Wild

An Longus

In einem Brief an Wilhelm Hartlaub vom 24. November 1841 erwähnt M. »das *Sehr*-Stück [...], welches soeben abgeschlossen wurde« (HKA 13, S. 222). Die Epistel ging wohl zusammen mit einer ersten Fassung des Gedichts *Die Christblume* am 26. November an Hartlaub (ebd., S. 580f.); am 3./4. Dezember wurde noch ein »Zusatz zu der Epistel an Longus« zusammen mit den beiden weiteren Vierzeilern »*Auf eine Christblume* (N° 2.)« geschickt (ebd., S. 225f.). In ihrem Kontrast von hohem lyrischen Ton und satirischer Spottrede zeigen die beiden Gedichte Gegenpole von M.s Kreativität. Die *Epistel. An Longus* wurde 1847 im *Norddeutschen Jahrbuch für Poesie und Prosa* publiziert und erschien ab A[2] unter dem Titel *An Longus*; für A[3] fügte M. einen Vers hinzu (V. 61) und erweiterte eine Passage von zwei auf vier Verse (V. 85–88). Von den nahezu 20 Episteln M.s hat *An Longus* die meiste Beachtung gefunden. Über den Adressaten des Gedichts sowie das Vorbild für den ›Sehrmann‹ wurde mehrfach spekuliert (HEYDEBRAND,

S. 102; Rückert, S. 118–120). Mit der Mystifikation des Adressaten greift M. auf den antiken Charakter der Epistel zurück, die im Gegensatz zum privaten Brief an ein öffentliches Publikum gerichtet ist. Für die Tradition von Briefen in Versen sind insbesondere die Episteln des Horaz Orientierungsmuster; der satirische Charakter des Gedichts ist bei Horaz und Catull vorgeformt (Rückert, S. 123; Storz, S. 317). In stilisiertem Erzählton, gebunden im Versmaß des jambischen Trimeters, entfaltet die Epistel eine Typologie des ›Sehrmanns‹ und weist im Umfeld des Epithetons ›sehr‹ »eine erstaunliche Vielfalt an Wortschöpfungen und Verbalparodien auf« (M. Mayer, S. 67). Die zu Beginn als »Widerwarten« apostrophierten Typen werden im Weiteren aufgefächert; mit Beispielen aus verschiedenen sozialen Schichten bietet das Gedicht ein Panoptikum gesellschaftlicher Eitelkeiten, pervertierter »Tugend« (V. 43) und »Großmuth« (V. 58). Die Strophen 2 und 3 zeigen ein aufgeputztes Paar; die auffälligen Männlichkeitsattribute des jungen Mannes, »Schnurrbartsbewußtsein« und »glattgespannter Hosen Sicherheitsgefühl«, sind zugleich Beispiele für die satirische Kompositabildung des Vormärz (Sengle, Bd. 1, S. 487). Die vierte Strophe gilt dem argwöhnischen »Principal« und weiblicher Koketterie. Der Eitelkeit eines jungen Geistlichen, spöttisch als »Männchen« bezeichnet, der mit kriegerisch-patriotischen Gefühlen ebenso spielt wie mit der Bewunderung der jungen Damen, ist die fünfte Strophe gewidmet. In disparater Zusammenfügung werden in der sechsten Strophe der Burschenschafter, der Leutnant, der ›hochgesinnt‹ ein Duell vermeidet, und mit besonderer Schärfe der Rezensent als »großer Sehrmann, Sehr-Sehrmann« verspottet. Die letzte lange Strophe enttarnt die ›Sehrhaftigkeit‹ als allgemein-menschliches und damit geschlechtsübergreifendes Verhaltensmuster (»es sei / Mann oder Weib«). In der Stilhaltung satirischer Übertreibung steigert sich der Sprecher in seiner Schimpfrede bis zur Verfluchung der ›Sehrmänner‹. Am Schluss mildert sich der zornige Überschwang zur Apotheose des hellgelockten Engels, der die Pforte des Paradieses bewacht und den »Sehrmann« auf den Weg zur Hölle schickt: »schwänzelt ungesäumt der Hölle zu«; damit siegt endgültig das Lachen über den zuvor entfachten Zorn.

Die Epistel zeigt in lyrischer Zuspitzung ein durchgängiges poetisches und privates Thema M.s; der Begriff des ›Sehrmanns‹ gehört zu seinem satirischen Standardrepertoire, er wird »nach der poetischen Etablierung in den privaten Sprachgebrauch zurückgeführt« (Rheinwald, S. 216). Wie vielen kritischen Zeitgenossen erscheint auch M. die Hypokrisie als ›Krankheit‹ des 19. Jh.s. Heuchelei und Selbstgefälligkeit werden zum typischen Verhaltensmuster einer Gesellschaft, deren soziale Grenzziehungen sich wandeln. Das Panoptikum der ›Sehrmänner‹ spiegelt das Problem des Selbstwertgefühls, das nicht mehr institutionell oder durch Geburt gegeben ist, sondern individuell abgesichert werden muss. In einer mentalitätsgeschichtlich fundierten Deutung liest Oesterle das Gedicht als Antwort M.s auf die modernen Wandlungsprozesse insbesondere der städtischen Selbstrepräsentation. Gerade in ihrer antiquierten Form werde die Epistel zum Medium einer »Ästhetik der Notwehr« gegen Verlust- und Entfremdungserfahrungen der Moderne (Oesterle); die Derbheit des Spottes trete in produktiven Kontrast zu dem im Bild des Engels nochmals heraufbeschworenen Ideal klassischer Anmut.

Literatur

Heydebrand, S. 101 f. – M. Mayer, S. 67 f. – Oesterle, Günter: Die Grazie und ihre modernen Widersacher. Soziale Verhaltensnormierung und poetische Polemik in Eduard Mörikes Epistel *An Longus*. In: Braungart / Simon. – Rheinwald, S. 213–217. – Rückert, S. 118–155. – Storz, S. 316 f.

Inge Wild

Auf eine Christblume

Am 26. November 1841 schickte M. *Auf eine Christblume I* »noch ganz warm von der Entstehung weg« an Wilhelm Hartlaub mit der Randnotiz: »Hälst Dus für gut so kann ich zwischen die lezte und vorlezte Strophe noch eine einschieben. Bis jezt schien mirs aber so recht«

(HKA 13, S. 223, 225). Vermutlich lag in diesem Gedanken der ›Keim‹ für das zweite Stück, das mit dem Brief vom 3.–4. Dezember 1841 an Hartlaub geschickt wurde (HKA 13, S. 225). Im Erstdruck im *Morgenblatt für gebildete Leser* vom 26. Januar 1842 trägt das Stück I den Titel *Die Christblume*, das Stück II den späteren gemeinsamen Titel *Auf eine Christblume*. In *Auf eine Christblume I* greift M. auf eine barocke Kirchenliedstrophe zurück, in der jeweils ein männliches Reimpaar auf ein weibliches antwortet. Die fünffüßigen Jamben werden im Auftakt oft durch schwebende Betonungen, im antikisierenden Eingangsvers choriambisch überspielt. In dem umarmenden Reim des zweiten Teils, der ebenfalls eine Kirchenliedstrophe aus dem Barock verwendet, jeweils mit männlichen Kadenzen in den Versen 1 und 4 und weiblichen in den Versen 2 und 3, ist das ›Umkreisen‹ der Christblume durch den Schmetterling, d.h. des weiblichen Prinzips durch das männliche, nachgebildet (Browning, S. 208). Das ebenfalls fünffüßige, jetzt aber trochäische Metrum wird wie im ersten Teil durch schwebende Betonungen überspielt. M.s Brief an Hartlaub vom 29. Oktober 1841 gewährt in besonderer Weise Einblick in den Vorgang der Gedichtentstehung bei M. und deren Zusammenhang mit einem Anlass. So entdeckte M. die »lang von mir gesuchte, unbekannte« in Wirklichkeit nicht »im fremden Kirchhof«, sondern »auf einem andern, mir gleichfalls bekannten, Grabe« (HKA 13, S. 218). Eine »Lilienverwandte« im botanischen Sinne ist weder der *helleborus hiemalis*, für den M. seinen Fund irrtümlicherweise hielt, noch der tatsächlich entdeckte *helleborus niger*; jedoch gehören beide dem »Kultus der Jungfrau Maria und der ikonographischen Tradition der Verkündigung des Engels zu« (Borchmeyer, S. 149). Die Erfahrung der Begebenheit selbst ist bereits literarisch vorgeprägt und wird im Zuge des von ihr ausgelösten kreativen Prozesses samt den botanischen Fakten (um-)gestaltet und »in einen Symbolraum übertragen, der ihnen ungeahnte semantische Facetten verleiht« (ebd., S. 147).

Ein zentrales Thema von *Auf eine Christblume* ist die Auferstehung bzw. die ›religiöse Paradoxie‹, »daß erst durch den Tod das wahre Leben zu erlangen ist« (Borchmeyer, S. 148). In der christlichen Tradition ist die Christrose ein Symbol des ewigen Lebens und wird häufig in Grabkränzen oder als Weihnachtsschmuck verwendet (Browning, S. 201). Da sie aber nicht, wie vom Sprecher vermutet, an einem christlich durchwirkten Platz bei dem ›frommen Reh‹ und der »Kapelle, am krystall'nen Teich« wächst, sondern auf dem »Kirchhof, öd' und winterlich«, zu dem sie im Kontrast steht, öffnet sie sich für weitere Bedeutungen. Die Charakterisierung der Christblume als »Kind des Mondes« bereitet den Übergang zur Sphäre des Numinosen in dem Vergleich »So duftete [...] / Der benedeiten Mutter Brautgewand« vor. Die Suche nach Hinweisen auf das Übernatürliche in der Natur ist »ganz biedermeierchristlich« (Sengle, Bd. 3, S. 731). Das Fehlen der »fünf Purpurtropfen« bewahrt die Blume jedoch davor, zur bloßen Allegorie für das »heil'ge Leiden« zu werden. Die Christblume verbindet aber nicht nur Tod und Leben, sie vermittelt auch zwischen christlicher Mythologie und dem mit dem Elfen evozierten Feenreich. Da sie ohne Seele sind, bedürfen diese Wesen nicht der Erlösung, wünschen sich jedoch nichts sehnlicher. Dennoch fürchten sie das Kreuz und den Namen Jesu, der sich im »Wohlgeruch« der Blume »nur kaum verkündet«, so dass der Elfe zwar zunächst von der Christblume angezogen wird, dann aber doch ›vorbeihuscht‹ (Browning, S. 206). Für das in der ersten Strophe von *Auf eine Christblume II* gestaltete Problem der Ungleichzeitigkeit von winterlicher Blume und Schmetterling bietet M. in der zweiten eine ›lyrische Hypothese‹ (Borchmeyer, S. 150). Die »Transzendierung seiner naturhaften Existenzform« könnte dem Schmetterling als ›zartem Geist‹ die »Annäherung an das geistige Wesen des Christentums« ermöglichen (Schwarz, S. 210); das Christlich-Apollinische und das Naturhaft-Dionysische, das Mondartig-Weibliche und der sonnenhaft-männliche Eros kommen zusammen (Borchmeyer, S. 151). Die »subtile Erotik des Christlich-Spirituellen« klingt schon in der Apostrophe »o Schöne« an sowie in dem bereits zitierten Brief vom 26. November: »So reizend fremd sah sie mich an, sehnsucht-erregend!« M.s Sprachgeste, die »außerordentlich häufige, vielfältig variierte und auffällig rhythmisch komponierte Anrede an die Blume [...] von dem: ›du Lilienverwandte‹ des ersten Verses bis zum ›dich Blühende‹ des letzten« ist »immer zart, immer zurückhaltend« (BARNOUW, S. 251).

Literatur

BARNOUW, S. 244–266. – Borchmeyer, Dieter: Mörikes erotische Mystik: *Auf eine Christblume*. In: MAYER: INTERPRETATIONEN, S. 145–153. – Böschenstein, Bernhard: Mörikes Gedicht *Auf eine Christblume*. In: Euphorion 56/4 (1962), S. 345–364. – Browning, Robert M.: Mörikes *Auf eine Christblume*. In: The Germanic Review 42 (1967), S. 197–214. – Schwarz, Peter Paul: Transzendierung der Realität in Mörikes Gedichten *Gesang zu Zweien in der Nacht* und *Auf eine Christblume*. In: Sprachkurs 5 (1974), S. 196–210.

Simone Weckler

An Wilhelm Hartlaub / Ländliche Kurzweil. An Constanze Hartlaub

An Wilhelm Hartlaub entstand vor dem 10. April 1842; M. schickte es an diesem Tag an den Freund: »Das Dir Gewidmete aber wirst Du in brüderlicher Liebe aufnehmen; es ist nichts Gefärbtes darin. Nun hätten wir zugleich zwei Gegenstücke zur Erinnerung an die Abende in Deinem u. in meinem Haus, wovon jedes etwas Charakteristisches enthält« (HKA 14, S. 36). Hartlaub dankt im Antwortbrief vom 19. April für »sämtliche Beilagen« und »namentlich für eine!«, womit offenbar das Widmungsgedicht gemeint ist (ebd., S. 392). Das ›Gegenstück‹, *Ländliche Kurzweil*, mit dem handschriftlichen Titel *Klepperfelder Idylle. An Constanze Hartlaub (Lettres à la graine de pavot)* in Cleversulzbach lokalisiert, entstand 1842, möglicherweise bereits Ende 1841. Ob es ebenfalls dem Brief beilag oder bereits früher übermittelt wurde, ist nicht klar. Beide Gedichte wurden, immer nebeneinander gestellt, zuerst 1843 im *Jahrbuch für Kunst und Poesie* gedruckt, wobei wie auch in A[1] *Ländliche Kurzweil* die erste Stelle einnimmt; in A[3] und A[4] rückt es nach *An Wilhelm Hartlaub* an die zweite Stelle und wird zudem um zwölf Verse gekürzt.

Das Gedicht *An Wilhelm Hartlaub* besteht aus fünf Strophen unterschiedlicher Länge; die paargereimten Verse haben zumeist eine männliche Kadenz. Durch den fünffüßigen Jambus, der nur in den Versen 11, 18 und 29 um einen sechsten Versfuß erweitert wird, entsteht ein regelmäßiger Erzählduktus. Storz spricht von der »gelösten Ruhe des Gedichtes«; sie passe »zu dem Hören auf Musik, das seinen Inhalt ausmacht« (STORZ, S. 334). Der von M. früh gepflegte Freundschaftskult hat im Falle Hartlaubs den Charakter einer Lebensbeziehung; im Widmungsgedicht wird das vertraute Zusammensein beider Freunde zu einem suggestiven Vorstellungsbild (vgl. dazu FLIEGNER, S. 78–80). In der Wahrnehmung des Klavier spielenden Freundes zeichnet M. seine eigene Gefährdung durch genialische Schöpferkraft nach (»Traumgewühl der Melodie'n«, »an schwarzen Gründen«). In der zweiten Strophe erzeugen die Töne eine in schönen Bildern ästhetisch ausgeformte kosmische Untergangsvision, während sich in der dritten Strophe ein neuer Schöpfungsakt ereignet und das Licht sich von der Nacht trennt. Die in M.s Gedichten nicht selten ausgesprochene Gefahr des Selbstverlustes wird hier in einer Haltung der Empathie auf den Freund projiziert: »Zuletzt warst du es selbst, in den ich mich verlor«. In der vierten Strophe »entspringt eine starke, innere Bewegung« aus der »leiblichen Gegenwart des Freundes«; formal stimmig beschleunigt sich jetzt der bis dahin ebenmäßige Gang des Verses (STORZ, S. 335). Im Freunde sieht M. sich selbst und mit dem Freund wird er aus den Gefährdungen der Kunst zurückgeholt in die Sicherheit des familiären Alltags, den »sozialen Nahbereich, dessen bergende Verläßlichkeit für Mörike lebensnotwendig ist« (Braungart, S. 223). Die genialische und individuelle Musik des Freundes verklingt im einfachen »Nachtgeläut'« des Kirchturms, also in den Signalen einer vertrauten christlichen Gemeinschaftskultur; Klavierspieler und stiller Zuhörer treten in einen geselligen Familienkreis ein. Diese Einbindung findet ihren adäquaten Ausdruck in der vierzeiligen Schlussstrophe, die an Kirchenliedstrophen erinnert. Das Gedicht thematisiert den für M. typischen Augenblick blitzartiger Erkenntnis, woraus auch die besondere Rührung des Beobachters und

Zuhörers resultiert: »Mein Herz durchzückt' mit Eins ein Freudenstrahl: / Dein ganzer Werth erschien mir auf einmal.« Der eine Freund hat sich im Klavierspiel mitgeteilt, der andere antwortet in seinem Medium, der Poesie. Das Gedicht suggeriert, dass das Ich im Moment der inneren Bewegung stumm war und sich dem Freunde erst später, eben im Gedicht, mitteilen konnte.

Die exklusive Kommunikation zweier Freunde ist in *Ländliche Kurzweil* zum familiären Gespräch erweitert. Das reimlose Gedicht in vierhebigen Trochäen mit freiem Wechsel von männlichen und weiblichen Endungen hat einen deutlich antikisierenden Ton: »Reinliche Gefäße vor sich / Eiferten die guten Frauen, / Wer des vielkörnigen Mohnes / Größern Haufen vor sich bringe«. In humoristischem Kontrast dazu stehen nachlässig-verkürzte Rede und idiomatische Wendungen; durch diese Stilmischung ist die kleine Welt einer ländlichen Idylle – »ländlich sittlich« (V. 68) – zugleich vertraut und in eine ästhetische Distanz gerückt. Der topische, umgrenzte und friedvolle Raum der Idylle wird zu einem biedermeierlichen Genrebild ausgeformt. Am runden Tisch, »um die Lampe«, ist ein geselliger Freundeskreis versammelt. In gängiger Rollenverteilung klopfen die Frauen Mohn aus, der Dichter und Erzähler liest in den »Haller Jahresheften« (gemeint sind die *Hallischen Jahrbücher*). Es entwickelt sich ein mutwilliges Geplänkel zwischen Schwester und Bruder; mit der Benennung »meine Schwester Clärchen« gibt sich der Erzähler als autobiographisches Ich zu erkennen. Das Gedicht entfaltet ein eigenwilliges und mitunter verwirrendes Gedankenspiel. Die Schwester erzählt, der Bruder habe eine Münze in einer Mohnkapsel versteckt, um Reichtum zu gewinnen, und setzt ihn so dem Spott der Freundesrunde aus. In seiner Verteidigungsrede erklärt er dem Gast sein Verhalten aus einem Volksbrauch; das glückbringende Einnähen eines Geldstückes in die Tasche eines neuen Rockes habe er mit einer Mohnkapsel erprobt, doch sei dies ein »Orakel« auf die Ankunft des Gastes gewesen. Im Epitheton »Wunderfrucht« (V. 45) zeigt sich der Gegensatz der poetisch-romantischen Wirklichkeitswahrnehmung zum realistischen Alltagsverstand. Nach dem abschätzigen Urteil der vernünftigen Schwester ist der Bruder kein »Capitalist«, sondern ein Phantast und erweist sich als untüchtig in den Alltagsgeschäften. Man kann davon ausgehen, dass mit »ein holder Gast« Konstanze Hartlaub angesprochen ist; dass die »Freundin« aus der »Ferne« kommt und ihr die schwäbische Sitte des Münzeneinnähens erklärt werden muss, mag eine Anspielung darauf sein, dass Konstanze Hartlaub ihre Kindheit und Mädchenzeit in München verbracht hatte. Beide Gedichte sind ein poetischer Ausdruck der in vielen Jahren nie versiegenden Freundschaft und Gastfreundschaft beider Familien; sie zeigen zugleich die wachsende Neigung M.s, private Lebensverhältnisse und Beziehungsformen im öffentlichen Forum zu präsentieren.

Literatur

An Wilhelm Hartlaub: Braungart, Wolfgang: Joli gratuliert. Eduard Mörike und sein Hund. In: Huber, Martin; Lauer, Gerhard (Hg.): Nach der Sozialgeschichte. Konzepte für eine Literaturwissenschaft zwischen Historischer Anthropologie, Kulturgeschichte und Medientheorie. Tübingen 2000, S. 221–232. – FLIEGNER, S. 78–80. – HEYDEBRAND, S. 152, 231. – STORZ, S. 334–336. – *Ländliche Kurzweil*: HEYDEBRAND, S. 66–72, 152, 224 f.

Inge Wild

Die schöne Buche

M. verfasste dieses Gedicht im Sommer 1842 und schickte es am 29. August – ohne Titel und ohne jeglichen Kommentar – an seinen Freund Wilhelm Hartlaub (HKA 14, S. 58). In der Handschrift, die ansonsten nur geringfügig von der endgültigen Fassung abweicht, fehlen allerdings noch die späteren Verse 13 und 14. 1847 wurde *Die schöne Buche* im *Norddeutschen Jahrbuch für Poesie und Prosa* erstmals veröffentlicht. Für die Publikation in A[2] fügte M. dann die beiden erwähnten Verse hinzu. Das Gedicht ist in Distichen geschrieben, also in einer jener antiken Formen, die M. seit der zweiten Hälfte der dreißiger Jahre mit Vorliebe verwendete. Die 15 Distichen, die der Text insgesamt umfasst, gliedern sich deutlich in zwei Teile, deren Trennung schon äußerlich durch den Gedankenstrich vor Vers 15 signalisiert wird. Der erste Abschnitt steht im Präsens und liefert eine abgerundete Schilderung der ›schönen Buche‹ und ihrer Umgebung. Das lyrische Ich hält sich hier noch sehr zurück – es nennt sich nur im ersten und im letzten Vers dieses Teils explizit –, doch die Subjektivität seiner Perspektive macht sich in zahlreichen Wertungen und Metaphern geltend, wenn beispielsweise die Blätter der Buche als »seidene[r] Schmuck« bezeichnet werden. Als Grundmuster der Beschreibung dient das Kreismotiv, denn der Naturraum baut sich in konzentrischen Kreisen um die Buche herum auf: Von innen nach außen fortschreitend, werden das »Gezweig«, das Rasenrund, das »Gebüsch« und die »hochstämmige[n] Bäume« genannt. Von der Buche im Zentrum scheint eine geradezu magische Kraft auszugehen, die nicht nur die harmonische Ordnung dieses Bezirks stiftet, sondern auch jedem der genannten Elemente eine bestimmte Aufgabe zuweist: Der »Rasen« hat das Auge des Betrachters »still zu erquicken«, das Gebüsch »umkränzet« das »liebliche Rund«, die umstehenden Bäume »wehren dem himmlischen Blau«. Neben der Dominanz des Kreismotivs lassen sich in dieser Partie noch weitere Merkmale ausmachen, die den Text mit der Gattung der Idylle verbinden. Auffallend ist das Vorherrschen des Räumlich-Zuständlichen – M. selbst nannte das ganze Gedicht einmal ein »Naturbild in Distichen« (HKA 14, S. 76) –, ebenso die Überschaubarkeit des geschilderten Platzes, vor allem aber seine beinahe hermetische Abgeschlossenheit, die durch die Nennung des Ausgegrenzten, Außenliegenden (freier Himmel, offenes Feld) noch betont wird. Herausgestellt wird ferner die Naturhaftigkeit dieses Bezirks, der trotzdem in seiner schönen Ordnung jedes Kunstwerk übertrifft. Vergleicht man das Gedicht allerdings mit dem realen Urbild der schönen Buche in der Nähe von Cleversulzbach, das M. in einem früheren Brief an Hartlaub schildert (HKA 12, S. 197), so zeigt sich, dass sich gerade der kreisförmige Aufbau und die Abgeschlossenheit des Naturorts einzig dem Gestaltungswillen des Künstlers verdanken: Das ›Naturschöne‹ erweist sich als poetische Konstruktion.

Der zweite Abschnitt wechselt ins Präteritum und schildert rückblickend, wie der Sprecher mit diesem »Plätzchen« im Wald bekannt geworden ist. Mehrere Elemente der vorangegangenen Beschreibung werden dabei wieder aufgegriffen, doch geht der Blick diesmal, der Bewegung des Besuchers folgend, von außen nach innen. Wichtiger ist aber die Stilisierung, die der Platz jetzt erfährt: Der idyllische Naturraum verwandelt sich in einen sakralen Bezirk, in den »Hain« einer »Gottheit«, erfüllt von »dämonischer Stille«, wobei das Wort »dämonisch« nicht negativ konnotiert ist, sondern auf die Nähe numinoser Kräfte hindeutet. Nicht zufällig lernt das lyrische Ich diesen »Hain« gerade »um die hohe Stunde des Mittags« kennen, die der antike Mythos mit dem Gott Pan in Verbindung bringt und in der das Licht der »feurig strahlende[n] Sonne« zudem einen weiteren Ring um den »beschatteten Kreis« unter den Zweigen der Buche legt. Die auf diese Weise einmal mehr akzentuierte Abgeschlossenheit des Ortes gewinnt im zweiten Teil des Gedichts eine neue und vertiefte Bedeutung, denn sie erscheint nun als Abgrenzung der sakralen Sphäre vom profanen Bereich. Während das freie »Feld« allgemein zugänglich ist, öffnet sich der Platz der schönen Buche nur dem Auserwählten: Der Sprecher hat ihn keineswegs zielstrebig aufgesucht, sondern wurde von seiner »Gottheit«, dem *genius loci*, dort ›eingeführt‹. Der sakralen Würde des Ortes entspricht das andächtige Verhalten des Ichs, das den »Hain« mit Ehrfurcht, Staunen und Entzücken betritt und, in seinem Mittelpunkt angekommen, eine mystische Verzauberung erlebt: Das durch einen kühnen Zeilensprung (»Zauber- / Gürtel«) zusätzlich hervorgehobene abschließende Distichon beschreibt, wie der Besucher vollkommen mit der »Einsamkeit« des Naturheiligtums verschmilzt. In dem Nacheinander der beiden Gedichtteile drückt sich eine deutliche Steigerung aus, die sich insbesondere in der zunehmenden Sakralisierung des Raumes zeigt und im Ausruf des Schlussdistichons kulminiert. Allerdings bildet das im zweiten Abschnitt beschriebene Erlebnis wiederum die Voraussetzung dafür, dass das lyrische Ich den Bezirk der Buche im ersten Teil angemessen schildern und in seiner natürlichkunstvollen Ordnung erfassen kann. Nur die mystische Erfahrung, die es zu einem früheren Zeitpunkt in der Vereinigung mit dem ›Geist‹ des Ortes gemacht hat, berechtigt es dazu, sich schon im ersten Vers als Eingeweihter vorzustellen: »Ganz verborgen im Wald kenn' ich ein Plätzchen«. Insofern vermittelt das Gedicht zugleich eine implizite poetologische Reflexion über seine eigene Entstehung, ja sogar über die Genese eines gelungenen Naturgedichts überhaupt.

Literatur

BARNOUW, S. 137–149. – Wiedemann, Barbara: »Ganz verborgen« – Kunstvolle Kunstlosigkeit. In: MAYER: INTERPRETATIONEN, S. 131–143. – Ziolkowski, Theodore: Mörikes Gedicht *Die schöne Buche*: eine Baum-Meditation. In: Beiträge zur schwäbischen Literatur- und Geistesgeschichte 3 (1985), S. 75–91.

Ulrich Kittstein

Auf ein Ei geschrieben

Das Gedicht entstand spätestens zum 1. Mai 1844; mit der Überschrift *Auf einem Ei. Zum 1. Mai* findet es sich in einem handschriftlichen, in rotes Leder gebundenen Sammelband mit Gedichten M.s, den Wilhelm Hartlaub für Klara M. zu ihrem Geburtstag am 10. Dezember 1844 anfertigte. Mit dem Titel *Auf ein Ei geschrieben* wurde das Gedicht zuerst in A² publiziert; in A³ und A⁴ erschien es mit nur unwesentlichen orthographischen Varianten. Die erste Strophe besteht aus zehn paargereimten Versen in vierhebigen Trochäen; nach dem Wechsel von jeweils paarweise männlicher, weiblicher und wiederum männlicher Kadenz in den Versen 1–6 klingen die letzten vier Verse weiblich aus. Es folgen zwei vierzeilige Liedstrophen in vierhebigen Trochäen mit Kreuzreim und alternierend weiblicher und männlicher Kadenz. Durch dieses wechselvolle Spiel mit Reimgruppen sowie stumpfen und klingenden Kadenzen erhält das Gedicht einen lebhaft-munteren Ton mündlicher Rede, der zugleich im vierfüßigen Trochäus wirkungsvoll gebunden ist.

Das Gedicht beginnt mit der humorvollen Schilderung einer Alltagssituation, stellt eine philosophische Frage und bietet zum Abschluss – ebenfalls in scherzhaftem Ton – eine Lösung an. Frage und Lösung sind im Reimschema von der Ausgangssituation abgesetzt und in den beiden formal gleich gebauten Vierzeilern zusammengefügt. Ausgehend vom Privaten und in erzählendem Ton, durchsetzt mit regionalen Spracheigentümlichkeiten und den Wiederholungen alltäglichen Sprechens (»mich thät's gaudiren«, »thät es mich kitzeln«), präsentiert das Gedicht so eine kleine philosophische Abhandlung um ein altes logisches (Schein-)problem, das abschließend in liebevoll-ironischem Ton wieder an das Private und Persönliche zurückgebunden wird; mit dem Ei wird zugleich eine scherzhafte Belehrung übermittelt. Mit »Schatz« wird eine vertraute weibliche Person oder auch ein Kind direkt angeredet; das Scherzgedicht gehört somit in den Kontext von M.s geselliger Familien- und Freundschaftskultur. Neben der Schwester Klara wäre eine mögliche Adressatin auch Agnes, die Tochter der engen Freunde Wilhelm und Konstanze Hartlaub, zu der M. eine besonders herzliche Beziehung hatte. Die Einfachheit der Bildersprache und des Argumentationsgangs lassen das Gedicht für kindliche Rezeption besonders geeignet erscheinen.

Der Spott auf die »Sophisten und die Pfaffen« suggeriert, dass ein Problem erst erschaffen wird, das dem Alltagsverstand gar nicht als solches erscheint. Der philosophische Streit wird in der humorvollen Lakonie des Gedichts klar entschieden: Das Ei war zuerst da. Die Scheinlösung eines Scheinproblems wird dadurch ins Komische gewendet, dass neben Henne und Ei mit dem Hasen ein dritter Akteur erscheint. So steht die Logik einer philosophischen Streitfrage den anderen Denkmustern eines volkstümlichen Brauchtums gegenüber; aus dieser Inkongruenz resultiert die Komik. Auf einer anderen Ebene wird die Lösung eines abstrakten Problems im poetischen Akt der Verfertigung des Gedichts vorgeführt. Das Gedicht ist ein ebenso gelungenes Produkt wie das Ei, auf das es geschrieben ist, und ebenso wie dieses ein Geschenk an den »Schatz«. Somit leistet dieses Gedicht, das in der Forschung allenfalls kurze Erwähnung findet, auf leichte und scherzhafte Weise die für M.s Gelegenheitsdichtung typische Verbindung von Alltäglichem und Poetischem, die gleichzeitig durch die Publikation in den Sammlungen einem größeren Publikum zugänglich gemacht wird.

Inge Wild

Der Petrefaktensammler. An zwei Freundinnen

Das Gedicht entstand vor dem 9. März 1845 (HKA 14, S. 328) und wurde erstmals 1847 im *Norddeutschen Jahrbuch für Poesie und Prosa* gedruckt. Eine handschriftliche Fassung hat M. in die von Wilhelm Hartlaub 1844 für Klara M. angefertigte Sammlung *Entrochiten oder gelegentliche Scherze und andre Reime* eingetragen und mit dem Datum 12. März 1845 versehen (Krummacher, S. 321, 330). In leicht veränderter Form nahm er das Gedicht dann in A^2 auf. Im Erstdruck trägt es die Widmung *An Lotte und Clärchen*. Charlotte Krehl, eine Verwandte M.s, war eine seiner wichtigsten Partnerinnen bei der Beschäftigung mit Versteinerungen, die M. nach seiner Pensionierung 1843 intensiv und wissenschaftlich betrieb (Wolf, S. 142–151). Der unmittelbare biographische Hintergrund für das nicht zuletzt auch selbstironisch-humoristische Gedicht ist ein Aufenthalt M.s in Nürtingen 1844, bei dem er zusammen mit Charlotte Krehl Versteinerungen sammelte. Im Gedicht sind verschiedene biographische Momente kombiniert: Von einem Gewittererlebnis beim Steineklopfen ist in einem wenig später geschriebenen Brief die Rede (HKA 14, S. 172), von Petrefakten-«Kurzweil» während eines Spaziergangs mit »Clärchen« und »Lottchen« berichtet ein Brief vom 23. Juli 1844 (ebd., S. 165f.). Neben *Göttliche Reminiscenz* ist *Der Petrefaktensammler* das zentrale poetische Zeugnis für M.s Interesse an der Vorzeit, das sowohl theologische als auch sozialgeschichtliche Dimensionen hat: Die Erkenntnisse der Geologie stehen in Konflikt mit der biblischen Schöpfungsgeschichte (Braungart), die Beschäftigung mit Versteinerungen ist eine wichtige gesellige Aktivität (FLIEGNER, Wolf).

M. verwendet mit den vierhebigen trochäischen Versen ein für heitere gesellige Lyrik häufig gebrauchtes Versmaß. Die Paarreime werden gelegentlich durch Kreuzreim oder umarmenden Reim unterbrochen; der signifikante letzte Vers reimt mit V. 37 und 42, wodurch drei zentrale Verse miteinander verbunden werden. Das Gedicht ist in zwei Versgruppen gegliedert; die Zäsur nach V. 37 markiert die Rückwendung des Ichs zur Fossilienarbeit auf allen Vieren. Eingangs wird eine Rokoko-Situation der heiteren Geselligkeit evoziert (vgl. Wild, I. u. R., S. 300f.), die durch die Erwähnung des Geologenhammers leicht gestört wird, der auf die Fossilienjagd vorausweist. Bei deren Darstellung wird durch die Verwendung der geologischen Terminologie ein Klangspiel erzeugt, das an Tendenzen der literarischen Moderne denken lässt. Abgelöst wird die Poesie der Versteinerungen durch die Ästhetik der Landschaft, die den Blick von der Erde hinauf zum Himmel, zum Rand der Alb und zu einem heraufziehenden Gewitter lenkt. Der letzte Abschnitt bringt die Rückwendung des Ichs zur Erde und ihren Schätzen, während den Gefährtinnen der Fernblick auf die Landschaft zugeteilt wird. Das Ich beharrt im letzten Vers darauf, dass auch die Beschäftigung mit den Versteinerungen eine ästhetische, genauer: eine poetische Qualität hat. Auf diese Schlusssentenz läuft das Gedicht zu, das zunächst aus dem Gegensatz zwischen dem Wühlen in der Erde und dem in romantischer Tradition stehenden Landschaftsbild lebt. Dieses Landschaftsbild wiederum steht im Kontext des Prioritätsstreits zwischen Malerei und Poesie, der im 18. Jh. durch Lessings Schrift *Laokoon Oder über die Grenzen der Malerei und Poesie* von 1766 eine neue Qualität gewonnen hatte. Lessings Verdikt über die Beschreibungsliteratur wird widersprochen: Das in Poesie gestaltete Landschaftsgemälde gipfelt in einem Blau (der romantischen Farbe schlechthin), das »nur ein Traum« so darstellen kann, doch »kein Maler tuschen mag«. In hintergründiger Weise wird im Schlussabschnitt der eigenen poetischen Leistung, die sich in einer sensibel ausgestalteten Landschaftsschilderung zeigte, die These entgegengesetzt, das Kriechen im Dreck sei »auch wohl Poesie«. Diese scheinbar harmlose Formulierung bekommt eine Tiefendimension, wenn man die Etymologie von Poesie (*poiesis*: ›Machen‹, ›Herstellen‹, ›Schöpfung‹) bedenkt und den Schlussvers von *Göttliche Reminiscenz* einbezieht; dort hält das Jesuskind eine Versteinerung in der Hand, schaut mit dem ›geologischen Blick‹ in »ew'ge Zeitenfernen« und betrachtet damit zugleich »sein eigen Werk«. Insofern handelt es sich bei der Regression in die Urzeit im *Petrefaktensammler* zugleich um ein Zurückgehen auf die Ursprünge der Schöpfung und um eine Poesie, die authentischer erscheint als die auf Visualität und träumerische Distanz zielende romantische Landschaftsauffassung. Das Gedicht ist somit durchaus mehr als nur ein biedermeierliches Programmgedicht (HEYDEBRAND, S. 160), und es erscheint unberechtigt, dass es zwar häufig erwähnt, bisher aber nicht eingehender interpretiert wurde.

Literatur

Braungart, Georg: Apokalypse in der Urzeit. Die Entdeckung der Tiefenzeit in der Geologie um 1800 und ihre literarischen Nachbeben. In: Leinsle, Ulrich G.; Mecke, Jochen (Hg.): Zeit-Zeitenwechsel-Endzeit. Regensburg 2000, S. 107–120. – FLIEGNER, S. 163–178. – HEYDEBRAND, S. 158–161. – Krummacher, Hans-Henrik: Zu Mörikes Gedichten. Ausgaben und Überlieferung. In: SchillerJb. 5 (1961), S. 267–344. – Wild, Inge; Wild, Reiner: Ein köstliches Liedchen. Rokoko-Elemente in der Lyrik Eduard Mörikes. In: Luserke, Matthias; Marx, Reiner; Wild, Reiner (Hg.): Literatur und Kultur des Rokoko. Göttingen 2001, S. 289–307. – Wolf, Thomas: Brüder, Geister und Fossilien. Eduard Mörikes Erfahrungen der Umwelt. Tübingen 2001, S. 115–165.

Georg Braungart

Götterwink

Entstanden ist dieses Gedicht 1845, die Erstpublikation erfolgte am 27. November 1846 im *Morgenblatt für gebildete Leser*; die späteren Gedichtsammlungen bringen nur geringfügige Varianten. Die Verse 13–16 wurden 1864 gesondert unter dem Titel *Josephine* publiziert.

In der Kombination von Versmaß (17 Distichen), Form (Elegie) und Gegenstand (Liebesthematik) sind Bezugsrahmen und Stellenwert des Gedichts vorgegeben: die erotische Elegie der Antike und ihre weitere Tradition. Die Verbindung von ruhig schreitendem Hexameter und ›gestautem‹ Pentameter wurde schon in der Antike genutzt zur poetischen Gestaltung von Antithetischem und Ambivalentem: Liebesglück und Angst vor Untreue, Freude und Trauer in der Erinnerung. Die Darstellung solcher Gefühlsmischungen impliziert immer schon Distanzierung. Im 18. Jh. werden die ›vermischten Gefühle‹ auch theoretisch gefasst; ihre Gestaltung gilt als ein Merkmal der Elegie.

Solche Mischungen bestimmen auch M.s Elegie. Grundlegende Redeform ist die Erzählung von Vergangenem, das verallgemeinernd ausgewertet wird (›Moral‹). Inhalt des Erzählten sind Erlebnisse eines von der Geliebten getrennten Liebhabers, seine Gedanken und vor allem Gefühle im nächtlichen Garten, in der Position des Ausgeschlossenen. Aber das Erlebte wird ab Vers 9 so vergegenwärtigt, dass der Eindruck von Gleichzeitigkeit entsteht durch Wiedergabe der Gedanken des Sprecher-Ichs, dann in der Anrede an die »feinen Gesellen«. Der schon in der antiken Dichtung reflektierte Widerspruch zwischen der Geheimhaltung genossener Liebe und deren Formulierung im Gedicht wird raffiniert umgangen: die Adressaten sind nur imaginiert, die Rede bleibt einsamer Monolog. Nur erinnert ist das Bild der Geliebten, schwebend zwischen Mädchen und Frau; nur vorgestellt ist ihre Wirkung auf ihre männliche Umgebung, gipfelnd in der Anrede »lüsterne Knaben«. In den Preis ihrer Schönheit sind, als erste Pointe, Hinweise verwoben, dass diese Liebe erfüllt ist. Überlegenheit, nicht Eifersucht bestimmt diese Rede. Ihr Effekt wird in überraschender zweiter Pointe erstaunlich deutlich und psychologisch präzise bestimmt als Erregung und Steigerung des eigenen Begehrens durch das – imaginierte – Begehren der anderen. Und ›vermischtes Gefühl‹ ist dieses Begehren ausdrücklich durch »kleinliche Sorge«. Die Selbstreflexion erreicht hier geradezu analytische Qualität. Nicht eine tatsächliche Begegnung mit der Geliebten beschließt die Elegie, sondern eine symbolisch-visionäre Vorwegnahme: Das Aufleuchten der Rose wird als göttliches Zeichen interpretiert, als Trost und als Verheißung nahen Liebesglücks. Und noch diese Klimax erfährt eine überraschende Wendung in der Schlusssentenz: die Begegnung mit dem Dämonischen wird als – ambivalente – Erschütterung erfahren, als ›Mischung‹ aus Freude und Erschrecken über Epiphanie und Aura des Göttlichen.

Die erotische Elegie ist 1845 keine lebendige Gattung mehr. Versmaß und Gedichtform sind ebenso Zitate wie das Mythologische, wie der vorgespielte erotische Hedonismus, wie die ›vermischten Gefühle‹: Zitate antiker erotischer Elegien (u. a. von Tibull, Properz, Anakreon), mit denen M. vertraut ist; aber auch Auseinandersetzung mit den Wiederbelebungsversuchen der Anakreontik (Klopstock, Göttinger Hain; Voß), nicht zuletzt mit Goethe (*Römische Elegien*). Nicht ›Echtheit des Ausdrucks‹ ist das Maß des Gelingens hier, sondern der artistisch souveräne Umgang mit dem Vorbildgebenden und Tradierten. In der Ausgestaltung der nächtlichen Szene, in der psychologischen Durchdringung der Gefühlslagen, besonders aber in der über das bloße Spiel hinausweisenden Schlusspointe, der Erschütterung durch das Dämonische, ist hier eine Synthese gelungen, die die Verbindung von Altem und Neuem in dieser Elegie als zwanglos erscheinen lässt. Solch produktive Aneignung der Form steigert das Spiel mit der Tradition zum Kunstwerk.

Jürgen Landwehr

Ach nur einmal noch im Leben!

Das erzählende Gedicht ist vor dem 4. August 1845 entstanden; an diesem Tag bedankt sich M. in einem Brief an Marie M. für die Übersendung von Versteinerungen und legt als Gegengabe das Gedicht bei. Gedruckt wurde es erstmals im Januar 1846 im *Morgenblatt für gebildete Leser*; seit A² erscheint es auch in M.s Gedichtsammlungen. Das im Metrum des Senars gehaltene Gedicht setzt mit einer Situationsbestimmung der Gegenwart ein, die das lyrische Subjekt dazu verleitet, sich seinen Erinnerungen hinzugeben. Sofort entsteht eine melancholische Stimmung der Spätzeitlichkeit: Der »Gartensaal« dient nicht mehr heiterer Geselligkeit (HEYDEBRAND, S. 84 ff.). Dennoch geht die Schönheit der Musik gerade aus diesem Niedergang hervor, aus »ungepflegter Spätherbst-Blumen-Einsamkeit«; M. greift zu diesem wenig poetischen Kompositum, um diese Spannung zur Sprache zu bringen. Zusammen mit der Äolsharfe lässt sich – ein starker Kontrast – die Wetterfahne hören. Und doch ist ihr ›Stöhnen‹ dem melancholisch-schönen Ton der Äolsharfe »nicht völlig unwerth«. Es ist nicht nur die synthetisierende Kraft des Subjekts, der es gelingt, das Disharmonische miteinander zu verbinden. Vielmehr evoziert schon diese Eingangsszene ein Kunstkonzept, das auch dem Übeltönenden etwas abzugewinnen vermag.

Der zweite, ungleich längere Teil des Gedichtes führt das lyrische Subjekt auf die Spur einer elegischen Erinnerung, in der sich diese Struktur der Verbindung von Disharmonischem und höchster musikalischer Schönheit wiederfindet. Der Garten gehört nicht mehr zur jetzigen Lebenswelt des lyrischen Subjekts, das aus ihm zwar nicht verstoßen ist, ihn aber doch verlassen musste (wobei es erlaubt ist, neben dem Paradies auch an M.s Cleversulzbacher Pfarrgarten zu denken). Das Quietschen der »rost'gen Angeln« weckt die »liebliche Erinnerung« an die Arie aus Mozarts Oper *Titus*. Freilich ist jenes »schönere Empfinden« Leistung der Erinnerung des Subjekts. So offenbar der Beginn der Arie auch den Wunsch des Sprechers, das Glück jener Musik und also jenes erhöhten Augenblicks in der Kunst wiederholen zu können. Zugleich wird die diesem Kunstgenuss zugeordnete, idyllische Lebenssphäre imaginiert, das gelingende Leben der Pfarrersfamilie mit Musik am Klavier, wohleingerichteter bürgerlicher Ordnung und gastlicher Geselligkeit. Unüberhörbar ist jedoch die ironische Brechung der Idylle. Das Gedicht berührt die Grenze sentimentaler Trivialität, um dann jeden Erinnerungskitsch zurückzuweisen. Das Vergangene ist nicht von vornherein das Bessere, auch wenn es »allen« vielleicht »besser dünkt«. Das Gedicht schließt mit der Imagination einer in die Zukunft gesetzten Erinnerung, in der die Gegenwart selbst als zurückgewünschte erscheinen mag. Der »Ackerblumenkranz«, also das Einfache, wird zum Zeichen respektvoller Erinnerung an die alte Gartentür und an das lyrische

Subjekt, die so noch einmal aufeinander bezogen werden. Erinnerung konstituiert Zusammenhänge zwischen Disparatem und Disharmonischem und stiftet so Sinn für eine (Lebens-)Geschichte, deren Signatur Verfall und Tod sind; sie schließt zugleich den »helle[n] Ackerblumenkranz«, das Glück des gelingenden Augenblicks, nicht aus. So kann *Ach nur einmal noch im Leben!* auch als ein Kommentar M.s zum Zusammenhang von Ästhetik und Geschichtsphilosophie verstanden werden.

Literatur

HEYDEBRAND, S. 84–89. – Kienzle, Michael; Mende, Dirk: Vergangenheit schlägt Gegenwart. Zu Mörikes *Ach nur einmal noch im Leben!* In: DU 31/2 (1979), S. 61–84.

Wolfgang Braungart

Göttliche Reminiscenz

Das Gedicht ist im Sommer 1845 entstanden; am 22. August schickte M. eine Abschrift an Wilhelm Hartlaub (HKA 14, S. 269). Vermutlich am gleichen Tag erhielt auch Margarethe Speeth eine Abschrift zusammen mit einer Versteinerung (Aley, S. 134–140); so kann das Gedicht auch als ein erstes Zeugnis von M.s Beziehung zu seiner späteren Frau gelesen werden. Nach der Erstveröffentlichung im *Morgenblatt für gebildete Leser* 1846 nahm M. es in A^2 auf. Besonders markante Veränderungen von der Urfassung bis zu einer Abschrift vom 11. Oktober 1845 sind die Einfügungen der Verse 13, 14 und vor allem 17; der griechische Wortlaut findet sich erst in A^2 (Aley, S. 137). Das antike Versmaß des Senars und das Kartäusermotiv verbinden *Göttliche Reminiscenz* mit den Gedichten *Dem Herrn Prior der Carthause J.* und *Besuch in der Carthause*. Kennzeichnend sind weiter intertextuelle Verweise auf die Bibel wie auf M.s Werk, zu dem auch seine Briefe gehören. Zudem verweist das Gedicht auf M.s eigene Sammlerleidenschaft.

Die fünfzeilige erste Strophe des zweistrophigen Gedichts bildet die Exposition. Es schließt sich die Beschreibung des Bildes an, wobei sich die Verse 6–17 dem Jesusknaben in seiner Umgebung und 18–21 der Übergabe der Versteinerung widmen, während 22–29 die Reaktion des Kindes in Form einer dichterischen Reflexion nachzeichnen. Mit einer komplexen Verschachtelung der Zeit- und Erinnerungsstufen setzt das Gedicht ein. Es beginnt in der Vergangenheit und mündet in der gegenwärtigen Erinnerung: »Vorlängst« sah der Wanderer in einem häufig besuchten Kartäuserkloster ein Bild, an das er sich jetzt »im Gebirge droben« inmitten von Felsen erinnert fühlt, so dass es lebendig vor sein inneres Auge tritt. Es folgt die Beschreibung des Gemäldes: Umgeben von Felsen sitzt das Jesuskind auf einem Vlies; ein alter Hirte reicht dem Kind eine Versteinerung, durch die es sich an »sein eigen Werk«, die Schöpfung, erinnert fühlt. Das Gedicht erhält so eine dreifache Rahmung: Das Anschauen der »Felsentrümmersaat« löst beim Sprecher die Erinnerung an ein Bild aus, das seinerseits auf eine Begebenheit aus dem Leben Jesu zurückgreift, in der sich das Kind als den Anfang der Schöpfung erkennt. Am Schluss zeigt es dem Leser und Betrachter »sein eigen Werk«, was zugleich als der im Bild festgehaltene Zustand anzusehen ist. So beschen löst M. das Bild in Handlung auf, indem er die Vorgeschichte rekonstruiert – verkompliziert wird diese These nur dadurch, dass das Bild mit großer Wahrscheinlichkeit der Phantasie des Dichters entsprungen ist.

Während Guardini in seiner Deutung insbesondere auf die religiösen Bezüge des Gedichts verweist und Aley sich auf die poetologischen Aspekte konzentriert, analysiert Frey M.s Suche nach einer unmittelbaren Sprache, die den Zeitenabstand zu überbrücken versteht. Das Gedicht sucht den Ursprung, der in den Petrefakten geborgen liegt und der in der gleichsam versteinerten Schrift des griechischen Zitats lesbar sowie im Gedicht selbst aktualisiert wird. Die neutestamentliche Vorstellung von der Erschaffung durch das Wort wird mit Mnemosyne, der antiken Göttin der Erinnerung, verbunden; so ergibt sich ein unendliches Spiel der Spiegelungen: Das Jesuskind erinnert sich an das Wort, das es selbst ist; dies wird, dem Kind selbst nicht bewusst, durch das Wort des Dichters offenbar, der es dem Leser als Werk entgegenstreckt. Mit dieser Geste des Entgegenstreckens öffnet sich das Gedicht auf den Leser hin, der explizit angesprochen wird; dadurch wird am auffälligsten die ›Zeitreise‹ des Gedichts vom griechischen Motto bis zur Gegenwart des Lesens markiert. Die poetologische Lesart des Gedichts wird auch dadurch bestätigt, dass M. es 1847 einem Brief an Dresdner Künstler beilegte (HKA 15, S. 579f.); darin bedauert er, nicht Maler geworden zu sein, demonstriert jedoch durch die Beilage gleichzeitig die Vorteile der Sprache und des Dichters: Dem statischen Bild, das alles gleichzeitig zu zeigen hat, hält er nicht allein die sprachliche Gestaltung entgegen, sondern setzt das im Bild Gezeigte in Handlung um, indem er eine Rahmenhandlung (re-)konstruiert, Verben durch Präfixe dynamisiert und mit der Mehrdeutigkeit der Sprache spielt. Im Titel verdichtet sich M.s Spiel mit der Sprache: Es bleibt offen, ob nicht die Erinnerung selbst vergöttlicht wird und somit der Poesie die Aufgabe zukommt, das Göttliche über die Zeiten hinweg zu vergegenwärtigen (HEYDEBRAND, S. 224). Die Erinnerung ließe sich also als ›seltsames Wunderding‹ verstehen, das vom Künstler »mit frischen Farben« verlebendigt wird und das religiöse Erlebnis ermöglicht.

Literatur

Aley, Peter: Eduard Mörikes künstlerisches Selbstverständnis im Spiegel seiner Gedichte *Die Elemente, Göttliche Reminiszenz* und *Neue Liebe*. Frankfurt a.M. 1970. – Frey, Eleonore: Poetik des Übergangs. Zu Mörikes Gedicht *Göttliche Reminiszenz*. Tübingen 1977. – Guardini, Romano: Gegenwart und Geheimnis. Eine Auslegung von fünf Gedichten Eduard Mörikes. Mit einigen Bemerkungen über das Interpretieren. Würzburg ²1962. – Heißenbüttel, Helmut: Was ist das Konkrete an einem Gedicht? Itzehoe 1969. – M. MAYER, S. 70–72.

Walter Putzer

Auf einer Wanderung

Mit dem Vermerk »Ein altes Stück zur guten Stunde verändert« legte M. das Gedicht dem Brief an die Familie Hartlaub vom 22. und 30. August 1845 bei (HKA 14, S. 728). Das ›alte Stück‹ war das 1841 entstandene Gedicht *Auf zwei Sängerinnen*, eine humorvolle Huldigung an seine Neuenstädter Verwandte Marie M. Aus dem mehrstrophigen erzählenden Gedicht wird jetzt die lyrische Rede eines Ich sagenden Sprechers; M. übernimmt eine Strophe, verändert sie leicht und fügt eine neue Strophe an. *Auf einer Wanderung* erschien erstmals 1846 im *Morgenblatt für gebildete Leser*; danach nahm M. es in seine Sammlung auf. Den Titel hat er noch ein zweites Mal für das wohl 1847 entstandene und 1858 gedruckte Gedicht mit der Anfangszeile »Ich habe Kreuz und Leiden« benutzt.

In seiner *Rede über Lyrik und Gesellschaft* nimmt Theodor W. Adorno *Auf einer Wanderung* als ein Beispiel für die Möglichkeit, Lyrik als »geschichtsphilosophische Sonnenuhr« zu verstehen (Adorno, S. 60); er rühmt M.s »geschichtsphilosophische[n] Takt« (S. 63) und stellt insbesondere die hohe Bewusstheit seines Dichtens heraus. Das Gedicht beginnt mit einer eher konventionellen Beschreibung des Eintritts in ein abendliches Städtchen; ihr schließt sich die Darstellung einer überraschenden sinnlichen Erfahrung an, die vornehmlich vom Hören ausgeht und zu einem synästhetischen, den Sprecher überwältigenden Erlebnis wird. Im sich steigernden Pathos vor allem der drei Schlussverse, mit dem dreimaligen anaphorischen »Daß«, den gehäuften Alliterationen, dem Parallelismus der beiden kurzen Verse und der ungewöhnlichen Wortstellung im letzten Vers findet diese Überwältigung ihren Ausdruck. Überraschung und Überwältigung sind zudem in der metrischen und rhythmischen Unruhe der Strophe und im unregelmäßigen Reimschema gestaltet. Die zweite Strophe ist der ersten durchaus ähnlich. Sie hat wie diese wechselnde Zeilenlängen; die Farben der ersten (golden, rot) werden aufgenommen, freilich auch gesteigert (purpurn); der Aussage des Ichs am Beginn folgt – im Blick zurück auf die Stadt – auch hier die Wiedergabe einer Wahrnehmung, der sich nun allerdings eine erneute Aussage des Ichs anschließt, die in einen Musenanruf mündet. Zugleich jedoch ist die zweite Strophe in der Reimfolge wie in der metrischen und rhythmischen Gestaltung deutlich geregelter und ruhiger. Auffällig sind im

Nacheinander der beiden Strophen die Zeitverhältnisse. Mit dem Präteritum im ersten Vers der zweiten Strophe »hielt ich« gerät die Zeit gleichsam ins Schwimmen: Was in der ersten Strophe Gegenwart scheint, ist in der zweiten Vergangenheit; doch auch sie wechselt erneut ins Präsens, und zugleich ist das Gesagte im Wortsinne Rückblick (»rückwärts«), dem sich freilich die Gegenwart des Tales mit Bach und Mühle verbindet. Durch diesen Wechsel des Tempus erhält das Gedicht etwas Traumhaftes; es bleibt unentschieden, in welcher Situation es gesprochen wird. Diesem Schwebezustand entspricht die evozierte Wahrnehmung der Stadt, in der das Konkrete verschwimmt und ein reiner Farbeindruck bleibt; Storz spricht von dem »schon surrealistischen oder zumindest impressionistischen Zug« dieser Verse (STORZ, S. 347). In der Feststellung »wie trunken, irrgeführt« wird das Unentschiedene, die schwebende Traumsituation vom Sprecher eingestanden; als Vergleich, als uneigentliche Rede steht sie zugleich für die Erfahrung der im Gedicht zweimal geschilderten Epiphanie, die nur als Eingebung, als Gabe und Geschenk verstanden werden kann. Im Musenanruf, der das Gedicht beschließt, wird dies bekräftigt. *Auf einer Wanderung* ist so Gestaltung des kreativen Moments; in ihm ist »der Augenblick einer Gedichtentstehung als Gedicht gefasst« (Mayer, S. 376).

Literatur

Adorno, Theodor W.: Rede über Lyrik und Gesellschaft. In: ders.: Gesammelte Schriften. Bd. 11: Noten zur Literatur. Hg. v. Rolf Tiedemann. Frankfurt a. M. 1974 u. ö., S. 48–68, v. a. S. 60–64 (zuerst 1957). – Mayer, Hans: Ein unvermuteter Zwischenfall. In: Reich-Ranicki, Marcel (Hg.): 1400 deutsche Gedichte und ihre Interpretationen. Bd. 4. Frankfurt a. M. 2002, S. 375–378 (zuerst 1994). – STORZ, S. 345–347.

Reiner Wild

An den Vater meines Pathchens

Unter dem Titel *Mit einem kleinen Säbel* schickte M. das Gedicht im Brief vom 8. und 10. Oktober 1845 an die Familie Hartlaub (HKA 14, S. 279 f.); mit dem Titel *An den Vater meines Pathchens* nahm er es leicht verändert in A^2 und die späteren Sammlungen auf. Schon eine Woche zuvor, am 1. Oktober, hatte M. in einem Brief an die Hartlaubs ein Geschenk für sein Patenkind angekündigt: »Soeben bin ich im Begriffe, meinem kleinen Patchen ein Spielzeug zuzurichten (das ich in meiner Kindheit selbst gebraucht, ihr kennt es schwerlich)« (HKA 14, S. 278). Das Gedicht ist eine poetische Bekräftigung dieser Absicht; am 29. Oktober schließlich verschickt M. auch den Säbel (HKA 14, S. 335).

Am 27. Juli waren die Paten Eduard und Klara M. bei der Taufe des kleinen Eduard Hartlaub in Wermutshausen (HKA 14, S. 715). Das Gedicht scheint geprägt von den Empfindungen und Gefühlen bei diesem Ereignis. Im antiken Versmaß des Senars geschrieben, das ihm eine gewisse Feierlichkeit verleiht, ist es bestimmt von Erinnerung, Wehmut und Melancholie; diese Gefühle münden freilich am Ende in Hoffnung, die auf die Unschuld des kleinen Knaben, des neu heranwachsenden Eduard, projiziert wird. Mit der Kindheit M.s (der Zeit des Husarenjäckchens), seiner Jugend (der Zeit der Schuljahre und der ersten Begegnung mit dem Freund Wilhelm Hartlaub), der Geburt des Säuglings sowie der Zukunft des kleinen Eduard weist das Gedicht vier Zeitebenen auf. In der Brieffassung ist es in zwei Strophen unterteilt, denen diese Zeitebenen zugeordnet sind: Die erste Strophe beschäftigt sich mit der Vergangenheit, die zweite mit Gegenwart und Zukunft. So widmet sich Strophe eins der Erinnerung an Kindheit und Jugend; zentral ist die Gemeinschaft mit den Geschwistern vor dem Tod des Vaters, die später durch die Gemeinschaft mit dem Freund Hartlaub ersetzt wird. Mit der Erfahrung, dass die Symbole der Kindheit verloren sind, erlischt dieses Bild von der Kindheit. Thematisiert die erste Strophe so den Verlust von Kindheit, die nur noch in der Erinnerung und durch Erinnerungsstücke lebt, so zeigt die zweite Strophe, dass die Geburt neuen Lebens, insbesondere die Geburt eigener Kinder, diese Verlusterfahrung kompensieren kann. Die Strophe beginnt mit einem wehmütigen Kommentar zur eigenen Kinderlosigkeit; in der Brieffassung gibt M. als Grund seine Ehelosigkeit an: »Nicht seine Schuld ists, wessen sonst –, entscheid ich nicht, / Wohl seiner Mutter, Beide ließ sie uns im Stich« (HKA 14, S. 280). Für A² ändert M. diesen ›Vorwurf‹ in die schlichte Feststellung »Sah ich doch selbst die Mutter bis zur Stunde nicht!«; damit folgt er poetischer Konvention. Aus Wehmut und Rührung über die Freundschaft und die Patenschaft resultiert die Absicht, das Patenkind wie einen eigenen Sohn zu behandeln, was sich auch im Geschenk des Spielzeugs zeigt, das M. ursprünglich für den eigenen Erstgeborenen aufgehoben haben mag. Das Patenkind starb bereits 1847; mit der Veröffentlichung des Gedichts im darauf folgenden Jahr hat M. Eduard Hartlaub ein poetisches Denkmal gesetzt.

An den Vater meines Pathchens ist ein Gedicht über den Verlust von Kindheit. Zentral sind somit die Verse »Das schöne Kleid [...] / Ist längst dahin sammt alle seinem Zubehör«; nicht die »Husaren-Uniform« ist ›dahin‹, sondern die Kindheit, in der sie einst stolz getragen wurde. Freilich hat sich M. getäuscht, als er vom Verlust des Jäckchens ausging; anders als der Säbel blieb es vielmehr erhalten und war in der Ausstellung *Erinnerungsstücke* des Schiller-Nationalmuseums im Jahre 2001 zu sehen.

Literatur

Erinnerungsstücke. Von Lessing bis Uwe Johnson. Eine Ausstellung des Schiller-Nationalmuseums und des Deutschen Literaturarchivs. 1. Juli bis 25. November 2001. Marbach a. N. 2001, S. 64–67.

Bettina Wild

Erbauliche Betrachtung

Das Gedicht entstand nach dem Tod von M.s Studienfreund Ludwig Bauer, der am 22. Mai 1846 gestorben war; M. schickte es am 29. Juni an Wilhelm Hartlaub: »Die Wendung, die das Stück in der Mitte nimmt, kam, wie ich nicht zu sagen brauche, eigentlich im Andenken an Bauer« (HKA 15, S. 36). Das Gedicht erschien zuerst 1847 im *Norddeutschen Jahrbuch für Poesie und Prosa* und ab A² in den Sammlungen. Für den Druck strich M. zwei Verse am Ende der dritten Strophe; ab A³ wird der Überschwang dieser Strophe nochmals herabgestimmt durch die Verkürzung von drei Versen auf zwei. Das Gedicht besteht aus vier Strophen unterschiedlicher Länge im Versmaß des jambischen Trimeters. Mit dem getragenen, antikisierenden Erzählton der sechshebigen ungereimten Verse schafft M. einen weiten persönlichen und poetischen Erinnerungsraum. In der ersten Strophe kontrastiert ein homerisches Gleichnis vom Jäger mit einem Hundepaar mit dem Alltagsbild der staubigen Schuhe. Aus dieser Koinzidenz von »Banalität und Außerordentlichkeit« (Mayer, S. 205) sowie aus dem für M. typischen Augenblick einer überraschenden Wahrnehmung ergibt sich dann die ›Betrachtung‹. Die Füße, ein niederes Sujet, das jedoch ein sakrales und erotisches Bedeutungsumfeld hat (Mayer, S. 201), fungieren als Zuhörer; sie sind als Objekt der Betrachtung vom Ich abgespalten, daher kann es von ihrem Anschauen nahtlos zur Selbstreflexion, vom Sehen zum Bedenken übergehen. In der zweiten Strophe werden die Füße als »ehrliche Gesellen« direkt angesprochen, in ihrer vielfältig dienenden Funktion gelobt, doch letztlich dem Herzen untergeordnet. Mit »mein Herz« erreicht das Gedicht sein emotionales Zentrum und öffnet sich in der dritten Strophe der Erinnerung. In einer langen und gleichsam atemlosen »Wenn«-Sequenz wird in einem einzigen Satz eine Spannung aufgebaut, die adoleszenten Überschwang abbildet. Ludwig Bauer wird dabei als »Mein hochgestimmter Freund« nur indirekt angesprochen; seine Identität erschließt sich aus der Erinnerung an das gemeinsame Phantasieren im mythopoetischen Raum Orplid. Mit »Urwelts-Göttersohn« (V. 35) spielt M. auf die Figur des Riesen Suckelborst an, die er gemeinsam mit Bauer erfunden und im *Märchen vom sichern Mann* gestaltet hatte. Die Spannung wird aufgefangen in einer erneuten Anrede an die Füße: »Ach, gute Bursche, damals war's ihr auch dabei« (V. 41). Mit »damals« wird eine zeitliche Zäsur gesetzt; im Blick auf die eigenen Füße und im Bedenken des zurückgelegten und noch zu gehenden Lebensweges erfährt das Ich Endlichkeit und stellt damit den assoziativen Bezug zum Tod des Freundes wieder her. Das Totengedenken wird jedoch überlagert durch die

Vision des eigenen Todes. Nicht dem Freund, sondern sich selbst setzt das Ich mit dem imaginierten Grabstein ein künftiges Denkmal. Antiker Tradition folgend siegt die gelassene Heiterkeit des Überlebenden über die Trauer; die abschließende Lebensweisheit, das Heute zu genießen und die Zukunft den Göttern zu überlassen, ist bei Horaz vorgeformt (RÜCKERT, S. 142). *Erbauliche Betrachtung* macht anschaulich, dass das Genialische der frühen Gedichte M.s, das im Mittelstück nachklingt, in den vierziger Jahren – nicht zuletzt durch die Beschäftigung mit der Antike – herabgestimmt und melancholisch oder humoristisch abgetönt wird. Im Rahmen einer »völlig durchsichtigen, festgelegten Bildtradition« (HEYDEBRAND, S. 50) stehen auch die Wanderschaftsattribute auf dem Grabstein: Schuhe, Stab und Reisehut.

Hartlaub schreibt M. am 30. Juni 1846, das Gedicht habe ihm »wie köstliches Zuckerwerk« geschmeckt (HKA 15, S. 449). Auch Konstanze Hartlaub drückt im Brief vom 2./3. April 1847 die »Rührung« (V. 8) aus, die das Gedicht auslöst: »Ich fühlte wohl immer All das Schöne und Große in Eduards Dichtung, aber so überwältigt und hingenommen war ich noch nie, nicht nur über das Einzelne sondern Eduards hohe Gabe überhaupt hat mich so entzückt, daß ich zu thun hatte die Thränen zu verbergen die mir hervorstürzen wollten« (HKA 15, S. 606). M. antwortet darauf im Brief vom 4. April 1847: »Herzlichen Dank für meinen Part an der Constanze leztem liebem Brief. Ihr gutes Lob aus Anlaß der poetischen Betrachtung über mein Pedal hat mir sehr wohl gethan; um so mehr da diese Art von Darstellung den Leser*innen* selten so recht gefallen wird« (ebd., S. 158). Mit dieser Einschätzung sollte M. Recht behalten; das Gedicht fand erst in der jüngeren Forschung Resonanz.

Literatur

HEYDEBRAND, S. 45–50, 163. – Mayer, Mathias: Vom Sinn der Füße. Eduard Mörikes frommer Materialismus in ›Erbauliche Betrachtung‹. In: Feilchenfeldt, Konrad; Hasenpflug, Kristina; Kurz, Gerhard; Moering, Renate (Hg.): Goethezeit – Zeit für Goethe. Auf den Spuren deutscher Lyriküberlieferung in die Moderne. Fs. für Christoph Perels zum 65. Geburtstag. Tübingen 2003, S. 201–210. – RÜCKERT, S. 140–144.

Inge Wild

Auf eine Lampe

Das Gedicht entstand 1846 und wurde am 30. November des gleichen Jahres im *Morgenblatt für gebildete Leser* abgedruckt. Der ursprüngliche Titel *Auf eine schöne Lampe* war bereits vor dem Erstdruck geändert worden. Die dadurch erreichte Schlichtheit des Titels erzeugt ein Spannungsverhältnis zu der im Gedicht reflektierten Schönheit des Gegenstandes. Die Form des zehnzeiligen, ungereimten Epigramms und das Versmaß des Senars weisen zurück auf die Antike. Das Gedicht ist syntaktisch in vier Teile gegliedert. Der erste Satz situiert den Gegenstand zunächst in seiner Umgebung. Der zweite Satz zoomt sozusagen näher heran und stellt die Lampe en detail dar. Der emphatischen Bewertung des Beobachters folgt eine abstrahierende Darstellung des mehrdeutigen Charakters der Lampe. Der Gedankenstrich leitet die abschließende Reflexion über Kunst im Allgemeinen ein, die den beiden Schlussversen Sentenzcharakter verleiht.

Das Blatt, auf dem M. die Bleistiftzeichnung einer antiken Lampe angefertigt haben soll, ist verschollen (MAYNC, S. 425). Zwar sind Kinderreigen und Efeukranz typisch antik, die Marmorschale und die Aufhängung jedoch nicht. Die Lampe ist also keine echt antike und auch keine einheitlich antik konzipierte, sondern ein von M. nach seinem ›Gusto‹ und seinem Zweck gemäß gestaltetes Kunstobjekt. Die Lampe ist ein »Kunstgebild« im doppelten Sinne: ein Kunstgegenstand und zwar einer, der künstlich durch die Sprache erzeugt wird und nur in ihr Realität besitzt. Holschuh weist darauf hin, dass ihr Charakter als »Kunstgebild« damit demjenigen des Gedichts entspricht, das als »sekundäres Kunstwerk« ebenfalls aus der Gegenwart des Schreibenden stammt, aber »antikes und antikisierendes literarisches Material« verarbeitet (Holschuh, S. 577).

Diese Deutungen machen auf die Diskrepanz

zwischen ›Sein‹ und ›Schein‹ aufmerksam. Eben die Bedeutung des »scheint« und damit des Schlussverses war es, die intensiv diskutiert wurde. Staiger, Heidegger und Spitzer stritten über die richtige Übersetzung von »scheint« als *videtur*, *lucet* oder *apparet*, verstanden den Schlussvers aber einhellig als Feststellung der Autonomie des Kunstwerks, das nicht auf einen Betrachter angewiesen ist. In Abgrenzung von dieser Position betonen neuere Deutungen gerade die soziale Funktion der Lampe, die sie nur im Be(tr)achtetwerden erfüllt. Holschuh hat die »abgeleitete Bedeutung *videtur* (es scheint) zurückgeführt auf das Passiv *videtur* (es wird gesehen)« (Holschuh, S. 588), und Heydebrand betont: »Im Schein der Lampe muß man sich Menschen versammelt denken, das Verlassensein im ›fast vergeß'nen Lustgemach‹ widerspricht ihrer Bestimmung« (HEYDEBRAND, S. 189). Die Antwort auf die Frage »Wer acht sein?« kann nicht »Niemand« lauten, denn »Du sagen, schon in der ersten Zeile, kann nur ein Ich, und wenn die Lampe ›hier‹ hängt, ist der Sprecher am selben Ort gegenwärtig« (Holschuh, S. 586) – und durch dieses Ich auch der Leser. Zur Untermauerung der These der Selbstgenügsamkeit war häufig der vorletzte Vers aus M.s Gedicht *Corinna* zitiert worden: »Sich selber so zu seliger Genüge«, nicht aber der aufs genaue Gegenteil zielende Schlussvers: »Und alle Welt zu letzen, zu erbaun!« (Holschuh, S. 592). Diese soziale Funktion des »Kunstgebild[s]« ist im Gedicht jedoch bedroht. Der ›noch unverrückten‹ Lampe im »nun fast vergeßnen Lustgemach« droht eine in dieser Wendung bereits implizierte Veränderung dieses Zustands. Das komplexe Spiel von Vergänglichkeit und Dauer, das die Beschreibung der Lampe evoziert, enthält jedoch »lachend« den Trost für den ob dieser Beobachtung dem »sanften Geist des Ernstes« Verfallenden. Die unvergängliche »Marmorschale« ist mit Lebendigem und damit Sterblichem bemalt, mit Efeu und Kindern. Doch der Efeu ist in einen Kranz gebunden, der nicht nur Ewigkeit symbolisiert, sondern auch die Überformung durch die Kultur. Das gleiche gilt für die den »Ringelreihn« schlingende Kinderschar. Als kulturelle Artefakte sind beide der Vergänglichkeit enthoben. Die Vergänglichkeit ihres materiellen Trägers, sei es der »Epheukranz von goldengrünem Erz«, der die »Patina des Alters« (Enzinger, S. 42) trägt, sei es das Verrücken der Lampe, kann ihnen nichts anhaben. Entsprechend lebt die im Gedicht gepflegte Antike in der Lampe wie im Gedicht noch lange nach ihrem Niedergang. Schönheit bedarf also des Betrachters und der Erinnerung, um gegenwärtig zu »scheinen«. Indem die Lampe so Trägerin einer weit über sie hinaus weisenden Aussage über Wirkung, Funktion und Zeitlichkeit der Kunst wird, ist nun mit Holschuh auch die »immerhin mögliche Vermutung aufzulösen, hier liege ein Dinggedicht vor« (Holschuh, S. 576).

Literatur

Enzinger, Moritz: Mörikes Gedicht *Auf eine Lampe*. Ein Beitrag zu einem Mörike-Kommentar. Wien 1965. – Holschuh, Albrecht: Wem leuchtet Mörikes »Lampe«? In: ZfdPh. 110/4 (1991), S. 574–593. – Selbmann, Rolf: »Das fast vergeßne Lustgemach«. Mörikes Gedicht *Auf eine Lampe*, die Erotik der Poesie und die Seligkeit der Interpretation. In: Zeitschrift für Germanistik N. F. 5/3 (1995), S. 593–599. – Spitzer, Leo: Wiederum Mörikes Gedicht *Auf eine Lampe*. In: Trivium 9 (1951), S. 133–147; wieder in: DOERKSEN, S. 254–269. – Staiger, Emil: Ein Briefwechsel mit Martin Heidegger. In: ders.: Die Kunst der Interpretation. Studien zur deutschen Literaturgeschichte. Zürich 1955, S. 9–33.

Simone Weckler

Denk' es, o Seele!

Das Gedicht ist 1851 entstanden. Unter dem Titel *Grabgedanken* erschien es erstmals in der *Frauen-Zeitung für Hauswesen, weibliche Arbeiten und Moden*. M. hat es dann in A^3 und A^4 aufgenommen, zuvor aber, ohne Titel, an den Schluss seiner Erzählung *Mozart auf der Reise nach Prag* gestellt; dort wird es als »Abschrift eines böhmischen Volksliedchens« (SW 1, S. 621) ausgegeben. Der Titel lässt sich als unmittelbare Bezugnahme auf die Gattung der Memento-Mori-Literatur verstehen. M. fordert also geradezu eine erbauliche Inanspruchnahme seines Gedichts; es soll an den Tod erinnern und zur richtigen Einstellung auf den Tod ermahnen. Zugleich klingt M.s Dialekt durch: ›Denks!‹ ist im Schwäbischen eine kommentierende Formel, in der sich Anteilnahme, Überraschtheit und Aufmerksamkeit für das Gesagte verbinden.

Trotz der Kennzeichnung in der *Mozart*-Erzählung ist *Denk' es, o Seele!* kein Volkslied, obwohl die Motivik bis an die Grenzen des Trivialen einfach ist. Das Gedicht scheint mit dem zweiten Vers auf Goethes *Wandrers Nachtlied* (*Ein Gleiches*) anzuspielen, das ebenfalls den tröstenden und erbaulichen Ton nicht scheut. Die ersten vier Verse der ersten und die ersten sechs der zweiten Strophe evozieren rhythmisch den Charakter des Sagens und Respondierens, der für die Gebärde des Trostes wichtig ist. Aber einem allzu raschen Einverständnis beugt das Gedicht selbst vor: etwa durch die Folge dreier einsilbiger Wörter im zweiten Vers, mehr noch durch die Wiederaufnahme des Titels im sechsten Vers, die eine starke rhythmische Zäsur bringt. Schwebende Betonung und Assonanz heben dieses ›Memento‹ hervor. Vers 7 und 8 schließen mit einer weiblichen Kadenz, beziehen also das ›Wurzeln‹ und ›Wachsen‹ – auch durch die versteckte Alliteration – aufeinander. Es ist bemerkenswert, dass in diesem erbaulichen Gedicht, das auf den Tod einstellen soll, der organische Prozess, das tiefe Gegründet-Sein und das Sich-Weiterentwickeln so betont werden. Von ferne klingt der alte Topos vom neuen Leben, das aus dem Tod hervorgeht, an. Er wird hier aber überhaupt nicht religiös, gar christologisch verstanden! In der zweiten Strophe stört vor allem die Wiederholung des Modaladverbs ›vielleicht‹ den ästhetischen Trost und führt zur Schlusspointe hin, durch die, wie in der Subscriptio einer emblematischen Pictura, die Bilder des Gedichtes ihre Auslegung erfahren. Bezieht schon die erste Strophe das Leben und Wachsen und den Tod aufeinander – und es ist etwas Besonderes, zum Zeichen für den Tod zu werden: das ›grünende‹ »Tännlein« und der »Rosenstrauch« sind »erlesen schon« (Hervorh. W. B.) –, so mit besonderer Deutlichkeit die zweite Strophe. Es ist auch die Bestimmung der sich ihrer Lebenslust hingebenden »schwarzen Rößlein«, sich in den Dienst des Todes zu stellen, wenn sie dereinst »deine Leiche« zu ziehen haben. Unübersehbar ist, wie M. diesen inneren Zusammenhang alles Lebendigen mit dem Tod poetisch realisiert; man beachte nur die Häufigkeit des Konsonanten ›W‹ (wo, wer, weiß, Walde, wer, welchem, Wurzeln, wachsen, weiden, Wiese – weh!?). Im Schlussvers kommt nun doch ein lyrisches Ich ins Spiel; es sieht das Zeichen des Glücks, das Hufeisen. Ein Hufeisen zu finden, gilt bekanntlich noch heute als ein Zeichen künftigen Glücks. Wenn das lyrische Subjekt davon spricht, das Hufeisen jetzt noch an den Hufen der »Rößlein« zu sehen, nimmt es vorweg, dass sich das Glückszeichen einmal finden wird. Das lyrische Subjekt hat das Versprechen künftigen Glücks also noch nicht wirklich gefunden, nur ersehnt. Das Glück blitzt hier gewissermaßen in einer doppelten, verzögerten Zeichenhaftigkeit auf: als Zeichen des künftigen (Glücks-)Zeichens. Noch bevor so das gefundene Glücks*zeichen* oder gar das Glück selbst erfahren werden kann, kann der Tod alle Glückshoffnungen jäh durchkreuzen. Das ist die melancholische Pointe dieses raffiniert-einfachen Gedichtes.

Literatur

Hötzer, Ulrich: Mörike, *Denk es, o Seele!* In: Heuß, Rudolf; Moser, Hugo (Hg.): Germanistik in Forschung und Lehre. Berlin 1965, S. 157–168. – Taraba, Wolfgang F.: Eduard Mörike, *Denk es, o Seele!* In: Wiese, Benno von (Hg.): Die deutsche Lyrik. Form und Geschichte. Interpretationen. Von der Spätromantik bis zur Gegenwart. Bd. 2. Düsseldorf 1956, S. 91–97. – Thayer, Terence K.: Knowing and Being. Mörike's *Denk es, o Seele!* In: GQ 45 (1972), S. 484–501.

Wolfgang Braungart

Der alte Thurmhahn. Idylle

Nachdem M. 1840 den alten Turmhahn der Kirche von Cleversulzbach an sich genommen hatte, schrieb er darüber ein etwa 20 Verse umfassendes Gedicht. Dieses wurde 1845 geringfügig erweitert, erhielt aber erst weitere sieben Jahre später die wesentliche Ausweitung auf seine endgültige Fassung. Nach der ersten Einzelveröffentlichung im *Kunst- und Unterhaltungs-*

blatt für Stadt und Land 1852 mit der Bezeichnung »Stilleben« als Untertitel erschien das Gedicht zum zweiten Mal 1855 in Ludwig Richters *Beschauliches und Erbauliches* mit dessen Holzschnitten und der Gattungsbezeichnung »Idylle«.

Der Hahn, der durchgehend spricht, erzählt zunächst von seiner früheren Funktion als Turmhahn, wie ihm diese wegen Alters und Abnutzung genommen und er zum alten Eisen geworfen wurde. Dort findet ihn der Pfarrer, rettet ihn vor der Vergessenheit und lässt ihn auf den Ofen seiner Studierstube setzen. Hier erhält er nun eine neue Funktion als Schmuck, als Objekt des Staunens und der ästhetischen Betrachtung. Der Ofen erscheint dem Hahn als verkleinertes Abbild seines vorherigen Sitzes und in jeder Hinsicht als Wiederholung seines früheren kirchlichen Kontexts. Die anschließende Bildbeschreibung macht die didaktische Qualität der bildlichen Darstellungen auf dem Ofen deutlich, die die Geschichten vom Mäuseturm von Bingen, von Belsazar und von Saras Lachen aus dem alten Testament zeigen und also alle von bestrafter menschlicher Hybris handeln. Der Ofen als Kirche im Kleinen macht die Pfarrstube zu einem Mikrokosmos, der den Makrokosmos des früheren ›Lebens‹ des Turmhahns widerspiegelt. Dazu trägt auch der Rhythmus der Wochentage und der Jahreszeiten bei, den der Hahn am geregelten Leben des Pfarrers und aufgrund weiterer Anzeichen verfolgen kann. Die Zyklik dieses Zeitverlaufs bewirkt eine kreisförmige Geschlossenheit der neuen Lebenswelt des Hahns. In der Einsamkeit der Nacht malt er sich in der Phantasie jedes von außen hereindringende Geräusch als Bedrohung aus, um sein Eingeschlossensein als Geborgenheit auffassen zu können. Wo der Gegensatz von Innen und Außen nicht mehr zu verdecken ist, wird das Außen als kalt, ungemütlich und gefährlich imaginiert, um die Idylle der von Schloss und Riegel geschützten und vom Ofen gewärmten Stube dagegen zu profilieren. Dass draußen Winter herrscht und allerlei Gefahren drohen, führt zu einem angenehmen Schauder, einer lustvollen Angst. Seine neue Funktion kann den Hahn aber nicht ganz über den Verlust seiner früheren hinwegtrösten. Nur zu gerne würde er wieder einmal über seinen engen Lebenskreis hinaussehen können. Von Neid auf diejenigen, die noch, wie er früher, ihre Zeit zumindest teilweise draußen zubringen, ist der Hahn ebenfalls nicht frei. Doch die Wünsche und Versuchungen, die Verlockungen zur Hybris werden am Ende durch eine Selbstmaßregelung des Hahns vertrieben, bei der er sich der didaktischen Bilder auf dem Ofen erinnern könnte, deren Beschreibung somit vom Schluss des Textes her eine zusätzliche wichtige Funktion erhält. Der Ofen spiegelt also nicht nur die Kirche als früheren Standort des Hahns wieder, sondern exemplifiziert mit seinem Bildschmuck auch die christliche Ideologie der Entsagung und Selbstbescheidung, ohne die die Idyllisierung nicht vollkommen wäre; mit seiner Selbstdarstellung reiht sich der Hahn als Bild des zufriedenen Verzichts hier würdig ein. Die sprachliche Gestaltung des Gedichts ist durch den archaisierenden Knittelvers bestimmt, dessen durchgehender Gebrauch allerdings mit einem bemerkenswerten sprachlichen und stilistischen Reichtum einhergeht, bis hin zu sprachschöpferischen Leistungen wie »Sternenlüfteschwall«.

M.s *Thurmhahn* gilt dem einen als »die schönste Pfarridylle des Biedermeiers« (SENGLE, Bd. 2, S. 769) und dem anderen als der »Paradehahn deutscher Gemütsinnigkeit«, zu dem Robert Minder allerdings schon bemerkte, M. trage »keine Schuld am Schindluder, das mit seinem Gedicht gerade auch in der Goebbelszeit getrieben wurde [...]. Mörikes Biedermeiersofa steht Heines Matratzengruft und dem Divan Oblomows näher als der Geißblattlaube im Schrebergärtchen des Durchschnittsbürgers« (Minder, S. 54). Der Text gehört zum Populärsten, was M. geschrieben hat. Dazu hat mit Sicherheit die zweite Einzelveröffentlichung mit den Holzschnitten Ludwig Richters beigetragen, aber auch die Möglichkeit, die Rettung des Turmhahns mit M.s Biographie in Beziehung zu setzen und somit biographisches Faktum und literarischen Text gleichermaßen in ein Gesamtbild von M. als Idylliker zu integrieren. Dem gegenüber steht die Vernachlässigung des Textes in der Forschung. Der *Thurmhahn* wird wegen seiner Berühmtheit häufig erwähnt, aber selten ausführlich und aufschlussreich behandelt (BARNOUW, S. 167–189, und bes. Schneider, S. 38–44). Selbst in einer Monographie zu M.s Idyllen findet sich nur »eine mehr allgemeine Überschau« (Meyer-Guyer, S. 104). Der Grund hierfür wurde etwa in der Gattungszugehörigkeit gesehen: »Das vom heutigen Standpunkt aus völlig Unzeitgemäße der Gattung Idylle, ihre zeitlos heile, fast arkadische Welt, verursacht den Mangel an Interpretationen« (B. MAYER, S. 78). Dem wurde unter Hinweis auf M.s äußerst reflektierten Umgang mit den Gattungsmustern widersprochen (Böhn).

Der Turmhahn erzählt von seiner früheren sozialen Funktion, deren Verlust und der anschließenden ›Rettung‹ als ästhetisches Objekt. Die Rede des Hahns vermittelt einerseits die idyllische Situation, reflektiert aber andererseits auf die Geschichte einer Idyllisierung und Ästhetisierung und damit auch auf bestimmte konventionalisierte Gestaltungsmuster der Gattung. Über die innerliterarische Reflexion auf Gattungstraditionen hinaus wird in der Besonderheit des Gegenstands in M.s *Thurmhahn* auch eine allgemeine kulturhistorische Tendenz sichtbar, die im 19. Jh. beginnt und gerade für das biedermeierliche Bürgertum kennzeichnend ist: Die Musealisierung von Gegenständen nimmt diese aus den lebensweltlichen Zusammenhängen heraus, um ihnen eine ästhetische Funktion zu verleihen, setzt gleichwohl aber auch einen historischen Index auf ihren früheren Kontext, der den Rückbezug des ästhetischen Erlebens auf die persönliche Alltagswelt der Betrachter ermöglicht – eine Verklärung des Alltäglichen, die in der ›bürgerlichen Idylle‹ von Voß und Goethe begonnen hat, in M.s Text aber nicht einfach ›vollendet‹, sondern vorgeführt wird. Der Turmhahn spricht in Knittelversen, die spätestens seit dem Eingangsmonolog von Goethes *Faust I* als archaisierendes Mittel zur Darstellung des ›Altdeutschen‹, historisch präzise der Frühneuzeit gelten. Er wird aus der realen Zeit und Geschichte herausgenommen und in einen symbolisch aufgeladenen und zeitenthobenen Raum versetzt, der es erlaubt, ein bestimmtes *Bild* von Zeit und Geschichte aufzubauen, das deutlich idyllische Züge trägt. Und auch hier ist es die Perspektive des Subjekts, in diesem Fall des Hahns, die sich als konstitutiv für die Gestaltung dieses Bildes erweist. Fliegner hat die Erscheinungsformen dieser Tendenz zur Musealisierung und zur Liebhaberei in Bezug auf ästhetische, historische und naturwissenschaftliche Gegenstände und M.s Verhältnis dazu nachgezeichnet. Durch die Ästhetisierung und den Bezug auf Geschichte erfolgt die Rehabilitierung des Alltäglich-Kuriosen als Gegenstand des Betrachtens, Bewahrens und Sammelns, wie sie sich in den lokalhistorischen und heimatkundlichen Aktivitäten der Bürger im 19. Jh. manifestiert und an M.s *Thurmhahn* exemplarisch nachvollziehen lässt.

Literatur
BARNOUW, S. 167–189. – Böhn, Andreas: ›Die Sonne im Dintenfaß sich spiegeln will‹. Idylle und Geschichte in Mörikes *Der alte Turmhahn*. In: WILD, S. 133–147. – FLIEGNER. – Meyer-Guyer, Katharina: Eduard Mörikes Idyllendichtung. Zürich 1977, S. 104–110. – Minder, Robert: Kultur und Literatur in Deutschland und Frankreich. Fünf Essays. Frankfurt a. M. 1962, S. 44–72. – Schneider, Helmut J.: Dingwelt und Arkadien. Mörikes *Idylle vom Bodensee* und sein Anschluß an die bukolische Gattungstradition. In: ZfdPh 97 (1978), Sonderheft, S. 24–51.

Andreas Böhn

Erinna an Sappho

Das 1863 entstandene, am 21. Juni des Jahres an Wilhelm Hartlaub mitgeteilte Gedicht (HKA 17, S. 263 f.) gilt als das letzte ›große‹ M.-Gedicht, wozu sowohl die souveräne Handhabung der antikisierenden Form wie auch der unmittelbare, existenzielle Ernst beitragen: Handelt es sich doch, wie bei M.s Mozartfigur, um das einen jungen Menschen überfallende Bewusstsein des eigenen Todes, das Erinna dann als Brief – Heydebrand spricht von »Epistel« und »Heroide« (HEYDEBRAND, S. 141) – ihrer Freundin mitteilt. In den symmetrisch arrangierten fünf Strophen zu 8, 6, 13, 6 und 8 Versen ist das antike Metrum jeweils variiert, ganz von der jeweiligen Situation her bestimmt (Müller); Annäherungen an (sapphische) Odenformen lassen sich nur in einzelnen Versen nachweisen.

Der Erstdruck erfolgte 1864 in dem von Ludwig Seeger herausgegebenen *Deutschen Dichterbuch aus Schwaben*, 1867 nahm M. das Gedicht in A⁴ auf und stellte es dort in die Umgebung anderer antikisierender Texte. Der Wunsch des Herausgebers der Zeitschrift *Freya*, das Gedicht zusammen mit einer Zeichnung Moriz von Schwinds zu veröffentlichen (HKA 17, S. 306), wurde von diesem mit der subtilen, auch M. überzeugenden Begründung abgelehnt, es sei unmöglich, »das Unheimliche, das sie in ihrem Auge bemerkt, und ihr Stutzen darüber zugleich sichtbar zu machen« (BRIEFWECHSEL SCHWIND, S. 18). Aus M.s Briefen (an Schwind und Hartlaub, 1863) wissen wir von seiner Überzeugung, dass der Zeichner »auf den Kern des Stücks, auf den *gegenwärtigen* Moment verzichten und allenfalls den Schluß ergreifen« müsste (BRIEFWECHSEL SCHWIND, S. 21). Dieser Kern des Gegenwärtigen kann aber nicht nur nicht gezeichnet, sondern auch nicht direkt ausgesprochen werden. An Hartlaub schrieb M., es »ließe sich ja höchstens mit den letzten Versen, die über die gegenwärtige Scene u. den Kern des Ganzen hinaus ins Ungewiße gehn, etwas [für den Maler] anfangen« (HKA 17, S. 312).

Erinna an Sappho gewinnt durch die Briefform nicht etwa »edle Gelassenheit« (Karl Fischer in der Kunstwart-Ausgabe, I, 259), sondern bezeugt eher die Aporie der direkten Vermittelbarkeit der eigenen Ich-Authentizität. Nicht allein die den Titel kommentierende, leicht unzuverlässige Erläuterung, die dem Gedicht vorangestellt ist (die historische Erinna hat zwei Jahrhunderte nach Sappho gelebt) und zugleich als Mitteilung des ›Autors‹ Distanz aufhebt (HEYDEBRAND, S. 139), auch das Eingangszitat des Gedichts zeigt Stufen der Vermittlung. Erinna selbst spricht nicht direkt, sondern von vornherein indirekt, gebrochen, sei es im Zitat (V. 1 f.) oder in der rhetorischen Frage (V. 3 f.). Dass die Selbstverständlichkeit des Todes ins Bewusstsein vordringt, hat Erinna als Schrecken erfahren, der Selbsterkenntnis und Selbstaufhebung in einem ist: Diese erhoffte Gleichzeitigkeit kann aber nur im Nachhinein formuliert werden (Hart Nibbrig, S. 326). Doch nicht nur die Sprache, auch das eigene Bewusstsein versagt vor einer Erfahrung, die bereits in der Unruhe des klopfenden Blutes angezeigt ist. Der Blick in den Spiegel evoziert ebenso Selbsterkenntnis wie den Blick in die »nachtschaurige Kluft« (V. 27) des Todes, der zu einem Schwindel führt. Der Spiegel wird zum Medium disparater Erfahrung zwischen Anwesenheit und Verlust. Gerade in diesem Zwiespalt, der letztlich nicht zu überbrücken ist, kommt der Vermittlung, der Rede des anderen, zunächst besondere Bedeutung zu. Wie in *Lang, lang ist's her* wird auch hier mit dem selbstverständlich (er)scheinenden »Liedchen« der Hintergrund für etwas zwar scheinbar Bekanntes, aber letztlich nicht zu Bewältigendes eröffnet. Die Plötzlichkeit, der Schrecken wird zum Skandalon, indem der Gedanke an den eigenen Tod die Ich-Identität ebenso aufbaut wie zersetzt und dabei noch den Blick von außen, die Perspektive der anderen integriert: nicht als »Einheit« von »Leben und Todesannahme« (Guardini, S. 46), nicht als Rücksicht, sondern als bloß imaginäre, illusionäre Transzendierung der eigenen Lebensgrenze. Das Dialogische steht somit nicht der Vereinsamung entgegen (HEYDEBRAND, S. 139 f.), sondern gerade die Spaltung des Einzelnen mündet in den Dialog einer Doppelgängerbegegnung (WIESE). Die Identität von Erkenntnis und Todesbewusstsein, von Ich-Authentizität und -Auslöschung erscheint als Blitz, als tödlicher Pfeil, der das Individuum der sprachlosen Spaltung aussetzt. Schon in der Selbstanrede: »Augen, sagt' ich, ihr Augen, was wollt ihr?« (V. 18) bricht ein Moment der Dissoziation in die Identität ein, der Geist (V. 19) entfremdet sich, indem er sich auf sich selbst zu besinnen versucht, zugleich von sich selbst: Erst aus dem Abstand heraus (V. 26, 28 ff.), d. h. aber erst aus dem Abstand zur eigenen Identität, mithin aus der Selbstfremdheit, ist eine sprachliche Darstellung möglich, eine Objektivierung, die an die Trauer der Freundinnen denkt und damit den eigenen Tod mit der Vorstellung des Überdauerns widerspruchsvoll verknüpft. Die uneingeschränkte Unmittelbarkeit der Ich-Begegnung kann nur in der Reflexion – der Rhetorik, des alten Liedchens, der Erinnerung, des Briefes – ›bewältigt‹ werden, doch bedeutet diese Bewältigung immer schon die Aufhebung der Unmittelbarkeit in der Vermittlung.

Selbstheit ist nur um den Preis der Fremdheit, des Todes (als äußerster Selbstentfremdung) formulierbar.

Literatur

BARNOUW, S. 221–243. – Guardini, Romano: Gegenwart und Geheimnis. Eine Auslegung von fünf Gedichten Eduard Mörikes mit einigen Bemerkungen über das Interpretieren. Würzburg ²1967, S. 34–49. – HART NIBBRIG, S. 323–328. – HEYDEBRAND, S. 137–141. – M. MAYER, S. 74–76. – Mörike, Eduard: Werke. Hg. vom Kunstwart durch Karl Fischer. München 1906. – Müller, Joachim: Eduard Mörike, *Erinna an Sappho*. Eine Interpretation. In: ZfdPh. 77 (1958), S. 396–407; auch in: DOERKSEN, S. 303–319. – STORZ, S. 396–401. – Taraba, Wolfgang: Eduard Mörike, *Erinna an Sappho*. In: Wiese, Benno von (Hg.): Die deutsche Lyrik. Bd. 2. Düsseldorf 1957, S. 98–102. – WIESE, S. 133–136.

Mathias Mayer

Bilder aus Bebenhausen

Der Zyklus ist in mehreren Anläufen entstanden: die »Bilder« eins bis drei, sechs sowie neun bis elf im Sommer 1863, die »Bilder« vier und fünf um den 25. September 1863, das siebte »Bild« bis zum 15. Oktober 1863, das achte Mitte Oktober 1863. Ohne das siebte »Bild« erschienen die Gedichte zuerst 1865 in der Zeitschrift *Freya*; bei der Veröffentlichung in A⁴ hat M. dieses siebte Gedicht dann wieder aufgenommen. Ein humoristisches zwölftes Gedicht hat er nur in Abschriften des Zyklus an Freunde weitergegeben. Mit der Bezeichnung »Bilder« folgt M. einem Wortgebrauch der Biedermeierzeit. Zugleich darf darin auch ein Hinweis auf M.s Neigung zur Bildenden Kunst gesehen werden; das elfte Gedicht spricht vom Versuch, die Szenerie in einer Zeichnung, einem »Bildchen« festzuhalten. Zudem verweist die Bezeichnung auf die gängige Rückführung der Gattungsbezeichnung Idylle auf das griechische Wort eidyllion = Bild, Bildchen. Die Form des Zyklus ist das elegische Distichon. Die *Bilder aus Bebenhausen* sind elegische Idyllen. Das im 12. Jh. gegründete Zisterzienser-Kloster Bebenhausen, an dem bis ins 16. Jh. hinein gebaut wurde, liegt in einem Tal bei Tübingen. M. hat das Kloster gut gekannt. Am 28. August 1863 fuhr er mit seiner Schwester Klara und mit seiner Tochter Marie nach Bebenhausen, um dort einige Wochen zu verbringen. Durch Karl Klunzingers *Artistische Beschreibung der vormaligen Cisterzienser-Abtei Bebenhausen* (1852) machte er sich mit der Geschichte des Klosters vertraut. Seine Briefe zeigen eine merkwürdig ambivalente Stimmung. Einerseits zieht ihn das verfallende Kloster an, andererseits »gelobt« er, es »vorderhand [...] nicht zu betreten« (Kelletat, S. 62). Die Spannung zwischen heiterer Gelassenheit und Melancholie bestimmt auch den Zyklus der Bebenhausen-Gedichte.

Der Zyklus gestaltet den Besuch des Klosters. Von außen nähert sich das lyrische Subjekt, das zunächst den Steinbruch aufgesucht hat, aus dem die Steine für den gotischen Glockenturm stammen. Dieses Architekturkunstwerk veredelt und überhöht Natur, indem es mineralisches, vegetabilisches und animalisches Reich ›nachahmend‹ verbindet. Im programmatischen Titel *Kunst und Natur* des ersten Gedichts ist die poetische Problemstellung vorgezeichnet; M. nimmt damit eines der wichtigsten philosophisch-ästhetischen Probleme des 18. und 19. Jh.s auf. Dabei scheint er sich für die Kunst zu entscheiden. Und doch ist der Preis für das Kunstwerk der Tod der Natur, denn der »Grund«, aus dem der Turm hervorging, ist nun ›verödet‹. M. folgt der sentimentalischen Skepsis der Moderne, die bei grundsätzlicher Zustimmung zum Prozess menschlicher Kultur den Verlust nicht mehr vergisst, den er bedeutet. Mit dem zweiten Gedicht *Brunnen-Kapelle am Kreuzgang* hat der Sprecher das Innere des Klosters betreten. Die Brunnenquelle im Kreuzgang wird zu einem Emblem der Zeitlichkeit; das Kloster ist längst verlassen, das lebendige Wasser füllt die »Schale« der Brunnenkapelle »nicht mehr«. Das verfallende Kloster-Kunstwerk kehrt gleichsam in die Natur zurück, woraus das lyrische Subjekt dann doch auch ›Trost‹ zieht. Mit dem dritten Gedicht wird die Wahrnehmung noch einmal fokussiert auf eine Konsolenfigur im Kreuzgang, die hier als »Eulenspiegel« charakterisiert wird. Diese Figur wird zum Störelement, das – zusammen vor allem mit dem siebten und dem neunten Gedicht – den elegischen Grundton des Zyklus humoristisch relativiert. Mit den Gedichten 4, 5 und 6 führt der poetische Weg weiter ins Innere der Klosteranlage hinein. Zunächst wird in *Kapitelsaal* das Schlüsselmotiv von Kunst und Natur wieder aufgenommen. Die Erinnerung an die Gründerzeit des Klosters wird mit dem kraftvollen romanischen Baustil des Kapitelsaals in Verbindung gebracht, in dem sowohl die Materialität des Steins als auch die veredelnde Leistung der Kunst zu ihrem Recht kommen. Der Hinweis auf das »vergessene Grab« des Stifters macht deutlich, dass M. seinen Zyklus auch als Erinnerungsarbeit begreift. Das Gedicht entdeckt den Anfang des Klosters wieder. Die Gedichte 5 und 6 sind besonders vom Geist der Neugotik geprägt, der schon im zweiten Gedicht *Brunnen-Kapelle am Kreuzgang* spürbar war. Das *Sommer-Refektorium* erscheint geradezu als eine Synthese von Natur und Kunst, von Erhabenheit, Schönheit und Heiterkeit. Die Harmonie der Architektur und der Malerei evoziert einen der Zeitlichkeit und dem Verfall schlechthin enthobenen Ort: das »Paradies«. Jedoch kann die Kunst der Architektur und der Malerei nur augenblickshaft das ideale Leben herstellen, nicht aber auf Dauer bewahren. »Paradies« ist das Refektorium nur für den ›Pfalzgrafen‹, also individuell und singulär, und zudem ein Paradies der Jagd, der Naturbeherrschung und nicht des harmonischen Lebens mit und in der Natur: Die Tiere sind wie Jagdtrophäen an die Decke gemalt. Beim *Gang zwischen den Schlafzellen* fällt der Blick auf die Vielfalt der Formen. Erneut wird der neugotische Gedanke formuliert und zugleich der Topos, dass auch der Tod in Arkadien anwesend ist. Mit den Gedichten 7 bis 11 vollendet sich die zyklische Struktur. Der Sprecher hat den inneren Bereich des Klosters wieder verlassen. Das achte Gedicht *Am Kirnberg* prägt eine doppelte Erinnerung. Der Blick auf die angrenzende Wiese erinnert den Sprecher an ein Bild, auf dem der See des Klosters mit zwei fischenden Zisterzienser-Mönchen zu sehen war. So idyllisch und »kindlich« die Szenerie dieses Bildes scheint, so wird sie doch ebenfalls vom Hell-Dunkel bestimmt. In den beiden Gedichten *Sommer-Refektorium* und *Am Kirnberg*, in denen

der Zyklus das Klosterleben ›im Bild‹, in der Malerei evoziert, ruft er nicht die *religiöse* Gemeinschaft der Mönche ins erinnernde Bewusstsein zurück, sondern profane Szenen und Szenen der Jagd. Dabei nimmt *Am Kirnberg* das Motiv des Schattens aus dem zweiten Gedicht auf; da mag es nicht unerlaubt sein, bei der Kahnfahrt der Mönche auch an die mythische Kahnfahrt des Totenfährmanns zu denken. Zum Schlussgedicht leiten dann die beiden vierzeiligen Gedichte *Aus dem Leben* und *Nachmittags* über, welche die Motive der sexuellen Sünde und der inspirativen Kontemplation, beides verbreitete Themen der Klosterliteratur, aufnehmen. Das zehnte Gedicht *Nachmittags* setzt mit einem für den Zyklus ungewöhnlich harten, konstatierenden Satz ein, der alle Illusionen einer humoristischen Idylle plötzlich wieder zerstört: »Drei Uhr schlägt es im Kloster.« Das ist auch die Sterbestunde Jesu. Der im letzten Gedicht erklärte *Verzicht*, das Kloster in eine Zeichnung, ein ›Bild‹, zu fassen, entsteht auch aus der Einsicht, dass sich diese Stimmung nicht festhalten lässt. Der Titel des ersten Gedichts korrespondiert in seiner Abstraktheit mit der Überschrift des letzten Gedichts; der Zyklus schließt sich. Das lyrische Subjekt akzeptiert, dass die Hoffnung, die harmonische Synthese von Vergangenheit und Gegenwart sei möglich, scheitert. Die Kunst der Zeichnung kann den Zauber des Ortes und des Augenblicks nicht einfangen und über den Augenblick hinaus bewahren. Kunst könnte sich nur störend zwischen das wahrnehmende Subjekt und die Schönheit des Augenblicks schieben: Nur das erinnernde Subjekt vermag für sich selbst dieses ganze ›Bild‹ zu bewahren; es lässt sich nicht völlig im Kunstwerk der Zeichnung objektivieren. Das Kunstwerk kann nur in seinem Mangel auf das Glück der harmonischen Augenblickserfahrung verweisen. So ist es am Ende allein diese Folge der ›Bildchen‹ aus Bebenhausen, welche die Erinnerung an »dieß Ganze« weitergeben kann und damit zugleich über die Möglichkeiten und die Grenzen von Kunst spricht. Gerade das gelingende Kunstwerk schließt den »Verzicht« ein. M. knüpft damit an Schillers Theorie des Elegischen an. Er führt beide Formen des Elegischen – Elegie und Idylle

– zur elegischen Idylle zusammen. M.s Bebenhausen-Gedichte sind elegische Erinnerungsbilder, die in ihrer Selbstbescheidung zugleich selbstbewusst eine Überforderung der Kunst zurückweisen, damit aber gerade das Recht der Kunst als Kunst einfordern.

Literatur

Braungart, Wolfgang: Spätzeitbewußtsein. Mörikes Gedichtzyklus *Bilder aus Bebenhausen*. In: Jb. für Württembergische Landesgeschichte 51 (1992), S. 295–320. – Burger, Hermann: Eduard Mörikes *Bilder aus Bebenhausen*. Die Architektur-Idyllen *Kapitelsaal* und *Sommerrefektorium*. In: Schweizer Monatshefte 51 (1975/76), S. 887–894. – Durr, Volker C.: Altersstil: Zeit und Raum in Mörikes *Bilder aus Bebenhausen*. In: GQ 48 (1975), S. 190–203. – Graevenitz, Gerhart von: Maßwerk der Moderne. Zu Gedichten Heines, Baudelaires und Mörikes. In: ders.: Das Ornament des Blicks. Über die Grundlagen des neuzeitlichen Sehens, die Poetik der Arabeske und Goethes *West-östlichen Divan*. Stuttgart u. a. 1994, S. 199–235. – Hötzer, Ulrich: Auf der Suche nach dem Gegenwärtigen. Nachdenken über Eduard Mörikes *Bilder aus Bebenhausen*. Reicheneck 1987. – Kelletat, Alfred: Mörike in Bebenhausen. In: Glückwunsch aus Bebenhausen. Wilhelm Hoffmann zum 50. Geburtstag am 21. April 1951. Privatdruck 1951, S. 51–68.

Wolfgang Braungart

»Lang, lang ist's her«. An Auguste Stark, geb. Mährlen, zu ihrer Hochzeit

Am 25. September 1866 heiratete Auguste Mährlen, die Tochter von M.s langjährigem Freund Johannes Mährlen, den Arzt Karl Stark. Zu diesem Anlass schrieb M. dieses Gedicht, das am 6. Februar 1867 in der *Augsburger Allgemeinen Zeitung* veröffentlicht und noch im selben Jahr, um V. 29 erweitert, in A^4 übernommen wurde. Das Gedicht zeigt drei Jahre nach den anerkannt gewichtigen späten Dichtungen *Erinna an Sappho* und *Bilder aus Bebenhausen* M.s Kunst auf der Höhe der Reflexion und Luzidität. Dabei ist die Verwischung der Grenzen zwischen der trotz ihrer Aufwertung durch Goethe wenig geachteten Gelegenheitsdichtung und der anspruchsvollen Kunst symptomatisch für M. Dies wird nicht zuletzt durch den hohen Ton des gewählten Verses deutlich: Der aus sechs Jamben bestehende Trimeter oder Senar, der klassische Dialogvers des antiken Dramas, sorgt hier für Ernsthaftigkeit und Flexibilität zugleich. Bereits der durch die Anführungszeichen und die Quellenangabe in der beigefügten Fußnote ausgezeichnete Gedichttitel stellt beides, die Gelegenheit selbst und das Gedicht, in den Kontext weiterer Bezüge und eröffnet damit die für den Text grundlegende Spur der Erinnerung, die im Rückblick und im Vorblick auf das Vergangensein-werden der Gegenwart in der Zukunft den augenblicklichen Zeitpunkt vielfach bedenkt. Die Quellenangabe ist allerdings nicht ganz zuverlässig, denn das um 1835 von Thomas H. Bayly vertonte *Long, long ago* war ab 1855 unter dem Titel *Lang ist's her* auch in Deutschland verbreitet (HKA 17, S. 790); darauf beziehen sich die Verse 7 und 8.

Der erste der vier Teile des Gedichts stellt als eine Erinnerung jenes »alte Liebeslied« vor (V. 3), das selbst die Erinnerung an vergangenes Glück zum Thema hat. Indem M. das Gedicht bereits als Echo eines anderen Textes eröffnet, nimmt er nicht nur den Anspruch der Originalität bescheiden zurück, sondern unterstreicht zugleich die Reflektiertheit seines nur vermeintlich rein privat verankerten Dichtens: Reflexion, als Wiederholung, wird nicht nur zum elegischen Blick zurück, wiewohl in V. 13 ff. skeptisch Stationen der Lebensgeschichte des Freundes und des lyrischen Ichs erinnert werden und in V. 21 ff. der Freund und Brautvater die Gegenwart im Spiegel seiner Vergangenheit sieht; Reflexion heißt auch – im dritten Teil – Transzendierung der Gegenwart durch Imagination einer Zukunft. Der Erinnerung der Vergangenheit des Vaters korrespondiert die vorweggenommene Erinnerung der Gegenwart (in der Perspektive der Braut), zentriert um das höchst labile, nur momentan gültige »Heute« (V. 30) der Sprechgegenwart. Der Augenblick der poetischen Reflexion erscheint zugleich als höchst vergänglich und doch – zwischen Vergangenheit und Zukunft – als höchst signifikant, während das Vertrauen in das Leben und seine metaphysische Lenkung eher begrenzt ist. Zur Widersprüchlichkeit dieser vielfach gestaffelten Erfahrung gehört nicht zuletzt die Wahrnehmung der Zeit, die »gemach mit Eile« vergeht (V. 32); ihr kann einzig die Wiederholung (in) der Erinnerung als stabiles Gegengewicht antworten, so wie – nach dem vierten Teil – die Braut als künftige Frau sich auf die Erinnerung verlassen wird, die auch Garant von Liebe und Treue bleibt. Nicht allein der Horizont der Geselligkeit gehört zu diesem späten Gedicht, sondern auch die Dimension eines Zeitkontinuums, das aus einer einmaligen Gelegenheit, einem Datum, hervorgeht, dieses aber als Zeitfolge der Generationen zunächst linear imaginiert: Der jugendliche Vater der Braut, dann der gegenwärtige Augenblick, schließlich die Zukunft. Erst in der kreislaufartigen Wiederholung und Verfugung, die das Gedicht selbst über das Zitat herstellt, wird die Linearität der Zeit in die Kreisbahn der Erinnerung überführt, ein nicht zuletzt poetologisches Verfahren, das die Vergänglichkeit in die Substanz eines Textes einbindet: M. steht hier in der Nähe von Kierkegaards Philosophie der Wiederholung (Begemann; M. Mayer, S. 79). Das Gedicht gehört in den Kontext jener Grenzphantasien in M.s Lyrik, bei denen ein meist zeitlicher Übergang als entscheidende Schwelle, als Gefahr und als Reflexionsmoment gedeutet wird.

Literatur

Begemann, Christian: Poetik der Erinnerung – Zu Eduard Mörikes »*Lang lang ists her!*« In: Mayer: Interpretationen, S. 155–172. – Hart Nibbrig, S. 328 f. – M. Mayer, S. 78 f. – Schlaffer, Heinz: Lyrik im Realismus. Studien über Raum und Zeit in den Gedichten Mörikes, der Droste und Liliencrons. Bonn ³1984, S. 68 f.

Mathias Mayer

Maler Nolten

Entstehung und frühe Rezeption

Am 9. Dezember 1827 erwähnt M. in einem Brief an Ludwig Bauer flüchtig ein größeres literarisches Projekt, in dem man wahrscheinlich die Ursprünge des *Maler Nolten* zu sehen hat: »Mit großer Liebe denke ich immer an den Roman, wovon ich Dir einmal sagte und ich ahne die Zeit schon, da ich mit Ruhe dran gehen kann« (HKA 10, S. 196). Allerdings muss offen bleiben, ob zu diesem Zeitpunkt schon eine klare Konzeption für das geplante Werk existierte. Auch über die weiteren Etappen der Arbeit bis zur Vollendung des *Nolten* ist nicht viel bekannt, zumal sich keinerlei Entwürfe oder andere Manuskripte erhalten haben. M. datierte den Beginn der Ausarbeitung des Romans später auf die Zeit seines »Cotta-Franckischen Verhältnisses« (HKA 11, S. 132) und damit auf das Jahr 1828, aber der größte Teil der Niederschrift fiel wohl in den Sommer 1830. Jedenfalls teilt M., damals Vikar in Owen, im Juli seinem Freund Wilhelm Hartlaub fast beiläufig mit: »Ich habe diesen Sommer eine Novelle geschrieben [...]. Ein Stück aus dem Leben eines (imaginirten) Malers« (HKA 11, S. 132). In der Folgezeit nahm der Dichter freilich noch zahlreiche Veränderungen und Umstellungen vor, mit denen er unter anderem den kritischen Einwänden Friedrich Theodor Vischers, der einen Teil des Manuskripts gelesen hatte, Rechnung trug (HKA 11, S. 156, 263). Seine ursprüngliche Idee, das Werk im Rahmen eines Almanachs herauszubringen (HKA 11, S. 149, 163), ließ M. Anfang des Jahres 1831 »*nothgedrungen*« fallen, denn der Roman war doch »zu voluminös für ein TaschenbuchsIngrediens« geworden (HKA 11, S. 192). Am 8. September 1831 meldet er Vischer: »An meinem kleinen Opus wird noch diesen Monat mit dem Druck angefangen. Ich habe es an E. Schweizerbart in Stuttg. gegeben um den Spottpreis von 150 F.« (HKA 11, S. 221). Da er von dem Gedanken, den *Nolten* aus Rücksicht auf seine »Pastoralstellung« unter einem Pseudonym zu veröffentlichen (HKA 11, S. 290), wieder abgekommen war, erschien der Roman 1832 unter M.s eigenem Namen bei Schweizerbart. Mitgeliefert wurde eine Musikbeilage mit Vertonungen einiger Gedichte aus dem *Nolten*, die von M.s Bruder Karl und seinem Freund Ludwig Hetsch stammten. Die Notwendigkeit, das Buch wegen seines großen Umfangs in zwei Bände aufzuteilen, hatte sich erst während des Drucks ergeben, kam dem Dichter aber nicht ungelegen, weil er schon von sich aus mit dem Gedanken an eine Zweiteilung gespielt hatte (HKA 11, S. 283, 288).

M. äußerte sich stets auffallend bescheiden über *Maler Nolten*. Mit dem »geringe[n] Begriff, den ich von der Würde meiner Erzählung habe«, rechtfertigt er schon seinen Plan, das Werk in einem Almanach zu publizieren (HKA 11, S. 149), und distanzierte Bemerkungen über die eigene Schöpfung finden sich auch sonst immer wieder: »Im Ganzen aber kann ich Dir wohl sagen mach ich überhaupt nicht viel aus dem Stück«, schreibt M. an Vischer (HKA 11, S. 156), und ein anderes Mal spricht er abschätzig von einem »Werklein« (HKA 11, S. 289). Offenbar war ihm daran gelegen, von vornherein die Erwartungen der Leser, zumal in seinem engeren Freundeskreis, zu dämpfen. In diesen Zusammenhang gehört auch die auf den ersten Blick befremdliche Gattungsbezeichnung. Nach heutigem Verständnis muss der *Nolten* aufgrund seines Umfangs und seiner strukturellen Komplexität zweifellos als Roman gelten, doch M. entschied sich für den Untertitel *Novelle* und benutzte diesen Terminus zunächst auch fast durchgängig in seinen Briefen. Zu berücksichtigen ist dabei allerdings sein spezifisches Gattungsverständnis: Nicht bestimmte Kompositionsprinzipien und Bauformen, sondern das Überwiegen der äußeren Handlung, das weitgehende Fehlen expliziter Reflexionen über ästhetische und philosophische Fragen und ein insgesamt eher bescheidener Anspruch bestimmten nach seiner Auffassung die Novelle (HKA 11, S. 140, 155 f.). Man tut daher gut daran, an diese Bezeichnung keine größeren gattungstheoretischen Spekulationen zu knüpfen, zumal die Biedermeierzeit in Fragen der Gattungssystematik ohnehin eher nachlässig verfuhr – gerade ihr Novellenbegriff war sehr unscharf – und M. selbst nach dem Erscheinen des Werkes mehr und mehr dazu überging, von einem »Roman« zu sprechen (HKA 12, S. 25, 44, 66, 74 u. ö.).

Von M.s Freunden wurde *Maler Nolten* überschwänglich begrüßt. Erwähnenswert ist insbesondere die ausführliche Stellungnahme Ludwig Bauers, der den Roman als »Meisterstück« bezeichnete und namentlich die »psychologische Tiefe«, die düstere Stimmung sowie die souveräne Motivierung und Verknüpfung der Handlung rühmte (BRIEFE BAUER, S. 88 f.). Die Rezensionen fielen ebenfalls günstig aus und würdigten durchweg das Talent des jungen Autors, obwohl es auch Kritik an der Konzeption des Werkes gab (s. u.). Übrigens standen die Rezensenten allesamt mit M. in Verbindung (so Gustav Schwab, Friedrich Notter und der einflussreiche Literaturkritiker Wolfgang Menzel) oder waren sogar eng mit ihm befreundet wie Mährlen und Vischer, die der Dichter schon frühzeitig eindringlich um Besprechungen gebeten hatte (HKA 11, S. 283, 292 f., 303, 314, 321). Ein Verkaufserfolg wurde der Roman trotz des lobenden Tenors dieser Rezensionen nicht: Als M. sich 1854 mit der Schweizerbartschen Verlagshandlung über eine Neuauflage verständigte, waren noch unverkaufte Exemplare der ersten Auflage vorhanden. Popularität hat der *Nolten* auch später nie erlangen können, obwohl er vereinzelt so prominente Bewunderer wie Theodor Storm fand, und bis heute gehört M.s einziger Roman, sein mit Abstand umfangreichstes poetisches Werk, zu den weniger bekannten Schöpfungen des Dichters.

Die fünf Rezensionen (HKA 5, S. 33–79) gewähren einige bemerkenswerte Einblicke in die Erwartungshaltung der zeitgenössischen Leser und den literarhistorischen Hintergrund, vor dem der Roman zu sehen ist, nehmen darüber hinaus aber in ihren Urteilen, Deutungsversuchen und Schwerpunktsetzungen auch bereits wichtige Tendenzen der späteren wissenschaftlichen *Nolten*-Forschung vorweg. So fühlten sich schon die Rezensenten durch den unübersichtlichen Aufbau des Werkes und die Vielzahl seiner Episoden und Figuren irritiert; vor allem Schwab tadelt die »allzu häufige Unterbrechung« in der »steten Entwickelung der Hauptideen« (HKA 5, 51). Besonders interessant sind allerdings die verschiedenen Versuche der Kritiker, hinter dem verwirrenden und düsteren Romangeschehen tiefere Gesetzmäßigkeiten aufzudecken und den Kräften, die den Gang der Handlung bestimmen, auf die Spur zu kommen. Nur die sehr kurz gefassten Aufsätze von Menzel und Mährlen bleiben in dieser Hinsicht unergiebig, da sie sich weitgehend auf bloße Inhaltsangaben beschränken. Notter, der sich ausführlicher äußert, gesteht zunächst sein Unvermögen, die »Grundidee« des Romans deutlich anzugeben (HKA 5, S. 53), versucht aber später, das komplexe Beziehungsgeflecht zwischen den Protagonisten mit einem etwas vagen Konzept der »Wahlverwandtschaft« verständlich zu machen (HKA 5, S. 57). Gustav Schwab entwickelt ein differenzierteres Modell, um die »Grundidee« des *Maler Nolten* zu erfassen. Er konstatiert eine »verschwenderische Duplicität«, da die Dichtung »nicht blos von Einem, sondern von zwei und zwar ziemlich heterogenen Gedanken beherrscht und geleitet« werde, nämlich »von einer psychologischen Wahrheit und einem Mythus der Phantasie« (HKA 5, S. 49). Die Handlung werde einerseits von der Intrige des Schauspielers Larkens, andererseits von einer undurchschaubaren Schicksalsmacht vorangetrieben, und beide Tendenzen stünden einander immer wieder störend im Wege. Hier liegt die Wurzel jener These von der ›doppelten Motivierung‹, die in verschiedenen Variationen lange Zeit auch die literaturwissenschaftliche Auseinandersetzung mit M.s Roman bestimmt hat.

Vischers Rezension, die erst 1839 erscheinen konnte, übertrifft die vorangegangenen an Umfang wie auch an analytischer Schärfe. Sie greift Schwabs Deutungsmuster in etwas veränderter Akzentuierung auf, indem sie gleichfalls eine grundlegende Doppelung in der Konzeption des Werkes herausarbeitet: »Wir haben also einen Roman, der zur Hälfte ein Bildungs-Roman [...], ein psychologischer Roman, zur Hälfte ein Schicksals-Roman, ein mystischer Roman ist, und beide Hälften gehen nicht in einander auf« (HKA 5, S. 67). Die zentrale Frage nach der Treue in der Liebe gehöre nämlich ausschließlich dem Bereich der Vernunft und der Freiheit an, aber im *Nolten* mache sich zugleich eine »irrationale Nothwendigkeit« geltend, die Theobald an Elisabeth binde (HKA 5, S. 66). So sei das Buch im Grunde ein verunglückter Bildungsroman, in dem durch das »fatalistische Element« der »Entwicklungsweg« des Helden »in der Mitte gestört, unterbrochen« werde (HKA 5, S. 73). Auf der Basis dieser Interpretation unternimmt Vischer auch eine literarhistorische und geistesgeschichtliche Einordnung des Werkes: »Wir sehen [...] unsern Dichter mit einem Fuße noch in der Romantik, den andern auf die Stufe des classisch-modernen Ideals emporgehoben.« Der Roman erscheint ihm daher als Zwitterprodukt, in dem die »romantische Mystik« schließlich die »naturgemäße klare Wirklichkeit« überwältigt (HKA 5, S. 65). Bei alledem lassen Vischers Ausführungen keinen Zweifel daran, dass sein Interesse ebenso wie seine Sympathie den »classisch-modernen« Aspekten des *Nolten* gilt.

Probleme der Interpretation. Forschungslage

Der Zugang zu M.s *Maler Nolten* wird schon durch die Struktur des Romans erheblich erschwert, die es dem Leser nicht leicht macht, auch nur die zeitliche Abfolge und die oberflächliche Verknüpfung der erzählten Ereignisse zu durchschauen – von den Grundlagen und Triebkräften der Handlung ganz zu schweigen. Verantwortlich dafür ist vornehmlich der kleinteilige und verschlungene Aufbau des Werkes. Besonders im ersten Teil sorgen die zahlreichen Rückblenden, die das Fortschreiten der Haupthandlung unterbrechen, für eine Unübersichtlichkeit der Chronologie, die durch den wiederholten Wechsel zwischen den beiden wichtigsten Handlungssträngen um Nolten und Agnes noch verstärkt wird. Darüber hinaus hat M. die von Goethe in *Wilhelm Meisters Lehrjahre* und von den Romantikern in ihren großen Romanen entwickelte Technik der Gattungsmischung übernommen, indem er eine ganze Reihe seiner Gedichte aus den zwanziger Jahren, von denen die meisten noch unveröffentlicht waren, sowie das kleine Drama *Der lezte König von Orplid* in seine Erzählung integrierte. Irritierend wirkt dabei, dass viele dieser von ganz unterschiedlichen Figuren vorgetragenen oder verfassten Binnentexte keinen auf Anhieb erkennbaren Bezug zum Romangeschehen aufweisen.

Die verwirrende Struktur des *Nolten* findet auf der Inhaltsebene eine Entsprechung in den Motiven des Betrugs, der Täuschung und des Missverständnisses, die eine auffallend große Rolle spielen. Dabei ist es sicherlich kein Zufall, dass gerade die einleitenden Episoden in besonderem

Maße von dieser Thematik geprägt sind und sie in verschiedenen Dimensionen entfalten. In Gang gesetzt wird die Handlung durch die betrügerischen Manöver des Hochstaplers Wispel, der seinem Herrn Theobald Nolten mehrere Skizzen entwendet und sie als seine eigenen Werke dem Maler Tillsen verkauft. Tillsen nutzt die Entwürfe als Vorlagen für großformatige Ölgemälde und führt, selbst getäuscht, seinerseits seine Umgebung in die Irre, indem er den rätselhaften Ursprung der Skizzen verschweigt. Auch der Leser wird längere Zeit über die wahren Hintergründe dieser Vorgänge im Unklaren gelassen und zugleich gezielt zu falschen Erwartungen über den Fortgang der Handlung verführt. So erweist sich die Konkurrenz zwischen Tillsen und dem Titelhelden Nolten, dem wahren Schöpfer der Zeichnungen, sehr bald als blindes Motiv – schon bei der ersten persönlichen Begegnung schließen die beiden Maler einen Freundschaftsbund –, und Noltens künstlerischer und sozialer Aufstieg, in dem man zunächst das zentrale Thema des Romans vermuten könnte, wird etwas später vom Erzähler in wenigen Sätzen zusammengefasst (HKA 3, S. 24): Im Handumdrehen steht Nolten als erfolgreicher und angesehener Maler da, dem sich die höchsten Kreise der Gesellschaft öffnen. Überdies verschiebt sich das Personenspektrum rasch, denn Tillsen und Jaßfeld, Mittelpunktsfiguren der ersten Episoden, spielen danach nur noch eine marginale Rolle, und der Major von R. verschwindet sogar ganz aus dem Roman. Das Täuschungsmotiv durchzieht in den unterschiedlichsten Formen den gesamten *Nolten* – es bestimmt insbesondere die von Larkens eingefädelte Intrige, die Theobald und Agnes wieder zusammenführen soll, und Noltens zweifelhafte Stellung zwischen Constanze und seiner Verlobten –, während die oben skizzierte Struktur des Textes auf ihre Weise dafür sorgt, dass der Leser selbst immer aufs Neue in das auf der Ebene des erzählten Geschehens inszenierte Verwirrspiel hineingezogen wird.

Einen gewissen Ausgleich scheint der Erzähler zu schaffen, der sich hin und wieder ordnungsstiftend, kommentierend und wertend einschaltet. Aufs Ganze gesehen ist die Gestaltung der Erzählinstanz aber eher geeignet, die Verwirrung des Lesers noch zu vergrößern. M. hat sich nämlich nicht für eine durchgängig auktoriale Erzählhaltung entschieden, die Übersicht und Orientierung verbürgen könnte, sondern für eine diskontinuierliche und widersprüchliche erzählerische Vermittlung des Geschehens. Wissensstand und Perspektive der Erzählinstanz unterliegen im Laufe des Romans erheblichen Schwankungen. So präsentiert sich der Erzähler bisweilen als eine Figur, die selbst der erzählten Welt angehört, indem er sich auf Auskünfte anderer, auf Vermutungen und Gerüchte und damit auf recht zweifelhafte Quellen beruft: »Von dem Inhalt jenes hinterlassenen Schreibens wissen wir nur das Allgemeinste, da Nolten selbst ein Geheimniß daraus machte«; oder: »Einige Jahre nachher hörten wir von Bekannten des Malers die Behauptung geltend machen, […]« (HKA 3, S. 331). Andererseits besitzt der Erzähler in zahlreichen Passagen die Fähigkeit, Empfindungen und Gedanken verschiedener Protagonisten unmittelbar aus der Innenperspektive wiederzugeben, was einem bloßen Chronisten, der die Geschichte aus den verfügbaren Materialien zu rekonstruieren versucht, unmöglich sein müsste. Auffälligerweise neigt der Erzähler aber gegen Ende des Romans dazu, sich mehr und mehr auf eine bloße Beobachterposition zurückzuziehen und dem Leser Erklärungen für die sich in dieser Phase häufenden Katastrophen vorzuenthalten. So referiert er nach Noltens geheimnisvollem Ende lediglich verschiedene Vermutungen der Romanpersonen über die Vorgänge in der Todesnacht, enthält sich aber einer eigenen Stellungnahme (HKA 3, S. 410 f.). M. kam es also offenkundig nicht darauf an, eine einheitliche Erzählinstanz zu schaffen; vielmehr scheint sich die erzählerische Gestaltung des Romans ausschließlich nach wirkungsästhetischen Gesichtspunkten zu richten: Gerade bei den wichtigsten Abschnitten der Handlung ist die Erzählperspektive mit Bedacht so gewählt, dass die Hintergründe und die genaueren Umstände der Geschehnisse für den Leser im Dunkeln bleiben. Allen bisher angeführten Besonderheiten des Aufbaus und der Erzählweise ist gemeinsam, dass sie dem Rezipienten des *Maler Nolten* ein ›bequemes‹ Lesen unmöglich machen und ihn nicht nur zu intensiver Aufmerksamkeit, sondern auch zu eigenständiger Deutungs- und Entschlüsselungsarbeit nötigen: Er muss selbst die Zusammenhänge der Ereignisse rekonstruieren und den Triebkräften der erzählten Vorgänge nachspüren, da ihm keine verlässliche Instanz diese Aufgabe abnimmt.

Bei genauerer Betrachtung stellt sich der Text nun aber keineswegs als bloßes Gewirr von Handlungsfragmenten, Einschüben und Rückblenden dar, denn es gibt eine ganze Reihe von Ordnungsprinzipien, die auf verschiedenen Ebenen das scheinbare Chaos strukturieren. So lässt sich eine erste Einteilung nach den drei Handlungsräumen vornehmen, in denen sich, von wenigen Ausnahmen abgesehen, das gesamte Geschehen der Gegenwartshandlung abspielt. Der erste Teil des Romans hat seinen Mittelpunkt in der – nicht namentlich genannten – »Residenzstadt« (HKA 3, S. 11), wo die von Constanze verkörperte Welt der höheren Gesellschaftsschichten dominiert. Die ländliche Region von Neuburg ist dagegen Agnes zugeordnet und bildet im ersten Teil den Ort der Nebenhandlung um Noltens Verlobte, bevor sie im zweiten Teil in den Vordergrund rückt, sobald Theobald selbst die Residenz verlässt und nach Neuburg reist. Der dritte Bezirk besteht schließlich aus der »ehemaligen Reichsstadt« (HKA 3, S. 317) und dem nahe gelegenen Schloss des Präsidenten, den Schauplätzen der letzten Episoden. Ebenfalls sehr klar strukturiert ist der Lebensweg des Titelhelden Theobald Nolten, der sich als Kreislauf erweist, wenn man die Abfolge der einzelnen Frauenbeziehungen des Malers ins Auge fasst. Am Anfang steht das »seltsame Bündniß« des Jugendlichen mit Elisabeth auf dem Rehstock (HKA 3, S. 217), später lernt Nolten Agnes kennen und verlobt sich mit ihr, bevor er sich angesichts ihrer scheinbaren Untreue der Gräfin Constanze zuwendet – an diesem Punkt setzt die Haupthandlung des Romans ein. Dem Bruch mit Constanze folgt die Rückkehr zu Agnes und schließlich, wenn Hennis Vision Glauben verdient, die Wiedervereinigung mit Elisabeth. Man kann in diesem Zirkel Vischers These vom *Maler*

Nolten als einem ›missglückten‹ Bildungsroman, in dem die Entwicklung des Helden nicht zum Abschluss gelangt, bestätigt sehen. Auch die episodische Form des Werkes gehorcht bestimmten Mustern und ist keineswegs in der Unfähigkeit des Autors, seinen Stoff besser zu ordnen, begründet. So weist der erste Teil eine analytische Struktur auf, denn er stellt sich als »Kette von Fragen und fragmentarischen Auflösungen« dar, die sich mit einem »Rückwärtsschreiten in die Vergangenheit« verbindet (Bohnengel, S. 46). Immer wieder werden dem Leser Rätsel aufgegeben, die die wechselseitigen Beziehungen der Figuren und vor allem die Rolle der geheimnisvollen Zigeunerin Elisabeth betreffen, und jede Teilantwort zieht neue Fragen nach sich, zu deren Klärung wieder in die Vorgeschichte zurückgegriffen werden muss. Folgerichtig steht am Ende des ersten Teils die Erzählung *Ein Tag aus Noltens Jugendleben* (HKA 3, S. 189–217), die von der Bekanntschaft des Protagonisten mit Elisabeth berichtet und in die wiederum die Erlebnisse von Theobalds Onkel Friedrich Nolten als die chronologisch früheste Episode des gesamten Romans eingeschachtelt sind. Darüber hinaus liegt dem episodischen Bauprinzip ein bestimmtes wirkungsästhetisches Kalkül zugrunde, das M. in einem Brief an Schwab erläutert, um dessen Kritik an der Erzählstruktur des *Nolten* zu begegnen: Mit Hilfe der »durch die Episoden beabsichtigte[n] Mannigfaltigkeit« würden »die Hauptbegebenheiten so lange auseinandergehalten […] als nöthig schien, damit das Gemüth des Lesers sich nicht ermüde und für Capitalschläge empfänglich bleibe« (HKA 12, S. 19). Tatsächlich ist besonders der zweite Teil durch einen unablässigen Wechsel von scheinbar idyllischer Beruhigung und jeweils unmittelbar folgender Katastrophe charakterisiert. Ein anderes Ordnungsmuster bezieht sich auf einzelne Handlungsstränge, deren Geschlossenheit durch einen aus Vorausdeutung und Erfüllung gebildeten Rahmen gestiftet wird. So präfiguriert das düstere Totentanzbild, das der Leser zu Beginn des Romans kennen lernt, in vielerlei Hinsicht den rätselhaften Tod Noltens im Schloss des Präsidenten, und der Alptraum, von dem Constanze bei ihrem ersten Auftritt erzählt

(HKA 3, S. 70), findet sein Pendant im letzten Abschnitt des Textes, in dem der von der gespenstischen Orgelspielerin angekündigte Tod der Gräfin wirklich eintritt. Daneben lassen sich noch zahlreiche weitere motivische Verweise und Parallelen zwischen verschiedenen Episoden aufzeigen: M. bedient sich in *Maler Nolten* einer regelrechten Leitmotivtechnik, die, mit den Kernthemen des Romans eng verknüpft, gleichfalls zu seiner Strukturierung beiträgt.

Wie die Prinzipien des Romanaufbaus sind auch die Zusammenhänge und Gesetzmäßigkeiten der Figurenschicksale nicht ohne weiteres ersichtlich; sie müssen vom Leser ebenfalls interpretierend erschlossen werden. In erster Linie verlangt natürlich das tödliche Scheitern sämtlicher Hauptpersonen des *Nolten* nach einer Erklärung. Auffällig ist zunächst die erstaunliche Passivität der meisten Protagonisten – gerade Nolten unternimmt kaum einmal einen Versuch, sein Leben eigenverantwortlich zu gestalten. Larkens entfaltet demgegenüber zwar eine große Betriebsamkeit, indem er eine komplizierte Intrige zum Wohl des Freundes anspinnt, verliert aber nach und nach selbst die Kontrolle über das Geschehen und erreicht schließlich keines seiner Ziele. Verstrickt in Ereigniszusammenhänge, die sie weder durchschauen noch beherrschen können, gewinnen die Protagonisten den Eindruck, hilflos dem Einfluss eines dunklen Schicksals ausgeliefert zu sein, das sich in ihrer Vorstellung vielfach mit der Zigeunerin Elisabeth verbindet. Agnes glaubt nach Elisabeths Prophezeiung, »einer fremden, entsetzlichen Macht anzugehören« (HKA 3, S. 53), und Theobald macht die Zigeunerin ausdrücklich für alles Unheil, das über ihn gekommen ist, verantwortlich: »aus dieser Quelle floß mir schon ein übervolles Meer von Kummer und Verwirrung« (HKA 3, S. 374). Die ältere *Nolten*-Forschung knüpfte häufig an diese und ähnliche Äußerungen an und griff dabei zugleich auf die von Schwab und Vischer entwickelte These von der ›doppelten Motivierung‹ zurück. Lange Zeit galt M.s Werk daher als ›Schicksalsroman‹, dessen Handlungsabläufe zwar partiell rational und psychologisch erklärbar seien, in letzter Instanz aber von einem undurchschaubaren Verhängnis vorangetrieben würden, das in der schier allgegenwärtigen Zigeunerin Elisabeth Gestalt annehme. Solange diese Vorannahmen unerschüttert waren und *Maler Nolten* als Dokument einer fatalistischen Weltanschauung gelesen wurde, konnte die Forschung keine substanziellen Fortschritte erzielen. Auch die Einordnung des Romans in übergreifende literarhistorische oder sozialgeschichtliche Zusammenhänge blieb ein Desiderat. Bei einer genaueren Prüfung des Textes erweist sich die skizzierte Interpretationsrichtung als äußerst fragwürdig, denn Elisabeth verhält sich keineswegs so aktiv und handlungsbestimmend, wie manche Forscher unterstellen, und kann schwerlich für alle Verwicklungen des Geschehens verantwortlich gemacht werden. Ihr zielgerichtetes Eingreifen beschränkt sich im Grunde auf die düstere Prophezeiung, mit der sie sich von ihrer Nebenbuhlerin Agnes zu befreien hofft, aber auch in diesem Fall muss die Bedeutung von Elisabeths Einflussnahme zumindest relativiert werden. Zwar gerät Agnes nach dem Gespräch mit der Zigeunerin in eine schwere seelische Krise, aber der Erzähler lässt keinen Zweifel daran, dass die Minderwertigkeitsgefühle des Mädchens schon vorher vorhanden waren und durch Elisabeths Einflüsterungen allenfalls verstärkt worden sind (HKA 3, S. 50–54). Die oben zitierten Schuldzuweisungen resultieren daher zumeist aus Projektionen der Protagonisten, die nach einer bequemen Erklärung für die Verstrickungen suchen, in die sie scheinbar ohne eigenes Zutun geraten sind. Die ältere Forschung hat fast durchweg den Fehler begangen, sich mit einer unkritischen Übernahme dieser beschränkten Figurenperspektive zu begnügen.

Seit dem Ende der achtziger Jahre hat das Interesse an *Maler Nolten* in der Literaturwissenschaft sprunghaft zugenommen. In zahlreichen Dissertationen und Aufsätzen wurde der zuvor wenig beachtete Roman förmlich neu entdeckt, und die Beschäftigung mit ihm bildet seither wohl den gewichtigsten Schwerpunkt innerhalb der M.-Forschung. Von einem tiefen Einschnitt in der Forschungsgeschichte kann man aber vor allem deshalb sprechen, weil mehrere dieser Arbeiten auch methodisch und theoretisch neue Wege beschritten und an die Stelle des so sehr strapazierten Schicksalsgedankens und der These von der ›doppelten Motivierung‹ differenziertere Deutungsmodelle setzten. Besondere Bedeutung kommt dabei der 1992 vorgelegten Untersuchung von Herbert Bruch zu, die die Bedeutung von Verdrängungsvorgängen sowie die narzisstischen Dispositionen der Romanfiguren herausarbeitet. Nicht dunkle Schicksalsmächte bestimmen demnach das erzählte Geschehen, sondern die Wirksamkeit angstbesetzter triebhafter Regungen und unbewusster Mechanismen, bei deren Gestaltung M. in erstaunlichem Maße Einsichten der Psychoanalyse vorweggenommen hat. Bruch konzentriert sich in seiner Studie auf die *Feuerreiter*-Ballade, die Texte um Jung Volker und das *Orplid*-Spiel, um nachzuweisen, dass diese Einschübe dieselben psychischen Konfliktstoffe verarbeiten wie die Haupthandlung und somit über ihre Thematik eng mit dem Romanganzen verknüpft sind. Funktion und Berechtigung der Binnentexte im *Nolten*, die ja bereits die zeitgenössischen Rezensenten beschäftigt haben, rücken auf diese Weise in ein ganz neues Licht. Die späteren Untersuchungen zu *Maler Nolten* haben das Spektrum der theoretischen Ansätze noch erweitert. So betrachtet Irene Schüpfer den Roman von einer feministischen, an Julia Kristeva orientierten Position aus, während Achim Nuber den strukturellen Parallelen zwischen der erzählten Geschichte und ihrer erzählerischen Vermittlung nachgeht. Ulrich Kittstein analysiert den *Nolten* unter Rückgriff auf die Zivilisationstheorie von Norbert Elias und erschließt dabei auch die bislang vernachlässigte poetologische Reflexionsebene des Werkes. Aus heutiger Sicht stellt der vermeintliche fatalistische Schicksalsroman eine vielschichtige literarische Auseinandersetzung mit jenen psychischen Strukturen und Konflikten dar, die sich mit der modernen bürgerlichen Lebenswelt herausgebildet haben. Unter dieser Perspektive lassen sich die Verhaltensweisen der Protagonisten, ihre wechselseitigen Beziehungen und ihr tödliches Scheitern im Zusammenhang erklären. Somit kann *Maler Nolten* in einem spezifischen Sinne durchaus als ›Zeitroman‹ verstanden werden, obwohl er nur selten offene Bezüge zum politisch-historischen Kontext herstellt – einigen Hinweisen ist immerhin zu entnehmen, dass die Handlung in der Restaurationsepoche, also in der jüngsten Vergangenheit angesiedelt ist (HKA 3, S. 32f., 172f.).

Die Frauenfiguren

Am Beispiel der weiblichen Figuren wird die psychologische Dimension von M.s Werk besonders deutlich. *Maler Nolten* führt eine ganze Reihe von Frauengestalten vor, die den unterschiedlichsten sozialen Formationen – von der Zigeunerschar über das Bürgertum bis hin zur adligen Oberschicht – entstammen. Dabei hat M. die psychischen Strukturen und die eigentümlichen Verhaltensweisen der Protagonistinnen mit so großer Genauigkeit ihrer jeweiligen Herkunft angepasst, dass die Abfolge der Frauenfiguren sogar als Illustration des von Norbert Elias beschriebenen Zivilisationsprozesses interpretiert werden kann, in dessen Verlauf Denken, Empfinden und Handeln der Menschen, analog zur zunehmenden gesellschaftlichen Differenzierung, in steigendem Maße durch verinnerlichte Kontrollmechanismen reguliert werden (Bohnengel).

Mit der Zigeunergruppe, auf die Friedrich Nolten in den böhmischen Wäldern trifft, entwirft M. eine verhältnismäßig wenig ausdifferenzierte Figuration, in der die Selbstzwänge des Einzelnen – psychoanalytisch gesprochen: das Über-Ich – nur schwach ausgeprägt sind. Aggressive Impulse können sich daher noch unmittelbar in Handlungen umsetzen, wie es etwa bei dem Angriff des eifersüchtigen Marwin auf Friedrich geschieht. Die für das Leben in der Gemeinschaft unerlässliche Regulation des Verhaltens wird unter den Zigeunern in erster Linie durch eine einschüchternde *äußere* Autorität gewährleistet, nämlich durch den Hauptmann; nur die »Furcht« vor ihm vermag Marwin »im Zaum« zu halten (HKA 3, S. 209). Anders verhält es sich in den komplexeren bürgerlich-adligen Figurationen: Internalisierte, unbewusst arbeitende Selbstzwangmechanismen, die sich das Individuum im Laufe der Sozialisation aneignet, garantieren die in dieser Lebenswelt erforderliche allseitige Zügelung der Affektäußerungen und ersetzen weitgehend den von außen wirkenden Fremdzwang. Konstellationen, in denen zwei Männer um die Liebe einer Frau konkurrieren, kehren in *Maler Nolten* auch in diesen sozialen Sphären wieder (Theobald – Agnes – Otto; Theobald – Constanze – Herzog Adolph), führen aber nun nicht mehr zu einer offenen, physischen Austragung der Konflikte. Constanze und Agnes werden, ihrer Herkunft aus den bürgerlich-adligen Gesellschaftskreisen entsprechend, als Personen mit sehr starken verinnerlichten Selbstzwängen und einem überaus wirksamen Über-Ich dargestellt, während sich Loskine weitgehend dem freien Spiel der Affekte überlässt und gerade dadurch eine außerordentliche Faszination auf den bürgerlichen Friedrich Nolten ausübt. Besonders auffallend ist der Kontrast zwischen der selbstverständlichen und souveränen Art, in der Loskine ihren eigenen Körper beherrscht und einsetzt, und jener weitgehenden Entfremdung von intensiven körperlichen Erfahrungen und sinnlichen Regungen, die Agnes und Constanze kennzeichnet.

Der wandernden Zigeunerin Elisabeth hat M. durch verschiedene darstellungstechnische Kunstgriffe eine geheimnisvolle Aura verliehen, die eine psychologisierende Interpretation dieser Figur erschwert und ihr eine Sonderstellung unter den Protagonistinnen sichert. Elisabeth tritt zwar verhältnismäßig häufig in Erscheinung und ist in der einen oder anderen Weise in alle Handlungsstränge des Romans verwickelt, kommt aber nur selten ausführlicher zu Wort und spricht auch dann nicht immer in eigener Sache; so trägt sie beispielsweise in der Neujahrsnacht, als Nachtwächter verkleidet, lediglich Texte vor, die Larkens für sie verfasst hat. Überdies bleibt dem Leser der unmittelbare Zugang zu ihren Gedanken und Empfindungen versperrt, weil Elisabeth niemals aus der Innenperspektive dargestellt wird. Gerade aufgrund ihrer Rätselhaftigkeit eignet sich die Zigeunerin als Projektionsfläche für die unbestimmten Ängste der anderen Protagonisten. Zugleich wird sie von M. aber zu einer symbolischen Gestalt überhöht, in der sich der dämonisierte, ungezähmte Eros verkörpert, der die in der bürgerlichen Welt geforderte Selbstkontrolle des Menschen in besonderem Maße gefährdet. In ihrer Rede an Nolten im Park des Präsidenten identifiziert sich Elisabeth selbst ausdrücklich mit der verstoßenen, umherirrenden »Liebe« (HKA 3, S. 374). Allerdings geht Elisabeth keineswegs völlig in ihrer symbolischen Bedeutung auf, denn sie lässt sich *auch* realistisch als eine individuelle Figur mit einem ganz persönlichen Lebensschicksal verstehen, die auf der Skala der Frauengestalten zwischen ihrer Mutter auf der einen und Agnes und Constanze auf der anderen Seite zu platzieren wäre. Schon ihre Herkunft stellt die Tochter des bürgerlichen Malers Friedrich Nolten und der Zigeunerin Loskine zwischen zwei soziale Formationen, und die darin begründete Wurzellosigkeit wird durch ihre weitere Biographie noch verstärkt, da Elisabeth keine geschlossene Sozialisation erfährt: Sie wächst zunächst bei ihrem Vater auf, wird aber im Alter von sieben Jahren von den Zigeunern entführt (HKA 3, S. 214), denen sie später wieder entflieht, ohne doch in das bürgerliche Leben zurückzufinden. Das Fehlen einer gesicherten Identität und Zugehörigkeit manifestiert sich in dem Wahnsinn, unter dem Elisabeth nach eigenem Geständnis leidet (HKA 3, S. 198), und in ihrer buchstäblichen Ortlosigkeit im Roman. Ihre Leidenschaft für Theobald wird vor diesem Hintergrund als Zeichen der Sehnsucht nach einem Ersatz für die unwiederbringlich verlorene »Heimath« verständlich (HKA 3, S. 198).

Die Problematik, die in *Maler Nolten* am Beispiel der Figuren Agnes und Constanze gestaltet wird, ist anderer Art. Ihr Verständnis setzt einen Blick auf das zeitgenössische Frauenbild voraus, für dessen Rekonstruktion M.s Roman selbst umfangreiches Material bietet, da sowohl Theobald als auch Larkens ihre Ansichten zu diesem Thema ausführlich darlegen. Reinheit, Unschuld, Bescheidenheit und Demut sind die Tugenden, die der Maler von einer Frau erwartet, und Larkens offenbart in seinem Selbstgespräch über Agnes eine ganz ähnliche Einstellung (HKA 3, S. 47f.), obwohl er zuvor noch die verstiegenen Forderungen des Freundes verspottet hat. Das gänzliche Fehlen von Triebregungen, von Sinnlichkeit und Leidenschaft bildet den Kern dieses Idealbilds, weil nur eine Frau, die solchen Ansprüchen genügt, nicht das prekäre seelische

Gleichgewicht des bürgerlichen Mannes gefährdet, das auf dem verinnerlichten Zwang zur Triebkontrolle beruht. Nicht weniger zeittypisch ist es, wenn die Männer diese weiblichen Idealeigenschaften als naturgegeben auffassen; aufschlussreich sind hier die stereotypen Vergleiche der Frauenfiguren mit Kindern, Blumen oder Engeln. Die im Roman erzählten Schicksale der Protagonistinnen Agnes und Constanze offenbaren indes, dass die (scheinbare) Freiheit dieser ›Engelsgestalten‹ von sinnlich-sexuellen und aggressiven Regungen keineswegs auf einer unberührten Natürlichkeit beruht, sondern vielmehr auf einer durch strikte Selbstzwänge und umfassende Verdrängungsleistungen konstituierten psychischen Struktur, die aus der Verinnerlichung gesellschaftlicher Anforderungen und Erwartungen hervorgegangen ist. Die Identität der Frauen bildet sich während der Sozialisation gerade im Zuge dieser Verinnerlichung heraus, weshalb ihr Selbstbild auch weitgehend mit den Idealvorstellungen ihrer Umwelt übereinstimmt. Die merkwürdigen Ideen, die Agnes im Gespräch mit Margot und Nannette zur Bedeutung der Namensgebung entwickelt (HKA 3, S. 350 f.), stellen eine verschlüsselte Reflexion dieser Zusammenhänge dar (Kittstein, S. 271–274). Die inneren Konflikte, in die Agnes und Constanze im Roman geraten und die ihr Scheitern begründen, lassen sich als Identitätskrisen verstehen, ausgelöst jeweils durch eine erschütternde Konfrontation der Betroffenen mit den unterdrückten, unbewussten Anteilen der eigenen Seele, die in ihrem Selbstverständnis keinen Platz haben. Eine solche Erfahrung macht Constanze in der ›schönen Grotte‹ auf Schloss Wetterswyl. Noltens stürmische Annäherung ruft bei ihr eine sinnliche Erregung hervor, mit der sie nicht umzugehen versteht und die sich mit der tief verwurzelten Furcht vor solchen Empfindungen zu einem Chaos widerstreitender Gefühle verbindet, das der Erzähler präzise beschreibt (HKA 3, S. 82 f.). Die Angst der Gräfin gilt der mit dem Übermaß der Leidenschaft gegebenen Gefahr des Kontroll- und damit Selbstverlusts, auf die hier – wie durchgängig im Roman – die Motive des Sturzes, der Dunkelheit und der Ohnmacht verweisen. Constanze ist diesem Erlebnis nicht gewachsen, flieht voller Panik und gewinnt ihre Selbstbeherrschung erst durch eine möglichst umfassende Verdrängung der Erinnerung an den aufwühlenden Vorfall zurück. Der Fortgang der Handlung führt sie jedoch bald in eine zweite, strukturell vergleichbare Krise. Als sich die Gräfin aufgrund der von Larkens eingeleiteten Intrige von ihrem Geliebten betrogen glaubt, nutzt sie die durch die Aufführung des *Orplid*-Spiels provozierten politisch-juristischen Verwicklungen, um sich zu rächen, indem sie dem Herzog die Verhaftung des Künstlerpaares empfiehlt. Dieser Ausbruch an sich sehr verständlicher aggressiver Regungen widerspricht aber ebenfalls jenem Weiblichkeitsideal, dem Constanzes Selbstverständnis verpflichtet ist, und zieht daher schwere Sanktionen des Über-Ich nach sich. Der Brief, in dem die Gräfin von Theobald Abschied nimmt, dokumentiert ihre massiven Schuldgefühle und die Empfindung ihrer tiefen »Schande« (HKA 3, S. 261). Ganz anschaulich stellen sich das Idealbild reiner Weiblichkeit und Constanzes schuldhafter Verstoß gegen seine Anforderungen dar, wenn sich die Gräfin als Strafe ein förmliches Gerichtsverfahren ausmalt: »dürft' ich mein ganzes Geschlecht wider mich aufrufen, möchten die Besten desselben mich fremd aus ihrer Mitte weisen!« (HKA 3, S. 261). Ebenso bildhaft schildert Constanze die Auflösung ihrer scheinbar fest gefügten Identität, die angesichts der schockierenden Begegnung mit den eigenen verbotenen seelischen Regungen in einem »ungeheuern Abgrunde [versinkt], den dieses Herz, sein selbst unkundig, […] bis daher verbarg« (HKA 3, S. 261). Constanzes Selbstbestrafungsphantasien steigern sich bis zu unverhohlenen Todeswünschen, und so stellt das traurige Ende der Gräfin, von dem der letzte Abschnitt des Romans erzählt, nur die logische Konsequenz ihrer inneren Entwicklung dar.

Auch die Agnes-Handlung thematisiert in ihrem Kern einen weiblichen Identitätskonflikt, obwohl sich die Erfahrungen des Mädchens im Einzelnen deutlich von denen Constanzes unterscheiden. Dass Agnes keineswegs jenes harmlos-unschuldige Geschöpf ist, das Theobald gerne in ihr sehen möchte, zeigt sich schon sehr früh. Bereits vor der Begegnung mit Elisabeth wird

Agnes von Selbstzweifeln gequält und glaubt, ihrem künftigen Mann niemals genügen zu können, so dass die düstere Prophezeiung der Zigeunerin ihr lediglich »eine früher gefühlte Wahrheit auf's wunderbarste zu bestätigen« scheint (HKA 3, S. 54). Unklar bleibt zunächst, warum Agnes überhaupt zu der Überzeugung gelangt ist, dass sie mit Theobald niemals glücklich werden könne und eine Trennung unausweichlich sei. Gewisse Indizien legen es freilich nahe, ihre Gefühlsverwirrung auf die latente Furcht vor der Sexualität zurückzuführen: »Theobald muß ja mein Mann nicht eben seyn, und ich darf ihn dennoch lieb behalten« (HKA 3, S. 60 f.). Wirkliche Klarheit über die Motive von Agnes' Verhalten bringt paradoxerweise erst ihre Geisteskrankheit, die die letzte Phase ihres Lebens bestimmt. Der Wahnsinn des Mädchens ist nämlich weder ein unerklärliches Verhängnis, das von außen über Agnes hereinbricht, wie die ältere Forschung meinte, noch ein Zufluchtsort, an dem sie sich den männlichen Projektionen und Erwartungen entziehen kann, wie neuerdings mehrfach behauptet wurde; er geht vielmehr aus der von eben jenen Erwartungen geprägten bürgerlichen Identität der jungen Frau selbst hervor und enthüllt deren Strukturen sowie die ihnen zugrunde liegenden Verdrängungsmechanismen in ihrer pathologischen Qualität. Als sich Agnes nach Noltens Geständnis und dem Gespräch mit Elisabeth im nächtlichen Park unvermutet mit der doppelten – scheinbaren oder tatsächlichen – Untreue des Verlobten konfrontiert sieht, bricht ihr Bild von Theobald buchstäblich auseinander, da sie außerstande ist, die Möglichkeit sinnlicher Regungen und ›Verirrungen‹ bei ihm zu akzeptieren. Die »Personen-Verwechslung zwischen Nolten und Larkens« (HKA 3, S. 383), in der sich ihr Wahnsinn hauptsächlich manifestiert, lässt sich als imaginäre Aufspaltung des Geliebten beschreiben, dessen positive und negative Eigenschaften auf zwei verschiedene Gestalten verteilt werden. Verkörpert die eine, der teuflische »Höllenbrand« (HKA 3, S. 382), die bedrohliche Sinnlichkeit, mit der sich notorische Treulosigkeit verbindet, so repräsentiert die andere, die in Agnes' Vorstellung weitgehend mit dem Schauspieler Larkens identisch ist, den wahren, ›reinen‹ Geliebten. Die Wahnvorstellungen des Mädchens unterliegen also strengen Gesetzmäßigkeiten. In der Aufteilung der Wesenszüge Noltens spiegelt sich genau Agnes' eigene widersprüchliche seelische Verfassung, der Konflikt zwischen dem idealen Selbstbild und den verdrängten, angstbesetzten sinnlichen Wünschen und Begierden. Dabei wird die Wahrnehmung dieses Widerstreits, der für Agnes mit dem Gegensatz zwischen der reinen Gottesliebe und der irdisch-sündigen »böse[n] Lust« (HKA 3, S. 401) zur Deckung kommt, maßgeblich von Vorstellungsmustern der christlichen Religion beeinflusst, wie es auch bei Constanze zu beobachten ist. Der vermeintliche ›echte‹ Nolten verschmilzt in Agnes' Augen mehr und mehr mit Jesus, dem himmlischen Bräutigam, und ihr Sprung in den Alexis-Brunnen darf als Versuch verstanden werden, sich mit diesem idealen Geliebten zu vereinigen.

Der Untergang der Protagonistinnen des *Maler Nolten* erklärt sich also nicht aus dem Walten dunkler Schicksalsmächte, sondern aus bestimmten psychischen Konflikten, die in den spezifischen, für die sich herausbildende bürgerliche Welt typischen Identitätsstrukturen der Personen gründen. Auch die männlichen Romanfiguren zeichnen sich durch einen seelischen Habitus aus, der von strengen Selbstzwangmechanismen und vor allem von der automatischen Kontrolle und Verdrängung sinnlich-sexueller Regungen geprägt ist. Bei Nolten und Larkens verbindet sich die Identitätsproblematik aber zusätzlich mit dem Themenkomplex des Künstlertums.

Kunst und Künstlertum

M.s *Maler Nolten* als Künstlerroman aufzufassen, ist keineswegs selbstverständlich. In den zeitgenössischen Rezensionen findet die Künstlerthematik so gut wie keine Aufmerksamkeit; vielmehr wird das Buch durchgängig vor dem ›Verdacht‹, ein Künstlerroman zu sein, in Schutz genommen, wobei der Überdruss, zu dem die triviale Massenproduktion in diesem Genre damals geführt hatte, eine wichtige Rolle gespielt haben dürfte. Allerdings haben auch die späteren wissenschaftlichen Untersuchungen des Werkes diesen Aspekt lange Zeit vernachlässigt. Auf den ersten Blick scheint der Text in der Tat die vom Titel geweckten Erwartungen über die Bedeutung des Künstlerthemas zu enttäuschen, denn nach den ersten Episoden, in deren Mittelpunkt die Bilder vom Knabenraub und vom Totentanz stehen, spielt das Motiv der Malerei keine zentrale Rolle mehr, und nur beiläufig werden noch einige andere von Nolten geschaffene Kunstwerke erwähnt. Dafür rückt jedoch der Dichter Larkens in den Vordergrund. Das umfangreiche ›phantasmagorische Zwischenspiel‹ *Der lezte König von Orplid*, der *Peregrina*-Zyklus und die Gedichte *An L.* werden im Rahmen der Fiktion als Schöpfungen dieses Protagonisten vorgestellt und so in den Romankontext integriert. Die poetologische Dimension des *Nolten* tritt zutage, wenn man die Beziehung all dieser Kunstwerke zu ihren fiktiven Schöpfern im Roman ernst nimmt und ihre Gestaltung durch M. als implizite Reflexion der Bedingungen und Möglichkeiten des künstlerischen Schaffens versteht. Diese Reflexion ist ihrerseits aufs engste mit der den Handlungsablauf bestimmenden Problematik der bürgerlichen Identität verknüpft, denn M.s Roman demonstriert, wie die schöpferische Kraft seiner Helden aus jenen Verdrängungsprozessen und Selbstzwängen hervorgeht, die die Basis ihrer Identitätsstrukturen bilden, und wie die einzelnen Kunstwerke sich konkret mit den aus diesen Strukturen erwachsenden Wunschphantasien und Angstvorstellungen auseinander setzen. Die psychologische und die poetologische Ebene des *Nolten* lassen sich folglich nur *gemeinsam* und in ihrer wechselseitigen Verknüpfung angemessen analysieren.

Für das Verständnis von Noltens Persönlichkeit und der Genese seines Künstlertums kommt der Episode *Ein Tag aus Noltens Jugendleben*, die bereits durch ihre zentrale Stellung im Text und ihre Position am Ende der den ersten Teil durchziehenden Rätselkette besonders ausgezeichnet ist, entscheidende Bedeutung zu. In der Fiktion handelt es sich um einen von Larkens verfassten Aufsatz, der Erinnerungen Theobalds zum Gegenstand hat. Die Rückblende unterrichtet den Leser aber nicht nur über Theobalds Bekanntschaft mit Elisabeth und über den Ursprung seiner Leidenschaft für die Kunst, sondern auch über die Erlebnisse seines Onkels Friedrich, die noch tiefer in die Vergangenheit zurückreichen und durch Auszüge aus Friedrichs eigenem Tagebuch vermittelt werden. Ein Vergleich zwischen Theobald und Friedrich, wie ihn dieses Arrangement förmlich herausfordert, bringt aufschlussreiche Parallelen, aber auch Unterschiede zwischen den beiden Figuren und ihren jeweiligen Verhaltensweisen ans Licht. Friedrichs Böhmenreise führt den Maler nicht nur in eine *räumliche* Ferne; sie bedeutet zugleich eine Überschreitung *innerer* Grenzen, einen Vorstoß in Regionen des Seelenlebens, die in der bürgerlichen Welt tabuisiert und verdrängt werden, in »den Bereich der ausgegrenzten, ›wilden‹ Wünsche und Begierden« (BRUCH, S. 342). In der entscheidenden Szene mit Loskine wird Friedrich mit jener überwältigenden sinnlichen Leidenschaft konfrontiert, die alle Selbstkontrollen des bürgerlichen Menschen aufhebt (HKA 3, S. 208 f.). Die Jugenderlebnisse des Neffen weisen unverkennbare Analogien zu Friedrichs Abenteuer in Böhmen auf. Auch der sechzehnjährige Theobald verlässt ja die durch das Pfarrhaus und die Person seines Vaters repräsentierte Sphäre des vertrauten bürgerlichen Daseins, und die Begegnung mit Elisabeth auf dem Rehstock bedeutet für ihn gleichfalls eine einschneidende Erfahrung, deren Wirkung der Erzähler mit religiös konnotierten und pathetisch stilisierten Wendungen umschreibt (HKA 3, S. 195, 217). Freilich ist das Erlebnis durchaus zwiespältig, denn es stellt für Theobald einerseits eine Form der Selbstfindung dar – »die hintersten Schachten seiner inneren Welt« werden plötzlich erleuchtet (HKA 3, S. 217) –, während sich andererseits in den Motiven der Ohnmacht, der Dunkelheit und des Sturzes die Gefahr des Selbstverlusts ankündigt (HKA 3, S. 194 f.). Dass sich hinter diesem ebenso beglückenden wie erschreckenden ›Erweckungserlebnis‹ des Heranwachsenden das Erwachen erotischer Regungen und Begierden verbirgt, legen nicht nur die Parallelen zur Friedrich-Loskine-Episode nahe; auch andere Hinweise, die über den ganzen *Maler Nolten* verstreut sind, deuten in diese Richtung. Als Beispiel sei die Ballade vom *Feuerreiter* genannt (HKA 3, S. 36 f.), die eng mit der Gestalt Elisabeths verknüpft ist und als »lyrische Formulierung eines Affektausbruches, der [...] unverkennbar sexuelle Züge trägt«, interpretiert werden kann (BRUCH, S. 86). Überhaupt tauchen im Zusammenhang mit Elisabeth immer wieder die Metaphern des Feuers und des Brennens auf, die M. mit Vorliebe einsetzt, um die Intensität erotischer Leidenschaften zu veranschaulichen – so etwa in der Liebesszene zwischen Loskine und Friedrich (HKA 3, S. 208 f.) –, und es ist sicherlich kein Zufall, dass der Pfarrer von Wolfsbühl die wahnsinnige Zigeunerin ausgerechnet der Brandstiftung verdächtigt (HKA 3, S. 214).

Weiter tragen die Parallelen zwischen Onkel und Neffe allerdings nicht, denn in seinem Umgang mit der aufwühlenden Erfahrung, die er auf dem Rehstock macht, unterscheidet sich Theobald sehr deutlich von dem Älteren. Während Friedrich, die »Meinung der Welt« verachtend, Loskine geheiratet und dafür auch die förmliche Verstoßung aus der bürgerlichen Gemeinschaft in Kauf genommen hat (HKA 3, S. 213), denkt Theobald keinen Augenblick daran, die Sicherheit seiner vertrauten Existenz aufs Spiel zu setzen. So deutet er das »seltsame Bündniß«, das er mit Elisabeth schließt, lediglich als ein »Gelübde der geistigsten Liebe«, das eine »Entfernung« von der Partnerin voraussetzt (HKA 3, S. 217) und ohne praktische Konsequenzen bleibt; daher sieht Nolten in diesem Bund offenbar auch kein Hindernis für seine späteren Beziehungen zu Agnes und Constanze, d. h. zu Frauen, die für eine Heirat in Betracht kommen. Sein Verständnis der Abmachung wird freilich vom Erzähler unmissverständlich als subjektive *Interpretation* gekennzeichnet und zu einem sehr viel späteren Zeitpunkt mit der ganz anders gearteten Auffassung der Zigeunerin konfrontiert: Im Park des Präsidenten beruft sich Elisabeth auf einen bindenden Liebesvertrag, der ihr alleiniges Anrecht auf Theobald begründet (HKA 3, S. 375). Wie das »Bündniß« vom Rehstock tatsächlich ausgesehen hat, lässt M. mit Bedacht offen, indem er die direkte Wiedergabe des entscheidenden Gesprächs in der Jugendgeschichte durch einen Wechsel der Erzählperspektive vermeidet (HKA 3, S. 196). Jedenfalls kann Theobalds spe-

zifische Deutung der Übereinkunft als eine Art Kompromiss verstanden werden, mit dem der junge Mann die faszinierenden Aspekte seiner mit Elisabeth verbundenen Erfahrung in der Erinnerung und der Phantasie bewahren, zugleich aber eine Gefährdung seines bürgerlichen Selbst und seiner Integration in die väterliche Welt vermeiden möchte. In diesen Zusammenhang ordnet sich auch Theobalds Enthusiasmus für die Kunst ein, der in der Jugendgeschichte erst auffallend spät, nämlich nach Elisabeths Verschwinden, erwähnt wird. Schon in der Vergangenheit scheint die schwärmerische Verehrung des geheimnisvollen Porträts, das Elisabeths Mutter Loskine in ihrer »dämonischen Schönheit« zeigt (HKA 3, 214 f.), dem Heranwachsenden die imaginäre Erfüllung von Bedürfnissen ermöglicht zu haben, die von den strengen Konventionen des bürgerlichen Daseins tabuisiert werden; dabei illustriert M. diese ›innere‹ Grenzüberschreitung einmal mehr durch die räumlichen Verhältnisse, denn das Bildnis wird in einer abgelegenen »Dachkammer« des Pfarrhauses aufbewahrt (HKA 3, S. 214). Nach Elisabeths Weggang stillt Theobald seine »tiefe Sehnsucht nach der Entfernten«, indem er sich, nun mit »doppelter Inbrunst«, wieder dem Gemälde zuwendet (HKA 3, S. 217). Das Kunstwerk bewahrt die von Elisabeth ausgehende erotische Faszination, aber in einer sublimierten, vermittelten Form, und gestattet es dem Betrachter, in der unverbindlichen Sphäre der Kunstrezeption jene verlockenden Regungen, die den bürgerlichen Menschen mit dem Verlust der Selbstkontrolle bedrohen, zu genießen, ohne die fragilen Identitätsstrukturen wirklich zu gefährden. Auch Theobalds Kunstbegeisterung hat demnach Kompromisscharakter. Die zumal in der älteren Forschung vielfach vertretene These, Elisabeth sei geradezu die Verkörperung der künstlerischen Berufung des Romanhelden, führt in die Irre. Die Kunst *ersetzt* Theobald vielmehr die persönliche Beziehung zu der Zigeunerin; er macht bezeichnenderweise gar keine Anstalten, nach der Verschwundenen zu suchen oder auch nur Näheres über sie zu erfahren, sondern lässt stattdessen nun auch seinem »Trieb«, selbst »zu malen und zu bilden«, freien Lauf (HKA 3,

S. 217), wobei er als Gegenstand eines seiner ersten Werke wiederum die Gestalt Elisabeths wählt (HKA 3, S. 361). So ist es auch durchaus kein Widerspruch, wenn Nolten sich in der Handlungsgegenwart emphatisch zu seinem Künstlerberuf bekennt, für die Zigeunerin aber nur noch Abneigung, schließlich sogar Hass empfindet. Die sublimierende Verschiebung kommt der Kunstausübung zugute, während ihr Elisabeths persönliche Ansprüche auf den Geliebten zum Opfer fallen.

Bereits bei dem jungen Theobald Nolten sind also die bürgerlichen Selbstzwangmuster so weit etabliert, dass er vor einem radikalen Bruch mit der Väterwelt zurückschreckt. In der Rezeption und Produktion von Kunst findet er ein Mittel, verbotene Triebregungen durch Sublimierung zu bewältigen und auf diese Weise seine bürgerliche Identität zu stabilisieren. Bei dem erwachsenen Nolten der Handlungsgegenwart begegnen diese Zusammenhänge wieder. Außerdem demonstriert M. insbesondere am Beispiel des zwischenmenschlichen Umgangs seines Protagonisten, wie sich die massiven verinnerlichten Zwänge auf das Denken, Fühlen und Handeln des Menschen auswirken, indem sie sich förmlich als Barrieren zwischen ihn und die äußere Welt schieben. Eine auffallende Eigentümlichkeit von Noltens Wahrnehmungsweise deutet sich schon am Ende der Jugendgeschichte an, wenn Theobald den zugleich faszinierenden und verstörenden Blickwechsel mit Elisabeth durch die genießerische Betrachtung des Porträts auf dem Dachboden ersetzt. Der Erwachsene pflegt dann sogar Frauen, die leibhaftig gegenwärtig sind, wie gemalte Bilder wahrzunehmen. In mehreren ähnlich strukturierten Situationen auf Schloss Wetterswyl (HKA 3, S. 76 f.), im Haus des Hofrats (HKA 3, S. 249 f.) und in der Kirche von Neuburg (HKA 3, S. 266 f.) verharrt er stets in der distanzierten Haltung eines Kunstkenners und erfasst die Personen, mit denen er es zu tun hat, nicht als lebendige Subjekte, die ihn zur Interaktion herausfordern, sondern als bloße Objekte der Kontemplation. Daher gelingt dem Maler in der Regel auch kein unmittelbarer, spontaner zwischenmenschlicher Austausch. Charakteristisch ist in dieser Hinsicht etwa die gewundene, hauptsächlich aus Andeutungen bestehende ›Liebeserklärung‹, die er Constanze auf Wetterswyl macht (HKA 3, S. 79), weil er sich zu einem klaren Geständnis seiner Gefühle nicht durchringen kann. Nur im Dunkel der ›schönen Grotte‹, wo die Möglichkeit des distanzierten, ästhetisierenden Schauens aufgehoben ist, und unter dem Ansturm extremer und widersprüchlicher Empfindungen – »Haß, Verzweiflung, Angst, die unbegrenzte Wonne deiner Nähe« – vermag Nolten diese inneren Barrieren zu sprengen und das »Geheimniß« seiner Liebe endlich zu offenbaren (HKA 3, S. 82). Auch das bislang gänzlich unterdrückte und verleugnete Verlangen nach der sinnlichen Nähe der Geliebten bricht sich in dieser Ausnahmesituation Bahn, bevor der Maler nach Constanzes Flucht und seiner Rückkehr in die Gesellschaft auf dem Schloss wieder in seine gewöhnliche Haltung zurückfällt. Bereits hingewiesen wurde auf das typische Frauenbild der männlichen Protagonisten und auf seine spezifische Funktion für die Aufrechterhaltung ihres prekären inneren Gleichgewichts. Da nur die ›ideale‹ Frau dank ihrer völligen Affekt- und Leidenschaftslosigkeit niemals die auf dem Zwang zur Triebkontrolle beruhende Identität des bürgerlichen Mannes gefährdet, wendet sich Nolten schroff von seiner Verlobten ab, sobald Agnes in den Verdacht gerät, die geringsten Züge von Untreue – und damit von Selbständigkeit, Sinnlichkeit und Verführbarkeit – gezeigt zu haben. Dabei ist dem Maler lediglich an der Sicherheit seines eigenen Gefühlslebens gelegen, während ihn die Frage nach der Schuld des Mädchens, das er nicht einmal zur Rede gestellt hat, gar nicht interessiert (HKA 3, S. 42–44). Mit der Lösung von Agnes geht eine emphatische Hinwendung des jungen Mannes zur Kunst einher, »welche ihm nunmehr Ein und Alles, das höchste Ziel seiner Wünsche seyn sollte« (HKA 3, S. 26), und ein erneuter Aufschwung seines Kunstenthusiasmus begleitet Noltens Trennung von Constanze zu Beginn des zweiten Teils; hier zeigt sich Theobald geradezu erleichtert, »von der Herzensnoth jeder ängstlichen Leidenschaft« befreit zu sein und sich fortan ausschließlich seiner Kunst widmen zu können, die ihm, wie er im Gespräch mit Larkens darlegt, einen sublimierten, konfliktfreien Ersatz für die verlorene zwischenmenschliche Gefühlsbindung bieten soll (HKA 3, S. 227).

Die Erkenntnisse über die Wurzeln und Funktionen von Noltens Kunstausübung erlauben es auch, seine beiden zu Beginn des Romans geschilderten Werke eingehender zu interpretieren, deren Bedeutung sich keineswegs in ihrer strukturellen Rolle als Vorausdeutungen auf das weitere Schicksal des Helden erschöpft. In dem Nymphenbild, dessen zentrales Thema die sexuelle Vereinigung darstellt, kommt eine Wunscherfüllungsphantasie zum Ausdruck, die zugleich von den charakteristischen Angstvorstellungen des bürgerlichen Menschen durchdrungen ist und daher ambivalente Züge trägt. Bis in die Details der Gestaltung hinein spiegelt das Kunstwerk Noltens eigene zwiespältige Situation wider, die Konfrontation mit verdrängten, aber stets aufs Neue ›emportauchenden‹ Triebregungen, deren Faszinationskraft er sich nicht völlig entziehen kann, obwohl sie ihn mit dem Selbstverlust bedrohen. Eine solche Widersprüchlichkeit der Empfindungen bestimmt die Haltung des Knaben, der sich der Nymphe gegenübersieht, und in der Nymphe selbst nimmt die paradoxe Einheit von Verlockung und Gefahr buchstäblich Gestalt an. Die subtile Wortwahl – »der Knabe vergeht in dem Liebreiz dieses Angesichts« (HKA 3, S. 14) – und das Motiv des drohenden Sturzes in das unendliche Meer verdeutlichen die Möglichkeit des Identitätsverlusts. Das zweite Bild, das »eine nächtliche Versammlung musikliebender Gespenster« zeigt (HKA 3, S. 14), lässt sich als Gestaltung der befürchteten Konsequenzen eines Nachgebens vor der erotischen Verlockung deuten. Besonders der »schlummertrunkene Jüngling mit geschlossenen Augen und leidenden Zügen« (HKA 3, S. 15) verkörpert dabei die Gefährdung durch den Verlust der Selbstkontrolle und der Identität, schließlich durch den Tod. Freilich offenbart das Bild auch die Bemühungen des Malers, seine Ängste künstlerisch zu bändigen, denn Nolten erweitert den schauerlichen Totentanz um groteske Elemente, die das Unheimliche mit dem Komischen verbinden und dadurch seine Bedrohlichkeit mindern. Mit beiden Bildern bemüht sich Nolten, tabuisierte Gefühlsregungen, verbotene Wünsche und heimliche Ängste im Medium der Kunst zu bewältigen. Dass er diesen Versuch nicht aus eigener Kraft zu Ende führen kann und bei bloßen skizzenhaften Entwürfen stehen bleiben muss, deutet freilich bereits auf sein späteres Scheitern an den seelischen Konflikten voraus; die handwerklich-technischen »Schwierigkeiten« bei der »Behandlung der Ölfarbe« (HKA 3, S. 24) sind lediglich Symptome seiner psychischen Schwäche. Erst vor diesem Hintergrund wird Theobalds überschwängliche Dankbarkeit für Tillsen verständlich, der an seiner Stelle die künstlerische Formung der bedrohlichen Konfliktstoffe zum Abschluss bringt und dem Jüngeren deshalb als sein »Meister« und »Erretter«, als eine souveräne Vaterfigur erscheint (HKA 3, S. 22). Doch obwohl Tillsen in den Anfangsabschnitten des Romans tatsächlich als eine Art Komplementärfigur des Titelhelden fungiert, nimmt er keineswegs jene überlegene Position ein, die Nolten ihm zuschreibt. Zwar vermag er Theobalds Entwürfe mit »gelassene[r] Hand« (HKA 3, S. 22) und technischer Brillanz in Öl auszuführen, weil er von den dargestellten Konflikten nicht direkt berührt ist, andererseits befindet er sich aber selbst in einer künstlerischen Krise, da es ihm an Inspiration fehlt: Er hat zuvor »in anderthalb Jahren keine Farbe angerührt« (HKA 3, S. 12) und muss sich auch jetzt auf die »Ausführung« fremder »Erfindungen« beschränken (HKA 3, S. 17). Dagegen ist die prekäre psychische Situation Noltens, dessen bürgerliche Identitätsstrukturen sich nicht ganz zur ›zweiten Natur‹ verfestigt haben und daher stets durch die Wiederkehr verdrängter Triebregungen gefährdet bleiben, gleichsam der Nährboden der künstlerischen Produktivität. Die Schöpferkraft entspringt, so die implizite Aussage des Romans in der Gegenüberstellung der beiden Maler, gerade der Offenheit des Künstlers für das Unbewusste und die in der bürgerlichen Welt tabuisierten Wünsche sowie den unablässigen Versuchen, die sich daraus ergebenden seelischen Krisen durch künstlerische Gestaltung zu meistern.

Die einleitenden Episoden des *Maler Nolten* thematisieren aber neben den Problemen des künstlerischen Schaffens auch Aspekte der Kunstrezeption. Beschrieben werden Theobalds Bilder nämlich nicht von einem auktorialen Erzähler, sondern von dem begeisterten Baron Jaßfeld, dessen Schilderungen keineswegs um Distanz und Objektivität bemüht sind, sondern von dem Enthusiasmus und der persönlichen Anteilnahme des Betrachters zeugen. Jaßfelds Ausführungen sind in hohem Maße von seiner Identifikation mit dem Dargestellten und seinem Nachvollzug jener Wunsch- und Angstvorstellungen, die in den Kunstwerken Gestalt angenommen haben, geprägt. Schon die ersten Seiten des *Nolten* bieten also eine erstaunliche Fülle von (impliziten) Aussagen über Fragen der Entstehung, Funktion und Wirkung von Kunst. Im weiteren Verlauf des Romans rückt dann neben der von Nolten ausgeübten Malerei mehr und mehr die Poesie in den Vordergrund: Larkens, der vertraute Freund des Titelhelden, übt zwar den Beruf eines Schauspielers aus, tritt im Text jedoch hauptsächlich als Dichter in Erscheinung. Bedeutung für den Handlungsablauf gewinnt er in erster Linie als wohlwollender, wenngleich eigenwilliger Mentor Theobalds, der, »durch eigenen unsäglichen Schaden klug geworden, dem Jüngern gar wohl gelegentlich auf die rechte Spur helfen zu können glaubt« (HKA 3, S. 179). Über diesen »unsäglichen Schaden«, den Larkens erlitten hat, wird der Leser durch einen knappen, aber für das Verständnis der Figur wie auch ihres künstlerischen Schaffens überaus wichtigen Rückblick auf das Vorleben des Schauspielers informiert. Larkens hatte sich seinen Wunsch, sich ganz der Poesie zu verschreiben und »im Reiche seiner eigenen Dichtung« zu leben (HKA 3, S. 177), nicht erfüllen können, weil er gezwungen war, seinen Lebensunterhalt durch den ungeliebten Brotberuf der Schauspielerei zu verdienen. So warf er sich schließlich »aus Verdruß über die Unausführbarkeit seiner höhern Geisteswelt […] in den Strudel der gemeinen, und die Leidenschaften, welche er durch kunstmäßige Darstellung im schönen Gleichgewichte mit seinem bessern Selbst zu erhalten gedacht hatte, ließ er jezt in zügelloser Wirklichkeit rasen« (HKA 3, S. 178). Diese Passage gibt musterhaft zu erkennen, wie sich die Identität des bürgerlichen Mannes über die Ausgrenzung und Abspaltung triebhafter Regungen konstituiert. Da Larkens' psychische Selbstzwänge nicht so fest verankert sind, dass er die geforderte Verdrängung ohne Schwierigkeiten leisten könnte, erfährt er sich als eine gespaltene, zerrissene Persönlichkeit, die ihre Identität, ihr »besser[es] Selbst«, beständig gegen die bedrohlichen »Leidenschaften« verteidigen muss. Zu diesem Zweck bedient sich Larkens – nicht anders als Nolten – der Kunst: Er versucht, die verbotenen Triebregungen zur künstlerischen Kreativität zu sublimieren und die »verderblichsten Genüsse« des Eros (HKA 3, S. 178) durch die »schaffende Lust« der poetischen Arbeit (HKA 3, S. 177) zu ersetzen. Über den Inhalt der dabei entstehenden dramatischen Werke gibt der Erzähler an dieser Stelle keine Auskunft, da ihn nur ihre *Genese* aus dem seelischen Widerstreit des Künstlers und ihre therapeutische, sublimierende *Funktion* interessieren. Erkennbar wird allerdings schon eine tiefgreifende Ambivalenz dieser Kunstschöpfungen, die einerseits im Dienste der psychischen Abwehr die nicht zugelassenen »Leidenschaften« neutralisieren sollen, andererseits aber gerade diese tabuisierten und verdrängten Seelenkräfte in »kunstmäßige[r] Darstellung« aufbewahren. Tatsächlich prägt ein ähnlicher Widerspruch die poetischen Werke des Schauspielers aus einer späteren Zeit, die in den Roman integriert sind.

Nachdem dieses ›Sublimierungsprojekt‹ an den ökonomischen Zwängen der Realität gescheitert ist, gibt sich Larkens seinen »Leidenschaften« rückhaltlos hin und stürzt sich in den »Wirbel der verderblichsten Genüsse«. Seine »traurige Versunkenheit« zieht notwendigerweise strenge Sanktionen des Über-Ich nach sich, denen Larkens auch dann nicht entfliehen kann, als ihm ein äußerlicher Neubeginn gelingt; sie schlagen sich in seiner hypochondrischen Überzeugung nieder, durch die vergangenen Ausschweifungen körperlich und geistig auf immer ruiniert zu sein (HKA 3, S. 178). Larkens' Selbstquälerei ist das exakte Pendant jener Selbstbestrafungsphantasien, die Constanze nach ihrem Verrat an Nolten entwickelt. Aufgrund dieser Erfahrungen glaubt sich Larkens zum Mentor seines Freundes berufen, den er vor einem ähnlichen Unheil bewahren möchte. Daher bemüht er sich einerseits, Elisabeth von Nolten fern zu halten (HKA 3, S. 185f.); auch seine eigene poetische Beschäftigung mit der Zigeunerin, aus der die *Peregrina*-Gedichte hervorgegangen sind, hat er »mit ängstlicher Sorgfalt« vor Theobald versteckt, um die »Gesundheit seines Gemüths« nicht zu gefährden (HKA 3, S. 361). Andererseits betreibt er die Versöhnung des Malers mit Agnes, weil er in dem Mädchen, das er nur aus Erzählungen und Briefen kennt, nach wie vor sein Frauenideal verkörpert sieht. Ganz uneigennützig ist Larkens' Eifer für den Freund allerdings nicht, denn er sucht darin offenbar auch einen gewissen Ersatz für das verfehlte eigene Lebensglück. So ist er im Verlauf seiner »Maskencorrespondenz« mit Agnes förmlich »ganz und gar zum andern Nolten« geworden (HKA 3, S. 48) und schafft sich in den fingierten Liebesbriefen, die ihrerseits durchaus als Kunstwerke eigener Art gelten dürfen, ein neues Therapeutikum. Aus sicherer Entfernung kann er die scheinhafte ›Beziehung‹ zu Agnes genießen, ohne Gefahr zu laufen, aufs Neue mit der Realität bedrohlicher Empfindungen konfrontiert zu werden.

Wie sich Larkens' frühere Erlebnisse, sein verhängnisvoller ›Fall‹ und die dadurch vollends akut gewordene Identitätskrise auf seine poetische Produktion im engeren Sinne ausgewirkt haben, veranschaulicht das Drama *Der lezte König von Orplid*, das »vor Kurzem erst«, also nicht lange vor der Handlungsgegenwart des Romans niedergeschrieben wurde (HKA 3, S. 97). M. hat hier auf einen älteren Text zurückgegriffen, der bereits 1825 in Tübingen aus seiner Freundschaft mit Ludwig Bauer und ihrer gemeinsamen Begeisterung für die phantastische Insel Orplid entstanden war. Die Originalfassung, die den Titel *Schicksal oder Vorsehung* trug, ist heute verloren, dürfte aber für die Zwecke des *Maler Nolten* sehr weitgehend umgearbeitet worden sein. Indem er das Stück als poetisches Werk des fiktiven Dichters Larkens in den Roman einbettet, thematisiert M. einmal mehr an einem konkreten Beispiel die Wurzeln und die Funktionen des künstlerischen Schaffens. Der tausendjährige König Ulmon mit seiner verzweifelten Todessehnsucht stellt unverkennbar ein stilisiertes, überhöhtes Selbstporträt des Dichters Larkens dar, der im Roman ebenfalls mehrfach seinen Lebensüberdruss zum Ausdruck bringt, etwa im Brief an Nolten: »mein Leben hat ausgespielt« (HKA 3, S. 238). Überdies teilt Ulmon mit seinem fiktiven Schöpfer die Furcht vor der Überwältigung durch heftige sinnliche Leidenschaften. Vor der verlockenden Thereile flieht er buchstäblich in den Tod, der für ihn zugleich die Wiedervereinigung mit seiner längst verstorbenen Gattin Almissa bedeutet. Almissa wiederum entspricht als körperlose Lichtgestalt jenem Frauenideal, dem Larkens selbst anhängt, und fungiert damit als Gegenspielerin Thereiles, der erotischen, selbstbewussten, ›gefährlichen‹ Frau, deren bedrohliche Anziehungskraft sich in dem Zauberbann manifestiert, den Ulmon überwinden muss, um die Erlösung zu erlangen.

Das Stück erlaubt jedoch noch eine andere Lesart, die gleichsam die Tiefendimension zu der soeben skizzierten Deutung bildet. *Der lezte König von Orplid* kann nämlich auch als »Psycho-Drama« aufgefasst werden, in dem Larkens »seinen intra-psychischen Konflikt in eine szenische Interaktion« umsetzt (BRUCH, S. 249 f.), wobei Ulmon das »besser[e] Selbst« des Schauspielers verkörpert, Thereile dagegen die ausgegrenzten, verdrängten »Leidenschaften«. Unter dieser Perspektive erscheint die Insel Orplid gleichsam als ›Seelenlandschaft‹, in der sich die gespaltene Psyche des fiktiven Dichters spiegelt: Die nüchterne, bürgerliche Tageswelt der zugewanderten Neusiedler steht schroff dem von Thereile beherrschten nächtlichen, märchenhaften Feenreich gegenüber. Der Zauber der Feenfürstin, der Ulmon gegen seinen Willen an diese fremdartige Nachtseite von Orplid fesselt, repräsentiert auf dieser Ebene der Interpretation die gefürchtete Macht der unterdrückten Triebregungen, der Larkens selbst früher erlegen ist. Allerdings haben die verleugneten und verbotenen Begierden und Wünsche des Dichters ihrerseits die poetische Schöpfung bis zu einem gewissen Grade beeinflusst, was ihr insgesamt einen ambivalenten Charakter verleiht. So mischt sich in die hasserfüllte Abneigung, die der König Thereile gegenüber an den Tag legt, eine spürbare Faszination. Die daraus resultierende Gefühlsverwirrung tritt besonders klar in dem kleinen Monolog hervor, den Ulmon hält, während er Thereile bei ihrem Tanz beobachtet (HKA 3, S. 116). Diese kurze Textpassage häuft paradoxe Kombinationen positiv und negativ konnotierter Elemente und zeichnet damit ein präzises Bild der widersprüchlichen Empfindungen des Protagonisten. Für den Handlungsgang des Stückes bleibt gleichwohl die Intention des fiktiven Dichters, im Gewand der Poesie die ersehnte Überwindung seiner Identitätskonflikte zu gestalten, bestimmend. *Der lezte König von Orplid* ist in erster Linie ein Erlösungsdrama, in dessen Verlauf Ulmon mit göttlicher Hilfe den Bann Thereiles bricht und damit seine eigene Triebhaftigkeit überwindet. Als Medium dieser Befreiung agiert die kindlich-unschuldige Silpelitt, die sich durch ihre Hilfe zugleich selbst eine ›Erlösung‹ verdient; sie wird alle Bindungen an das Feenreich abstreifen und fortan ausschließlich der Menschenwelt angehören dürfen (HKA 3, S. 138). Auf diese Weise ist am Ende des Dramas die strikte Zweiteilung der Phantasiewelt Orplid, die durch den über Ulmon verhängten Zauber sowie durch Silpelitts Doppelleben zwischen Menschen und Feen vorübergehend außer Kraft gesetzt war, wiederhergestellt. Indes erscheint Ulmons Triumph, den Larkens als Aufstieg in die Sphäre der Götter inszeniert, bei näherer Betrachtung höchst fragwürdig, denn die radikale Befreiung von allen sinnlich-leidenschaftlichen Aspekten der menschlichen Natur fordert als Preis die völlige Aufhebung der irdischen Existenz des Menschen, da sie letztlich nur im Tod gelingen kann. Dieser Umstand entlarvt die ›Ideologie‹ des Dramas als lebensfeindlich und relativiert seine scheinbar eindeutige Aussage; wie schon bei der Gestaltung der faszinierenden Thereile schleichen sich auch hier subversive Elemente in das *Orplid*-Spiel ein, die der leitenden Gestaltungsabsicht des fiktiven Dichters zuwiderlaufen, dem Text aber überhaupt erst seine poetische Komplexität verleihen. Außerdem weist der erwähnte fatale Zusammenhang auf Larkens' späteres Schicksal voraus. Nachdem alle Versuche des Schauspielers, seine Identitätskrise zu bewältigen und »durch völlige Entäußerung von seiner bisherigen Lebensweise sich innerlich auszubessern und auszuheilen« (HKA 3, S. 233), fehlgeschlagen sind, zieht er die radikale Konsequenz, die das Drama bereits vorwegnimmt, und sucht im Freitod seine letzte Zuflucht.

Als ein weiteres gewichtiges poetisches Werk des Protagonisten Larkens hat M. den *Peregrina*-Zyklus in den *Nolten* eingefügt. Auch hierbei handelt es sich um eine ursprünglich selbständige Dichtung, deren Anfänge bis in das Jahr 1824 zurückreichen und mit der sich M. auch später immer wieder befasst hat. Bei der Veröffentlichung im Rahmen des *Maler Nolten*, der ersten Publikation des Zyklus, verzichtete er allerdings auf einen der insgesamt fünf Texte. In der Fiktion entspringen die Gedichte der Auseinandersetzung des Dichters Larkens mit der Person Elisabeths und den Erlebnissen seines Freundes Nolten (HKA 3, S. 360f.), doch geht es keineswegs um eine bloße poetische Nachgestaltung biographischer Erfahrungen des Malers; die Suche nach konkreten Übereinstimmungen mit der Handlungsebene des Romans muss daher ergebnislos bleiben. Überhaupt spiegelt sich in der Abfolge der Gedichte kein zusammenhängender Geschehensablauf – das Fragmentarische dieser »mythischen Komposition« betonen schon die Vorbemerkungen des Erzählers (HKA 3, S. 361) –, vielmehr stellt der Zyklus eine lockere Gruppe von formal sehr heterogenen Gedichten dar, deren Einheit darin begründet ist, dass die einzelnen Texte immer wieder jene Wunsch- und Angstvorstellungen inszenieren, die in dem spezifisch bürgerlichen psychischen Habitus wurzeln. Daraus ergibt sich auch die charakteristische Mischung aus Faszination und Angst, die Peregrina – wie Thereile im *Orplid*-Spiel und die Nymphe auf Noltens Bild – als Verkörperung der verdrängten Seelenkräfte und Begierden bei dem lyrischen Ich auslöst. Das Kernthema wird zwar durchweg aus der männlichen Perspektive dargestellt, aber in jedem Text in anderer Weise und mit anderen poetischen Mitteln beleuchtet, so dass der Zyklus insgesamt einen erstaunlichen Facettenreichtum entfaltet. Das erste Gedicht, in freien Rhythmen verfasst, baut durch die Verschmelzung bürgerlich-vertrauter und exotisch-fremdartiger Elemente in der Schilderung der nächtlichen Hochzeit eine surreale Traumwelt auf und lässt sich auch in seiner Tiefenstruktur mit den Mitteln der psychoanalytischen Traumdeutung erschließen: *Die Hochzeit* entwirft eine imaginäre Wunscherfüllung, die aufgrund des Widerstands der psychischen Zensur nur in Gestalt vieldeutiger Bilder erscheinen kann. Die Stanze *Warnung* hält dagegen die Kräfte von Wunsch und Abwehr genau im Gleichgewicht, denn die Reflexion des lyrischen Ichs zeugt ebenso sehr von der erotischen Anziehungskraft Peregrinas wie von der mit christlichen Sündenvorstellungen verschmelzenden Angst des bürgerlichen Mannes vor dem Selbstverlust in der Hingabe an die Leidenschaft. Das dritte Gedicht, *Scheiden von ihr*, das die freien Rhythmen und den erzählenden Duktus des ersten wieder aufnimmt, wird durch den Gegensatz von Wirklichkeit und Traumerleben strukturiert. Das lyrische Ich unterwirft sich den verinnerlichten gesellschaftlichen Normen, indem es die Geliebte verstößt und damit zugleich die auf sie gerichteten Begierden unterdrückt, doch im Traum macht sich das Verdrängte immer wieder geltend. Die Zwiespältigkeit der Gefühle des Sprechers tritt in *Scheiden von ihr* besonders markant hervor; sie manifestiert sich in einer Vielzahl widersprüchlicher Formulierungen und ambivalenter Situationen. Das abschließende Sonett *Und wieder* überhöht Peregrina durch Anspielungen auf verschiedene mythische Präfigurationen, unter anderem auf die Passion Christi, zur Allegorie der Liebe. Reagierte das lyrische Ich in *Scheiden von ihr* noch mit Beklemmung auf die mögliche *Rückkehr* der Geliebten, so versinkt es jetzt angesichts ihres endgültigen *Weggangs* in Melancholie und Trauer. Diese scheinbare Paradoxie verweist erneut auf den Widerstreit von tabuisierten Wunschregungen und internalisierten Abwehrmechanismen, der als das verborgene Grundmuster des ganzen Zyklus anzusehen ist.

Noltens Bilder und Larkens' Dichtungen sind untereinander durch zahlreiche Parallelen verbunden, die sowohl einzelne Strukturelemente, beispielsweise die Figurenkonstellation, als auch bestimmte Motive betreffen. In diesen Übereinstimmungen dokumentiert sich die enge Verwandtschaft der verschiedenen Kunstschöpfungen, die allesamt aus vergleichbaren seelischen Konflikten hervorgehen, wie sie für den bürgerlichen Menschen typisch sind. Aufgrund ihrer Verwurzelung in diesen psychischen Krisen gewähren die Kunstwerke tiefe Einblicke in jene Ängste und verdrängten Wünsche, die das Handeln der Protagonisten lenken und das Romangeschehen vorantreiben, den Betroffenen selbst aber weitgehend unbewusst bleiben und folglich niemals zum Thema expliziter Erörterungen werden können. Die enge Verflechtung der poetologischen und der psychologischen Ebene des *Maler Nolten* tritt hier besonders klar zutage.

Indem M. die Bedingungen und Möglichkeiten künstlerischer Tätigkeit in der sich formierenden bürgerlichen Welt der Moderne thematisiert, führt er Ansätze der romantischen Dichtung fort; insbesondere die Künstlernovellen E.T.A. Hoffmanns hatten bereits die sublimierende Verarbeitung angstbesetzter Triebregungen als Basis des künstlerischen Schaffens entdeckt. Die Funktionalisierung der Kunst als Therapeutikum bleibt im *Nolten* jedoch ohne dauernden Erfolg, denn sie vermag die Protagonisten nicht vor dem Scheitern an ihren Identitätskonflikten zu bewahren – Larkens endet durch Selbstmord, Nolten wird buchstäblich von dem Verdrängten in Gestalt Elisabeths überwältigt. Was sich in den Ausführungen zu den Frauengestalten bereits angedeutet hat, findet angesichts der Schicksale der männlichen Künstlerfiguren seine Bestätigung. Die dem Roman eingeschriebene Reflexion über die Struktur und die Konsequenzen des bürgerlichen psychischen Habitus fällt radikal pessimistisch aus, da es keinem der Protagonisten gelingt, eine stabile Identität auszubilden, die zwischen den Triebansprüchen und den rigiden Forderungen des Über-Ich vermitteln und zugleich eine sichere und dauerhafte Integration des Einzelnen in die gesellschaftliche Ordnung ermöglichen könnte. Vor diesem Hintergrund lässt sich M.s Werk als skeptischer Gegenentwurf zum Modell des klassischen Bildungsromans verstehen.

Die zweite Fassung des *Maler Nolten*

Bereits um 1850 fasste M. den Plan, seinen Jugendroman für eine zweite Auflage zu überarbeiten, und 1854 wurde ein entsprechender Vertrag mit dem Verleger Schweizerbart abgeschlossen. Allerdings nahm der Dichter das Vorhaben lange Zeit nicht ernsthaft in Angriff, zumal er nach und nach zu der Überzeugung gelangte, dass kleinere Korrekturen nicht genügten und der Roman in weiten Teilen ganz neu gestaltet werden müsse. Erst in seinen letzten Lebensjahren befasste er sich wieder intensiv mit dem *Nolten*, aber trotzdem war die Neufassung bei seinem Tod 1875 nur bis zur Entlassung der Künstlerfreunde aus der Gefängnishaft und damit etwa bis zur Mitte des Textes gediehen. Daneben hinterließ der Dichter einige Notizen, die den zweiten Teil des Romans betreffen (HKA 4, S. 385–393), sowie eine Fülle von Bemerkungen und Anstreichungen in zwei Handexemplaren der Erstfassung (HKA 5, S. 104–144). Sein Freund Julius Klaiber wurde von M.s Erben mit der Fertigstellung der Überarbeitung beauftragt und erfüllte diese Aufgabe mit Hilfe der vorliegenden Materialien verhältnismäßig zügig, so dass der ›neue‹ *Maler Nolten* bereits Ende 1876, aber vordatiert auf 1877, in der von ihm verantworteten Version erscheinen konnte. Da die Zweitfassung des *Nolten* aus der Sicht der M.-Forschung somit ein Fragment darstellt, legen die neueren literaturwissenschaftlichen Studien zu dem Roman durchweg die Fassung von 1832 zugrunde. Auch die folgenden Bemerkungen müssen sich weitgehend auf den noch von M. vollendeten ersten Teil der Überarbeitung beschränken.

Beim Vergleich mit der ursprünglichen Version fallen zunächst einige größere Veränderungen ins Auge, die das Figurenarsenal und die Struktur des Romans betreffen. So hat der Dichter die Zahl der Nebenpersonen verringert, die Rolle Tillsens dagegen erheblich erweitert und mit Fernanda, der vertrauten Freundin Constanzes, sogar eine neue Protagonistin eingeführt. Durch eine Reduzierung der Einschübe und Rückblenden gestaltete M. zudem die Handlungsführung flüssiger und glatter, so dass sich der Leser nun leichter über Abfolge und Zusammenhang der erzählten Ereignisse orientieren kann. Des Weiteren wurden einige allzu unwahrscheinlich anmutende Episoden der früheren Fassung getilgt – vor allem Elisabeths Nachtwächterrolle und Wispels Auftritt als italienischer Bildhauer – und andere Handlungselemente, wie die Aufführung des Schattenspiels und seine politische Missdeutung, glaubwürdiger motiviert. Die meisten Ergänzungen verdanken sich aber dem Bemühen des Dichters um eine plastischere Gestaltung der Frauenfiguren. Aus Agnes' Briefen an ihren Verlobten wird jetzt ausführlich zitiert (HKA 4, S. 153–157), während andere neu geschriebene Passagen der Persönlichkeit Constanzes mehr Anschaulichkeit verleihen; das gilt insbesondere für Noltens Besuch im Landhaus der Geschwister Zarlin, wo ihn die Gräfin mit der Erzählung von Kindheitserinnerungen unterhält (HKA 4, S. 30–35). Gerade die Constanze-Handlung zeigt jedoch auch, dass M. sich bei der Überarbeitung keineswegs auf oberflächliche Änderungen und Erweiterungen beschränkte, sondern tief in die Substanz des Romans eingriff, denn die Figur der Constanze ist in der neuen Fassung von Grund auf anders angelegt als in der ersten. Erlebt Constanze dort eine fundamentale Identitätskrise, die sie schließlich zugrunde richtet, so präsentiert sie sich nun als eine ausgeglichene, souveräne und lebenstüchtige Persönlichkeit, wie sie die frühere Version des *Nolten* zumindest unter den Hauptfiguren noch gar nicht kennt. In der Grottenepisode fehlt der Einblick in ihre widersprüchlichen Gefühle angesichts von Noltens leidenschaftlicher Annäherung; das Verhalten der Gräfin wird hier lediglich aus der Außenperspektive geschildert (HKA 4, S. 81). Die Verwicklung Constanzes in die Anklage gegen Nolten und Larkens hat M. gänzlich aufgehoben, und mit ihrem Verrat an dem Geliebten verschwinden natürlich auch ihre späteren Schuldgefühle und der verzweifelte Abschiedsbrief an Theobald. Constanze steht vielmehr als fleckenlose Idealgestalt da, der Fernanda mit vollem Recht bescheinigen kann: »Nicht einen Augenblick hat sich der hohe, der himmlische Sinn von Constanze verleugnet« (HKA 4, S. 244). Getilgt wurde außerdem der Alptraum von der gespenstischen Orgelspielerin, mit dessen Erzählung Constanze sich in der Erstfassung einführt, und dementsprechend sollte, wie die Anstreichungen in den Handexemplaren bezeugen, auch der letzte Abschnitt des Textes wegfallen, der die Nachricht von Constanzes Tod enthält.

Die Beziehung zwischen Constanze und Nolten hat sich ebenfalls grundlegend gewandelt. In der Zweitfassung fehlen alle Hinweise auf Noltens Kommunikationshemmungen und seine eigentümliche kontemplativ-distanzierte Wahrnehmungsweise, wie denn überhaupt die Motive der Täuschung und des Missverständnisses im Roman stark zurücktreten – ganz analog zu der bereits erwähnten Glättung der Erzählstruktur! – und durch Bereitschaft und Fähigkeit sämtlicher Protagonisten, drängende Probleme im offenen Gespräch zu klären, ersetzt werden. M. fügte unter anderem eine ganze Reihe unbeschwerter Unterhaltungen zwischen Theobald und Constanze ein, so dass sich die Liebesbeziehung nunmehr bruchlos und organisch entwickeln kann. Um ihre Erfüllung zu verhindern und die Handlung doch noch in die vorgezeichneten Bahnen zu lenken, musste der Dichter daher äußere Einflüsse mobilisieren, insbesondere die Intrigen des eifersüchtigen Herzogs Adolf, der gegenüber der Erstfassung in ein deutlich ungünstigeres Licht rückt.

Ebenso wie Noltens Persönlichkeit erhält in der Zweitfassung auch sein künstlerisches Schaffen völlig neue Züge: Es lässt sich hier nicht als Ergebnis von Sublimierungsprozessen interpretieren und weist überdies keine Verbindung mit der Person der Zigeunerin Elsbeth auf. Die Begegnung auf dem Rehstock löst bei dem Heranwachsenden nur eine flüchtige Schwärmerei für die Fremde aus, von der ihn Adelheids Ermahnungen sehr bald kurieren (HKA 4, S. 194), und bleibt für sein Künstlertum folgenlos. Jedenfalls ist nach Elsbeths Verschwinden weder von einer verstärkten Anhänglichkeit Noltens an das Porträt Loskines noch von einem besonderen Drang zu eigener künstlerischer Produktion die Rede. Auch sonst hat M. die Rolle Elsbeths im Roman erheblich reduziert und mehrere Erwähnungen und Auftritte der Zigeunerin gestrichen.

Sie erscheint als arme, etwas skurrile Verrückte mit gewissen hellseherischen Fähigkeiten, und die nüchternen parapsychologischen Betrachtungen, die Tillsen und Larkens zu diesem Thema anstellen (HKA 4, S. 205–209), lassen nichts von der geheimnisvollen Aura aufkommen, die Elisabeth in der Erstfassung umgibt. Überdies ist die bedeutungsvolle Leerstelle im Zentrum der Jugendgeschichte, die die Rätselhaftigkeit des zwischen Elisabeth und Theobald geschlossenen Bundes bewahrt, nun durch die knappe Schilderung einer konventionellen Liebesszene ausgefüllt (HKA 4, S. 182). In der Zweitfassung deutet nichts auf eine Verwurzelung von Noltens Künstlertum in bestimmten psychischen Dispositionen hin. In der Handlungsgegenwart tritt der Protagonist jetzt häufiger als Maler in Erscheinung; M. war offensichtlich bemüht, durch Hinzufügung weiterer Skizzen und Gemälde den Titel des Romans zumindest vordergründig besser zu legitimieren. Die entsprechenden Werke spielen größtenteils offen oder versteckt auf die Liebesverhältnisse des Künstlers mit Agnes und Constanze an, weisen aber keinerlei Bezug zu seelischen Krisen und Identitätskonflikten auf.

Die Veränderungen, die sich im Hinblick auf Larkens und sein poetisches Schaffen beobachten lassen, weisen in eine ähnliche Richtung. Larkens' Künstlertum hat seine therapeutische Funktion eingebüßt und nichts mehr mit der quälenden Hypochondrie des Schauspielers zu tun. Dieser Wandel macht sich auch bei den im Roman präsentierten Dichtungen des Protagonisten bemerkbar. So hat die Umarbeitung des *Orplid*-Spiels die Bedeutung des Stückes als ›Psycho-Drama‹, in dem sich die inneren Krisen des fiktiven Autors spiegeln, vollkommen aufgehoben und die Konfrontation von Ulmon und Thereile auf einen rein äußerlichen Konflikt reduziert; insbesondere sind alle Anzeichen für die Faszination, die Thereiles Sinnlichkeit auf Ulmon ausübt, gestrichen worden. Mit der rigorosen Kürzung des Textes hat M. dem Umstand Rechnung getragen, dass dem Drama im Rahmen des Romans nur noch die handlungstechnische Funktion bleibt, die Verhaftung des Künstlerpaares zu motivieren. Der *Peregrina-*

Zyklus sollte, wie die Notizen des Dichters zu erkennen geben, ebenfalls weitgehend aus seinem zuvor sehr engen Zusammenhang mit dem Kontext des *Nolten* gelöst werden. Die Gedichte selbst wollte M. in der Form, die sie in A⁴ erhalten hatten, in die überarbeitete Fassung des Romans aufnehmen. In dieser Version stellen sie keine poetische Gestaltung bürgerlicher Wunsch- und Angstphantasien mehr dar, denn gerade jene Dimension der Dichtung ist im Lauf der komplizierten Textgeschichte des Zyklus M.s umfassenden Eingriffen, die vornehmlich den beiden großen freirhythmischen Gedichten über Peregrinas Hochzeit und ihre Verstoßung durch das lyrische Ich galten, zum Opfer gefallen.

Bei der Umarbeitung des *Maler Nolten* war M. augenscheinlich von der Absicht geleitet, das Problem der bürgerlichen Identität und ihrer Krisen ganz aus dem Roman zu verbannen. Dieses Bestreben hatte nicht nur gravierende Veränderungen bei Figurengestaltung und Handlungsführung, sondern auch tiefe Eingriffe in den Themenkomplex von Kunst und Künstlertum zur Folge. Die spezifische poetologische Reflexionsleistung der Erstfassung, die gerade auf der Verbindung der künstlerischen Produktivität der männlichen Protagonisten und der Eigenart ihrer konkreten Schöpfungen mit der Identitätsproblematik des bürgerlichen Menschen beruht, ist im Zuge der Überarbeitung getilgt worden. Daher kann die Neufassung auch kaum noch als ›Künstlerroman‹ bezeichnet werden, obwohl hier, rein quantitativ betrachtet, häufiger von Kunstwerken die Rede ist. Die ältere Forschung sah in der zweiten Fassung des *Nolten* zumeist lediglich eine verbesserte und ergänzte Variation der ersten. Tatsächlich handelt es sich aber im Grunde um einen ganz neuen Roman, dem auch die düstere, pessimistische Stimmung der ursprünglichen Fassung fehlt. Es liegt nahe, das Motiv für M.s zähes Festhalten an dem langwierigen Überarbeitungsprojekt in einem wachsenden Unbehagen des alternden Dichters angesichts der intensiven Auseinandersetzung seines Jugendwerks mit tabuisierten psychischen Konflikten und ihrem Einfluss auf das künstlerische Schaffen zu vermuten, und in der Tat brachte er seit der Jahrhundertmitte wiederholt eine tiefe Abneigung gegen den Roman in seiner vorliegenden Gestalt zum Ausdruck (HKA 16, S. 178, 225); 1868 erklärte er sogar, er wolle durch die Neufassung »das alte Buch vertilge[n], d. h. den Wiederabdruck unmöglich mache[n]« (HKA 19, 10. März 1868). Wie sich der Dichter die Umarbeitung des zweiten Teils, beispielsweise der Darstellung von Agnes' Wahnsinn und Tod, im Einzelnen dachte, ist nicht zu erkennen, doch hatte er, einer Äußerung von Margarethe M. zufolge, anscheinend die Absicht, den Schluss in seiner Substanz unverändert zu lassen (HKA 5, S. 26). Zumindest im Falle des Titelhelden wäre dabei notwendigerweise ein tiefer Bruch entstanden, da die Gestaltung der Figur in der neuen Fassung ein tödliches Scheitern nicht mehr zureichend motivieren konnte. Noltens tragisches Ende hätte jetzt – anders als in der Erstfassung – wirklich einem feindlichen, undurchschaubaren und letztlich willkürlichen ›Schicksal‹ angelastet werden müssen.

Literatur

Althaus, Thomas: Strategien enger Lebensführung. Das endliche Subjekt und seine Möglichkeiten im Roman des 19. Jahrhunderts. Hildesheim u. a. 2003, S. 265–318. – Beck, Adolf: Peregrina. Zur Berichtigung und Ergänzung des Buches von Hildegard Emmel: »Mörikes Peregrinadichtung und ihre Beziehung zum Noltenroman«. In: Euphorion 47 (1953), S. 194–217. – Bohnengel, Julia: »Der wilde Athem der Natur«. Zur Friedrich/Loskine-Episode in Mörikes *Maler Nolten*. In: WILD, S. 45–69. – BRUCH. – Eilert, Heide: Eduard Mörike, *Maler Nolten*. In: Romane des 19. Jahrhunderts. Interpretationen. Stuttgart 1992, S. 250–279. – Emmel, Hildegard: Mörikes Peregrinadichtung und ihre Beziehung zum Noltenroman. Weimar 1952. – Hausdörfer, Sabrina: Rebellion im Kunstschein. Die Funktion des fiktiven Künstlers in Roman und Kunsttheorie der deutschen Romantik. Heidelberg 1987, S. 241–264, 297–300. – Hennemann, Doris: Individuation oder Integration? Mörikes Weg zur zweiten Fassung des *Maler Nolten*. Frankfurt a. M. u. a. 1991. – Horstmann, Isabel: Eduard Mörikes *Maler Nolten*. Biedermeier: Idylle und Abgrund. Frankfurt a. M. u. a. 1996. – Immerwahr, Raymond: The loves of Maler Nolten. In: Rice University Studies 57/4 (1971), S. 73–87. – Immerwahr, Raymond: Mörike's *Maler Nolten* as a romantic novel: The problem of unity. In: Batts, Michael S. (Hg.): Echoes and influences of German romanticism. Essays in honour of Hans Eichner.

Frankfurt a. M. u. a. 1987, S. 63–83. – Kittstein, Ulrich: Zivilisation und Kunst. Eine Untersuchung zu Eduard Mörikes *Maler Nolten*. St. Ingbert 2001. – Kolbe, Jürgen: Goethes *Wahlverwandtschaften* und der Roman des 19. Jahrhunderts. Stuttgart 1968, S. 56–80. – Kugler, Stefani: Kunst-Zigeuner. Zur Konstruktion des ›Zigeuners‹ in der deutschen Literatur der ersten Hälfte des 19. Jahrhunderts (erscheint 2004). – Liebrand, Claudia: Identität und Authentizität in Mörikes *Maler Nolten*. In: Aurora 51 (1991), S. 105–119. – Liebrand, Claudia: »Maskenkorrespondenz«. Die Briefintrige im ›Maler Nolten‹. In: Braungart / Simon. – B. Mayer, S. 40–46. – M. Mayer, S. 81–103. – Nuber, Achim: Mehrstimmigkeit und Desintegration. Studien zu Narration und Geschichte in Mörikes *Maler Nolten*. Frankfurt a. M. 1997. – Park, Jong-Mi: Eduard Mörikes *Maler Nolten* im Hinblick auf die Schicksalsfrage. Marburg 1992. – Prawer, Siegbert S.: Mignons Genugtuung. Eine Studie über Mörikes *Maler Nolten*. In: Schillemeit, Jost (Hg.): Interpretationen. Deutsche Romane von Grimmelshausen bis Musil. Bd. 3. Frankfurt a. M. u. a. 1966, S. 164–181. – Reinhardt, Heinrich: Mörike und sein Roman *Maler Nolten*. Zürich u. a. 1930. – Sammons, Jeffrey L.: Fate and psychology: Another look at Mörike's *Maler Nolten*. In: ders; Schürer, Ernst (Hg.): Lebendige Form. Interpretationen zur deutschen Literatur. Fs. für Heinrich E. K. Henel. München 1970, S. 211–227. – Scherer, Stefan: Naive Re-Flexion. Romantische Texturen, erzählte Theatralität und maskiertes Rollensprechen im ›Maler Nolten‹ (Epigonalität und Modernität eines ›Schwellentexts‹ in der ›Schwellenepoche‹ 1830–1850). In: Braungart / Simon. – Scholl, Annette: »Kunst! o in deine Arme wie gern entflöh' ich dem Eros!« Kunst und Künstler in Mörikes *Maler Nolten*. In: Wild, S. 71–89. – Schüpfer, Irene: »Es war, als könnte man gar nicht reden«. Die Kommunikation als Spiegel von Zeit- und Kulturgeschichte in Eduard Mörikes *Maler Nolten*. Frankfurt a. M. u. a. 1996. – Storz, S. 135–196. – Wünsch, Marianne: Eine neue Psychologie im literatur- und denkgeschichtlichen Kontext. Zur Interpretation von Mörikes *Maler Nolten*. In: Richter, Karl; Schönert, Jörg; Titzmann, Michael (Hg.): Die Literatur und die Wissenschaften 1770–1930. Stuttgart 1997, S. 185–232. – Rheinwald, Kristin: »Magischer Firniß« – »herrlicher Kreis« – »hohe Einsamkeit«. Das Scheitern der Liebe im ›Maler Nolten‹. In: Braungart / Simon. – Weimar, Klaus: Sich selbst in sich selbst und in die Welt finden. Bemerkungen zu zwei Gedichten aus Mörikes ›Maler Nolten‹. In: Braungart / Simon.

Ulrich Kittstein

Prosa-Erzählungen

Fragment eines religiösen Romans

Durch die Vermittlung Gustav Schwabs erhielt M. Anfang 1833 von dem Verleger Brockhaus das Angebot, eine Erzählung für dessen Taschenbuch *Urania* zu verfassen. M. sagte am 22. Januar zu (HKA 12, S. 13) und begann auch umgehend zu schreiben: Schon am 10. Februar teilte er Schwab mit, die versprochene »Novelle« sei »in Arbeit« und werde in absehbarer Zeit fertig sein (ebd., S. 18). Das Projekt weitete sich dann aber so sehr aus, dass es den Rahmen eines Taschenbuchbeitrags sprengte: »Gegen meine Erwartung nemlich hat sich die religiöse Idee, welche der Komposition zu Grunde liegt […], stets weiter aufgethan und immer fruchtbarer erwiesen. Ich überzeugte mich, daß meine Fabel nur durch die gehörige Ausführung des philosophischen Gehalts ihre wahre und volle Bedeutung erhalte«, und dazu sei ein »selbständiges Werk« größeren Umfangs erforderlich (ebd., S. 27). An Brockhaus schickte M. als Ersatz »ein kleines Fragment«, das eigentlich als »skizzirte Zwischen-Erzählung« im übergreifenden Zusammenhang vorgesehen gewesen war (ebd., S. 28); es erschien im selben Jahr in der *Urania* unter dem Titel *Miß Jenny Harrower* und wurde später in *Lucie Gelmeroth* umbenannt. Mit Blick auf die Weiterführung des ursprünglichen Vorhabens, nun in den Dimensionen eines »selbständigen Roman[s]«, war M. zunächst optimistisch: »Vielleicht arbeit ich das Ganze, das schon sehr vorgerückt ist, den Sommer noch aus«, schrieb er am 8. Mai an Johannes Mährlen (ebd., S. 29). Damit überschätzte er jedoch seine Leistungsfähigkeit; das Projekt scheint schon bald ins Stocken geraten zu sein. Im November kam M. noch einmal darauf zu sprechen (ebd., S. 48), bevor er es – zu einem unbekannten Zeitpunkt – endgültig aufgab, vielleicht nicht zuletzt wegen der ungünstigen Aufnahme, die *Miß Jenny Harrower* bei den Kritikern fand. Fortan hat sich der Dichter nicht mehr auf literarische Unternehmungen vergleichbaren Ausmaßes eingelassen, sondern sich im Bereich der Prosa auf die kleineren

Formen der Novelle und des Märchens beschränkt.

Erhalten sind von dem geplanten Roman einige Bruchstücke mit mehreren ausgearbeiteten Episoden, die aber keinen geschlossenen Handlungsgang erkennen lassen. Ein junger deutscher Gelehrter sollte als Ich-Erzähler fungieren, aber wohl nicht im Zentrum des Geschehens stehen. Eine komplizierte Figurenkonstellation mit verwickelten Verwandtschaftsbeziehungen deutet sich an. Eingeschobene Erzählungen und Gedichte sowie Rückblicke, die der Vorgeschichte einzelner Protagonisten gewidmet sind, sollten offenbar eine bedeutsame Rolle spielen und dem Werk – wie schon dem *Maler Nolten* – eine kleinteilige, episodische Struktur verleihen. Das Zurücktreten der äußeren Handlung zugunsten der seelischen Verstrickungen der Figuren, wie sie sich etwa in Mary Leithems übermäßiger Neigung zur »Imagination« (SW 1, S. 636), zur phantasievollen Verfremdung der Wirklichkeit, und in ihrem sonderbaren Verhältnis zu dem jungen Alexis zeigen, erinnert gleichfalls an M.s früheren Roman; und die erste, flüchtige Begegnung von Mary und Alexis, die sich auf einen einzigen Blickwechsel beschränkt, lässt unmittelbar an Theobald Noltens Erlebnis mit Elisabeth auf dem Rehstock denken. Die im Mittelpunkt des Romanplans stehende »religiöse Idee« (HKA 12, S. 27) betraf anscheinend konfessionelle Gegensätze und Glaubenskrisen, aber es ist nicht ersichtlich, wie M. diesen Problemkomplex im Einzelnen entfalten und mit der Beziehung zwischen Mary und Alexis verknüpfen wollte.

Literatur

M. Mayer, S. 103–105. – Storz, S. 216–232.

Ulrich Kittstein

Lucie Gelmeroth

Die Erzählung erschien erstmals 1833 unter dem Titel *Miß Jenny Harrower. Eine Skizze* in *Urania. Taschenbuch auf das Jahr 1834*. M. sah in dem Beitrag nur eine »skizzirte Zwischen-Erzählung«, die aus einem umfangreicheren Romanprojekt, an dem er zu dieser Zeit arbeitete, herausgelöst worden war. Diesem Roman lag eine »religiöse Idee« zugrunde, deren »philosophischen Gehalt« M. auszuarbeiten plante (HKA 12, S. 27 f.). Davon ist lediglich das *Fragment eines religiösen Romans* überliefert, auf das Hermann Kurz in seinem Brief an M. vom 23. Juni 1837 unter dem Titel »die geheilte Phantastin« Bezug nahm (Briefwechsel Kurz, S. 22). 1839 nahm M. die Erzählung unter dem veränderten Titel *Lucie Gelmeroth* in seine Sammlung *Iris* auf. Dabei hatte er lediglich, der Kritik der Rezensenten folgend, den Schauplatz von England nach Deutschland verlegt, die Namen und Dienstgrade angepasst und archaischere Wendungen gewählt. Der Hinweis auf eine andere Gelegenheit, bei der Lucies Tagebuch dem Leser bekannt gemacht werden sollte, wurde gestrichen, so dass davon ausgegangen werden kann, dass M. damals schon die Pläne für eine Ausarbeitung zum Roman aufgegeben hatte. Ein weiterer Abdruck erfolgte 1856 nach stärkerer Überarbeitung in M.s Sammelband *Vier Erzählungen*. Mit den in dieser Fassung vorgenommenen Veränderungen nahm M. die Verbindung zu dem religiösen Thema des Romans stark zurück: Er strich eine längere Passage religiöser Reflexionen, die Jennys Todessehnsucht als Selbstgerechtigkeit und Buße ohne Reue entlarven. Ihr Handeln wird nun aus dem »Selbstbetrug« motiviert, einen Opfertod sterben zu können. Zudem ist der Ich-Erzähler hier kein Geistlicher, sondern ein Gelehrter.

M. machte deutlich, dass die erste Veröffentlichung für ihn eine »Probe« (HKA 12, S. 29) darstellte. Die Tatsache, dass die ersten Rezensionen in der Erzählung im besten Falle nur eine »artige« (*Der Gesellschafter*, Beilage zum 30. Oktober 1833) oder »unbedeutende Kleinigkeit« (*Allgemeine Literatur-Zeitung*, Dezember 1833, Sp. 611) sahen, veranlasste ihn wohl dazu, das Romanprojekt nicht weiter zu verfolgen. Im Mai 1833 hob M. den provisorischen Charakter der Erzählung in seinen Briefen an Gustav Schwab und Johannes Mährlen (HKA 12, S. 27, 29) hervor, indem er sie als »Fragment« bezeichnete; im Untertitel des Erstdrucks nennt er sie eine »Skizze«. In der Ausgabe von 1839 wählte er die Bezeichnung »Novelle« und 1856 veröffentlichte er den Text schließlich als »Erzählung«; im Text selbst fällt der Begriff »Tragikomödie« (SW 1, S. 400). Dementsprechend finden sich in der Forschungsliteratur voneinander abweichende Stimmen zur Frage des Genres: Während Benno von Wiese *Lucie Gelmeroth* als Kriminalgeschichte bezeichnet (WIESE, S. 180), sieht Steinmetz den Kriminalfall nur als oberflächliches Handlungsschema, das dazu diene, die Vereinsamung und die letztlich geglückte Reintegration eines Außenseiters in die menschliche Gesellschaft vorzuführen (STEINMETZ, S. 82). Sengle sieht in der übertriebenen »pietistische[n] Gewissenhaftigkeit« das »Hauptproblem« der Novelle (SENGLE, Bd. 3, S. 711). Die Frage ist, ob damit der religiöse Themenschwerpunkt des Romanentwurfs nicht zu umstandslos auf die Erzählung übertragen wird, denn M. selbst betont in einem Brief an seine Braut Luise Rau vom 9. Juni 1833, dass die »kleine Zwischenerzählung [...] eigentlich mit der Hauptgeschichte wenig zu thun hat« (HKA 12, S. 32). *Lucie Gelmeroth* wurde aufgrund ihrer Thematik, die um die Definition von Verbrechen, den Konflikt zwischen einem juristischen und einem moralischen Schuldbegriff und Fragen der Sühne kreist, bereits von zeitgenössischen Kritikern als »Criminalgeschichte« rezipiert (Rezension in der *Jenaischen Allgemeinen Literatur-Zeitung*. Halle, Jg. 30, 1833, Bd. IV, S. 298). In dieser Hinsicht gehört sie in die Tradition der deutschen Kriminalerzählung seit Schillers *Verbrecher aus verlorener Ehre*, für die das Auseinandertreten von individuellem Gerechtigkeitsgefühl und kollektivem Recht im Mittelpunkt des Interesses steht.

Die Geschichte der Lucie Gelmeroth ist – so die Herausgeberfiktion des äußerst knapp gehaltenen Rahmens – den handschriftlichen Lebenserinnerungen eines Gelehrten entnommen. Der Ich-Erzähler präsentiert die emotional einschneidenden Erlebnisse in einem sachlich-distanzierten Stil und mit Hilfe von Rückblenden, welche die Gegenwartshandlung unterbrechen. Die Titelgestalt kommt nur zweimal – in empfindsam getönten Monologen – direkt zu Wort. Durch eine den Ereignissen selten vorausgreifende Erzählhaltung und durch lückenhafte Berichte aus zweiter Hand wird suggeriert, es habe ein Verbrechen stattgefunden und die Geschichte werde sich nun mit der Auflösung des »Rätsel[s]« (SW 1, S. 388) beschäftigen. Der Gelehrte, nach langer Zeit wieder zu Besuch in seiner Heimatstadt, hört, dass seine verwaiste Kindheitsfreundin Lucie Gelmeroth ein Verbrechen begangen haben soll. Von Lucies Beichtvater, dem Prediger S., erfährt er, dass Richard Lüneborg, der ehemalige Verlobte von Lucies Schwester Anna, getötet worden sei und Lucie nach Monaten vergeblicher Fahndung den Mord gestanden habe und für diese Tat zum Tode verurteilt werden wolle. Sie beschuldigt Richard, der Mörder ihrer Schwester zu sein. Er sei ihrer überdrüssig geworden und habe sie verlassen, woraufhin Anna vor Kummer gestorben sei. In der Fassung von 1856 verstärkt M. den Eindruck, dass die Dreiecksbeziehung zwischen den Schwestern und Richard Lüneborg nicht unschuldig, sondern von Eifersucht und Uneindeutigkeiten gekennzeichnet war. Der Gelehrte bittet um eine Unterredung mit der Gefangenen am nächsten Morgen. Die Nacht verbringt er mit Kindheitserinnerungen, welche die bisher als empfindsam und schwärmerisch gezeichnete Lucie in einem anderen Licht zeigen: Der Erzähler und Lucie nahmen als Kinder an einer Theateraufführung im Schlossgarten ihrer Heimatstadt teil, während eines Gewitters, das dabei ausbricht, geht ein Zwergpony mit den beiden Kindern durch. Der wilde Ritt kann als traumatisch empfundene erotische Initiation gelesen werden. Als Lucie kurz darauf zu Unrecht verdächtigt wird, ein Schmuckstück gestohlen zu haben, erhöht dies ihre Attraktivität für den Knaben. Lucies leidenschaftliches Ungestüm, aber auch ihre Überlegenheit werden in der Fassung von 1856 stärker betont, die Hoffnung des Erzählers auf ihre reumütige Unterwerfung wurde getilgt. Mit dem unheimlichen Traum des Gelehrten, in dem Jenny als blutbesudelte Sünderin erscheint, die sich in eine Statue verwandelt, entfällt ein unmissverständlicher Hinweis auf die Parallelen zwischen Kindheitsepisode und gegenwärtigem Fall. Doch auch in dieser späteren Fassung werden die aktuellen Ereignisse erst durch das scheinbar retardierende Moment der Rückblende erhellt.

Noch bevor Lucie dem Gelehrten die »Wahrheit« gestehen kann, hat das Gericht erfahren, dass Richard Lüneborg in einem Duell getötet wurde. Lucie sah sich als Anstifterin und wollte daher die Strafe auf sich nehmen. Das Gericht weiß schon seit der Ankunft des Erzählers, dass Lucie keine Mörderin ist. Die analytische Erzählweise lenkt von der Tatsache ab, dass Lucies »Geständnis« gar nicht mehr notwendig ist, doch indem der Gelehrte es initiiert, setzt er sich als die Instanz ein, die urteilt, straft oder vergibt. Für ihn scheint der ›Fall‹ dadurch gelöst, dass Lucie am Ende seine Frau wird. Die Erzählung behandelt also weder ein Verbrechen noch dessen Aufklärung oder Bestrafung. Die Oberflächenhandlung kann nicht als Kriminal- oder Detektivgeschichte beschrieben werden. Die dieser Gattung eigene Darstellungsweise der Rätsel-Lösung-Struktur wird vielmehr benutzt, um von dem eigentlichen ›Fall‹ abzulenken. Lucies genuine Schuld ist nicht der Mord, der letztlich auch nicht geahndet wird, sondern ihre bedrohliche erotische Verführungskraft (angedeutet in der Kindheitsepisode, in der Geschichte um den Verlobten und den Tod der Schwester sowie dem Anlass zum Duell), die durch eine christliche ›Nacherziehung‹ und in der Ehe mit dem Erzähler domestiziert wird.

Literatur

Arnold, Silke: »Ich ward, was des Mädchens Vergehen betrifft, aus dem Gespräch der Herren nicht klug«. Eduard Mörike und das Rätsel der *Lucie Gelmeroth*. In: WILD, S. 91–118. – Mayer, Birgit: Eduard Mörikes Prosaerzählungen. Frankfurt a.M. u.a. 1985, S. 29–102. – B. MAYER, S. 49 f. – M. MAYER, S. 105–107. – Pschera, Alexander: Das Zeitalter der Idylle und die Ära der Kunst. Ästhetisches Ich und erlebter Raum in Mörikes Epik. Diss. Heidelberg 1992, S. 256–317. – STEINMETZ, S. 76–88. – WIESE.

Silke Arnold-de Simine

Der Schatz

Der Schatz, das erste von vier Märchen, die M. geschrieben hat, ist wahrscheinlich im Oktober 1834 entstanden. Die Erzählung ging – wie auch *Lucie Gelmeroth* – aus der Arbeit an einem zweiten, aber unvollendet gebliebenen Romanprojekt hervor. Sie wurde erstmals 1836 im *Jahrbuch schwäbischer Dichter und Novellisten* veröffentlicht, das M. in Zusammenarbeit mit Wilhelm Zimmermann herausgab. Eine geringfügig veränderte Neuauflage erlebte *Der Schatz* 1839 in *Iris*, M.s erster Sammlung von Erzählungen. Für den zweiten Sammelband *Vier Erzählungen* (1856) unterzog M. das Werk einer gründlichen Überarbeitung: Vor allem das ursprüngliche Ende der Erzählrunde, in dem Josephe das Gedicht »Es war ein König Milesint« rezitierte (das später den Titel *Die traurige Krönung* erhielt), wurde weggelassen. Außerdem erhielt die Erzählung nun die Gattungsbezeichnung Novelle. *Der Schatz* wurde von M.s Freunden und der zeitgenössischen Kritik mit geteiltem Urteil aufgenommen (HKA 12, S. 183). Gelobt wurde die Virtuosität, mit der hier novellistische und märchenhafte Elemente miteinander verwoben wurden; kritisiert wurde allerdings die Gattung Märchen als *genus mediocre*. Die späteren Deutungsversuche konzentrieren sich darauf, novellistische und märchenhafte Elemente eindeutig voneinander zu trennen und so die Gattungsfrage zufriedenstellend zu entscheiden. Erst in den letzten Jahren hat die Forschung sich darauf eingelassen, im *Schatz* mehr als ein romantisches Verwirrspiel des Autors zu sehen. So hat Völker auf die besondere poetologische Dimension des Werkes hingewiesen, die dann von Evers ausführlich erarbeitet wurde.

Die Erzählung beginnt mit einer Rahmenerzählung: »Im ersten Gasthofe des Bades zu K* verweilte eines Abends eine kleine Gesellschaft von Damen und Herrn im großen Speisesaale, der nur noch sparsam erleuchtet war. Der Hofrat Arbogast [...] schickte sich an, eine Geschichte zu erzählen« (SW 1, S. 403). Diesen Rahmen hat M. im Zuge der Überarbeitung für die späteren Drucke beträchtlich erweitert; von einer kurzen Einleitung, die lediglich eine räumliche und zeitliche Situierung leisten sollte, wurde er zu einem wichtigen Teil der Erzählung. In den Rahmen ist zunächst die Geschichte des Goldschmiedegesellen Franz Arbogast eingebettet, die auf den ersten Blick problemlos als traditionelle Märchenhandlung gelten kann: Franz ist ein so genanntes Osterkind und besitzt ein Büchlein, das eigens für Osterkinder geschrieben wurde und das Jahr mit Sinnsprüchen gliedert. Als Franz auf wundersame Weise sein gesamtes Geld gestohlen wird, nimmt das Büchlein bei dessen Wiedererlangung eine wichtige Helferfunktion ein. Auf der Suche nach dem Geld kehrt Franz in ein Schloss ein und trifft dort auf Josephe, die sich als seine vermeintlich an Scharlach gestorbene Kinderliebe entpuppt. Am Ende der Franz-Handlung steht die Heirat des Helden mit Josephe. Die Franz-Handlung bietet ihrerseits einen Rahmen für weitere (Binnen-)Erzählungen, so für die Geschichte von der ehemaligen Schlossherrin Irmel von der Mähne, die vor vielen Jahrhunderten von ihrem Gatten wegen Untreue verflucht wurde und nun so lange als rastloser Geist umherspuken muss, bis sie die beiden Teile einer zerrissenen Kette wieder zusammengesetzt hat. Diese Sage erzählt Josephe. Ein weiterer Teil der Franz-Geschichte ist die nächtliche Begegnung mit dem Zappelfüßler, einer Art Wichtel, der sich auf einer Landkarte wie in einer realen Landschaft fortbewegt. Dieser erzählt Franz von dem raffgierigen Völkchen der Waidfeger, die den Menschen Gold und Wertsachen stehlen und sie unterirdisch horten. Auch Franzens Erinnerung an seine Kindheit mit Josephe wird eingeflochten. Josephe ihrerseits berichtet von ihrer Heilung und führt dabei Sophie von Rochen, ihre fürsorgliche Wohltäterin, ein. Mit der Freifrau von Rochen kehrt die Geschichte in die nahe Vergangenheit zurück und verlässt den phantastischen Raum. Beinahe alle märchenhaften Elemente der Franz-Handlung werden durch diese Figur aufgehoben, die Franzens Schatzbüchlein verfasst hat und so als Autorin sein und Josephes Schicksal lenkt. Sophie von Rochen ist diejenige, die die Irmel-Sage lebendig erhält und auf deren Erfüllung drängt, indem sie Franz die Kette zusammenlöten lässt. In der Figur der Freifrau laufen alle Fäden der Erzählung zusammen; in ihr verschmilzt die Binnen- mit der Rahmenhandlung. Die zerrissene Kette bildet so das Leitmotiv der Erzählung.

Den letzten Teil ›seiner‹ Geschichte erzählt Franz Arbogast nicht selbst. Schon die ausführlichere Charakterisierung der Freifrau von Rochen übernimmt eine der Zuhörerinnen. Arbogast greift zwar noch einmal für einige Sätze den Faden der Erzählung auf, beendet sie dann aber abrupt und lässt sein Publikum unbefriedigt. Schließlich vollendet eine andere Zuhörerin die Erzählung nach ihren Vorstellungen. Unter den Anwesenden entwickelt sich daraufhin eine poetologische Unterhaltung über »Wahrheit und Dichtung« der Geschichte (SW 1, S. 460). Die Verbindung von »Wahrheit und Dichtung« gemahnt an den Titel von Goethes Autobiographie und ist Programm – wie auch die Tatsache, dass ein Märchen in eine novellistische Rahmenhandlung eingebettet ist. Denn Franz Arbogasts Lebensgeschichte ist keine autobiographische (im Sinne einer historisch wahren Erzählung), sondern hat eine ›poetische Behandlung‹ erfahren. Tatsächlich ist die Franz-Geschichte im Grunde Fiktion, denn Sophie von Rochen entwirft mit Hilfe ihres Büchleins – also literarisch – Franzens und Josephes Lebensgeschichte bis zu deren Heirat. Arbogast ist lediglich der Erzähler der Geschichte, in der er selbst der Protagonist ist. Und nur wegen des fiktiven Charakters der ›Lebensgeschichte‹ ist es möglich, dass eine Zuhörerin Arbogasts Erzählung stimmig vollenden kann, denn durch die poetische Gestaltung bietet die Binnenerzählung viele Lösungsmöglichkeiten an, die der Zuhörer/Leser nur aufgreifen muss. Das alternierende, ineinander greifende Erzählen führt zu einer komplexen, äußerst bewusst komponierten Erzählstruktur, die das Leitmotiv der zerrissenen und zusammenzusetzenden Kette abbildet. Mit Völker ist die Kette deshalb als »immanent-poetologische Metapher gelingenden Erzählens« zu sehen (Völker, S. 340). Im *Schatz* gestaltet der Autor M. das Entstehen einer Erzählung von der eigenen dichterischen Inspiration über die sehr bewusste Arbeit an der Form bis zur Vollendung in der Rezeption des Lesers und entwirft so eine Poetologie seiner Dichtkunst, die sich gerade durch artifizielle Komposition auszeichnet. Die Ambivalenz des Genres steht deshalb im Dienste der bewusst angelegten Offenheit des Textes, die die notwendige Einbindung des Lesers in das Werk symbolisiert.

Literatur

Evers, Daniela: »Eine kleine Diskussion über Dichtung und Wahrheit«. Mörikes *Schatz* – eine Erzählung über das Erzählen. In: WILD, S. 118–131. – B. MAYER, S. 50–52. – Mayer, Birgit: Eduard Mörikes Prosaerzählungen. Frankfurt a. M. 1985, S. 103–165. – M. MAYER, S. 107–109. – Pschera, Alexander: Das Zeitalter der Idylle und die Ära der Kunst. Ästhetisches Ich und erlebter Raum in Mörikes Epik. Diss. Heidelberg 1992, S. 167–255. – STEINMETZ, S. 44–60. – STORZ, S. 242–248. – Völker, Ludwig: »Daß das Wunderbare nur scheinbar ist und bloßes Spiel«. Form und Geist des Erzählens in Eduard Mörikes *Der Schatz*. In: SchillerJb. 29 (1985), S. 324–342.

Daniela Evers

Der Bauer und sein Sohn

Die kurze Prosaerzählung mit dem Untertitel *Märchen* entstand Anfang 1838 als Auftragsarbeit. Am 9. Februar berichtet M. seinem Freund Johannes Mährlen: »So bat mich kürzlich Prof. Plieninger um einen unterhaltenden Beitrag für den wirtemb. Volkskalender aufs nächste Jahr […] Ich wollte es ihm nicht abschlagen, ersann u. schrieb deßhalb ein moralisches Mährchen von etwa 1 ½ Bogen meines Manuscr.« (HKA 12, S. 163). Das Werk, dessen Titel zunächst *Arm-Frieder* lautete (HKA 13, S. 13), wurde dann aber doch nicht in den Kalender aufgenommen, wie der Dichter am 12. April Hermann Kurz mitteilen musste: Sein »moralische[r] Beitrag« sei abgelehnt worden, »weil die Erzählung den Aberglauben gewissermaßen begünstige« (HKA 12, S. 189). M. schickte den Text daraufhin zwar an Cottas *Morgenblatt für gebildete Leser*, sah aber schon einen weiteren Misserfolg voraus, weil er ihm für diesen Rahmen »allzu simpel« schien (HKA 12, S. 189), und er behielt recht: Auch das *Morgenblatt* druckte die Erzählung nicht ab. Die Veröffentlichung konnte daher erst 1839 in M.s eigenem Sammelband *Iris* erfolgen, nun unter dem neuen Titel *Der Bauer und sein Sohn*. 1856 wurde das Märchen, geringfügig überarbeitet, noch einmal in den *Vier Erzählungen* publiziert.

Der *Königlich Württembergische Kalender*, für den das kleine Werk ursprünglich bestimmt war, wurde von der Obrigkeit als Instrument der Volksaufklärung und -erziehung genutzt und enthielt neben kalendarischen Angaben und praktischen Ratschlägen für die Landwirtschaft auch kurze erzählende und lyrische Texte, die moralisch-belehrende Wirkungsabsichten mit Unterhaltung zu verknüpfen suchten. Dass M. auf diesen Kontext Rücksicht nahm, lässt schon die Diktion seines Märchens erkennen: Der Erzähler spricht in einem sorgfältig stilisierten ›volkstümlichen‹ Plauderton und wendet sich hin und wieder mit persönlichen Bemerkungen direkt an den Leser. Dem Anliegen des Kalenders kommt ferner die (für M.s Dichtung sehr untypische) ausgeprägte moraldidaktische Tendenz entgegen, deren Quintessenz der Schlusssatz unmissverständlich formuliert: »Seit dieser Zeit hat sich im ganzen Dorf kein Mensch an einem Tier mehr versündigt« (SW 1, S. 468). Allerdings bietet das »moralische Mährchen« keine trockene Didaxe. Bemerkenswert ist vielmehr die Fülle von unterschiedlichen Erzählmotiven, die M. in diesem kurzen Text kunstvoll miteinander verbindet: Der Protest gegen Egoismus und Rücksichtslosigkeit auf Kosten der Schwächeren, besonders der Tiere, geht einher mit dem märchengerechten Aufstieg des armen, aber redlichen Frieder; Spuren des Volksaberglaubens haben ebenso ihren Platz wie der »schöne Mädchen-Engel« (SW 1, S. 462) als religiös-legendenhaftes Element, und realistische Züge in der Schilderung des bäuerlichen Lebens wie auch der Tierquälerei stehen neben grotesker Komik, wenn etwa die toten Ochsen zurückkehren und Futter verlangen, bis sie sich schließlich durch Peters Verzweiflung erweichen lassen – womit sie übrigens jene Mitleidsfähigkeit beweisen, die ihrem Peiniger abgeht. So entsteht auf engstem Raum ein komplexes poetisches Gebilde, das zwar nicht mehr den Erwartungen des Auftraggebers entsprach, dafür aber beispielhaft zeigt, dass M.s erzählende Werke bei aller scheinbaren Schlichtheit und aller Treuherzigkeit des Tons sehr artifizielle Kunstschöpfungen und von unreflektierter Naivität weit entfernt sind.

Literatur

Mayer, Birgit: Eduard Mörikes Prosaerzählungen. Frankfurt a. M. u. a. 1985, S. 166–173. – B. Mayer, S. 52 f. – M. Mayer, S. 109 f. – Steinmetz, S. 21–32. – Storz, S. 248–253.

Ulrich Kittstein

Die Hand der Jezerte

Am 31. März 1839 schickte M. eine erste, fragmentarische Fassung dieser Erzählung unter dem Titel *Arete* – das griechische Wort für ›Tugend‹ ist hier noch der Name der später Jezerte genannten Gärtnerstochter – an Wilhelm Hartlaub (abgedruckt in M 3, S. 522–524). Die Behauptung, er habe den Text »aus dem Lateinischen des Äneas Sylvius übersezt« (HKA 13, S. 28), ist eine der für M. nicht untypischen Mystifikationen, denn in den Werken des Humanisten Enea Silvio Piccolomini, des nachmaligen Papstes Pius II., findet sich nichts Vergleichbares. Das Fragment bricht ab mit Jedanjas Behauptung, ein Liebesverhältnis mit Arete gehabt zu haben, und dem Verzweiflungsausbruch des Königs; bis dahin entspricht der Handlungsverlauf in allen wichtigen Punkten bereits der späteren, vollendeten Version. Es folgt noch ein kurzer Ausblick auf den geplanten Schluss: »Die Wahrheit kommt an Tag, der Jüngling wird begnadigt, der Naira die Hand abgehauen und sie selber als Bettlerin in die weite Welt hinausgestoßen. Aretes marmorne Hand aber behält für immer einen Veilchen Duft, der den ganzen Tempel erfüllt.« Erst Jahre später überarbeitete M. diesen Text und führte ihn zu Ende, wobei der Schluss nun allerdings sehr viel versöhnlicher ausfiel als ursprünglich skizziert. 1853 wurde die fertige Erzählung unter dem neuen Titel *Die Hand der Jezerte* im *Kunst- und Unterhaltungsblatt für Stadt und Land* veröffentlicht, 1856 erschien sie mit einigen geringfügigen Änderungen und dem Untertitel *Märchen* noch einmal in M.s Sammelband *Vier Erzählungen*.

M. war offenkundig darum bemüht, dieses Werk aus allen unmittelbaren Bezügen zur vertrauten, alltäglichen Lebenswelt zu lösen: Er bedient sich einer stilisierten, sehr verknappten Sprache, entrückt das Geschehen in eine exotische, nach Zeit und Raum nicht genau festgelegte Sphäre und mischt in eigentümlicher Weise antik-griechische, abendländisch-christliche und orientalisch-heidnische Motive. Anders als in seinen meisten Erzählungen verzichtet der Dichter hier auf Humor und Ironie und lässt den Erzähler völlig hinter das Erzählte zurücktreten; Leseranreden fehlen gänzlich.

Die ersten Abschnitte entwerfen eine paradiesische Szenerie: Im »Garten« des Königs Athmas tritt Jezerte inmitten einer beseelten Natur wie das Urbild der Reinheit, Unschuld und Schönheit auf (SW 1, S. 469). Als Verkörperung dieser Ideale gewinnt die Titelfigur keine individuellen Konturen; sie wird wiederholt als »Kind« bezeichnet (S. 469, 472, 473), bleibt vollkommen passiv und demütig und kommt überdies in der Erzählung kein einziges Mal zu Wort. Jezertes Liebesbund mit Athmas markiert den entscheidenden Einschnitt in ihrem Leben, den ›Sündenfall‹ als Schritt aus dem Paradies, und nur vor diesem Hintergrund wird auch ihr plötzliches Ende verständlich: Mit der Sexualität – Jezerte ist jetzt »Tag und Nacht« an der Seite des Königs (S. 469), während sie vorher »keinen Mann gekannt« hat (S. 472) – bricht zugleich der Tod in die paradiesische Existenz ein. An die Stelle der Verstorbenen rückt nunmehr ihr »Bildnis […] aus weißem Marmor, ihre ganze Gestalt, wie sie lebte, ein Wunderwerk der Kunst« (S. 469). Nach dem Ende des paradiesischen Zustands, so die implizite Aussage des Textes, ist das Ideal im Leben nicht mehr zu bewahren; es vermag nur noch in der Kunst zu erscheinen, die so an das Verlorene erinnert. Der »Grieche« (S. 472), der später mit der Wiederherstellung des Bildnisses beauftragt wird, ist ja der (bildende) Künstler par excellence.

Naïra, die erst nach Jezertes Tod eingeführt wird, erscheint mit ihrem starken Willen, ihrem Selbstbewusstsein und ihrer außerordentlichen Aktivität im Reden wie im Tun in jeder Hinsicht als Antagonistin der Titelheldin. Ihre Welt des zweckgerichteten Handelns, der Intrige und des Betrugs bildet den Gegenbezirk zu Jezertes paradiesisch-harmonischer Sphäre. Naïras Absicht, dem König das »Bild« seiner verstorbenen Geliebten zu »verderbe[n]« (S. 470), ist doppeldeutig: Die Beschädigung des *Standbildes* der Toten geht einher mit dem Versuch, durch Jedanjas Lügengeschichte Athmas' *Vorstellung* von der idealen Unschuld und Reinheit Jezertes zu zerstören. Damit bestätigt sich die symbolische Bedeutung, die Jezertes Statue in der Erzählung zukommt, zumal Jedanja in Naïras Auftrag gerade die Hand des Bildnisses abbricht – Jezerte hatte einen förmlichen Eid auf ihre Reinheit abgelegt, indem sie dem König schwor, dass sie vor ihm »keinen Mann gekannt« habe (S. 472). Das von Naïra initiierte Betrugsmanöver hat zunächst Erfolg, da der König aufgrund von Jedanjas ›Geständnis‹ sein in der Kunst und der Erinnerung lebendig gebliebenes Ideal für eine Illusion halten muss. Athmas beschließt, mit dem Standbild dementsprechend zu verfahren: Er will es im Meer versenken, so dass nur noch der Mond es »mit täuschendem Schein« emporheben kann, um mit diesem »Trugbild« die Seefahrer zu erfreuen (S. 473); das *Abbild* von Reinheit, Unschuld und Schönheit soll also durch das bloße *Trugbild* ersetzt werden. Dazu kommt es jedoch nicht, weil das Duftwunder in Jezertes Grabmal rechtzeitig alle Zweifel an der Idealität der Verstorbenen beseitigt – bezeichnenderweise vor der inzwischen restaurierten Statue: Auf beiden Bedeutungsebenen ist damit das beschädigte »Bild« erneuert. Naïra dagegen, durch die schwarzverfärbte Hand als Betrügerin entlarvt, wird auf eine einsame Insel verbannt, erlangt aber dank ihrer Reue doch noch Vergebung und Erlösung: Als man sie auf dem Eiland tot auffindet, sind ihre Hände »alle beide weiß wie der Schnee« (S. 476). Nach der Vertreibung aus dem Paradies und dem Eintreten in eine widersprüchliche, von Leidenschaften, List und Täuschung beherrschte Welt ist die Wiederherstellung der Unschuld und Reinheit des Menschen offenbar nur noch im Tod vorstellbar. Konsequenterweise wird die Umgebung von Naïras Grabmal schließlich dem paradiesischen Ausgangszustand angeglichen, denn Athmas lässt »die Wildnis lichten und Gärten anlegen« (S. 476).

Dem Text ist also eine implizite geschichtsphilosophische Reflexion eingeschrieben, die ein triadisches Verlaufsschema als Grundstruktur der Handlung vorgibt. Damit verbinden sich jedoch Themen, denen für M.s gesamtes poetisches Schaffen zentrale Bedeutung zukommt, nämlich die Sehnsucht nach Reinheit, Unschuld und treuer Liebe, die Gefährdung dieser Ideale durch Täuschung und Betrug und die Problematik von Wahrheit und Schein. Das Märchen stellt daher trotz der ungewöhnlichen exotischen Atmosphäre und der kunstvollen Stilisierung durchaus keinen Fremdkörper im Werk des Dichters dar. Dennoch hat die M.-Forschung bislang keinen rechten Zugang zu der kleinen Erzählung gefunden und ihr wenig Beachtung geschenkt. Symptomatisch für die vorherrschende Ratlosigkeit ist die Auffassung von Gerhard Storz, der *Die Hand der Jezerte* lediglich als »Stilübung« gelten lassen will (STORZ, S. 268). Bisher sind überhaupt nur zwei eingehende Interpretationen vorgelegt worden. Ernst Trümpler versteht die Erzählung als allegorisch verschlüsselte Reflexion M.s auf die literarhistorische Situation nach dem Ende der Goethezeit, doch seine Deutung hat sich nicht durchsetzen können, zumal sie sich allzu weit vom Text entfernt. Horst Steinmetz, der die Unterschiede zwischen den einzelnen Fassungen detailliert herausarbeitet, interpretiert das Märchen dagegen als »Parabel über die Liebe« (STEINMETZ, S. 42).

Literatur

Mayer, Birgit: Eduard Mörikes Prosaerzählungen. Frankfurt a. M. u. a. 1985, S. 180–201. – B. MAYER, S. 81–83. – M. MAYER, S. 117–120. – STEINMETZ, S. 33–43. – STORZ, S. 265–268. – Trümpler, Ernst S.: Eduard Mörike: Die Hand der Jezerte. Versuch einer Deutung. In: Monatshefte für deutschen Unterricht, deutsche Sprache und Literatur 47 (1955), S. 105–111.

Ulrich Kittstein/Frank Vögele

Das Stuttgarter Hutzelmännlein

Die Anfänge der Erzählung reichen bis in die dreißiger Jahre zurück. Im Vorwort der Erstauflage des *Stuttgarter Hutzelmännleins* findet sich der Hinweis, dass die »gegenwärtige Erzählung« ursprünglich »als Seitenstück zu einer ähnlichen« entworfen war (M 3, S. 525). Diese Bemerkung M.s bezieht sich auf die Dichtung *Der Schatz*, die

1836 im *Jahrbuch schwäbischer Dichter und Novellisten* erstmals veröffentlicht wurde. Briefliche Äußerungen von Hermann Kurz aus dem Jahr 1838 belegen, dass M. auch nach Beendigung des *Schatzes* das andere, unvollendete Werk nicht aus den Augen verlor (vgl. BRIEFWECHSEL KURZ, S. 172 ff.). Wenngleich sich weitere Hinweise und Anspielungen auf die Erzählung in Briefen von David Friedrich Strauß und M. aus den vierziger Jahren finden (vgl. HKA 13, S. 462; HKA 15, S. 132), hat sich M. dem Projekt wohl erst zu Beginn der fünfziger Jahre wieder ernsthaft zugewandt. Aufschlussreich ist in dieser Hinsicht sein Brief an Johannes Mährlen vom 1. Juli 1851: »Ich [las] in Vischers Ästhetik, vollendete u. detailirte den alten wiedervorgesuchten Plan zu einer heitern Erzählung in Prosa, (die Gott weiß wieder wann u. ob? zur Ausführung kommt, denn hier in Stuttg. ist für so etwas wenig Aussicht)« (HKA 16, S. 45). Gleichwohl schloss M. schon gegen Ende 1852 die Arbeit am *Stuttgarter Hutzelmännlein* ab. Der Erstdruck erfolgte, mit dem Untertitel *Märchen* versehen, im Jahre 1853 bei der Schweizerbart'schen Verlagshandlung in Stuttgart. Die zweite, wenig veränderte Auflage erschien unter dem gleichen Titel bereits zwei Jahre später. 1872 – vordatiert auf 1873 – wurde die illustrierte Teilausgabe *Die Historie von der schönen Lau. Von Eduard Mörike. Mit sieben Umrissen von Moriz von Schwind; in Kupfer radirt von Julius Naue* von der Göschen'schen Verlagsanstalt in Stuttgart veröffentlicht. Die verschiedenen Fassungen der Erzählung weisen nur geringfügige Differenzen auf; die Gründe für die textlichen Änderungen in der Teilausgabe liegen vornehmlich in der Verselbständigung der ursprünglichen Binnengeschichte (vgl. Mayer, S. 239). Das *Stuttgarter Hutzelmännlein* wurde in Württemberg vom Lesepublikum mit großem Wohlwollen aufgenommen. Auch die zeitgenössischen Rezensenten, allen voran Wolfgang Menzel, äußerten sich überwiegend positiv über das Werk.

Im Zentrum der Forschung stand lange Zeit die Gattungsproblematik. Zum einen beschäftigte sich die Literaturwissenschaft mit der Frage, ob es sich bei M.s Dichtung um eine realistische Erzählung (vgl. STEINMETZ, S. 15) oder um ein »wirkliche[s] Märchen« (B. MAYER, S. 29) handelt; zum anderen setzte sie sich mit dem ›Verhältnis‹ des *Stuttgarter Hutzelmännleins* zum Volks- bzw. Kunstmärchen auseinander. Als repräsentativ für die gängige Forschungsmeinung kann folgende Feststellung Landmanns gelten: »Man findet eine Reihe von bedeutenden Kunstmärchen vor, aber wenige, vielleicht keins, in solcher Nähe zum Volksmärchen, wie sie Mörikes Dichtung trotz aller Gegensätze erreicht hat« (Landmann, S. 95). Ein weiteres Hauptaugenmerk liegt auf dem »heimatlich-stammestümliche[n] Kolorit« der Prosadichtung (Storz, S. 19). Wiederholt werden nicht nur die dialektalen Wortschöpfungen, sondern auch die ›Schönheit der Sprache‹ gerühmt. Allerdings bleibt auch zu konstatieren, dass in der Fachwissenschaft lange Zeit eine ausgesprochen ›naive‹ Lesart der Dichtung tonangebend war. Erst seit Ende der achtziger Jahre lässt sich verstärkt das Bemühen um eine differenziertere Wahrnehmung erkennen: Die Arbeiten von Bennholdt-Thomsen/Guzzoni und von Fuchs/Günter haben neue Deutungsmöglichkeiten der *Historie von der schönen Lau* eröffnet, die Studie von Futterknecht erprobt eine Interpretation des *Stuttgarter Hutzelmännleins* vor dem Hintergrund von Joseph Campbells Mythentheorie. Die Arbeit von Vögele stellt vor allem heraus, dass M.s *Stuttgarter Hutzelmännlein* vorrangig als ein Werk literarischer Psychologie verstanden werden muss, das in hochbewusster Auseinandersetzung mit der literarhistorischen Tradition der Romantik entstanden ist.

David Friedrich Strauß äußerte sich über das *Stuttgarter Hutzelmännlein* in einem Brief an Friedrich Theodor Vischer aus dem Jahre 1853 wenig schmeichelhaft: »Ich halte es geradezu für ein mißlungenes Produkt einer verwilderten oder besser vergrillten Phantasie. [...] – es ist ein wahres Mausnest von Fabeleien, die durch einander krabbeln, ohne Plan« (BRIEFWECHSEL STRAUSS-VISCHER, Bd. 2, S. 48). Das hochkomplexe Gefüge der Dichtung ist nicht nur in M.s Freundeskreis auf Kritik gestoßen. Doch liegen der Fülle von »erzählerischen Kreuz- und Quersprünge[n]« (HÖTZER, S. 185), eine tiefdurchdachte Komposition und eine artifizielle Erzählstrategie zugrunde. Die Geschichte setzt mit der Seppe-Handlung ein; im Anschluss daran folgt die *Historie von der schönen Lau*, die mehr als ein Viertel des Gesamtumfangs in Anspruch nimmt und in eine fernere Vergangenheit führt. In die *Lau*-Episode ist die Geschichte des Dr. Veylland eingefügt, die ihrerseits den Faden der Zeit noch weiter zurück spinnt; ein Großteil der Exposition wird in diesen Binnenerzählungen nachgereicht. Nach der *Historie von der schönen Lau* wird die Seppe-Handlung fortgeführt. Danach kommt die Geschichte Vrones zur Darstellung, die jedoch alsbald wieder von der Seppe-Handlung abgelöst wird. Abermals ist in die Rahmenhandlung eine Binnengeschichte eingegliedert, die sich wiederum mit Dr. Veylland – und mit dem Hofnarren Bernd Jobst – befasst. Nach diesem neuerlichen Einschub und kurzer Fortführung der Seppe-Handlung wird schließlich geschildert, wie Vrone und Seppe zueinander gelangen. Die beiden Rahmenhandlungen von Seppe und Vrone werden also letztlich zusammengeführt. Der Abschluss steht dann unverkennbar im Zeichen des Erzählers, der die Geschichte mit einer Ansprache an das Lesepublikum beendet. Es folgt noch ein ›Anhang‹, der einem wissenschaftlichen Anmerkungsapparat gleicht und auch von einer anderen narrativen Instanz vermittelt wird als die ›eigentliche‹ Geschichte. So lässt sich eine digressive Erzählweise mit mannigfachen retardierenden Momenten konstatieren; der Fluss des Erzählens verläuft keineswegs geradlinig und stetig, sondern ist vielmehr durch häufige Rückblenden und Einschübe in Form von mehr oder weniger umfangreichen Binnengeschichten gekennzeichnet. Hinzu treten zudem lyrische Einlagen. Dass diese Erzählweise der Spannungserzeugung dient, liegt auf der Hand. Zugleich jedoch ist der Erzählkomplex »in einer klaren, ästhetisch wohlgeordneten, beziehungs- und bedeutungsträchtigen Grundstruktur« angelegt (HÖTZER, S. 185). Die kompositorische Struktur des Werks ist »so verwickelt wie dicht, so symmetrisch wie beziehungsreich« (STORZ, S. 260). Als Vermittler der Geschichte fungiert ein auktorialer Erzähler, der nicht nur erläuternd und kommentierend durch die Dichtung führt, sondern sich überdies in einem steten Gespräch mit dem Lesepublikum befindet. Durch die mannigfachen Leseranreden wird der Rezipient nicht nur zur aktiven Beschäftigung mit dem sprachlichen Kunstwerk aufgefordert, vielmehr wird dadurch auch die Fiktion wiederholt gebrochen. Implizit wird somit auch der Konstruktcharakter der Dichtung aufgedeckt und thematisiert: Das *Stuttgarter Hutzelmännlein* gibt sich als hochkonstruiertes Artefakt zu erkennen. Es fügt sich in diesen Zusammenhang, dass das Zueinanderkommen von Seppe und Vrone auf dem Hochseil am Ende der Dichtung im übertragenen Sinne auch auf das Zusammentreffen und die ›Verschmelzung‹ der verschiedenen Erzählstränge verweist. Im »ausgefalteten Bild des Balanceaktes auf dem Seil [findet sich] eine abschließende Summe des Erzählganzen« – und dies inhaltlich wie formal (Popp, S. 320). Der poetische Diskurs ist also zugleich ein poetologischer. Das *Stuttgarter Hutzelmännlein* erzählt somit, wie auch M.s *Der Schatz*, letztlich von gelingendem Erzählen. Ferner ist das für M.s Prosa charakteristische ›Spiel‹ mit den Gattungen auch in diesem Text zu finden. Auf der formal-stilistischen wie der inhaltlichen Ebene zeigt sich eine Mischung und Verknüpfung von märchenhaften und novellistischen Elementen. Der Untertitel, der die Erzählung ausdrücklich als *Märchen* ausweist, die magischen Requisiten und das Märchenpersonal auf der einen Seite, der ›Chronisten-Stil‹, die ›reale‹ Fixierung der erzählten Welt, die dialogische Grundausrichtung sowie das Operieren mit einem zentralen Dingsymbol und diversen Rahmen- und Binnenhandlungen auf der anderen Seite verdeutlichen, dass die Erzählung im Spannungsfeld der beiden Kunstgattungen Märchen und Novelle angesiedelt ist.

Weiter bietet die Erzählung eine »Mischung aus frühneuhochdeutscher Chronistensprache und schwäbischer Mundart«, doch sind beide »Sprachschichten […] ganz und gar künstlich, von Mörike gemacht, kunstvoll künstlich gemacht« (HÖTZER, S. 188). Darüber hinaus finden sich eine Fülle romantischer Motive in der Dichtung, etwa der mittelalterliche Handlungsort, das Melusine/Undine- oder auch das Bergmann-Motiv. Bereits diese stichwortartige Aneinanderreihung zeigt, dass sich M.s Dichtung augenscheinlich sehr bewusst mit dem literarhistorischen Erbe der Romantik auseinandersetzt – und zwar auf eine zutiefst ironische Weise. Dass das Hutzelmännlein am Ende der Dichtung als »Bergmann« (SW 1, S. 547) erscheint – als Karnevalsfigur! –, weist deutlich in diese Richtung. Bezeichnend ist in diesem Kontext ferner, dass in der Rahmenhandlung des *Stuttgarter Hutzelmännleins* das ›Ziel‹ ausgerechnet am ›Ausgangspunkt‹ gefunden wird (vgl. Landmann, S. 81): »Wo gehn wir denn hin? Immer nach Hause« (Novalis, Bd. 1, S. 373). Allerdings hat die Heimat, nach der Seppe strebt, nicht viel gemein mit dem transzendent gedachten Hardenbergschen ›Zuhause‹. Am Ende der Ulm-Episode heißt es daher: »Darum, es koste was es wolle, heim ging sein [Seppes] Weg, nur Stuttgart zu!« (SW 1, S. 529). Dabei wird die »ausgestreckte blaue Alb« (SW 1, S. 537) für den Protagonisten nicht nur zu einem Markierungs- und Fixpunkt, sondern auch zu einem Erkennungszeichen von Heimat.

Der zeitliche und räumliche Rahmen der Handlung ist klar umrissen. Die Geschichte spielt um das Jahr 1320, während der Regierungszeit von Graf Eberhard I. von Württemberg, der neben seinem Vater als der eigentliche Begründer des Landes Württemberg gilt. Auf signifikante Weise deckt sich das erzählte Geschehen mit dem Beginn der modernen politischen Geschichte Württembergs (vgl. Futterknecht, S. 121). Und als Schauplatz dient keine unbekannte Fremde, sondern es sind Ortschaften und Landstriche in Alt-Württemberg. Erzählt wird die Geschichte des Schustergesellen Seppe, eines Vollwaisen, der sich mit der Absicht trägt, Stuttgart zu verlassen, weil es ihm bei seinem Meister nicht gefällt und »er nie gar weit vor seine Vaterstadt hinausgekommen, nicht Eltern, noch Geschwister mehr hatte« (SW 1, S. 477). In der Nacht vor seiner Reise wird er vom Hutzelmännlein, dem koboldartigen Schutzpatron der Schuster, aufgesucht, das ihn mit zwei Paar Glücksschuhen und einem Laib Hutzelbrot ausstattet, der immer wieder nachwächst, sofern man ihn nicht vollständig verzehrt. Darüber hinaus trägt das Hutzelmännlein Seppe auf, das eine Paar unterwegs abzustellen, so dass ihm vielleicht sein »›Glück nach Jahr und Tag einmal auf Füßen begegnet‹« (SW 1, S. 478). Als Gegengabe wünscht sich das Hutzelmännlein das »›Klötzlein Blei‹« (SW 1, S. 478) bei Blaubeuren, von dessen magischer Bewandtnis Seppe allerdings nichts weiß. Das Hutzelmännlein, das aus dem Verborgenen die Geschicke des jungen Schustergesellen lenkt, ist augenscheinlich eine übermächtige Vater-Figur, die wohl am treffendsten als personifiziertes Über-Ich gedeutet werden kann.

Der junge Schustergeselle verwechselt jedoch alsbald die Glücksschuhe untereinander und trägt fortan einen Schuh, der nicht für ihn, sondern für sein weibliches Pendant bestimmt war. Entsprechend besteht das andere Paar der Glücksschuhe, das Seppe der Weisung gemäß während seiner Wanderschaft auf einer Brücke platziert, ebenfalls aus einem ›männlichen‹ und einem ›weiblichen‹ Schuh. Bereits im Altertum war der Schuh ein Symbol der geschlechtlichen Fruchtbarkeit, und auch im deutschen Volksglauben ist er dies geblieben; so ist ›schustern‹ ein volkstümlicher Ausdruck für den Beischlaf (vgl. Handwörterbuch des deutschen Aberglaubens, Bd. 7, S. 1293). Die Schuhe verweisen demnach auch auf das Problem der ›Paarbildung‹ – und damit auf die Schaffung einer stabilen Sexualgemeinschaft. Die Seppe-Episode ist also von Beginn an, wenngleich verdeckt und höchst diskret, in einer sexuell aufgeladenen Sphäre angesiedelt. Des Weiteren sind auch die fortdauernden ›Geh-Schwierigkeiten‹ des jungen Gesellen deutungsbedürftig: Seppe geht »etlichmal rechts«, wo er »links gesollt hätte, und hinwiederum links, wo es rechts gemeint war« (SW 1, S. 481). Die vertauschten Schuhe sind offenbar für die mannigfachen ›Fehltritte‹ des Adoleszenten verantwortlich. Sicherlich werden dadurch auch Seppes Orientierungsdefizite widergespiegelt – mithin seine Hemmungen, die wohlvertraute Heimat zu verlassen, um in die Fremde nach der Freien Reichsstadt Ulm zu wandern. Zudem kann man hinter diesen ›Geh-Schwierigkeiten‹, die auf einen Orientierungs- und Kontrollverlust hinweisen, freilich Gründe vermuten, die mit der »Verdrängung von unbewußtem Material« in Zusammenhang stehen (Jennings, S. 168, Anm. 10). Einiges spricht daher für die Deutung, dass sich in dem ›weiblichen‹ Schuh Seppes verdrängte und ›an-stößige‹ Persönlichkeitsanteile manifestieren.

Die erste Etappe der Wanderschaft, die bereits manches Abenteuer bereithält, führt Seppe nach Urach. In die zweite Etappe ist – gewissermaßen als ›Reiseerzählung‹ – die *Historie von der schönen Lau* eingeflochten, die »nah bei hundert Jahr« (SW 1, S. 502) früher angesiedelt ist als die Haupthandlung. In dieser umfangreichsten Binnengeschichte des *Stuttgarter Hutzelmännleins* wird die Geschichte einer Wasserfrau, der schönen Lau, geschildert, die von ihrem Ehemann, einem »alten Donaunix« (SW 1, S. 484), in den Blautopf bei Blaubeuren verbannt wurde, weil sie aufgrund ihrer steten Traurigkeit »nur tote Kinder hatte« (SW 1, S. 484). Ihre Schwiegermutter hatte ihr jedoch geweissagt, dass sie lebende Kinder gebären könne, wenn sie »fünfmal von Herzen gelacht haben würde« (SW 1, S. 484). Die Lau, von »Mutterseiten her halbmenschlichen Geblüts« (SW 1, S. 484), erscheint als erlösungsbedürftiges wie auch als bedrohlich-verführerisches Wesen – im Volksmund nicht nur die »schöne Lau«, sondern auch die »arge *Lau* im Topf« (SW 1, S. 483) genannt. Die Lau wurde jedoch nicht nur von ihrem Ehemann, dem ›reinen‹ Naturwesen, verbannt, sie findet auch keinen Zugang zum kulturellen Bereich der Menschen: Sie ist eine Verstoßene, die in keiner der beiden Welten geduldet wird. Ersichtlich ist, dass die schöne Lau nicht nur das Fremde in der Binnengeschichte verkörpert, vielmehr ist sich dieses Fremde selbst zutiefst fremd. So kann die Lau durchaus als Elisabeth/Peregrina-Variante gedeutet werden. Darüber hinaus ist beachtlich, wie massiv die *Historie von der schönen Lau* den Dualismus von ›Natur‹ und ›Kultur‹, Heidentum und Christentum akzentuiert. Die maßgebenden Kontrahenten der Binnengeschichte sind die Lau, das heidnisch-seelenlose Elementarwesen und die Mönchsgemeinschaft. Die Binnengeschichte berichtet, dass der Wasserfrau in früheren Zeiten von der Bevölkerung noch Opfergaben dargebracht wurden, was jedoch die Mönche als »Götzendienst« (SW 1, S. 483) brandmarkten und unterbanden. Bezeichnend ist auch, dass das Kloster in sinnfälliger Manier die umgebende Naturlandschaft überragt. Das Christentum verdrängt die Verehrung der ›Natur‹, die von der Wasserfrau repräsentiert wird – die Entfremdung des Menschen von der ›Natur‹ setzt mit dem Siegeszug des Christentums ein. Dieses – negativ gezeichnete – Christentum erscheint in der Binnengeschichte als »eine patriarchalische Ordnung, die alle elementaren Beziehungen zwischen Kultur und Natur aus falscher Furcht und Herrschsucht ruinierte« (Futterknecht, S. 125). So gesellt sich zu den bereits genannten Gegensatzpaaren noch ein weiteres hinzu: ›männlich‹ versus ›weiblich‹. Die *Historie von der schönen Lau* ist jedoch trotz der genannten Divergenzen sowohl eine Versöhnungsgeschichte als auch, eng damit verknüpft, die Geschichte einer Selbstfindung. Initiiert wird dieses Versöhnungswerk durch Mutter Betha, eine »dicke Wirtin« und »rechte Fremdenmutter«, ebenso »christlich« wie »gütig« (SW 1, S. 485), die sich durch Begrünungsarbeiten am Rande des Blautopfs das Vertrauen der Wasserfrau erwirbt. Die Wasserfrau erscheint daraufhin eines Tages im Kellerbrunnen des Wohnhauses der Fremdenmutter, im »Nonnenhof« (SW 1, S. 485), der bezeichnenderweise einstmals ein Frauenkloster war und nun als Gastwirtschaft dient. Der Brunnen in der *Historie von der schönen Lau* kann als ›Geburtskanal‹ gedeutet werden (vgl. dazu auch: Fuchs; Günter, S. 134). Das Heraustreten der Wasserfrau aus dem Brunnen ist der erste Schritt auf dem Wege zur Selbstfindung; sie feiert, im Wortsinne, Auferstehung. Im Kulturraum der Menschen stellen sich die ersten Lacherfolge der Wasserfrau ein. Natürlich gehört die Fähigkeit zu lachen zu den ureigensten menschlichen Anlagen: Die Bezüge und Verbindungen zur ›Menschwerdung‹ der Lau, die »in der Wasserwelt ihren menschlichen Erbanteil weder erfahren noch ausleben konnte«, liegen auf der Hand (Bennholdt-Thomsen; Guzzoni, S. 268). Dass dieser Prozess durch ein von Frauen geprägtes, ›mütterliches‹ Christentum ermöglicht wurde, bleibt nachdrücklich festzuhalten. Nicht nur aus diesem Grund ist der ›Versöhnungstraum‹ der Lau höchst bedeutungsvoll, dessen erotische Konnotationen nicht zu übersehen sind (SW 1, S. 489 f.). Bezeichnenderweise hüpft der Lau »noch wachend die Brust, daß der Blautopf oben Ringlein schlug« (SW 1, S. 490). Am Ende der Geschichte hat die Wasserfrau ihr ›Lachsoll‹ mehr als erfüllt. Das ›Zu-sich-selbst-kommen‹ der Lau geschieht innerhalb einer patriarchalischen Ordnung, die zwar negativ gezeichnet, aber nicht grundsätzlich in Frage gestellt wird. Der Frau, respektive der ›Mutter‹, kommt eine Erlöser-, aber keine Herrschaftsfunktion zu (vgl. Futterknecht, S. 127). Es fügt sich in diesen Zusammenhang, dass die Wasserfrau schließlich von dem alten, despotischen Donaunix, dem »›König‹«, zurückgeholt wird, der ihr wieder »›hold und gnädig‹« (SW 1, S. 501) ist.

In die *Historie von der schönen Lau* ist die Veylland-Episode eingeblendet, die in eine noch weiter zurückliegende Vergangenheit führt. Diese Episode deckt nicht nur die Anfänge des gesamten Geschehens auf, sie gibt vielmehr das zentrale Thema des *Stuttgarter Hutzelmännleins* vor: Es ist, metaphorisch gesprochen, der ›Schatz in der Tiefe‹. Dr. Veylland, ein Alchimist, stößt bei seinem Versuch, mit einem Bleilot »die Tiefe [des Roten Meeres] zu erforschen« (SW 1, S. 493), auf einen unsichtbar machenden Krakenzahn. Die ›Tiefe‹ beherbergt das Unsichtbare, das für die Umwelt nicht zu Erkennende, d. h. Funktion und Symbolik des Krakenzahns stimmen überein. Die Protagonisten des *Stuttgarter Hutzelmännleins* sind allesamt auf der Suche nach diesem ›Schatz‹, der »zu den größten Gütern« gehört, die »man für Geld nicht haben kann« (SW 1, S. 493). Der unsichtbar machende Krakenzahn, der im Bleilot des Dr. Veylland steckt, kann somit auch als die wichtigste Klammer bezeichnet werden, die Rahmen- und Binnenhandlungen miteinander verbindet.

Nach der *Historie von der schönen Lau* nimmt der Erzähler den Faden der Seppe-Handlung wieder auf. Geschildert wird nun Seppes weiterer Weg, der ihn von Suppingen über Blaubeuren schließlich nach Ulm führt. In der Freien Reichsstadt Ulm – die für einen Württemberger um 1320 ›Ausland‹ war – macht der Schustergeselle die Bekanntschaft einer jungen Witwe, Meisterin des Schusterhandwerks, bei der er eine Anstellung findet. Seppe verliebt sich alsbald in die Ulmer Meisterin, die als »schöne Person« und »stattliche Frau« (SW 1, S. 507) erscheint. Als die junge Witwe auf den ›Heiratsantrag‹ des Gesellen eingeht, schießen dem Jungen »die Flammen in die Backen, als wollten sie oben zum Schornstein ausschlagen!« (SW 1, S. 518) Die Feuermetaphorik verweist recht unverhüllt auf den sexuellen Bereich; jedoch endet die Verbindung mit der Ulmer Meisterin, Seppes erotisches Verhängnis, für ihn beinahe tödlich. Der Junge erfährt von einem Landsmann, »einem ehrlichen Sindelfinger« (SW 1, S. 528), dass die schöne Witwe bereits zwei Männer auf ihrem Gewissen hat – mit anderen Worten: Das Nachgeben vor der sexuellen Versuchung führt geradewegs in den Tod. Die traumatischen Erlebnisse mit der Ulmer Meisterin werden im Albtraum des Schustergesellen in der Nürtinger Mühle nochmals variierend gespiegelt. Von alters her ist die Mühle nicht nur ein dämonisch-unheimlicher Ort, sondern auch eine Sexualmetapher: eine Metapher für den weiblichen Schoß (vgl. BRUCH, S. 95 ff.). Die Ulmer Meisterin lässt sich daher durchaus als eine ins negative Extrem gesteigerte Peregrina-Variante deuten (vgl. dazu auch Landmann, S. 79). Seppe begibt sich nach seinem Abenteuer mit der Meisterin auf den Heimweg nach Stuttgart. Wieder in Blaubeuren angekommen, entdeckt der junge Schustergeselle, geleitet von seinem ›richtigen‹ Schuh und somit letztlich vom Hutzelmännlein, den unsichtbar machenden Krakenzahn samt Bleilot. Dabei sind Hin- und Rückweg des Gesellen, sieht man von dem Abstecher zur Nürtinger Mühle ab, identisch. Der Kreischarakter der Wanderschaft veranschaulicht auf signifikante Weise, dass sich Seppe auf einer Reise-zu-sich-selbst befindet; der Weg des Schustergesellen bildet gleichsam einen Initiationsprozess ab. Die Stuttgarterin Vrone Kiderlen, die das zweite Paar der Glücksschuhe auf der Brücke findet, ist inzwischen ebenfalls allerlei Misshelligkeiten ausgesetzt, da sie den anderen ›falschen‹ Schuh trägt. Sie ist zudem die Einzige, die den jungen Schustergesellen in Stuttgart schmerzlich vermisst.

Die Rahmenhandlung kommt schließlich in Stuttgart zu ihrem Ziel. Während der Feierlichkeiten zur Hochzeit der Grafentochter finden sich die beiden Heranwachsenden. Es ist jedoch ein Treffen auf einem Gauklerseil, eine Zusammenkunft über dem Abgrund. Zudem ist dieser Hochseilakt in eine Mummenschanzszene eingebettet. Der Umzug der Narren gestattet nicht nur einen Blick in die Abgründe der menschlichen Existenz, vielmehr wird durch ihn eine allegorisch ausgestaltete »Reise durchs Leben« inszeniert (Jennings, S. 171). Und diese Mummenschanzszene ist überdies durch eine ganze Reihe von intertextuellen Anspielungen und Bezügen bestimmt. So wird auf Sebastian Brants *Narrenschiff*, auf das *Nibelungenlied* und auf Goethes *Faust II* verwiesen. Der Seilakt von Seppe und Vrone über den Dächern Stuttgarts gibt das vergangene Geschehen nochmals in komprimierter Form wieder: Er veranschaulicht nicht nur die Gefährdungen, denen das Individuum ausgesetzt ist, sondern auch die zwingende Notwendigkeit, die ›Mitte‹ zu finden. Die Geschichte endet sowohl mit einem Sich-Finden als auch mit einem Zueinander-Finden. Der Höhepunkt dieses Hochseilaktes ist das gegenseitige Zuwerfen der Schuhe, durch das zum einen die psychosexuelle Identitätsfindung der Protagonisten angedeutet, zum anderen der Geschlechtsakt symbolisch vorweggenommen wird.

Des Weiteren sind auch die politischen Implikationen des *Stuttgarter Hutzelmännleins* nicht zu vernachlässigen. Das erzählte Geschehen deckt sich, wie bereits herausgestellt, mit dem Beginn der modernen politischen Geschichte Württembergs. Die Vermutung, dass hierdurch – unter dem ›Deckmantel‹ des Historischen – auf das Königreich Württemberg um die Mitte des 19. Jh.s angespielt wird, liegt mehr als nahe; der Beginn des alten soll auf den Beginn des neuen Württemberg verweisen. Zweifellos ist M.s Dichtung als eine identitätsstiftende Hommage an Württemberg zu lesen. Es ist in diesem Kontext jedoch auffällig, dass M. von seinen Freiexemplaren des *Stuttgarter Hutzelmännleins* bewusst keines an die Kronprinzessin weitergegeben hat (vgl. SIMON, Sp. 214). Graf Eberhard erscheint in der Dichtung zwar als Friedensstifter, der das Schwabenland »wieder zu Ruh und Frieden kommen ließ« (SW 1, S. 477), wird jedoch gegen Ende der Erzählung durchaus auch ironisch gezeichnet. Die Deutung, dass diese ambivalente Darstellung zugleich ein bezeichnendes Licht auf König Wilhelm I. von Württemberg wirft, ist daher alles sicherlich andere als abwegig – zumal wenn man M.s Bewertung der 48er Revolution bedenkt, die er uneingeschränkt begrüßte.

Literatur

Bennholdt-Thomsen, Anke; Guzzoni, Alfredo: Das Bild der Wasserfrau in Mörikes *Historie von der schönen Lau*. In: Archiv für das Studium der neueren Sprachen und Literaturen, 224. Bd., 139. Jg. (1987), S. 254–269. – Braungart, Wolfgang: Der Künstler als Freund. Mörikes ›Hutzelmännlein‹ im Kontext seiner geselligen Erzählkunst. In: BRAUNGART / SIMON. – BRIEFWECHSEL STRAUSS-VISCHER. – BRUCH. – Eckhardt, Holger: Märchenhafte oder historische Chronologie in Eduard Mörikes *Das Stuttgarter Hutzelmännlein*? In: WirkWort. 39 (1989), S. 326–329. – Fuchs, Dörte; Günter, Andrea: Lachend in die OhnMacht. Eduard Mörikes *Historie von der schönen Lau*: Archäologie eines Textes. In: Roebling, Irmgard (Hg.): Sehnsucht und Sirene. Vierzehn Abhandlungen zu Wasserphantasien. Pfaffenweiler 1992, S. 131–143. – Futterknecht, Franz: Mörikes *Das Stuttgarter Hutzelmännlein*. Versuch einer Interpretation. In: Jb. der Jean-Paul-Gesellschaft 28 (1993), S. 115–134. – Graevenitz, Gerhart von: Eduard Mörike. Die Kunst der Sünde. Zur Geschichte des literarischen Individuums. Tübingen 1978. – Handwörterbuch des deutschen Aberglaubens. 10 Bde. Hg. v. Hanns Bächtold-Stäubli unter besonderer Mitwirkung von E. Hoffmann-Krayer. Berlin u. a. 1927–1942. – HÖTZER, S. 185–188. – Jennings, Lee B.: Das Groteske bei Mörike. Ein nachromantisches Phänomen. Aus dem Englischen übersetzt von Gisela Diekwisch. In: DOERKSEN, S. 161–185 (zuerst 1960). – Landmann, Herwig: Mörikes Märchen *Das Stuttgarter Hutzelmännlein* im Verhältnis zum Volksmärchen. Diss. Berlin 1961. – Mayer, Birgit: Eduard Mörikes Prosaerzählungen. Frankfurt a. M. u. a. 1985, S. 202–243. – B. MAYER, S. 83–88. – M. MAYER, S. 110–117. – Novalis: Werke, Tagebücher und Briefe. 3 Bde. Hg. v. Hans-Joachim Mähl und Richard Samuel. Darmstadt 1999. – Popp, Wolfgang: Eduard Mörikes *Stuttgarter Hutzelmännlein* zwischen Volksmärchen und Kunstmärchen. In: WirkWort. 20 (1970), S. 313–320. – STEINMETZ, S. 61–75. – Storz, Gerhard: Gestalt und Rang von Mörikes *Stuttgarter Hutzelmännlein*. In: DU 3/2 (1951), S. 18–29. – STORZ, S. 253–265. – Vögele, Frank: Leben als Hochseilakt. Studien zu Eduard Mörikes Erzählung *Das Stuttgarter Hutzelmännlein*. 2004.

Frank Vögele

Mozart auf der Reise nach Prag

Zur Entstehungsgeschichte

M.s Begeisterung für Mozarts Musik reicht weit in die Lebensgeschichte des Dichters zurück und hat auch in seinem lyrischen Werk ihre Spuren hinterlassen (beispielsweise in den Gedichten *Seltsamer Traum* und *Ach nur einmal noch im Leben!*). Gerade *Don Giovanni* – oder *Don Juan*, wie es bei M. in der Regel heißt – war für ihn von außerordentlicher Bedeutung. Schon 1824 verband sich ein einschneidendes Erlebnis mit dieser Oper, als M.s jüngerer Bruder August vier Tage nach einer *Don Juan*-Aufführung in Stuttgart, die die Geschwister gemeinsam besucht hatten, plötzlich starb – ein Zusammentreffen, das M. zeitlebens nicht vergaß. In seinen Briefen ist später immer wieder von *Don Juan* die Rede, und er nutzte jede Gelegenheit, eine Inszenierung der Oper zu sehen oder sich wenigstens von Freunden Teile daraus vorspielen zu lassen. Besonders aufschlussreich ist ein Brief M.s an Wilhelm Hartlaub vom 20. März 1843, der von einem kleinen, improvisierten Konzert im privaten Rahmen berichtet, bei dem auch Partien aus *Don Juan* vorgetragen wurden. M. fügt hinzu: »Solche zufällige Concertstreifereien […] sind ganz vorzüglich reizend. (Ist gar der Gegenstand von so besonders ergreifender Art, daß man sich vor einer *angekündigten* vollständigen Aufführung fürchtet, wie mirs bei dieser Oper immer geht, weil sie zu viele subjektive Elemente für mich hat und einen Überschwall von altem Dufte, Schmerz u. Schönheit (August – meine Schwester Luise – Rud. Lohbauer &c.) über mich herwälzt, dermaßen, daß ich ohne den Halt an einem sichtbaren gegenwärtigen Freund und Consorten mich nicht damit einlassen mag, so muß man einem solchen Anlaß der uns gelegentl. mitfortreißt u. zu rechter Zeit auch wiederlosläßt, doppelt danken, […] Da man aus lauter Feigheit u. Hypochondrie sonst gar zu Nichts käme« (HKA 14, S. 96). Mehrere Elemente, die in der Novelle im Zusammenhang mit *Don Juan* eine zentrale Rolle spielen, sind hier vorgeprägt, so die überwältigende affektive Wirkung der Opernmusik, aber auch ihre Abmilderung durch die gesellige Einbindung und den fragmentarischen Charakter der Darbietung. Die Vermutung, dass M. von diesem Erlebnis wichtige Anregungen für seine Erzählung empfangen haben könnte, hat daher einiges für sich.

Wann der Dichter auf den Gedanken kam, Mozart in den Mittelpunkt eines poetischen Werkes zu stellen, muss offen bleiben. Der erste Hinweis auf ein derartiges Vorhaben M.s findet sich in einem Brief Hartlaubs vom 8. Juni 1847, der auf die soeben in deutscher Übersetzung erschienene Mozart-Biographie von Alexander Oulibicheff Bezug nimmt. Hartlaub teilt M. seine Eindrücke von der Lektüre mit, lobt das Buch im Ganzen als »ordentlich geschrieben«, konstatiert aber auch seine Grenzen: Eine wissenschaftliche Biographie sei außerstande, die »Lebensereignisse« Mozarts und die »Züge seines Charakters« mit der »unendlichen Größe des Künstlers« zu vermitteln. Dagegen traut Hartlaub einer poetischen Gestaltung offenbar zu, eben dieses »Mißverhältniß« zu überwinden – ein »Fragment Dichtung« aus Mozarts Leben, wie M. es »einmal im Sinn« gehabt habe, würde jedenfalls »tausendmal befriedigender sein« als Oulibicheffs Arbeit (HKA 15, S. 624). Tatsächlich ist M.s Novelle von dem Bestreben des Dichters geprägt, Mozarts Persönlichkeit und sein Künstlertum als *Einheit* zu zeigen. Da die frühesten Nachrichten von der konkreten Arbeit an der Erzählung erst aus dem Jahr 1852 stammen, muss M. das Projekt sehr lange mit sich herumgetragen haben, bevor er an die Ausführung ging. Seine Hauptquelle war die in Hartlaubs Brief erwähnte Biographie des Russen Oulibicheff: *Mozart's Leben, nebst einer Übersicht der allgemeinen Geschichte der Musik und einer Analyse der Hauptwerke Mozart's* (ins Deutsche übersetzt von A. von Schraishuon, Stuttgart 1847), der er nicht nur eine ganze Reihe von Einzelzügen und Anekdoten, sondern auch zwei der fünf Leitsprüche, die der Erzählung ursprünglich beigegeben waren, entnahm. Außerdem kannte M. die knappe Darstellung von Franz Niemetschek: *Leben des K. K. Kapellmeisters Wolfgang Gottlieb Mozart*, die bereits 1798 erschienen war. Unklar ist, ob er daneben noch das materialreiche, aber sehr unübersichtliche Werk von Georg Nikolaus von

Nissen *Biographie W. A. Mozarts* von 1828 benutzte; gegenüber Hartlaub behauptet er, dass er dieses Buch bewusst erst sehr spät gelesen habe, um sein »innerl[iches] Concept« nicht zu gefährden (HKA 16, S. 219). Weitere Kenntnisse über Mozart bezog M. wahrscheinlich aus Lexika und kleineren Publikationen, vor allem aus Zeitschriften, während er für Lokalkolorit und Zeithintergrund auf Reiseberichte und auf die regelmäßig in Cottas *Morgenblatt für gebildete Leser* erscheinenden Korrespondentenartikel aus Wien zurückgreifen konnte. Als kompetenten Berater in musikalischen Sachfragen scheint er wiederholt Wilhelm Hartlaub herangezogen zu haben.

Im Dezember 1852 nahm M. wegen der Veröffentlichung der Erzählung Verbindung mit dem Cotta-Verlag auf (HKA 16, S. 132). Seine in diesem Brief geäußerte Hoffnung, schon »gegen das Frühjahr« den fertigen Text vorlegen zu können, trog allerdings, denn die Arbeit zog sich (mit häufigen Unterbrechungen) noch sehr viel länger hin. Ihre einzelnen Etappen sind nur fragmentarisch zu rekonstruieren. So erwähnt M. im Juli 1852 einmal die »›silbernen Posaunen‹« des *Don Juan*-Finales (HKA 16, S. 112; vgl. die einschlägige Textstelle SW 1, S. 616), ein Jahr später schrieb er an der »Parthie von dem italienischen Kunststück mit den Orangen« (HKA 16, S. 148), und noch im Mai 1855 war er mit dem »Schluß des Manuskripts« beschäftigt (HKA 16, S. 206). In einer späten Arbeitsphase wurden offenbar auch einige Kürzungen vorgenommen, denen größere Passagen zum Opfer fielen (HKA 16, S. 219). Am 6. Mai 1855 präsentierte M. dem Verleger Cotta sein inzwischen fast vollendetes Werk mit folgenden Worten: »Meine Aufgabe bei dieser Erzählung war, ein kleines Charaktergemälde Mozarts (das erste seiner Art so viel ich weiß) aufzustellen, wobei, mit Zugrundlegung frei erfundener Situationen vorzüglich die heitere Seite zu lebendiger concentrirter Anschauung gebracht werden sollte« (HKA 16, S. 205 f.). Übereinstimmend heißt es in einem Schreiben an Karl Mayer, die Novelle sei »im Ganzen heiter, der Stoff dazu erfunden, doch der Mensch, wie ich hoffe, wahr« (HKA 16, S. 211). Die im Brief an Cotta erwähnte Absicht, später »in einem Pendant auch die andern, hier nur angedeuteten Elemente« von Mozarts Wesen »und seine letzten Lebenstage darzustellen« (HKA 16, S. 206), hat M. nie verwirklicht.

Im Juni 1855 lag der Text endlich vollständig vor, und wenig später wurde der Vertrag mit Cotta, dem M. die Erzählung für einen Vorabdruck im *Morgenblatt* und für die anschließende Buchveröffentlichung überließ, unterzeichnet. Unter Hinweis auf die poetische Qualität der Novelle und auf die Sorgfalt, mit der sie gearbeitet sei – er habe »auf die prosaische Form der Darstellung nicht weniger und einen gewißermaßen ähnlichen Fleiß verwendet […] als eine rhythmische Arbeit erfordert« (HKA 16, S. 210) –, setzte M. das beachtliche Honorar von 350 Gulden durch. *Mozart auf der Reise nach Prag* wurde im *Morgenblatt für gebildete Leser* zwischen dem 22. Juli und dem 12. August 1855 in vier Folgen (Nr. 30–33) abgedruckt, wobei jede Folge ein eigenes Motto erhielt, die dritte sogar zwei. Der erste Abschnitt war mit einem komprimierten Zitat aus Oulibicheffs Biographie über die Bedingungen von Mozarts künstlerischer Größe überschrieben, der zweite mit einigen Versen aus Goethes *Tischlied zu Zelter's siebzigsten Geburtstage*, der dritte mit einer Passage aus Shakespeares *Sommernachtstraum* (im englischen Original) sowie dem Horaz-Spruch »Dulce est desipere in loco«, der vierte und letzte wieder mit einem Oulibicheff-Zitat über Mozarts widersprüchlichen Charakter (B. Mayer: Mörikes Prosaerzählungen, S. 272–276).

Im Herbst erschien dann, vordatiert auf 1856, das Jahr von Mozarts hundertstem Geburtstag, die Buchausgabe, die M.s Musikerfreunden Louis Hetsch und Ernst Friedrich Kauffmann gewidmet war. Auf die Mottos wurde jetzt verzichtet, ansonsten wies der Text nur einige geringfügige Abweichungen von dem Druck im *Morgenblatt* auf. M.s Anregung, dem Büchlein Porträts des Ehepaars Mozart voranzustellen (HKA 16, S. 206), griff der Verleger allerdings nicht auf. Noch bemerkenswerter ist ein anderer Einfall des Dichters: Ursprünglich wollte er jenen kleinen Kanon, den die Festteilnehmer auf Schloss Schinzberg improvisieren und den Mozart, der Erzählung zufolge, später in Wien »nach den Regeln der Kunst« ausgeführt hat (SW 1,

S. 601), von einem befreundeten Musiker komponieren lassen und der Novelle in Form einer Notenbeilage als vermeintlich authentische Schöpfung Mozarts hinzufügen (HKA 16, S. 206). Der Plan zerschlug sich, weil Kauffmann und Hetsch, an die M. dabei gedacht hatte, sich außerstande sahen, eine solche Komposition, »in welcher sich etwas specifisch Mozartisches erkennen ließe«, zu schaffen (HKA 16, S. 237). M.s Neigung zum Spiel mit Authentizität und Fiktion, die in dieser Idee zum Ausdruck kommt, prägt auch die Novelle selbst; so erwähnt der Erzähler einmal flüchtig einen »unserer Darstellung zugrunde liegenden Bericht« (SW 1, S. 614), der allerdings nicht näher charakterisiert wird – und natürlich in Wirklichkeit gar nicht existiert.

Schon Anfang 1856 konnte eine zweite Auflage des Buches erscheinen, und 1872 wurde die Erzählung noch einmal im *Deutschen Novellenschatz* veröffentlicht, den Paul Heyse und Hermann Kurz, zwei Freunde und Bewunderer des Dichters, herausgaben. Die *Mozart*-Novelle gehört zu den wenigen Werken M.s, die nicht nur im engeren Freundeskreis enthusiastisch aufgenommen wurde, sondern auch bei einem größeren Publikum Anklang fand und dem Autor eine gewisse Popularität über die Grenzen Schwabens hinaus verschaffte. Dazu trug sicherlich der Umstand bei, dass M. sich mit dieser Arbeit einer förmlichen Modeströmung der Zeit anschloss: Die Zahl der Dichtungen aus den unterschiedlichsten Gattungen, die sich im 19. Jh. mit Mozarts Leben und seiner Musik befassten und in den vielfältigen Anekdoten und Legenden um den großen Komponisten dankbaren Stoff fanden, lässt sich kaum überschauen. Allerdings sind diese Werke fast durchweg der Trivialliteratur zuzurechnen und inzwischen längst vergessen – zu den wenigen Ausnahmen gehört E.T.A. Hoffmanns Erzählung *Don Juan*, die eine Aufführung dieser Oper zum Thema hat und M. mit Sicherheit bekannt war –, während *Mozart auf der Reise nach Prag* bis heute als kongeniale literarische Gestaltung von Mozarts Persönlichkeit und Werk, als eine der wichtigsten Künstlernovellen der deutschen Literatur und zugleich als M.s bedeutendste Prosaschöpfung gilt. Von dieser Wertschätzung zeugt nicht zuletzt die Forschungslage, denn mit keiner anderen Erzählung des Dichters hat sich die Literaturwissenschaft so eingehend beschäftigt wie mit der *Mozart*-Novelle.

Aufbau und Strukturprinzipien

Dabei liegt ein besonderer Schwerpunkt, der sich von den frühesten Forschungsbeiträgen bis in die jüngste Zeit verfolgen lässt, auf der Analyse der formalen Struktur der Erzählung. Bereits 1954 konnte Karl Konrad Polheim seiner eigenen Untersuchung dieses Aspekts einen umfangreichen Forschungsbericht voranstellen (vgl. Polheim, S. 42–49), und in der Folgezeit kamen weitere Stellungnahmen hinzu. Die Beschäftigung mit diesem Problem ist umso wichtiger, als sie bereits mitten in die Interpretation der Novelle hineinführt. M.s Erzählung schildert im Grunde nur einen Rasttag, den Mozart und seine Frau während ihrer Reise nach Prag, wo die Uraufführung der Oper *Don Juan* stattfinden soll, auf einem kleinen böhmischen Schloss einlegen. Dort wird soeben ein Verlobungsfest gefeiert, an dem die Wiener Gäste, von der kultivierten und kunstbeflissenen adligen Gesellschaft freundlich empfangen, teilnehmen, bevor sie am folgenden Morgen ihre Fahrt fortsetzen. Die erzählte Handlung ist also eher unbedeutend, praktisch spannungslos und offenkundig nicht auf *einen* zentralen Höhe- und Wendepunkt hin zugespitzt. Überdies wird ihr Fortgang beständig durch kleinere Binnenerzählungen und Rückblenden sowie durch Kommentare und Betrachtungen des Erzählers unterbrochen. Dadurch ergibt sich eine schwer überschaubare Vielfalt von Episoden, die es auf den ersten Blick fraglich erscheinen lässt, ob die Novelle überhaupt einen durchgehenden ›roten Faden‹ besitzt. Einen gewissen Halt bietet bei alledem freilich der Erzähler selbst. Er scheint seine Position etwa in der Gegenwart des Autors zu haben und somit den zeitlichen Abstand des von M. anvisierten Lesepublikums zu dem berichteten Geschehen zu teilen. Häufig schiebt er sich explizit als Vermittlungsinstanz zwischen der erzählten Welt und den Rezipienten in den Vordergrund, versucht den Leser durch direkte Ansprache zu verständnisvoller Sympathie für Mozart zu bewegen – der Protagonist der Novelle wird wiederholt als »unser Meister« bezeichnet – oder nimmt ihn sogar ohne weiteres als einen gleichgesinnten Kenner und Verehrer des Komponisten in Anspruch, von dem beispielsweise ganz selbstverständlich erwartet wird, dass er die Oper *Don Juan* schon anhand eines einzigen Akkordes zu identifizieren vermag (SW 1, S. 613). Andererseits tritt der Erzähler aber bei vielen Gelegenheiten auch ganz zurück und erfüllt daher keineswegs durchgängig die Funktion eines Orientierungszentrums; so lösen ihn vor allem Mozart und seine Frau jeweils für längere Zeit ab, indem sie umfangreiche Binnenerzählungen vortragen. Von diesem Verfahren, ›Vielstimmigkeit‹ zu erzeugen, macht M. bereits zu einem sehr frühen Zeitpunkt Gebrauch, indem er im dritten Abschnitt des Textes – ohne ersichtlichen Grund – eine gewisse »Baronesse von T.«, die danach nie mehr in Erscheinung tritt, mit einer kurzen Beschreibung der Reisekutsche des Ehepaars Mozart zu Wort kommen lässt (SW 1, S. 566).

Die Forschung hat der Novelle ihren (scheinbaren) Mangel an Struktur und ihre Episodenhaftigkeit gelegentlich zum Vorwurf gemacht: »Manchmal erscheint diese Technik mit ihren Verschachtelungen doch etwas ungepflegt«, rügt etwa Harry Maync (MAYNC, S. 452 f.). Sehr viel zahlreicher sind jedoch die Versuche, hinter der verwirrenden Vielfalt subtile Gesetzmäßigkeiten aufzudecken. Die Thematik der Erzählung brachte manche Forscher auf die Idee, im Text nach Strukturmustern zu suchen, die sich an Kompositionsgesetzen der Musik orientieren, und so wurde die Novelle vor allem in älteren Beiträgen mehrfach mit musikalischen Formen verglichen. Dabei richtete sich die Aufmerksamkeit in erster Linie auf einen ganz bestimmten, eng begrenzten Abschnitt, nämlich auf Mozarts Schilderung der Wasserspiele in Neapel (SW 1, S. 588–591), von der wiederholt behauptet wurde, sie folge in ihrem Aufbau dem Muster einer Sonate. Insbesondere Hartmut Kaiser vertritt die Ansicht, »Mozart der Erzähler« verwende hier »ähnliche Gestaltgesetze wie Mozart der Komponist« (Kaiser, S. 373). Freilich konnten alle einschlägigen Untersuchungen aufgrund der fundamentalen Verschiedenheit der beiden Künste nur sehr vage Parallelen benennen, und wo die Analogie mit letzter Konsequenz durchgeführt wird – wie bei Kaiser, der in Mozarts Geschichte sämtliche Merkmale der klassischen dreiteiligen Sonatenform in detailgetreuer erzählerischer Umsetzung finden will (Kaiser, S. 366–373) –, gelingt eine solche Konstruktion nur um den Preis zahlreicher Gewaltsamkeiten. Auch die gelegentlichen Versuche, den Text doch noch auf das Maß einer strengen Novellentheorie zu bringen, vermögen nicht zu überzeugen. Mozarts ›Pomeranzenfrevel‹ im gräflichen Park kann schwerlich als ›unerhörte Begebenheit‹ im Sinne Goethes gewertet werden, und ebenso wenig lässt sich der Pomeranzenbaum als ›Falke‹, als zentrales Dingsymbol der Novelle deuten, zumal weder der Baum noch Mozarts Vergehen die Erzählung in ihrer Gesamtheit bestimmen oder einen Zusammenhang *aller* disparaten Teile stiften. Zu nennen ist schließlich noch die These von Karl Konrad Polheim, nach der M.s Novelle einer verborgenen, aber streng durchgeführten Symmetrie gehorcht. Polheim unterscheidet elf Episoden, von denen jeweils zwei einander korrespondieren, während Mozarts Italien-Erzählung, für sich allein stehend, die Mittelachse bildet. Die *Don Juan*-Partie, die ihren Platz kurz vor dem Ende der Novelle hat, fügt sich in diesen Entwurf allerdings nicht ein, da ihr Eigengewicht zu groß ist. Auch sollte bedacht werden, dass die von Polheim konstruierte Symmetrie sich allenfalls dem distanzierten Gesamtüberblick und der geradezu mathematischen Analyse offenbart, aber schwerlich auf den Leser, der die Erzählung notwendigerweise sukzessive rezipiert, berechnet sein kann.

Statt den Text in ein starres Schema zu pressen, sollte man der Novellenform eine gewisse, übrigens auch biedermeiertypische Offenheit zugestehen und zugleich berücksichtigen, dass das Ideal des Abwechslungsreichtums, der ›Mannigfaltigkeit‹, in M.s wirkungsästhetischen Überlegungen stets eine wichtige Rolle gespielt hat. Eine solche Offenheit muss jedoch das Vorhandensein gewisser Ordnungsprinzipien keineswegs ausschließen. So heben sich aus der erzählten Haupthandlung, die das Geschehen auf Schloss Schinzberg umfasst, zwei klar gekennzeichnete Höhepunkte ab, die einander schroff entgegengesetzt sind und auf die jeweils durch eine ganze Kette von Episoden hingeleitet wird. Zunächst begleitet der Leser das Ehepaar Mozart über die Anreise und die Begebenheiten im Wald, im Wirtshaus und im Park in die festliche Runde der gräflichen Familie, wo sich nach Mozarts Erzählung seines Jugenderlebnisses, nach verschiedenen Gesprächen und musikalischen Darbietungen schließlich mit dem »Gipfel geselliger Lust« (SW 1, S. 601) ein erster Höhepunkt einstellt. Auf einen deutlichen, mit einem Ortswechsel verbundenen Einschnitt folgt dann das Gespräch der Damen im Garten, bevor eine kürzere, aber ebenfalls vielfältig gegliederte Reihe von Gesprächen, berichtenden Passagen und Erzählerkommentaren den zweiten Höhepunkt vorbereitet, die von Mozart gebotenen Auszüge aus dem Finale des *Don Juan* (SW 1, S. 616 f.). Wenn die Wirkung dieses Musikstücks die heitere Atmosphäre des Verlobungsfestes vorübergehend gänzlich aufhebt und eine Zeitlang niemand »das allgemeine Schweigen zuerst zu brechen« wagt (SW 1, S. 617), ist der Gegenpol zu jenem »Gipfel geselliger Lust« erreicht. Erst allmählich wird das Gespräch wieder aufgenommen und der ungeheure Eindruck der Opernmusik für die Figuren der Novelle wie auch für den Leser nach und nach ›verarbeitet‹. Die Abreise des Ehepaars Mozart am nächsten Morgen bildet den Schlusspunkt der eigentlichen Handlung; ein kurzer Epilog ist vornehmlich Eugenie und ihren Gedanken über den Komponisten gewidmet. Die zahlreichen Einschübe und Binnenerzählungen dürfen wiederum nicht als störendes Beiwerk abgetan werden. Sie sind vielmehr durchweg auf eine übergreifende Thematik bezogen, die alle disparaten Partien der Novelle zu einer Einheit zusammenschließt und die M. selbst benannt hat, indem er sein Werk als »kleines Charaktergemälde Mozarts« bezeichnete (HKA 16, S. 205): Alle eingeschobenen Passagen tragen dazu bei, verschiedene Aspekte von Mozarts Persönlichkeit, seiner Lebensweise, seines Künstlertums und seiner Musik zu beleuchten. Polheim hat daher mit Recht von einer »Figurennovelle« gesprochen, die von der gängigen »Handlungsnovelle« zu unterscheiden sei (Polheim, S. 68).

Bei näherer Betrachtung lassen sich noch weitere Ordnungsmuster herausschälen, die die scheinbar so heterogene Episodenfülle der Erzählung strukturieren. Die Haupthandlung wird, wenn man den Epilog ausnimmt, von An- und Abreise des Ehepaares Mozart eingerahmt und unterliegt damit einer strikten räumlichen und zeitlichen Begrenzung: Das Geschehen, das sich nach der Ankunft des Paares und dem kurzen Aufenthalt im Gasthaus ausschließlich im Park des gräflichen Schlosses oder im Schloss selbst abspielt, beansprucht einen Zeitraum von annähernd 24 Stunden, denn es setzt »gegen elf Uhr morgens« ein (SW 1, S. 566), und »[d]en andern Tag [...] um zehn Uhr« brechen die Gäste in dem geschenkten Wagen wieder auf (SW 1, S. 619). Dieser Beschränkung der eigentlichen Handlung steht aber die extreme Weitung gegenüber, die M. durch die eingeschalteten Episoden und Erzählerbemerkungen erreicht. Sie beziehen nicht nur Mozarts gesamtes Leben von seinen Erinnerungen an Italien bis hin zu seinem frühen Tod ein, sondern greifen mit der Geschichte des Pomeranzenbaumes sogar in die Zeit Ludwigs XIV. zurück, während auf der anderen Seite der in den verschiedenen Kommentaren und Leseranreden zur Geltung kommende Standpunkt des Erzählers in der Gegenwart des Dichters M. angesiedelt ist. Hinsichtlich der räumlichen Verhältnisse lassen sich ähnliche Grenzüberschreitungen beobachten: Neben dem Schloss Trianon in Frankreich werden Berlin, Wien, Prag und Neapel genannt, und ein englischer Kupferstich spielt ebenso eine Rolle wie die griechische Götterwelt. In diesem weiten Horizont, der die wichtigsten europäischen Kulturlandschaften umfasst, bewegen sich die Gespräche der Protagonisten mit ihren zahlreichen Anspielungen auf Mythologie, Kunst und Geschichte. M. hat die formale Offenheit und die episodenreiche Mannigfaltigkeit der Erzählung also genutzt, um seinen Anspruch einzulösen und im beschränkten Rahmen einer Novelle ein breites »Charaktergemälde« des großen Komponisten zu entwerfen. Indem er strenge Begrenzung mit äußerster Weite und ausgreifenden Perspektiven kombiniert, gelingt es ihm, die Existenz seines Protagonisten in vielfältige Zusammenhänge einzubetten, ohne dass die literarisch gestaltete Person Mozarts dabei an Konkretheit und Anschaulichkeit verliert.

Geselligkeit und Gespräch – Künstler und Gesellschaft

Wie die episodische Struktur des Textes darf auch die spezifische Art der erzählerischen Vermittlung, die gleichfalls vom Prinzip der ›Mannigfaltigkeit‹ bestimmt ist, nicht als Resultat absichtsloser Lässigkeit oder mangelnder Gestaltungskraft des Dichters missverstanden werden. Die durch den häufigen Wechsel der Erzählinstanzen und Perspektivfiguren erzeugte Vielstimmigkeit hat vielmehr genau benennbare Funktionen. Zunächst steht auch sie im Dienst von M.s Absicht, die Titelgestalt seiner Novelle möglichst facettenreich zu porträtieren. Mozart wird abwechselnd durch seine eigenen Äußerungen, aus dem Blickwinkel Constanzes und aus der Sicht der Schlossgesellschaft (insbesondere Eugenies im Epilog) charakterisiert, des Weiteren vor allem durch die Bemerkungen des Erzählers, der das über den Horizont der Novellenfiguren hinausreichende Wissen der Leser – etwa über Mozarts späteres Schicksal und den bevorstehenden Ausbruch der Französischen Revolution – teilt. M. vermeidet es auf diese Weise, dem Rezipienten aus auktorialer Warte eine bestimmte Sicht auf das ›Phänomen Mozart‹ aufzudrängen; die polyperspektivische Darstellung sorgt dafür, dass das »Charaktergemälde« nicht eindimensional ausfällt. Im Kleinen lässt sich dieses Verfahren am Beispiel des Umgangs mit dem ›Pomeranzenfrevel‹ im Park verdeutlichen: Mozarts Missgriff erfährt mehrere unterschiedliche Deutungen und Auslegungen, die, angefangen mit dem Entschuldigungsbrief des Übeltäters (SW 1, S. 581), in zwangloser Folge vorgebracht werden, ohne sich durch Absolutheitsansprüche wechselseitig auszuschließen (Braungart, S. 177–196). Darüber hinaus setzt sich in dieser Vielstimmigkeit jene heitere, gesprächige Geselligkeit, die das erzählte *Geschehen* dominiert, auf der Ebene des *Erzählens* fort, wodurch die gesamte Novelle ei-

nen gleichsam dialogischen Charakter annimmt. Auch der Rezipient wird durch die zahlreichen Leseranreden des Erzählers in die Sphäre offener, harmonischer Kommunikation einbezogen. Die Gestaltung des Textes nach dem Muster eines Gesprächs ist übrigens auch für andere Werke M.s kennzeichnend. Zu Recht hebt Horst Steinmetz in seiner Analyse von M.s Prosadichtungen die »dialogische Grundstruktur« der Erzählungen sowie die »thematisch-gehaltliche Bedeutung, die das Gespräch in ihnen besitzt«, hervor (STEINMETZ, S. 19). In *Mozart auf der Reise nach Prag* sind Gespräch und Geselligkeit Teil eines geradezu utopischen Entwurfs, der in der Novelle Gestalt annimmt. Das Werk kreist nämlich nicht nur um die Frage nach den Quellen, den Eigenarten und den Gefährdungen der künstlerischen Genialität, sondern ebenso sehr um das Problem der sozialen Integration des genialen Individuums.

In den Schilderungen des Erzählers wird immer wieder sichtbar, wie sehr Mozarts gesamte Existenz von seinen engen Beziehungen zur Wiener Gesellschaft geprägt ist, aus der seine Mäzene und Schüler sowie seine primären Rezipienten stammen. Das Verhältnis des Künstlers zu diesen Kreisen gestaltet sich jedoch nicht konfliktfrei, sondern wird als gespannt und ambivalent dargestellt. Zweifelhafte Freunde missbrauchen Mozarts »Gutherzigkeit« und seine Musikbegeisterung (SW 1, S. 604) ebenso wie seine bedenkenlose Hilfsbereitschaft und »Großmut« in finanzieller Hinsicht (SW 1, S. 572); hinzu kommt die mangelnde Anerkennung seines Schaffens, »da der Geschmack des Publikums noch weit davon entfernt war, sich entschieden für Mozarts Musik zu erklären« (SW 1, S. 572), ein Umstand, der für die ständige Geldnot des Meisters zumindest mitverantwortlich ist. Constanzes Zukunftsphantasie von »Mozart als Berliner« (SW 1, S. 576), die den Komponisten in eine gesicherte und befriedigende gesellschaftliche Stellung versetzt, bleibt, wie der Erzähler ausdrücklich vermerkt, ein illusorisches »Spiel mit bunten Seifenblasen« (SW 1, S. 578), das dem Leser die Mängel der Lebensrealität in Wien nur noch deutlicher vor Augen stellt. Demgegenüber beschreibt die Novelle mit dem Tag auf Schloss Schinzberg einen fiktiven Ausnahmemoment in Mozarts Dasein, eine Episode, in der die Integration des Genies in einen geselligen Kreis, der ihm Verständnis und Bewunderung entgegenbringt, gelingt. Dabei bilden die übrigen Protagonisten keineswegs eine bloße Kulisse, vor der die strahlende Gestalt des verehrten Meisters agiert, denn zumindest Eugenie (schon durch ihren Namen – ›die Wohlgeborene‹ – besonders ausgezeichnet), der Graf, Max und Franziska, in geringerem Maße auch der Baron und die Gräfin gewinnen durchaus individuelle Konturen. Selbst die Kunstausübung ist keine alleinige Domäne Mozarts; vielmehr tragen die unterschiedlichsten Personen durch Erzählung, Gelegenheitsdichtung, Instrumentalmusik und Gesang zu der kultivierten Unterhaltung bei. Eine herausragende Bedeutung kommt aber, wie bereits erwähnt, dem unverstellten Austausch im Gespräch zu, das sich seinerseits wiederum fließend in Kunst verwandelt, wenn einige der Anwesenden dazu übergehen, »in Versen zu sprechen« (SW 1, S. 600). Die harmonisch-festliche Atmosphäre, die den Tag auf Schloss Schinzberg prägt, wird also von dem genialen Künstler und der gebildeten, kunstsinnigen Gesellschaft *gemeinsam* geschaffen.

Den historischen Rahmen der heiteren Geselligkeit, die M. hier gestaltet, bildet die Rokokokultur des Ancien régime, deren »feingeistige Reize« in dem Pomeranzenbaum symbolisiert sind (SW 1, S. 596) und deren integrative Kraft durch die Erzählung von der Stellung Renate Leonores am Hof Ludwigs XIV. belegt wird (SW 1, S. 595 f.). Allerdings weist der Erzähler bei dieser Gelegenheit auch auf die »unheilvolle Zukunft« und ihren »welterschütternde[n] Eintritt« in der Französischen Revolution hin (SW 1, S. 596), also auf die nahe bevorstehende Zerstörung der politisch-sozialen Ordnung, die jene Kultur trägt (die Oper *Don Juan* wurde überdies als musikalisches Äquivalent der Revolution gedeutet; Perraudin, S. 47–49). Damit zeichnet sich eine Parallele ab zwischen dem Zeitalter, in dem ein harmonisches Miteinander von Künstler und Gesellschaft zumindest phasenweise noch möglich ist, und Mozart selbst, dessen früher Tod ja gleichfalls drohend im Hintergrund der vermeintlich »harmlosen Erzählung« (SW 1, S. 596) steht. Eine weitere Analogie liegt darin, dass M. in beiden Fällen eine uneingeschränkte Idealisierung vermeidet, denn wie das Ancien régime bei aller Anmut seiner verfeinerten Kultur bereits den Keim des Untergangs in sich trägt und, im Rückblick betrachtet, »des wahrhaft Preisenswerten wenig« aufzuweisen hat (SW 1, S. 596), so werden auch die »unüberwindlich eingewohnten Schwächen« Mozarts (SW 1, S. 570), die sein Ende beschleunigen, keineswegs verschwiegen. Vorausdeutungen auf Mozarts Tod finden sich nicht nur im Text der Erzählung immer wieder: Schon das Reisemotiv im Titel lässt an die Lebensreise denken, die unausweichlich zum Tod hinführt (ursprünglich wollte M. diesen Bezug noch deutlicher machen, denn der Arbeitstitel der Novelle lautete »Mozart auf seiner lezten Reise nach Prag«; HKA 16, S. 132). Mozarts eigenes Zeitempfinden weist in dieselbe Richtung: »›Allmittelst geht und rennt und saust das Leben hin – Herr Gott! bedenkt man's recht, es möcht einem der Angstschweiß ausbrechen!‹« (SW 1, S. 570) Vor diesem Hintergrund gewinnt die in der Novelle gestaltete Episode auf Schloss Schinzberg, die sich ja während einer kurzen *Unterbrechung* der Reise abspielt, eine zusätzliche Bedeutung, weil die harmonische Geselligkeit, die auch das Künstlergenie integriert, das Gefühl der ›rasenden‹ Zeit und die Ahnung des nahen Todes zumindest für einen Tag zurückzudrängen vermag (wiewohl sie unterschwellig stets präsent bleiben). Durch die festliche Gelegenheit der Verlobung und die Stilisierung von Schloss und Parklandschaft zu einem arkadisch-paradiesischen Bezirk (Holesovsky) hebt M. den Ausnahmestatus dieser Episode deutlich hervor.

Mozart und seine Musik

Der Leser der Erzählung wird mit einer Fülle von Details bekannt gemacht, die Mozarts Persönlichkeit, seine Lebensweise und sein Künstlertum betreffen, wobei sich die Skala der von M. genutzten Darstellungsmittel von sehr allgemein gehaltenen Bemerkungen des Erzählers bis hin zu kleinen Anekdoten erstreckt, die bestimmte Wesensmerkmale des Komponisten schlaglichtartig erhellen. Dieser Vielfalt liegt ein bestimmtes Muster zugrunde, mit dessen Hilfe M. in seinem poetischen »Charaktergemälde« die Existenz seines Protagonisten zu deuten und insbesondere die *Einheit* des Menschen und des Künstlers Mozart einsichtig zu machen versucht. Im Zentrum steht dabei das *Motiv der ›Verschwendung‹*: Verschwendung erscheint in der Novelle als »Mozarts Lebens- und Kunstprinzip« gleichermaßen (Braungart, S. 142), denn Mozart ist ein Mensch, der »[g]enießend oder schaffend […] gleich wenig Maß und Ziel« kennt (SW 1, S. 571) und mit seinem Geld ebenso wenig hauszuhalten versteht wie mit seiner Zeit und seinen körperlichen und geistigen Kräften. Damit hat M. den großen Komponisten als genaues »Gegenbild« (Blamberger, S. 297) seiner eigenen ›diätetischen‹ Selbstbeschränkung und hypochondrischen Zurückgezogenheit entworfen. Gänzlich unhaltbar ist hingegen die vor allem von Benno von Wiese vertretene These, der Künstler Mozart sei ein idealisiertes Selbstporträt M.s, die Novelle »Selbstdeutung und Selbstdarstellung« des Autors, Mozart ein »Sinnbild seiner selbst« (Wiese, S. 272). Die Eigenart von Mozarts Wesen wird schon auf der zweiten Seite in einem kleinen Vorfall sinnbildhaft veranschaulicht: Ein »Flakon mit kostbarem Riechwasser«, das eigentlich »wie Gold« gespart werden sollte, ist durch seine »Achtlosigkeit« ausgegossen worden (SW 1, S. 567). Mozarts Kommentar zu dem Missgeschick zeigt, dass ihm alle Regeln der Ökonomie (im weitesten Sinne) fremd sind; er ordnet die Sparsamkeit, die langfristige Planung und die Sorge um die Zukunft bedenkenlos dem vollen Gegenwartsgenuss unter. Übrigens profiliert M. die Charakterzüge Mozarts bei dieser Gelegenheit noch schärfer durch den Kontrast zu seiner besonnenen Frau, eine Technik, derer er sich im Verlauf der Erzählung wiederholt bedient. Bilder des Ausströmens und Fließens werden auch weiterhin verwendet, um Mozarts Lebens- und Schaffensweise zu kennzeichnen. So vergleicht der Erzähler die schöpferische Kraft des Komponisten mit einem »tiefen Quell«, in dem Mozarts vielfältige Leidenserfahrungen zusammenfließen und der, »aus hundert goldenen Röhren springend, im Wechsel seiner Melodien unerschöpflich, alle Qual und alle Seligkeit der Menschenbrust ausströmt« (SW 1, S. 572). Ein anderer Motivkomplex, der ebenfalls die unablässige Verschwendung als Prinzip von Mozarts Existenz illustriert, ist der des Ausbrennens, des Sich-Verzehrens im Feuer. Er erscheint vornehmlich in Verbindung mit dem »Höllenbrand« (SW 1, S. 613) Don Juan, in dem der Komponist gleichsam sein eigenes Lebensgesetz gespiegelt hat. Besonders aufschlussreich ist dabei Mozarts Rückblick auf die Nacht, in der das Finale der Oper niedergeschrieben wurde: Seine musikalischen Inspirationen, ausgelöst durch da Pontes umgearbeitetes Libretto, überwältigen den Künstler förmlich und reißen ihn in einen wahren Schaffensrausch, so dass er wie unter Zwang »in *einer* Hitze fort« komponieren muss (SW 1, S. 617). Für den Erzähler ist Mozart übrigens ein »feurige[r] […] Mensch« (SW 1, S. 570), und Constanze erwähnt sein »fieberhaftes Wesen« (SW 1, S. 602) sowie seine Eigenart, beim Vorspielen am Flügel leicht ins »Feuer« zu geraten (SW 1, S. 604). Der Epilog nimmt schließlich beide Metaphernfelder noch einmal auf und verknüpft sie miteinander, wenn Eugenie ahnt, dass Mozart sich »schnell und unaufhaltsam in seiner eigenen Glut verzehre, daß er nur eine flüchtige Erscheinung auf der Erde sein könne, weil sie den Überfluß, den er verströmen würde, in Wahrheit nicht ertrüge« (SW 1, S. 620 f.). Dieser an herausgehobener Stelle platzierte Eindruck Eugenies, die in der Novelle als einzige wirklich kongeniale Partnerin des Meisters erscheint, darf als angemessene Charakterisierung der von M. entworfenen Mozart-Figur verstanden werden.

In der zitierten Epilog-Passage tritt auch mit aller Deutlichkeit die Verknüpfung von Künstlertum und Todesnähe zutage, die zum Kern des Mozartbildes in M.s Erzählung gehört. Mozarts ausschweifende Lebensweise, die der Erzähler ausführlich beschreibt (SW 1, S. 570–574), ist einerseits die Bedingung seiner künstlerischen Produktivität, richtet ihn andererseits aber unweigerlich zugrunde, da sie jegliche »Rücksicht, es sei nun der Klugheit oder der Pflicht, der Selbsterhaltung wie der Häuslichkeit«, ausschließt (SW 1, S. 571). So wird Mozarts Gesundheit »heimlich angegriffen« und »die Ahnung eines frühzeitigen Todes [...] unvermeidlich erfüllt« (SW 1, S. 572). Einen Ausweg aus diesem Dilemma gibt es für Mozart nicht, denn da sein Schöpfertum und seine gesamte Existenz auf dem ›Prinzip der Verschwendung‹ basieren, ist ihm eine bürgerliche »Ordnung nach unsern Begriffen von dem, was allen Menschen ziemt und frommt«, nicht gemäß; sie würde zwangsläufig sein Genie, sein »wunderbare[s] Wesen« auslöschen (SW 1, S. 574). Eine gewisse heimliche Sehnsucht nach einem solchen geordneten, maßvollen und ausgeglichenen Dasein ist Mozart freilich nicht fremd. Auf seinem Spaziergang vor den Toren Wiens gesellt er sich in einer Gaststätte zu einigen »Spießbürgern« und nimmt mit Eifer an ihrem »sehr alltäglichen Diskurs« teil (SW 1, S. 606), bevor er beim Anblick eines Bauern, der verschiedene Gerätschaften einkauft, in einen regelrechten Tagtraum von einer gesunden und einfachen ländlichen Existenz versinkt. Indes ist der illusionäre Charakter dieser ›sentimentalischen‹ Phantasie nicht zu übersehen. Der Erzähler spricht distanziert von einem bloßen »idyllischen Anfluge« (SW 1, S. 607), und wenig später erfährt der Leser auch, wie es im wirklichen Leben um Mozarts Beziehung zur Landwirtschaft steht: Die Bestellung seines kleinen Gartens fällt ausschließlich seiner Frau zu, und dass das Grundstück inzwischen schon wieder verkauft worden ist, hat Mozart gar nicht zur Kenntnis genommen. Ein ruhiges bürgerliches Glück verschafft der Komponist lediglich – gleichsam ersatzweise – jenem jungen Liebespaar, dem er gegen alle Hindernisse die Heirat ermöglicht. Übrigens findet die Wunschphantasie vom beschaulichen Landleben ein Pendant in Mozarts (ebenfalls rasch vorübergehender) Begeisterung für den Spazierstock. Er versteht das »wohlgediente, rechtschaffene Rohr« (SW 1, S. 603) als Zeichen einer behaglichen und gesetzten Lebensweise, doch trotz seines guten Willens misslingt ihm der Versuch, sich selbst in einen Spießbürger zu verwandeln: Bezeichnenderweise verliert er seine Stöcke ständig.

Aus dem Wissen um den letztlich unaufhebbaren Zusammenhang zwischen seinem Künstlertum und dem frühen Tod erwächst Mozarts Melancholie, die ebenso zu seiner widersprüchlichen Persönlichkeit gehört wie die übersprudelnde Lebenslust. Der Erzähler weist ausdrücklich auf einen »je und je wiederkehrende[n] Zustand von Schwermut« bei seinem Helden hin (SW 1, S. 572). Darüber hinaus hat M. die bis in die Antike zurückreichende Tradition des Melancholiegedankens in der abendländischen Philosophie, Medizin und Kunst aufgegriffen und ihren reichhaltigen Motivbestand virtuos genutzt, um den Komponisten als typisches ›Saturnkind‹ darzustellen: Zahlreiche einschlägige Symbole, die geschickt in den Gang der Handlung integriert sind, durchziehen die gesamte Erzählung (Braungart, S. 152–169). Die Vorstellung einer engen Verbindung von Melancholie und Musik ist in dieser Tradition ebenso geläufig wie die Überzeugung, dass gerade die größten Künstlergestalten Melancholiker seien. Die das Charakterbild des Protagonisten beherrschende Spannung von Heiterkeit und Melancholie bzw. Todesnähe gibt auch der Novelle insgesamt ihr Gepräge. So dominiert jeder dieser Aspekte einen der beiden oben herausgestellten Handlungshöhepunkte, und das abschließende Gedicht – in M.s Sammlung trägt es den Titel *Denk' es, o Seele!* –, in dem die Zeichen des Lebens und der Liebe dem Beobachter zu Todesvorzeichen werden, ohne doch ihre sinnliche Qualität einzubüßen, gestaltet die ambivalente Stimmung in konzentrierter Form. Nicht zuletzt markieren Lebensfreude und tragisches Pathos auch die Spannweite von Mozarts musikalischem Schaffen. Während *Figaros Hochzeit*, das von Mozart vorgespielte Klavierstück und das Hochzeitslied aus *Don Juan* mit Eleganz und Anmut die Verlobungsfeier auf Schloss Schinzberg verschönern, bietet das *Don Juan*-Finale mit dem furiosen Untergang des Helden das Beispiel eines »erhabenen tragischen Kunstwerks« (SW 1, S. 613). Überdies wird jede Seite von Mozarts Musik in der Erzählung anhand einer besonderen Inspirations- und Kompositionsszene vorgeführt. Die eine, aus der das Hochzeitslied entspringt, spielt sich am Tage ab, die andere, in der das Finale des *Don Juan* entsteht, in der Nacht, und das fertig gestellte Stück wird dann auch jeweils zu der ihm entsprechenden Tageszeit vorgetragen; im letzteren Fall macht Mozart sogar ausdrücklich auf die Übereinstimmung aufmerksam (SW 1, S. 615).

Die erstgenannte Episode, die sich im Park des Schlosses ereignet, hat mitsamt der dazugehörigen Kindheitserinnerung des Komponisten, die Mozart später erzählt, in hohem Maße die Aufmerksamkeit der Forschung auf sich gezogen, weil sie eine subtile Darstellung des Vorgangs der künstlerischen Inspiration bietet. Das Musikstück geht hier aus einer ganzen Reihe von Sublimierungsleistungen hervor, die sinnliches Erleben in Kunst verwandeln. Schon die im Zeichen Amors stehenden Wasserspiele in Neapel sind nichts anderes als eine künstlerische Gestaltung des Liebesspiels bzw. -kampfes der Geschlechter, und nicht zufällig wird der junge Mozart, der das Schauspiel genießt, auf die schöne Prinzessin aufmerksam, die sich unter den Zuschauern befindet (SW 1, S. 590). Als der Erwachsene, angeregt durch die südländische Atmosphäre des Parks, an das Spektakel in Italien zurückdenkt, verschwimmen Gegenwart und Vergangenheit ineinander, wobei sich die Erinnerung an die Bilder und Klänge aus Italien mit Berührung und Duft der Pomeranze zu einer intensiven synästhetischen Erfahrung verbindet. Diese Fülle von Empfindungen überführt Mozart dann in sein neues Werk, das als Hochzeitslied wiederum den Bezug zur Erotik bewahrt. Eine weitere Anspielung auf die Geburt der Kunst aus sublimierter Sexualität enthält der Entschuldigungsbrief an die Gräfin, in dem Mozart seinen »Frevel« im Park in Parallele zu Adams Sündenfall im Paradies setzt (SW 1, S. 581). Der Schöpfungsakt selbst vollzieht sich im Zusammenspiel von unbewussten Kräften, denen sich der Komponist »träumerisch« hingibt (SW 1, S. 579), und bewusster künstlerischer Formung. Mozart umschreibt diesen Prozess metaphorisch, als er der Verlobungsgesellschaft von seinem Erlebnis berichtet: »der Vogel« – das Kunstwerk – streckt zwar urplötzlich scheinbar von selbst »den Kopf [...] aus dem Ei«, aber dann ist die konzentrierte Anstrengung des Künstlers nötig, um »ihn vollends rein herauszuschälen« (SW 1, S. 593).

Auf Mozarts Bericht von der Niederschrift des Don Juan-Finales sowie auf die Funktion der Don Juan-Gestalt als einer künstlerischen Spiegelung von Mozarts Wesen wurde bereits hingewiesen. Damit ist die Bedeutung der Oper im Rahmen von M.s Erzählung freilich noch keineswegs erschöpft. Schon die Position der entsprechenden Passagen gegen Ende des Textes und die ausführlichen, etwas umständlichen Vorbemerkungen des Erzählers (SW 1, S. 613 f.) verdeutlichen, dass Don Juan den musikalischen Höhepunkt der Novelle darstellt. Indes spielen bei M. auffälligerweise nur ganz bestimmte Partien und Aspekte dieses Werkes eine Rolle. Von der »Fabel des Stücks« (SW 1, S. 613), die Mozart seinen Zuhörern auf Schloss Schinzberg in aller Kürze auseinandersetzt, erfährt der Leser so gut wie nichts; auch wird der größte Teil von Mozarts Darbietung nur sehr knapp charakterisiert, und erst bei der »Kirchhofsszene« und dem »Finale, bis zum Untergang des Helden« (SW 1, S. 615), gewinnt M.s Schilderung an Ausführlichkeit. Zwar rechnete der Dichter mit Lesern, denen die Oper »von Jugend auf völlig zu eigen geworden« ist (SW 1, S. 613), und konnte folglich die Kenntnis der Handlungszusammenhänge voraussetzen; gleichwohl verdient seine besondere Akzentsetzung Aufmerksamkeit. Alles in allem gilt das Interesse der Novelle weniger der Oper selbst als vielmehr deren *Wirkung* auf die Rezipienten. Am Beispiel des *Don Juan* entwirft M. eine Wirkungsästhetik des »erhabenen tragischen Kunstwerks« (SW 1, S. 613), die anhand der Reaktionen der Figuren anschaulich vorgeführt und in den Reflexionen des Erzählers explizit formuliert wird. Mozarts Werk ermöglicht dem Hörer eine Begegnung mit der »ewigen Schönheit«, mit dem »Unendliche[n]«, einem »göttliche[n] Wunder« (SW 1, S. 613), es konfrontiert ihn mit dem »Übersinnliche[n]« (SW 1, S. 616). Solche Wendungen lassen an die Kategorie des ›Erhabenen‹ denken, auf die der Text auch mehrfach ausdrücklich anspielt. Allerdings blendet M. in diesem Zusammenhang, im Gegensatz zu Kant und Schiller als den führenden Theoretikern des Erhabenen, alle moralisch-sittlichen Aspekte aus (Braungart, S. 174 f.), denn in seiner Novelle geht es um eine rein *ästhetische* Erfahrung, um die Erregung stärkster Affekte, eine Mischung von

»Lust und Angst« (SW 1, S. 617), die eben in besonderem Maße durch das Finale der Oper hervorgerufen wird. Auch die Figur des Don Juan selbst kommt bei M. nur unter diesem Gesichtspunkt in den Blick. Die radikale Amoralität des Helden, sein schrankenloser Subjektivismus, mit dem er »im ungeheuren Eigenwillen den ewigen Ordnungen« trotzt (SW 1, S. 617), und schließlich sein Untergang werden nicht in das traditionelle Schema von Schuld und Strafe eingeordnet, auf dem noch da Pontes Libretto basiert; stattdessen richtet sich die Aufmerksamkeit allein auf das faszinierende sinnliche Erlebnis, das die Wahrnehmung dieser Phänomene für den Rezipienten bedeutet. Daher kann Don Juan im Text auch mit einer »unbändigen Naturkraft« und mit einem brennenden Schiff verglichen werden, deren Anblick ein Betrachter aus sicherer Entfernung genießt (SW 1, S. 617), mit Erscheinungen also, die gleichfalls keiner moralischen Bewertung unterliegen. Wie schon die Formel »Lust und Angst« zu erkennen gibt, erscheint die Grenzerfahrung, die das »erhabene tragische Kunstwerk« ermöglicht, in der Erzählung durchaus ambivalent, denn neben die spürbare Faszination tritt die Furcht vor dem Selbstverlust: »Der Mensch verlangt und scheut zugleich aus seinem gewöhnlichen Selbst vertrieben zu werden« (SW 1, S. 613), er wird »bis an die Grenze menschlichen Vorstellens, ja über sie hinausgerissen« (SW 1, S. 616). Zu M.s wirkungsästhetischen Überlegungen gehört daher auch die Vorstellung von der Notwendigkeit eines Gegengewichts, das den Hörer vor der vollkommenen Überwältigung durch eine solche Kunst bewahrt. Der Dichter selbst war darauf bedacht, künstlerisch vermittelte Empfindungen von äußerster »Lust und Angst«, die sein ›diätetisches‹ Lebensprogramm sowohl ergänzten als auch gefährdeten, nur in gemilderter Form zu genießen. In der Novelle werden jene Aspekte, die bereits in dem eingangs zitierten Brief an Hartlaub aus dem Jahr 1843 eine Rolle spielen (HKA 14, S. 96), wieder aufgenommen. M. schildert keine vollständige Aufführung der Oper, sondern nur die Darbietung von Klavierauszügen, wobei die bedrängende Wirkung der Musik zudem nach und nach im Gespräch einer geselligen Runde aufgefangen werden kann.

Literatur

Blamberger, Günter: »Wer hat den bunten Schwarm von Bildern und Gedanken / Zur Pforte meines Herzens hergeladen …?« Eduard Mörikes Darstellung des Inspirationsgeschehens in der Novelle *Mozart auf der Reise nach Prag*. In: ders. u. a. (Hg.): Studien zur Literatur des Frührealismus. Frankfurt a. M. u. a. 1991, S. 288–305. – Brandstetter, Gabriele; Neumann, Gerhard: Biedermeier und Postmoderne. Zur Melancholie des schöpferischen Augenblicks: Mörikes Novelle *Mozart auf der Reise nach Prag* und Shaffers *Amadeus*. In: Blamberger, Günter u. a. (Hg.): Studien zur Literatur des Frührealismus. Frankfurt a. M. u. a. 1991, S. 306–337. – Braungart, Wolfgang: Eduard Mörike: *Mozart auf der Reise nach Prag*. Ökonomie – Melancholie – Auslegung und Gespräch. In: Interpretationen. Erzählungen und Novellen des 19. Jahrhunderts. Bd. 2. Stuttgart 1990, S. 133–202. – Delbrück, Hansgerd: »Gelbe Bälle, den Früchten ähnlich nachgemacht«. Zur Sinnlichkeit der Kunst bei Mörike und Rilke. In: ders. (Hg.): »Sinnlichkeit in Bild und Klang«. Fs. für Paul Hoffmann. Stuttgart 1987, S. 351–372. – Holesovsky, Hanne: Der Bereich des Schlosses in Mörikes Mozartnovelle. In: GQu. 46 (1973), S. 185–201. – Immerwahr, Raymond: Apokalyptische Posaunen. Die Entstehungsgeschichte von Mörikes *Mozart auf der Reise nach Prag* (zuerst 1955). In: Doerksen, S. 399–425. – Immerwahr, Raymond: Narrative and »musical« structure in *Mozart auf der Reise nach Prag*. In: Hofacker, Erich; Dieckmann, Lieselotte (Hg.): Studies in Germanic Languages and Literatures. St. Louis 1963, S. 103–120. – Kaiser, Hartmut: Betrachtungen zu den neapolitanischen Wasserspielen in Mörikes Mozartnovelle. In: JbFDtHochst. 1977, S. 364–400. – Kreutzer, Hans-Joachim: Die Zeit und der Tod. Über Eduard Mörikes Mozart-Novelle. In: ders.: Obertöne: Literatur und Musik. Neun Abhandlungen über das Zusammenspiel der Künste. Würzburg 1994, S. 196–216. – Mautner, Franz H.: Mörikes *Mozart auf der Reise nach Prag*. In: Enders, Horst (Hg.): Die Werkinterpretation. Darmstadt 1967, S. 349–378. – Mayer, Birgit: Eduard Mörikes Prosaerzählungen. Frankfurt a. M. u. a. 1985, S. 244–276. – B. Mayer, S. 88–96. – M. Mayer, S. 120–133. – Maync, S. 444–456. – Perraudin, Michael: *Mozart auf der Reise nach Prag*, the French Revolution, and 1848. In: Monatshefte für deutschen Unterricht, deutsche Sprache und Literatur 81 (1989), S. 45–61. – Pörnbacher, Karl (Hg.): Eduard Mörike: *Mozart auf der Reise nach Prag*. Erläuterungen und Dokumente. Stuttgart ²1985. – Polheim, Karl Konrad: Der künstlerische Aufbau von Mörikes Mozart-Novelle. In: Euphorion 48 (1954), S. 41–70. – Sander, Volkmar: Zur Rolle des Erzählers in Mörikes Mozart-Novelle. In: GQu. 36 (1963), S. 120–130. – Steinmetz, S. 89–130. – Storz, S. 375–396. – Wiese, S. 270–295.

Ulrich Kittstein

Idylle vom Bodensee

Die Entstehung der *Idylle* fällt in die Jahre 1845/46 und nahm ihren Ausgang von der Geschichte des Glockendiebstahls. Sie erschien zuerst als Einzelveröffentlichung 1846 in Stuttgart, mit geringen Veränderungen und mit den erläuternden Anmerkungen M.s versehen nochmals 1856. Das in Hexametern verfasste Versepos in sieben Gesängen erzählt eine Rahmenhandlung, in die drei weitere Erzählungen eingebettet sind. Die Rahmenhandlung beginnt am Ufer des Bodensees in der Nähe eines halbverfallenen Kirchleins. Der alte Fischer Martin unterhält sich mit dem Schneider Wendel und dem jungen Steffen. Dabei kommt die Rede auf die nahe Kapelle, und Martin erzählt von der Gründung der Kirche und der Geschichte ihrer Glocke. Diese wurde aus beim Kirchenbau gefundenen heidnischen Metallgegenständen gegossen und musste, da sie zunächst nicht klingen wollte, von einem herbeigerufenen Franziskanerpater exorziert werden, so dass sie anschließend durch besonders schönen Klang erfreuen und als Beschützerin junger Ehefrauen gelten konnte. Diese Geschichte geht über in eine auf die Gegenwart bezogene Lügengeschichte. Um seine Zuhörer in Versuchung zu führen, erzählt Martin, die wertvolle Glocke hänge noch immer in der Kirche, was aber niemand wisse. Wendel und Steffen beschließen daraufhin den Diebstahl der Glocke. Hier wird die Rahmenhandlung von einem Musenanruf des Erzählers unterbrochen, der einen längeren, sich über die Gesänge 3 bis 6 erstreckenden Schwank einleitet, bevor die beiden verhinderten Diebe im siebten Gesang von Martin gestellt und verspottet werden. Der Schwank spielt in Martins Jugend. Sein Freund Tone überwirft sich mit Gertrud, weil er beim gemeinsamen Gesang die Nähe der weit schöner singenden Margarete sucht. Die geldgierige Gertrud heiratet daraufhin den dummen, aber reichen Müller Peter. Um den verlassenen Tone zu rächen, entführen die Jungen des Dorfs, von Martin angestiftet, in der Nacht nach der Hochzeit die Mitgift. Auf einer Waldlichtung bauen sie mit ihrer Fracht eine gute Stube unter freiem Himmel auf und feiern darin ein ausgelassenes Fest.

Am nächsten Morgen treffen die übrigen Dorfbewohner und das beschämte Brautpaar nur noch die Überreste des nächtlichen Treibens an. Der verblüffte Bräutigam beginnt geistesabwesend ein ›Kind‹ aus Brot zu essen. Auf die Aufklärung des Falles und die Bestrafung der Täter wird verzichtet. Das Brautpaar verlässt den Ort, und Tone findet ein neues Glück mit Margarete, der Schäferin, die in jeder Hinsicht das positive Gegenbild zu Gertrud darstellt und der er in einer arkadischen Szenerie seine Liebe gesteht.

Das Werk wurde von den Zeitgenossen sehr positiv aufgenommen. M. hatte es mit einer Widmung an den Kronprinzen Karl von Württemberg versehen, von dem er als Dank einen wertvollen Brillantring erhielt. Weitere positive persönliche Reaktionen waren eine Zuschrift von elf Dresdner Künstlern und die Tatsache, dass Jakob Grimm auf Uhlands Empfehlung 1847 vorschlug, M. für den Text den Tiedge-Preis zu verleihen. Adolf Stahr feierte die *Idylle vom Bodensee* in einer Rezension in der Bremer Zeitung vom 16. Dezember 1846 als »ein Idyll, eine Dichtung ohne Spur moderner, socialer oder politischer Tendenz, wirkend allein durch das rein Menschliche des Inhalts und Gehalts« (Meyer-Guyer, S. 137). Damit ist eine Auffassung formuliert, die sich ganz ähnlich noch ein Jahrhundert später bei von Wiese und anderen findet, die von einer »natürlichen und unkomplizierten Dichtung« (Schlauch, S. 8) sprechen. Storz sieht zwar »die Lust am Spiel mit Formen«, etwa beim Musenanruf, konstatiert aber dennoch: »Dieses Heraustreten des Erzählers aus der Erzählung, die Verwandlung des Dichters in den rhapsodischen Sänger geschieht mit so einfacher, charmanter Herzlichkeit, geleitet von sicherem Takt, daß reflektierende Ironie oder gar parodische Wirkung fern bleiben« (STORZ, S. 361). Der vorherrschende Eindruck der Harmlosigkeit mag erklären, warum der Text, einer der zu M.s Lebzeiten erfolgreichsten und am stärksten beachteten, in der Literaturwissenschaft lange wenig Aufmerksamkeit fand. Dies änderte sich seit den 1970er Jahren in dem Maße, in dem seine Artistik und Reflektiertheit bemerkt und untersucht wurden. So resümiert Meyer-Guyer im Unterschied zu Storz: »Der Leser sieht sich also mit einem Dichter konfrontiert, der über die vorhandenen technischen Möglichkeiten souverän verfügt. Er wählt aus, adaptiert, meidet, spielt und – parodiert von sicherem Posten aus« (Meyer-Guyer, S. 122). Bei Schneider kommen die vielfältigen Bezüge zur Gattungstradition der Idylle in den Blick. Auch die komplexe erzählerische Struktur mit ihren ineinander verschachtelten Handlungen wird nun reflektiert: »Das Idyll ist der Ort des Erinnerns, ein von Erinnerung erfüllter Raum, den der Erzähler im Lauf der Erzählung nach rückwärts erschließt« (Hart Nibbrig, S. 256). Analysen des Zusammenhangs der einzelnen Episoden und der Bildlichkeit fördern sogar eine düster-dämonische Seite des Textes zu Tage, die ihn in die Nähe des *Maler Nolten* rückt: »C'est bien la conception d'un destin naturel totalement inaccessible à la raison humaine que présente ce texte« (Labaye, S. 417). Vor sozialgeschichtlichem Hintergrund untersucht Lehrer das Verhältnis von Tauschwert oder ›objektivem‹ Marktwert und Gebrauchswert oder ›subjektivem‹, auf das Erleben der Menschen bezogenem Wert in der *Idylle vom Bodensee* und konstatiert, dass der Text eine Bedrohung des ›subjektiven‹ durch den ›objektiven‹ Wert diagnostiziert und ersteren gegen letzteren zu verteidigen sucht. Wurde der Text zu Beginn gerade wegen des scheinbaren Fehlens von Reflexen der gesellschaftlichen und künstlerischen Moderne geschätzt, so nähert sich die Rezeption einer erneuten positiven Beurteilung an, nun aber gerade aufgrund der zunehmenden Beachtung seiner Elemente von Modernität. Der früheren Charakterisierung als unkompliziert und harmlos kontrastieren nun Analysen wie die von M. Mayer (S. 134–140), der Lüge und Betrug als zentrale Themen des Textes ausmacht.

Gerade wenn man die zeitgenössische Aufnahme berücksichtigt, wie sie sich in der Rezension von Stahr dokumentiert, so fällt, auch unter Gattungsaspekten, die erzählerische Komplexität des Werks auf. Auf einer ersten Erzählebene wird eine kleine Rahmengesellschaft präsentiert, in der eine weit in der Vergangenheit liegende Geschichte erzählt wird, gewissermaßen die Vorgeschichte alles Folgenden. Nach dem Erzählen dieser Geschichte von der Glocke bahnt sich auf der Ebene der Rahmengesellschaft eine Geschichte an, die auf ihren Abschluss in der nahen Zukunft verweist. Dazwischen wird vom Erzähler der ersten Ebene jedoch eine andere, nicht so weit zurückliegende Geschichte erzählt, die einen großen Teil des Gesamttextes einnimmt. Die Inszenierung des Erzählens durch die Rahmenkonstruktion und die Verschachtelung der verschiedenen Ebenen werden ergänzt durch explizite Thematisierungen des Erzählens im Musenanruf. Angesichts einer solchen Betonung des Konstruktiven kann man wohl kaum von Naivität sprechen, die aber gleichwohl durch die Wahl der Themen, der Figuren und des Ortes suggeriert wird. Darin besteht die Grundspannung des Textes. Das scheinbar Einfache und Naive erweist sich schnell als sehr beziehungsreich und komplex. Fragt man nach dem Zusammenhang der drei erzählten Geschichten, so sind vordergründig die erste und die zweite durch die Glocke und die zweite und die dritte durch das schwankhafte Moment des Streichs verbunden. Auf einer tieferliegenden Ebene sind sie jedoch darüber hinaus strukturell aufeinander bezogen. Alle drei handeln von einer gestörten und wiederhergestellten Ordnung: die erste von der Verhexung der Glocke und ihrer Heilung durch Exorzismus, die zweite vom versuchten, aufgedeckten und durch Spott bestraften Glockendiebstahl und die dritte von einer, aufgrund von Hochmut und Geldgier aufgelösten Verlobung, was ebenfalls mit Bestrafung durch Spott und einer neuen glücklichen Verbindung endet. Zudem ist die Glocke als Beschützerin junger Ehefrauen mit ehelichen Verbindungen assoziiert. Geht sie doch auch aus einer zunächst misslingenden Vermählung von Heidentum, also Antike, und Christentum hervor, aus der allerdings ein misstönender Geist ausgetrieben werden muss, so wie die schlecht singende Gertrud in der dritten Geschichte aus der Paarbeziehung ausgeschieden werden muss, damit sie durch die schön singende Margarete ersetzt werden und eine harmonische Ehe entstehen kann. Positiv bewertete Ordnung ist im Text durchgehend mit schönem Klang verbunden. Auch die *Idylle* selbst wird vom Erzähler als »Lied« präsentiert. Dieses Lied lässt eine gute und schöne Ordnung über Gefährdungen siegen, aber nicht in erbittertem Kampf, sondern durch mildere Formen der Auseinandersetzung wie Beschwörung, List und Spott. Damit wird die Glocke zum Bild des Gesamttextes, der ja ebenfalls Heiden- und Christentum, Antike und Moderne versöhnen will, indem er die antike Form und darüber hinaus die im Sinne Schillers ›naive‹, mit der Antike verbundene Geisteshaltung der Idylle mit den modernen Zügen der Reflexion und des Bewusstseins von Geschichtlichkeit zusammenbringt. In der Erzählgegenwart ist die Verehrung der Heiligkeit der Glocke schon Vergangenheit, der Versuch, sie zu stehlen, Ausdruck der neuen Zeit, und man kann bezweifeln, ob diese sich durch den Streich des Fischers dauerhaft wird aufhalten lassen. Es werden zwar fortwährend ›Ursprungsgeschichten‹ erzählt (HÖTZER, S. 184), die grundsätzlich geeignet sein könnten, die Gegenwart mythisch zu legitimieren, aber in dieser Gegenwart geht es offensichtlich weniger um Rechtfertigung des Fortbestehenden als um Beschwörung des Verschwindenden. Auch hierin zeigt sich die Spannung zwischen Antike und Moderne.

Die Idylle wird hier als traditions- und kunstgeprägte Enklave gestaltet, und ihre typischen Muster werden damit tendenziell von Mitteln auch zu Gegenständen der Darstellung. M. schließt damit in seiner Idyllenproduktion, hinter die Vergil-Tradition zurückgehend, direkt an Theokrit an: »Mörike thematisiert die Idylle als Dichtungs-Beschwörung, als Bann-Raum der Kunst: und das ist urbukolischer, theokritischer Geist« (Schneider, S. 27). In M.s umfangreichster Idylle kommen zahlreiche Elemente des Bezuges auf Gattungstradition und der Auseinandersetzung mit ihr zusammen. Von besonderem Interesse ist dabei die Episode, in der der Hausrat von Gertrud und Peter auf eine Waldlichtung gebracht und dort aufgestellt wird. »Das Familien-Interieur der bürgerlichen Idyllik wird dorthin deplaziert, woher es literaturhistorisch [...] stammte und wo es sich metaphorisch immer als Ursprung ›wahrer‹ Gesellschaft begriff – in die ›grüne Herberg‹ (V. 738f.) der Natur. Die beim Wort genommene Re-Plazierung macht diesen Anspruch zunichte. Es gibt keine ›zweite Natur‹ der bürgerlichen Welt« (Schneider, S. 35). Das Hirtenleben der antiken Idylle in freier Natur, das einen gesellschaftsfernen und naturnahen elementaren Zustand menschlichen Lebens darstellen sollte, war bei der Verbürgerlichung der Idylle seit Ende des 18. Jh.s in ein ungezwungenes Familienleben in gemütlichen Innenräumen oder auch in dessen Verlagerung in eine gezähmte, parkartige Natur beim gemeinsamen Ausflug mit Spaziergang und Kaffeetrinken im Freien transformiert worden. Dadurch wurde die Distanz zu dem überlieferten kulturellen Modell überbrückt, das in jeder Hinsicht ferne Arkadien der antiken Idylle gewissermaßen ins bürgerliche Wohnzimmer geholt und die Gattung insofern auch ›modernisiert‹, an die modernen Verhältnisse angepasst. Die zunächst äußere Natur wird überführt in die ›Natürlichkeit‹ des Privaten, von dem man annimmt, dass es von gesellschaftlichen Zumutungen freigehalten werden könne. Die groteske Szenerie der guten Stube auf der Waldlichtung dreht diesen Prozess um und macht in karnevalistischer Umkehrung des Üblichen in der Inszenierung einer ›verkehrten Welt‹ das für die Gestaltung der häuslichen Idylle bestimmte Mobiliar zum Mittel einer öffentlichen Schaustellung und Verspottung. In diesem Zusammenhang weist Schneider darauf hin, dass hier, wie etwa auch schon in dem Gedicht *Ländliche Kurzweil*, das in der Handschrift *Klepperfelder Idylle* hieß, auf das Spannungsverhältnis zwischen Naturbild und bürgerlichen sozialen und ökonomischen Lebensverhältnissen angespielt werde. Auf der einen Seite besteht das Interesse an der Natur darin, sie zum Sprechen zu bringen, zum Orakel und damit auch zum anschaulichen Sinnbild menschlicher Hoffnungen und Erwartungen zu machen. In der Idylle wird auf die Darstellung naturnahen menschlichen Lebens der Wunsch nach Einfachheit, Wohlgeordnetheit und Harmonie im Verhältnis zur Welt und zu den Mitmenschen projiziert. Diesem Interesse, das sich in einem bestimmten Naturbild niederschlägt, kontrastieren auf der anderen Seite die ›Interessen‹, die den finanziellen Gewinn, den Zins investierten Kapitals bezeichnen. Die Natur als wirtschaftliche Ressource steht der Natur als Sinnstiftungsinstanz gegenüber, aber beide sind darin vergleichbar, dass sie ihre jeweilige Ausprägung allein durch die menschliche Perspektive erhalten. Das übergeordnete Interesse, das beide aneinander bindet, wird dadurch erkennbar und mithin auch der historische Hintergrund der Popularität einer scheinbar so Ahistorisch-Außerzeitliches propagierenden Form wie der Idylle. Diese führt den Einklang von Naturverbundenheit und stabiler sozialer Ordnung vor, während sich die genau entgegengesetzten Erscheinungen in der Mitte des 19. Jh.s als Folgen der Industrialisierung immer deutlicher zeigen.

Die Schönheit der Natur und des Landlebens in der lieblichen Bodensee-Landschaft steht in engem Zusammenhang mit den menschlichen Ordnungen und deren Gefährdungen, ist also letztlich gerade nicht überzeitlich und selbstverständlich gegeben, sondern im Vergehen der Zeit immer wieder bedroht. Dieses zentrale Moment der Zeitlichkeit und Vergänglichkeit spiegelt sich nicht nur in der komplizierten Zeitstruktur der Erzählung und im Spannungsverhältnis von Antike und Moderne, sondern auch in dem Motiv der Zeit, die ihre Kinder frisst, das man in grotesk verzerrter Form in dem Müller wiederfindet, der sein ›Kind‹ aus Brotteig aufisst. Besonders gut ins Bild passt dabei, dass er es unwillkürlich und gedankenlos, also gar nicht aus böser Absicht tut. Hier liegt eine Form von Komik vor, die sich zwar gut mit den derbschwankhaften Zügen des Textes vereinbaren lässt, aber doch wesentlich darüber hinausgeht. Jenseits des vordergründigen Witzes eröffnet sich ein Anspielungsraum, in dem durch die Diskrepanz zwischen den mythologisch-topischen Mustern, die aufgerufen werden, und der absurden Form, die sie annehmen, zusätzliche Komik einer höheren Ordnung entsteht. Das gilt auch für die Geschichte vom Futteral für das Ulmer Münster. Die jungen Burschen erzählen sie als Ausflucht und Ablenkung, als sie mit dem Mobiliar der Brautleute auf dem nächtlichen Weg zur Waldlichtung erwischt werden. Nun gehören die Futterale, die schützenden Hüllen und schmückenden Einbettungen für die kleinen Dinge des Andenkens und Erinnerns, die Zeugnisse der persönlichen und der gesellschaftlichen Vergangenheit zu den Strategien der Idyllisierung des Häuslich-Privaten im 19. Jh., in die das Bürgertum selbst das Historische noch einzubinden versuchte. Ein Futteral für etwas derart Großes und Öffentlich-Nichtprivates wie das Ulmer Münster ist nicht nur grotesk, sondern lässt sich auch als satirischer Reflex auf die genannten Strategien lesen. Diese Beispiele zeigen, dass die *Idylle vom Bodensee* auch im Hinblick auf ihre komischen Elemente längst nicht so harmlos und der Aktualität ihrer Zeit abgewandt ist, wie man lange glaubte.

Literatur

Böhn, Andreas: Idylle und Geschichte in Mörikes *Der alte Thurmhahn*. In: WILD, S. 133–147. – Hahn, Edith: Eduard Mörikes *Idylle vom Bodensee*. Diss. Wien 1937. – HART NIBBRIG, S. 256–260. – HEYDEBRAND, S. 207–235. – HÖTZER, S. 181–184. – Krummacher, Hans-Henrik: Gattungstradition und zeitgeschichtlicher Augenblick. Zur zeitgenössischen Rezeption von Mörikes »Idylle vom Bodensee«. In: Ensberg, Peter; Kost, Jürgen (Hg.): Klassik-Rezeption. Auseinandersetzung mit einer Tradition. Fs. für Wolfgang Düsing. Würzburg 2003, S. 53–69. – Labaye, Pierre: Eduard Mörike. Symbolisme et transparence. Bern u. a. 1988, S. 401–418. – Lehrer, Mark: The Endangered Sanctity of Things: Subjective and Objective Value in Mörike's *Idylle vom Bodensee*. In: Jeffrey T. Adams: Mörike's Muses. Critical Essays on Eduard Mörike. Columbia/S.C. 1990, S. 164–180. – Mayer, Mathias: Die Idylle, der Boden und der See. Zu hermeneutisch-poetologischen Problemen bei Mörike. In: BRAUNGART / SIMON. – M. MAYER, S. 134–140. – Meyer-Guyer, Katharina: Eduard Mörikes Idyllendichtung. Zürich 1977. – Schlauch, Rudolf: Vom Taubertal zum Bodensee. Begebenheiten um Mörikes *Idylle vom Bodensee*. In: Bodensee-Hefte 10 (1959), S. 5–8. – Schneider, Helmut J.: Dingwelt und Arkadien. Mörikes *Idylle vom Bodensee* und sein Anschluß an die bukolische Gattungstradition. In: ZfdPh. 97 (1978), Sonderheft, S. 24–51. – WIESE, S. 244–251.

Andreas Böhn

Dramatische Werke

M.s schmales dramatisches Werk, das in der wissenschaftlichen Forschung bislang kaum beachtet wurde, umfasst lediglich ein kleines phantastisches ›Schattenspiel‹, zwei fragmentarische Szenenfolgen satirischen Charakters, ein Festspiel und ein unvollendetes Opernlibretto. Allerdings darf dieser Befund nicht zu der Annahme verleiten, M. habe der dramatischen Gattung keine große Bedeutung beigemessen. Auffallend ist vielmehr die Diskrepanz zwischen seinem regen Interesse für die Bühne und seinen vielfältigen Bemühungen um das Drama (zumindest in den zwanziger und dreißiger Jahren) und dem geringen Umfang des tatsächlich Erreichten. M. besaß selbst eine ausgeprägte schauspielerische, insbesondere komische Begabung. Aus improvisierten Rollenspielen im Freundeskreis gingen mehrere fiktive Gestalten wie der großsprecherische Wispel und der ›Sichere Mann‹ hervor, die dann auch in den poetischen Werken gelegentlich auftreten. Bei M.s Lektüre von dramatischen Dichtungen lassen sich gewisse Schwerpunkte und Vorlieben ausmachen. So bezeichnete er einmal Schillers *Wallenstein* als sein Lieblingsstück (HKA 10, S. 35), war mit Shakespeare wohlvertraut und schätzte außerdem Ludwig Tiecks romantische Lustspiele, wie der Roman *Maler Nolten* bezeugt, in dem eine Aufführung von *Die verkehrte Welt* geschildert wird (HKA 3, S. 338–341). Noch im Alter bewahrte sich M. die Neigung zum Theater; er zählte in seiner späten Stuttgarter Zeit mehrere Schauspieler zu seinen Bekannten und begeisterte sich für die Stücke Friedrich Hebbels. Sein Interesse für die Schaubühne war natürlich auch dadurch motiviert, dass die dramatische Gattung, insbesondere die Tragödie, im 19. Jh. allgemein großes Ansehen genoss. Hegel hatte in seinen Vorlesungen zur Ästhetik dem Drama den höchsten Rang in der Poesie zugesprochen, und unter M.s Freunden waren mit Friedrich Theodor Vischer und David Friedrich Strauß zwei Hegelianer, die den Dichter wiederholt in ihrem Sinne zu beeinflussen suchten. So schrieb Vischer beispielsweise am 1. April 1838 an M.: »Ich möchte so gern ein Drama von Dir! Ich möchte es der Welt so sehr gönnen!« (BRIEFWECHSEL VISCHER, S. 148).

M. hatte sich freilich schon lange vor solchen Ermunterungen aus eigenem Antrieb an Bühnenwerken versucht. 1824 verfasste er ein Trauerspiel, über dessen Inhalt nichts Näheres bekannt ist (HKA 10, S. 49), vernichtete es aber sogleich wieder, denn »bei'm ersten Durchlesen desselben schien es mir, als hätte ich nicht die ganze Höhe meiner Idee erreicht« (HKA 10, S. 68). Ludwig Bauer vergoss eine ganze Nacht lang Tränen über diesen Verlust, aber sein enthusiastisches Lob der verbliebenen Fragmente – auch sie sind heute nicht mehr nachweisbar – muss doch wohl mit einiger Vorsicht aufgenommen werden (HKA 10, S. 402). Ende 1827 war M. erneut auf der Suche nach einem »*Theater-Stoff, […] der mich von selber hinderte, zu viel von meinem eigenen Wesen u. persönlicher Empfindungsweise einzumischen*«; es sollte »etwas aus der *Geschichte*« sein (HKA 10, S. 196). Unter dem Eindruck der zeitgenössischen Hohenstaufen-Begeisterung entschied er sich für ein Enzio-Drama (HKA 10, S. 198, 220–222, 260) und schrieb auch tatsächlich einige Szenen nieder, in denen er den »individuellen Charakter der Zeit […] sicher herausgefühlt zu haben« glaubte (HKA 11, S. 32). Das Projekt blieb dann aber liegen, und selbst die damals fertiggestellten Partien haben sich nicht erhalten. Allmählich gelangte M. nun zu der Einsicht, dass das historische Drama ihm nicht gemäß sei: »Immer werde ich mich wohl, ich mag vornehmen was ich will, auf eigene Erfindung des Stoffs zurückgewiesen sehen, da von dem Vorhandenen selten etwas in meinen Kram taugt, und mir bei der willkührlichen Verarbeitung des Historischen von jeher ein difficiles Gewissen im Wege war« (HKA 11, S. 289). In den zwanziger Jahren stellte der Dichter außerdem verschiedene Überlegungen zu Lustspielen und zur dramatischen Behandlung phantastisch-märchenhafter Stoffe an. Bauer erwähnt einmal »allerley Lustspiele, von einer neuen, würdigen, an's Zauberhafte grenzenden Art«, die sein Freund im Kopf habe (BRIEFE BAUER, S. 183), und M. selbst schreibt, ihm schwebe »mit heller Deutlichkeit eine Gattung von tragischen und komischen Schauspielen *phantastischer Natur* vor, welche meiner eigenen vielleicht auch näher steht als das historische« (HKA 10, S. 256). Noch 1832 trägt er sich mit dem Gedanken, einen bereits vor fünf Jahren entworfenen »Plan zu einem Lustspiel« auszuarbeiten (HKA 11, S. 264), und etwas später heißt es in einem Brief an Mährlen: »Mein Augenmerk geht nun aber [...] auf einen bedeutendern Stoff, der, (wie auch bisher), nicht sowohl den Menschen im großen Welt- u. Völkerleben, sondern, was mir nicht minder wichtig scheint, den Menschen in seinen innersten geistigsten Kreisen, zwischen Ernst u. Scherz, darstellt; nur aber, was mir zuverläßig größern Vortheil hinsichtlich des schlagenden Effekts bringen wird, – auf dem raschen *dramatischen Wege*« (HKA 11, S. 289). M.s langjährige Beschäftigung mit dramatischen Projekten verdankte sich also nicht zuletzt der Hoffnung auf breitere Wirkung und öffentliche Resonanz. Allerdings verrät der Fortgang des Briefes auch seine Unsicherheit auf diesem Gebiet: »Würdest Du mir wohl rathen, vor der Hand auf ein *reines Lustspiel* zu denken? [...] Ob ich, selbst komische Anlagen vorausgesetzt, mich hier in meinem Element befände, zweifl ich bald, bald glaub ichs fest« (HKA 11, S. 289 f.).

Der poetische Ertrag all dieser Überlegungen blieb spärlich. Ein kleines Stück mit dem Titel *Schicksal oder Vorsehung*, das 1825 in Tübingen entstand, ging offenbar aus den Orplid-Phantasien hervor, die M. mit seinem Stiftskameraden Ludwig Bauer teilte. Die beiden jungen Männer hatten gemeinsam die fiktive Insel Orplid erfunden, sie mit verschiedenen Stämmen, Herrschern, Zauberwesen und Göttern bevölkert sowie mit einer wechselvollen Geschichte ausgestattet und sich auf diese Weise eine Privatmythologie geschaffen, in deren Sphäre auch einige spätere Werke M.s gehören (etwa das Gedicht *Gesang Weyla's* und das kleine Versepos *Märchen vom sichern Mann*). *Schicksal oder Vorsehung* war als Geschenk für Bauer gedacht und sicherlich nicht zur Veröffentlichung bestimmt; der Text ist in dieser frühen Fassung auch nicht überliefert. Bauer nahm die Anregung des Freundes auf und schrieb wenig später mit *Orplids letzte Tage* und *Der heimliche Maluff* zwei in Orplid angesiedelte pseudo-historische Blankvers-Dramen. M.s Stück trug anscheinend einen ganz anderen Charakter. Er bezeichnet es im Rückblick als »ein komisch ernsthaftes Produkt [...] das ich [...] eigens für ihn [= Bauer] geschrieben hatte und worin unser phantastisches Orplider Leben, seine nächtlichen Eruptionen aus dem Stift u.s.w. verherrlicht werden sollten« (HKA 11, S. 125). 1830 unterzog M. dieses *Orplid*-Spiel einer Überarbeitung und integrierte es in den Roman *Maler Nolten*, wo es unter dem Titel *Der lezte König von Orplid* als Schöpfung des Schauspielers und Dichters Larkens präsentiert wird (HKA 3, S. 99–148). Im Romankontext hat die Aufführung dieses Stückes als »Schattenspiel« (HKA 3, S. 95) weitreichende Folgen für den Gang der erzählten Handlung, weil die Hofgesellschaft eine politische Satire argwöhnt und Larkens und sein Freund Nolten in einen Prozess verwickelt werden. Wichtiger ist allerdings, dass die in dem Drama inszenierte Auseinandersetzung zwischen König Ulmon und der Feenfürstin Thereile die inneren Konflikte des fiktiven Autors Larkens spiegelt, die einer utopischen Lösung zugeführt werden: Indem Ulmon den Liebesbann der Fee bricht, rettet er sich vor der Bedrängnis durch seine eigenen ausgegrenzten und angstbesetzten sinnlichen Regungen, deren Macht sich in Thereiles Zauber manifestiert. Die Umarbeitung der ursprünglichen Version des Textes, die M. im Hinblick auf die Erfordernisse seines Romans vornahm, muss tiefgreifend gewesen sein, lässt sich aber nicht mehr im Einzelnen rekonstruieren. 1839 publizierte der Dichter das kleine Drama noch einmal separat und mit einigen geringfügigen Änderungen in seinem Sammelband *Iris*, 1861/62 wurde es dann für die zweite Fassung des *Maler Nolten* grundlegend überarbeitet und dabei erheblich gekürzt (HKA 4, S. 96–129). Vermutlich markieren die Eigenarten dieses Stückes sehr genau die Möglichkeiten und Grenzen von M.s dramatischer Begabung überhaupt. Seine Stärke lag nicht in der Profilierung der äußeren Handlung und der Herausarbeitung dramatisch zugespitzter Konflikte, sondern in der psychologischen Durchdringung und Vertiefung der Charaktere und ihres Handelns. In *Der lezte König von Orplid* findet diese entschiedene Hinwendung zur seelischen Innenwelt ihren poetischen Ausdruck in dem Umstand, dass sich das dramatische Geschehen größtenteils in der märchenhaft irrealen Sphäre eines nächtlichen Feenreiches abspielt.

Wohl aus dem Jahre 1826 stammen zwei komisch-satirische Fragmente, die zu M.s Lebzeiten nicht veröffentlicht wurden und von späteren Herausgebern die Titel *Spillner* und *Die umworbene Musa* erhielten. Werner von Nordheim konnte aufgrund des Handschriftenbefundes und inhaltlicher Bezüge wahrscheinlich machen, dass beide Werke eine Einheit bilden sollten und »als Vorspiel und eigentliches Spiel zusammengehören« (von Nordheim, S. 94): Der in den Karzer gesperrte Student Spillner beschließt, sich die Zeit mit der Abfassung eines literarischen Werkes zu vertreiben, und in *Die umworbene Musa* hat man vermutlich das Resultat seiner Bemühungen zu sehen. Bemerkenswert an den drei *Spillner*-Szenen, von denen zwei lediglich aus Monologen des Helden bestehen, sind insbesondere die ausführlichen Reflexionen über Phänomene der Inspiration und der Assoziationsverknüpfung. Für *Die umworbene Musa* schwebte M. offenbar eine ›Spiel-im-Spiel‹-Konstellation vor, wie sie auch Tiecks romantischen Komödien zugrunde liegt. Die eigentliche Bühnenhandlung wird unterbrochen durch ein »Zwischengespräch« (SW 1, S. 993) unter dem fiktiven Publikum, das sich aus Tübinger Professoren und Studenten zusammensetzt. Den gemeinsamen Hintergrund beider Fragmente bildet der in jener Zeit diskutierte Plan, die württembergische Landesuniversität von Tübingen nach Stuttgart zu verlegen. *Die umworbene Musa* stellt den Streit um dieses (schließlich doch nicht in die Tat umgesetzte) Vorhaben in allegorischer Form dar: Der reiche Stuttgarter Fruchthändler und der »Herr vom Hause«, d.h. die Tübinger Bürgerschaft, bewerben sich um Musa, die Verkörperung der Universität, und ihre Kinder, die vier Fakultäten. Wie die Handlung weitergeführt werden sollte, ist freilich nicht zu erkennen. Satirische Kritik richtet sich gegen den verschwommenen politisch-patriotischen Radikalismus der burschenschaftlichen Studenten, den M. während seiner Studienzeit stets mit Skepsis betrachtet hatte und der im Stück als bloßer kindischer Unsinn erscheint. Auf der anderen Seite spielt der Dichter aber auch auf die tieferen Absichten an, die die staatlichen Stellen mit dem Verlegungsplan verfolgten, wenn der Fruchthändler zu den zahlreichen Vorteilen Stuttgarts unter anderem »die unmittelbare Nähe des Militärs« rechnet, »weil die Kinder doch manchmal unartig sind« (SW 1, S. 997). In der Tat sollte die Verlegung der Universität nicht zuletzt eine bessere Kontrolle der unruhigen Studenten durch die in der Hauptstadt stationierten Truppen ermöglichen. Bedenken wegen dieser brisanten Anspielungen mögen den Ausschlag gegeben haben, als M. 1837 »aus verschiednen Gründen« doch noch darauf verzichtete, die *Spillner/Musa*-Fragmente, wie zunächst vorgesehen, als »dramat[ische] Zugabe« in seiner Gedichtsammlung zu veröffentlichen (HKA 12, S. 93).

Ein weiterer, heute fast vergessener Aspekt von M.s Beschäftigung mit dem Theater sind seine Ambitionen als Verfasser von Opernlibretti und Singspielen. Der in die Gedichtsammlung aufgenommene *Chor jüdischer Mädchen* stammt wahrscheinlich aus der in den zwanziger Jahren begonnenen, aber nicht vollendeten Oper *Ahasverus*, von der sich sonst nichts erhalten hat. Verloren ist auch ein Singspiel mit dem Titel *Das blinde Mädchen*. M. hatte es 1827 entworfen, sich aber mit Louis Hetsch, der die Musik dazu liefern sollte, zerstritten. Noch Anfang der dreißiger Jahre erwog der Dichter eine Wiederaufnahme des Projekts (HKA 11, S. 230, 262f., 330), die dann aber doch nicht zustande kam. Fertiggestellt wurde dagegen *Das Fest im Gebirge*, eine Auftragsarbeit, die für den 60. Geburtstag und das 25. Regierungsjubiläum König Wilhelms I. von Württemberg im Herbst 1841 vorgesehen war. Das kleine Stück spielt auf der Schwäbischen Alb; Bauersleute, Berggeister und Nymphen sind die Protagonisten einer schwach ausgeprägten Handlung, die in erster Linie der Verherrlichung des Monarchen und seiner Tugenden dient. Das Festspiel, dessen poetischer Wert tatsächlich gering ist, wurde nicht zur Aufführung angenommen und blieb, nachdem M. es erfolglos mehreren Verlegern angeboten hatte, ungedruckt (HKA 13, S. 216). Bis heute liegt der Text nur als Manuskript von M.s Hand vor; die Erstpublikation ist für den siebten Band der HKA vorgesehen.

M.s umfangreichstes und gewichtigstes Unternehmen im Bereich des Musiktheaters ist das Libretto *Die Regenbrüder*, zugleich sein einziges

Bühnenwerk, das überhaupt eine öffentliche Aufführung erlebte. Der Dichter nahm diese Arbeit Anfang 1834 auf Bitten des Stuttgarter Hofmusikdirektors Ignaz Lachner in Angriff (HKA 12, S. 55 f., 64), doch es kam schon bald zu Verzögerungen und Unterbrechungen. Sie wurden teilweise von Lachner verschuldet – M. erwog zwischenzeitlich sogar, den Text lieber von anderen Komponisten vertonen zu lassen –, teilweise war M.s Kränklichkeit die Ursache. Schließlich musste Hermann Kurz einspringen, um das Libretto wenigstens notdürftig zu Ende zu führen. Der ursprünglich geplante dritte Akt fiel weg, stattdessen begnügte sich Kurz damit, den zweiten um einige zusätzliche Szenen zu erweitern; unter anderem geht die Figur des Schulmeisters Peterling auf Kurz zurück. M. hatte das Interesse an dem Werk aber durchaus nicht verloren. Er besprach persönlich mit den Verantwortlichen am Stuttgarter Theater die Vorbereitungen für die Inszenierung – sein ausführlicher Bericht von dieser Unterredung in einem Brief an Mutter und Schwester bezeugt einmal mehr die Faszination, die die Bühne auf ihn ausübte (HKA 12, S. 237 f.) – und erkundigte sich nach der Uraufführung am 20. Mai 1839, die er selbst nicht hatte besuchen können, bei Freunden in Stuttgart angelegentlich nach Qualität und Aufnahme der Vorstellung (HKA 13, S. 46, 48, 51). Der Oper war jedoch kein Erfolg auf dem Theater beschieden, sie wurde schon nach der zweiten Aufführung abgesetzt. Den Text veröffentlichte M. im gleichen Jahr in überarbeiteter Form in seinem Sammelband *Iris*, wobei er im Vorwort auf die Mitwirkung von Kurz hinwies. Auf seine Wiederentdeckung musste das Werk lange warten. Erst am 27. und 28. September 1990 erlebte es im Rahmen der Herbstlichen Musiktage Bad Urach noch einmal zwei konzertante Aufführungen.

Romantische Märchen- und Zauberopern bildeten einen festen Bestandteil des Spielplans der zeitgenössischen Bühnen. *Die Regenbrüder* sind vor dem Hintergrund dieser Modeströmung zu sehen und zeigen sich in vieler Hinsicht den gängigen Mustern verpflichtet. Die Handlung, die in ihrem Verlauf zahlreiche Spezialeffekte der Bühnentechnik zur Geltung kommen lässt, beruht auf der Interaktion zwischen der Menschenwelt und dem Reich der Elementarwesen und Geister; die Klugheit der Heldin Justine und die Macht der Liebe führen die harmonische Auflösung aller Konflikte herbei. In der Nebenhandlung um den Schulmeister Peterling wird außerdem mit einer überzogenen Aufklärung abgerechnet, die in ihrem borniertem Vernunftkult die Existenz aller überirdischen Kräfte leugnet. Inwieweit Lachners Musik, die von M.s Freunden sehr skeptisch beurteilt wurde (HKA 12, S. 177, 184), für den Misserfolg der *Regenbrüder* mitverantwortlich war, lässt sich heute nicht mehr bestimmen. M.s Liebe zum Opernwesen war durch den Fehlschlag jedenfalls nicht beeinträchtigt worden. Noch 1845 reagierte er zustimmend auf den Vorschlag seines Freundes Mährlen, ein Libretto für Felix Mendelssohn-Bartholdy zu schreiben, dessen Werke ihm sehr zusagten und der übrigens auch schon als geeigneter Komponist für *Die Regenbrüder* im Gespräch gewesen war (HKA 12, S. 97, 427). Bezeichnend für M.s Hochschätzung der Gattung ist dabei seine Bemerkung, die Aufgabe des Librettisten sei ihm »von jeher als eine der ersten u. schönsten erschien[en], die sich die Poesie überhaupt machen kann« (HKA 14, S. 199). Der Plan wurde aber – wie so viele Projekte M.s im Bereich der Bühnendichtung – nicht verwirklicht.

Literatur

Bauer, Ludwig: Schriften. Nach seinem Tode in einer Auswahl herausgegeben von seinen Freunden. Stuttgart 1847. – BRUCH, S. 194–293 [zu *Der letzte König von Orplid*]. – Goeßler, Peter: Allerlei Pläne zur Verlegung der Universität Tübingen, insbesondere der vom Jahre 1826 im Lichte Eduard Mörikes. In: Tübinger Blätter 34 (1943–45), S. 29–47. – Kittstein, Ulrich: Zivilisation und Kunst. Eine Untersuchung zu Eduard Mörikes *Maler Nolten*. St. Ingbert 2001, S. 61–94 [zu *Der letzte König von Orplid*]. – Krauß, Rudolf: Mörike in seinem Verhältnis zur Schaubühne. In: Bühne und Welt 6 (1903/4), S. 61–71. – B. MAYER, S. 96–101. – M. MAYER, S. 141–144. – Nordheim, Werner von: Mörikes dramatische Jugendwerke *Spillner* und *Die umworbene Musa* – eine Einheit. In: Euphorion 48 (1954), S. 90–94. – STORZ, S. 210–215 [zu *Die Regenbrüder*].

Ulrich Kittstein

Orplid-Werk

Die Insel Orplid mit ihrer gleichnamigen Hauptstadt, ihre Lage und Landschaft, ihre Bewohner, deren Religion und Geschichte – sie alle sind das gemeinsame Phantasieprodukt der Studienfreunde M. und Ludwig Bauer am Tübinger Stift im ›Orplid-Jahr‹ 1825. Der genaue Inhalt und der Umfang des Orplid-Spiels sind nicht überliefert; Rückschlüsse erlauben nur seine Spuren: die beiden Orplid-Dramen Bauers und von M. ein Dramolett in zwei Fassungen und ein Gedicht. Bezeichnenderweise entstanden alle Orplid-Dichtungen erst nach Bauers Weggang von Tübingen im Herbst 1825 als je eigene Werke. Bauers Drama *Der heimliche Maluff* wurde 1828 veröffentlicht; sein zweites Drama, *Orplids letzte Tage*, erst nach seinem Tode im Auswahlband seiner Schriften von 1847. M.s Drama *Der lezte König von Orplid* geht auf eine Ende 1825 entstandene Vorform mit dem Titel *Schicksal oder Vorsehung* zurück, von der nur eine Teilabschrift von Hermann Kurz (1. Akt; datiert »Dec. 1825«) erhalten ist. M.s Dramolett wurde – überarbeitet – als »Ein phantasmagorisches Zwischenspiel« in den *Maler Nolten* (1832) aufgenommen und wird dort als Werk der Figur des Schauspielers Larkens ausgegeben; eine gesonderte Publikation erfolgte 1839 in M.s Sammelband *Iris*. In den Entwürfen für die Neuausgabe des *Maler Nolten* ist das nun (1861/62) mit »Schattenspiel« untertitelte Dramolett stark überarbeitet. Einen völlig anderen Status hat das Gedicht *Gesang Weyla's*, das nur in M.s Gedichtsammlungen veröffentlicht wurde. Charakteristisch für die dramatischen Versionen ist, dass bei allen in Vor- bzw. Nachworten eine Geschichte des gemeinsamen Orplid-Spiels erzählt und der Stellenwert des Stückes bestimmt wird. So wird in Bauers »Vorrede« zu *Der heimliche Maluff* der Orplid-Stoff kurz vorgestellt und M. als Inspirator bezeichnet. Dessen in sich stimmige Erzählungen gelten Bauer (vorgeblich) als Beleg dafür, dass alles nicht »ein bloßes Erzeugniß seiner Einbildungskraft« sein könne. Im Widerspruch dazu steht Bauers Zugeständnis, dass sein Drama den Eindruck der »Narrheit«, des »erfroren[en] Verstand[es]« seines Autors machen könne (Bauer, S. 227). In M.s Roman geht die Distanzierung noch weiter: Durch Larkens als fiktiven Autor wird *Der lezte König von Orplid* zum Produkt dieser – äußerst problematischen – Figur und so zum ›Rollen-Drama‹. Wie Erlebtes und Fiktion hier ineinander spielen, zeigt sich daran, dass Passagen aus Larkens' Prolog, also Figurenrede, von M. als Vorwort für die gesonderte Publikation im *Iris*-Band verwendet und noch 1847 im Nachwort zu Bauers Orplid-Dramen als Vorwort M.s (!) zitiert werden können.

Die Zusammenschau der Texte lässt eine gewisse Chronologie der Dramenhandlungen erkennen, aber auch ein Durchspielen verschiedener Verlaufsmuster. Bauers *Maluff*-Drama stellt mit den Intrigen des listigen Königs Maluff gegen das Königreich Orplid Szenen aus der Geschichte der Insel vor. Anleihen bei modischen Ritterdramen sind unverkennbar. In *Orplids letzte Tage* folgt auf die Abkehr der Inselbewohner von den alten Lebensformen die Strafe der Götter: der Tod aller Bewohner mit Ausnahme des Königs Fernas Ulmon und des Oberpriesters, denen eine tausendjährige Prüfungszeit auferlegt wird. Genau am Ende dieser Frist setzt M.s Stück ein und stellt die letzten Prüfungen, die Befreiung des Königs Ulmon aus den erotischen Fesseln der Fee Thereile und seinen ersehnten Tod dar. Der Untergang des alten Orplid folgt bei Bauer dem Muster von Hybris und göttlicher Strafe als Apokalypse, während M.s Zwischenspiel in der Überwindung des Sinnlich-Triebhaften und in der angedeuteten Apotheose des Geprüften dem Muster eines Erlösungsdramas folgt. In jeder Hinsicht abgesondert steht diesem Dramenkomplex das Gedicht *Gesang Weyla's* gegenüber als geschichtslos-mythischer Entwurf eines ästhetischen Ideal- und Sehnsuchtsbildes, das den Orplid-Spielen nachträglich eine sublimierte poetische Gestalt gibt.

Kennzeichnend für alle Literarisierungen des Orplid-Spiels sind die Rückgriffe auf verschiedene Vorbilder und Muster, ist ein Synkretismus von unterschiedlichen Mythologien (von Keltisch-Germanischem, Antikem, Ägyptischem), von kulturellen Darstellungs- und Sinngebungsmustern (von Mythen-, Märchen-, Sagen- und Legendenhaftem); auch Schwäbisch-Regionales, besonders in den Namen, ist beigemischt. Das Ergebnis ist eine Privatmythologie, deren Inszenierungen von einigem ästhetischen Reiz sein mögen, die aber niemals den Anspruch des romantischen Programms einer »Neuen Mythologie« zu erfüllen vermögen (BRUCH, S. 262). Unter diesem Aspekt machen die eher befremdlichen Vexierspiele in den Vorworten Sinn: die Berufungen auf die Gemeinsamkeit des Orplid-Spiels, die Entschuldigungen und vor allem M.s Delegation eines eigenen Werkes an eine scheiternde Figur. Alle Strategien dienen der *Distanzierung* von diesem Spiel. Das literarisch Gestaltete ist Nachklang, Erinnerung, aber auch ein Zuende-Bringen des Gespielten. Denn irritieren muss, dass *keine* Gestaltung das eigentlich zu Erwartende inszeniert: ein gelingendes Leben auf einer seligen Insel. Bauers *Maluff*-Vorwort gipfelt in der Hoffnung, dass die Leser sich mit ihrer Gegenwart »aussöhnen« möchten, da »es auch in untergegangenen Inseln herrschsüchtige Menschen, Krieg und Elend gegeben habe« (Bauer, S. 228). Bauers zweites Drama inszeniert ein apokalyptisches Ende, M.s Zwischenspiel hebt das alte Orplid endgültig auf und übergibt Orplid an Handwerker und Kleinbürger, zu deren Lebensform noch die Fee Thereile bekehrt, die Halbelfe Silpelitt ›befreit‹ werden. Nach M.s Abgesang wären Orplid-Dichtungen nur noch als realistische Dorfgeschichten möglich – oder aber als jene geschichtsenthobene und menschenleere Vision, wie sie der *Gesang Weyla's* entwirft.

In dieser Konstellation sind die Orplid-Dichtungen gerade keine bloße Variation von Inselträumereien (so Kaiser, S. 269f.) im Sinne von Fluchtutopien. Und sie sind keine Utopien, weder ins Idyllische regredierend noch vorausweisend auf einen besseren, gar idealen Stand gesellschaftlichen Lebens. Was hier Gestalt geworden ist, verweist auf das, was der Freud-Schüler Hanns Sachs 1924 als »gemeinsamen Tagtraum« bestimmt hat: neben Regressionen in pubertär-adoleszente Verhaltensweisen sind narzisstische Größenphantasien und aggressive Anteile kennzeichnend, die nur durch das Mitmachen des jeweils anderen statthaft werden (Wild). Was aber literarisch sich niedergeschlagen hat, sind eben nicht diese Tagträume selbst; das Schaffen ist kein gemeinsames mehr. Das mag Schuldgefühle begründen, Distanzierungen verursachen und erklären, dass Größenphantasien hier allenfalls in der Macht inszenatorischer Verfügung über fiktive Schicksale zu greifen sind, die Aggressivität aber nicht nach außen, sondern gegen das Zentrum des Traums und des Spiels gerichtet ist: gegen Orplid selbst. Das Orplid-Paradox ist: Erst seine internen Konflikte, vor allem sein Untergang und seine Aufhebung sind Literatur geworden. Zu ›retten‹ war Orplid nur im mythisierenden Bild, im Gesang, der an Weyla delegiert werden muss. Gerade hierin könnte der »Wahrheitsgehalt« (W. Benjamin) dieser Dichtungen liegen: Was als studentischer (und entlastender) »gemeinsamer Tagtraum« noch möglich war, ist nicht mehr möglich als je einzeln zu verantwortende Dichtung. Nur noch die Erinnerung an den Traum, nur noch die Zerstörung seines Zentrums und die Entleerung von allem Märchenhaft-Mythischen entsprächen so einer Zeit, die von den Problemen des Modernisierungsschubs bestimmt ist. In diesem Sinne bilden dann die Orplid-Dichtungen Bauers und M.s *ein* Orplid-Werk: nicht als gemeinsam verfertigtes Opus, sondern als gleich gerichtete Arbeit an einer zeitadäquaten literarischen Auseinandersetzung mit Traumgestalten.

Literatur

Adams, Jeffrey T.: Eduard Mörike's *Orplid*. Myth and the Poetic Mind. Hildesheim 1984. – Bauer, Ludwig: Schriften. Nach seinem Tode in einer Auswahl hg. v. seinen Freunden. Stuttgart 1847. – BRUCH. – Funk-Schoellkopf, Beatrice: Eduard Mörike, *Der letzte König von Orplid*. Diss. Zürich 1980. – Kaiser, Gerhard: O Lied, mein Land. Eduard Mörike, *Gesang Weylas*. In: ders.: Augenblicke deutscher Lyrik. Frankfurt a.M. 1987, S. 269–282. – Sachs, Hanns: Gemeinsame Tagträume. Leipzig u. a. 1924. – Wild, Reiner: Goethes und Schillers gemeinsamer Tagtraum. In: Cremerius, Johannes u. a. (Hg.): Größenphantasien. Würzburg 1999, S. 136–152. – Zum »Zwischenspiel« im *Maler Nolten* vgl. die Literatur zum Artikel »Maler Nolten«.

Jürgen Landwehr

Wispeliaden

Es gibt einen Zug im Werk M.s, der als Prinzip der ›Entgegensetzung‹ bestimmt werden kann. So steht in vielen Texten M.s neben dem Mythischen das Alltäglich-Banale, neben dem Eindeutigen das Zwielichtige, neben dem Überschwang das Platte, ja der Unsinn. Spukhaftes durchkreuzt das Aufgeklärte; auf das Hochpathetische folgt die Rüpel- und Narrenszene. Verkörpert wird dieses Gegenweltliche unter anderem in Wispel, und zwar in Sigismund Wispel als Figur im *Maler Nolten* und, gleichsam zitiert, in Larkens' »Zwischenspiel« *Der lezte König von Orplid,* wie auch im fiktiven Autor Liebmund Maria Wispel. Die Attribute, die dieser Figur im *Nolten* zugeschrieben werden, setzen sie deutlich von allen anderen ab. Wispel ist von merkwürdig amphibisch-wechselbalgartigem Aussehen. Seinen Charakter kennzeichnen Renommiersucht und krankhafter Ehrgeiz; sein Reden zeigt Bildungsdünkel und affektierte Preziosität. Sein ausgeprägtes Imitationstalent verführt, ja zwingt Wispel zu Rollenspiel und Hochstapelei. Erfolgreich – bis zur je fälligen Entlarvung – gibt der Barbier Wispel das verkommene Genie mittels der entwendeten Skizzen Noltens und den italienisch-heißblütigen Bildhauer in der Romanhandlung des *Maler Nolten,* weniger glücklich das Universalgenie, den Kavalier und den Schulreformer im »Zwischenspiel«. Diese irrlichternde Figur fördert im *Nolten* zunächst die Handlung durch ihre Intrigen, den Diebstahl und Verkauf von Noltens Skizzen, wirkt schließlich aber fatal, indem sie Nolten zum verborgen lebenden Larkens führt und so indirekt dessen Selbstmord verursacht. Ambivalent ist die Funktion Wispels im »Zwischenspiel«: als Finder des verborgenen Buches ermöglicht er unwissend die Erlösung des Königs Ulmon, führt damit aber auch das Ende des alten heroisch-mythischen Orplid herbei. Widersprüchliche Eigenschaften, Imitationszwang und Rollenspiel sowie das angemaßte Künstlertum lassen Wispel als Zerrbild der beiden Künstler Nolten und Larkens erscheinen: als eine Karikatur von Anmaßung und Überschwang, als eine Entstellung von pathetischem Scheitern (Larkens) und von morbiden Tendenzen (Nolten). In Wispel werden negative Zeittendenzen wie Bildungsanmaßung, vor allem aber Abgründe und Gefährdungen nachromantischer Kunst einseitig und hässlich Gestalt: der Substanzverlust, die Tendenz zur Pose, das Dämonisch-Zwanghafte, der Hang zum Morbiden und Irrationalen, zum Verkehrenden und Entstellenden. Noch in der Erzählposse *Wispel auf Reisen,* die wohl vor 1837 entstanden ist, von M. aber weder betitelt noch veröffentlicht wurde, kommt der Held, gerade weil er eine Landkarte benutzt, am falschen, aber letztlich gleichgültigen Ort an: närrische Allegorie der Orientierungslosigkeit.

Nicht von vornherein identisch mit dieser Figur des Romans und der Kurzerzählung ist Liebmund Maria Wispel, der fiktive Autor der *Sommersprossen* (1837), die gleichfalls unveröffentlicht blieben. Das Bild auch des *fiktiven* Autors als *Autor* ist zunächst leer. Zu fragen ist, was er geschrieben hat, d. h. hier: was ihm angedichtet wird. Kennzeichen der zwölf Gedichte sowie des Avertissements, der »Nachgeburt« möglicher Gedichte, ist das ›Parasitäre‹: Es sind Parodien und Persiflagen. Und noch die bloße Spielerei und das Unsinnige beziehen ihren Reiz aus dem Kontrast zum ernsten Gebrauch der Gattung Lyrik. Parodiert werden vor allem Formen (Elegie, Epigramm, Übersetzung), lyrische Themen (Liebesgedicht, Invektive, Ermahnung) und gelehrte Präsentation (im Übermaß der Anmerkungen). Zwei als »ältere Gedichte« bezeichnete Texte sind kühne Vorwegnahmen der Sprachspiele und der Unsinnspoesie des 20. Jh.s. Der Stellenwert dieser Gedichte und Entwürfe liegt nicht im Bezug auf Charakter und Schicksal der Figur, sondern in der Qualität der Texte. Oberflächlich gesehen sind sie Spielereien. Aber sie können auch anders gelesen werden. Nicht deutende Sinngebung dürfte sie erfassen, sondern die Frage nach ihren Funktionen. Hinter dem Pseudo-Autor Wispel steht M., der zum Erstaunen, auch zum Überdruss der Freunde selbst Wispeliges getrieben und in Briefen geschrieben hat. Daher können diese Gedichte als Zulassung von M.s eigenen Zügen *und* Gefährdungspotentialen verstanden werden. In Abspaltung und Projektion auf einen fiktiven Autor kann das ausgespielt und als komisch und ›verkehrt‹ entschärft werden, was sonst verdrängt bzw. verpönt ist: die Blödelei, das Alberne und Gegenrationale, das abstruse Gedankenspiel und auch das Aggressive. Zugleich aber hat diese Rollendichtung der anderen Art die subversive Kraft der Karikatur, in der die tragische Pose des Künstlertums, die ›Zerrissenheit‹, entlarvt wird und die so ein Dokument der Kunstproblematik der Zeit darstellt.

Literatur

Jennings, Lee B.: Das Groteske bei Mörike. Ein nachromantisches Phänomen. In: DOERKSEN, S. 161–185. – Liede, Alfred: Dichtung als Spiel. Bd. 1. Berlin 1963, S. 27–72. – Tscherpel, Roland: Mörikes lemurische Possen. Die Grenzgänger der schönen Künste und ihre Bedeutung für eine dem *Maler Nolten* immanente Poetik. Königstein/Taunus 1985, bes. S. 96–104.

Jürgen Landwehr

Vermischte Schriften

Neben der Lyrik, den Prosa-Erzählungen, den dramatischen Schriften und dem umfangreichen Briefwerk hat M. eine größere Anzahl unterschiedlicher Texte von wenigen Zeilen bis zu einigen Seiten Umfang verfasst, die unter den Oberbegriffen »Vermischte Gelegenheitsschriften« (M 2), »Gelegenheitsschriften« (M. MAYER) oder – neutraler – »Vermischte Schriften« (UNGER, SW 2, HKA 7) zusammengefasst werden. Im siebten Band der HKA sollen erstmals sämtliche dieser Texte ediert werden. Einige von ihnen hat M. selbst an unterschiedlichen Stellen veröffentlicht (z. B. in der Kulturzeitschrift *Freya*, im *Deutschen Musenalmanach*, im *Düsseldorfer Künstleralbum* oder in Justinus Kerners Zeitschrift *Magikon*), manches wurde erst nach seinem Tod gedruckt und einzelne Schriften waren bisher nicht publiziert. Unter anderem wegen dieser bislang schlechten Editionslage hat sich die Forschung nur am Rande mit den Vermischten Schriften M.s auseinandergesetzt. Neben dem kurzen humorvollen Liedtext zu einer Notenhandschrift mit dem Titel *Der Complimenten-Macher* (HKA 7) ist der so genannte *Hutzelmann-Brief* (HKA 7) von Interesse. Dieser scherzhaft-verspielte Brief, den M. im Gewand seiner eigenen literarischen Figur aus der Erzählung *Das Stuttgarter Hutzelmännlein* am 9. Dezember 1868 an seine Schwester Klara schrieb, lässt sich weder eindeutig dem Briefwerk, noch den Erzählungen zuordnen; am nächsten steht er den vielen scherzhaften Gelegenheitsgedichten, die M. für Klara und andere Familienmitglieder und Freunde zu festlichen Anlässen verfasst hat. Ähnlich wie M. seinen Hund Joli dem Freund Wilhelm Hartlaub in Versen gratulieren lässt (SW 2, S. 481), wie er die Katzen »Weissling« und »Sauberschwarz« zu einem gereimten Geburtstagsständchen anheben lässt (SW 2, S. 485), so gratuliert er der Schwester hier in der scherzhaften Rolle als Hutzelmann zum Geburtstag. Der *Hutzelmann-Brief* ist ein fünfseitiges »kalligraphisches Meisterwerk« M.s (Krauß, S. 150), altertümlich in der Graphie und dialektal gefärbt in der Sprache. M. hat den Brief zudem mehrfach abgeschrieben und an Freunde verschenkt. Selbstironisch erzählt ›Hutzelmann‹ M. der Schwester Klara, er sei nun auch wie »Dero Bruder« in Lorch sesshaft und »sinnir, studir, lieg auf der faulen Haut, eben wie der Herr Bruder auch, so viel ich hör.« Das Klischee vom weltabgewandten, unpolitischen Dichter M. wurde lange Zeit in der Forschung verbreitet. Erst in neuerer Zeit hat man erkannt, dass M. sich durchaus mit den politischen Verhältnissen seiner Zeit auseinandergesetzt hat. So erzählt auch der ›Hutzelmann‹ der Schwester Klara, er habe vor kurzem einige Preußen getroffen und deren Gespräch belauscht: »Der jung Mann sagt einmal, indem er sich die Gegend so anschaut: Ein schön Land, dieses Schwabenland! Wenn wir nur bald kriechten, und wo möglich janz! Jlaubt ihr, der alte Barbarosse hätte viel dajejen heutzutag? – Die Red, so ich sie anderst recht verstund, wollt mir nit gar gefallen« (HKA 7). Wie viele Württemberger, die eher einen ›Südbund‹ favorisierten, bezieht M. in der Maske des Hutzelmanns hier wenige Jahre vor der Reichsgründung Stellung gegen eine Vorherrschaft Preußens.

Neben diesen scherzhaft-humoristischen Werken hat M. mehrere Texte verfasst, die man als philologisch, literaturkritisch oder editorisch bezeichnen kann; dazu zählen u. a. Vorworte, Rezensionen und Editionen. Eine kürzere, eventuell gemeinsam mit Wilhelm Zimmermann verfasste *Erklärung des Titelkupfers* (HKA 7) im *Jahrbuch schwäbischer Dichter und Novellisten*, das M. 1836 mit Zimmermann herausgegeben hat, gehört genauso dazu wie das Vorwort zum 1839 erschienenen Prosa-Sammelband *Iris* (HKA 7). Die darin veröffentlichten Erzählungen sind, so M. in seinem Vorwort, auf drei verschiedene Leser abgestimmt, von denen jeder die ihm gemäße Erzählung finden, sich aber auch an den anderen erfreuen solle. M. unterscheidet: den bewussten Leser, der genauer prüft und »einen wohlbedachten Kunstgriff« nicht nur erkennt, sondern auch zu schätzen weiß; den »bloßen«, aber durchaus gebildeten Leser, der sich »eine müßige Stunde erheitern« will und schließlich den einfachen Leser »aus dem Volk« (HKA 7). Auch zu den von ihm herausgegebenen Familienbriefen Schillers sowie zu einer Auswahl von Wilhelm Waiblingers Gedichten verfasste M. kurze Vorworte. M., der selbst Autographen sammelte und ein Entwurfsfragment von Schillers *Wilhelm Tell* besaß, kaufte im Jahre 1838 auf Wunsch seines Verlags Schweizerbart in Stuttgart Abschriften Schillerscher Familienbriefe aus dem Nachlass von Schillers Schwester Luise Frankh. Diese Briefe edierte er im Jahr 1839 im zweiten Band der dreibändigen, von Eduard Boas herausgegebenen *Nachträge zu Schillers Sämtlichen Werken* (HKA 7; SW 2, S. 557 f.).

Im Jahre 1844 veröffentlichte M. eine einbändige Auswahl von Gedichten Wilhelm Waiblingers. Die meisten Werke, vor allem die Romane seines 1830 in Rom jung verstorbenen Jugendfreundes schätzte er als »mittelmäßig, sogar unangenehm« ein, einen Teil der Lyrik fand er jedoch »aller Aufmerksamkeit werth« (HKA 13, S. 236). Am 16. März 1842 legte M. dem Verleger Georg Heubel seine Editionsgrundsätze dar und unterrichtete ihn darüber, dass er stark in die Gedichte eingreifen werde (HKA 14, S. 25). Die Verbesserungen und Eingriffe führten zu einer so weit gehenden Umgestaltung der Gedichte, dass vom »kritische[n] Verfahren« (HKA 14, S. 25) einer philologisch korrekten Textausgabe keine Rede mehr sein kann. Im Vorwort seiner Ausgabe weist M. auf diese Eingriffe hin und führt aus, dass Waiblinger selbst die Gedichte im Falle einer Ausgabe wohl »einer strengen Auswahl unterworfen [...] haben würde«, da sein früher Tod dies jedoch verhindert habe, sei der Gedanke nahe gelegen, dass »einer seiner Freunde, welcher mit seiner Art und Weise hinlänglich vertraut wäre« (HKA 9.1, S. 29), diese Arbeit auf sich nähme. 1845 erschien in den *Monatsblättern zur Ergänzung der Allgemeinen Zeitung* eine von M. geschriebene Selbstrezension seiner Waiblinger-Ausgabe (HKA 7; SW 2, S. 560–579), die er mit »W.« signierte. Die Fiktion, M. habe dem Rezensenten seine Ansicht über Waiblinger brieflich mitgeteilt, »läßt Mörikes frommen Betrug diesmal zumindest ans philologisch Kriminelle grenzen« (M. MAYER, S. 146). Wie im *Hutzelmann-Brief* spielt M. auch hier mit verschiedenen Identitäten und zitiert als Rezensent »W.« immer wieder sich selbst als Eduard M. Die Tatsache, dass M. die Echtheit von Handschriften (z. B. Hölderlins) beglaubigen sollte und doch selbst ein »Virtuose in der Nachahmung fremder Schriften war« (M. MAYER, S. 147), zeigt, wie sehr seine dichterische Grundanschauung vom frommen Betrug auch in seiner Lebenswirklichkeit manifest ist. Der Betrug des Dichters besteht gerade darin, »auch Unwahres und Erfundenes, also nicht Lebenswahres, mit seinem Werk zu beglaubigen. Die Waiblinger-Rezension ist daher alles andere als bloßes Nebenwerk, sondern ein durchaus bezeichnendes Parergon, das aus der problematischen Mitte seines Œuvres hervorgegangen ist« (M. MAYER, S. 147).

Großes Interesse brachte M. dem Werk Friedrich Hölderlins entgegen. Das Verhältnis des jungen M. zu seinem älteren Landsmann unterscheidet sich wesentlich von dem »naiven Enthusiasmus« (HÖTZER, S. 80), mit dem sich Wilhelm Waiblinger Hölderlin näherte. In den 1820er Jahren besucht M. Hölderlin – meist zusammen mit Waiblinger – in Tübingen. Bereits aus der Zeit dieser Besuche (der letzte fand wohl 1826 statt) besaß M. »auch noch einiges Handschriftliche von ihm« (HKA 12, S. 189). Im Jahre 1843 machte M. Bekanntschaft mit weiteren Hölderlin-Manuskripten: In Nürtingen besuchte er Hölderlins Schwester Heinrike Breunlin, die er darum bat, die Handschriften Hölderlins einzusehen zu dürfen, die sich in ihrer Verwahrung befanden. Nach Hölderlins Tod 1843 begann M., einzelne Gedichte Hölderlins zu veröffentlichen, so *An die Verlobte* und *Heidelberg* 1853 und 1856 in dem von Christian Schad herausgegebenen *Deutschen Musenalmanach* und *Wenn aus dem Himmel* 1856 im *Düsseldorfer Künstler-Album*. Von der Ode *Heidelberg*, die M. »das schönste [...] Hölderlinische Gedicht« (HKA 15, S. 143) nannte, liegen drei Abschriften von seiner Hand vor (vgl. HKA 15, S. 589), »welche die Schichten der Lesarten nach der Handschrift Hölderlins wiedergeben« (HÖTZER, S. 92). Nach einer dieser diplomatischen Abschriften M.s erschien das Gedicht im *Deutschen Musenalmanach* 1856 gedruckt mit allen Lesarten der Originalhandschrift (HKA 7) und einer längeren, von M. verfassten Fußnote. M., der zu einem Experten für Hölderlin-Handschriften wurde, erwarb für den Sammler Karl Künzel gelegentlich einzelne Stücke (vgl. SEEBASS 1945, S. 312) oder bot sich an, sie zu beglaubigen: »Mein *testimonium* für *Hölderliniana* u. dgl. steht jederzeit mit Vergnügen zu Dienst« (SEEBASS 1945, S. 437). In seiner 1863 in der Zeitschrift *Freya* publizierten *Erinnerung an Friedrich Hölderlin* (HKA 7; SW 2, S. 580–582) greift M. wieder auf die 1853 im *Deutschen Musenalmanach* veröffentlichte Anmerkung zu *An eine Verlobte* zurück, die er hier in leicht veränderter Form diesem Gedicht und der Ode *An Zimmern* voranstellt.

Bei den Rezensionen bzw. Werbetexten M.s zu Bernhard Guglers *Così fan tutte*-Übersetzung und zu zwei Werken des befreundeten Paul Heyse handelt es sich um eher beiläufig entstandene Arbeiten. Während die Rezension von Guglers Übersetzung erstmals im siebten Band der HKA veröffentlicht wurde (HKA 7), erschienen die kurzen Texte M.s zu Heyses *Die Braut von Cypern* (HKA 7) und zu den *Neuen Novellen* (HKA 7) im Rahmen von Werbeanzeigen des Cotta-Verlags auf den Umschlagseiten des *Morgenblatts für gebildete Leser* in den Jahren 1856 und 1858. Die Beschreibung als Werbetext dürfte zutreffender sein als der zeitgenössische Begriff Rezension. Bislang ist nicht erforscht, welche Rolle M. bei der ziemlich neuen Form der Verlagswerbung für Cotta oder für andere Verlage gespielt hat. »Da der Autor aber zu Anzeigen im Sinne von Anpreisungen eher geneigt war als zu kritisch rezensierenden Würdigungen, darf man unterstellen, daß er sie damals wenigstens gelegentlich verfasste, wenn auch mit einiger Scheu« (Simon, S. 153). Über die ihm von Heyse gewidmete *Braut von Cypern* mag M. ursprünglich etwas Größeres als die wenigen werbenden Sätze im *Morgenblatt* geplant haben, denn von dem Werk »bezaubert« hatte er »in der ersten Freude einiges Wenige darüber zu Papier gebracht, vielleicht läßt es sich etwas ordentlicher fassen und in irgend einer Zeitung bringen« (HKA 16, S. 284).

Die tagebuchähnlichen Skizzen *Erinnerungen an Erlebtes* (HKA 7; SW 2, S. 537–540) – stichwortartige Impressionen und Einfälle – stammen vom März 1832, aus M.s Vikariatszeit in Ochsenwang. In diesen Aufzeichnungen, die zu M.s poetischer Werkstatt gehören, »spiegeln sich Gedanken und Bilder aus der Vorstellungswelt novellenartiger Bruchstücke, die zu einem in den dreißiger Jahren geplanten religiösen Roman zusammenwachsen sollten« (UNGER, S. 141).

Autobiographisch sind sowohl das Gespräch mit Gustav Schwab als auch der Lebenslauf *Zu meiner Investitur als Pfarrer in Cleversulzbach*. Das *Gespräch zwischen mir (nämlich dem Kandidaten E. Mörike) und Herrn Professor Schwab* (HKA 7; SW 2, S. 533–536), das M. im Dezember 1828 in seiner Stuttgarter Wohnung führte, wurde von ihm selbst aufgezeichnet. Es fällt in die Zeit, als sich der seit November 1827 von der »Vicariats-Knechtschaft« (HKA 10, S. 193) beurlaubte M. um die Anstellung bei einem Verlag bemühte. Im Oktober 1828 kam es mit dem Verlag der Brüder Franckh in Stuttgart zu einem realisierbaren Projekt: M. sollte für deren neues Periodikum *Damen-Zeitung. Ein Morgenblatt für das schöne Geschlecht* »eine bestimmte Anzahl von erzählenden und andern ästhetischen Aufsätzen« liefern (HKA 10, S. 245). Doch schon nach wenigen Wochen bekam er »von dem Erzählungenschreiben bald Bauchweh [...], ärger als je vom Predigtmachen«, und sah sich nicht mehr im Stande, das, »was ungefehr von Poësie in mir steckt, [...] so tagelöhnermäßig zu Kauf [zu] bringen« (HKA 10, S. 253, 255). Im Gespräch mit Gustav Schwab stellt M. die Zweifel an seiner Verlagstätigkeit und die Überlegungen, wieder ins Vikariat zurückzukehren, poetisch dar: Es stehe ihm nicht, »zweierlei Röcke« zu tragen; einerseits den für den Broterwerb gedachten mit »Flittergoldverbrämung«, andererseits »ein solideres Gewand, worin ich mich einer ehrwürdigern Dichterzunft zuzugesellen dachte« (HKA 7; SW 2, S. 534). Gustav Schwab riet ihm zum Vikariat und Pfarrberuf: »Dann sind Sie ein freier Mann für die Poesie und hängen von keinem Buchhändler ab« (HKA 7; SW 2, S. 536). Der Lebenslauf *Zu meiner Investitur als Pfarrer in Cleversulzbach, im Juli 1834 geschrieben* (HKA 7; SW 2, S. 541–547) entstand anlässlich von M.s Übernahme der Gemeinde Cleversulzbach im Jahre 1834. Nach der Antrittspredigt verlas M. – gemäß der damaligen Sitte – diese autobiographische Darstellung, die seinen familiären, schulischen und beruflichen Werdegang nachzeichnet. Der Lebenslauf zeigt M. »im Habitus Goethescher Selbstdarstellung; wie kaum sonst spricht er hier mit gleichsam fremder Stimme« (M. Mayer, S. 145).

Über M.s theologisches Denken ist kaum etwas bekannt, abgesehen von einigen Äußerungen in Briefen und einzelnen Stellen in seiner Dichtung. Daher sind zwei erst im Jahre 1965 entdeckte theologische Aufsätze bedeutsam. Sie stammen aus M.s Köngener Vikariatszeit und sind wohl zwischen Juni und Mitte Juli 1827 verfasst worden. Diese wissenschaftlichen Arbeiten waren Pflichtleistungen des Vikars: Nach einem Synodal-Erlass von 1825 und einer *Instruction für die Pfarrgehülfen und Pfarramts-Verweser* von 1827 wurde jedem Vikar eingeschärft, dass er »durch Aufsätze, die er für die jährliche Synode einsendet, seinen Fleiß und seine Fortschritte zu beurkunden« habe (vgl. Köpf, S. 104). Für die beiden Aufsätze – einer in lateinischer, einer in deutscher Sprache abgefasst – hat M. folgende Themen gewählt: *Quid ex Nov. Testamenti effatis statuendum sit de nexu peccatum inter et malum physicum intercedente?* [Was ist aus den Aussagen des Neuen Testaments über *den zwischen Sünde und physischem Übel bestehenden Zusammenhang zu erheben?*] (HKA 7; SW 2, S. 524–532) und *Ist dem Christen erlaubt, zu schwören?* (HKA 7; SW 2, S. 521–524). Ungewöhnlich ist jedoch die Bearbeitung von zwei Themen. Vermutlich erschien M. der in lateinischer Sprache verfasste Aufsatz zu kurz. Zwar wäre es problemlos möglich gewesen, ihn genauso wie den anderen weiter auszuarbeiten, doch wäre dies mit einem wesentlich größeren Arbeitsaufwand verbunden gewesen, den M. offenbar scheute und die bequemere Möglichkeit wählte, den gewünschten Umfang der Arbeiten durch Abfassung eines zweiten Aufsatzes zu erreichen, mit dessen Thema er vertraut war. In die lateinisch geschriebene Arbeit hat M. erheblich mehr Mühe investiert; dafür sprechen das von ihm selbst gewählte – und nicht vorgegebene – Thema, der Gebrauch der fremden Sprache, die herangezogene Literatur und die Eigenständigkeit der Überlegungen. Das Thema der zweiten Arbeit *Ist dem Christen erlaubt, zu schwören?* war ihm aus seiner Studienzeit vertraut. In diesen Aufsatz sind möglicherweise Gedanken eingegangen aus einem 1829 erschienenen Aufsatz seines Repetenten am Tübinger Stift, Karl Heinrich Stirm. Die Aufsätze zeigen zwar, dass M. »sich keiner theologischen Richtung verschrieb, sondern ›von ferne‹ den Diskussionen folgte«, dass er aber sehr wohl »mit den Möglichkeiten, die ihm die Theologie seiner Zeit bot, vertraut war und sie gegebenenfalls auch einzusetzen verstand« (Köpf, S. 113).

Wie Justinus Kerner war M. offen für die parapsychologischen ›Nachtgebiete‹ der Natur, ihre geheimnisvollen, magisch-mysteriösen Kräfte, und hat zwischen den 1830/40er und 1860er Jahren selbst mehrere okkultistische Aufzeichnungen zur Geisterwelt verfasst. Die ersten schrieb er für Kerners neugegründete Zeitschrift *Magikon*, die – wie es im Untertitel heißt – ein »Archiv für Beobachtungen« sein sollte, »denn aufgenommen wurden alle möglichen Formen der Darstellung, und zwar nicht nur von persönlichen Erlebnissen, wahren und für wahr gehaltenen, sondern auch von Berichten aus zweiter Hand, sogar von Lesefrüchten« (Simon, S. 75). Als M. 1834 nach Cleversulzbach kam, erfuhr er von gespenstischen Spukereien in seinem Pfarrhaus: Der Geist des ehemaligen Pfarrers Rabausch, der hundert Jahre zuvor ein wüstes Leben geführt hatte, sollte dort umgehen. Mehrfach berichtete M. in Briefen an Freunde von seinen Beobachtungen (vgl. z. B. HKA 12, S. 129, 136; 13, S. 203) und zeichnete sie tagebuchartig auf. Auf Kerners Wunsch fasste er diese Aufzeichnungen für dessen *Magikon* zusammen. Anfang 1841 schickte er an Kerner unter anderem die Manuskripte zu *Der Spuk im Pfarrhause zu Cleversulzbach* (HKA 7; SW 2, S. 548–556) und *Heraustreten aus sich selbst bei Sterbenden* (HKA 7) und »versprach weitere Beiträge, die er zwar niederschrieb, aber offensichtlich nicht alle an Kerner sandte« (Simon, S. 85); darunter sind auch die Texte *Georg Michael E.* (HKA 7), *Eine Taglöhnerin* (HKA 7) und die *Spukgeschichte von Mörikes Urgroßmutter* (HKA 7), die jedoch nicht mehr in Kerners Zeitschrift erschienen und erst im siebten Band der HKA erstmals gedruckt wurden.

Noch in den 1860er Jahren beschäftigte sich M. intensiv mit magischen und psychologischen Phänomenen wie Telepathie und der Durchlässigkeit von Wach- und Traumzustand und veröffentlichte ältere Erlebnisse unter den Titeln *Doppelte Seelentätigkeit* (HKA 7; SW 2, S. 585 f.) und *Aus dem Gebiete der Seelenkunde* [auch: *Zwei mystische Thatsachen*] (HKA 7; SW 2, S. 583 f.) in der Zeitschrift *Freya*.

Seit Oktober 1851 arbeitete M. als Lehrer für deutsche Literatur am Königlichen Katharinenstift in Stuttgart, einem Institut für ›Töchter aus den gebildeten Ständen‹. Wie er sich dieses Amt vorstellte, beschrieb er am 19. Juli 1851 dem Rektor Karl Wolff: »Mein eigner Plan ist nemlich mehr ästhetisch als historisch und geht vorzüglich dahin, an Beispielen aus unsern Schriftstellern das Urtheil über das was schön und nicht schön ist zu bilden u. zu schärfen, gewiße unächte Erscheinungen der neueren Zeit, welche das große Publikum begünstigt, zu bekämpfen pp.« (HKA 16, S. 51). M. musste seinen Unterricht jedoch aus gesundheitlichen Gründen oft absagen und wurde dann meist durch Rektor Wolff vertreten, der von M. dazu kurze Billetts mit Stoffhinweisen erhielt. Im Februar 1865 sah sich Wolff jedoch gezwungen, »Mörike eine Stellungnahme abzuverlangen, die dieser dann mit zittriger Hand ›während der Krankheit im Bett‹ verfasste – so Wolffs Vermerk auf der Vorderseite des Blattes« (Voerster, S. 50). In diesen Anweisungen für den Deutschunterricht (HKA 7) spricht der Schulmann M., der die Kritik- und Urteilsfähigkeit seiner Schülerinnen verbessern möchte: »Dabei wird zu Bildung des eigenen Urtheils der Schülerinnen und um einem falschen Mode-Geschmack in der künftigen Wahl ihrer Lektüre entgegenzuwirken, an Mittelmäßigem und Scheinbarem mehrfältig Kritik geübt« (HKA 7). Zudem erfährt man etwas über den von Mörike in seinem Literaturunterricht behandelten Stoff, über seine Zeiteinteilung, sein methodisches Vorgehen, seine Ziele und auch über seine Hilfsmittel, nämlich G. G. Gervinus' 1835–1842 erschienene Literaturgeschichte in fünf Bänden.

Literatur

Beck, Adolf: Mörikes Verhältnis zu Hölderlin. Bezauberung und Grenze des Verstehens. In: Schwäbische Heimat 26/3 (1975), S. 229–234. – Elsaghe, Yahya A.: Text- und Literaturkritik. Zu Mörikes Rezeption der Ode *Heidelberg*. In: Zeitschrift für Germanistik. N. F. 2/2 (1992), S. 375–380. – Hötzer, Ulrich: Mörike und Hölderlin. Verehrung und Verweigerung. In: HÖTZER, S. 80–105 [zu den Editionen von Hölderlins Gedichten (v. a. *Heidelberg*)]. – Köpf, Hans Peter: Zwei theologische Aufsätze Eduard Mörikes. In: SchillerJb. 10 (1966), S. 103–129. – Krauß, Rudolf: Eduard Mörike als Gelegenheitsdichter. Aus seinem alltäglichen Leben. Stuttgart u. a. 1895, S. 150–155 [zum *Hutzelmann-Brief*]. – Krummacher, Hans-Henrik: Eduard Mörike und Christian Schads *Deutscher Musenalmanach*. Dokumente zur Geschichte seiner Gedichtdrucke, seiner Hölderlin-Beiträge und seines Portraits (Mit einem Anhang über Mörike und das Freiligrath-Album von Ignaz Hub und Christian Schad). In: Müller, Klaus-Detlef; Pasternack, Gerhard; Segebrecht, Wulf; Stockinger, Ludwig (Hg.): Geschichtlichkeit und Aktualität. Studien zur deutschen Literatur seit der Romantik. Fs. für Hans-Joachim Mähl. Tübingen 1988, S. 259–335 [u. a. zu M.s Editionen von Hölderlins *An eine Verlobte* und *Heidelberg*]. – M. MAYER, S. 145–147. – Simon, Hans-Ulrich (Hg.): »Ihr Interesse und das unsrige …«. Mörike im Spiegel seiner Briefe von Verlegern, Herausgebern und Redakteuren. Mit Erläuterungen und Anmerkungen. Stuttgart 1997. – UNGER, S. 137–150. –

Voerster, Erika: Ein Klassiker gibt Unterricht. Eduard Mörike als Lehrer am Katharinenstift. In: Stuttgarter Zeitung Nr. 232 vom 30. Oktober 1993, S. 50.

Alexander Reck

Übersetzungen

Seit Mitte der dreißiger Jahre beschäftigte sich M. eingehender mit griechischer und lateinischer Literatur; eine Folge dieser Rezeption antiker Dichtung waren mehrere Übersetzungswerke: 1840 *Classische Blumenlese*, 1855 in Zusammenarbeit mit Friedrich Notter *Theokritos, Bion und Moschos*, 1864 *Anakreon und die sogenannten anakreontischen Lieder*. Anlass zumindest für die erste dieser Arbeiten waren diätetische Überlegungen M.s: Da er momentan nicht die Kraft für Eigenes aufbringen könne, vertreibe er sich die Zeit mit Übersetzungen und verdiene gleichzeitig relativ leicht etwas Geld (vgl. HKA 12, S. 167 f.). M.s Übersetzungsverfahren, das Hötzer detailliert und kenntnisreich aufgeschlüsselt hat (HKA 8.1–8.3), lässt sich folgendermaßen beschreiben: Nach eigenen Angaben legte der Dichter vorhandene zeitgenössische Übersetzungen der antiken Gedichte zugrunde, die er in Qualität und Originaltreue gegeneinander abwog, um schließlich aus ihnen *eine* Übersetzungsfassung zu formen. Öfter als M. in den Vorworten zu den Übersetzungen zugeben will, zog er dabei nachweislich die griechischen und lateinischen Texte selbst zu Rate, um sich aufgrund der Autopsie für eine der angebotenen Übersetzungen zu entscheiden oder aber alle zu verwerfen und eine eigene zu verfertigen. Die Briefe M.s an Freunde aus der Entstehungszeit der Übersetzungen dokumentieren immer wieder die Suche des Herausgebers nach verlässlichen Quellentexten und Kommentaren. Viele Übertragungen wurden mit versierten Kollegen eingehend diskutiert; dabei ließ M. sich auch gerne belehren. Hötzer weist in einem aufwendigen kritischen Apparat nach, dass kaum ein übersetztes Gedicht als Ganzes einer vorhandenen Sammlung entnommen wurde; vielmehr stellen die Texte Kontaminationen verschiedener Vorlagen sowie eigener Übersetzungstätigkeit dar. Die benutzten Übersetzungen gibt M. mit unterschiedlicher Genauigkeit und Vollständigkeit in den Vorreden an. Während er in der Vorrede zur *Classischen Blumenlese* nur die Namen der berücksichtigten Übersetzer erwähnt, nennt er im Vorwort zum *Theokritos* auch die von ihm benutzten Auflagen der Übersetzungen und beschreibt sie kurz. Am ausführlichsten sind die Angaben im Falle des *Anakreon*.

Dass M. – teilweise schon für die *Classische Blumenlese* – die antiken Vorlagen im Original studiert hat, kann nach Hötzers detaillierter Analyse als gesichert gelten. Dafür spricht auch ein Brief M.s an die Metzlersche Buchhandlung im Vorfeld der Arbeit an der *Classischen Blumenlese* vom 28. Januar 1838: »Soll [...] wirklich eine Auswahl des Schönsten und Besten geliefert werden, so bedarf es nicht nur einer genauen Musterung und umsichtigen Schätzung sämmtlicher auf uns gekommenen Produkte – und ihre Anzahl ist nicht gering – jener alten Lyrik, mithin eines sorgfältigen Lesens derselben im Original« (HKA 12, S. 160). Die fremdsprachliche Kompetenz stand M. aus seiner Schul- und Studienzeit fraglos in hohem Maße zur Verfügung, gepaart mit einem sicheren Gespür für den Klang der alten Sprachen. Zu Recht wird daher immer wieder darauf hingewiesen, dass die Grenze zwischen Übersetzung, Nachbildung und eigener Dichtung bei M. fließend ist: »Der Vergleich von Textvorlage und endgültigem Text läßt nicht selten den Eindruck entstehen, M. werde von seiner Vorlage angeregt, deren Text sozusagen weiterzudichten, also dem aus M.s Sicht noch unentfalteten poetischen Kern, auch ohne Rücksicht auf den Wortlaut des Grundtextes, zu seiner vollen ästhetischen Wirkung zu verhelfen« (Hötzer, HKA 8.2, S. 12). So kam es in mehr als einem Falle dazu, dass M. Gedichte, die ursprünglich als Übersetzungen angelegt waren, als eigene Werke in seinen Gedichtband aufnahm, beispielsweise *Seufzer* (zuerst im *Maler Nolten*, dann in A[1]), *An den Schlaf* (seit A[1]), *Grabschrift des Pietro Aretino. Nach dem Italienischen* (seit A[2]), *Ritterliche Werbung* (in A[4]). Zum anderen kann man mit Blick auf M.s ureigene Gedichte seit den späten dreißiger Jahren von einer produktiven Rezeption der antiken Lyrik sprechen.

M.s erste Übersetzung, die *Classische Blumen-*

lese. Eine Auswahl von Hymnen, Oden, Liedern, Elegien, Idyllen, Gnomen und Epigrammen der Griechen und Römer; nach den besten Verdeutschungen, theilweise neu bearbeitet, mit Erklärungen für alle gebildeten Leser. Herausgegeben von Eduard Mörike steht in der Tradition der Florilegia und war ursprünglich auf mehrere Bände ausgelegt; sie bietet eine Auswahl griechischer und lateinischer Dichtung und umfasst Homerische Hymnen, Kallinos und Tyrtaios, Theognis, Theokrit, Bion, Moschos – Catull, Horaz, Tibull. Die »auf ein bequemes Verständniß eingerichtete Blumenlese« (HKA 8.1, S. 11) ist an einen möglichst großen Kreis ›gebildeter Leser‹ adressiert. Dazu wurden vor allem Frauen gerechnet, denen im Gegensatz zu Männern der Unterricht in den klassischen Sprachen verwehrt war und die deshalb auf Übersetzungen angewiesen waren (vgl. HKA 12, S. 190). Die Anordnung der Dichtungen erfolgte offensichtlich zunächst nach chronologischem Prinzip, von frühester griechischer Dichtung des 8./7. Jh.s v. Chr. bis zur Goldenen Latinität der Römer im 1. Jh. v. Chr. Die inhaltliche Schwerpunktbildung ist ebenfalls aufschlussreich: Im Bereich der griechischen Dichtung werden neben den Homerischen Hymnen drei Elegiker und drei Bukoliker vorgestellt. Aus dem Kreis der römischen Lyriker werden ebenfalls drei ausgewählt, deren Dichtung sich inhaltlich und formal aus der Auseinandersetzung mit griechischer Lyrik entwickelt hat. Dabei müssen Catull und in dessen Nachfolge auch Tibull als Elegiker gelten; Horaz dagegen orientierte sich an griechischen Dichtern wie Alkaios und Sappho. Die Auswahlprinzipien für die *Classische Blumenlese* legt M. weder im Vorwort noch in privaten Briefen explizit dar. Was die griechischen Dichter angeht, die oft nur fragmentarisch überliefert sind, scheint er eine relative Vollständigkeit angestrebt zu haben. Im Falle Theokrits, dessen Werk in vergleichsweise großem Umfang tradiert wurde, wählte er dreizehn Idyllen aus. Dass überhaupt Elegiker und Bukoliker als Repräsentanten griechischer Lyrik vorgestellt werden, dürfte nicht zuletzt an der Ende des 18. Jh.s aufgekommenen Griechenbegeisterung liegen, in deren Folge sich die Klassische Philologie auf die Edition kritischer Ausgaben aller erreichbaren griechischen Texte konzentrierte, was wiederum eine Flut deutscher Übersetzungen gerade auch der von M. gewählten hellenistischen Dichter hervorrief. Von der zeitgenössischen Popularität dieser griechischen Autoren abgesehen, kann man mit Blick auf M.s eigene Dichtung eine gewisse persönliche Vorliebe, die bis zur Seelenverwandtschaft reicht, annehmen. Seit seinem Studium hat er Theokrit nachweislich intensiv gelesen (HKA 10, S. 212). In einem Brief an Kurz vom 12. April 1838 nennt M. die Idyllen des Theokrit seine »Leibspeise« und meint, Theokrit sei »derjenige Poete, welchem, wenn vom Anmuthigen die Rede ist, uno excepto Homero, vor allen Andern jenes Weilheimer Epitheton zukommt« (HKA 12, S. 188). Und in den vorangestellten Bemerkungen zu Theokrit in der *Classischen Blumenlese* heißt es: »Seine Gedichte gehören gewiß zum Vollkommensten, was wir von klassischer Literatur irgend besitzen« (HKA 8.1, S. 95). Theokrit ist auch in M.s eigenen Gedichten oft gegenwärtig: in einem Weihegedicht mit wörtlichen Anspielungen auf theokritische Verse (*Theokrit*, 1838), in der *Inschrift auf eine Uhr mit den drei Horen* (1846), die ein Motto von Theokrit aufweist, aber auch *Häusliche Scene* (1852) und das *Märchen vom sichern Mann* (1838) können als Anspielungen auf theokritische Werke gelesen werden (HKA 8.2, S. 239). Während der Arbeit an den Übersetzungen der Catull- und Tibull-Dichtungen bekundete M. mehrfach in Briefen an verschiedene Freunde seine Bewunderung und Sympathie für diese römischen Lyriker, so beispielsweise in einem Brief an Kurz vom 16. März 1838: »Acme und Septimius [Catull c. 45] – ein herrliches Gedicht vom jugendlichsten Colorit« (HKA 12, S. 184). Rückert kommt in seiner Untersuchung der M.schen Horaz-Übersetzungen zu dem Schluss, dass dessen Auswahl der Horaz-Dichtungen im Vergleich zu den gängigen Übersetzungen des 19. Jh.s keineswegs konventionell ist. M. wollte wohl eine Art repräsentativen Querschnitt der Oden des Horaz bieten, indem er Liebesgedichte (1,13; 2,5; 3,9; epod. 15), Freundschaftsgedichte (2,7; 3,29), Götteroden (1,10; 2,19), Oden, die historische Ereignisse thematisieren (1,37; 4,4), Gedichte der Totenklage und des Lebensgenusses (2,14; 1,9) und zum Auftakt und Abschluss je ein Gedicht mit Musen- bzw. Götteranruf vorstellte (RÜCKERT, S. 148). Auf persönliche Neigung M.s scheint es zurückzugehen, dass öfter ruhigere Gedichte mit weniger grellen Bildern gewählt wurden, wie im Falle der Bacchusgedichte; auffällig ist vor allem, dass M. die berühmten Römeroden bis auf das Musengedicht unberücksichtigt ließ. Ähnliches lässt sich für die Auswahl der Catull-Gedichte feststellen: So sind die Texte vertreten, die in der Literatur wohl am meisten rezipiert wurden; seine anzüglichen Gedichte dagegen wurden mit Rücksicht auf das sittliche Empfinden ausgelassen (vgl. HKA 8.1, S. 13). Jedem Dichter sind einige kurze einführende Bemerkungen vorangestellt; auch die erläuternden Kommentare sind bewusst kurz gehalten und auf das Notwendige beschränkt; in den meisten Fällen wählte M. aus vorhandenen Erläuterungen aus und fügte nur ab und zu eigene Bemerkungen ein.

In ähnlicher Weise verfuhr M. bei der zusammen mit Friedrich Notter herausgegebenen Übersetzung des *Theokritos, Bion und Moschos. Deutsch im Versmaße der Urschrift von Dr. E. Mörike und F. Notter*. Auch dieses Werk ist »für das allgemeine Publikum« intendiert (HKA 8.1, S. 287). Die Idee, nochmals ein Übersetzungswerk vorzulegen, scheint M. vor allem wegen seiner prekären finanziellen Situation angesichts der bevorstehenden Heirat mit Margarethe Speeth gekommen zu sein, wie er es in einem Brief an Friedrich Theodor Vischer am 25. Juni 1851 offen formuliert: »Ich muß mir jetzt auf alle Weise Geld machen. Weißt Du mir nicht auf euren Bibliotheken ein altes Schweineleder zum Wiederaufweichen, deutsch oder lateinisch?« (HKA 16, S. 38). Den größten Anteil der auf Vollständigkeit angelegten Übersetzungen und Erläuterungen verfertigte allerdings Notter: die Übertragung der meisten Idyllen und Epigramme des Theokrit sowie der Dichtungen des Bion und Moschos, dazu die Einleitung und die Anmerkungen. M. selbst übersetzte nur elf der insgesamt dreißig Idyllen des Theokrit. Im Vorwort erläutert Notter die Aufteilung: Er selbst übernehme »die Übertragung folgender theokritischen Idylle [...], im Ganzen also eher derjenigen Stücke, deren Abstammung von Theokrit mehr oder minder angezweifelt worden ist« (HKA 8.2, S. 251). Im Umkehrschluss bedeutet das: M. nahm sich den ›echten‹ Theokrit vor. Sieben der von M. übersetzten Gedichte sind schon in der *Classischen Blumenlese* enthalten, so dass er tatsächlich nur vier neue Übersetzungen angefertigt hat. Gegenüber der *Classischen Blumenlese* sind die dort schon enthaltenen Idyllen allerdings nochmals einer Bearbeitung unterzogen worden: M. versuchte diesmal, die oftmals künstliche Sprache des Theokrit und die stilistischen Unterschiede zwischen den einzelnen Idyllen stärker herauszuarbeiten. Zur Handhabung der Metrik formulierte M. im Vorwort den Grundsatz: »Zu einer guten Verdeutschung eines Dichters aber, wie der unsrige, gehört, vornehmlich bei dem gegenwärtigen, für das allgemeine Publikum bestimmten Unternehmen, neben der Richtigkeit und Treue, ohne Zweifel eine dem deutschen Sprachgeist homogene, gefällige Form, wobei man lieber an der äußersten Strenge der Metrik etwas nachläßt, als daß man den natürlichen Vortrag preisgibt« (HKA 8.1, S. 287). Diese Vorbemerkung ist im Zusammenhang zu sehen mit dem Erscheinen des Werks in der Reihe *Bibliothek der Übersetzungen sämmtlicher griechischer und römischer Klassiker* des Verlags Hoffmann, deren Prinzip eigentlich eine metrische genaue Nachbildung der in Versform gefassten Dichtungen war. Am Ende des Vorwortes räumt M. außerdem ein, er habe sich an manchen Stellen »kleine Freiheiten gegen den Buchstaben erlaubt«, aus Rücksicht auf den »rein genießenden Leser« (HKA 8.1, S. 289). Die zweite Auflage dieses Werkes erschien 1883 als Neudruck im Verlag A. Werther (Stuttgart) und enthält nach Rupprecht im Vergleich zur ersten Auflage einige Fehler, Auslassungen und willkürliche Änderungen. Ein Auszug dieses Neudrucks unter dem Titel *Theokrit. Übersetzt von Eduard Mörike* erschien später in der *Langenscheidt'schen Bibliothek sämtlicher griechischen und römischen Klassiker in neueren deutschen Muster-Übersetzungen* (Berlin 1855–1859) und wurde in einem Band zusammen mit einer Übertragung des Theognis von Wilhelm Binder und der Anakreon-Übersetzung von M. publiziert; der Band wurde bis 1920 viermal aufgelegt (vgl. Rupprecht, S. 63).

Den Vorsatz, eine Übertragung Anakreons und anakreontischer Dichtung vorzulegen, fasste M. schon in der Zeit, als er an der *Classischen Blumenlese* arbeitete: Sie war für einen zweiten Band vorgesehen, der dann – wohl wegen mangelnden Absatzes des ersten Bandes – nicht mehr erschien. 1860 scheint M. sich entschlossen zu haben, das Projekt wieder aufzunehmen, und kümmerte sich zunächst um verlässliche Textausgaben. Schon das Verfahren lässt erkennen, dass die Übersetzung des Anakreon eine neue Stufe bedeutet: Hier legte M. immer den griechischen Originaltext zugrunde und übersetzte selbst, wenn er auch zusätzlich Formulierungen, die ihm mustergültig erschienen, aus vorliegenden Übertragungen übernahm. Besonderen Reiz hatten für M. allerdings »die bis jetzt, soviel ich weiß, von Andern nicht übersetzten *ächten* Stücke (Fragmente u. Epigramme)«, deren Übertragung er sich »mit vielem Fleiß und wegen der schwierigen, z. Theil zweifelhaften Metren, mit ziemlicher Mühe« widmete (HKA 17, S. 136). Deshalb lautet der vollständige Titel des Werkes: *Anakreon und die sogenannten anakreontischen Lieder. Revision und Ergänzung der J. Fr. Degen'schen Übersetzung mit Erklärungen von Eduard Mörike*. Wie schon im Falle der Theokrit-Übertragung weist M. auf die Unmöglichkeit der genauen metrischen Nachbildung im Deutschen hin (HKA 8.1, S. 340). Die einleitenden Bemerkungen zu den Lebensumständen und Schriften des Anakreon, zu seiner Poesie und den so genannten *Anakreontea* sowie die Kommentare stützen sich zwar auf die Erläuterungen der Übersetzungsvorlagen, doch nehmen sie im Vergleich zu den beiden ersten Übersetzungswerken einen höheren Stellenwert ein, da sie deutlich umfangreicher und selbständiger sind. M. erweist sich hier als sorgfältiger Philologe. Durch intensive Auseinandersetzung mit der altphilologischen Forschung, über die der Herausgeber im Vorwort Rechenschaft ablegt, war M. in der Lage, viel Eigenes gerade in die Einführungen einzuarbeiten. Deshalb hat die Übertragung des Anakreon auch innerhalb der Klassischen Philologie eine große Bedeutung erlangt.

Literatur
M. MAYER, S. 149–152. – RÜCKERT. – Rupprecht, Gerda: Mörikes Leistung als Übersetzer aus den klassischen Sprachen. Gezeigt durch den Vergleich mit anderen Übersetzungen, besonders mit den von ihm neu gestalteten Übersetzungen. Diss. München 1958.
Daniela Evers

Bearbeitungen

Restauration
nach Durchlesung eines Manuscripts mit Gedichten

Das süße Zeug ohne Saft und Kraft!
Es hat mir all' mein Gedärm erschlafft.
Es roch, ich will des Henkers sein,
Wie lauter welke Rosen und Camilleblümlein.
Mir ward ganz übel, mauserig, dumm,
Ich sah mich schnell nach was Tüchtigem um,
Lief in den Garten hinter'm Haus,
Zog einen herzhaften Rettig aus,
Fraß ihn auch auf bis auf den Schwanz,
Da war ich wieder frisch und genesen ganz.

Würde man dieses scherzhafte Gedicht M.s aus dem Jahre 1837 nicht als einen rein fiktionalen Text auffassen, sondern als Beschreibung seines realen Verhaltens nach der Lektüre fremder Gedichtmanuskripte, käme dies der Wahrheit möglicherweise recht nahe. M. hat – was noch immer wenig bekannt ist – aus Freundschaft und Kollegialität, gegen Bezahlung, für Geschenke oder nur für dankende Worte eine große Anzahl von Kollegen beraten, an ihren Werken mitgearbeitet oder diese bearbeitet. Am intensivsten hat M. sich der Gedichte Wilhelm Waiblingers und Karl Mayers angenommen. Zudem beriet und kritisierte er Berthold Auerbach, Friedrich Bodenstedt, Karl Doll, Christian Dreizler, Emanuel Geibel, Bernhard Gugler, Friedrich Hebbel, Paul Heyse, Theobald Kerner, Hermann Georg Knapp, Karl Kösting, Hermann Kurz, Hermann Lingg, Feodor Löwe, Friedrich Notter, Karl Reinhardt, Georg Scherer, Carl Siebel, Friedrich Theodor Vischer, Ferdinand Weibert, Friedrich Weitzmann, Joseph Victor Widmann und August Wintterlin; für diese Autoren wie für die Zeitschrift *Salon*, die Cottasche Verlagshandlung und viele andere schrieb er Gutachten, Bemerkungen und Kritiken. Unter den Texten dieser Autoren war wahrscheinlich manches »Zeug ohne Saft und Kraft« und die Lektüre sicher nicht immer nur reines Vergnügen. Jahrzehnt für Jahrzehnt nahmen die Zusendungen an M. zu, so dass er – wohl im Jahr 1863 – eine Zeitungsannonce entwarf, die jedoch nie gedruckt wurde: »Dem Unterzeichneten werden vielfach Manuscripte und Bücher zur Einsicht oder Empfehlung von den Verfassern zugesendet. Je ehrenwerther ein solches Vertrauen in der That ist und je erfreulicher nicht selten das Mitgetheilte selbst seyn mag, desto aufrichtiger bedauert er sich zu der Erklärung genöthigt zu sehen daß seine Zeit ihm nicht erlaubt, dergleichen ferner anzunehmen« (GEDENKAUSSTELLUNG, S. 411).

Diese Seite von M.s Schaffen hat in der Forschung bislang wenig Beachtung gefunden, vor allem weil die Dokumente überwiegend nicht ediert waren. Erst die seit 1995 erscheinenden Bände 9.1–3 der HKA eröffnen überraschende Einblicke in M.s umfangreiche Berater- und Bearbeitertätigkeit. »Ein großer Teil von Mörikes Produktivität ging mit fortschreitendem Alter immer stärker in die Re-Produktion ein, in die Nach-Übersetzung antiker und Wieder-Edition neuerer Dichtung, in die Umgestaltung seines eigenen Romanes [sic!] sowie in die Beratung anderer Autoren und in die Bearbeitung ihrer Werke« (Simon, S. 109). Sei es die prüfende und verbessernde Be- und Überarbeitung des *Maler Nolten*, vieler eigener Gedichte oder fremder Texte: M.s Absicht war es stets, »die eigentliche poetische Substanz [...] aufzuspüren und zu erfahren, sie freizulegen und zu steigern und so zur vollen Wirkung kommen zu lassen, durch bearbeitende Übersetzung, durch selbständige Nachdichtung, durch Veränderung und Besserung und durch privatere oder öffentliche Mitteilung an andere« (Krummacher, S. 73). M.s Bearbeiter- und Beratertätigkeit ist nicht nur aus biographischen Gründen, wegen der literarischen Themen oder als Beleg für die Rezeption seiner Kunst von großem Interesse, sondern auch weil sie seine Poetik widerspiegelt und seine ›handwerklichen‹ Fähigkeiten sichtbar werden: »So mittelbar – nämlich versteckt und verwickelt in die literarischen Probleme der Ratsuchenden – die Zeugnisse das ausdrücken mögen, immer doch ist sein Verständnis von Dichtung Folie des Wertens und Ratgebens« (HKA 9.1, S. 261).

Beratung, Bearbeitung und Mitarbeit am Werk anderer, diese drei fließend ineinander übergehenden Tätigkeiten M.s sind hier von Interesse. So hat M. die Gedichte Wilhelm Waiblingers bearbeitet und mit einem Vorwort versehen in einer Auswahl herausgegeben, er hat dem Verleger Ferdinand Weibert 1873 bei einer Klopstock-Ausgabe geholfen und Eingriffe in den Text vorgeschlagen. Über mehr als zwanzig Jahre hinweg hat M. Karl Mayer bei etwa 2800 Gedichten beraten, bei manchen Texten bis zu siebenmal; auch die Beratung Georg Scherers bei seiner Lyrik war so intensiv, dass man wie bei Mayer von einer Mitarbeit M.s sprechen kann. Unter den kritischen Beratungen und Bearbeitungen nehmen die von M. redigierte Auswahl der Gedichte Wilhelm Waiblingers und seine intensive Beratung Karl Mayers allein durch ihren Umfang eine besondere Stellung ein, weshalb ihnen jeweils ein eigener Band in der HKA gewidmet ist (HKA 9.1 und 9.2). Obwohl es sich bei M.s Auswahl der Waiblinger-Gedichte nur um ein schmales Bändchen handelt, sind doch die Bearbeitungen »ihres beträchtlichen Umfangs und ihrer besonderen Eigenart wegen« (HKA 9.1, S. 263) von großem Interesse. Die Beratung von Karl Mayer ist vollkommen anders geartet, verlief außerordentlich kompliziert und führte über viele, sehr unterschiedliche Stufen.

Bearbeitung von Gedichten Wilhelm Waiblingers

Von den ersten Tagen ihrer Freundschaft an legten M. und Waiblinger sich gegenseitig ihre Dichtungen vor, das gemeinsame Interesse an Literatur, ihre Schwärmerei für die Poesie schweißte die beiden – vor allem im Tübinger Stift – eng zusammen. Bis im Herbst 1826 eine Entfremdung eintrat, hat M. Waiblinger beraten und seine Manuskripte korrigiert. Als Waiblinger 1830 im Alter von 25 Jahren in Rom starb, hatte er bereits acht Bücher und viele Gedichte verstreut in Zeitschriften und Almanachen veröffentlicht. Ungedruckt waren die Manuskripte, die bei Verlagen verblieben waren oder die Waiblinger bei seinem Vater zurückgelassen hatte; sein italienischer Nachlass ist dagegen nie zurück in die Heimat gekommen und wohl verschollen. Im Frühjahr 1840 erschien die erste, freilich schlecht edierte und fehlerhafte Werkausgabe Waiblingers in neun Bänden im Verlag von Georg Heubel. M. hatte die Herausgabe 1839 abgelehnt (HKA 13, S. 24), aber nach dem Erscheinen der Bände plante er selbst eine Werkausgabe. Als dieser Plan sich zerschlug, arbeitete M. einige Gedichte Waiblingers für die im Jahre 1842 erschienene zweite Auflage um, wurde jedoch auf eigenen Wunsch nicht als Mitarbeiter erwähnt (HKA 9.1, S. 273–281). Zugleich entwickelte er genaue Vorstellungen für eine eigene Auswahl aus den Gedichten Waiblingers, die 1844 außerhalb der Werkausgabe bei Heubel erschien und von M. mit einem Vorwort versehen wurde. M. wollte die Auswahl »im pflichtlichen Sinne eines Freundes des Verewigten« (HKA 14, S. 81) zusammenstellen und vor allem das hervorheben, »was einer bleibenden Erhaltung werth sey« (HKA 9.1, S. 303). Ein beträchtlicher Teil seiner Leistung ist schon die Auswahl selbst. Dabei stellte M. vor allem »die lyrische u. epigrammatische« Dichtung Waiblingers heraus (HKA 9.1, S. 305); von den in Deutschland geschriebenen Gedichten nahm er nur etwa ein Fünftel auf, von den in Italien entstandenen dagegen fast siebzig Prozent. Es war aber wohl nicht nur die Verpflichtung gegenüber Waiblinger, die ihn zur Auswahl und Bearbeitung der Gedichte veranlasste, sondern er wollte »wenigstens die Stücke, die seinen eigensten Neigungen jener Jahre entgegenkamen« (HEYDEBRAND, S. 299), verbreitet wissen. Deshalb hat M. »nur ganz wenige im engsten Sinne lyrische, monologisch-reflektierende Gedichte Waiblingers in seine Auswahl aufgenommen [...]. Mehr als die Hälfte des kleinen Bändchens füllt er mit Versen, in denen der Jugendfreund Landschaften und Orte Italiens in farbigen Bildern vor Augen führt, Sage, Geschichte und gegenwärtiges Leben hineinverwebend, sich selbst aber nur am Rande, als Auge und Reflexionsorgan, mit darstellend« (ebd.).

M.s Änderungen sollten, wie er dem Verleger Heubel mitteilt, »in möglichst bescheidener Weise und durchaus in Sinn und Art des Verf. geschehen; doch wäre dabei nicht selten ein überflüssiger Vers, wenn er der Kraft u. der Haltung des Ganzen offenbar schadet, wegzuschneiden, Wiederholungen zu vermeiden, einzelne Stellen umzuschmelzen, manche Härten zu vertilgen u.s.w.«; in einem späteren Brief an Heubel schreibt er sogar, es sei »unumgänglich, daß hin und wieder *größere* Versglieder neu gegeben werden« müssten (HKA 9.1, S. 306). Diese größeren Eingriffe bei den Bearbeitungen veranlassten David Friedrich Strauß zu der Bemerkung, M. habe sich der »Gedichte auf eine, freilich gefährliche, Weise angenommen« (Strauß, S. 201). Bei vielen Gedichten waren die Eingriffe jedoch nur punktuell und bezogen sich beispielsweise auf Grammatik, Orthographie, Versmaß, Wortformen oder Schreibungen von Namen (HKA 9.1, S. 308–312). M. nahm für seine Gedichtauswahl die schlecht edierte Werkausgabe als Ausgangsbasis und griff nur in einzelnen Fällen auf frühere Drucke Waiblingers zurück; Fassungsvergleiche stellte er wohl nicht an und auch die Tagebücher Waiblingers, die ihm der Verleger zur Verfügung gestellt hatte, wurden von ihm nicht zur Kontrolle von Texten herangezogen. Von einer philologisch korrekten Arbeit kann man also nicht sprechen.

Beratungen Karl Mayers

Karl Mayer ist als ein angeblich typischer Vertreter der so genannten ›Schwäbischen Schule‹ durch Heinrich Heines nicht sonderlich rühmliche Charakterisierung als »matte Fliege«, die Maikäfer besinge, in die Literaturgeschichte eingegangen (Heine, S. 60). Er entstammte einer weit verschwägerten Familie der altwürttembergischen Ehrbarkeit, die einflussreiche Stellungen innehatte. Seit 1807 veröffentlichte er erste Gedichte in Zeitschriften, Zeitungen und Almanachen und im Jahre 1833 erschien bei Cotta eine Sammlung mit rund 300 Gedichten unter dem Titel *Lieder*. Die wichtigsten Dichter aus dem Freundeskreis um Mayer, wie Justinus Kerner und Ludwig Uhland, waren M. durch ihre Werke schon seit seiner Jugend gut bekannt. Die

Gedichte Mayers lernte er wohl zum ersten Mal im Jahre 1831 kennen und fand Gefallen an ihnen, wenige Jahre später war er im *Musenalmanach für das Jahr 1834* auf die Gedichte des »sonst so braven Karl Mayer begierig«, wie er an Friedrich Theodor Vischer schrieb, »allein, mir däucht, er habe mit seinen kleinen gedüfteten Frühlings-Überschwänglichkeiten ganz allernächstens ausgezirpt« (HKA 12, S. 50 f.). Doch im *Jahrbuch schwäbischer Dichter und Novellisten* von 1836 nahmen die Herausgeber M. und Wilhelm Zimmermann einige Gedichte von ihm auf. Zwei Jahre später kam es zum ersten brieflichen Kontakt: M. sandte Mayer ein Widmungsexemplar seiner *Gedichte*. 1839 erschien die zweite, vermehrte Auflage von Mayers Lyriksammlung mit ungefähr tausend Gedichten, die er M. zukommen ließ. Während Mayers Besuch bei Justinus Kerner in Weinsberg im August 1840 machten sie gemeinsam mit Mayers Sohn und Hermann Kurz einen Besuch bei M. in Cleversulzbach. Über dieses erste persönliche Treffen berichtet M. seinem Freund Wilhelm Hartlaub am 19. Oktober: »Ich sah ihn einpaarmal, indeß die Andern (der Kerner und der Kurtz) plauderten, so an; da kam auf einmal jene Rührung über mich, mit der man etwa ein Mädchen betrachtet, das eine heimliche Liebe hat, welche man ihm verkümmert. Ich meine sein unglaublich zärtliches Verhältniß zur Natur; Du verstehst mich ja wohl. Wie herzlich hab ich ihm im Stillen das Unrecht abgebeten, das auch ich ihm früher auf ein paar Verse hin gethan, die mir gerade vor die Augen kamen!« (HKA 13, S. 134). Im Anschluss an diesen Besuch setzte M.s Beratertätigkeit für Karl Mayer ein, die bis 1863 dauerte.

Die meisten von Mayers Gedichten sind sehr kurz; das beinahe einzige Thema seiner Vier- und Sechszeiler – selten finden sich mehr als zwei oder drei Strophen – ist die Natur. Bereits viele Zeitgenossen verspotteten Mayer als »schwäbische Grasmücke« und bezeichneten seine Gedichte aufgrund ihrer Kürze als »lyrische Kolibri« (Zeller, S. 109), und auch der moderne Leser kann, wie Bernhard Zeller treffend bemerkt, »leichter eine Sammlung von Produkten unfreiwilliger Komik als eine Auswahl einigermaßen gelungener Gedichte zusammenstellen«

(Zeller, S. 107). Es fragt sich natürlich, weshalb der große Lyriker M. sich Mayers ›lyrischer Kolibris‹ über Jahrzehnte hinweg annahm und unermüdlich beinahe dreitausend Gedichte – viele davon mehrfach – durchsah und bearbeitete. Wichtige Gründe dafür sind sicherlich im freundschaftlichen Umgang miteinander, in Mayers persönlicher Ausstrahlungs- und Anziehungskraft, seiner Herzlichkeit und Hilfsbereitschaft zu sehen. Was über die persönliche Wertschätzung hinaus die Motive für M.s Engagement für den als »Virtuose der Freundschaft« (Zeller, S. 112) gepriesenen Mayer gewesen sein mögen, lässt sich – so Hans Ulrich Simon – nur vermuten: »Sie lagen möglicherweise in der Persönlichkeit Mayers, in dessen landsmannschaftlicher Herkunft, familiären Beziehungen und freundschaftlichen Verhältnissen und in seiner Zugehörigkeit zu einer älteren Generation schwäbischer Dichter« (HKA 9.2, S. 424). »Für Mörike, so scheint es, kam die Beratung Mayers einem Dienst am Vaterlande gleich; vermittelte für ihn doch die Generation Mayers zu der des Schwaben Schiller, hatte sie ja mit der Tübinger Romantik für dichtende Landsleute wie ihn den Bann gebrochen und die Bahn bereitet« (Simon, S. 112 f.). Welche weiteren Gründe bei M.s Beschäftigung mit Mayers Lyrik eine Rolle gespielt haben, müsste genauer erforscht werden. Für Heydebrand hat M.s Verehrung für »Mayers Eigenart durchaus ihre Wurzeln in Mörikes eigenen Neigungen jener Zeit« (Heydebrand, S. 298). Die Beratung Mayers, die sich über zwanzig Jahre hinzog, hat M. anscheinend gerne übernommen; er hat die Gedichte gegenüber Freunden und Bekannten immer wieder verteidigt und war davon überzeugt, dass ihnen »ihre Epoche erst bevorsteht, oder ich will für die Kriterien des Ächten und Unvergänglichen in der Kunst niemals Verstand u. Sinn besessen haben« (HKA 14, S. 224 f.).

Die intensive und sehr komplizierte Beratung M.s verlief in mehreren Phasen, die hier genauso wenig dargestellt werden können wie die Schwierigkeiten, diese Beratung editorisch wiederzugeben (vgl. dazu ausführlich Hans Ulrich Simons Vorbemerkungen in HKA 9.2, S. 423–525). Bei den Beratungen Karl Mayers handelt es sich nicht um einen fortlaufenden Text, nicht um zusammenhängende Einzelhandschriften, »ihre Verbindung untereinander ist lose, sie sind nicht als Einheit strukturiert, zerfallen in disparate Bemerkungen, erlauben sich Unterlassungen und scheuen keine Widersprüche« (Simon, S. 113). Es handelt sich um Alltagsrede, um »fixierte Mündlichkeit« (ebd.) in unterschiedlicher Weise: Erhalten sind zahlreiche Manuskripte M.s mit seinen akribischen Bemerkungen zu Mayers Gedichten, dazu ausführliche Briefe mit kritischen Äußerungen und Verbesserungsvorschlägen, Listen mit Titeln und Gedichtanfängen mit zusätzlichen Bemerkungen M.s, gedruckte und handschriftliche Gedichtsammlungen Mayers mit Anstreichungen und Notaten M.s, Manuskripte mit Fragen von Mayer an M. und dessen Antworten darauf. Hinzu kommen Mayers Tagebuch, in dem der persönliche Austausch mit M. dokumentiert ist, und seine Korrespondenz mit Uhland, Lenau und Johann Georg Fischer, die er ebenfalls um Rat fragte und deren Meinungen er M. dann mitteilte, worauf M. wiederum Stellung nahm. Anders als bei der Edition der Gedichte Waiblingers hatte M. die veränderten Fassungen nicht zu verantworten, dies lag bei Mayer; seine Bemerkungen sind »Anstoß zur Veränderung, Beitrag zur Umgestaltung, auch Bestätigung des Bestehenden« (Simon, S. 113). Bei M.s kritischen Beratungen handelt es sich um ein kompliziertes Geflecht unterschiedlicher Texte, durch die er letztlich starken Einfluss auf die dritte Auflage von Mayers Gedichten nahm, die im Jahre 1864 erschien. Nach der Veröffentlichung dieser Ausgabe wollte Mayer das Beratungsverhältnis fortsetzen, doch M. entzog sich fortan.

Bei der Edition wie bei der noch ausstehenden näheren Erforschung von M.s Beratungstätigkeit stehen nicht die Gedichte des poeta minor Mayer und ihre vielfachen Umarbeitungen im Mittelpunkt, sondern allein M.s poetische Anregungen, die Einblicke in die ›Vers-Werkstatt‹ des Lyrikers geben. M. hat zu kaum einem seiner Werke Entwürfe hinterlassen, lediglich Fassungsvarianten sind zu finden. Möglicherweise sollte die Entstehung seiner Werke als ein spontaner Prozess verstanden werden. Doch in seinen Beratungen Mayers musste M. seine Änderungen, Korrekturen, Bemerkungen begründen und den Dialogpartner überzeugen. Die Einblicke in M.s Poetik sind erstaunlich; allerdings weist Simon zu Recht darauf hin, dass er sich des anderen ästhetischen Ansatzes seines Partners durchaus bewusst war und auf ihn einging: »Mörike äußerte sich absichtlich diplomatisch und hielt wohl deshalb seine Formulierungen so knapp, kleidete sie in Fragen. [...] Ob da Mörikes Ästhetik zum Ausdruck kommt oder nur eine, die er für sich als Mayerisch interpretierte? Die Perspektive von Mörikes Bemerkungen ist jedenfalls interpretationsbedürftig« (Simon, S. 123).

Literatur

Heine, Heinrich: Schriftstellernöte 1832–1855. Der Schwabenspiegel. In: ders.: Sämtliche Schriften. Hg. v. Klaus Briegleb. Bd. 5. Darmstadt 1974, S. 56–70. – M. Mayer, S. 153 f. – Krummacher, Hans-Henrik: Sannazaro und Venantius Fortunatus in Nachdichtungen Mörikes. In: Mannheimer Hefte (1978), H. 2, S. 73–83. – Simon, Hans-Ulrich: Der zu edierende Text von Mörikes Arbeit an den Gedichten K. Mayers. In: Stern, Martin (Hg.): Textkonstitution bei mündlicher und schriftlicher Überlieferung. Basler Editoren-Kolloquium 19.–22. März 1990, autor- und werkbezogene Referate. Tübingen 1991, S. 109–123. – Strauß, David Friedrich: Ludwig Bauer. In: ders.: Gesammelte Schriften. Eingeleitet und mit erklärenden Nachweisungen versehen von Eduard Zeller. Bd. 2. Bonn 1876, S. 199–218. – Gedenkausstellung, S. 390–412. – Zeller, Bernhard: Literatur und Geselligkeit. Karl Mayer und seine Freunde. In: Waiblingen in Vergangenheit und Gegenwart 5 (1977), S. 97–116.

Alexander Reck

Mörike als Zeichner

Es sind etwa 450 Blätter mit Zeichnungen und Kleinmalereien M.s aus dem Zeitraum von 1824 bis 1874 erhalten. Davon besitzt die Bildabteilung des Marbacher Literaturarchivs etwa 270, 143 Zeichnungen befinden sich in der Württembergischen Landesbibliothek in Stuttgart, weitere 14 im Goethe- und Schiller-Archiv in Weimar, der Rest ist verstreut auf andere Bibliotheken oder in Privatbesitz. M. hatte nie eine systematische Ausbildung im Zeichnen. Seine jugendlichen Hoffnungen, zum Maler geboren zu sein, musste er bald aufgeben, und so blieben seine Versuche im Zeichnen durchweg dilettantischer Natur. Das Zeichnen war ihm Bedürfnis, Ausgleich und Liebhaberei. Den spielerischen, von jeder künstlerischen Ambition freien Impuls zum Zeichnen, der sich oft der Augenblickseingebung verdankte, bezeugen die verwendeten Materialien, denn er benutzte selten Zeichenpapier, sondern jedes beliebige unbeschriebene Stück Papier, das gerade zur Hand war: die Rückseite von Briefen, Quittungen oder Flugblättern, seine Mergentheimer und Lorcher Haushaltungsbücher, Sackkalenderblätter, sogar einen Anhängerstreifen für einen Arzneikolben oder die Umhüllung einer Schokoladentafel. Aus diesem Grunde sind so viele der überlieferten Zeichnungen Kleinformate und Miniaturen. Das meiste sind Skizzen, es finden sich aber auch einige sorgfältig ausgeführte Bildkompositionen. In der Regel hat M. mit Blei-, Rötel- oder bunten Farbstiften gezeichnet, er hat aber auch Feder (Tusche) und Pinsel (Aquarell) verwendet. Im Alter wandte er sich kunsthandwerklichen Tätigkeiten wie dem Bemalen von Elfenbeinmedaillons sowie ornamentalen Mustern für Tonwaren und andere Gebrauchsgegenstände zu. Er zeichnete zur eigenen Belustigung, aber auch für Familie und Freunde, sah darin also in erster Linie eine zwar private, aber gesellige Aktivität. Die bevorzugten Themen seiner Zeichnungen waren die Örtlichkeiten, Personen und Begebenheiten seines alltäglichen Umfelds, wobei er eine besondere Vorliebe für das scheinbar Unbedeutende, leicht zu Übersehende hatte (z. B. SNM Inv.Nr. 4717 »Gartenthörle hinter dem Charlottenthor, 30. April 1875«, Bleistift). Er widmete sich stimmungsvollen Natursujets, verfolgte aber auch praktischere Absichten, indem er Landkarten mit nummerierten und beschrifteten geographischen Merkmalen sowie geologische, anatomische (SNM Inv.Nr. B 91.K32) und paläontologische Studien anfertigte. Seine Architekturskizzen umfassen zweckorientierte Grund- und Aufrisse, zum Großteil jedoch idyllische Ansichten von Pfarrhäusern und -kirchen, Klöstern und romantischen Ruinen (z. B. »Geyersburg bei Hall«, SNM Inv.Nr. 12076, 28. Mai 1844, Bleistift). Zu den von ihm angefertigten Porträts, die zur Erinnerung an eine ferne Person dienten und die Abgebildeten meist im Profil zeigen, gehören auch ironische Selbstporträts. Skurrile Szenen und Personen aus verschiedenen Milieus, besonders aber aus dem dörflichen Umfeld, hielt er in anekdotischen Genrezeichnungen und Karikaturen fest, die von seinem scharfsichtigen Blick für körperliche und charakterliche Eigenarten und Schwächen zeugen. Die den Abgebildeten zugeschriebenen Äußerungen fügte er in dem ihnen eigenen Sprachgestus, zumeist dem schwäbischen Dialekt, den Zeichnungen bei. Es wurden über 60 Zeichnungen mit ergänzenden, kommentierenden oder erläuternden Beischriften in Prosa oder Versen gezählt. Darunter finden sich einige, vor allem humoristisch-satirische Genreszenen, die sich aus Bild und Text zusammensetzen, so z. B. ins Bild übersetzte, wörtlich genommene Redewendungen (z. B. SNM Inv. Nr. 4611 »Der Beamte mit den beweglichen Ohren«, Federzeichnung, 1851). Teilweise erläutern die Texte das Dargestellte, teilweise wird nicht deutlich, ob Text oder Bild vorgängig war. M. verfasste auch Bilderrätsel, in denen Begriffe durch ihre bildliche Repräsentation ersetzt wurden.

Die Zeichnungen landschaftlicher und architektonischer Motive und Attraktionen dienten dazu, Eindrücke festzuhalten, als Souvenir eines Ausflugs, einer Wanderung oder dazu, im Stil einer Postkarte, abwesende Familie und Freunde an dem Gesehenen teilnehmen zu lassen (z. B. SNM Inv.Nr. 1878 Röthenbach bei Nagold, Juli 1862). Die Landschaft erscheint keiner gewollten Komposition oder Perspektive unterworfen, sondern so, wie sie sich dem Schauenden präsentierte. M.s Zeichnungen sind häufig mit Angaben über Personen, Ort, Datum und Uhrzeit versehen, aber selten signiert: »Genau nach der Natur gezeichnet auf der Höhe über der alten Gypsgrube zwischen den Weinbergen und der Waldeibe, Montag, d. 3 Sept. Nachmittags ½ od. ¾ vor 4 Uhr« (SNM Inv.Nr. 1738). Als ›Musterkärtchen‹ Briefen beigelegt, hielten die Zeichnungen spontane Einfälle, Zitate, Anekdoten und Kurioses fest. Sie wurden in Stammbücher gezeichnet oder dienten als Geschenk (z. B. SNM

Berlingen bei Konstanz

Kirche und Pfarrhaus in Ochsenwang

Das Bopserbrünnele in Stuttgart

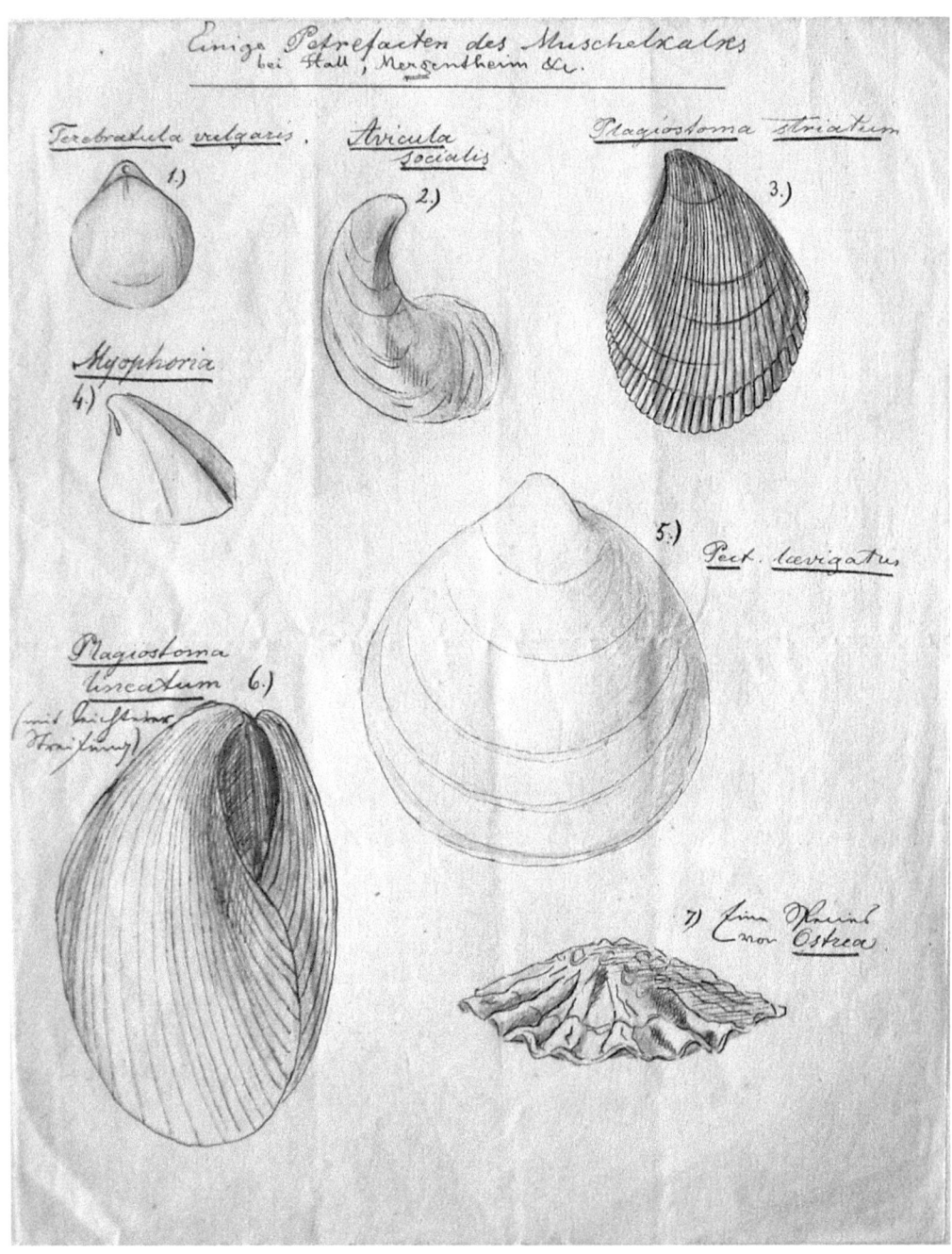

Petrefakten

Mein Meister in Lorch
(vor dem Fenster im Hintergrund die Remstalbahn,
die seit 1861 am Haus des Hafnermeisters Groß vorbei fuhr)

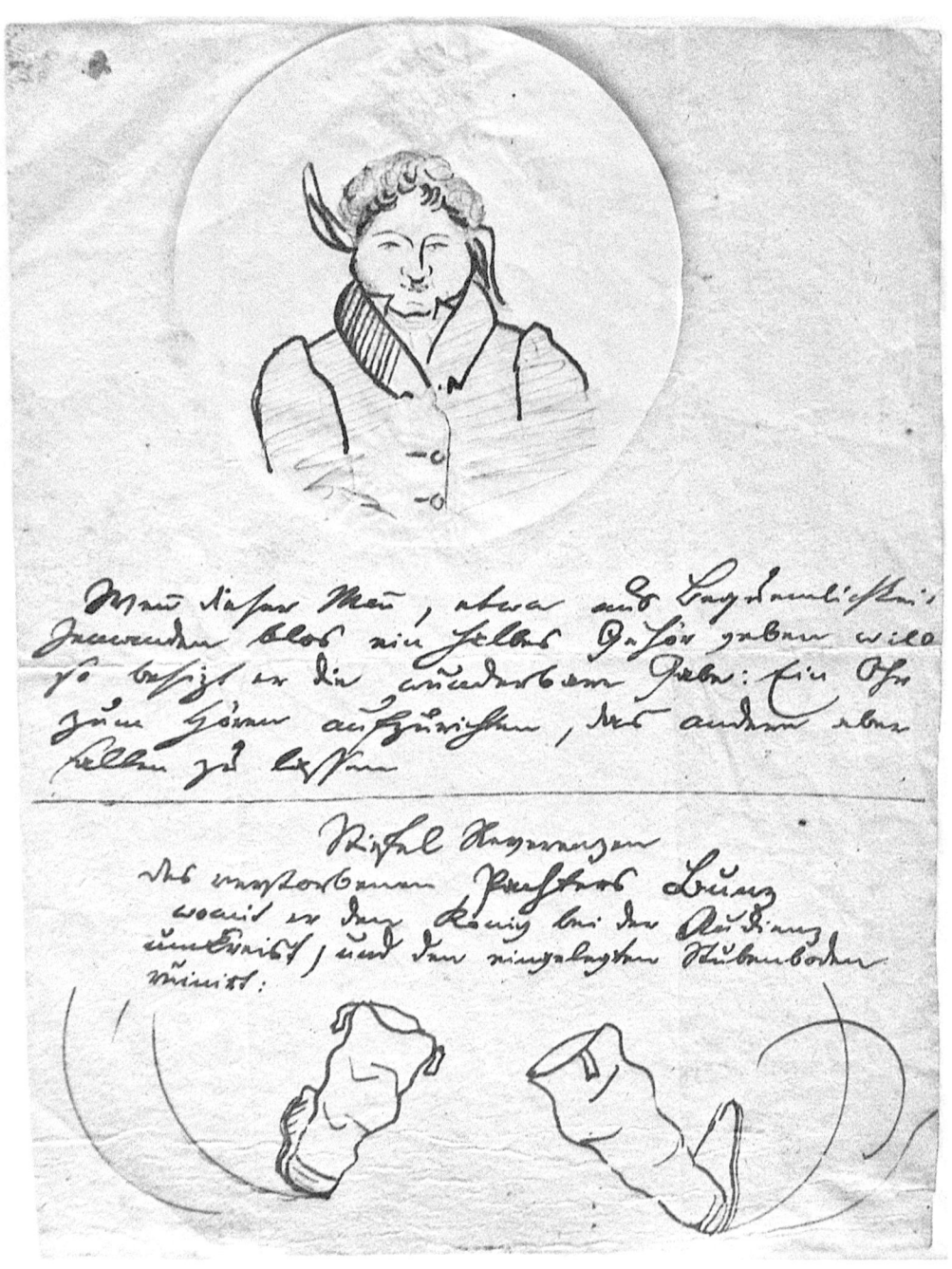

Beamter mit beweglichen Ohren
Stiefel Reverenzen

Der böse Basilist

*An den vollen Tisch des Feldes
hat sich schon der Hirsch gesezt*

Zwiegespräch zwischen Mönch und Teufel

Alte Frau mit Katze

Inv.Nr. 1758 »Kikeriki«, Willkommensgruß für Klara, 9. April 1836). M. zeichnete auch Dinge des täglichen Gebrauchs (z. B. »Rasiermesser und Spritze«, SNM Inv.Nr. 2898), die er mitunter phantastisch verfremdete (»Rollschere«, SNM Inv.Nr. 2571). Er erfand Gespenster, Kobolde und groteske Fabelwesen (Württ. Landesbibliothek Stuttgart, Adams Wappen, Aquarell). Eine seiner fiktiven Lieblingsgestalten, die sowohl in seinen literarischen Texten und Briefen als auch in seinen Zeichnungen immer wieder erscheint, ist der Barbier Liebmund Maria Wispel. M. hat sich an Illustrationen zu fremden literarischen Texten, wie *Wilhelm Meisters Lehrjahre*, *Hamlet*, den Grimmschen Märchen, und zu seinen eigenen Gelegenheitsgedichten versucht, wie auch an der Vorlage für das Vorsatzblatt seines ersten Gedichtbändchens *Hausmusik*.

M. war in den meisten Fällen mit seinen Motiven vertraut, und seine Zeichnungen spiegeln diese Intimität. Seine Haltung gegenüber dem Dargestellten schwankt zwischen Sympathie und Spott. Er zeichnete zuweilen auch aus der Perspektive des Außenstehenden, etwa im voyeuristischen Blick durch das ›Schlüsselloch‹ (»Wermutshausen: Blick durchs Schlüsselloch in die Kirche«, SNM Inv.Nr. 1741), dem fast etwas Verbotenes, unberechtigt Eindringendes anhaftet. Seine in dieser Zeichnung deutlich hervortretende Liebe zum Detail zeigt sich auch in der nüchternen und sachlichen Haltung des zeichnerisch dokumentierenden Naturwissenschaftlers und Sammlers, oft findet sich der Vermerk: »(genau) nach der Natur gezeichnet« (z. B. SNM Inv.Nr. 1738, 1729, 1743). Diesen unterschiedlichen Zeichenintentionen entsprechend weisen M.s Zeichnungen voneinander abweichende Stile und Techniken auf: In vielen Landschaftsskizzen zeichnet er sorgfältig, kleinteilig, fast pedantisch, um ein möglichst getreues Abbild zu erzielen (z.B. SNM Inv.Nr. 1729 »Bernrain bei Emmishofen im Thurgau«). Seltener findet sich eine minimalistische Linienführung, die aus wenigen großzügigen, angedeuteten Konturen besteht, wie z.B. bei der Bleistiftskizze »Der Bodensee, von Berlingen bei Konstanz« (SNM Inv.Nr. 10319 Mai/Juni 1851), die dabei um so mehr die Stimmung und Atmosphäre der Landschaft einfängt. In seinen spontanen Skizzen legte M. keinen großen Wert auf korrekte Proportionen oder Raumverhältnisse, was mitunter den Eindruck eines unbeholfenen, kindlichen Stils vermittelt. Die satirischen und phantastischen Zeichnungen weisen dagegen einen sicheren, freien und selbstbewussten Strich auf. Der exzentrische Humor dieser grotesken Bilderfindungen lässt an zeitgenössische Malerpoeten wie z.B. Edward Lear denken, so etwa der »Mann mit den Vogelfüßen und acht Kröpfen« (SNM Inv.Nr. 2084, 1842). Natürlich spielt neben dem Motiv und der Intention auch die Zeichensituation eine wichtige Rolle. Wenn M. auf einer Wanderung Skizzen anfertigte, erhielten diese fast notwendig einen anderen Charakter, als wenn er zu Hause in Mußestunden zeichnete. So genannte Gelegenheitsarbeiten sind sie alle, und die von M. in seine Haushaltungsbücher skizzierten Randzeichnungen lassen darauf schließen, dass ihn seine phantastischen Bildeinfälle oft bei sehr prosaischen Tätigkeiten, wie z.B. beim Buchführen, überkamen. Das zeigt, dass das Zeichnen für ihn Entlastung und freies Spiel der Phantasie war, das vor allem eine gesellige, kommunikative Funktion hatte.

Literatur

Günttter, Otto (Hg.): Mörike als Zeichner. Sechzig Abbildungen nach Zeichnungen des Dichters im Schiller Nationalmuseum in Marbach. Stuttgart u. a. 1930. – Heydebrand, Renate von: Eduard Mörikes Gedichte zu Bildern und Zeichnungen. In: Rasch, Wolfdietrich (Hg.): Bildende Kunst und Literatur. Beiträge zum Problem ihrer Wechselbeziehungen im neunzehnten Jahrhundert. Frankfurt a. M. 1970, S. 121–154. – Eduard Mörike: Eine phantastische Sudelei. Ausgewählte Zeichnungen. Hg. v. Alexander Reck. Stuttgart 2004. – Eduard Mörike: Zeichnungen. Hg. v. Herbert Meyer. München 1952. – Der heitere Mörike. Gedichte und Zeichnungen. Ausgewählt von Franz Georg Brustgi. Heilbronn 1982. – Eduard Mörikes Haushaltungs-Buch. Wermutshausen-Hall-Mergentheim. 16. Oktober 1843–27. April 1847. Faksimile der Handschrift. Erläutert und eingeführt von Hans-Ulrich Simon. Vorwort von Hermann Bausinger. Marbach a. N. 1994.

Silke Arnold-de Simine

Wirkung und Rezeption

Die Zeitgenossen

Dass M. erst nach seinem Tod eine überregionale Bedeutung erlangte, gilt in der M.-Forschung als unstrittig. Indessen ist nicht zu übersehen, dass die freilich recht überschaubare Auseinandersetzung mit seinem Werk zu Lebzeiten des Dichters – und zwar gleichermaßen im Verständnis wie im Missverstehen M.s – auf einem Niveau geführt wurde, das seither keineswegs selbstverständlich geblieben ist. In der zeitgenössischen Rezeption lassen sich drei Kreise unterscheiden, die sich freilich nur teilweise chronologisch abgelöst haben, vielmehr überwiegend gleichzeitig nachgewiesen werden können. Ein erster Kreis umfasst weitgehend individuelle Reaktionen, die im privaten Austausch mitgeteilt werden und zum größeren Teil aus dem Freundeskreis hervorgegangen sind, am Ende aber bis zu Theodor Storm oder Gottfried Keller reichen. Ein zweiter Kreis erstreckt sich auf die regionale Wahrnehmung M.s, vorwiegend im schwäbischen Raum, wobei der Adressatenkreis auch in die Öffentlichkeit reicht, etwa durch die anspruchsvollen Rezensionen von Friedrich Theodor Vischer oder Gustav Schwab. Und dem schließt sich der zunächst nur kleine, dann allmählich sich ausweitende Kreis einer überregionalen, öffentlichen Wahrnehmung an.

Für M.s Rezeption in der Öffentlichkeit, ob im privaten Freundeskreis wie bei Vischer oder in einer breiteren Öffentlichkeit wie bei Heine, war zum einen die Prägung der literarischen Kritik durch die geschichtsphilosophischen Prinzipien der hegelschen Ästhetik von nicht zu unterschätzender Bedeutung. Diese Prägung, vor allem in ihrer teleologischen Hierarchisierung von Lyrik, Epik und Dramatik, konnte aber vielen Aspekten seines Werkes nicht gerecht werden; aus dem historischen Abstand heraus lässt sich im Gegenteil feststellen, dass M.s Nicht-Erfüllung hegelscher Erwartungshaltungen keineswegs gegen ihn spricht, sondern dass in seinem Werk Grenzen der hegelschen Ästhetik sichtbar werden, die für die Momente des Spielerischen oder Irrealen nur bedingt Verständnis aufbringen konnte. Zum anderen muss beachtet werden, dass die Literatur der dreißiger Jahre noch immer auch mit dem Maßstab der klassisch-romantischen Autonomie-Ästhetik gemessen wurde, die noch mitunter in Anlehnung an den Originalitätsgedanken einen Horizont etwa für den Bereich anakreontischer Verspieltheit oder die Synthese des Privaten mit dem Mythischen bei M. kaum ausgebildet hatte. Auch entsprach M. nicht der politischen Orientierung der Zeit; weder eine radikale Position im Sinne Büchners noch das konservative Denken fanden in ihm einen Bundesgenossen, seine Texte geben erst aus dem Abstand heraus ihre kritischen Implikationen deutlicher zu erkennen. So waren von mehreren Seiten her Missverständnisse M.schen Dichtens gleichsam vorprogrammiert. Zu diesen das Verständnis erschwerenden Rahmenbedingungen gehört schließlich auch eine spezifische Disposition M.s: Das Phänomen der Zeitgenossenschaft hat bei M. zunächst nur zufällige Bedeutung; für ihn kann die Identifikation mit einem imaginären Partner, der räumlich oder zeitlich getrennt ist, wichtiger sein als die persönliche Zusammenkunft. Es verwundert daher nicht, dass M. in seinen Begegnungen stets kompliziert gewesen ist und selbst jahrelanger Umgang mit Freunden keine Garantie für einen unbehelligten Austausch war, ohne dass dem Dichter bloße Launenhaftigkeit unterstellt werden könnte. Selbst in den Verbindungen mit ihm Nahestehenden oder mit Freunden wie etwa Hermann Hardegg oder Friedrich Theodor Vischer ist es zu jahrelangen Unterbrechungen gekommen, andererseits ist M. Kontakten auch immer wieder ausgewichen: »Bei jedem Schritt und Tritt begleitete mich ein sorglicher Instinkt, Alles zu meiden, was mich einigermaßen lebhaft anregen könne« (HKA 13, S. 21). Diese Befangenheit gilt sogar gegenüber Kontakten, die M. eigentlich wichtig waren (so versäumte er eine Begegnung mit dem verehrten Ludwig Tieck), und M. ist sich dieser Hemmung selbst bewusst gewesen. Schon 1822 schrieb er geradezu hellsichtig an Wilhelm Waiblinger: »Das ist ein wunderlicher, aber schon tausendmal v. mir verfluchter Zug, daß ich, aus einer dunklen Besorgniß, ich möchte dem Freund oder Bekannten, den ich zum erstenmal oder auch nach langer Zeit wieder sehe, (der aber im ersten Fall schon v. mir gehört haben muß) in einem ungünstigen Licht erscheinen, blizschnell aus meinem eigentlichen Wesen heraustrete. Das ist schon so eingewurzelt bey mir, daß ich diese Maske fast bewußtlos annehme u. so den Freund abhalte, mir frey, mit warmen Zutrauen entgegenzukommen, mithin keinem v. beyden, am wenigsten mir selbst damit diene« (HKA 10, S. 28).

Dem steht M.s große Begabung zur Freundschaft gegenüber. Entsprechend fand die intimste und für M.s gesellige, vielfach in Freundschaften eingebundene Dichtung wichtigste Rezeption in seiner unmittelbaren Umgebung statt. Davon legen zunächst die Briefwechsel M.s mit seinen Freunden Zeugnis ab, allen voran der mit Ludwig Bauer, dem Mit-Erfinder des Orplid-Mythos, für den M. geradezu »die Poesie des Lebens« verkörperte (BAUER: BRIEFE, S. 36). Wie andere aus M.s Kreis war auch er vom *Maler Nolten* fasziniert. Viele aus dem engen persönlichen oder schriftlichen Kontakt erfolgende Bestätigungen sind nur aus M.s Reaktion in seinen Briefen bekannt, etwa in denen an Hartlaub. Vor allem aus den Briefen von Vischer und Hermann Kurz lassen sich einzelne Stellungnahmen zu M.s Werken entnehmen; jedoch bilden in beiden Fällen die öffentlichen Verlautbarungen den wichtigsten Teil der M.-Rezeption. Rudolf Lohbauer, der M. schon in der Maria Meyer-Episode 1823 nahestand, hielt 1840 in einem Brief an seine Braut seine Überzeugung fest, M. nehme »einen hohen Rang in der deutschen Lyrik ein, ob er gleich von den wenigsten Gemütern verstanden wird […] Mörike ist, als wäre er ein Sohn Goethes, geistig aus geheimnisvoller wilder Ehe«
(Kauffmann, S. 102). Die streitbarsten persönlichen Reaktionen hat M. im Briefwechsel mit Vischer und Strauß erfahren, die den Dichter zwar hoch schätzten, aber immer wieder durch die Anlegung letztlich hegelianischer Maßstäbe wo nicht verletzten, so doch missverstanden. Strauß empfahl 1838 die »Anschließung an historische Stoffe, Memoiren u. dergl.« (Miyashita, S. 119), weshalb er das *Märchen vom sichern Mann* besonders energisch ablehnte (STRAUSS: BRIEFE, S. 52 f.) und *Das Stuttgarter Hutzelmännlein* als »ein mißlungenes Produkt einer verwilderten oder besser vergrillten Phantasie« verwarf (BRIEFWECHSEL STRAUSS-VISCHER, Bd. 2, S. 48). Dabei hielt er M. für »eine durch und durch poetische Persönlichkeit«, und sah gerade darin dessen »Weltunfähigkeit« begründet (STRAUSS: BRIEFE, S. 530, 560). In den vierziger Jahren, nach der Gedichtausgabe, fand M. einen überregionalen Leserkreis, aus dem ihn immer wieder ermutigende und durchaus gehaltvolle Stimmen erreichten; Theodor Storm und Paul Heyse meldeten sich bei ihm mit großer Sympathie, wobei sie, ebenso wie Berthold Auerbach und Ferdinand Freiligrath, auch für die Beibehaltung der ersten *Nolten*-Fassung plädierten (SEEBASS 1945, S. 597).

M.s einziger Roman *Maler Nolten* erfuhr zwar nur eine eingeschränkte Wahrnehmung, dennoch stellen die gewichtigen Kritiken, die erschienen sind, einen beträchtlichen Teil der zeitgenössischen M.-Rezeption dar. Die Aufnahme des Romans war zu Lebzeiten – und auch danach! – keinesfalls stürmisch, selbst nach zwanzig Jahren war die Erstausgabe noch nicht ganz verkauft (HKA 5, S. 19). Von vier unmittelbar nach Erscheinen des Buches zwischen August 1832 und April 1833 publizierten Rezensionen stammen drei von Autoren, die M. persönlich näher standen. Einzig Wolfgang Menzels Kritik im *Morgenblatt für gebildete Stände* (HKA 5, S. 33–36) kam von außen; er erkennt die Originalität der Fabel an, berichtet allerdings ausschließlich das Geschehen um die Gräfin bzw. um Agnes; von Elisabeth und dem Dämonisch-Schicksalhaften ist nicht die Rede, das *Orplid*-Spiel und der *Peregrina*-Zyklus werden nicht erwähnt. Menzel stellt *Nolten* in die Tradition des neueren deutschen Romans, er sieht Gemeinsamkeiten mit Arnims *Gräfin Dolores* und stützt M.s Verzicht auf ästhetische Reflexion. M.s Freund Johannes Mährlen folgt in seiner Rezension in *Der Hochwächter* (HKA 5, S. 36–39) den Beobachtungen Menzels, zitiert aber das erste *Peregrina*-Gedicht und weist wenigstens kurz auf das *Orplid*-Spiel hin. Vor allem stellt Mährlen eine Rechtfertigung der politischen Zurückhaltung des Romans voran, an dem ihm »jene gänzliche Entfernung von all den Gegensätzen« gefällt, »welche unsere Gegenwart bewegen« – ein Urteil, das deutlich macht, wie sehr auch die positiven Stimmen der Kritik zeitverhaftet sind. Erstaunliches Niveau beweist die umfangreiche Kritik von Gustav Schwab in den *Blättern für literarische Unterhaltung* (HKA 5, S. 39–53), die gleich im ersten Satz Fehler und große Verdienste des »Novellenromans« gegeneinander stellt. Zwar besteht Schwabs Diskussion zu zwei Drittel aus einer – allerdings subtilen – Inhaltsangabe, die die »psychologische Tiefe« M.s belegen soll. Aber in seiner Würdigung macht Schwab darüber hinaus die Fehler sichtbar, die er im Reichtum der dichterischen Erfindung sieht. Folgender Gedanke gehört zu den Ausgangspunkten jeder *Nolten*-Diskussion: »Schon bei der Grundidee der Novelle, welche wie bei jedem wahren Gedichte das geistige Substrat seiner Erscheinung bilden muß, stoßen wir auf eine verschwenderische Duplicität. Die Dichtung des Verf. wird nämlich nicht blos von Einem, sondern von zwei und zwar ziemlich heterogenen Gedanken beherrscht und geleitet, von einer psychologischen Wahrheit und einem Mythus der Phantasie«. Mythos und Vernunft sieht Schwab einander verdunkeln, die Episoden und Charaktere erscheinen ihm als »hoffnungsvolle Novellenembryos«, die aber hier der Stringenz des Ganzen schadeten, mit Ausnahme etwa des *Orplid*-Zwischenspiels. Immerhin stellt Schwab M.s »Kenntniß des menschlichen Herzens« neben die des *Werther*-Autors und wünscht sich Ludwig Tieck als Leser. Unergiebig und in ihrer weitgehend kleinlichen und kleinteiligen Nörgelei unerfreulich ist die Besprechung Friedrich Notters, die zu keinem selbständigen Urteil kommt (HKA 5, S. 53–61). Friedrich Theodor Vischers ausführliche Würdigung, erschienen erst 1839 in den *Hallischen Jahrbüchern für deutsche Wissenschaft und Kunst* (HKA 5, S. 61–79), gehört zu den imponierenden Leistungen einer hegelianisierenden Ästhetik – und zeigt doch auch deren Grenze. M. wird zwar der Schritt aus der romantischen Innerlichkeit in ein »objective[s] Weltbild« bescheinigt, aber Vischer platziert ihn genau in der Mitte, zwischen Mystik und moderner Wirklichkeit. Doch bediene sich M. nicht nur mit dem Titel der abgelebten Gattung des Künstlerromans, sondern drifte mit der Figur der Elisabeth auch in die »Annahme einer irrationalen Nothwendigkeit«. Wunder und Wirklichkeit klaffen für den Dialektiker Vischer aber unvermittelbar auseinander – und gerade damit bleibt seine Rezension, freilich auf hohem Niveau, dem Roman gegenüber blind. Umso überraschender ist, mit welcher Entschiedenheit Vischer vor diesem kritisch vermessenen Hintergrund dann in aller Breite die großen Vorzüge des Romans herausstellt, wobei namentlich Elisabeth und Orplid, auch die Jung Volker-Episode und M.s »Intuition des weiblichen Wesens« gerühmt werden. 1837, noch vor M.s erster Gedichtausgabe, veröffentlichte Hermann Kurz, der an der Anordnung der Gedichtsammlung beteiligt war, die Novelle *Das Wirtshaus gegenüber*, in der es heißt: »›Ich … werde in Zukunft […] blindlings nach allem greifen, was mir dieser Dichter bietet, er kann gar nichts schreiben was nicht vortrefflich ist, alles verwandelt sich unter seiner Hand in Gold!‹« (zit. nach Kauffmann, S. 145) *Das Bacchusfest* stellte Kurz neben Gedichte Goethes und Schillers, den *Maler Nolten* pries er hellsichtig als den bedeutendsten Roman seit den *Wahlverwandtschaften* (Miyashita, S. 78).

1838 erschien mit den *Gedichten* (A[1]) M.s zweites Buch. Von den Rezensenten wurde dieser Band vielfach in Beziehung zur zeitgenössischen Produktion gesetzt, vor allem aber mit Goethes Werk verglichen. Der Rezensent in *Europa. Chronik der gebildeten Welt* (Jg. 1838, S. 421 ff.) stellt die unbeholfen als »Liedersammlung« charakterisierte Ausgabe neben die Lyrik von Grabbe und Heine auf der einen, Waiblinger und Bauer auf der anderen Seite; beide Gruppierungen sieht er im »Kampf mit der Romantik«, der erst bei M. zu einer wahren Romantik führe. Den Gedichten wird »eine überraschende Naturwahrheit« bescheinigt: »und dennoch sind sie romantisch durch und durch«. So sehr in der Abgrenzung zur Romantik letztlich erneut das hegelianische Muster der M.-Kritik durchschlägt, so verstellt sich doch der Rezensent nicht den Blick für die Verbindung von Abgründigkeit und Transparenz in M.s Lyrik, für »die Durchsichtigkeit dieser Gedichte, die Klarheit, mit der die geheimsten Regungen unseres Herzens ausgesprochen sind. In die tiefste Tiefe werden wir hinabgeführt, und sehen die Wunder, die sich hier unten verbergen, im hellsten Licht«. Der Rezensent in dem von Wolfgang Menzel redigierten *Literaturblatt* (3. 5. 1839, S. 177) erkennt allenfalls eine »innige Gemüthlichkeit und Fröhlichkeit«, die er für ein Kennzeichen schwäbischer Dichter hält, in der Prager Ausgabe von *Ost und West* (1838, Nr. 83, S. 342) wird dagegen aus einem (fingierten?) Brief über M. zitiert, in dem es heißt: »So etwas hat die Welt seit Göthe nicht gesehen, solche mit Anschauungen, aufgelösten Gedanken und tiefstem Herzblut getränkte Verse«. Und in den *Heidelberger Jahrbüchern* von 1839 wird M. gerade dadurch von »unsren andern schwäbischen Sängern« abgesetzt, dass seine Gedichte »die Signaturen der Dinge unmittelbar zu verstehen […] und der Krisis eigenen Sinn und Willen in Menschenwitz und Menschenworte nur zu übersetzen« scheinen (S. 189). Eine der ernsthaftesten, freilich auch einseitigeren Würdigungen hat M.s Gedichtsammlung 1839 durch Friedrich Theodor Vischer in den *Jahrbüchern für wissenschaftliche Kritik* erfahren (Bd. 2, Sp. 108–136; auch in DOERKSEN, S. 3–32). Dabei versucht Vischer, die Gedichte mit dem Rüstzeug hegelscher Ästhetik geschichtsphilosophisch und theoretisch einzuordnen. Zwar wird M. eine »Naivetät« – als »Zustand relativer Bewußtlosigkeit« – im Sinne der Moderne zugestanden, einer Moderne, die sich gegenüber der Technik, der Arbeit und der Dialektik verantworten muss, doch zeigt sich schon an der Arroganz, mit der M.s Affinität zum Wunderbaren, zum Geister- und Märchenhaften gerade noch akzeptiert wird, dass hier nur eine bewusst begrenzte Anerkennung ausgesprochen werden soll. Was Vischer wohl als Lob versteht, dass nämlich M.s Lieder »durchaus geworden, nicht gemacht« seien, erweist sich nachgerade als Fehlschluss, ebenso die Charakterisierung von M.s Genius als eines in der »Milde« mehr »weibliche[n]«. Zwar stellt Vischer den Freund durchaus in den Kontext seiner Zeit, die er unter dem Einfluss Hegels mit dem »Bruch des Bewußtseins« auch in der Selbstentfremdung des Subjekts sieht, doch kann M. an diesem Maßstab nur bedingt gemessen werden: So erkennt Vischer in Texten wie *Agnes* oder *Das verlassene Mägdlein* Züge einer »objectiveren Form«, vermisst aber in den Balladen einen historischen Stoff und empfiehlt dem Dichter einen »welthistorischen Gehalt«. Auch bei den *Peregrina*-Gedichten wünscht er sich »nur irgend einen Anknüpfungspunkt, um uns diese Phantasmagorieen zu deuten«.

Kennzeichnend für die zeitgenössische M.-Rezeption ist nicht nur die Unterschätzung der Hauptwerke, sondern auch die sporadische Überschätzung von Nebenwerken, so etwa die der 1838 geschriebenen *Cantate bei Enthüllung der Statue Schillers*, die M. seit der zweiten Auflage 1847 in alle seine Gedichtsammlungen aufnahm. Ihre Aufführung in Stuttgart zur Musik von Peter Joseph von Lindpaintner war ein Erfolg (Kauffmann, S. 47); der Text wurde auch in zeitgenössischen Anthologien abgedruckt (Prawer, S. 30). Während sowohl *Miß Jenny Harrower* (1834) als auch *Der Schatz* (1836) bei ihrem ersten Erscheinen kaum Aufmerksamkeit über den privaten Kreis hinaus fanden, konnte das Gedicht *Ein artig Lob, du wirst es nicht verwehren*, das M. Spiegelvers nannte und das er in keine seiner Gedichtsammlungen aufgenommen hat, 1839 als Einblattdruck in Stuttgart erscheinen; M. erhielt dafür »baare dreihundert Gulden Honorar« (HKA 13, S. 13) und hat das Gedicht ein weiteres Mal 1853 im *Kunst- und Unterhaltungsblatt* publiziert. Ebenfalls 1839, am 20. Mai, erfolgte in Stuttgart die Uraufführung von M.s einziger Oper *Die Regenbrüder*, zu der Ignaz Lachner die Musik komponiert hat; die Aufführung wurde allerdings nur einmal wiederholt. In einer Rezension im *Schwäbischen Merkur* wurde M.s »heiteres Spiel dichterischer Phantasie« getadelt, weil es besonders am Schluss »für den dramatischen Zweck hin und wieder zu sehr gedehnt« sei (HKA 13, S. 315); ein wohlwollender Kritiker im *Schwäbischen Humorist* lobte dagegen M.s Libretto, fürchtete allerdings für den Erfolg der Oper, da M. »nichts von Effecten, Effectsituationen und Knalleffecten« wisse (ebd.).

Unfreundlich und mitunter boshaft war die Einstellung des ›Jungen Deutschland‹ gegenüber der gesamten ›Schwäbischen Schule‹. Heine wurde erst von seinem Verleger dazu gebracht, in der folgenden Tirade den Namen M.s durch drei Sternchen zu ersetzen: »Ein ganz ausgezeichneter Dichter der schwäbischen Schule, versichert man mir, ist Herr *** [Mörike] – er sey erst kürzlich zum Bewußtseyn, aber noch nicht zur Erscheinung gekommen; er habe nemlich seine Gedichte noch nicht drucken lassen. Man sagt mir, er besinge nicht bloß Maykäfer, sondern sogar Lerchen und Wachteln, was gewiß sehr löblich ist« (Heine, S. 270). Karl Gutzkow hat M. später »einen Menschen in Schlafrock und Pantoffeln« genannt und dadurch ein für lange Zeit wirksames negatives Bild entworfen (Prawer, S. 23). Nur Arnold Ruge (GEDENKAUSSTELLUNG, S. 323) und dann auch Rudolf Gottschall standen M. einigermaßen aufgeschlossen gegenüber; letzterer fand in seinem Werk »die unruhige Dialektik moderner, skeptischer Empfindungen« (Prawer, S. 24; SEEBASS 1945, S. 595).

Zu den frühen Zeugnissen der überregionalen Bekanntheit zählt das 1843 erschienene *Liederbuch dreier Freunde*, zu dem auch Theodor Storm beitrug, ein früher Leser und begeisterter Kenner sowohl des Romans wie der Gedichte M.s. (vgl. BRIEFWECHSEL STORM, S. 25ff.). Im *Liederbuch* findet sich ein *Eduard Mörike* überschriebenes Sonett von Theodor Mommsen, das in die freilich recht blumige Pointe ausläuft: »Da fand ich in dem eignen Bett von Moose / Erblühend im geheimsten Thal von Schwaben / Des reichen Liedersommers letzte Rose«. Die *Idylle vom Bodensee*, deren Erstdruck von 1846 dem württembergischen Kronprinzen Karl gewidmet war, der M. dafür mit einem Brillantring bedachte, gab M.s Bekanntheit einen bedeutenden Schub, mehr als der Roman und auch mehr als, zumindest anfänglich, die Gedichte, wie Strauß in seiner Besprechung der zweiten Auflage von M.s Gedichten heraustellt: Nach der Überfütterung der Leser durch »politische [...] Schaumweine und arabische [...] Gewürze« [womit Strauß die Tendenzliteratur des Vormärz und die Mode des Orientalismus meint, M.M.], seien die Gemüter für die »schwankende [...] Fischerbarke« M.s besonders empfänglich (Prawer, S. 26). Robert Schumann trug sich mit dem Gedanken, aus der *Idylle* eine Oper zu machen. In der *Bremer Zeitung* schrieb Adolf Stahr von »reinster poetischer Verklärung«, »kerngesund und frei von aller krankhaften Sentimentalität« (GEDENKAUSSTELLUNG, S. 301); M. reagierte mit einem Dankbrief (HKA 15, S. 215f.). Im Februar 1847 erreichte ihn die – nicht erhaltene – »Zuschrift von elf Dresdener Künstlern, Malern u. Bildhauern, vorzüglichen Rangs«, die zu Jahresanfang das Versepos in ihrem Kunstverein vorgelesen hatten (HKA 15, S. 580). M. sah darin einen beglückenden »Ausdruck reinen Kunst-Interesses« an der *Idylle* (HKA 15, S. 120) und reagierte gerührt und enthusiastisch darauf (HKA 15, S. 134f.). Schon vorher hatte er eine Sympathieerklärung Ludwig Uhlands erhalten: »Sie haben sich in unsrer unmüssigen Zeit den Frieden der Poesie gewahrt, ohne ihn doch in idealer Ferne suchen zu müssen [...]« (GEDENKAUSSTELLUNG, S. 302). Uhland veranlasste Jacob Grimm, sich für die Verleihung des Tiedge-Preises an M. einzusetzen (GEDENKAUSSTELLUNG, S. 302f.), der sich damit freilich nicht gegen die Kritik von Heinrich Zschokke durchsetzen konnte; M. erhielt den Preis nicht. Eine Neuauflage der *Idylle* erschien erst 1856.

Beim *Stuttgarter Hutzelmännlein* (1853) zeigt sich deutlich stärker als bei anderen Veröffentlichungen M.s die Zwiespältigkeit der zeitgenössischen Rezeption. Einer geradezu begeisterten Aufnahme, die sich über Luise von Breitschwerts Scherenschnitte und später über die Zeichnungen Moriz von Schwinds in die bildende Kunst hinein öffnete, stehen die allerdings nur in Briefen formulierten Vorwürfe gegenüber, M. bleibe mit dem Märchen im geschichtsfernen Raum der Romantik und des Regionalismus, wie sie am massivsten von D.F. Strauß formuliert wurden (vgl. BRIEFWECHSEL STRAUSS-VISCHER, Bd. 2, S. 48). Vischer respektierte das Märchen immerhin als »eine stets berechtigte Form der Poesie« (BRIEFWECHSEL VISCHER, S. 200) und lobte als Ausgleich »die körnige deutsche Art und Sitte« (ebd., S. 199). Gerade die volkstümlichen, vaterländischen Momente stießen bei manchen Lesern, etwa bei Friedrich Notter (GEDENKAUSSTELLUNG, S. 361) und Uhland auf lebhafte Resonanz (vgl. HKA 15, S. 525), während sie von anderen, so beispielsweise von Rudolf Gottschall, als »eine beschränkte, eine ›schwäbische‹« Volkstümlichkeit registriert wurden (GEDENKAUSSTELLUNG, S. 363). Das bezog sich im Besonderen auf die Verwendung des Dialekts; während Johann Georg Fischer in der *Schwäbischen Kronik* feststellte, dass sich das Märchen gerade durch den Dialekt als ein »wahres Volksbuch« empfehle (GEDENKAUSSTELLUNG, S. 366), hielt Gottschall den »gemüthlichen Anstrich« außerhalb Schwabens für »ungenießbar« (GEDENKAUSSTELLUNG, S. 367). Am gerechtesten erscheint auch hier wieder Vischers Briefurteil: »Das volkstümliche, altertümelnde, lutherisch Naive Deines Deutsch ist in der Tat etwas Außerordentliches; ich meine nicht, es könne auf einen größeren, realen Stoff in derselben Weise angewandt werden, aber es ist mir äußerer Ausdruck innerer Klassizität, grundwesentlichen Wahrheits- und Lebensgefühls, das nun in jeder andern Form auch wirken muß« (BRIEFWECHSEL VISCHER, S. 200 f.). Mit der allerdings erst 1872, nach Schwinds Tod, realisierten Prachtausgabe *Die Historie von der schönen Lau* mit den Radierungen von Julius Naue nach den Schwind'schen Zeichnungen wurde die Bekanntheit von M.s letztem großen Märchen auch durch das Medium der bildenden Kunst verstärkt. 1854 veröffentlichte Paul Heyse eine lobende Würdigung M.s im *Literaturblatt* des *Deutschen Kunstblatts* (GEDENKAUSSTELLUNG, S. 429); sie initiierte den Briefwechsel zwischen beiden Dichtern, in dem Heyse auch die Wertschätzung M.s durch Emanuel Geibel betonte (BRIEFWECHSEL HEYSE, S. 23).

Wie kein anderes Werk M.s traf die *Mozart*-Novelle, die 1855 als Zeitschriftenbeitrag und in Buchform erschien, auf ein günstiges Klima; schon im Jahr darauf konnte eine zweite Auflage gedruckt werden. Bereits am 3. Dezember 1855 erschien in der *Allgemeinen Zeitung* anonym die sehr positive Besprechung von Johann Friedrich Faber, in der »diese kleine anmuthige Erzählung« indes bei aller Anerkennung doch sehr reduziert vorgestellt wird: »es sind eigentlich nichts als ein paar Anekdoten die dem Ganzen zu Grunde liegen« (Pörnbacher, S. 74). Die Feststellung allerdings, dass im »Fernbleiben von allem Rhetorisiren und Dogmatisiren, von allen weitschweifenden Ideen und Speculationen« die Novelle »die Eigenthümlichkeit ihres Verfassers ins Gedächtniß zu rufen« besonders geeignet sei (Pörnbacher, S. 77), dürfte M.s Selbsteinschätzung bestätigt haben. Einigermaßen eingeschränkt war freilich die Wahrnehmung der Titelgestalt, die als »ordinärste[r] Wiener Philister« gar noch gerühmt (Pörnbacher, S. 76), von dem Mozart-Forscher Otto Jahn als ›leichter Lebemann‹ missverstanden wurde (Pörnbacher, S. 84). Zu den begeisterten Lesern außerhalb des engeren Freundeskreises gehörten Emanuel Geibel, auf dessen Betreiben auch der bayerische König Maximilian II., dann Paul Heyse, der die Erzählung in den vierten Band seines *Deutschen Novellenschatzes* aufnahm und damit ihrer Verbreitung wichtige Dienste erwies; darin wird die Novelle mit einer adäquaten Charakterisierung von Hermann Kurz präsentiert, der die komplexe Schichtung des Textes, dabei die Novelle selbst zitierend, als »gedichtete Symphonie« beschreibt (Pörnbacher, S. 87). Auch der Komponist Robert Franz erkannte sofort die Meisterschaft von M.s Charakterisierungskunst (Pörnbacher, S. 81 f.). Zu den klügsten Urteilen über *Mozart auf der Reise nach Prag* gehört das von Friedrich Hebbel, der in seinem Brief an M. vom 20. Februar 1858 schreibt, die Novelle scheine »die eigentliche Aufgabe dieses Kunst-Genres in sofern grade zu lösen [...], indem sie aus einem Senfkorn eine Welt hervorgehen und sich lieblich entfalten läßt« (Hebbel, S. 559). Zu den M.-Lesern zählten weiterhin Jacob Burckhardt und C. F. Meyer (SEEBASS 1945, S. 599). Für Gottfried Keller war M. ein »famoser Poet«, »gerade wie wenn er der Sohn des Horaz und einer feinen Schwäbin wäre« (GEDENKAUSSTELLUNG, S, 395). Die langsam wachsende Anerkennung M.s schlug sich auch in Lexikonartikeln und Literaturgeschichten nieder (Simon, S. 10 f.), während Lesebücher und Anthologien hingegen nur wenige M.-Texte brachten (Prawer, S. 122 f.). Zu den häufiger werdenden Besuchern gehörten Friedrich Hebbel, Paul Heyse und Friedrich Bodenstedt; Ivan Turgenev beehrte ihn mit einem Huldigungsgedicht, Wilhelm Raabe, wie M. lange in Stuttgart wohnhaft, traf ihn hingegen nie.

So war es erst der Tod M.s, der seinem Werk noch einmal einen Bekanntheitsschub sicherte, fast in Bestätigung dessen, was Gottfried Keller sarkastisch an Vischer schrieb: »Er starb, wie ein stiller Berggeist aus einer Gegend wegzieht, ohne daß man es weiß ... Wenn sein Tod nun seine Werke nicht unter die Leute bringt, so ist ihnen nicht zu helfen, nämlich den Leuten« (Prawer, S. 20). Bernhard Gugler, der mit M. im musikalischen Bereich kooperiert hatte, schrieb einen großen Nachruf (Koschlig, S. 19–32), Berthold Auerbach und Theodor Storm zeichneten ihre persönlichen Erinnerungen auf (BRIEFWECHSEL STORM, S. 142 ff.). Nietzsche hingegen ärgerte sich über die mehrfach zu lesenden Vergleiche M.s mit Goethe: M. sei »mit Ausnahme von 4–5 Sachen in der deutschen Volkslied-Manier, ganz schwach und undichterisch. Vor allem fehlt es ganz an Klarheit der Anschauung. Und was die Leute an ihm musikalisch nennen, ist auch nicht viel [...] – Gedanken nun hat er gar nicht« (Nietzsche, Bd. 8, S. 128). Das von Friedrich Notter noch im Todesjahr M.s verfasste Gesamtporträt ist, obgleich aus M.s persönlichem Kreis hervorgegangen, ein imposantes Zeugnis einer selbständigen, ästhetisch unverstellten Würdigung des Dichters. Notter gelingt es, Aspekte von M.s Persönlichkeit und solche der Rezeption kritisch miteinander ins Verhältnis zu setzen; so wird M.s Neigung zum Kunsthandwerklichen nicht verschwiegen, seine mystisch-geheimnisvollen Interessen aber insofern gewürdigt, als Notter damit M. als kritischen Beobachter der Gesellschaft zeichnet (Notter, S. 105 f.). Wenn M. auch hier noch auf das Stillleben festgelegt wird, das er »mit den hellsten und wärmsten Lichtern der Phantasie auszuschmücken wußte« (Notter, S. 65), so steht einer solchen spät-biedermeierlichen Optik doch immerhin entgegen, dass Notter den Dichter gegen den Strauß'schen Vorwurf der Weltunfähigkeit verteidigt, indem er auf sein Interesse an Napoleon Bonaparte und seine Aversion gegen Napoleon III. hinweist (Notter, S. 104). Notters Würdigung betreibt keine Überschätzung M.s, er charakterisiert M. als naiv und attestiert den Gedichten »etwas Flackerndes, insofern Magisches, aber auch Unmännliches« (Notter, S. 86); dabei ist Notter jedoch zugute zu halten, dass er einen versierten Blick auf M.s Lyrik in ihrer Gesamtheit zu werfen vermag: »Das Gefühl der Verlassenheit, der erfahrenen Untreue sind die Zustände, denen einen seelenhaften, innigen Ausdruck zu geben, Mörikes Talent am entschiedensten, von Beginn seines poetischen Schaffens, angewiesen ist« (Notter, S. 73). *An einem Wintermorgen, vor Sonnenaufgang* wird besonders hervorgehoben, im *Maler Nolten* wird Larkens als die interessanteste Figur bestimmt, und schließlich unternimmt Notter auch erste Schritte zu einer Darstellung von M.s Umfeld, wenn er dessen Verhältnis zur Philosophie und besonders zur Religion, sodann zu Freunden und befreundeten Musikern skizziert.

Einen erheblichen Anteil an M.s zeitgenössischer Rezeption hatte fraglos die Vertonung seiner Gedichte, die Anfang der dreißiger Jahre ebenfalls im Freundeskreis, bei Ernst Friedrich Kauffmann und Louis Hetsch, einsetzt, dann aber in die regionale und schließlich überregionale Öffentlichkeit vordringt, besonders in den vierziger Jahren, als die erste Sammlung der *Gedichte* bereits vorlag. Auch Robert Schumann und Johannes Brahms gehören zu den M.-Komponisten, und ihre in der Zahl deutlich geringeren M.-Lieder mögen den Texten gelegentlich gerechter werden als die dann wirkungsvolleren Vertonungen vieler Gedichte durch Hugo Wolf 1888. Im Jahr 1912 zählte man bereits 594 Vertonungen von Gedichten M.s durch deutsche Komponisten (Kauffmann, S. 167). Übersetzungen von Werken M.s in andere Sprachen gab es zu seinen Lebzeiten nicht allzu viele. Immerhin erschien bereits 1845 in der *Revue de deux mondes* ein ausführlicher Artikel über M.s Gedichte von Henri Blaze, der auch Übersetzungen, u.a. aus den *Schiffer- und Nixen-Märchen*, enthielt (Band 3, S. 118–128). In der im gleichen Jahr in

Dublin erstmals erschienenen englischen Sammlung deutscher Gedichte *Anthologia germanica* von James Clarence Mangan sind vier Gedichte M.s enthalten, in der zweiten Auflage von 1853 bereits sechs. Daneben gab es Übersetzungen seiner Gedichte ins Italienische. 1859 erschien in Brüssel unter dem Titel *Un voyage de Mozart* eine Übersetzung der *Mozart*-Novelle ins Französische von A. Rolland.

Quellen

BRIEFWECHSEL STRAUSS-VISCHER, Bd. 2, S. 48. – Hebbel, Friedrich: Historisch-Kritische Ausgabe in 5 Bänden. Hg. v. Otfrid Ehrismann u. a. Wesselburener Ausgabe. Bd. 3. Briefwechsel 1829–1863. München 1999. – Heine, Heinrich: Der Schwabenspiegel. In: Historisch-kritische Gesamtausgabe. Düsseldorfer Ausgabe. Hg. v. Manfred Windfuhr. Bd. 10. Shakespeares Mädchen und Frauen und kleinere literaturkritische Schriften. Hamburg 1993, S. 266–278. – Mommsen, Theodor; Storm, Theodor; Mommsen, Tycho: Liederbuch dreier Freunde. Kiel 1843 (ND Leipzig 1929). – Nietzsche, Friedrich. Sämtliche Werke in 15 Bänden. Kritische Studienausgabe. Hg. v. Giorgio Colli u. Mazzino Montinari. München 1988. – Notter, Friedrich: Eduard Mörike 1875. In: ders.: Eduard Mörike und andere Essays. Hg. v. Walter Hagen. Marbach 1966. – STRAUSS: BRIEFE. – Vischer, Friedrich Theodor: Gedichte von Eduard Mörike. In: DOERKSEN, S. 3–32 (zuerst 1839).

Literatur

Kauffmann, Fritz: Eduard Mörike und seine Freunde. Eine Ausstellung aus der Mörike-Sammlung Dr. Fritz Kauffmann. Stuttgart 1965. – Koschlig, Manfred: Mörike in seiner Welt. Stuttgart 1954, S. 19–32. – Miyashita, Kenzô: Mörikes Verhältnis zu seinen Zeitgenossen. Bern u. a. 1971. – Pörnbacher, Karl (Hg.): Erläuterungen und Dokumente. Eduard Mörike, *Mozart auf der Reise nach Prag*. Stuttgart 1985. – Prawer, Sigmund S.: Mörike und seine Leser. Versuch einer Wirkungsgeschichte. Stuttgart 1960. – Simon, Hans-Ulrich: »Göttlicher Mörike!« Mörike und die Komponisten. Stuttgart 1988.

Mathias Mayer

Vertonungen

Der Ausruf »Verstünde ich nur, Noten zu schreiben!!« (HKA 11, S. 253) in einem Brief M.s an seinen Bruder Karl drückt ein spürbares Verlangen nach Vertonungen eigener Texte aus. Die Wertigkeit eines Textes erhöhte sich für ihn, wenn er auch in Musik ausgedrückt wurde; manche Gedichte kamen ihm ohne Vertonung offenbar geradezu unvollständig vor: »Nur wenn der treffliche Meister uns legt auf die Lippen des Mädchens, / Leben wir Lieder erst auf, uns selber zum Wunder und andern« (*An Otto Scherzer in Tübingen*, SW 2, S. 472). So bat M. Verwandte und Freunde um Vertonungen seiner Texte; er erhoffte sich dadurch auch eine größere und schnellere Verbreitung, die durch die »Unterstreichung eines gewissermaßen ideellen Gehalts« (Kunz, S. 149) vorangetrieben werden sollte. Während zunächst Vertonungen ausschließlich in M.s Verwandten- und Bekanntenkreis vorgenommen wurden, verschafften die Veröffentlichung des *Maler Nolten* 1832 mit mehreren Gedichten und Vertonungen und die erste Gedichtausgabe 1838 der Lyrik M.s breitere Bekanntheit und ermöglichte Vertonungen in größerer Zahl. Bis heute sind über 1800 einzelne Kompositionen von mehr als 840 Komponisten bekannt, die auf Gedichten M.s beruhen oder von ihnen inspiriert worden sind. Dabei werden mehr als 200 verschiedene Texte oder Textausschnitte M.s verwendet (Erwe, Bd. 2).

Die überwiegende Vertonungsart im näheren Umfeld M.s war das Klavierlied, das für den häuslichen musikalischen Gebrauch im Familienkreis und nicht für konzertante Darbietungen vorgesehen war. Auch musikalischen Laien in diesem kleinen Kreis war damit ein einfacher Zugang zur Lyrik M.s durch die Musik eröffnet. Die frühesten Vertonungen stammen von Eduards Bruder Karl M. (1797–1848). Seine ersten Kompositionen wurden zusammen mit denjenigen von M.s Studienfreund Louis (Ludwig) Hetsch im *Maler Nolten* veröffentlicht: von Karl M. das *Lied der Feenkinder* (später: *Die Geister am Mummelsee*) und *Jesu benigne!* (später: *Seufzer*), von Hetsch die *Romanze vom wahnsinnigen Feuerreiter* (später: *Der Feuerreiter*), *Elfenlied*,

Lied (später: *Das verlassene Mägdlein*) und *Rosenzeit! Wie schnell vorbei* (später: *Agnes*). *Lied der Feenkinder* und *Jesu benigne!* sind die einzigen erhaltenen Kompositionen Karl M.s, doch lässt dessen reges Interesse an der Lyrik seines Bruders die Vermutung zu, dass es auch noch weitere gegeben haben könnte. Von Hetsch dagegen sind noch die Kompositionen *Der Knabe und das Immlein* und das *Lied eines Jägers* sowie einige Manuskripte zu weiteren Arbeiten erhalten. Auch Ernst Friedrich Kauffmann, ebenfalls ein enger Freund des Dichters, schrieb Vertonungen von Gedichten M.s, von denen *Die Soldatenbraut*, *Der Frühling* (später: *Er ist's*) oder *Der Feuerreiter* einige der bekanntesten sind. Neben weiteren Liedern für eine Singstimme mit Klavier ist zudem ein Manuskript für gemischten Chor zu *Kirchengesang zu einer Trauung* von 1853 erhalten. Wie sehr M. von den Kompositionen Kauffmanns beeindruckt war, zeigt sich in seinem Brief vom 12. Mai 1839 an ihn: »Über alles Sagen lieblich ist die Soldatenbraut. Die Melodie ist mir aufs erste Mal beinahe ganz im Gedächtniß geblieben« (HKA 13, S. 46).

Auch in M.s entfernterem Verwandten- und Bekanntenkreis wurden seine Gedichte gerne als Textvorlagen für Kompositionen verwendet. Der Musikdirektor der Universität Tübingen Friedrich Silcher veröffentlichte 1842 zwölf Volkslieder für vier Männerstimmen, die von M.s *Soldatenbraut* eröffnet werden. Sein Nachfolger an der Universität Otto Scherzer, dem M. in dem oben zitierten Epigramm seine Wertschätzung aussprach, komponierte neben *Jägerlied* und *Denk' es, o Seele!* für gemischten Chor zahlreiche weitere Lieder für Singstimme und Klavier. Weitere Kompositionen stammen von dem Stuttgarter Hofkapellmeister Peter Lindpaintner, der auch 1839 die *Cantate bei Enthüllung der Statue Schillers* komponierte. Die Brüder Ignaz und Franz Lachner standen ebenfalls in Kontakt zu M., der für die 1839 uraufgeführte Oper *Die Regenbrüder* von Ignaz Lachner das Libretto schrieb. Der Münchner Generalmusikdirektor F. Lachner machte erst spät M.s Bekanntschaft, vertonte dann jedoch schon 1867 mit seinem op. 134, 3–6 vier Gedichte für Altstimme mit Klavier, denen weitere Kompositionen für Gesangsterzett mit Klavier, Männer- und Frauenchor und zahlreiche Klavierlieder folgten. Der Direktor des Stuttgarter Musik-Konservatoriums Immanuel Faißt und der dort tätige Lehrer Wilhelm Speidel komponierten Klavierlieder und Lieder für Chor. Bernhard Gugler stand M. bei Fragen zur Musik und speziell zu der Mozarts als Gesprächspartner zur Verfügung und komponierte 1864 *Septembermorgen*. Gustav Pressel, der insgesamt acht Klavierlieder nach Texten M.s komponierte, widmete M. 1856 das Gedicht *Einem Musiker*. Als letzter musikwissenschaftlich bedeutender Bekannter M.s bleibt der Sohn Ernst Friedrich Kauffmanns und spätere Musikdirektor der Universität Tübingen Emil Kauffmann zu nennen. Er schrieb noch zu M.s Lebzeiten zahlreiche Kompositionen nach dessen Texten, erlangte jedoch hauptsächlich wegen seiner freundschaftlichen Beziehung zu Hugo Wolf Berühmtheit, auf den er wegen seiner M.-Lieder aufmerksam wurde.

Zu den berühmtesten Komponisten des 19. Jh.s, die sich mit der Lyrik M.s auseinander setzten, gehören Johannes Brahms und Robert Schumann. Brahms komponierte schon 1858/59 *Fünf Gedichte für eine Singstimme mit Begleitung des Pianoforte* op. 19, dessen Nr. 5 *An eine Äolsharfe* von M. ist. Erst 1873 und 1874 komponierte er *Agnes* als Klavierlied op. 59 Nr. 5 und *Die Schwestern* op. 61 Nr. 1 als Gesangsduett mit Klavier. Der Brahms-Schüler Gustav Jenner vertonte insgesamt fünf Gedichte M.s, von denen jedoch nur der *Trauungsgesang* op. 10 veröffentlicht wurde. Ebenfalls in engem Kontakt zu Brahms standen Heinrich von Herzogenberg, Heinrich van Eyken, Robert Kahn und Robert Fuchs. Herzogenberg schrieb insgesamt zehn Kompositionen für unterschiedliche Besetzungen wie vierstimmigen Frauenchor, Singstimme mit Begleitung des Pianoforte oder hohe Singstimme mit Violine und Orgel. Van Eyken und Kahn schufen zahlreiche Kompositionen und auch Fuchs – ein späterer Lehrer Hugo Wolfs – komponierte *Das verlassene Mägdlein* und *Verborgenheit* als Klavierlied sowie *Ein Stündlein wohl vor Tag* für gemischten Chor. Brahms hatte stets großes Interesse an Literatur und stieß wohl so auf M.s Lyrik; jedenfalls lässt sich nicht eindeutig ermitteln, wie er in Kontakt mit ihr kam. Dasselbe gilt für Schumann; seine Vertonungen M.scher Gedichte sind zahlreich und zeigen eine intensive Auseinandersetzung des Komponisten mit den einzelnen Texten. So vertonte er jeweils einmal das *Jägerlied* op. 59 Nr. 3 für gemischten Chor, *Schön-Rohtraut* op. 67 Nr. 2 in den *Romanzen und Balladen I* für gemischten Chor, *Er ist's* im *Liederalbum für die Jugend* op. 79 Nr. 24, *Der Gärtner* op. 107 Nr. 3 und *Jung Volkers Lied* op. 125 Nr. 3. Außerdem vertonte Schumann die Gedichte *Die Soldatenbraut* (op. 64 Nr. 1 und op. 69 Nr. 4) und *Das verlassene Mägdlein* (op. 64 Nr. 2 und op. 91 Nr. 4) jeweils zweimal. Zu den bedeutenden Komponisten, die unter dem Einfluss Schumanns standen, zählt Robert Franz, der vor allem von M.s *Mozart*-Novelle begeistert war; das Lied *Ein Tännlein grünet wo* (später: *Denk' es, o Seele!*), das die Novelle beschließt, wurde von ihm vertont. In seinem Brief an M. drückt Franz seine Bewunderung aus: »Der unheimliche, herrlich motivirte Ausgang Ihrer Novelle erschütterte mich bis in's innerste Mark, hatte aber zu gleicher Zeit Anregendes genug, um den lebhaften Wunsch hervorzurufen, jenes mysteriöse Volkslied, das Sie am Schluß mittheilen, in Musik zu setzen« (Pörnbacher, S. 82). Weitere Arbeiten von Komponisten, die von Schumann beeinflusst wurden, sind *Das verlassene Mägdlein* und *Er ist's* von Hermann Gustav Goetz und *Am Feuer* von Louis Ehlert. Auch Anton Rubinstein, Gabriel Joseph Rheinberger und Max Bruch zählen zu den Komponisten des ausgehenden 19. Jh.s, die unter dem Einfluss Schumanns M.s Lyrik vertonten. Rubinstein vertonte einzig *Um Mitternacht*; Rheinbergers Kompositionen umfassen Besetzungen für gemischten Chor sowie Klavierlieder; Bruchs *Um Mitternacht* op. 59 Nr. 1 für Bariton und Klavier steht neben Liedern für gemischten Chor und der Osterkantate op. 81. Deutlich zeigt sich nun auch die wachsende räumliche Verbreitung der Lyrik M.s bis über die Grenzen Deutschlands hinaus nach Österreich durch Brahms und im späten 19. Jh. durch einzelne Komponisten bis nach England, Frankreich und Dänemark (Erwe, Bd. 1, S. 48). Nach Brahms und Schumann entstand im späten 19. Jh. der wohl bedeutendste Zyklus von M.-Vertonungen: die 53 *Gedichte von Eduard Mörike für eine Singstimme und Klavier* von Hugo Wolf aus dem Jahr 1888. Wolf beschäftigte sich schon seit mehreren Jahren mit der Lyrik M.s, was sich durch seine genaue Datierung einzelner Kompositionen belegen lässt. *Suschens Vogel* schrieb Wolf bereits am 26. November 1880. Es folgten *Mausfallen-Sprüchlein* vom 16. Juni 1882, *Die Tochter der Heide* vom 11. Juli 1884 und *Der König bei der Krönung* vom 13. März 1886. Wieder zwei Jahre später, am 16. Februar 1888, begann Wolf seine Arbeit am M.-Zyklus mit der Vertonung von *Der Tambour*. In weniger als acht Monaten komponierte er dann insgesamt 53 Lieder nach Gedichten M.s und beendete seine Arbeit mit der Vertonung von *An die Geliebte*. In der Geschichte der Musik ist die Arbeit Wolfs einzigartig. Hierbei ist vor allem Wolfs motivische Formbestimmung zu beachten, welche sich nach seiner Aussage richtet, dass es »nur eine einzige musikalisch zutreffende Ausdeutung einer dichterischen Vorlage« geben kann (Geyer, S. 47). Wolf konzentriert sich dabei darauf, die bewusst komplex gestaltete Deklamatorik und Harmonik zu methodisieren und in Kontrast zur bisherigen Liedkunst zu stellen. In seinen Kompositionen ist demzufolge eine Art Interaktion einzelner motivischer Gestalten, welche sowohl auf die vom Lied erforderte Gleichmäßigkeit als auch auf die vom Text bestimmte und stets variable Deklamatorik bedacht sind, ausdrucksgebendes Merkmal. Die Besonderheit der Wolf'schen M.-Vertonungen liegt somit im kompositorischen Detail, welches sich der Textvorlage stets anzupassen scheint und doch gleichzeitig eine größtmögliche Eigenständigkeit durch motivische Variabilität erlangt. Dass Wolf sich auch nach 1888 immer wieder mit der Lyrik M.s beschäftigte, zeigen seine anhaltenden Bemühungen, einzelne Lieder wie *Er ist's*, *Seufzer* oder *In der Frühe* zu orchestrieren. Besondere Beachtung schenkte Wolf dabei dem Gedicht *Der Feuerreiter*, das er Ende 1892 für Chor und großes Orchester bearbeitete.

Zu Beginn des 20. Jh.s stieg die Bekanntheit M.s besonders beim Konzertpublikum schnell an, was neben den Liedern Wolfs den Kompositionen Max Regers und Hans Pfitzners sowie einigen Liedern von Alfred Heuß zu verdanken war. Max Reger vertonte insgesamt fünf Gedichte M.s (u. a. *Er ist's* und *In der Frühe*) als Klavierlied oder für Frauenchor. Besondere Beachtung schenkte er auch den M.-Vertonungen Wolfs, von denen er zahlreiche Bearbeitungen für Singstimme mit Orgel oder für Solo-Klavier anfertigte. Hans Pfitzner komponierte dagegen nur *Das verlassene Mägdlein* und *Denk' es, o Seele!*, wobei von *Das verlassene Mägdlein* zwei Versionen etwa aus den Jahren 1887 und 1922 existieren, woraus sich auf ein über mehrere Jahrzehnte hinweg anhaltendes Interesse an der Lyrik M.s schließen lässt. Ganz im Gegensatz dazu steht Heuß, der die Vertonungen Wolfs kritisierte und ihm generell das Verständnis der Lyrik M.s absprach. Die sechs Vertonungen von Heuß nach Texten M.s basieren dementsprechend im Gegensatz zur damaligen Moderne auf dem Prinzip des variierten Strophenliedes. Erst 1939 erschien wieder eine herausragende Sammlung von M.-Vertonungen: das *Mörike-Chorliederbuch* op. 19 von Hugo Distler, das »zu den populärsten und weitverbreiteten A-cappella-Chorwerken des 20. Jahrhunderts« gehört (Lemmermann, S. 11). Neben den M.-Vertonungen Wolfs für Singstimme und Klavier entstand dadurch ein erster großer Zyklus für Chor a cappella. Distlers *Mörike-Chorliederbuch* gliedert sich in drei Teile: den ersten 24 Kompositionen umfassenden Teil für gemischten Chor und die jeweils zwölf Kompositionen umfassenden Teile zwei und drei für Frauen- und Männerchor. Distler komponierte dabei mehrere Fassungen einzelner Gedichte: *Suschens Vogel* beispielsweise gibt es in zwei Fassungen für gemischten Chor und *Der Gärtner* sogar in drei verschiedenen Fassungen für gemischten Chor, Frauen- und Männerchor. Rezeptionsgeschichtlich ist zu den M.-Vertonungen Distlers zu bemerken, welch schweren Einstand die Chorlieder nach den so populären Vertonungen Wolfs hatten. Distler war sich seiner Position jedoch bewusst und verweist im Vorwort des Liederbuchs dementsprechend auch auf die Vertonungen Wolfs. Nach einer nur wenig besuchten Uraufführung während dem »Fest der deutschen Chormusik« 1939 konnte sich die Originalität und neue Klangformung jedoch durchsetzen und den Kompositionen zu großer Popularität verhelfen. Nach den Vertonungen Wolfs und Distlers erschien 1956 eine dritte Sammlung von Liedern nach Gedichten M.s im Druck: *Das holde Bescheiden, Lieder und Gesänge nach Gedichten von Eduard Mörike* op. 62 des Schweizer Komponisten Othmar Schoeck. Auch bei Schoeck kann eine lange Auseinandersetzung mit der Lyrik M.s nachgewiesen werden. Die erste Komposition Schoecks nach einem Text M.s ist *Agnes* für gemischten Chor a cappella von 1905. In den Jahren 1947 bis 1949 komponierte Schoeck dann die zwei Bände umfassende Sammlung, die die umfangreichste seines Schaffens darstellt. Die beiden Bände sind durch Zwischenüberschriften unterteilt: Heft Nr. 1 beginnt mit »Nr. 1 Widmung«, der die Zwischenüberschriften »NATUR« und »LIEBE« mit acht bzw. neun Kompositionen folgen. Das Heft Nr. 2 wird von 14 Liedern aus der »BETRACHTUNG« eröffnet, auf die der »GLAUBE« mit sieben Kompositionen folgt, bevor der »RÜCKBLICK« mit »Nr. 40 Besuch in Urach« die Sammlung beschließt. Schoeck – selbst kritischer Bewunderer der M.-Vertonungen Wolfs – vertonte bis auf eine Ausnahme (*Gebet*) nur Texte, welche von Wolf noch nicht verwendet worden waren. Die wichtigsten stilistischen Merkmale der M.-Vertonungen Schoecks sind dabei die Abwendung von der wortgetreuen und schon fast rezitativischen Deklamation wie sie von Wolf geprägt worden war sowie eine Weiterentwicklung des Ostinato-Lieds. Vor allem eine Vielgestaltigkeit der Charaktere vom Volkslied *Die Schwestern* bis zur alkäischen Ode *An Philomele* zeichnet dabei die ausgewählten Textvorlagen Schoecks aus, wodurch er die den M. Dichtungen eigene Leidenschaft ausdrücken wollte.

In den sechziger Jahren des 20. Jh.s entstanden zahlreiche weitere Vertonungen der Lyrik M.s, die sich wegen ihres geringen Schwierigkeitsgrades jedoch fast ausschließlich für Laienchöre eignen. Ausnahmen hiervon sind *Um Mitternacht* und *Gesang Weylas* von Harald Genzmer, die 1961 veröffentlicht wurden, die *Vier Chöre nach Gedichten von Eduard Mörike* von Wolfgang Stockmeier von 1962 und *Sechs Mörike Chöre* von Hermann Schroeder aus dem Jahr 1964, denen einige einzelne M.-Vertonungen aus Schroeders letzten Lebensjahren folgten. Der Ungar Ferenc Farkas veröffentlichte 1984 die *Heide-Skizzen*, eine fünf Kompositionen umfassende Reihe, die durch M.s *Septembermorgen* abgeschlossen wird. Auch einige Komponisten der klassischen Moderne verfassten M.-Lieder, die sich jedoch meist in Jugendwerken finden: Alban Berg komponierte in seinen Jugendliedern *Die Soldatenbraut*, ein zwischen 1905 und 1909 entstandenes Werk, das zu Bergs Lebzeiten nicht veröffentlicht wurde und noch nicht im Zeichen der Dodekaphonie steht. Fidelio Fritz Finke schrieb einen neunstimmigen Frauenchor zu *Um Mitternacht*, der 1921 im Druck erschien. Hanns Eisler komponierte 1940 *An den Schlaf* als ein von der Zwölftontechnik dominiertes Klavierlied und schon ein Jahr später eine zweite, auf der traditionellen Harmonik beruhende Fassung des gleichen Gedichts für Frauenchor. Zudem vertonte Eisler 1943 fünf *Anakreontische Fragmente* aus der Übersetzung M.s. Karl Gottfried Brunotte komponierte 1985/86 unter Mitverwendung der zweiten Strophe von *Zum neuen Jahr* die *Modulationes ad infinitum für fünf Chorgruppen zu fünf Stimmen und Live-Elektronik*, die die Möglichkeit der elektronischen Verarbeitung und Verfremdung der Stimme nutzen, um eine nur noch assoziative Wirkung der Sprache herbeizuführen, da die einzelnen Worte nicht mehr verständlich sind.

Neben den Kompositionen, in denen vor allem die menschliche Stimme, mit oder ohne begleitende Instrumente, formbildendes Element ist, bleiben noch die Verwendung von Texten M.s im Musiktheater und die rein instrumentale Darbietung, inspiriert durch Texte oder Textausschnitte M.s, zu betrachten. Ignaz Lachner komponierte M.s Opernlibretto *Die Regenbrüder*, das 1839 in der Sammlung *Iris* veröffentlicht wurde. M. war sehr interessiert an weiteren Opernplänen, die jedoch nie ausgeführt wurden (Kunz, S. 133–146). M.s *Historie von der schönen Lau* aus dem *Stuttgarter Hutzelmännlein* wurde später mehrfach als Oper vertont: Peter Michael Braun beispielsweise komponierte 1985/86 *Die schöne Lau* nach einem Libretto von Heinz Ulrich Carl. Auch als Ballett wurde *Die schöne Lau* mehrfach umgesetzt, so 1952 von Josef Schelb. M.s *Der lezte König von Orplid* aus *Maler Nolten* wurde unter anderem von Max Trapp als Puppenspiel für Kammerorchester, Solo-Sopran und Frauenchor für die Bühne bearbeitet. Von M. inspirierte reine Instrumentalmusik reicht besetzungstechnisch vom einfachen Klavierstück bis hin zum Orchesterwerk. Hans Huber komponierte ein Klavierstück zu *An eine Äolsharfe*, Peter Jona Korn schrieb 1978 »eine Art Symphonische Dichtung für Kammerensemble« (Erwe, Bd. 1, S. 119) unter dem Titel *Bei Nacht im Dorf der Wächter rief*, dem ersten Vers des *Elfenlieds*. Peter Brömse komponierte eine Symphonie für Orchester und Sopran nach *Mozart auf der Reise nach Prag*. Abschließend sei *An eine Äolsharfe* für konzertierende Gitarre und 15 Soloinstrumente von Hans Werner Henze aus den Jahren 1985/86 erwähnt, das aufgrund der Bedeutung der kompositorischen Arbeit Henzes Aufmerksamkeit verdient.

Literatur

Erwe, Hans-Joachim: Musik nach Eduard Mörike. Teil 1: Wirkungsgeschichte, Analysen und Interpretationen. Teil 2: Ein bibliographisches Verzeichnis. Hamburg 1987. – Geyer, Hans-Herwig: Hugo Wolfs Mörike-Vertonungen. Vermannigfaltigung in lyrischer Konzentration. Kassel u. a. 1991. – Günther, Georg: Mörike-Vertonungen. Verzeichnis der Drucke und Handschriften. Marbach a. N. 2002. – Kunz, Wiltrud: Musik in Eduard Mörikes Leben und Schaffen. Diss. München 1951. – Lemmermann, Dirk: Studien zum weltlichen Vokalwerk Hugo Distlers. Analytische, ästhetische und rezeptionsgeschichtliche Untersuchungen unter besonderer Berücksichtigung des *Mörike-Chorliederbuches*. Frankfurt a. M. u. a. 1996. – Pörnbacher, Karl (Hg.): Eduard Mörike, *Mozart auf der Reise nach Prag*. Erläuterungen und Dokumente. Stuttgart 1985. – Simon, Hans-Ulrich: »Göttlicher Mörike!« Mörike und die Komponisten. Stuttgart 1988.

Matthies Andresen

Illustrationen

Um die Mitte des 19. Jh.s hatte die deutsche Illustrationskunst einen Höhepunkt erreicht, der sich auch in den Illustrationen zu M.s Werken niederschlug. Moriz von Schwind und Ludwig Richter, zwei der bekanntesten und von M. hoch geschätzten Buchillustratoren dieser Zeit, haben durch ihre Illustrationen maßgeblich zu M.s Beliebtheit bei einem breiten Publikum beigetragen. Sie förderten damit allerdings auch ein einseitiges M.-Bild, das in ihm vor allem den gemütvollen Dichter des *Alten Thurmhahns* und des *Stuttgarter Hutzelmännleins* sah und das auch die Forschung lange Zeit dominierte.

Am 9. November 1863 begann der rege Austausch zwischen M. und Schwind mit einem Schreiben M.s, in dem er Schwind darum bat, sein Gedicht *Erinna an Sappho* für eine Veröffentlichung in der Zeitschrift *Freya* zu illustrieren. Schwind lehnte ab, da er den Inhalt für undarstellbar hielt. Das Problem der Übersetzbarkeit von Texten in Bilder, mit dem sich auch M. immer wieder beschäftigte, verschärfte sich in dem Maße, in dem eine allgemein verbindliche Ikonographie, etwa in Form von Allegorien, dem Gegenstand nicht mehr angemessen, in Schwinds Worten »unerträglich plump und grob« (BRIEFWECHSEL SCHWIND, S. 18), zu sein schien. Schwind bat um Texte, in denen »irgend etwas vor sich geht« (ebd.). Am 28. Januar 1867 erhielt M. schließlich drei Sepiazeichnungen Schwinds: eine Zeichnung mit dem Titel *Pfarrhaus von Cleversulzbach*, die auf verschiedene Gedichte und biographische Umstände M.s anspielt und je eine Illustration zu M.s Versepos *Märchen vom sichern Mann* und dem Gedicht *Erzengel Michaels Feder*. In den beiden letztgenannten Illustrationen, die auf Schwinds eigene Vorschläge zurückgehen, thematisiert er das Spannungsfeld, aus dem sich seiner Meinung nach M.s dichterische Inspiration speist. Die Bilder zeigen Schreibprozesse unter dem Einfluss göttlicher Eingebung, die in dem einen Fall von einem heidnischen Dämon, in dem anderen dagegen von einem christlichen Heiligen ausgeht, während in der dritten Zeichnung die Poesie in allegorischer Gestalt als wandernde Muse auftritt. M. reagierte mit einer ausführlichen Besprechung der Zeichnungen. Doch erst am 26. Februar 1868 verschickte er das Dankgedicht *An Moriz von Schwind*, das deutlich macht, dass er in Schwinds Zeichnungen kongeniale Schöpfungen sah, die das Potential seiner Texte erst zur vollen Entfaltung brachten: »die Knospe brach / Mit einemmal zur vollen Rose auf – man ist / Der großen Künstler einer worden über Nacht« (SW 2, S. 396). Schwind veröffentlichte die Illustrationen 1869 mit einer Widmung an M.s Freunde. Angeregt von der Lektüre der Erzählungen M.s entstanden im Januar 1868 zehn Feder- und Bleistiftzeichnungen zu dem geschundenen Pferd aus dem Märchen *Der Bauer und sein Sohn*. Die Zeichnungen wurden im Schwind-Band *Klassiker der Kunst in Gesamtausgaben* 1906 der Öffentlichkeit zugänglich gemacht, zusammen mit dem Text erschienen sie jedoch erst 1975. Schwinds Illustrationen zur *Historie von der schönen Lau* zählen zu den bekanntesten M.-Illustrationen. Auch sie wurden 1868 begonnen, sieben davon als Entwürfe fertiggestellt, von der achten existiert eine erste Skizze, zur geplanten Ausführung in Aquarell kam jedoch nur ein einziges Blatt (*Traumszene*, 1869). In dieser von M. überschwänglich gelobten Komposition versucht Schwind, das akustische Phänomen eines widerhallenden Kusses bildlich umzusetzen, indem er die Kussszene wie ein schwächer werdendes Echo mehrmals wiederholt. Die sieben Zeichnungen wurden nach den Pausen Schwinds von Julius Naue für eine vom Cotta-Verlag 1873 herausgegebene Prachtausgabe gestochen und sind dort erstmalig im Druck erschienen. Der erhoffte Verkaufserfolg blieb allerdings aus. Die Radierungen kopierten die Schwind'schen Zeichnungen zwar minutiös, aber durch den gleichmäßig starken Strich verloren sie einen Großteil ihres zarten, lediglich andeutenden Charakters, welcher der Phantasie Spielraum für Ergänzungen und Auslegungen gelassen hatte. Am 12. Mai 1868 schrieb Schwind an M., dass er bereits sechs Blätter zu *Lucie Gelmeroth* illustriert habe, aber nur eine Bleistift-/Federzeichnung, welche die beiden Kinder in ihren Kostümen zeigt, ist überliefert. Vergeblich versuchte M. den Freund zu überreden, seine Bearbeitung der Heldensage vom König Rother malerisch umzusetzen. Auch der Plan, eine von Schwind illustrierte Ausgabe der M.schen Werke im Cotta-Verlag herauszugeben, mit der M. dem Absatz seiner Werke neue Impulse geben wollte, wurde nie verwirklicht, da sich die Zusammenarbeit zwischen Schwind und den »Stuttgarter Buchhändler-Tropfen« schwierig gestaltete (BRIEFWECHSEL SCHWIND, S. 100). Im von Eggert Windegg 1922 herausgegebenen *Mörike Album von Moritz von Schwind* lagen erstmals alle Illustrationen Schwinds zu M.s Werken in Faksimile-Wiedergaben vor. Für Schwind waren diese Zeichnungen noch im Entwurfsstadium, so dass sich viel von ihrer vibrierenden Dynamik dem raschen Strich und dem Stehenlassen von Korrekturlinien verdankt. Wie ein Großteil der Illustratoren des 18. und 19. Jh.s sah Schwind seine Aufgabe vor allem darin, die Höhepunkte einer Handlung isoliert in einer Bilderfolge wiederzugeben, wobei er sich jedoch nicht in allen Einzelheiten am Text orientierte. Die Zeichnungen zur *Historie von der schönen Lau* halten die flüchtigen Augenblicke, in denen die Lau zum Lachen gereizt wird, als Momentaufnahmen fest, wobei die Figuren in der Bewegung eingefangen sind. Ebenso wie für Schwind blieb für Ludwig Richter die bildliche Nacherzählung des Textinhaltes immer die Hauptsache, wobei seine Illustrationen jedoch deutlich statischer erscheinen. Als ein Bewunderer M.s hatte Richter dessen Idylle *Der alte Thurmhahn* mit sechs Holzschnitten versehen, die auf seinen Vorschlag hin in der zweiten Einzelveröffentlichung des Textes in dem Band *Beschauliches und Erbauliches. Ein Familien-Bilderbuch von Ludwig Richter in Dresden* 1855 publiziert wurden. Die Genreszenen geben sich in ihrer plastisch-räumlichen Ausführung und ihrer gegenstandsbezogenen Darstellung detailgetreu, verwahren sich aber durch die Konzentration auf das Pittoreske und Gemütliche gegen eine realistischen Auffassung des Sujets. Die Eingangsillustration, die den Schauplatz der Idylle vorstellt, zeigt Cleversulzbach im Tal liegend. Der Blick in die weite, sich im Dunst verlierende Landschaft, der sich dem Betrachter ebenso wie dem Turmhahn eröffnet, versinnbildlicht die Sehnsucht nach der Ferne, hebt andererseits aber auch die überschaubare Geborgenheit der durch Spaziergänger, Bauern, Hirten und Vieh belebten dörflichen Umgebung hervor. In den folgenden Szenen verengt sich der Handlungsraum sukzessive auf das Dorf, das Haus und schließlich das Studierzimmer. Einzelfiguren werden in Nahsicht gezeigt und die mehrere Generationen sowie Haustiere umfassende Hausgemeinschaft drängt sich auf engstem Raum.

Mit noch klareren Hell-Dunkel-Kontrasten als die Holzschnitte arbeiten die Scherenschnitte, die verschiedene Illustratorinnen zu M.s Werken angefertigt haben. Luise Walther (geb. von Breitschwert) besuchte 1852/53, noch bevor das *Stuttgarter Hutzelmännlein* im Druck erschien, M.s öffentliche Lesungen und widmete dem Werk 47 Scherenschnitte, die allerdings erst 1932 von Otto Güntter vollständig veröffentlicht wurden. Zu Beginn des 20. Jh.s fertigten Paula Crassé (1919), Maria Jutz (1920) und Elisabeth Lörcher (1925) Schattenrisse zu Gedichten M.s an. Hedwig Goller (1999) illustrierte mit ihren Scherenschnitten neben verschiedenen Gedichten auch die *Schöne Lau* und das *Stuttgarter Hutzelmännlein*. Diese Entwicklung kann als repräsentativ für die M.-Illustration gelten, die nach M.s Tod abflaute, um mit einer ganzen Reihe von bibliophilen M.-Ausgaben vor allem in den 1920er Jahren wieder aufzuleben. Jüngste Zeichnungen und Malereien zu M.s Werken verstehen sich nicht mehr so sehr als bebildernde Erläuterungen des Textes, sondern als unabhängige Interpretationen und wenden sich dabei auch der Lyrik zu, die lange Zeit als nicht darstellbar galt. Ein Beispiel dafür ist Peter Liebls abstraktes Aquarell *Um Mitternacht* (1998), das mit seinem Titel auf M.s gleichnamiges Gedicht Bezug nimmt.

Literatur

Eggert Windegg, Walther: Mörike Album von Moritz von Schwind. München 1922. – Güntter, Otto (Hg.): Die Scherenschnitte von Luise von Breitschwert zu Mörikes *Stuttgarter Hutzelmännlein*. Stuttgart 1932. – Jacobs, Stephanie: Auf der Suche nach einer neuen Kunst. Konzepte der Moderne im 19. Jahrhundert. Runge/Goethe – Grandville/Delord – Schwind/Mörike – Manet/Mallarmé. Weimar 2000, S. 97–144. – Mazzoni, Ira: Im Druck erstarrt. Moritz von Schwinds Illustrationen zu *Mörikes Historie von der schönen Lau*. In: Weltkunst/2 (1993), S. 88–91.

Silke Arnold-de Simine

Zur Forschungsgeschichte

Schon zu M.s Lebzeiten gab es im Rahmen der allgemeinen Rezeption auch erste wissenschaftliche Bemühungen um seine Werke. Sie verdankten sich vor allem Friedrich Theodor Vischer, der sich 1839 in zwei Aufsätzen mit dem Roman *Maler Nolten* und mit der im Vorjahr erschienenen Gedichtsammlung seines Freundes auseinander setzte und dabei, gestützt auf Kategorien der hegelschen Ästhetik, unter anderem eine literarhistorische Einordnung in Abgrenzung von der Romantik versuchte. Ein frühes, freilich sehr essayistisch gehaltenes Lebensbild M.s publizierte noch in dessen Todesjahr 1875 Friedrich Notter, gleichfalls ein enger Bekannter des Dichters. Daneben sind für das 19. Jh. hauptsächlich die Hinweise auf M. im Kontext größerer literaturgeschichtlicher Darstellungen zu nennen, die jedoch meist flüchtig blieben; häufig wurde M. nur im Zusammenhang mit anderen zeitgenössischen schwäbischen Dichtern wie Ludwig Uhland, Justinus Kerner und Gustav Pfizer erwähnt, denen man heute keinen vergleichbaren Rang mehr zubilligen würde.

Der erste Höhepunkt der philologischen Beschäftigung mit M. fällt in die Zeit unmittelbar nach der Jahrhundertwende, als die Rechte an seinen Werken frei wurden und mehrere Gesamtausgaben sowie Briefeditionen erschienen. Erwähnung verdient vor allem die dreibändige Ausgabe von Harry Maync (1909, ²1914), die als einzige zumindest eine Auswahl an Lesarten bietet und daher auch nach fast hundert Jahren noch unverzichtbar ist; erst mit der Vervollständigung der Historisch-kritischen Ausgabe wird sie endgültig überholt sein. Außerdem wurden in diesen Jahren mehrere umfassende monographische Arbeiten zu M. vorgelegt, beispielsweise von Karl Fischer (1903). Das mit Abstand wichtigste dieser Bücher stammt aber wiederum von Maync; es erschien erstmals 1902 und wurde später in überarbeiteter Form mehrfach neu aufgelegt. Zwar genügt Mayncs Studie mit ihrer allzu unreflektierten Vermischung von Leben und Werk M.s neueren methodischen Standards nicht mehr, doch aufgrund des umfangreichen Materials, das sie einbezieht, ist sie nach wie vor nützlich, zumal seither keine monographische Gesamtdarstellung mit vergleichbarem Anspruch mehr geschrieben wurde. Insgesamt waren die Jahre nach 1900 durch ein beträchtlich gewachsenes Interesse der Wissenschaft an M. gekennzeichnet, dem nun auch die Literaturgeschichten breiteren Raum zugestanden; überdies entwickelten sich Ansätze zu einem differenzierteren M.-Bild, das von der bis dahin vorherrschenden harmonisierend-idyllischen Sicht des schwäbischen Poeten abwich. Zwischen den Weltkriegen dominierte der geistesgeschichtliche Zugriff, aber daneben wandte sich die Forschung erstmals psychologischen und psychopathologischen Fragestellungen zu. Diese Tendenz kam vor allem *Maler Nolten* zugute, zu dem zwischen 1928 und 1935 nicht weniger als vier Monographien – von Ruth Bachert, Heinrich Reinhardt, Rudolf Völk und Ernst Arno Drawert – veröffentlicht wurden. Die ›dunklen‹ Aspekte M.s und der Biedermeierepoche im Allgemeinen betonte auch Hermann Pongs in seinem Aufsatz von 1935, der manche späteren Arbeiten, etwa von Werner Zemp oder Rudolf Ibel, beeinflusste. Diese Forschungsrichtung legte ebenfalls besonderes Gewicht auf den düsteren *Maler Nolten*. Mit ihrer (übrigens sehr unklaren) Vorstellung vom ›Dämonischen‹ in M.s Werk stellte sie der weit verbreiteten Ansicht vom beschaulichen Idylliker eine ganz andere, allerdings ebenso einseitige und ahistorische Auffassung gegenüber.

In der Zeit des Nationalsozialismus wurde M. im Allgemeinen wenig Aufmerksamkeit zuteil: Offenkundig kam dieser Dichter für eine ideologische Funktionalisierung nicht in Frage. Dafür stieg das Interesse nach 1945 rasch wieder an. In der frühen Nachkriegszeit war zwar eher eine »liebhabermäßige Behandlung« ohne streng wissenschaftlichen Anspruch zu beobachten (Sengle, S. 37), aber mit der Wende zu den fünfziger Jahren setzte eine »vielseitige und sowohl quantitativ wie qualitativ großartige Forschungsrenaissance um Mörike« ein (Doerksen, S. 379). Ihren Beginn markieren die Arbeiten von Herbert Meyer und Benno von Wiese, die 1950 erschienen. Beide Bücher verfahren nicht streng chronologisch, sondern sind thematisch nach zentralen Aspekten von Leben und Werk gegliedert. Gemeinsam ist ihnen zudem das Bemühen, M.s spielerische Heiterkeit und den ›dunklen Grund‹ seiner Person und seiner Dichtung zueinander in Beziehung zu setzen, um so ein komplexes Bild zu zeichnen. Dabei stehen bei Meyer eher Weltbild und Anschauungen des *Menschen* M. im Zentrum, während von Wiese den Akzent auf das literarische *Werk* legt. Ansonsten blieben Gesamtdarstellungen in der M.-Forschung selten und in ihrem Anspruch begrenzt: Das 1971 erstmals veröffentlichte Büchlein von Hans Egon Holthusen gibt einen sehr prägnanten, aber knappen und auf die Biographie konzentrierten Überblick, die Arbeit von Gerhard Storz (1967) befasst sich vornehmlich mit den formalen Aspekten des poetischen Werkes, der Kommentar von Helga Unger (1970) liefert Daten und Sacherläuterungen zu den einzelnen Dichtungen. Unter den neuen Gesamtausgaben aus dieser Zeit ist die dreibändige Edition von Gerhart Baumann und Siegfried Grosse hervorzuheben (1954–59), die auch eine Auswahl aus den Briefen enthält. Vor allem aber erscheinen seit 1967 die Bände der Historisch-kritischen Gesamtausgabe von M.s Werken und Briefen, die seither die maßgebliche Grundlage für jede Beschäftigung mit dem Dichter bildet. Ihre Komplettierung ist in absehbarer Zeit zu erwarten; es stehen noch die Gedichte, die Erzählungen, die vermischten Schriften und die dramatischen Werke sowie die Briefe aus den späten Jahren aus.

Hauptgegenstand der wissenschaftlichen Forschung war bis in die siebziger Jahre hinein M.s Lyrik. Eine Vielzahl von meist werkimmanent verfahrenden Einzelinterpretationen wurde vorgelegt, von denen besonders die Kontroverse zwischen Emil Staiger, Martin Heidegger und Leo Spitzer über *Auf eine Lampe* große Bekanntheit erlangte (1950/51). Daneben gab es Studien – vor allem Dissertationen –, die größere Teile der M.schen Lyrik ins Auge fassten, sich dabei aber meist nur speziellen Aspekten von Form oder Gehalt widmeten. Umfassende Darstellungen waren die Ausnahme: Victor G. Doerksen arbeitete über M.s Elegien und Epigramme (1964), Heinz Schlaffer nahm eine (allerdings problematische) dreiteilige Periodisierung des lyrischen Werkes vor (1966), das Buch von Dagmar Barnouw bietet in erster Linie eine Reihe von Einzelanalysen (1971). Den Höhepunkt der Forschungen zu M.s Lyrik markierte aber unbestreitbar die umfangreiche Monographie von Renate von Heydebrand (1972), die eine systematische Einteilung des gesamten Textkorpus nach Sprechhaltungen und Formen vorschlägt und in diesem Zusammenhang auch das Spätwerk M.s und seine zahlreichen Gelegenheitsgedichte aufwertet. Damit war zumindest ein Ansatz zur Erschließung eines Werkteils geschaffen, der sonst – und größtenteils bis heute – von der Literaturwissenschaft praktisch ignoriert wurde. Das Nebeneinander unterschiedlicher Perspektiven, die jeweils bestimmte Gesichtspunkte von M.s Dichtung akzentuierten und für repräsentativ erklärten, dauerte in dieser Phase der Forschung an. Die Idyllik und der scheinbar naive Humor konnten als Charakteristika ebenso in den Vordergrund gerückt werden wie M.s Sinn für dämonische Abgründe und Bedrohungen der menschlichen Existenz. Sehr kontrovers wurde überdies die literarhistorische Position des Dichters beurteilt, die man gerne mit der wenig aussagekräftigen Verlegenheitsformel ›zwischen Romantik und Realismus‹ umschrieb. Staiger beispielsweise sah in M. einen ›Spätling‹, der sich gegenüber der klassisch-romantischen Epoche als Epigone fühlte, während Walter Höllerer die Modernität der Sprachgestalt von M.s Kunst hervorhob, nachdrücklich auf deren Artifizialität und poetische Bewusstheit aufmerksam machte und den Schwaben in die Nähe von Baudelaire und Verlaine stellte. Insgesamt aber wurde die von Friedrich Sengle bereits 1951/52 erhobene Forderung nach einer stärkeren Besinnung der Forschung auf M.s (literar-)historischen Ort (Sengle, S. 45 f.) in den folgenden beiden Jahrzehnten kaum eingelöst. Vorurteile gegen den meist als pejorativ und verharmlosend verstandenen Begriff des ›Biedermeier‹ spielten dabei eine wesentliche Rolle. Es blieb Sengle selbst vorbehalten, im Rahmen seiner monumentalen Darstellung der Biedermeierzeit (1971–1980) eine solche historische Einordnung M.s – insbesondere bezüglich der Formen- und Stilgeschichte – auf breiter Basis vorzunehmen, die er mit dem entschiedenen Plädoyer für eine wertneutrale Verwendung des Biedermeierbegriffs als Epochenbezeichnung verband (SENGLE, Bd. 3, S. 726–732).

Während die Forschung zu M.s Lyrik florierte, fand *Maler Nolten* in den ersten Jahrzehnten nach dem Krieg wenig Beachtung. Die vorherrschende Auffassung, es handele sich um einen ›Schicksalsroman‹, der auf einer romantisch-irrationalen Weltanschauung basiere, blockierte wirkliche Fortschritte in der Interpretation des Werkes; innovative Ansätze blieben aus. Die Untersuchungen zum *Nolten* wandten sich daher eher Fragen der Struktur und der kompositorischen Einheit des komplexen Romans zu. Unter den Erzählungen genoss – wie in jedem Abschnitt der Forschungsgeschichte – die Novelle *Mozart auf der Reise nach Prag* bei weitem die meiste Aufmerksamkeit; auch hier drehte sich ein großer Teil der Forschungsdiskussion um den schwer durchschaubaren Aufbau des Werkes. Die anderen Erzählungen wurden, von einigen Studien zum *Stuttgarter Hutzelmännlein* abgesehen, sehr stiefmütterlich behandelt. Immerhin legte Horst Steinmetz 1969 eine übergreifende Arbeit zu M.s Erzählungen vor, in der er die Bedeutung von Gespräch und Geselligkeit für die Erzählkunst des Dichters und die dialogische Anlage seiner Texte herausstellte.

In der DDR hatte M. neben den politisch engagierten Vormärz-Autoren, denen gemäß offizieller Doktrin selbstverständlich der Vorrang gebührte, keinen leichten Stand. Durchaus repräsentativ für die marxistische Forschung ist das abfällige Urteil von Georg Lukács, M. gehöre zu jenen ›niedlichen Zwergen‹, die eine bürgerliche Literaturgeschichtsschreibung an die Stelle des großen Heinrich Heine zu setzen versuche. Andererseits gab es Bemühungen, den Dichter etwa durch die Hervorhebung des Volkstümlichen in seiner Kunst aufzuwerten. Großes Gewicht besitzt auch die ausländische M.-Forschung. Im englischsprachigen Raum erschienen beispielsweise neben zahlreichen Aufsätzen mehrere einführende Überblicksdarstellungen zu M.s Leben und Werk, so von Margaret Mare (1957) und Helga Slessarev (1970). Auffallend ist das große Interesse an M. in Japan und Südkorea, das sich ebenfalls seit langem in einer regen Forschungstätigkeit bekundet. Erwähnung verdient hier vor allem die Studie des Japaners Kenzô Miyashita über M.s Freunde und Bekannte (1971) – das persönliche Umfeld des Dichters wurde in dieser Phase der Forschung ansonsten wenig berücksichtigt.

Mit den achtziger Jahren setzte die jüngste Etappe der M.-Forschung ein, die generell durch eine verstärkte theoretische und methodische Fundierung der Textanalysen sowie durch ihre Konzentration auf die poetologische, selbstreflexive Dimension von M.s Werk gekennzeichnet ist. M.s Spiel mit Formmustern und literarhistorischen Traditionen sowie die Bewusstheit seiner poetischen Konstruktionen rückten mehr und mehr in den Mittelpunkt der Betrachtung; das Klischee vom naiven, idyllischen Poeten konnte endgültig überwunden werden. Eine Gesamtdarstellung, die sich diese neu gewonnene Perspektive zu eigen gemacht hätte, wurde bislang allerdings nicht geschrieben. Die Biographie von Peter Lahnstein (1985) ist keine literaturwissenschaftliche Arbeit und beschränkt sich auf eine Schilderung von M.s Lebensweg, die schmalen Bändchen von Birgit Mayer (1987) und Mathias Mayer (1998) haben lediglich einführenden Charakter. Ein unentbehrliches Hilfsmittel stellt die *Mörike-Chronik* von Hans-Ulrich Simon dar (1981), die eine Fülle von Daten zur Lebens- und Werkgeschichte bietet; manche Angaben sind allerdings inzwischen durch die HKA korrigiert worden.

Gerade auf dem Gebiet der Lyrikinterpretation hat die Betonung der poetologischen Elemente Konjunktur. Es fällt indes auf, dass sich die meisten Arbeiten hier auf jeweils *einen* Text oder eine sehr eng begrenzte Textgruppe beschränken: Die jüngere Forschung zu M.s Gedichten setzt sich fast ausschließlich aus Einzelstudien zusammen. So ist – abgesehen von der in ihren wissenschaftlichen Grundlagen höchst fragwürdigen Dissertation von Gregor Marianus Mayer über M.s Liebeslyrik (1989) – seit über dreißig Jahren, nämlich seit der Arbeit von Renate von Heydebrand, keine Untersuchung mit übergreifendem Anspruch mehr vorgelegt worden. Einen gewissen Ersatz bietet der 1998 postum erschienene Band mit den Aufsätzen von Ulrich Hötzer, die sich überwiegend der Lyrik M.s widmen. Bei den Erzählungen haben sich die Proportionen gegenüber der älteren Forschung nicht wesentlich verschoben: Die *Mozart*-Novelle steht im Vordergrund, die anderen kürzeren Erzählwerke M.s werden wenig beachtet. Zu nennen sind hier allerdings der von Reiner Wild herausgegebene Sammelband zu M., der u. a. Beiträge zu *Lucie Gelmeroth* und *Der Schatz* enthält, sowie die Dissertationen von Birgit Mayer (1985) und Alexander Pschera (1992), die jeweils ein größeres Textkorpus behandeln. Mayer befasst sich mit der Entstehungsgeschichte der Erzählungen und mit Fassungsvergleichen, während Pschera, im Einklang mit der erwähnten beherrschenden Tendenz der jüngeren Forschung, vor allem die poetologischen Aspekte von M.s Erzählungen und ihre ästhetischen Konzepte herausarbeitet. Ein von Grund auf verändertes Bild im Vergleich zu der vorangegangenen Phase bietet die *Nolten*-Forschung, die seit den achtziger Jahren einen enormen Aufschwung nahm und geradezu den Schwerpunkt der neueren wissenschaftlichen Beschäftigung mit M. bildet. Der lange vernachlässigte Roman wurde zum Gegenstand zahlreicher Dissertationen, u. a. von Herbert Bruch, Isabel Horstmann, Irene Schüpfer, Achim Nuber und Ulrich Kittstein, und einer stattlichen Reihe von Aufsätzen. Bemerkenswert ist dabei auch die Fülle der theoretisch-methodischen Herangehensweisen; psychoanalytische, kulturgeschichtliche, feministische, erzähltheoretische und zivilisationstheoretische Ansätze wurden an *Maler Nolten* erprobt. Bei allen Differenzen zwischen den einzelnen Arbeiten, deren Positionen in der künftigen Forschungsdiskussion noch eingehender gegeneinander abzuwägen wären, dürfte jedenfalls das Vorurteil vom irrationalistisch-düsteren, vielleicht sogar kompositorisch misslungenen ›Schicksalsroman‹ nunmehr korrigiert und der eminent moderne und vielschichtige Charakter dieses Werkes allgemein anerkannt sein.

Darüber hinaus müssen einige neuere Studien angeführt werden, die einzelne Gesichtspunkte von M.s gesellschaftlichem, kulturhistorischem und literatursoziologischem Umfeld behandeln und damit zumindest Ansätze zur Erkundung umfangreicher und noch kaum erschlossener Forschungsgebiete liefern. So rekonstruiert Hal H. Rennert die Bibliothek und den Lektürehorizont des Dichters (1985), Susanne Fliegner untersucht seine Einbindung in die bürgerliche Geselligkeitskultur der Zeit (1991), Kristin Rheinwald analysiert das Briefwerk als einen eigentümlichen Bestandteil der literarischen Produktion (1994), und Thomas Wolf befasst sich mit M.s Haltung zum Okkultismus und mit seiner Sammelleidenschaft (2001).

Abschließend seien im Sinne eines Ausblicks auf mögliche kommende Entwicklungen der M.-Forschung noch einige Desiderate genannt, die sich zum Teil direkt aus den vorangegangenen Ausführungen ergeben. Impulse sind zunächst von der Vervollständigung der HKA zu erwarten. So ist vor allem zu hoffen, dass das Erscheinen der Gedichtbände neue Studien zur Entwicklung des lyrischen Werkes und zu einzelnen Gattungen, insbesondere zur Rolle der Gelegenheitspoesie in M.s Schaffen anregen wird, möglicherweise auch den Versuch einer umfassenden Monographie; außerdem fehlen bislang detaillierte Arbeiten zur Anordnung der M.schen Gedichtsammlungen, zu den Prinzipien der Gruppenbildung etc. Sehr wünschenswert wäre des Weiteren eine Gesamtdarstellung von Leben und Werk des Dichters, die die vielfältigen Ergebnisse der jüngeren Spezialforschung integrieren und endlich das M.-Buch von Maync ablösen könnte; eine solche Arbeit forderten übrigens – ergebnislos – schon Sengle (S. 46) vor mehr als fünfzig und Doerksen (S. 379) vor etwa dreißig Jahren. An die Seite zu stellen wäre ihr eine Bibliographie der inzwischen nur noch schwer zu überblickenden Sekundärliteratur zu M. Größere Aufmerksamkeit verdiente sicherlich die literarhistorische Einordnung des Dichters. M.s Verhältnis zur Literatur des 18. Jh.s und der Romantik sowie zu zeitgenössischen Strömungen bis hin zum poetischen Realismus wäre systematisch aufzuarbeiten; in dieses Gebiet fielen auch Untersuchungen zu den bislang wenig beachteten intertextuellen Bezügen in seinen Werken. Ein weiterer von der Forschung allzu lange vernachlässigter Themenkomplex betrifft schließlich literatursoziologische Fragen. Auf der Basis der Briefbände der HKA und der Verlegerbriefe an M., die Hans-Ulrich Simon 1997 ediert hat, könnte M.s Verhältnis zum literarischen Markt erhellt werden. Tatsächlich war sich der Dichter der Entwicklungen und Anforderungen des Literaturmarktes durchaus bewusst und suchte ihnen zumindest bis zu einem gewissen Grade gerecht zu werden; auch in diesem Punkt wäre das Klischee vom versponnenen Träumer M. endlich grundlegend zu revidieren. Aus der Einsicht in die institutionellen und ökonomischen Bedingungen des literarischen Schaffens im 19. Jh. ergäbe sich dann nicht zuletzt die Aufgabe, deren Spuren in M.s Werk und seinen zahlreichen, teilweise nicht realisierten Publikationsprojekten zu verfolgen und überdies sein Selbstverständnis als Dichter vor diesem Hintergrund noch schärfer zu fassen.

Literatur

Bachert, Ruth: Mörikes *Maler Nolten*. Leipzig 1928. – BARNOUW. – BRUCH. – Doerksen, Victor G.: Die Mörike-Literatur seit 1950. Literaturbericht und Bibliographie. In: DVjs. 47 (1973), Sonderheft, S. 343–397. – Doerksen, Victor G.: Mörikes Elegien und Epigramme. Eine Interpretation. Zürich 1964. – Drawert, Ernst Arno: Mörikes *Maler Nolten* in seiner ersten und zweiten Fassung. Jena 1935. – Fischer, Karl: Eduard Mörikes künstlerisches Schaffen und dichterische Schöpfungen. Berlin 1903. – FLIEGNER. – HEYDEBRAND. – Höllerer, Walter: Mörike. In: ders.: Zwischen Klassik und Moderne. Lachen und Weinen in der Dichtung einer Übergangszeit. Stuttgart 1958, S. 321–356. – HÖTZER. – Holthusen, Hans Egon: Eduard Mörike in Selbstzeugnissen und Bilddokumenten. Reinbek bei Hamburg [10]1997 (zuerst 1971). – Horstmann, Isabel: Eduard Mörikes *Maler Nolten*. Biedermeier: Idylle und Abgrund. Frankfurt a.M. u.a. 1996. – Ibel, Rudolf: Mörike. In: ders.: Weltschau deutscher Dichter. Hamburg 1948, S. 183–266. – Kittstein, Ulrich: Zivilisation und Kunst. Eine Untersuchung zu Eduard Mörikes *Maler Nolten*. St. Ingbert 2001. – Lahnstein, Peter: Eduard Mörike. Leben und Milieu eines Dichters. München 1986. – Mare, Margaret: Eduard Mörike. The man and the poet. London 1957. – B. MAYER. – Mayer, Birgit: Eduard Mörikes Prosaerzählungen. Frankfurt a.M. 1985. – Mayer, Gregor Marianus: Mörikes Liebeslyrik. Kaufering 1989. – M. MAYER. – MAYNC. – Meyer, Herbert: Eduard Mörike. Stuttgart 1950. – Miyashita, Kenzô: Mörikes Verhältnis zu seinen Zeitgenossen. Bern u.a. 1971. – Notter, Friedrich: Eduard Mörike. Ein Beitrag zu seiner Charakteristik als Mensch und Dichter. Stuttgart 1875 (wieder in: ders.: Eduard Mörike und andere Essays. Hg. v. Walter Hagen. Marbach a.N. 1966). – Nuber, Achim: Mehrstimmigkeit und Desintegration. Studien zu Narration und Geschichte in Mörikes *Maler Nolten*. Frankfurt a.M. u.a. 1997. – Pongs, Hermann: Ein Beitrag zum Dämonischen im Biedermeier. In: Dichtung und Volkstum 36 (1935), S. 241–261. – Prawer, Siegbert S.: Mörike und seine Leser. Versuch einer Wirkungsgeschichte. Stuttgart 1960. – Pschera, Alexander: Das Zeitalter der Idylle und die Ära der Kunst. Ästhetisches Ich und erlebter Raum in Mörikes Epik. Diss. Heidelberg 1992. – Reinhardt, Heinrich: Mörike und sein Roman *Maler Nolten*. Zürich u.a. 1930. – Rennert, Hal H.: Eduard Mörike's reading and the reconstruction of his extant library. New York u.a. 1985. – Rheinwald, Kristin: Eduard Mörikes Briefe. Werkstatt der Poesie. Stuttgart u.a. 1994. – Schlaffer, Heinz: Lyrik im Realismus. Studien über Raum und Zeit in den Gedichten Mörikes, der Droste und Liliencrons. Bonn [3]1984 (zuerst 1966). – Schüpfer, Irene: »Es war, als könnte man gar nicht reden«. Die Kommunikation als Spiegel von Zeit- und Kulturgeschichte in Eduard Mörikes *Maler Nolten*. Frankfurt a.M. u.a. 1996. – SENGLE. – Sengle, Friedrich: Mörike-Probleme. Auseinandersetzung mit der neuesten Mörike-Literatur (1945–1950). In: GRM. N.F. 2 (1951/52), S. 36–47. – SIMON. – Simon, Hans-Ulrich (Hg.): »Ihr Interesse und das Unsrige …«. Mörike im Spiegel seiner Briefe von Verlegern, Herausgebern und Redakteuren. Stuttgart 1997. – Slessarev, Helga: Eduard Mörike. New York 1970. – Spitzer, Leo: Wiederum Mörikes Gedicht *Auf eine Lampe*. In: Trivium 9 (1951), S. 133–147. – Staiger, Emil: Ein Briefwechsel mit Martin Heidegger. In: Trivium 9 (1951), S. 9–25. – STEINMETZ. – STORZ. – UNGER. – Vischer, Friedrich Theodor: Gedichte von Eduard Mörike. In: DOERKSEN, S. 3–33 (zuerst 1839). – Vischer, Friedrich Theodor: Rezension zu *Maler Nolten*. In: HKA 5, S. 61–79 (zuerst 1839). – Völk, Rudolf: Die Kunstform des *Maler Nolten* von Eduard Mörike. Berlin 1930. – WIESE. – WILD. – Wolf, Thomas: Brüder, Geister und Fossilien. Eduard Mörikes Erfahrungen der Umwelt. Tübingen 2001. – Zemp, Werner: Mörike. Elemente und Anfänge. Frauenfeld u.a. 1939.

Ulrich Kittstein

Anhang

Zeittafel

1804
8. September: Eduard M. wird in Ludwigsburg bei Stuttgart als siebtes Kind des Arztes Karl Friedrich M. und seiner Frau Charlotte Dorothea geb. Beyer, einer Pfarrerstochter, geboren.

1811
Ostern: Eintritt in die Lateinschule in Ludwigsburg.

1815
Der Vater erleidet einen Schlaganfall.
Das erste erhaltene Gedicht M.s *Dieses Morgens sanfte Stille* entsteht.

1817
22. September: Tod des Vaters; die Kinder werden bei Verwandten untergebracht, Eduard M. bei seinem Onkel, dem Juristen und Direktor, später Präsidenten des Oberjustizkollegiums Eberhard Friedrich von Georgii, in Stuttgart; er besucht das Gymnasium illustre.

1818
M. besteht das Landexamen nicht, wird aber dennoch auf Intervention seines Onkels in das Niedere theologische Seminar in Urach aufgenommen. Dort lernt M. u. a. Wilhelm Hartlaub, Johannes Mährlen, Ludwig Bauer und Wilhelm Waiblinger kennen.

1822
Beginn des Theologiestudiums am Tübinger Stift. Zu den Studienfreunden gehören Hartlaub, Mährlen, Bauer und Waiblinger, außerdem Rudolf Lohbauer, David Friedrich Strauß und Friedrich Theodor Vischer.

1823
Ostern: Begegnung mit Maria Meyer.

1824
Juli: M. ›flieht‹ vor Maria Meyer vorübergehend zur Familie nach Stuttgart.

1825
M. und Bauer erfinden gemeinsam die Phantasie-Insel Orplid.

1826
Herbst: Abschluss des Studiums mit dem Examen in Theologie.
Dezember: Beginn der Vikariatszeit, zunächst in Oberboihingen, Möhringen und Köngen.

1827
Dezember: M. wird vom Pfarrdienst beurlaubt; er versucht in der Folgezeit ohne endgültigen Erfolg, sich als freier Schriftsteller zu etablieren, u. a. als Mitarbeiter bei der in Stuttgart erscheinenden *Damen-Zeitung*.

1828
In Cottas *Morgenblatt für gebildete Stände* erscheinen erstmals Gedichte M.s.

1829
Februar: M. kehrt in den Pfarrdienst zurück; bis 1834 nimmt er Vikariate wahr in Pflummern, Plattenhardt, Owen, Eltingen, Ochsenwang, Weilheim, erneut in Owen und in Kirchheim/Teck. In Plattenhardt lernt er die Pfarrerstochter Luise Rau kennen.
14. August: Verlobung mit Luise Rau.

1832
August: *Maler Nolten* erscheint in Stuttgart bei Schweizerbart.

1833
September: *Miß Jenny Harrower* erscheint in *Urania. Taschenbuch auf das Jahr 1834*.
November: Die Verlobung mit Luise Rau wird gelöst.

1834
3. Juli: Antritt der Pfarrstelle in Cleversulzbach; M.s Mutter und seine jüngere Schwester Klara führen den Haushalt.

1836
Der Schatz erscheint im von M. und Wilhelm Zimmermann herausgegebenen *Jahrbuch schwäbischer Dichter und Novellisten*.

1838
September: Die erste Ausgabe der *Gedichte* erscheint in Stuttgart bei Cotta.

1839
8. Mai: Bei der Enthüllung des Schiller-Denkmals in Stuttgart wird M.s *Cantate* aufgeführt.
20. Mai: Uraufführung der Oper *Die Regenbrüder* in Stuttgart mit der Musik von Ignaz Lachner und dem Libretto von M.
Der Sammelband *Iris* erscheint in Stuttgart bei Schweizerbart; er enthält die Erzählungen *Der Schatz*, *Lucie Gelmeroth* und *Der Bauer und sein Sohn*, das Libretto *Die Regenbrüder* und das Drama *Der lezte König von Orplid*.

1840
September: Die *Classische Blumenlese* erscheint in Stuttgart bei Schweizerbart.

1841
26. April: Tod von M.s Mutter.

1843
Bekanntschaft mit Friederike Faber.
17. Juli: Pensionierung M.s aus gesundheitlichen Gründen.
September: M. zieht zusammen mit der Schwester Klara nach Wermutshausen zu Familie Hartlaub.

1844
April: Umzug nach Schwäbisch Hall.
November: Umzug nach Bad Mergentheim.

1845
März: Einzug in eine Wohnung im Haus von Valentin von Speeth; M. lernt dessen Tochter Margarethe Speeth kennen.

1846
Die *Idylle vom Bodensee* erscheint in Stuttgart bei Schweizerbart.

1847
November: Die zweite Auflage der *Gedichte* erscheint.

1851
Juni: M. zieht mit der Schwester Klara nach Stuttgart.
1. Oktober: Anstellung als Lehrer für deutsche Literatur am Katharinenstift in Stuttgart.
25. November: Heirat mit Margarethe Speeth.

1852
M. erhält die Ehrendoktorwürde der Universität Tübingen.

1853
März: Im Stuttgarter *Kunst- und Unterhaltungsblatt* erscheint *Die Hand der Jezerte*.
Mai: *Das Stuttgarter Hutzelmännlein* erscheint in Stuttgart bei Schweizerbart.

1854
November: *Theokritos, Bion und Moschos* erscheint in Stuttgart.

1855
12. April: Geburt der Tochter Fanny.
Juli/August: Im *Morgenblatt* erscheint *Mozart auf der Reise nach Prag*, die Buchausgabe folgt im November.

1856
September: M. erhält den Professorentitel. Die dritte Auflage der *Gedichte* erscheint.
November: Der Sammelband *Vier Erzählungen* erscheint in Stuttgart bei Schweizerbart; er enthält *Der Schatz*, *Lucie Gelmeroth*, *Der Bauer und sein Sohn* und *Die Hand der Jezerte*.

1857
28. Januar: Geburt der Tochter Marie.

1862
November: M. erhält die Ehrengabe der Deutschen Schiller-Stiftung.

Dezember: M. wird zum Ritter des bayerischen Maximilians-Ordens ernannt.

1863
November: Die Deutsche Schiller-Stiftung bewilligt M. eine Jahrespension.

1864
Juli: *Anakreon und die sogenannten Anakreontischen Lieder* erscheint in Stuttgart.
Oktober: M. erhält das Ritterkreuz des württembergischen Friedrichs-Ordens.

1866
M. beendet seine Lehrtätigkeit am Katharinenstift.

1867
Mai: Die vierte Auflage der *Gedichte* erscheint.
Juni: M. zieht nach Lorch um.

1869
November: Umzug nach Stuttgart.

1870
Januar: Umzug nach Nürtingen.

1871
August: Umzug nach Stuttgart.

1873
Juli: M. und seine Frau trennen sich; die Tochter Marie bleibt bei M. und der Schwester Klara, die Tochter Fanny bei der Mutter.
In der Folgezeit mehrfache Wohnungswechsel (Lorch, Fellbach, Stuttgart).

1875
21. Mai: Wiederbegegnung und Versöhnung M.s mit seiner Frau.
4. Juni: M. stirbt in Stuttgart.

Bibliographie

Werkausgaben

Eduard Mörike: Werke und Briefe. Historisch-kritische Gesamtausgabe. Im Auftrag des Ministeriums für Wissenschaft und Kunst Baden-Württemberg und in Zusammenarbeit mit dem Schiller-Nationalmuseum Marbach a.N. hg. v. Hubert Arbogast, Hans-Henrik Krummacher, Herbert Meyer und Bernhard Zeller. Stuttgart 1967 ff.

1.1 Gedichte. Hg. v. Hans-Henrik Krummacher. 2004.
1.2 Gedichte. Lesarten und Erläuterungen. Hg. v. Hans-Henrik Krummacher.
2.1 Gedichte. Nachlese. Hg. v. Hans-Henrik Krummacher.
2.2 Gedichte. Nachlese. Lesarten und Erläuterungen. Hg. v. Hans-Henrik Krummacher.
3. Maler Nolten. Hg. v. Herbert Meyer. 1967.
4. Maler Nolten. Bearbeitung. Hg. v. Herbert Meyer. 1968.
5. Maler Nolten. Lesarten und Erläuterungen. Hg. v. Herbert Meyer. 1971.
6.1 Erzählungen. Hg. v. Hubert Arbogast und Mathias Mayer.
6.2 Erzählungen. Lesarten und Erläuterungen. Hg. v. Hubert Arbogast und Mathias Mayer.
7. Idylle vom Bodensee. Vermischte Schriften. Hg. v. Rosemarie Nicolai u.a.
8.1 Übersetzungen. 1. Teil: Text. Hg. v. Ulrich Hötzer. 1976.
8.2 Übersetzungen. 2. Teil: Lesarten und Erläuterungen. Nachlese. Hg. v. Ulrich Hötzer. 1993.
8.3 Übersetzungen. 3. Teil: Bearbeitungsanalysen. Hg. v. Ulrich Hötzer. 1981.
9.1 Bearbeitungen fremder Werke. Kritische Beratungen. 1. Teil: Bearbeitung von Gedichten Wilhelm Waiblingers. Hg. v. Hans-Ulrich Simon. 1995.
9.2 Bearbeitungen fremder Werke. Kritische Beratungen. 2. Teil: Beratung Karl Mayers. Hg. v. Hans-Ulrich Simon. 1999.
10. Briefe 1811–1828. Hg. v. Bernhard Zeller und Anneliese Hofmann. 1982.
11. Briefe 1829–1832. Hg. v. Hans-Ulrich Simon. 1985.
12. Briefe 1833–1838. Hg. v. Hans-Ulrich Simon. 1986.
13. Briefe 1839–1841. Hg. v. Hans-Ulrich Simon. 1988.
14. Briefe 1842–1845. Hg. v. Albrecht Bergold und Bernhard Zeller. 1994.
15. Briefe 1846–1850. Hg. v. Albrecht Bergold und Bernhard Zeller. 1999.
16. Briefe 1851–1856. Hg. v. Bernhard Thurn. 2000.
17. Briefe 1857–1863. Hg. v. Albrecht Bergold, Regina Cerfontaine und Hans-Ulrich Simon. 2002.
18. Briefe 1864–1867. Hg. v. Albrecht Bergold, Regina Cerfontaine und Hans-Ulrich Simon.
19. Briefe 1868–1875. Nachträge. Hg. v. Albrecht Bergold, Regina Cerfontaine und Hans-Ulrich Simon.
20.1 Lebenszeugnisse I. Hg. v. Albrecht Bergold, Regina Cerfontaine und Hans-Ulrich Simon.
20.2 Lebenszeugnisse II. Hg. v. Albrecht Bergold, Regina Cerfontaine und Hans-Ulrich Simon.

Mörikes Werke. Kritisch durchgesehene und erläuterte Ausgabe. 3 Bde. Hg. v. Harry Maync. 2. Aufl. Leipzig 1914 (zuerst 1909).

Eduard Mörike: Sämtliche Werke in zwei Bänden. Nach den Originaldrucken zu Lebzeiten Mörikes und nach den Handschriften. Textredaktion: Jost Perfahl. München 1967, 1970. Bd. 1: 6. Aufl. Düsseldorf u.a. 1997, mit Nachwort, Anmerkungen, Bibliographie und Zeittafel von Helmut Koopmann; Bd. 2: 3. Aufl. Düsseldorf u.a. 1996, mit Anmerkungen von Helmut Koopmann.

Eduard Mörike: Werke in einem Band. Hg. v. Herbert G. Göpfert. 5. Aufl. München 1979 (zuerst 1949).

Eduard Mörikes Haushaltungsbuch. Wermutshausen – Hall – Mergentheim. 16. Oktober 1843–27. April 1847. Faksimile der Handschrift erläutert und eingeführt von Hans-Ulrich Simon. Vorwort von Hermann Bausinger. Marbach a.N. 1994.

Briefausgaben

Bauer, Ludwig Amandus: Briefe an Eduard Mörike. Hg. v. Bernhard Zeller und Hans-Ulrich Simon. Marbach a. N. 1976.
Briefwechsel zwischen David Friedrich Strauß und Friedrich Theodor Vischer. 2 Bde. Hg. v. Adolf Rapp. Stuttgart 1952.
Briefwechsel zwischen Eduard Mörike und Friedrich Theodor Vischer. Hg. v. Robert Vischer. München 1926.
Briefwechsel zwischen Eduard Mörike und Moriz v. Schwind. Hg. v. Hanns Wolfgang Rath. 2., um vier Briefe vermehrte Aufl. Stuttgart o. J. [1920].
Briefwechsel zwischen Hermann Kurz und Eduard Mörike. Hg. v. Jakob Baechtold. Stuttgart 1885.
Eduard Mörike und Wilhelm Waiblinger. Eine poetische Jugend in Briefen, Tagebüchern und Gedichten. Hg. v. Heinz Schlaffer. Stuttgart 1994.
Ein Gefühl der Verwandtschaft. Paul Heyses Briefwechsel mit Eduard Mörike. Hg. v. Rainer Hillenbrand. Frankfurt a. M. u. a. 1997.
»Ihr Interesse und das Unsrige …«. Mörike im Spiegel seiner Briefe von Verlegern, Herausgebern und Redakteuren. Mit Erläuterungen und Anmerkungen hg. v. Hans-Ulrich Simon. Stuttgart 1997.
Mörike, Eduard: Brautbriefe. Der Briefwechsel mit Luise Rau. Hg. v. Dietmar Till. Frankfurt a. M. u. a. 2004.
Mörike, Eduard: Briefe. Hg. v. Friedrich Seebaß. Tübingen 1939.
Mörike, Eduard: Unveröffentlichte Briefe. Hg. v. Friedrich Seebaß. 2., umgearb. Aufl. Stuttgart 1945 (zuerst 1941).
Strauß, David Friedrich: Ausgewählte Briefe. Hg. und erläutert v. Eduard Zeller. Bonn 1895.
Theodor Storm – Eduard Mörike. Theodor Storm – Margarethe Mörike. Briefwechsel. Hg. v. Hildburg und Werner Kohlschmidt. Berlin 1978.

Bibliographien, Forschungsberichte

Bohnengel, Julia; Seeling, Claudia: Bibliographie der Forschungsliteratur zu Eduard Mörike 1985–1995. In: Wild, Reiner (Hg.): »Der Sonnenblume gleich steht mein Gemüthe offen«. Neue Studien zum Werk Eduard Mörikes (mit einer Bibliographie der Forschungsliteratur 1985–1995). St. Ingbert 1997, S. 177–189.
Cowen, Roy C.: Eduard Mörike. In: Stapf, Paul (Hg.): Handbuch der deutschen Literaturgeschichte. Abt. 2: Bibliographie. Bd. 9: 19. Jahrhundert. 1830–1880. Bern u. a. 1970, S. 77–81.
Doerksen, Victor G.: Die Mörike-Literatur seit 1950. Literaturbericht und Bibliographie. In: DVjs. 47 (1973), Sonderheft, S. 343–397.
Erwe, Hans-Joachim: Musik nach Eduard Mörike. Teil 1: Wirkungsgeschichte, Analysen und Interpretationen. Teil 2: Ein bibliographisches Verzeichnis. Hamburg 1987.
Günther, Georg: Mörike-Vertonungen. Verzeichnis der Drucke und Handschriften. Marbach a. N. 2002.
Prawer, Siegbert Salomon: Mörike und seine Leser. Versuch einer Wirkungsgeschichte. Mit einer Mörike-Bibliographie und einem Verzeichnis der wichtigsten Vertonungen. Stuttgart 1960.
Scheffler, Walter: Die Sammlung Dr. Fritz Kaufmann. Eduard Mörike und sein Kreis. Allgemeine Autographensammlung. Gesamtverzeichnis der Handschriften, Bilder, Erinnerungsstücke und Drucke. Stuttgart 1967 (zuerst in: SchillerJb. 10 (1966), S. 506–570).
Sengle, Friedrich: Mörike-Probleme. Auseinandersetzung mit der neuesten Mörike Literatur (1945–1959). In: GRM. N. F. 2 (1951/52), S. 36–47.
Storz, Gerhard: Mörike. Ein Forschungsbericht (1951–1969). In: Der Deutschunterricht 21/3 (1969), Beilage, S. 1–8.
Wiebe, Edith: Auswahl-Bibliographie. In: Doerksen, Victor G. (Hg.): Eduard Mörike. Darmstadt 1975, S. 447–457.

Ausgewählte Forschungsliteratur

Auf die Verzeichnung von Titeln zu einzelnen Werken Mörikes wird verzichtet; dazu sei auf die Literaturangaben bei den jeweiligen Artikeln verwiesen.

Adams, Jeffrey Todd: Eduard Mörike's *Orplid*. Myth and the Poetic Mind. Hildesheim 1984.
Adams, Jeffrey Todd (Hg.): Mörike's Muses. Critical Essays on Eduard Mörike. Columbia 1990.
Adorno, Theodor W.: Rede über Lyrik und Gesellschaft. In: ders.: Noten zur Literatur. Hg. v. Rolf Tiedemann. Frankfurt a. M. 1974, S. 48–68 (zuerst 1957).
Albertsen, Leif Ludwig: Mörikes Metra. Flensburg 1999.
Arbogast, Hubert: »… in meinem nahen Versteck«. Über Eduard Mörikes Gedichte. In: SchillerJb. 40 (1996), S. 525–540.
Barnouw, Dagmar: Entzückte Anschauung. Sprache und Realität in der Lyrik Eduard Mörikes. München 1971.
Beste, Gisela: Bedrohliche Zeiten. Literarische Gestaltung von Zeitwahrnehmung und Zeiterfahrung zwischen 1810 und 1830 in Eichendorffs *Ahnung und Gegenwart* und Mörikes *Maler Nolten*. Würzburg 1993.
Blamberger, Günter: Das Geheimnis des Schöpferischen oder: Ingenium est ineffabile? Studien zur Literaturgeschichte der Kreativität zwischen Goethezeit und Moderne. Stuttgart 1991.
Braungart, Wolfgang: Prolegomena zu einer Ästhetik der Geselligkeit (Lessing, Mörike). In: Euphorion 97 (2003), S. 1–18.
Braungart, Wolfgang; Simon, Ralf (Hg.): Eduard Mörike. Ästhetik und Geselligkeit. Tübingen 2004.
Bruch, Herbert: Faszination und Abwehr. Historisch-psychologische Studien zu Eduard Mörikes Roman *Maler Nolten*. Stuttgart 1992.
Burger, Marcella: Die Gegenständlichkeit in Mörikes lyrischem Verhalten. Diss. Heidelberg 1945.
Corrodi, Paul: Das Urbild von Mörikes Peregrina. Kirchheim/Teck 1976 (zuerst 1923).
Doerksen, Victor G. (Hg.): Eduard Mörike. Darmstadt 1975.
Doerksen, Victor G.: Mörikes Elegien und Epigramme. Eine Interpretation. Zürich 1964.
Dorner, Franz: Eduard Mörike und sein Verhältnis zur Antike. Diss. Wien 1963.
Eduard Mörike: 1804–1875–1975. Gedenkausstellung zum 100. Todestag im Schiller-Nationalmuseum Marbach a. N. vom 21. März – 10. November 1975. Texte und Dokumente. Hg. v. Bernhard Zeller. 2., durchges. Aufl. Stuttgart 1990 (zuerst 1975).
Eduard Mörike und seine Freunde. Eine Ausstellung aus der Mörike-Sammlung Dr. Fritz Kauffmann. Stadtgeschichtliche Sammlungen im Wilhelms-Palais, Stuttgart. Ausstellung und Katalog: Fritz Kauffmann. Stuttgart 1965.
Erwe, Hans-Joachim: Musik nach Eduard Mörike. Teil 1: Wirkungsgeschichte, Analysen und Interpretationen. Teil 2: Ein bibliographisches Verzeichnis. Hamburg 1987.
Fischer, Karl: Eduard Mörikes künstlerisches Schaffen und dichterische Schöpfungen. Berlin 1903.
Fliegner, Susanne: Der Dichter und die Dilettanten. Eduard Mörike und die bürgerliche Geselligkeitskultur des 19. Jahrhunderts. Stuttgart 1991.
Goes, Albrecht: Mörike. 2., neu durchges. Aufl. Stuttgart 1954 (zuerst 1938).
Graevenitz, Gerhart von: Eduard Mörike. Die Kunst der Sünde. Zur Geschichte des literarischen Individuums. Tübingen 1978.
Hart Nibbrig, Christiaan L.: Verlorene Unmittelbarkeit. Zeiterfahrung und Zeitgestaltung bei Eduard Mörike. Bonn 1973.
Heydebrand, Renate von: Eduard Mörikes Gedichtwerk. Beschreibung und Deutung der Formenvielfalt und ihrer Entwicklung. Stuttgart 1972.
Höllerer, Walter: Mörike. In: ders.: Zwischen Klassik und Moderne. Lachen und Weinen in der Dichtung einer Übergangszeit. Stuttgart 1958, S. 321–356.
Hötzer, Ulrich: Mörikes heimliche Modernität. Hg. v. Eva Bannmüller. Tübingen 1998.
Holthusen, Hans Egon: Eduard Mörike in Selbst-

zeugnissen und Bilddokumenten. Reinbek bei Hamburg ¹⁰1997 (zuerst 1971).

Kittstein, Ulrich: Zivilisation und Kunst. Eine Untersuchung zu Eduard Mörikes *Maler Nolten*. St. Ingbert 2001.

Kluckert, Ehrenfried: Eduard Mörike. Sein Leben und sein Werk. Köln 2004.

Koschlig, Manfred: Mörike in seiner Welt. Stuttgart 1954.

Krummacher, Hans-Henrik: Mitteilungen zur Chronologie und Textgeschichte von Mörikes Gedichten. In: SchillerJb. 6 (1962), S. 253–310.

Krummacher, Hans-Henrik: Zu Mörikes Gedichten. Ausgaben und Überlieferung. In: SchillerJb. 5 (1961), S. 267–344.

Kunz, Wiltrud: Musik in Eduard Mörikes Leben und Schaffen. Diss. München 1951.

Lahnstein, Peter: Eduard Mörike. Leben und Milieu eines Dichters. München 1986.

Liede, Alfred: Das dämonische Spiel. In: ders.: Dichtung als Spiel. Bd. 1. Berlin 1963, S. 27–72.

Luserke-Jaqui, Matthias: Eduard Mörike. Ein Kommentar. München 2004.

Mare, Margaret L.: Eduard Mörike. The man and the poet. London 1957.

Matt, Peter von: Liebesverrat. Die Treulosen in der Literatur. München u. a. 1989.

Mayer, Birgit: Eduard Mörike. Stuttgart 1987.

Mayer, Birgit: Eduard Mörikes Prosaerzählungen. Frankfurt a. M. u. a. 1985.

Mayer, Gregor Marianus: Eduard Mörike – der »aufgelegte SchweinIgel« mit schöner Seele. Reinheit und Obszönität im Spannungsfeld von sinnlicher und poetischer Erfüllung. Studien zur Entwicklung der Liebeskonzeption in Mörikes Lyrik von 1819 bis 1869 – mit dem Versuch einer literaturtheoretischen Fundierung von Liebe, Erotik und Sexualität in fiktionalen Texten. Kaufering 1989.

Mayer, Mathias: Eduard Mörike. Stuttgart 1998.

Mayer, Mathias (Hg.): Gedichte von Eduard Mörike. Stuttgart 1999.

Maync, Harry: Eduard Mörike. Sein Leben und Dichten. Stuttgart ⁵1944 (zuerst 1902).

Meyer, Fredy: Eduard Mörike als politischer Dichter. In: DVjs. 75 (2001), S. 387–421.

Meyer, Herbert: Eduard Mörike. Stuttgart 1950.

Meyer, Herbert: Eduard Mörike. 3., verb. und erg. Aufl. Stuttgart 1969 (zuerst 1961).

Meyer-Guyer, Katharina: Eduard Mörikes Idyllendichtung. Diss. Zürich 1977.

Meyer-Krentler, Eckhardt: Willkomm und Abschied – Herzschlag und Peitschenhieb. Goethe – Mörike – Heine. München 1987.

Miyashita, Kenzô: Mörikes Verhältnis zu seinen Zeitgenossen. Bern u. a. 1971.

Mörike, Klaus D.: Eduard Mörike als Patient. Versuch einer Pathographie. In: SchillerJb. 32 (1988), S. 191–213.

Pillokat, Udo: Verskunstprobleme bei Eduard Mörike. Hamburg 1969.

Prawer, Siegbert S.: Mörike und seine Leser. Versuch einer Wirkungsgeschichte. Mit einer Mörike-Bibliographie und einem Verzeichnis der wichtigsten Vertonungen. Stuttgart 1960.

Pschera, Alexander: Das Zeitalter der Idylle und die Ära der Kunst. Ästhetisches Ich und erlebter Raum in Mörikes Epik. Diss. Heidelberg 1992.

Quak, Udo: Eduard Mörike. Reines Gold der Phantasie. Berlin 2004.

Rennert, Hal H.: Eduard Mörike's reading and the reconstruction of his extant library. New York u. a. 1985.

Rheinwald, Kristin: Eduard Mörikes Briefe. Werkstatt der Poesie. Stuttgart u. a. 1994.

Rückert, Gerhard: Mörike und Horaz. Nürnberg 1970.

Rupprecht, Gerda: Mörikes Leistung als Übersetzer aus den klassischen Sprachen. Gezeigt durch Vergleiche mit anderen Übersetzungen, besonders mit den von ihm neu gestalteten Übersetzungen. München 1985 (zuerst 1958).

Schlaffer, Heinz: Lyrik im Realismus. Studien über Raum und Zeit in den Gedichten Mörikes, der Droste und Liliencrons. Bonn ³1984 (zuerst 1966).

Schüpfer, Irene: »Es war, als könnte man gar nicht reden«. Die Kommunikation als Spiegel von Zeit- und Kulturgeschichte in Eduard Mörikes *Maler Nolten*. Frankfurt a. M. u. a. 1996.

Sengle, Friedrich: Biedermeierzeit. Deutsche Literatur im Spannungsfeld zwischen Restauration und Revolution 1815–1848. Bd. 1: Allgemeine Voraussetzungen, Richtungen, Darstellungsmittel. Stuttgart 1971. Bd. 2: Die Formenwelt. Stuttgart 1972. Bd. 3: Die Dichter. Stuttgart 1980.

Simon, Hans-Ulrich: »Göttlicher Mörike!« Mörike und die Komponisten. Stuttgart 1988.

Simon, Hans-Ulrich: Mörike-Chronik. Stuttgart 1981.

Slessarev, Helga: Eduard Mörike. New York 1970.

Spanaus, Angela: »Zurückblickende Wehmut«. Die Welt der Stimmungen bei Eduard Mörike. Trier 1999.

Steinmetz, Horst: Eduard Mörikes Erzählungen. Stuttgart 1969.

Storz, Gerhard: Eduard Mörike. Stuttgart 1967.

Strauss, Anne Ruth: Mörikes Gelegenheitslyrik. Zum Verhältnis von Kern und Peripherie in seinem dichterischen Werk. Diss. Marburg 1960.

Tscherpel, Roland: Mörikes lemurische Possen. Die Grenzgänger der schönen Künste und ihre Bedeutung für eine dem *Maler Nolten* immanente Poetik. Königstein/Taunus 1985.

Tscherpel, Rudolf: Die rhythmisch-melodische Ausdrucksdynamik in der Sprache Eduard Mörikes. Diss. Tübingen 1964.

Unger, Helga: Mörike-Kommentar zu sämtlichen Werken. Mit einer Einführung von Benno von Wiese. München 1970.

Wiese, Benno von: Eduard Mörike. Stuttgart u. a. 1950.

Wild, Reiner (Hg.): »Der Sonnenblume gleich steht mein Gemüthe offen«. Neue Studien zum Werk Eduard Mörikes. Mit einer Bibliographie der Forschungsliteratur 1985–1995. St. Ingbert 1997.

Wolf, Thomas: Brüder, Geister und Fossilien. Eduard Mörikes Erfahrungen der Umwelt. Tübingen 2001.

Zeller, Bernhard: Eduard Mörike. In: Grimm, Gunter E.; Max, Frank Rainer (Hg.): Deutsche Dichter. Leben und Werk deutschsprachiger Autoren. Bd. 5: Romantik, Biedermeier und Vormärz. Stuttgart 1989, S. 480–499.

Nachweis der Illustrationen

Alle abgebildeten Illustrationen Mörikes stammen aus der Bildabteilung des Schiller-Nationalmuseums/Deutsches Literaturarchiv Marbach.

S. 228 SNM Inv.Nr. 10319: »Berlingen bei Konstanz« (ca. 1851) – 9,9 × 15,4 cm. Bleistiftzeichnung.
SNM Inv.Nr. 1730: Kirche und Pfarrhaus in Ochsenwang (um 1832/33) – 11,8 × 21,6 cm. Federzeichnung.

S. 229 SNM Inv.Nr. 5990: Das Bopserbrünnele in Stuttgart (1859) – 10,3 × 9,1 cm. Bleistiftzeichnung. Aufgeklebt auf ein größeres Blatt (15,9 × 11,7 cm) und mit schwarzer Tinte umrandet.

S. 230 SNM Inv.Nr. 1632: Petrefakten (um 1844/45) – 20,4 × 16,1 cm. Bleistift- und Federzeichnung.

S. 231 SNM Inv.Nr. 7090: »Mein Meister in Lorch« (Herbst 1867) – 20,9 × 16 cm. Bleistift- und Federzeichnung.

S. 232 SNM Inv.Nr. 4611: »Beamter mit beweglichen Ohren« und »Stiefel Reverenzen« – 19,4 × 15,1 cm; das runde, aufgeklebte Blatt mit dem Beamten mit beweglichen Ohren hat den Durchmesser 8,2 cm. Bleistift- und Federzeichnung.

S. 233 SNM Inv.Nr. 33268a: »Der böse Basilist« (1874) – 22,1 × 14,1 cm. Federzeichnung.

S. 234 SNM Inv.Nr. 12063: »An den vollen Tisch des Feldes hat sich schon der Hirsch gesezt« – 5,8 × 8,1 cm. Bleistiftzeichnung, in den vier Ecken eingesteckt in ein größeres Doppelblatt (21,0 × 16,5 cm).
SNM Inv.Nr. 16730: Zwiegespräch zwischen Mönch und Teufel (Ausschnitt) – 20,7 × 5,6 cm. Federzeichnung (gezeichnet auf den Anhängerstreifen für einen Arzneikolben).

S. 235 SNM Inv.Nr.1771: Alte Frau mit Katze – 15,9 × 10,2 cm. Bleistiftzeichnung.

Verzeichnis der Beiträgerinnen und Beiträger

Andresen, Matthies (Mannheim): Vertonungen

Arnold-de Simine, Silke (Mannheim): Bildende Kunst; *Lucie Gelmeroth*; Mörike als Zeichner; Illustrationen

Böhn, Andreas (Karlsruhe): *Der alte Thurmhahn. Idylle*; *Idylle vom Bodensee*

Braungart, Georg (Tübingen): Naturlyrik; *Im Frühling*; *Der Petrefaktensammler. An zwei Freundinnen*

Braungart, Wolfgang (Bielefeld): *Ach nur einmal noch im Leben!*; *Denk' es, o Seele!*; *Bilder aus Bebenhausen*

Evers, Daniela (Bückeburg): Antike; Antikisierende Gedichte; *Der Schatz*; Übersetzungen

Hager, Stephan (Tübingen): Zeitgenössische Literatur

Kittstein, Ulrich (Mannheim): Liebeslyrik; Balladen; *Um Mitternacht*; *An eine Äolsharfe*; *Die schöne Buche*; *Maler Nolten*; *Fragment eines religiösen Romans*; *Der Bauer und sein Sohn*; *Die Hand der Jezerte*; *Mozart auf der Reise nach Prag*; Dramatische Werke; Zur Forschungsgeschichte

Krummacher, Hans-Henrik (Mainz): Die Überlieferung der Gedichte

Landwehr, Jürgen (Mannheim): *Gesang Weyla's*; *Götterwink*; Orplid-Werk; Wispeliaden

Mayer, Mathias (Augsburg): Musik; *Der Feuerreiter*; *Mein Fluß*; *Wald-Idylle. An J. M.*; *Märchen vom sichern Mann*; *Erinna an Sappho*; *»Lang, lang ist's her«*; *Die Zeitgenossen*

Putzer, Walter (Regensburg): *Besuch in Urach*; *Gebet*; *Göttliche Reminiscenz*

Reck, Alexander (Stuttgart): Beziehungen; Vermischte Schriften; Bearbeitungen

Reusch, Jutta (Marbach): Briefwerk

Rohmer, Ernst (Regensburg): Zeitgenössische Literatur

Till, Dietmar (Tübingen): 18. Jahrhundert, Klassik und Romantik; *Gesang zu zweien in der Nacht*

Vögele, Frank (Ladenburg): *Die Hand der Jezerte*; *Das Stuttgarter Hutzelmännlein*

Weckler, Simone (Mannheim): *Begegnung/Erstes Liebeslied eines Mädchens/Der Gärtner*; *Das verlassene Mägdlein*; *Auf eine Christblume*; *Auf eine Lampe*

Wild, Bettina (Heidelberg): *Entschuldigung. An Gustav Schwab*; *Er ist's*; *Die Schwestern*; *An meinen Arzt, Herrn Dr. Elsäßer*; *An den Vater meines Pathchens*

Wild, Inge (Mannheim): Eduard Mörike. Sein Leben und seine Zeit; Gelegenheitsgedichte; Humoristische Gedichte; *Josephine*; *Sonette. An L.*; *Verborgenheit*; *Waldplage*; *An Longus*; *An Wilhelm Hartlaub/Ländliche Kurzweil. An Constanze Hartlaub*; *Auf ein Ei geschrieben*; *Erbauliche Betrachtung*

Wild, Reiner (Mannheim): Eduard Mörike. Sein Leben und seine Zeit; Mörike als Lyriker; *Erinnerung. An C.N.*; *Nächtliche Fahrt*; *Der junge Dichter*; *Peregrina I-V*; *An einem Wintermorgen, vor Sonnenaufgang*; *Septembermorgen*; *Ein artig Lob*; *Auf einer Wanderung*

Register

Werkregister

Verzeichnet sind die im Text, nicht jedoch die in den Literaturangaben erwähnten Werke Mörikes; die halbfett gedruckten Ziffern verweisen auf die einschlägigen Artikel.

a) Verzeichnis der Werke

Ahasverus 55, 209
Anakreon und die sogenannten anakreontischen Lieder 17, 219, 222, 259
Aus dem Gebiete der Seelenkunde 218

Classische Blumenlese 47, 62, 86, 219–222, 258

Das blinde Mädchen 55, 209
Das Fest im Gebirge 55, 209
Das Stuttgarter Hutzelmännlein VII, 3, 5, 7, 25, **185–191**, 214, 238, 241, 248–250, 253, 258
Der Bauer und sein Sohn **183 f.**, 249, 258 f.
Der Complimenten-Macher 214
Der lezte König von Orplid 14, 54, 85, 107, 128, 159, 163, 165, 167, 172 f., 176, 208, **211 f.**, 213, 238 f., 248, 258
Der Schatz 38, 86, **181–183**, 185–187, 240, 254, 258 f.
Der Spuk im Pfarrhause zu Cleversulzbach 41, 218
Die Hand der Jezerte 3, **184 f.**, 258 f.
Die Regenbrüder 16, 23, 54 f., 209 f., 240, 245, 248, 258
Die umworbene Musa 209
Doppelte Seelentätigkeit 218

Eine Taglöhnerin 218
Enzio 207
Erinnerung an Friedrich Hölderlin 48, 216
Erinnerungen an Erlebtes 40, 117, 216
Erklärung des Titelkupfers 215

Fragment eines religiösen Romans 37, **178 f.**

Georg Michael E. 218
Gespräch zwischen mir [...] und Herrn Professor Schwab 216

Haushaltungsbuch 2, 227, 236
Hausmusik 236
Heraustreten aus sich selbst bei Sterbenden 218

Historie von der schönen Lau 18, 24, 42, 186 f., 189 f., 242, 248–250
Hutzelmann-Brief 214 f.

Idylle vom Bodensee VII, 2, 5, 22, 41, 54, 89, 122, **203–206**, 241, 258
Iris 2, 179, 181, 183, 208, 210 f., 215, 248, 258
Ist dem Christen erlaubt, zu schwören 217

Jahrbuch schwäbischer Dichter und Novellisten 22, 42, 186, 215, 226, 258

Lucie Gelmeroth 178, **179–181**, 240, 249, 254, 258 f.

Maler Nolten VII, 2, 4 f., 7, 9, 14, 16–18, 22 f., 25, 37–39, 41 f., 52, 57, 61, 66, 69, 75, 79 f., 85, 88, 102, 104–107, 115 f., 120 f., 123, 125, 127 f., **157–178**, 179, 204, 207 f., 211, 213, 219, 224, 238 f., 243 f., 248, 251, 253 f., 257
Miß Jenny Harrower 42, 178, 179, 240, 257
Mozart auf der Reise nach Prag 3, 5, 7, 13, 17 f., 23 f., 51–53, 149 f., **192–202**, 242, 244, 246, 248, 253 f., 258

Probe aus dem König Rother 24, 249

Quid ex Nov. Testamenti 217

Schicksal oder Vorsehung 172, 208, 211
Sommersprossen von Liebmund Maria Wispel 96, 213
Spillner 107, 209
Spukgeschichte von Mörikes Urgroßmutter 218

Theokritos, Bion und Moschos 17, 36, 219, 221, 258

Vier Erzählungen 179, 181, 183 f., 259

Wispel auf Reisen 213
Wispeliaden 21, 96, 98, **213 f.**

Zu meiner Investitur als Pfarrer in Cleversulzbach 1, 3, 6, 216 f.
Zwei mystische Thatsachen 218

b) Verzeichnis der Gedichttitel und -anfänge

Ach nur einmal noch im Leben 7, 53, 65, 67, **143 f.**, 192

Ach, ich käme ja mit Freuden 93
Ach, muß der Gram mit dunkelm Kranz 64
Ach, wenn's nur der König auch wüßt' 245f., 248
Agnes 67, 79, 240, 245, 247
Akme und Septimius 62, 88
Akme, seine Geliebte, auf dem Schooße 62, 88
Alles mit Maß 88
Als der Winter die Rosen geraubt 81
Als Dichtel hab ich ausgetritten VIII
Als Junggesell, du weißt ja 71, 144
Als wie im Forst ein Jäger 128, **147f.**
Am frischgeschnittnen Wanderstab 110
Am Kirnberg *siehe* Bilder aus Bebenhausen
Am langsamsten von allen Göttern wandeln wir 63, 220
Am Rheinfall 63
Am schwarzen Berg da steht der Riese 59, 77
Am Waldsaum kann ich lange Nachmittage 59, 63, 66, 79, 167 *siehe auch* An L.
An Agnes Hartlaub 76
An Clara 92
An den Schlaf 219, 248
An den Vater meines Pathchens 90, **146f.**
An denselben 90
An die Geliebte 10, 79 *siehe auch* An L.
An eine Äolsharfe 62f., 67, 75, 88, 110, **129–131**, 245, 248
An eine Lieblingsbuche meines Gartens 36, 59, 88, 93
An einem Wintermorgen, vor Sonnenaufgang 60f., 67, 75, 101, **108–110**, 111, 121, 243
An einen kritischen Freund 98
An Elise 64
An Fräulein Lina Lade 65
An Friedr. Vischer, Professor der Ästhetik 98
An Gretchen 92
An H. Kurtz 23, 89
An J. G. Fischer 91
An Karl Mayer 42, 90
An L. 59, 63, 66, 79, **123–125**, 167
An Longus 89, 95, 97, **134f.**
An Luise *siehe* An L.
An M. 123
An meine Mutter 62, 93
An meinen Arzt 62, 92f., **132f.**
An meinen Vetter 90
An Moriz von Schwind 55, 93, 249
An Otto Scherzer in Tübingen 244
An Philomele 90, 93, 97, 247
An Professor Vischer 98
An Wilhelm Hartlaub 51, 92, **137f.**
Angelehnt an die Epheuwand 62f., 67, 75, 88, 110, **129–131**, 245, 248
Apostrophe 39

Auf das Grab von Schillers Mutter 36, 62, 88, 93
Auf den Arrius 62, 88
Auf die Prosa eines Beamten 89
Auf ein altes Bild 76
Auf ein Ei geschrieben 65, **140f.**
Auf ein Kind 65
Auf eine Christblume 63, 76, 134, **135–137**
Auf eine Lampe 56, 63, 67, **148f.**, 252
Auf einen Clavierspieler 51
Auf einen Redner 89
Auf einer Wanderung: Ich habe Kreuz und Leiden 145
Auf einer Wanderung: In ein freundliches Städtchen **145f.**
Auf ihrem Leibrößlein 63, 80, 82, **113–115**, 246f.
Auf zwei Sängerinnen 145
Auf! im traubenschwersten Thale 59, 87, 239
Aufgeschmückt ist der Freudensaal 78 *siehe auch* Peregrina
Aus Anlaß der Einladung 93
Aus dem Leben *siehe* Bilder aus Bebenhausen

Begegnung 59, **113–115**
Bei euren Taten, euren Siegen 8, 46
Bei Nacht im Dorf der Wächter rief Elfe 96, 244, 248
Besuch in der Carthause 71, 144
Besuch in Urach 10, 60f., 68, 75, **110f.**, 247
Bilder aus Bebenhausen 56, 64, 67, 71, 86, 90, **154–156**, 156
Bleistift nahmen wir mit und Zeichenpapier *siehe* Bilder aus Bebenhausen
Böses nur sagte der Schelm von Jedermann 219
Brunnen-Capelle am Kreuzgang *siehe* Bilder aus Bebenhausen

Cantate bei Enthüllung der Statue Schillers 36, 55, 93, 240, 245, 258
Capitelsaal *siehe* Bilder aus Bebenhausen
Charwoche 123f.
Chor jüdischer Mädchen 209
Corinna 149
Crux fidelis 72

Da dein Bruder 92
Das Bacchusfest 239
Das Hochamt war **116f.**
Das süße Zeug ohne Saft und Kraft 222
Das verlassene Mägdlein 59f., 67, 79, 82, **121**, 240, 245–247
Datura suaveolens 81
Dein Liebesfeuer 219, 244–246
Dem gefangenen, betrübten Manne 42, 90
Dem heitern Himmel ew'ger Kunst entstiegen 36, 55, 93, 240, 245, 258

Werkregister

Dem Herrn Prior der Carthause J. 144
Den alten Meister würdig zu geleiten 245
Denk' es, o Seele 76, 123, **149f.**, 200, 245–247
Der alte Thurmhahn VII, 5, 7, 122, 128, **150–152**, 249f.
Der Feuerreiter 60, 80, 82–85, **102f.**, 163, 167, 244–246
Der Gärtner 63, 80, 82, **113–115**, 246f.
Der Himmel glänzt vom reinsten Frühlingslichte *siehe* An L.
Der junge Dichter 60, 74, **101f.**, 109
Der jüngsten in dem weit gepries'nen Schwestern-Chor 92
Der Knabe und das Immlein 245
Der Knabe, der zehn Jahre später dir ein Freund 90, **146f.**
Der König bei der Krönung 246
Der Petrefaktensammler 65, 76, **141f.**
Der Schäfer und sein Mädchen 72
Der Schatten 79, 82f., 86
Der Spiegel dieser treuen, braunen Augen 2, 4, 59–61, 63, 66f., 78–80, 100f., 103, 117, 123f., 167, 172f., 176, 238–240, 246
Der Tambour 96, 246
Der Zauberleuchtthurm 84 *siehe auch* Schiffer- und Nixen-Märchen
Derweil ich schlafend lag 62, 79, 245
Des Schloßküpers Geister zu Tübingen 82–84
Des V^{tus} Horazius Flakkus aus Wenusia 96
Des Wassermanns sein Töchterlein 84 *siehe auch* Schiffer- und Nixen-Märchen
Des Zauberers sein Mägdlein saß 84 *siehe auch* Schiffer- und Nixen-Märchen
Die Anti-Sympathetiker 41
Die Elemente 59, 77
Die Freundin immer neu zu schmücken 64
Die Geister am Mummelsee 82f., 85, 244
Die Herbstfeier 59, 87, 239
Die Liebe, sagt man, steht am Pfahl gebunden *siehe* Peregrina
Die Märchen sind halt Nürnberger Waar' 98
Die schlimme Greth und der Königssohn 80, 82–84
Die schöne Buche 63, 76, 90, **138–140**
Die Schwestern 62f., **131f.**, 245, 247
Die Soldatenbraut 245f., 248
Die Tochter der Heide 79, 82, 246
Die traurige Krönung 82–85, 181
Die Visite 50, 97
Dieser schwellende Mund 88
Dieses Morgens sanfte Stille 257
Dir angetrauet am Altare, 246
Drei Uhr schlägt es im Kloster *siehe* Bilder aus Bebenhausen

Droben im Weinberg, unter dem blühenden Kirschbaum 89, 133
Du bist Orplid, mein Land 82, **125**, 208, 211f., 247
Du mich mit Perlschrift drucken 96
Durchs Fenster schien der helle Mond herein 51, 92, **137f.**

Ebendaselbst *siehe* Bilder aus Bebenhausen
Ein Angedenken 64
Ein artig Lob **133**, 240
Ein artig Lob, du wirst es nicht verwehren **133**, 240
Ein Irrsal kam in die Mondscheingärten 78 *siehe auch* Peregrina
Ein Schifflein auf der Donau schwamm 84 *siehe auch* Schiffer- und Nixen-Märchen
Ein Stündlein wohl vor Tag 62, 79, 245
Ein Tännlein grünet wo 76, 123, **149f.**, 200, 245–247
Ein Traum 100
Einem Musiker (Gustav Pressel) 245
Einen Morgengruß ihr früh zu bringen 59, 65, 80, 97
Eingehüllt in ihre Daunenfeder 96
Einmal noch an eurer Seite 65, 76, **141f.**
Elfenlied 96, 244, 248
Entschuldigung. An Gustav Schwab 94, **117f.**
Epistel 89
Er ist's 60f., **120**, 245–247
Erbauliche Betrachtung 128, **147f.**
Erinna an Sappho 24, 64, 71, 86, 90, **152–154**, 156, 249
Erinnerung. An C. N. 4, 61, 67, **99f.**, 102, 109
Erstes Liebeslied eines Mädchens 59, 80, **113–115**
Erzengel Michaels Feder 55, 249
Es gibt ein altes Liebeslied, vom Norden kommt's 67, 153, 156
Es graut vom Morgenreif 75, 121
Es war ein König Milesint 82–85, 181
Eulenspiegel an Kreuzgang *siehe* Bilder aus Bebenhausen

Früh im Wagen 75, 121
Früh, schon vor der Morgenröte 64
Früh, wann die Hähne krähn 59f., 67, 79, 82, **121**, 240, 245–247
Frühling läßt sein blaues Band 60f., **120**, 245–247
Fußreise 110

Gang zwischen den Schlafzellen *siehe* Bilder aus Bebenhausen
Ganz verborgen im Wald kenn' ich ein Plätzchen 63, 76, 90, **138–140**
Gebet 61, 126, **127f.**, 247
Gelassen stieg die Nacht an's Land 60, 67, 76, **111f.**, 246–248, 250

Gesang Weyla's 82, **125**, 208, 211 f., 247
Gesang zu zweien in der Nacht 59 f., 75, 78, **107 f.**
Gestern, als ich vom nächtlichen Lager 62, 93
Gott grüß' dich, junge Müllerin 80, 82–84
Götterwink 63, 81, 117, **142 f.**
Göttliche Reminiscenz 8, 44, 67 f., 76, 141 f., **144 f.**
Grabschrift des Pietro Aretino 219

Halte dein Herz, o Wanderer 63
Hassen und lieben zugleich muss ich 62, 88, 92
Hat der Dichter im Geist ein köstliches Liedchen 63, 81, 88
Häusliche Szene 65, 89, 97, 220
Hermippus 71, 93
Herr Dr. B. und der Dichter 89
Herr! schicke was du willt 61, 126, **127 f.**, 247
Herrn Hofrat Dr. Krauß 92
Heute dein einsames Tal durchstreifend 56, 64, 67, 71, 86, 90, 154, 156
Hier einst sah man die Scheiben gemalt *siehe* Bilder aus Bebenhausen
Hier lieg' ich auf dem Frühlingshügel 59, 61, **115 f.**
Hier, Liebwertheste, seht Ihr einen kleinen 71
Hinter dem Bandhaus lang hin *siehe* Bilder aus Bebenhausen
Holdeste Dryas, halte mir still 36, 59, 88, 93
Hör' Er nur einmal, Herr Vetter 90
Hört ihn und seht sein dürftig Instrument 51
Hundertfach wechseln die Formen *siehe* Bilder aus Bebenhausen

Ich bin ein schlecht Gefäß aus Erden 65
Ich habe Kreuz und Leiden 145
Ich hatt' ein Vöglein, ach wie fein 79, 246 f.
Ich sah eben ein jugendlich Paar 81
Ich sah mir deine Bilder einmal wieder an 55, 93, 249
Ich sahe nächtlich hinter Traumgardinen 53, 192
Ich sehe dich mit rein bewußtem Willen *siehe* An L.
Ich von den Schwestern allein *siehe* Bilder aus Bebenhausen
Ihr mehr als tausendjährigen 39
Im Fenster jenes alt verblich'nen Gartensaals 7, 53, 65, 67, 143, 192
Im Frühling 59, 61, **115 f.**
Im Nebel ruhet noch die Welt 60 f., 76, **112 f.**, 245, 248
Im Park 63
Im Walde däucht mich Alles miteinander schön 36, 76, **133 f.**
Im Weinberg 89, 133
Im Weinberg auf der Höhe 245
Im Winterboden schläft, ein Blumenkeim 134, **135–137**

In der Char-Woche 123
In der Frühe 121, 246 f.
In der Hütte am Berg 67, 101
In ein freundliches Städtchen tret' ich ein **145 f.**
In Gedanken an unsere deutschen Krieger 8, 46
In grüner Landschaft Sommerflor 76
In's alten Schloßwirths Garten 82–84
Inschrift auf eine Uhr mit den drei Horen 63, 220

Jägerlied 62, 245 f.
Jenes war zum letztemale 4, 61, 67, **99 f.**, 102, 109
Jesu benigne 244 f.
Johann Kepler 62, 93
Joli gratuliert zum 10. Dez. 1840 97
Joseph Haydn 52, 62
Josephine **116 f.**
Jung Volkers Lied 246
Jüngst im Traum ward ich getragen 79, **100 f.**, 102, 105, 109
Jüngst, als unsere Mädchen 92

Kann auch ein Mensch des andern auf der Erde 79, 124
Kein Schlaf noch kühlt das Auge mir 121, 246 f.
Keine Rettung 81
Kirchengesang zu einer Trauung 245
Kleine Gäste, kleines Haus 96, 246
Klepperfelder Idylle. An Constanze Hartlaub 137
Künftig, so oft man dem Meister 91
Kunst und Natur *siehe* Bilder aus Bebenhausen
Kunst! o in deine Arme 81

L. Richters Kinder-Symphonie 71
Ländliche Kurzweil 92, **137 f.**, 205
Lang, lang ist's her 67, 153, **156 f.**
Laß, o Welt, o laß mich sein 61, **126 f.**, 245
Laßt, wie Opferrauch 245
Leichte Beute 63, 81, 88
Lieber Vetter! Es ist eine 90
Liebesglück *siehe* An L.
Lied vom Winde 78
Lose Waare 63, 81, 88

Mädchen am Waschtrog *siehe* Bilder aus Bebenhausen
Manche Nacht im Mondenscheine 66, 82, 84, 243
Mancherlei sind es der Gaben 88
Manchmal ist sein Humor altfränkisch 52, 62
Märchen vom sichern Mann 54 f., 88, 96, **128 f.**, 147, 208, 220, 238, 249
Margareta 64
Maschinka 88
Mausfallen-Sprüchlein 96, 246
Mein Fluß 60, 76, 78, **118–120**

Mein Kind, in welchem Krieg 65
Mir i'st mei Herz so schwèr 72
Mit Blumen aus dem Klostergarten 64
Mit einem Anakreonskopf und einem Fläschchen Rosenöl 81

Nach der Seite des Dorfs 36, 62, 88, 93
Nachmittags *siehe* Bilder aus Bebenhausen
Nächstens wird auf grünen Wiesen 76
Nächtlich erschien mir im Traum 89
Nächtliche Fahrt 79, **100f.**, 102, 105, 109
Nachts 107
Nachts auf einsamer Bank saß ich 63, 81, 117, **142f.**
Neue Liebe 79, 124
Nimmersatte Liebe 80
Nixe Binsefuß 84 *siehe auch* Schiffer- und Nixen-Märchen
Noch unverrückt, o schöne Lampe 56, 63, 67, **148f.**, 252
Nur fast so wie im Traum ist mir's geschehen 10, 60f., 68, 75, **110f.**, 247
Nur wenn der treffliche Meister 244
Nur zu *siehe* An L.

O bleibet doch, o wartet noch 94, **117f.**
O flaumenleichte Zeit der dunkeln Frühe 60f., 67, 75, 101, **108–110**, 111, 121, 243
O Fluß, mein Fluß im Morgenstrahl 60, 76, 78, **118–120**
O Woche, Zeugin heiliger Beschwerde 123f.
Oft hat mich der Freund vertheidigt 98
Ordnunk sagte mein trefflicher Arrius 62, 88
Ostern ist zwar schon vorbei 65, **140f.**

Peregrina 2, 4, 59–61, 63, 66f., 78–80, 100f., **103–107**, 117, 123f., 167, 172f., 176, 238–240, 246
Philister kommen angezogen 50, 97

Recht hübsche Poesie; nein, ohne Schmeichelei! 89
Restauration 222
Ritterliche Werbung 219
Rosenzeit! wie schnell vorbei 67, 79, 240, 245, 247

Sarkasme. An meinen Bruder, den Uchrucker 96
Sausewind, Brausewind 78
Schau, wie, an Altersweisheit 96
Scherz: Einen Morgengruß ihr früh zu bringen 59, 65, 80, 97
Scherz: Nächtlich erschien mir im Traum 89
Schiffer- und Nixen-Märchen 66, 82, 84, 243
Schlaf! süßer Schlaf 219, 248
Schläfst du schon, Rike 65, 89, 97, 220
Schlank und schön ein Mohrenknabe 60

Schön prangt im Silberthau die junge Rose *siehe* An L.
Schönes Gemüt 77
Schön-Rohtraut 62, 80, 82f., 85, 246
Sehet ihr am Fensterlein 60, 80, 82–85, **102f.**, 163, 167, 244–246
Sei mir, Dichter, willkommen 23, 89
Sei, o Theokritos, mir, du Anmuthsvollster 62, 88, 93, 220
Seltsamer Traum 53, 192
Seltsames wird von Hermippus 71, 93
Septembermorgen 60f., 76, **112f.**, 245, 248
Serenade 96
Seufzer 219, 244–246
Sie haben goldne Verse mir 144
Sieh, der Kastanie kindliches Laub 63
Siehe! da stünd' ich wieder 62, 92f., **132f.**
Siehe, von allen den Liedern 62, 93
So ist die Lieb' 80
So viel emsige Bienlein 65
Soll ich lang nach Wünschen suchen 97
Soll ich vom sicheren Mann ein Märchen erzählen 54f., 88, 96, **128f.**, 147, 208, 220, 238, 249
Sommerlich hell empfängt dich ein Saal *siehe* Bilder aus Bebenhausen
Sommer-Refectorium *siehe* Bilder aus Bebenhausen
Sonette *siehe* An L.
Spiegelvers 240 *siehe* Ein artig Lob
Statt echten Prachtjuwels 91
Stimme aus dem Glockenthurm *siehe* Bilder aus Bebenhausen
Suschens Vogel 79, 246f.

Tag und Nacht 60
Theokrit 62, 88, 93, 220
Tibullus 62, 81, 88, 93
Tinte! Tinte, wer braucht 63, 81, 88
Tochter des Walds, du Lilienverwandte, 63, 76, 134, **135–137**
Tonleiterähnlich steiget dein Klaggesang 90, 93, 97, 247

Um die Herbstzeit, wenn man Abends 92, **137f.**, 205
Um Mitternacht 60, 67, 76, **111f.**, 246–248, 250
Und die mich trug im Mutterleib 246
Unter die Eiche gestreckt 90, **122f.**, 133

Verborgenheit 61, **126f.**, 245
Versuchung 63, 81
Verzicht *siehe* Bilder aus Bebenhausen
Vielfach sind zum Hades die Pfade 24, 64, 71, 86, 90, **152–154**, 156, 249

Vom Berge was kommt dort um Mitternacht spät 82f., 85, 244
Vom Sieben-Nixen-Chor 84 *siehe auch* Schiffer- und Nixen-Märchen
Vom Widerwarten eine Sorte kennen wir 89, 95, 97, **134f.**
Von Dienern wimmelt's früh vor Tag 79, 82f., 86
Von kunstfertigen Händen geschält 63, 76, 81
Von lauter Geiste die Natur durchdrungen 41
Vorlängst sah ich ein wundersames Bild gemalt 8, 44, 50, 67f., 76, 141f., **144f.**

Wahr ist's, mein Kind *siehe* An L.
Wald-Idylle. An J.M. 90, **122f.**, 133
Waldplage 36, 76, **133f.**
Warum, Geliebte, denk' ich dein *siehe* Peregrina
Was bringst du geflügelter Bote mit Eilen 64
Was doch heut Nacht ein Sturm gewesen 59, **113–115**
Was ich lieb und was ich bitte 67, 101
Was im Netze? Schau einmal 59, 80, **113–115**
Wasch' dich, mein Schwesterchen 79, 82, 246
Weihgeschenk 63, 76, 81
Weil schon vor vielen hundert Jahren 55, 249
Welch ein Gedankendrang in den Perioden 89
Wenn der Schönheit sonst 60, 74, **101f.**, 109
Wenn Dichter oft in warmen Phantasieen 123
Wenn ich, von deinem Anschaun tief gestillt 10, 79 *siehe auch* An L.
Wenn meine Mutter hexen könnt' 96, 246
Wenn sie in silberner Schale 63, 81
Wie der wechselnde Wind nach allen Seiten 62, 81, 88, 93
Wie es mir mit Herrn Schwabs Kindern ergangen 117
Wie heimlicher Weise 248
Wie heißt König Ringangs Töchterlein 62, 80, 82f., 85, 246
Wie sich dein neuer Poet in unserem Kreise gefalle 89
Wie süß der Nachtwind nun die Wiese streift 59f., 75, 78, **107f.**
Wieder und wieder bestaun' ich *siehe* Bilder aus Bebenhausen
Wieviel Herrliches auch die Natur 77
Wir fürchten uns nicht in des Königes Saale 209
Wir sahn dich im geschwisterlichen Reigen 149
Wir Schwestern zwei, wir schönen 62f., **131f.**, 245, 247
Wo gehst du hin, du schönes Kind 219
Wo na, Franz, so spät no 72

Zierlich ist des Vogels Tritt 62, 245f.
Zu Cleversulzbach im Unterland VII, 5, 7, 122, 128, **150–152**, 249f.
Zum neuen Jahr 248
Zum Zehnten Juni 1845 64
Zuviel *siehe* An L.
Zwar acht Zolle nur 89
Zwei Kameraden 72
Zwei Liebchen 84 *siehe auch* Schiffer- und Nixen-Märchen
Zwei Wandrer hab ich einmal gesehn 145
Zwiespalt 62, 88, 92

Personenregister

Verzeichnet sind die im Text, nicht jedoch die in den Literaturangaben erwähnten Personen.

Achenbach, Bernd 37
Adams, Jeffrey T. 115
Adorno, Theodor W. (1903–1969) 66f., 128, 145
Aischines (ca. 390 v.Chr.-ca. 315 v.Chr.) 30
Aischylos (ca. 525 v.Chr.-ca. 456 v.Chr.) 30
Albani, Francesco (1578–1660) 57
Alexander, Graf von Württemberg (1801–1844) 17, 41
Aley, Peter 144
Alkaios (um 600 v.Chr.) 220
Anakreon (ca. 570 v.Chr.-ca. 485 v. Chr.) 17, 81, 143, 219, 221f., 259
Arnim, Achim von (1781–1831) 1, 38, 239
Arnim, Bettine von (1785–1859) 38
Auber, Daniel François Esprit (1782–1871) 55
Auerbach, Berthold (1812–1882) 222, 238, 243

Bach, Johann Sebastian (1685–1750) 52
Bachert, Ruth 251
Bachtin, Michail (1985–1975) 97, 134
Baechtold, Jakob (1848–1897) 71
Barnouw, Dagmar 75, 137, 152, 252
Bassermann, Friedrich (1811–1855) 8
Baudelaire, Charles (1821–1867) 252
Bauer, Ludwig Amandus (1803–1846) 2, 10, 13–16, 21, 44, 47, 50–52, 96, 107, 125, 128f., 147, 157f., 172, 207f., 211f., 238f., 257
Baumann, Gerhart 252
Bayly, Thomas Haynes (1797–1839) 156
Beck, Adolf (1906–1981) 109
Beethoven, Ludwig van (1770–1827) 51–53
Begemann, Christian 157
Behrend, Fritz (1878-?) 69
Bengel, Johann Albrecht (1687–1752) 129
Benjamin, Walter (1892–1940) 212
Bennholdt-Thomsen, Anke 186, 189
Berg, Alban (1885–1935) 248
Binder, Auguste Karoline (1809–1848) 16

Binder, Wilhelm (1810–1876) 221
Bion von Smyrna (Ende 2. Jh. v.Chr.) 17, 36, 219–221, 258
Blamberger, Günter 199
Blaze de Bury, Henri (1813–1888) 243
Blumhardt, Johann Christoph (1805–1880) 21
Boas, Eduard (1815–1853) 35, 215
Bodenstedt, Friedrich (1819–1892) 222, 243
Böhn, Andreas 152
Bohnengel, Julia 161, 163
Boisserée, Melchior (1786–1851) 56
Boisserée, Sulpiz (1783–1854) 37, 56
Borchmeyer, Dieter 136
Böschenstein, Bernhard 109
Bouterweck, Friedrich (1766–1828) 34
Brahms, Johannes (1833–1897) 54, 243, 245 f.
Brant, Sebastian (1457–1521) 191
Braun, Peter Michael (geb. 1936) 248
Braungart, Georg 130, 141
Braungart, Wolfgang 64, 91, 94–97, 137, 197, 199–201
Breitenstein, L. (Lebensdaten unbekannt) 54
Breitschwert, Luise Charlotte Freiin von (1833–1917) 241
Brentano, Clemens (1778–1842) 1, 38, 84
Breunlin, Heinrike, geb. Hölderlin (1772–1850) 40, 216
Brockes, Barthold Heinrich (1680–1747) 74
Brockhaus, Heinrich (1804–1874) 22, 178
Brömse, Peter (geb. 1912) 248
Browning, Robert M. 136
Bruch, Herbert 83, 103, 124, 163, 167 f., 172, 212, 254
Bruch, Max (1838–1920) 246
Bruckmann, Ferdinand Alexander (1806–1852) 56
Brunotte, Karl Gottfried (geb. 1958) 248
Brutzer, Heinrich Wilhelm (1795–1872) 38
Büchner, Georg (1813–1837) 237
Bulwer-Lytton, Edward (1803–1873) 47
Burckhardt, Jacob (1818–1897) 242
Bürger, Gottfried August (1747–1794) 81
Byron, George Gordon, Lord (1788–1824) 37, 45

Caesar (Gaius Julius Caesar) (100 v.Chr.–44 v.Chr.) 30
Calderón de la Barca, Pedro (1600–1681) 33 f., 47
Campbell, Joseph 186
Carl, Heinz Ulrich (1924–2003) 248
Catull (Gaius Valerius Catullus) (ca. 87 v.Chr.–ca. 55 v.Chr.) 30, 32, 81, 88, 92, 135, 220 f.
Cervantes y Saavedra, Miguel de (1547–1616) 34
Chamisso, Adelbert von (1781–1838) 39, 72, 108
Cicero (Marcus Tullius Cicero) (106 v.Chr.–43 v.Chr.) 12, 28, 30, 34
Cimarosa, Domenico (1749–1801) 54

Conz, Karl Philipp (1762–1827) 37
Cottendorf, Georg Cotta von (1796–1863) 12, 24, 33, 35, 42, 73, 98, 133, 183, 193
Crassé, Paula (Lebensdaten unbekannt) 250

Dannecker, Johann Heinrich von (1785–1841) 56
Dante Alighieri (1265–1321) 123, 129
Demosthenes (384 v.Chr-322 v.Chr.) 30
Disteli, Martin (1802–1844) 56
Distler, Hugo (1908–1941) 247
Doerksen, Victor G. 240, 251 f., 254
Dohmen, Christoph 111
Doll, Karl (1834–1910) 222
Donizetti, Gaetano (1797–1848) 54
Drawert, Ernst Arno 251
Dreizler, Christian Benjamin (1794–1869) 222
Droste-Hülshoff, Annette von (1797–1848) 77
Dussek, Jan (1760–1812) 51

Eberhard I., Graf von Württemberg (1265–1325) 188, 191
Echtermeyer, Theodor (1805–1844) 72
Eckermann, Johann Peter (1792–1854) 47
Eggert Windegg, Walther (1880–1936) 250
Ehlert, Louis (1825–1884) 246
Eichendorff, Joseph Freiherr von (1788–1857) 39, 74, 76, 114
Eisler, Hanns (1898–1962) 248
Elias, Norbert (1897–1990) 163
Elsäßer, Karl Ludwig (1808–1874) 62, 92 f., 132
Enzinger, Moritz 149
Epikur (341 v.Chr.–271 v.Chr.) 129
Erinna (Mitte 4. Jh. v.Chr.) 153
Erwe, Hans-Joachim 244, 246, 248
Eschenburg, Johann Joachim (1743–1820) 38
Etzel, Christoph Friedrich (1807–1849) 133
Euripides (ca. 485 v.Chr.–406 v.Chr.) 30
Evers, Daniela 181
Eyken, Heinrich van (1861–1908) 245

Faber, Auguste Friederike (1809–1839) 16, 258
Faber, Johann Friedrich (1815–1867) 242
Faißt, Immanuel Gottlob Friedrich (1823–1894) 24, 245
Falk, Johann Daniel (1770–1826) 35
Farkas, Ferenc (1905–2000) 248
Fellner, Ferdinand (1799–1859) 133
Finke, Fidelio Fritz (1891–1968) 248
Fischer, Johann Georg (1816–1897) 23, 91, 227, 242
Fischer, Karl 19, 73, 153, 251
Flad, Rudolf Christian (1804–1830) 15
Fliegner, Susanne 5, 11, 13, 46, 92–94, 137, 141, 152, 254

Fouqué, Friedrich de la Motte (1777–1843) 41
Franckh, Friedrich Gottlob (1802–1845) 12, 216
Franckh, Johann Friedrich (1795–1865) 12, 216
Frankh, Luise (1766–1836) 215
Franz, Robert (1815–1892) 242, 246
Frapan, Ilse 16
Freiligrath, Ferdinand (1810–1876) 47, 238
Freud, Sigmund (1856–1939) 10, 212
Freund, Winfried 103
Frey, Eleonore 44, 144
Friedrich Wilhelm IV. König von Preußen (1795–1861) 39, 69 f., 73
Fuchs, Dörte 186, 189
Fuchs, Robert (1847–1907) 245
Futterknecht, Franz 186, 188–190

Geibel, Emanuel (1815–1884) 3, 17 f., 41 f., 49, 73, 222, 242
Genzmer, Harald (geb. 1909) 247
Georgii, Eberhard Friedrich (1757–1830) 1 f., 31, 33, 37, 257
Germann, Franz 110
Gervinus, Georg Gottfried (1805–1871) 35, 48, 218
Geyer, Hans-Herwig 246
Gluck, Christoph Willibald (1714–1787) 52
Gnauth, Adolf (1812–1876) 133
Gockel, Heinz 105, 107
Goebbels, Joseph (1897–1945) 151
Goethe, Johann Wolfgang (1749–1832) 1, 14, 20 f., 28 f., 31, 33–35, 38 f., 42–45, 47 f., 53, 59, 63 f., 67, 74 f., 78, 80–83, 89 f., 93, 105, 109, 114, 117, 119, 124, 143, 150, 152, 156, 159, 182, 191, 193, 195, 217, 238 f., 240, 243
Goetz, Hermann Gustav (1840–1876) 246
Goldsmith, Oliver (1728–1774) 20, 34, 37
Goller, Hedwig (geb. 1920) 250
Görres, Guido (1805–1852) 38
Gottschall, Rudolf (1813–1909) 241 f.
Grabbe, Christian Dietrich (1801–1836) 239
Graevenitz, Gerhart von 13, 107, 134
Grenzmann, Wilhelm 108
Grimm, Jakob (1785–1863) 38, 41, 122, 203, 241
Grimm, Wilhelm (1786–1859) 38, 122
Grosse, Siegfried 252
Grüneisen, Karl (1802–1878) 48
Guardini, Romano (1885–1968) 129, 144, 153
Gugler, Bernhard (1812–1880) 53 f., 216, 222, 243, 245
Günter, Andrea 186, 189
Güntter, Otto 107, 250
Gutzkow, Karl (1811–1878) 45, 241
Guzzoni, Alfredo 186, 189

Haller, Albrecht von (1708–1777) 74
Händel, Georg Friedrich (1685–1759) 52
Häntzschel, Günter 74
Hardegg, Hermann Friedrich (1806–1871) 13, 16, 51 f., 237
Hardenberg, Georg Friedrich Philipp Freiherr von *siehe* Novalis
Hart Nibbrig, Christiaan L. 75, 108, 153, 204
Hartlaub, Agnes (1834–1878) 21, 96, 140
Hartlaub, Eduard (1845–1847) 146 f.
Hartlaub, Henriette Konstanze Luise (1811–1888) 3, 92, 96, 137 f., 140, 148
Hartlaub, Johann Wilhelm Konstantin Friedrich (1804–1885) VIII, 1–5, 7 f., 11 f., 15 f., 18, 20 f., 33–35, 38–42, 44, 49, 51–54, 65, 69–73, 76, 91–93, 96 f., 102 f., 105, 107, 110, 128, 131, 133–141, 144–148, 152 f., 157, 184, 192 f., 202, 214, 226, 238, 257 f.
Hartlaub, Klara (1838–1903) 96
Hartlaub, Marie (1843–1917) 96
Hauff, Hermann (1800–1865) 42
Hauff, Wilhelm (1802–1827) 40, 103
Haug, Johann Christoph Friedrich (1761–1829) 37
Haydn, Joseph (1732–1809) 52 f., 62
Hebbel, Friedrich (1813–1863) 3, 17, 49, 207, 222, 242 f.
Hegel, Georg Wilhelm Friedrich (1770–1831) VII, 45, 75, 207, 237, 240, 251
Heidegger, Martin (1889–1976) 149, 252
Heine, Heinrich (1797–1856) 5, 7, 32, 41, 46, 84, 95 f., 126, 131, 151, 225, 237, 239, 241, 253
Hemsen, Wilhelm (1829–1885) 37, 71
Henze, Hans Werner (geb. 1926) 248
Herder, Johann Gottfried (1744–1803) 34, 38, 47, 74
Herodot (ca. 484 v.Chr.-ca. 424 v.Chr.) 30
Herwegh, Georg (1817–1875) 7
Herzogenberg, Heinrich von (1843–1900) 245
Hetsch, Ludwig (Louis) (1806–1872) 13, 24, 52, 55, 157, 193 f., 209, 243–245
Heubel, Georg Heinrich (1802–1863) 39, 215, 225
Heuß, Alfred (1877–1934) 247
Heydebrand, Renate von 32, 56, 63 f., 76, 87, 93 f., 97–99, 101, 108–110, 114, 116 f., 120, 123 f., 126, 131 f., 134, 142 f., 145, 148 f., 152 f., 225 f., 252 f.
Heyse, Paul (1830–1914) 3, 17 f., 23 f., 42, 49, 128, 194, 216, 222, 238, 242 f.
Hippel, Theodor Gottlieb von (1741–1796) 37
Hoffmann, Ernst Theodor Amadeus (1776–1822) 38, 52 f., 174, 194
Hölderlin, Friedrich (1770–1843) VII, 13, 20, 31, 40 f., 45, 48, 59, 103, 129, 215 f.
Hölderlin, Johanna Christiane, geb. Heyn (1748–1828) 40

Holesovsky, Hanne 198
Höllerer, Walter (1922–2003) 252
Holschuh, Albrecht 148 f.
Holthusen, Hans Egon (1913–1997) 43, 45, 252
Hölty, Ludwig Heinrich Christoph (1748–1776) 20, 34, 36 f., 59, 74, 93
Homer (Mitte 8. Jh. v.Chr.) 13, 28, 30 f., 35 f., 89, 128, 147, 220
Horaz (Quintus Horatius Flaccus) (65 v.Chr.–8 v.Chr.) 28, 30–32, 61, 88 f., 96, 121, 127, 129 f., 135, 148, 193, 220, 242
Horstmann, Isabel 254
Hötzer, Ulrich (1921–1995) 29, 33, 40, 89, 129, 186 f., 205, 215 f., 219, 254
Huber, Hans (1852–1921) 248
Humboldt, Alexander Freiherr von (1769–1859) 39
Humboldt, Wilhelm von (1767–1835) 30

Ibel, Rudolf 251
Immermann, Karl Leberecht (1796–1840) 44

Jacobs, Stephanie 56
Jahn, Otto (1813–1869) 242
Jean Paul (1763–1825) 19 f., 33 f., 39, 47
Jenner, Gustav (1865–1920) 245
Jennings, Lee B. 189, 191
Jung, Ferdinand (1803–1849) 21
Jung-Stilling, Johann Heinrich (1740–1817) 37
Jutz, Maria (1892–?) 250

Kahn, Robert (1865–1951) 245
Kaiser, Gerhard 212
Kaiser, Hartmut 195
Kallinos (Kallinos aus Ephesos) (1. Hälfte 7. Jh. v.Chr.) 220
Kant, Immanuel (1724–1804) 27, 37, 201
Karl von Württemberg (1823–1891) 203, 241
Karsch, Anna Louisa (1722–1791) 37
Kauffmann, Ernst Friedrich (1803–1856) 13, 16, 21, 24, 52, 97, 111, 113 f., 128, 193 f., 243, 245
Kauffmann, Fritz (1886–1971) 238–240, 243
Kauffmann, Karl Emil (1836–1909) 24, 245
Keller, Gottfried (1819–1890) 1, 237, 242 f.
Keller, Heinrich Adelbert (1812–1883) 38
Kelletat, Alfred 154
Kepler, Johann (1591–1630) 62, 93
Kerner, Justinus (1786–1862) 17, 22 f., 34 f., 39, 41 f., 46 f., 49, 68, 82, 105, 214, 217 f., 225 f., 251
Kerner, Theobald (1817–1907) 222
Kierkegaard, Søren (1813–1855) 53, 157
Killy, Walther (1917–1995) 75 f.
Kittstein, Ulrich 9, 163, 165, 254
Klaiber, Julius (1834–1892) 17, 73, 92, 175

Klopstock, Friedrich Gottlieb (1724–1803) 13, 20 f., 36, 45, 48, 105, 133 f., 143, 224
Klunzinger, Karl (1799–1861) 154
Klussmann, Paul Gerhard 47
Knapp, Hermann Georg (1828–1890) 222
Koopmann, Helmut 103
Köpf, Hans Peter 217
Korn, Peter Jona (geb. 1922) 248
Koschlig, Manfred (1911–1979) 243
Kösting, Karl (1842–1907) 222
Köstlin, Christian Reinhold (1813–1856) 46
Köstlin, Theodor Friedrich (1845–1932) 71
Krais, Friedrich Aaron (1821–1907) 24
Krauß, Friedrich (1803–1885) 92 f.
Krauß, Rudolf (1861–1935) 19, 73, 214
Krehl, Charlotte, geb. Planck (1792–1862) 141
Kristeva, Julia 163
Krüdener, Barbara Juliane Freiin von (1764–1824) 15
Krummacher, Hans-Henrik 69, 72, 91 f., 141, 224
Küchelbecker, Karl Heinrich (Lebensdaten unbekannt) 51
Kühlmann, Wilhelm 77
Kunz, Wiltrud 54, 244, 248
Künzel, Karl (1808–1877) 40, 216
Kurz, Hermann (1813–1873) 16, 23 f., 44, 54, 83, 89, 108, 128, 179, 183, 186, 194, 210 f., 220, 222, 226, 238 f., 242

Labaye, Pierre 204
Lachner, Franz (1803–1890) 54, 245
Lachner, Ignaz (1807–1895) 16, 24, 54, 210, 240, 245, 248, 258
Lahnstein, Peter 253
Landmann, Herwig 186, 188, 190
Lang, W. 14
Laufhütte, Hartmut 82
Lear, Edward (1812–1888) 236
Lehrer, Mark 204
Leibniz, Gottfried Wilhelm (1646–1716) 33
Lemmermann, Dirk 247
Lenau, Nikolaus (1802–1850) 41, 49, 75, 227
Lessing, Gotthold Ephraim (1729–1781) 28, 34, 36, 48, 141
Lichtenberg, Georg Christoph (1742–1799) 36 f., 42
Liebl, Peter 250
Lindpaintner, Peter Joseph von (1791–1856) 240, 245
Lingg, Hermann (1820–1905) 222
Liszt, Franz (1811–1886) 52, 54
Livius (Titus Livius) (ca. 59 v.Chr.–17 n.Chr.) 30, 34
Loeb, Ernst 119
Lohbauer, Christiane Sophia Friederika (1777–1855) 15
Lohbauer, Pauline geb. Fleischhauer (1812–1886) 14, 238

Lohbauer, Rudolf (1802–1873) 2, 13–15, 21, 52f., 103, 192, 238, 257
Lörcher, Elisabeth (1898-?) 250
Löwe, Fe(o)dor (1816–1890) 222
Lubkoll, Christine 107
Ludwig XIV. König von Frankreich (1638–1715) 196, 198
Lukács, Georg (1885–1971) 253
Lypp, Maria 97
Lysias (ca. 445 v.Chr.–380 v.Chr.) 30

Mack, Ludwig (1799–1831) 56
Macpherson, James (1736–1796) 37
Mährlen, Auguste, verh. Stark (1842–1908) 156
Mährlen, Johannes (1803–1871) 2, 6f., 12, 15, 20f., 33–36, 38, 40f., 44, 46, 54, 111, 115f., 122, 128, 156, 158, 178f., 183, 186, 208, 210, 239, 257
Mallarmé, Stéphane (1842–1898) 1
Mangan, James Clarence (1803–1849) 244
Mare, Margaret 253
Martial (ca. 40-ca. 103) 87, 89
Martín y Soler, Vicente (1754–1806) 53f.
Matt, Peter von 106f.
Matthison, Friedrich von (1761–1831) 37, 119
Maximilian II. König von Bayern (1811–1864) 242
Mayer, Birgit 16, 152, 186, 193, 253f.
Mayer, Gregor Marianus 253
Mayer, Karl Friedrich Hartmann (1786–1870) 8, 17, 23, 41f., 48f., 90, 193, 222, 224–227
Mayer, Mathias 13, 15f., 37–39, 75, 90, 95, 100, 111, 115, 123f., 132, 135, 146f., 157, 204, 214f., 217, 253
Maync, Harry (1874–1947) 7, 14f., 18, 38, 43, 59, 73, 96, 103, 109, 119, 128, 148, 195, 251, 254
Méhul, Nicolas Étienne (1763–1817) 55
Mendelssohn Bartholdy, Felix (1809–1847) 52, 54, 128, 210
Mendelssohn, Cäcilie (1805–1847) 54
Menzel, Wolfgang (1798–1873) 158, 186, 238–240
Meuthen, Erich 110
Meyer, Conrad Ferdinand (1825–1898) 73, 242
Meyer, Herbert 33, 38, 251f.
Meyer, Maria, verh. Kohler (1802–1865) 2, 4, 15, 77, 79, 101, 105, 238, 257
Meyerbeer, Giacomo (1791–1864) 54
Meyer-Guyer, Katharina 122, 152, 203f.
Meyer-Krentler, Eckhardt 107
Meyer-Sickendiek, Burkhard 44
Milanollo, Maria (1832–1848) 51
Milanollo, Teresa (1827–1904) 51
Miller, Johann Martin (1750–1814) 37
Minder, Robert (1902–1980) 151
Miyashita, Kenzò 33, 40–42, 48f., 238f., 253

Mommsen, Theodor (1817–1903) 241
Möricke, Marie Charlotte (1815–1892) 143, 145
Mörike, Adelheid, geb. Mögling (1812–1869) 69, 70, 116
Mörike, Adolph (1813–1875) 3, 51
Mörike, August (1807–1824) 3, 19, 51–53, 102, 110, 130, 192
Mörike, Charlotte Dorothea, geb. Beyer (1771–1841) 1–5, 9f., 15, 19, 36, 210, 257f.
Mörike, Dorothea, geb. Bezzenberger (1805–1855) 69f., 85, 99–102, 104, 112
Mörike, Franziska (1855–1930) 3, 16, 20, 54, 93, 96, 258f.
Mörike, Heinrich Gottlieb Karl (1795–1864) 69f.
Mörike, Karl (1797–1848) 3, 19, 24, 69, 116, 118, 157, 244f.
Mörike, Karl Friedrich (1763–1817) 1, 31–33, 38, 257
Mörike, Klara (1816–1903) 2–5, 9–11, 16, 19, 22f., 35, 51, 70, 91f., 97, 138, 140f., 146, 154, 210, 214, 258f.
Mörike, Ludwig (Louis) (1811–1886) 3, 133
Mörike, Luise (1798–1827) 3f., 6, 11, 13, 15, 19, 47, 51, 53, 110, 192
Mörike, Margarethe, geb. Speeth (1818–1903) 2f., 5, 9, 11f., 15f., 18, 22, 64, 77, 80, 92, 123, 144, 177, 221, 258f.
Mörike, Marie Charlotte Margarethe Valentine (1857–1876) 3, 16, 20, 93, 96, 154, 259
Moritz, Karl Philipp (1756–1793) 28
Moschos (Mitte 2. Jh. v.Chr.) 17, 36, 219–221, 258
Mozart, Wolfgang Amadeus (1756–1791) VIII, 51–53, 143, 192–202, 242, 245
Müller, Wilhelm (1794–1827) 45
Müller, Joachim 152
Mundhenk, Alfred 103

Napoleon I. Bonaparte (1769–1821) 243
Napoleon III. (1808–1873) 243
Nast, Wilhelm (1807–1899) 39
Naue, Julius (1833–1907) 186, 242, 249
Naumann, Walter 121
Neuffer, Klara, verh. Schmid (1804–1838) 4, 15, 77, 79, 99
Niemetschek, Franz Xaver (1766–1849) 192
Niendorf, Emma siehe Suckow, Emma Maria Friederika von
Nietzsche, Friedrich (1844–1900) 243
Nisle, Julius (1812-ca. 1877) 133
Nissen, Georg Nikolaus von (1761–1826) 193
Nordheim, Werner von 209
Notter, Friedrich (1801–1884) 17, 25, 46f., 158f., 219, 221f., 239, 242f., 251

nberg, Georg Friedrich Philipp Frei-
772–1801) 33 f., 38, 188
163, 254

er 135
an Friedrich Ernst (1804-?) 95
exander (1795–1858) 192 f.
Ovidius Naso) (43 v.Chr.-ca. 17

hael 198
esco (1304–1374) 78, 123 f.
e 76
(1869–1949) 246 f.
1807–1890) 42, 46 f., 251
nea Silvio (Pius II.) (1405–1464) 184
v.Chr.-ca. 347 v.Chr.) 30, 33
Maccius Plautus) (ca. 240 v.Chr.–184

helm Heinrich Theodor (1795–1879)

Konrad 194–196
an (1889–1979) 251
da (1749–1838) 199, 202
, 187
rl 242, 246
t S. 44, 240 f., 243
(1827–1890) 13, 245
s Propertius) (ca. 47 v.Chr.-ca. 2
1, 143
der 254

rcus Fabius Quintilianus) (ca. 35
96 n.Chr.) 30

a (1831–1910) 49, 243
hard Ludwig (1720–1787) 218
edrich (1806–1879) 14
ovialis) (1803–1883) 38
uste (1806–1891) 2, 4 f., 10, 15 f.,
f., 40, 69, 77, 79 f., 101, 108, 121, 123,

37–1916) 246 f.
rich 251
(1818–1877) 222
Otto (1841–1873) 56
, 33, 36 f., 254
abriel Joseph (1839–1901) 246
stin 25, 33, 64, 91, 94–98, 116, 123,

; (1803–1884) 3, 56 f., 71, 151, 249 f.
ch Wilhelm (1774–1845) 35
aria (1875–1926) 75

Rolland, A. (Lebensdaten unbekannt) 244
Rossini, Gioacchino Antonio (1792–1868) 54
Rubinstein, Anton (1829–1894) 246
Rückert, Friedrich (1788–1866) 35, 39
Rückert, Gerhard 121, 127, 130, 135, 220 f.
Ruge, Arnold (1802–1880) 72, 241
Rupprecht, Gerda 221
Rüsch, Ernst Gerhard 127
Rüttenauer, Isabella 127

Sachs, Hanns (1881–1947) 212
Salieri, Antonio (1750–1825) 53–55
Sallust (Gaius Sallustius Crispus) (ca. 86 v.Chr.-ca. 35
    v.Chr.) 30
Sappho (um 600 v.Chr.) 153, 220
Sautermeister, Gert 80, 108, 114, 124
Schad, Christian (1821–1871) 40, 72, 216
Scheffler, Walter 33, 35
Schelb, Joseph (1894–1977) 248
Schelling, Friedrich Wilhelm Joseph (1775–1854) 38,
    129
Scherer, Georg (1824–1909) 72, 222, 224
Scherr, Johannes (1817–1886) 46
Scherzer, Luise Wilhelmine, geb. Schmoller
    (1828–1911) 71
Scherzer, Otto (1821–1886) 71, 244 f.
Schick, Christian Gottlieb (1776–1812) 56
Schiller, Elisabetha Dorothea (1732–1802) 36, 63, 88,
    93
Schiller, Friedrich (1759–1805) VII, 1, 28 f., 31, 34–36,
    44, 46, 48 f., 55, 59, 75, 81, 83, 88, 93, 155, 180, 201,
    205, 207, 215, 239 f., 245
Schlaffer, Heinz 12 f., 76, 117, 252
Schlaich, Johann Friedrich (1810–1866) 47
Schlauch, Rudolf 203
Schlegel, August Wilhelm (1767–1845) 33, 38, 123
Schlegel, Friedrich (1772–1829) 38
Schneider, Helmut 152, 204 f.
Schneider, Wilhelm 108
Schoeck, Othmar (1886–1957) 247
Schraishuon, Albert von (Lebensdaten unbekannt)
    192
Schroeder, Hermann (1904–1984) 247 f.
Schubart, Christian Friedrich Daniel (1739–1791)
    37
Schubert, Franz (1797–1828) 51, 53 f.
Schumann, Robert Alexander (1810–1856) 54, 241,
    243, 245 f.
Schüpfer, Irene 163, 254
Schwab, Christoph Theodor (1821–1883) 40
Schwab, Gustav (1792–1850) 17, 22, 39–42, 46, 72,
    82, 94, 108, 117 f., 158 f., 161 f., 178 f., 216 f., 237,
    239

Schwarz, Peter Paul 136
Schweizerbart, Christian Friedrich (1805–1879) 24, 157, 175
Schweizerbart, Wilhelm Emanuel (1785–1870) 157
Schwind, Moriz von (1804–1871) 17–19, 24, 52, 54–56, 71, 93, 128, 153, 186, 241f., 249f.
Scott, Sir Walter (1771–1832) 47
Seebaß, Friedrich (1887–1963) 19, 216, 238, 241f.
Seeger, Ludwig Friedrich Wilhelm (1810–1864) 153
Sengle, Friedrich (1909–1994) VII, 4f., 7, 9, 36, 40, 43, 64, 66, 87, 101f., 109, 113f., 120, 126, 135f., 151, 180, 251–254
Shakespeare, William (1564–1616) 13, 33–35, 38f., 47f., 111, 193, 207
Siebel, Carl (1836–1868) 222
Sigel, Emilie (1809–1861) 16
Silcher, Friedrich (1789–1860) 245
Simon, Hans-Ulrich 48f., 52–54, 72f., 191, 216–218, 224, 226f., 243, 253, 255
Simrock, Karl (1802–1876) 38
Slessarev, Helga 253
Sokrates (ca. 470 v.Chr.–399 v.Chr.) 30
Sophokles (ca. 497 v.Chr.–ca. 406 v.Chr.) 30
Speeth, Josephine (1790–1860) 22
Speeth, Margarethe *siehe* Mörike, Margarethe
Speeth, Valentin von (1778–1845) 258
Speidel, Wilhelm (1826–1899) 245
Spinoza, Baruch de (1632–1677) 38
Spitzer, Leo (1887–1960) 149, 252
Stahr, Adolf Wilhelm Theodor (1805–1876) 203f., 241
Staiger, Emil (1908–1987) 121, 149, 252
Stark, Karl (1836–1896) 156
Steinmetz, Horst 180, 185f., 197, 253
Stern, Martin 129
Stirm, Karl Heinrich (1799–1873) 217
Stockmeier, Wolfgang (geb. 1931) 247
Stolberg, Friedrich Leopold Graf zu (1750–1819) 36
Storm, Konstanze (1825–1865) 18, 50
Storm, Theodor (1817–1888) 3, 17–19, 24, 42, 49f., 73, 128, 158, 237f., 241, 243
Storz, Gerhard (1898–1983) 33, 38, 84, 94, 113, 116f., 123, 135, 137, 146, 185–187, 203, 252
Strack, Friedrich 116
Strauß, David Friedrich (1808–1874) 6f., 9, 13f., 16, 21, 44–46, 49, 53, 97, 128, 186, 207, 225, 238, 241–243, 257
Suckow, Emma Maria Friederika von (1807–1876) 17, 41
Süvern, Johann Wilhelm (1775–1829) 29
Swift, Jonathan (1667–1745) 34

Tacitus (Publius Gaius Cornelius Tacitus) (ca. 56 n.Chr.-ca. 118 n.Chr.) 30
Terenz (Publius Terentius Afer) (ca. 195 v.Chr.-ca. 159 v.Chr.) 30
Ter-Nedden, Gisbert 127
Theognis (vermutl. 2. Hälfte 7. Jh. v.Chr.) 220f.
Theokrit (1. Hälfte 3. Jh.v.Chr.) 17, 25, 32, 36, 62, 88, 93, 205, 219–222, 258
Thomson, James (1700–1748) 34
Thukydides (ca. 460 v.Chr.-ca. 400 v.Chr.) 34
Tibull (Albius Tibullus) (ca. 50 v.Chr.–19 v.Chr.) 30, 32, 62, 81, 88, 93, 143, 220
Tieck, Ludwig (1773–1853) 33f., 38f., 41, 47, 108, 207, 209, 238f.
Tiedge, Christoph August (1752–1841) 41
Trapp, Max (1887–1971) 248
Trümpler, Ernst 185
Turgenev, Ivan (1818–1883) 3, 17, 49, 243
Tyrtaios (7. Jh. v.Chr.) 220

Uhland, Emilie (1799–1881) 42
Uhland, Ludwig (1787–1862) 17, 20, 22, 34, 38f., 41f., 45–48, 73, 82f., 203, 225, 227, 241f., 251
Unger, Helga 214, 216, 252

Vergil (Publius Vergilius Maro) (70 v.Chr.–19 v.Chr.) 28, 30, 205
Verlaine, Paul (1844–1896) 252
Vischer, Friedrich Theodor (1807–1887) 5f., 9, 14–16, 23, 34f., 37, 39, 42, 45f., 48f., 62, 65f., 71, 75f., 83, 98, 128, 131, 133, 157–159, 161f., 186, 207, 221f., 226, 237–240, 242f., 251, 257
Vischer, Robert (1847–1933) 75
Voerster, Erika 218
Vögele, Frank 186
Völk, Rudolf 251
Völker, Ludwig 181f.
Voltaire (Arouet, François-Marie) (1694–1778) 14
Voß, Johann Heinrich (1751–1826) 28, 31, 36, 87, 129, 143, 152

Wächter, Eberhard (1762–1852) 56
Wackernagel, Wilhelm (1806–1869) 38
Wagner, Richard (1813–1883) 51f., 54
Waiblinger, Wilhelm (1804–1830) 2–4, 11, 13f., 20, 31, 33f., 36, 37–42, 44f., 47, 50, 52, 215, 222, 224f., 227–239, 257
Walther, Luise Charlotte, geb. Freiin von Breitschwert (1833–1917) 17, 25, 250
Weber, Carl Maria von (1786–1826) 51, 54
Weibert, Ferdinand (1841–1926) 24, 36, 73, 222, 224
Weiss, Walter 75

Weitzmann, Friedrich (1809-?) 222
Widmann, Joseph Victor (1842–1911) 223
Wiese, Benno von (1903–1987) 43, 115, 129, 153, 180, 199, 203, 251 f.
Wild, Inge 36, 50, 76, 80, 93, 97 f., 124, 141
Wild, Reiner 29, 36, 74–76, 80, 97 f., 100 f., 109, 141, 212, 254
Wilhelm I. König von Württemberg (1781–1864) 48 f., 191, 209
Winckelmann, Johann Joachim (1717–1768) 28 f.
Winter, Peter (1755–1825) 54
Wintterlin, Georg August (1832–1900) 223
Wolf, Friedrich August (1759–1824) 28 f.
Wolf, Hugo (1860–1903) 243, 245–247

Wolf, Thomas 141, 254
Wolff, Karl (1803–1869) 17, 25, 35, 48 f., 71, 93, 218

Xenophon (ca. 440–426 v.Chr.-ca. 355 v.Chr.) 30

Zeller, Bernhard 226
Zemp, Werner (1906–1959) 251
Zimmermann, Balthasar Friedrich Wilhelm (1807–1878) 42, 181, 215, 226, 258
Zimmermann, Wilhelm (1807–1878) 181, 215
Zola, Emile (1840–1902) 1
Zschokke, Heinrich (1771–1848) 241
Zumsteeg, Emile (1796–1857) 24, 54
Zumsteeg, Johann Rudolf (1760–1802) 54